担保法理论与实务精要

付颖哲 陈凯◎著

中国法制出版社
CHINA LEGAL PUBLISHING HOUSE

序

我国推行社会主义市场经济，首要任务是推动人员、资金、货物、技术四大要素在市场中自由流通。在责任自负、风险自担的市场规则之下，缺乏担保法律制度，资金融通几乎无法实现。实践中，担保这一特殊的交易形态，既包括债权担保、又包括物权担保；既包括约定担保，又包括法定担保，加之债权人、债务人、担保人之间的债权关系、担保关系、委托担保关系可能同时出现于同一个大的担保经济关系之中，使得具体担保关系中，当事人之间的法律关系错综复杂、纠纷丛生。所以，担保法律制度的好坏，事关资金融通在市场经济中是否能够顺利得以展开。

那么，好的担保法律制度应当具备什么特质？对于这一问题，本书的作者提出，应以“责任自负”原则作为担保法律制度的底层逻辑，作为检验担保法律制度的立法是否得当，司法是否符合正当性要求的“试金石”，我非常赞同这一观点。在近现代民法“所有权保护”“意思自治”“责任自负”三个基本原则之中，“所有权保护”是“意思自治”的物质前提，是“责任自负”的物质基础，而“责任自负”是“意思自治”的必然结果，是所有民事权利义务的最终归结，其承担着民事主体“独立人格”的反向塑造任务。相比较买卖、租赁、委托等交易形态，担保法律关系中的债权人和担保人之间不存在义务互换的基本交易内容，所以很难沿着所有权人以获取“对待给付”为目的，按照意思自治原则与他人达成合同关系，并承担可能出现的法律责任的一般逻辑，寻找担保人承担担保责任的正当性理据。在处理担保人与债权人、债务人关系的问题上，担保人仅对自己的允诺和不当行为负责，所以在担保法立法和司法实践中，“责任自负”几乎成为唯一可供坚持的法律原则。本书从该原则出发，从宏观上框定讨论和评价担保立法和司法的基调，不仅符合担保关系的本质特征，回答了好的担保法律制度所应当具备的特质，而且恰当地反映了担保人“代人”承担法律责任的制度底色。

自 1995 年《担保法》颁布并实施以来，学界有关担保法理论的优秀论著汗牛充栋，与这些论著相比，本书有以下以下可取之处：第一，本书将“责任自负”作为研究理论和实践问题的根本原则，确保本书的内容在整体上不会脱离民法理论框架，进而从价值理性角度分析具体问题，改变过往仅从工具理性出发单摆浮搁地对具体问题进行讨论的模式。第二，本书采取体系性的思维方式，结合保证、抵押、质押、留置、定金、最终到独立保函，担保关系独立性逐步增强的特征，体系性地讨论各种担保方式在权利内容和功能上的差异，并最终整体性地呈现担保法律理论和制度的全貌。第三，担保法是一个实践性很强的法律制度，无论法学理论还是法律规范，最终都必须经过司法实践的拷问。对此，本书坚持理论——规范——实践——理论的讨论模式，引述数以百计的法院判例作为研究和讨论的对象，重点关注理论和规范在具体实务当中的实际应用和效果。

本书的书名是《担保法理论与实务精要》，理论与实务相结合是本书的主要特色，而本书的两位作者长期从事理论研究、法学教育和律师、公证实践工作，对担保法理论和制度有着长期而深入的观察和思考，更有自己独特的认识和理解。正是基于这一点，本书无论是理论分析和论述，还是司法裁判的剖析和讨论，都带有鲜明的实证主义色彩，这恰恰是过往担保法理论著述所欠缺的内容。本书在内容上，理论与实务相互验证、相得益彰，细细研读，读者会发现担保法理论与实务之间极为生动的互动关系，甚至体会到掌握担保法体系和具体规范之间的内在逻辑，明了司法裁判中案件事实和裁判结果之间因果关系的愉悦。我相信，本书的内容，对于无论是正在学习担保法学知识的法科学生，还是从事实务工作的律师、法官，都会有所裨益，这也是我接受邀请作序并大力推荐本书的主要原因。

谨以此为序。

孙宪忠
中国社会科学院学部委员
第十三届全国人大宪法和法律委员会委员、教授、博士生导师
二〇一九年三月三十日

前 言

担保关系是社会经济交往中一种非常特殊的交易形态，也是一种极为特殊的法律关系。在债权人和第三担保人之间的担保关系中，合同双方不存在对等的交换关系，不存在以义务交换为基本交易形态，不存在以义务交换达到各取所需目的为基本逻辑，建立起来的等价有偿、诚实信用的合同伦理关系。所以，担保人在实践中承担担保责任时多少都会抱有“迫于无奈、逼不得已”的心态。即使在成立担保关系时，担保人出于个人利益和目的愉快地签署担保合同，但是在承担担保责任时，时过境迁，良好的“初心”大都会异化为“代人受过”，使得担保人总会想方设法摆脱担保责任。所以，担保关系的纠纷率远高于其他法律关系类型。有鉴于此，在理论上、规范上以及司法实践上都有必要对担保法律制度进行讨论。

一、担保法律关系的基本认识

在进入本书正文之前，先来谈一下我们对担保法律关系的一些基本认识。我们认为，担保法律关系是所有民事法律关系类型中最复杂、最不正常，也是最奇特的法律关系类型，归结到立法和司法层面，担保法的立法和司法就成为整个民事法律领域中最为纠结和最难取舍的法律领域。在长期的教学和律师、公证执业实践中，我们就担保法律关系形成了以下三个基本的认识：

（一）担保关系是最为复杂的一种法律关系类型

首先，担保法律关系涉及人数众多，债权人（保证债权人、抵押权人、质权人、留置权人），债务人，保证人，抵、质押人，留置物所有人。总体而言，在一个担保法律关系中，债权人（担保权人）、债务人、第三担保人构成一个三角社会关系。通常来讲，无论是数学、政治学，三角关系都是最为稳固的关系；而在担保关系这一三角关系中，债权人和担保人之间的担保关系是债权人和债务人之间债务关系的从属性法律关系，但这种从属性又处于相对状态，担保人可以行使债务人的抗辩权，而反之则不成立。同时，债务人和担保人之间的关系却不能成为债权人向担保人主张权利的阻碍，故债权和担保关系所组成的只能是一种不完全的三角关系，从而导致其并不具备通常意义上的稳定性。其次，担保关系涉及的法律关系众多，一方面，表现在数量上，一个担保关系中可能包含一个或数个主债权关系（最高额担保），一个或数个保证合同关系（第三人保证），以及一个或数个抵、质押合同关系（可能为债务人担保，也可能是第三人担保）；另一方面，表现在质量上，债权关系、保证关系是债权性质的法律关系，而抵、质押合同关系却又是物权关系，这些法律关系交织在一起，形成了异常复杂的大担保法律关系。再次，担保法律关系中主体的身份十分复杂，债权人同时也是保证债权人、担保物权人，债务人可能同时也是抵、质押人，第三人既可以是保证人、也可以是抵押人，在讨论债权的有效性、保证的有效性时，势必顾忌主体的其他身份和法律关系，难以取舍。最后，在担保法律关系中，不同主体之间不同性质的法律关系之间的关系也不相同，虽然担保关系原则上从属于主债权关系，但实际上担保关系又有其相对独立性，从保证到抵押、质押、留置、定金，最后到独立保函，独立性呈逐级增强趋势。在司法实践中，担保关系独立性的程度和具体表现又会随着当事人在担保合同中的特殊约定，和当事人之间的具体情境而经常处于变化之中，很难加以识别。所以，我们认为，担保关系是所有民事法律关系当中最为复杂的一种法律关系类型。

（二）担保关系是最不正常的一种交易关系

在社会主义市场经济体系中，担保法及担保法律关系无疑具有十分重要的作用，其融通资金、盘活资产，使得原本无法开展的交易关系得以顺利进行。但是，如果论及担保关系本身，我们认为，担保关系是一种最不正常的交易关系。首先，担保关系是一种无偿法律关系，不同于合同法领域内的财货转移、财货使用以及提供劳务三大发生对等交换关系的基本合同类型，这使得等价有偿、诚实信用等民事法律有关交易的基本原则适用于担保关系多少显得有些苍白和底气不足。例如，无权处分人（债权人）在未经出质人同意的情况下的转质，导致转质权人善意取得质权的情形，就很难从支付对价和有偿的角度解释转质权人对质权的善意取得，而从物之支配秩序和占有推定的角度又很难解释无过错出质人为什么必须接受转质权人取得质权的法律后果。其次，担保关系是一种单务合同关系，自始至终没有债权人的对待给付义务，但这种单务合同关系又和典型意义上的无偿借用、保管、赠与等法律关系不同，后者的义务人都可以在履行义务之前任意解除合同关系；反观担保关系中的合同类型，除质权合同尚有争议，定金合同为实践性合同外，抵押合同和保证合同都是诺成性合同，导致很难从义务设置和履行的公平性上解释和处理担保关系。最后，因为担保关系的无偿和单务性，在第三人提供担保场合，在结果上担保人都是代他人“受过”。这就导致在订立担保合同时，担保人为了其他目的在心态上往往是高高兴兴、义无反顾，但是在债权人实现担保权，担保人承担担保责任时，又是不情不愿；最为重要的是，担保人在通常情况下又不能以其与债务人之间的关系，即提供担保的初衷是否达成对抗债权人。凡此种种，使得担保关系成为一种所有法律关系中纠纷率最高的法律关系类型。实践中，经常发生的情况是，甲银行向乙公司发放贷款，丙公司提供抵押担保。发放贷款后，甲银行发现丙公司不办理抵押登记，遂诉至法院。在法庭上，丙公司陈述不办理抵押登记的原因是乙不向丙公司提供约定的反担保，所以其无义务办理抵押登记。抵押人得不到法律的有效救济的境遇在普通的社会心理上却又值得同情。

（三）担保法是一项最奇特的民事法律制度

除担保关系的特殊性外，我们认为，担保法也是最为奇特的民事法律制度，这一点主要表现在以下三个方面：首先，担保法的实质性规范分布范围极为广泛。实践中，几乎所有类型的经济活动都有信用增加、盘活资产等需求，因此几乎所有和经济有关的法律制度都包含有关担保的规定，如《外汇管理条例》第十九条规定“提供对外担保，应当向外汇管理机关提出申请……”。票据法、专利法、证券法等都包含担保的法律规定。其次，担保法横跨物权、债权两个法律领域。在担保法律制度中，物权担保须依据担保法、担保合同须依据合同法，很多问题无法分清是应当从物权法对世、公示、支配、排他、推定、优先、善意取得等角度进行解释，还是应当从债权合同的意思自治、责任自负、无过错归责的角度加以解决，无法在保护物之支配秩序和保护当事人权利自决之间进行取舍。例如，第三担保人之间是否可以追偿的问题，即是至今尚无定论的难题。最后，担保法的具体适用往往须迁就其所担保的具体债权关系类型。例如，海商法中有关留置权的规定，是应当作为物权法留置权规定的特别法，还是应用新法优于旧法的适用关系，在实践中争议就非常大。这一问题的实质原因即是，海商法规范的法律关系是否相对于物权法规范的法律关系具有特殊性，是否值得为确保提单的流通性而牺牲物权法中的留置规定在海商法领域内的一般适用性。

二、担保法中的第一性原理——“责任自负”

如果说担保法中有什么一以贯之的原则或原理，当属“责任自负”，我们将之看作担保法立法、司法的第一性原理。担保法在规范和解决担保人是否承担担保责任，以及承担什么样的担保责任这两个核心问题的立法和司法过程中，都是在以“责任自负”作为担保人承担担保责任的正当性依据，在终极意义上承担着塑造“责任自负”的民事主体的民事法律的价值和功能。很多人认为担保法的理论过于复杂、玄奥，实务过于多样和冲突，但如果从“责任自负”出发，以之为分析和处理问题的底层逻辑，那么很多问题和困难就会迎刃而解。国人常说“中庸”之道，即中不偏，庸不易，指的是无论人生多么复杂多样，守住本心、不偏不倚，“责任自负”即是一个让我们在担保关系的立法、司法实践中不偏不倚的基本立场。

在担保合同无效，或担保权无效的场合下，当事人须以自己在无效事项上的过错承担缔约过失责任。所以，我们能看到，在政府机关提供保证担保的担保关系中，保证合同因违反法律的强制性效力规范而无效，而司法机关给出的解决方案即是从法律存有明确规定推定债权人、保证人均有过错，所以债权人、保证人须一起各承担债务人不能清偿的债务部分的二分之一的损失。这里保证人的担保责任发生了两个变化：第一，从原本应当承担担保合同约定的全部担保责任变为二分之一；第二，政府机关的担保责任从原来保证合同中约定的连带责任，即第一序位责任主体，变成补充清偿主体，债权人失去了直接要求政府机关承担责任的权利，其拥有的保证债权发生了减等情形。其间，债权人承担上述两项不利法律后果的原因是其在知晓政府机关不能作为保证人的情况下缔结保证合同，其应当“责任自负”。在担保合同和担保权有效的场合下，当事人须就自己在担保合同中承诺的条件和范围承担担保责任，担保合同成为其承担担保责任的正当性理据，其中包含的是从“意思自治”到“责任自负”的基本逻辑关系。在实践中，担保关系中的“意思自治”的形式多种多样，可能是一份函件，也可能是一封电子邮件。所以，寻找、解释当事人的真实意愿就成为人民法院在对担保合同是否有效，以及担保人应否以及应当承担什么样的担保责任作出判断之前必须完成的首要工作。例如，借款合同中约定借款人的法定代表人提供连带责任保证，该法定代表人在合同签章处签字，但并未特别注明其身份为“保证人”，而借款合同一开始又未能注明法定代表人系合同当事人之一。此时，对法定代表人是否应当承担保证责任问题的审查，实际上即是在按照“责任自负”的逻辑审核其是否作为单独的，有别于借款人公司的“保证人”作出了提供保证担保的意思表示，从而以“责任自负”为理据满足法律的正当性要求。

实践中，人民法院也用司法裁判诠释了“责任自负”这一担保法的第一性原理。在湖南高院审理的“刘某某与梁某某、王某民间借贷纠纷二审”中，债务人在借条上的加签行为使得原本没有还款期限和无利息的借款合同关系，变更为有还款期限和利息的借款关系。就此，在确认保证人是否承担保证责任问题上，湖南高院在其就该案作出的（2015）湘高法民三终字第147号终审民事判决书中认为：“本案借款没有约定还款期限，王某加签的该内容仅是明确还款期限，并不属于变更借款合同内容，也没有加重保证责任，故梁某某不得以此免除保证责任”；而“债务人在借条上加注利息，确实增加了保证人的保证责任，保证人应当不承担该部分的保证责任”。同样的加签行为，为什么会在不同的问题上产生不同的后果？因为，在加签确定还款期限之前，即在主合同无还款期限的场合下，保证人存在合同签订后未来任何时点债权人宣布债务到期即要求其承担保证责任的风险，其所面临的是一种不确定风险；而债务人的加签仅仅是使其不确定的风险转化为确定性的风险。从风险负担的角度来看，加签行为甚至降低了承担保证责任期限不确定的风险，所以其仍应承担担保责任。质言之，加签还款期限之后，保证人还是在其所缔结的保证合同的责任和风险范围内承担担保责任。与此相对，加签产生的利息使得原本依据合同法的规定为无利息的自然人借款关系，变更为有利息负担的借款关系，增加了债务总额，但在结果上也仅仅是保证人不承担增加的利息部分的保证责任。在司法实践中，诸如此类的案件不胜枚举，人民法院的法官们无不在殚精竭虑地依据“责任自负”原则抽丝剥茧地搜寻担保人承担担保责任的正当性理据。

同样，人民法院在审理案件的司法实践中，也会在极为特殊的情况下作出不符合责任自负原理的判决。例如，在“朱某某与烟台华河机械有限公司、李某某等海上、通海水域打捞合同纠纷申请再审案”中，我们即认为最高人民法院作出的（2015）民申字第3368号民事裁定在内容上值得商榷。在该案中，留置权人朱某某留置了债务人的挖掘机，并与债务人达成占有并使用该挖掘机，以使用收益冲抵打捞费、修理费的协议，这实际上是双方就打捞费、修理费债务达成的延期还款协议。另外，该挖掘机系债务人以所有权保留的方式向案外人华河公司购买，因债务人不支付分期款项，华河公司诉至法院并在获得判决后经申请由法院执行机构在留置权人朱某某处取回挖掘机并进行司法扣押。最高人民法院在民事裁定中认为，“留置权属于担保物权而非用益物权，朱某某继续占有涉案机器是为了用于经营，并非为了通过留置涉案挖掘机剥夺李某某对涉案挖掘机的利用权而迫使李某某清偿其债务。因此，朱某某的相关意思表示与行为无关留置权的成立与行使”，并认为“从债务履行期限是否届满的角度来看，朱某某与李某某之间达成的以经营收益冲抵打捞费和维修费之合意，表明朱某某同意不通过变卖涉案挖掘机并就变卖价款优先受偿的方式清偿其债务，意味着朱某某同意延缓债务人李某某的债务清偿期，将其债务清偿期延缓至未来相关收益与涉案债务相抵销之时，朱某某陈述称‘事发当时李某某就是说没有钱，让朱某某看着办’，也进一步印证了朱某某同意延缓债务人债务清偿期的事实。因此，作为留置权行使法定要件之一的‘债务已届清偿期’之要件已不再具备”。对此，我们认为，债权人延缓履行期限后，在华河公司取回标的物的情况下，应当认为债务延缓协议因无法履行而终止，债务实际上已届清偿期。这里和债权人出于什么目的占有留置物没有关系，只要占有期间的收益用于清偿债务即应认定其占有的合法性。从本质上讲，留置占有并最终行使留置权以实现债权，和经营占有通过债务抵销实现债权本身在目的上即具有一致性，应认定所有权人华河公司虽有权从朱某某处取回留置物，但朱某某也有权行使留置权优先受偿。客观地讲，债权人朱某某的打捞和修理行为维护了华河公司对案涉挖掘机的所有权；而且，人民法院也已经另做判决确认了打捞、修理费的具体数额。在结论上，我们认为更加妥当的判决是债权人朱某某可以就华河公司取回的案涉挖掘机优先受偿。在这一结论中，“责任自负”的第一性原理就成为我们分析问题的基本出发点，留置权人和债务人达成使用并以经营收益冲抵修理费的行为并不足以使其失去对留置物的留置权，在仍然占有留置物的情况下，最高人民法院作出的裁定并不符合“责任自负”的基本原则。

三、本书的研究和讨论方法、框架与内容

本书的名称是“理论与实务”。其中，理论所描述的主观权利及其体系，是人类理性活动的产物，即存在于我们观念中的、抽象的、先验的、理性的，由若干概念、规则组成的严密的和符合逻辑自洽的体系。理论研究和发展的成果，一方面是形成“规范法律事实”（即假定）、行为模式和法律后果的法律规范组合，另一方面成为司法和实务人员在具体法律纠纷中适用法律规范的理论指导。而实务，即是针对民事主体在民事活动中形成的民事法律关系具体适用民事法律规范，其结果无不最终会归结到主体所拥有的民事权利和义务之上，最终会回到对既成理论的拷问之上。实务中，将一个个具体实践问题串联起来，实现法律适用的一贯性、稳定性、可预见性，首先即需要实务人员具备扎实的理论功底，具备从理论角度对客观的、具象的、因主体活动而不断发展、变化的各种民事

权利进行深入思考的能力。因此，我们在研究和讨论时，遵循先理论、后规范、再实务，最后回到对既成体系的质疑和讨论之上的路径与方法。

《担保法》颁布至今，有关担保法理论研究方面的论著汗牛充栋，狗尾续貂和画蛇添足显然是不智之举，所以我们舍弃单纯就理论进行讨论的方式，转而以“责任自负”这个担保法立法和司法中最为基础的“大前提”为主线，仅对担保法的理论进行简单的体系性讨论，接着将更多的精力投入对《担保法》《担保法司法解释》以及《物权法》中有关担保法条文的解读当中。其中，更多的是针对法律条文具体内容进行多角度解读，以谋求厘清法律条文规范和适用的边界，并据此反思现有的担保法理论。最后，我们将引述审判机关作出的大量司法裁判，寻找法官们从规范法律关系到事实法律关系进行法律适用的底层逻辑，力求呈现一个从理论—法条—实务的担保法的全部风貌。

总体而言，本书有三个维度：第一，理论维度；第二，规范维度；第三，实践维度。在第一个维度上，本书会简单论述传统民法当中有关担保法的基本理论，因为科学研究和理论思维这部分最能体现担保的体系性，阅读该部分可以帮助读者了解担保法立法、司法的基本理论脉络，掌握担保法的大致方向。在第二个维度上，在吸收和借鉴外国法律，尤其是以德国为代表的大陆法系有关担保的法学理论时，我国立法者根据我国社会实践的实际情况作出了微调，既满足了相沿几千年民事法律理论，又满足了我国的基本社会。所以，在这个维度上，我们会看到我国担保法立法中对传统民事法律理论和我国实际情况的取舍，体会到担保法立法的艰辛。在第三个维度上，本书会引用司法实践中，各级人民法院，尤其是最高人民法院的大量实际案例，我们会以“责任自负”为底层逻辑对这些判例进行分析。这部分将主要是以提问的形式出现，读者可以根据提问的索引查找到相关的问题，并看到实践中司法机关在作出裁判时是如何适用法律解决这些问题的。

本书的基本框架分为担保法总论、保证担保、抵押权、质权、留置权、定金以及独立保函七个章节，基本是遵照现行《担保法》的框架对相关问题进行讨论。其中，担保法总论所涉及的内容是担保法所涉及的，带有共性的内容，如担保合同的效力、对外担保、担保人免责和追偿等。最后一个章节“独立保函”，并非我国《担保法》的规范内容，之所以将这个部分纳入本书的讨论范围，有以下三个原因：第一，从担保关系对主债权关系的从属性上看，从属的紧密性是从保证、抵质押、留置到定金呈逐渐递减趋势，到独立保函，从属性已经基本消失。在这个意义上，各个担保制度既有了自己独特的价值和功能，也获得了制度本身的存在意义，所以只有将独立保函纳入进来，才能看到这一趋势的全貌，才能从趋势上体会各个担保制度的制度价值和功能。第二，最高人民法院在《独立保函规定》中，明确规定独立保函不是保证担保，所以讨论独立保函会帮助我们从其与保证担保的区别的角度理解保证担保，理解担保责任。第三，从功利的角度来看，独立保函在国际贸易中的重要性毋庸置疑，正确理解独立保函制度和功能可以帮助我国企业顺利地对外开展经济交往，实现“走出去”的发展战略。因为撰写本书的时间有限，以及《独立保函规定》刚颁布不久，实践中司法案例较少，我们采取了不同于本书其他章节的论述方法，仅就该规定的规范内容作以解读。

四、本书的初衷及使用

我们就本书的内容进行写作，源于我们对第三担保人之间相互追偿权的争论。面对第三担保人之间是否可以追偿这一近乎无解的问题，我们树立了一个目标，即探究担保人承担担保责任的底层逻辑到底是什么。随着研究和讨论的深入，我们发现担保法涉及的各个担保制度均有其自身独特的制度功能，它们的底色各不相同，所以我们遂着手将讨论的内容和结论整理出来形成了本书的基本框架，以展现各个类型担保制度的特色。在最初设定本书的使用者时，鉴于我们的身份，即法学教员、律师、公证人，我们产生了分歧，在法科学生、律师、公司法务以及司法审判人员等读者类型中难以取舍。但后来发现，我们以理论、规范、判例方式进行讨论，似乎能够兼顾上述所有的读者类型。我们讨论担保法理论，可以帮助法科学生学习担保法知识，讨论法条可以帮助其理解从理论到法条的立法逻辑，讨论案例可以帮助其理解法条的具体运用并加深对担保法理论的理解。我们以自问自答的方式讨论法律条文和司法判例，可以帮助律师、公司法务和其他的实务工作者迅速地查阅到相关问题，至少可以为他们分析具体问题提供一些新的思路和方案。我们在讨论司法判例时，几乎是照搬审判机关作出的司法裁判的精彩片段，可以帮助司法审判人员快速地进行对比和参照。因为要兼顾不同的使用者，使得我们不断扩大本书的篇幅，出版计划也一再延迟，对此我们要着重感谢中国法制出版社。

五、关于本书中人民法院实践判例的说明

在本书中，为了说明担保法理论、规范和实践的联系，我们根据所要说明的问题，引用了大量人民法院的裁判案例。对此，需要着重声明和强调的是，

我们既无意借助本书中的案例对参与案件审理的法官就其所作出的司法裁判提出任何批评和质疑，我们没有参加审判活动，没有经过庭审、质证等程序了解到案件的审理情况，所以也没有能力和资格对案件的裁判结果作出评判。在这里，我们想起作家王小波写过的一句话，“在人类的一切智能活动里，没有比做价值判断更简单的事了”，置身法庭审理活动之外，脱身于具体的话语场景，对裁判结果作出价值判断，无论如何都是不负责任的行为。我们所能做的就是，在不同案件中，根据法官认定的事实，对法律的适用问题进行讨论，从而回溯到法律条文和理论的探究之上。所以，本书引用司法裁判仅仅是断章取义地就案件裁判文书主文的内容对相关问题加以说明，如因没有顾及实际审判活动中庭审、质证而忽略案件的某些真实情况，以至于我们对裁判文书的内容作出误读，在这里先期对相关的法官表示歉意。在查找、翻阅、引述和研究司法裁判的过程中，我们获得了前所未有的乐趣，当看到人民法院法官作出的异常睿智的司法裁判时，我们的反应往往是拍案叫绝。我们深刻地发现，人民法院的法官在我们这个国家是最富激情、最富创造力、最具智慧的群体之一。在繁重的日常工作中，他们的工作无愧于他们制服上的国徽，无愧于他们所坚守的法治精神。我们也从他们一份份充满智慧的司法裁判中，看到了我们国家法治进程的希望。

改革开放四十年，中国以举世瞩目的速度迅速崛起，在民事法律制度上走的是西方发达国家的路径，这一点表现在担保法制度中尤为明显。客观地讲，担保法律制度在我国经济发展过程中，起到了极大的促进作用，也出现了很多水土不服。我们认为，现今是就担保法的理论和规范进行反思的时候了，不是仅从民事法律理论范畴，而是要从更大的综合经济学、社会学的维度对担保法的立法和司法进行反思，希望本书的内容对此能够有所裨益。

付颖哲

二〇一八年七月

缩 略 语

一、法律

1.《中华人民共和国民法总则》	《民法总则》
2.《中华人民共和国合同法》	《合同法》
3.《中华人民共和国担保法》	《担保法》
4.《中华人民共和国物权法》	《物权法》
5.《中华人民共和国公司法》	《公司法》
6.《中华人民共和国涉外民事关系法律适用法》	《法律适用法》
7.《中华人民共和国城市房地产管理法》	《房地产管理法》
8.《中华人民共和国民事诉讼法》	《民事诉讼法》
9.《中华人民共和国企业破产法》	《破产法》

二、司法解释

1.《最高人民法院关于适用〈中华人民共和国担保法〉若干问题的解释》	《担保法司法解释》
2.《最高人民法院关于适用〈中华人民共和国物权法〉若干问题的解释（一）》	《物权法司法解释（一）》

3.《最高人民法院关于适用〈中华人民共和国合同法〉若干问题的解释（一）》	《合同法司法解释（一）》
4.《最高人民法院关于适用〈中华人民共和国合同法〉若干问题的解释（二）》	《合同法司法解释（二）》
5.《最高人民法院关于人民法院办理执行异议和复议案件若干问题的规定》	《执行异议和复议规定》
6.《最高人民法院关于审理商品房买卖合同纠纷案件适用法律若干问题的解释》	《商品房买卖合同司法解释》
7.《最高人民法院关于审理票据纠纷案件若干问题的规定》	《票据法司法解释》
8.《最高人民法院关于适用〈中华人民共和国民事诉讼法〉的解释》	《民诉法司法解释》
9.《最高人民法院关于审理民间借贷案件适用法律若干问题的规定》	《民间借贷司法解释》
10.《最高人民法院关于审理独立保函纠纷案件若干问题的规定》	《独立保函规定》
11.《最高人民法院关于贯彻执行〈中华人民共和国民法通则〉若干问题的意见（试行）》	《民通意见》
12.《最高人民法院关于审理民事案件适用诉讼时效制度若干问题的规定》	《诉讼时效规定》
13.《最高人民法院关于审理买卖合同纠纷案件适用法律问题的解释》	《买卖合同司法解释》

目录

CONTENTS

第一章　担保法总论

第一节　担保概述

第二节　担保的分类

第三节　担保权的成立、设立

第四节 担保合同的相对独立性

第五节 担保合同无效及法律后果

第六节 债权人多数的担保关系——银团贷款

第七节 混合共同担保

第八节 公司提供担保的有效性

第二章 保 证

第一节 保证担保的概述

理论部分

第四节 保证责任

理论部分

制度部分

第五节 最高额保证

理论部分

制度部分

第三章 抵押权

第一节 抵押权的概述

理论部分

制度部分

第二节　抵押权的设立

理论部分

制度部分

第三节　抵押权的效力

理论部分

制度部分

第四节　抵押权的实现与消灭

理论部分

制度部分

第五节　特殊抵押权

理论部分

制度部分

第四章　质　权

第一节　质权概述

理论部分

制度部分

第二节 动产质权

理论部分

制度部分

第三节 权利质权

理论部分

制度部分

第三节 留置权的效力

理论部分

制度部分

第四节 留置权的实现与消灭

理论部分

制度部分

第六章 定 金

第一节 定金概述

理论部分

第七章　独立保函

第一节　独立保函的基本理论

第二节　《独立保函规定》的解读和应用

问题、案例目录

第一章　担保法总论

第二章　保　证

第三章 抵押权

第四章 质 权

第五章　留置权

第六章　定　金

第七章 独立保函

第一章

担保法总论

担保法是规范担保关系的法律规范的总称，由《中华人民共和国担保法》《中华人民共和国物权法》，以及《最高人民法院关于适用〈中华人民共和国担保法〉若干问题的解释》和《最高人民法院关于适用〈中华人民共和国物权法〉若干问题的解释（一）》等法律、法规和司法解释组成，用于规范为担保债权实现而设立的担保法律关系。作为担保债权实现的法律措施，上述法律、司法解释所规定的担保方式有保证、抵押、质押、定金、留置五种类型，而本章仅总体性地讨论不同担保类型的一般性特征、分类和效力，对各种具体担保方式的讨论将放置在后续章节进行。

第一节　担保概述

一、担保的概念和基本原理

债的担保，是指在债权债务关系中，用以保障债权人的债权得以实现的法律措施。根据《担保法》的规定，担保方式有保证、抵押、质押、定金、留置五种法定类型。

（一）债的担保的基本原理

依照传统的民法理论，民事权利是一种利益，是民事法律规范赋予民事主体满足其利益的法律手段，是民事主体为实现某种利益而为某种行为或不为某种行为的可能性。相对于物权、知识产权等无须他人主动配合即可通过权利人的支配行为得以实现该权利所对应的利益的支配权而言，债权是特定的债权人请求特定债务人完成一定行为的权利，债权的实现须有债务人的配合。在债务人不完成特定行为，即不履行义务的情况下，债权人之债权有无法实现之虞。为了确保债权得以实现，债权人要求债务人提供一定的担保财产，在债务人不履行债务时，通过对担保财产行使担保权利，最终实现债权。

【问题 1】何为债的担保，其有何功效？

甲公司与乙装修公司达成施工合同，约定乙公司于合同签订后两周内使用特定涂料粉刷甲公司的办公用房，乙公司未按期履行合同的，合同自动解除。合同签订后，乙公司按合同约定向甲公司缴纳一万元履约定金，但直到合同履行期限届满，乙公司也未履行合同。事后查明，乙公司因高价承揽了丙公司的施工工程，因而导致无法履行其与甲公司的合同。请问，一万元的履约定金性质为何？

分析：在上述实例中，甲、乙约定的施工合同是一个附解除条件的合同，甲公司以合同约定的施工费交换乙公司的施工行为，而乙公司缴纳的一万元定金是乙公司用于向甲公司履行施工合同约定的施工义务的担保。根据我国《担保法》第八十九条的规定，债务人给付定金而不履行合同约定的，无权要求返还定金，故甲公司可以没收乙公司的一万元定金不予返还。于是，因为定金担保的存在，甲公司无须担心乙公司不履行合同，也不必费时费力地就乙不履行债务而另行要求其承担违约责任。如果进一步观察甲公司所掌握的对乙公司权利类型，并且将合同义务和违约责任项下的义务分别作为合同的一级义务和次级义务，就会发现，债权人行使担保权，并不是实现合同的一级义务，而是实现次级义务，这也是为什么《担保法》第二十一条就担保给出的默认范围是“主债权及利息、违约金、损害赔偿金和实现债权的费用”。换句话说，所谓担保，是指在债务人不履行债务时，债权人实现其合同次级义务的法律保障措施。

（二）债的一般担保

债权债务关系成立后，债务人的全部财产就成为债权实现的保证，其全部财产也即成为所谓的“一般责任财产”，该财产的范围大小事关债权是否能够顺利实现，也即债的一般担保。在实践中，这种担保形式在保障债权实现方面有明显的缺点：第一，它并不特别针对某一具体的特定债务，而是适用于担保债务人对外的全部债务，这些债务对应债权的债权人在就债务人的全部财产实现债权时，并不具有相对于其他债权人的优先性。第二，债权人在债务存续期间，虽然在特殊情况下，债权人能够依据代位权、撤销权阻止债务人不当处置自己财产的权利，但上述两项权利的适用条件过于严苛，而且受制于债权的相对性质，从而导致债权人通常并不能够直接地、物权支配性地阻止债务人处置自己的财产，以避免债务人的一般责任财产的不当减少。

对于债务人一般责任财产的不当减少，我国《合同法》第七十三条、第七十四条分别为债权人安排了代位权和撤销权两项制度，债权人可借此对债务人的一般责任财产进行保全。实践表明，因为上述两项制度对债权人利益的保护在效果上非常有限，程序上非常烦琐，所以债权人往往倾向于采取债权担保措施保障债权实现。

【问题2】何为债的保全，债的保全在制度上相较于债的担保有何不足？

甲向乙借款十万元，无担保。在借款期限届满之后，债务人将自己仅剩的财产——一套价值十万元的房产，作价五万元转让给丙，导致乙只能半数清偿甲的借款本金。甲应当如何依法维护自己的权利？

分析：在本案中，乙的个人财产的多寡，直接关系到其是否能够按期向甲还本付息，或关系到甲的债权的实现。在合同法中，为避免债务人财产的不当减少造成对债权人的损害，给出了债的保全制度，即《合同法》第七十三条、第七十四条的代位权和撤销权制度。这两项制度规范的是两种情况“该要的不要”和“不该少的少了”，本案中的情形属于后者，甲可以根据《合同法》第七十四条行使撤销权，撤销债务人乙低价转让房产的行为，使乙的一般责任财产在数量上回复至十万元。但这一手段在实践中的效果非常有限，主要表现在：第一，须至债务人处提起撤销权之诉，此处属于专属管辖，甲、乙借款合同中有关法院管辖的条款不能适用，而且是否可以适用代位权、撤销权制度须经人民法院通过诉讼程序进行审查。第二，条件非常苛刻，根据《合同法》和《合同法司法解释（二）》：（1）甲须证明乙低价转让行为导致其无力履行还本付息义务，即有损于债权；（2）须证明受让人丙知晓乙低价转让，且知晓该转让行为对债权人造成损害；（3）须证明以明显不合理的低价转让房产，即以不足房产价值百分之七十的价格转让房产。第三，无论是代位权还是撤销权均形成对合同的相对性原则的突破，涉及对债务人财产处分自由的限制和对受让人合法权益的保护，故各级人民法院在代位权、撤销权问题上均持谨慎立场，实践中大量的判例也证明了这一点。

但是，如果甲、乙在达成债权合意时，在乙的上述房产之上设定抵押权，那么：第一，甲可以出于保障债权实现的目的而有效阻止乙不当处分该房产，这也是抵押权作为价值支配权的本质特征之一；第二，在甲实现债权时，可以就该房屋的价值相对于其他一般债权人优先受偿。所以，在可能的情况下，设定债的担保是债权人达成债权债务关系时，优先考虑的权利保障措施。

（三）债的特别担保

除了债务人用其所有财产对债权提供一般担保之外，我国现行法律还为债权人提供了特别担保制度。根据我国《担保法》《物权法》的规定，特别担保包含两种情况：第一，设定债权性质的保证担保，将担保债权实现的一般责任财产范围从债务人财产扩大至保证人的一般责任财产；第二，设定物权性质的物权担保，即将债务人或第三人的特定财产作为担保财产设定担保物权，从而因为物权的优先效力在该担保财产上获得相对于其他债权人的优先权。

本书中的担保，除特别说明之外，均指债的特别担保。在特别担保法律关系中，特别担保所担保的债权被称为主债权，而基于特别担保形成的权利，包括保证债权、定金债权、抵押权、质权、留置权，统称为担保权，其中既有债权，也有担保物权；而提供特别担保的主体被统称为担保人，主债权人相对于担保人被统称为担保权人。

【问题3】如何在实践中正确认定具体的担保类型?

自然人甲向乙借款，甲向乙出具保证函，保证按期还本付息，第三人丙就该笔借款提供连带责任保证担保，债务人甲用自己的一张定期大额存单、丁用自己的摩托车提供质押担保，各方分别签署《借款合同》《保证合同》《质权合同》，甲将定期存单背书后交给乙，丁将自己的摩托车交付给了乙。在该担保法律关系中，作为债权实现担保的有哪些?

分析：在实践中，区分具体担保类型的标准主要是区分用于提供担保的财产。在上例中，债务人甲的所有财产是债权的一般责任财产，本身即用于清偿债务，债权人乙无优先受偿的权利，故甲向乙出具的保证函没有任何法律上的实际意义。结论是，第一，债务人不能就自己的债务提供保证担保，上例中的担保函并非《担保法》规定的任何一种担保类型；第二，保证人丙的所有财产也是担保财产，虽然债权人乙就该财产也无优先受偿的权利，但因为该财产系债务人甲所有财产之外的担保财产，故为特殊责任财产，保证担保也系特别担保；第三，债务人甲提供质押担保的大额存单虽然属于其所有财产中的特定财产，但相较于一般担保，债权人乙就该部分财产拥有优先受偿权，故该担保为特别担保；第四，出质人丁提供质押担保的摩托车系债务人甲所有财产之外的特定担保财产，债权人乙就该摩托车拥有优先受偿权，故该担保亦为特别担保。

应当注意的是，丁并不是用自己的所有财产提供担保，仅仅是用自己的特定财产摩托车提供担保，丁仅在该特定财产范围内承担担保义务，这在本质上是一种有限责任；而保证人丙系用自己的所有财产提供担保，所以保证责任在本质上是一种无限责任。

二、债的担保的特征

债的担保是为保障债权的实现而设立的，它具有如下不同于其他民事权利制度的属性：

（一）债的担保具有从属性

债的担保具有从属性，又称担保的附随性，是指债权担保的成立和存续，尤其是后者必须以一定债权关系的存在为前提。除特殊情况（最高额保证、抵、质押）之外，担保均是为具体而特定的债权关系而设定，或于债权关系成立的同时设定，或于债权关系成立后设定；担保所形成的担保权不能离开债权关系独立存在，也不能单独转让，并且会随债权关系的消灭而消灭。从权利的类型来看，担保权是从权利，而债权是主权利，两者之间是主、从权利的关系。

（二）债的担保具有补充性

债的担保具有补充性，指债权人所享有的担保权，相对于债务人的债务履行义务，仅具有补充性，最终真正承担债务的是债务人。债的担保的补充性表现在：第一，担保人原则上是在债务履行期限届满，主债务人未履行债务的情况下才需承担担保责任；第二，债权人只能就债务人未履行的债务部分要求担保人承担担保责任，债务履行情况事关担保义务的履行；第三，在担保人向主债权人履行担保义务之后，有权向主债务人追偿，由主债务人最终承担债务。

（三）债的担保具有相对独立性

债的担保具有相对独立性，是指担保人和主债权人之间的担保关系对于主债权具有相对独立性，主要表现在：（1）一般情况下，主债权人只能继受取得担保权（抵押权、质权、定金债权），须就此与担保人遵循契约自由原则达成合意，该合意在内容上相对独立于主债权关系；（2）担保人虽系在主债权范围内承担担保义务，而担保义务的具体范围由担保人和主债权人自行商定，不必和所担保的债务范围完全相同；（3）债的担保具有无因性，除非主债权人有明确的相应意思表示，担保人提供担保的动机不影响担保的效力；（4）担保人除了拥有主债务人源自主债权关系的抗辩权，而且还享有自身的源自担保关系的抗辩权，如一般保证中的先诉抗辩权；（5）主债权关系的无效、可撤销和有效存续会影响担保关系的有效存续，但是反过来担保关系的有效存续不影响主债权关系的存续。

【问题 4】如何认识担保权的相对独立性？

1. 自然人甲向乙借款，丙就该笔借款的借款本金提供一般保证担保。借款合同到期后，甲未履行还本付息义务，乙如何要求丙承担担保责任？

分析：债务人甲到期未还本付息，乙有权要求保证人丙承担保证责任，但因为丙提供的是一般保证担保，故丙有权就乙要求其履行担保责任的要求提出先诉抗辩权；即待乙向甲主张实现债权，并就甲的财产进行“检索”，仍然无法实现债权的情况下，乙才能真正有权要求丙承担保证责任。另外，乙只能根据其与丙签订的保证合同要求丙承担保证责任，而该合同约定丙的担保责任范围仅仅是借款本金，不包含利息，故乙只能要求丙就借款本金承担担保责任。

2. 自然人甲向乙借款，针对乙提供担保的要求，甲与丙协商请求丙就该笔借款承担连带责任保证担保，但丙就此要求无偿使用甲的门面房一年，甲同意。为此，各方分别达成《借款合同》《保证合同》《房屋借用合同》。事后，在甲向丙交付房屋之前，该房屋因为地震倒塌。借款合同到期后，甲未能向乙履行还本付息义务，在乙要求丙承担连带保证责任时，丙辩称其未拿到《房屋借用合同》的房子，让其承担保证责任很冤枉，故其无须履行担保义务。请问，丙的说法是否于法有据？

分析：在上述实例中，无偿使用房屋系丙提供保证担保的动机，动机是否能实现不影响其根据《保证合同》向主债权人乙承担担保责任，故其说法于法无据。如果在保证合同中，乙、丙就将丙实际使用房屋一年设定为丙承担担保责任条件的事项达成一致，那么保证合同属于附条件的法律行为，应属有效，则丙在房屋倒塌，无法使用房屋的情况下，有权拒绝就甲对乙的债权履行担保责任。

三、担保的社会功能

（一）担保功能之一——信用增加

市场经济说到底是一种信用经济，缺乏信用寸步难行，而信用基础在这里可以是知识产权、企业声誉、荣誉等无形资产，也可以是土地、货币、机器、矿产等实物资产，甚至还可以是权益或者权威机构的信用评级。债务人的信用大小直接关系到债权人与其开展交易的意愿和规模，也就是债务人能够承担的债务大小。可以说，信用不足往往是一个企业自身发展的重大“瓶颈”。在金融信贷领域市场化之后，银行等金融机构为了规避自己的风险，都需要贷款企业提供债务担保，而就某一项债务提供担保，被认为是一种对债务提供的增信措施。这一情况在一般的交易领域内更是如此，如招投标需要投标担保，买卖交易需要履约担保，甚至在司法程序中，当事人提出保全申请都需要向法院提供保全担保。由此可见，担保不仅与信用有关，而且也可以帮助中小企业融通资金，破除自身信用不足造成的发展瓶颈，获得发展所需的资金。从这个角度来看，担保的社会功能就可以归纳成一个递进序列：第一，信用中介；第二，融通资金；第三，促进交易。

担保在实践中也有其消极的一面：在金融信贷领域，担保作为一种增信措施在被大规模应用之前，债务人自身的诚信状况、财务状况、行业前景，以及盈利状况和能力是银行决定是否出借款项的核心要素，这些成为衡量一个企业信用的标准。担保被广泛应用之后，银行就自觉不自觉地将这一核心从债务人的自身信用转移到了担保资产之上，从对债务人总括性的信用审核转移到对某一具体债务关系中的担保资产价值数量、流动性等的审核上。这样，通过银行进行的资金流转和调配不是基于企业自身和其经营状况审核的结果，而是基于对担保资产审核的结果。其结果，一方面，会造成资产，尤其是那些能够成为担保资产，价值波动不大且可能出现投资回报的资产，例如土地、房产等资产的价格虚高；另一方面，会造成银行无法有效完成对中小企业，尤其是中小高科技初创型企业的资源配给，这在一定程度上会造成资源的错配。

【问题5】担保制度如何造成资金的错配？

甲、乙两企业分别计划向丙银行申请贷款。甲企业属于初创型轻资产企业，有强大的研发团队，发展潜力巨大，但是没有可供抵、质押的担保资产；乙企业从事传统夕阳产业，虽然没有什么大的发展潜力，但是因为历史的原因有可供抵押的建设用地使用权。在这种情况下，丙银行会将自己有限的信贷资金出借给哪一个企业？

分析：趋利避害是市场经济主体的自发、自觉行为。在上述实例中，因为抵押资产的存在，丙银行一般会将自己有限的信贷资金出借给乙企业，这一点无可厚非。从产业结构调整和整个社会的发展角度出发，完全市场化的金融市场根本无法解决这一问题，这既是国家屡次强调信贷市场应当向中小企业倾斜，但仍收效甚微的原因，也是国家大力发展私募投资和风险投资的主要动因。

（二）物权担保的功能——资产盘活

担保权中的担保物权，是一种价值支配权，担保物的价值通过其所担保的债权关系确定，其价值数量与债权关系的债务数量正相关。在很多情况下，债权关系的成立直接取决于债务人是否提供担保物权。所以，从担保和债权的关系上看，担保制度拥有盘活资产的功能。从经济学的国家货币总量理论出发，即一个国家发行的货币总量，和这个国家生产的商品正相关，甚至是一一对应。这是一个简单的经济学规律，但是在担保制度产生后，货币总量就不仅和这个国家生产的商品总值有关，而且和可用于担保的物的价值总值有关。因为，任何物权担保关系中的担保物，最终都可能会面临债权人实现债权时的拍卖、折价、变卖，进而成为商品的可能性，这也是为什么担保物都必须具备流通性，从理论上讲任何能够自由流通的物都可以作为担保物权的标的物。在我国，广大农村的宅基地、宅基地上房屋以及承包土地的经营权成为担保物如今还受法律规定的限制。如果国家修订法律，允许这类资产成为抵押资产，那么就意味着，一方面，这些资产在事实上获得了流通性，成为商品；另一方面，这些资产成为抵押物，会使得我国的货币发行总量直线上升，因为这些资产通过担保制度被盘活了。

第二节　担保的分类

本节主要从各个角度对担保进行分类，这里需要重点讨论的是：第一，担保分类的标准是什么，分析这种标准是否周延，即是否存在例外情况；第二，每一种担保分类的意义是什么，即告诉我们为什么这样分类，其对理论研究和实践有什么积极意义。

一、人的担保和物的担保

根据担保财产的范围不同，担保分为人的担保和物的担保。

典型的人的担保即是保证担保，是指主债权当事人之外的第三自然人、法人或其他组织，以自身的所有资产为主债务的债务履行提供担保。在这种担保关系中，主债权人所拥有的担保权是债权性质的保证债权，即请求担保人到期履行担保义务完成担保之代偿行为的请求权。因此，担保财产并不是特定财产，数量可能会随时发生变化，债权人还需承担担保人资产减少带来的债务风险；而且，主债权人在主债务到期之前也不能阻止担保人处置自己的财产。所以，这种担保看似是用保证人的所有财产作为担保财产，但实际上是一种信用担保，即用保证人的信用担保债务人履行债务。人的担保，无论是债务人的全部财产作为一般责任财产担保债务履行，还是保证人的全部财产加入一般责任财产担保债务的履行，都不是债务人履行债务的可靠保证。因为，债权人对构成债务人、保证人的全部财产的各种财产并无优先权，这也是人保，即保证担保的核心问题。

物的担保，即抵押权、质权、留置权，是由自然人或者法人以其自身的特定财产为主债务的债务履行所提供的担保。在这种担保关系中，主债权人所拥有的担保权是他物权性质的权利，即在债务人到期不履行债务的情况下，主债权人可以自行行使担保权处分担保物，并以处分所获得的财产优先实现债权。因此，担保财产是特定财产，担保人在担保期间处置担保财产须经过担保权人的同意。在担保期间，该财产本身一般不会发生变化，但是债权人需承担因该特定担保财产意外毁损灭失，或者因担保物价值降低而引发的风险。

【问题6】担保关系中，债权人的风险应当如何判定？

自然人甲向银行借款，应债务人甲的请求，丙企业就该笔借款债权提供连带责任保证担保，丁用自己的房产提供抵押担保。各方就上述事项分别达成了《借款合同》《保证合同》和《抵押合同》，并且办理了抵押登记。在上述法律关系中，银行承担的风险有哪些？

分析：在上述实例中，银行通过建立担保关系，改变了其单独承担债务人不能还本付息的总体性风险，原本集中于债务人甲身上的债务风险被分散在丙企业的所有财产和丁的抵押房产之上，风险因此而大大降低。债务期间，如果丙企业资不抵债破产，无任何资产可供债权人分配，或丁的抵押房屋坍塌，且无保险公司对此进行赔付，那么银行的风险还是会集中于债务人甲之上。这也是经验丰富的法律专业人士通常会建议债权人将债务风险控制的重点放在债务人身上的主要原因。

人的担保和物的担保在性质上、内容上、效力上和工作机制上均有很大的差别。

1. 在性质上，人的担保和物的担保存在不同

人的担保，即保证担保属于债权性质，仅仅基于担保权人和担保人的双方法律行为（保证合同）即可成立。人的担保产生的保证债权并非对物的支配权，其客体是担保人履行保证担保义务的行为，故担保权人在实现其担保权时仅能向担保人提出请求，且担保权人的保证债权与担保人其他债权人的债权在法律上处于平等地位，并无任何优先性可言，这也是为什么银行等金融机构在设计融资担保方案时注重物权担保。

物的担保，即抵押权、质权、留置权三种担保物权，属于物权性质，除了担保权人和担保人须订立以设立担保物权为主要内容的债权合同（如《抵押合同》）之外，还须发生设立担保物权这一物权变动的特定法律事实，例如动产质权设立时需要的交付行为，不动产抵押需要抵押登记行为方可有效设立。鉴于担保物权的支配权性质和对世效力，为了保障权利人对担保物的有效支配，所以该权利只能设定在特定物之上。在结果上，在担保物权设立之后的存续期间，因为担保物权这一限定物权的存在，担保物权人能够阻碍担保物所有人或权利人处分担保物。

2. 在内容上，人的担保和物的担保存在不同

人的担保，即保证担保，系用担保人的一般责任财产作为债务人债务履行的担保，担保权人相对于担保人的其他债权人并无优先权。这样，在实现担保权时，担保人的一般责任财产的多寡至关重要，担保权人此时还需通过对担保人一般责任财产的查、扣、冻等执行措施获得相对于其他债权人在程序上的优先效力。

物的担保，即担保物权，系用担保人的特定财产作为债务人债务履行的担保，担保权人相对于担保人的其他债权人就担保物的变价享有优先受偿权，该权利实际上来自担保物权的物权效力和担保物权公示所产生的优先效力。在实现担保物权时，即使担保人的其他债权人查、扣、冻了担保物，在清偿次序上也应当落后于担保物权人，须在担保物变价范围内为担保物权人实现债权留有足够的份额，以便担保物权人能够真正享有优先受偿权。

3. 在效力上，人的担保和物的担保存在不同

人的担保，即保证担保，基于其债权性质，并不能对担保人的具体财产进行支配，其结果是只享有对担保人的债权请求权；而物的担保，担保物权人在担保人的特定担保财产上享有具有支配效力的担保物权，故其可以支配担保物。我国《物权法》和《民事诉讼法》甚至规定，担保物权人可以不经司法审判，径行向人民法院申请实现担保物权，就是担保物权支配效力的最佳体现。

4. 在工作机制上，人的担保和物的担保存在不同

人的担保在工作机制上，核心在于增加用于担保债权的一般责任财产的总体数量，即将保证人的所有财产和债务人的所有财产放置在一起担保债权的实现，债权人对债务人和保证人的特定财产并无优先受偿的权利。与此相对，物的担保在工作机制上，是在担保人的特定财产上设定担保物权，一方面限制担保人对担保物的处分权；另一方面在债务人到期不履行债务时，使债权人（担保物权人）拥有就特定担保财产变价优先受偿的权利。

金钱担保是指担保人以其金钱所提供的担保。在金钱担保中，担保标的是债务人所提供的一定数额的金钱。在民法理论中，金钱是一种特殊的种类物，奉行谁占有、谁所有的归属原则，但例外情况发生在金钱的特定化当中。如果完成金钱的特定化，例如封金、押金等，那么从本质上说，该金钱将作为特定物可归入物的担保之列，准确地讲是动产质押担保。但是，如果金钱将和债权人的金钱发生混同，因此发生金钱所有权转移的物权变动，那么金钱担保将不再是物的担保，而是权利质押担保。结论是，如果是特定化的金钱，那么是动产金钱质押，金钱还是归担保人所有；如果担保金钱和债权人的金钱发生混同，那么将是债权质押，即担保人用要求债权人返还同等数额金钱的债权提供质押担保。这一区别，发生在查封、扣押债权人账户，或是在债权人破产的场合下，区别尤为明显。

二、意定担保和法定担保

根据担保发生的依据不同，担保分为意定担保和法定担保。

意定担保又称约定担保，是指基于当事人就担保权的设立、担保的范围、期限等问题达成的一致合意而设立的担保，担保关系系双方主动设立。在担保纠纷中，除违反法律、法规的强制性效力规定而无效之外，担保合同的内容即成为处理纠纷的依据。意定担保是担保的最主要、最常见的担保形式，如保证、抵押、质押、定金均为约定担保。其中，除保证担保外，抵、质押担保和定金担保在担保合同之外还需要登记、交付质物和定金方能有效设立担保权。简言之，保证担保仅需双方合意即可成立，而物权担保则需要合意 + 登记（或交付）。法定担保是指担保权人在特殊情形下，根据法律规定而直接拥有担保权的担保类型。法定担保具有法定性，即担保的当事人、担保权设立的条件、担保的范围、担保的适用范围等均由法律规定，无须当事人约定。因此，只要具备了法律所规定的条件，且当事人无担保权排除约定，担保权人即拥有担保权，其可按照法律规定行使担保权，如留置权。

三、债务人担保和第三人担保

根据提供担保的担保人不同，担保分为债务人担保和第三人担保。

债务人担保又称本人担保，是指由债务人本人作为担保人所提供的担保。在债务人担保中，因为债务人的全部财产本身就是债务的一般责任财产，所以债务人不可能以自己的所有财产提供保证担保，只能就自己的特定财产设定担保，即设立抵、质押或定金担保。债务人担保不涉及第三人，故担保的法律构成、当事人之间的权利义务关系均比较简单。第三人担保又称他人担保，是指由债务人之外的第三人作为担保人的担保。在第三人担保中，主债权债务的债务人与担保人是不同的人，担保人由债务人之外的第三人担任。因为担保人并非债务人，故其既可以用其一般责任财产提供担保，即保证担保，也可以用自己的特定财产提供担保，即抵、质押担保。在第三人担保中，当事人之间的权利义务关系要比本人担保复杂得多，而且担保人在承担了担保责任后，有权向债务人追偿。实践中，抵押、质押既可以是本人担保，也可以是第三人担保；留置、定金只能是本人担保，而保证必须是第三人担保。

四、单一担保和混合担保

根据担保方式是否单一的不同，担保分为单一担保和混合担保。

单一担保是指担保人仅以一种方式提供担保，如对同一债权，担保人只提供保证担保或者只提供抵押担保。在单一担保中，当事人之间的关系相对比较简单，不涉及多个担保方式下债权人行使担保权实现债权的顺序问题。混合担保是指由两个以上担保方式所提供的担保，如对同一债权，既有保证担保，又有抵押担保或者质押担保；而且，还可能存在债务人担保和第三人担保同时出现的情形。所以，混合担保中集中了担保法理论中的三个主要难题，即债权人实现债权的顺序、担保人之间相互追偿、担保人免责，此三项问题我们将专章于混合共同担保进行讨论。

五、单独担保和共同担保

根据担保人的人数或担保物的数量，担保分为单独担保和共同担保。

单独担保是指债权仅有一个保证担保或物权担保，如对同一债权，保证人一人提供的保证担保，抵押人或者质押人以一物设立的抵押担保或质押担保。在单独担保中，仅涉及担保人与债权人、债务人之间的简单关系，不涉及担保人之间的关系。

共同担保是指担保人为两人以上或担保物为两物以上的担保，如保证人为两人以上的共同保证，两个物以上的共同抵押或共同质押。在共同担保中，由于担保人或担保物较多，因而更有利于债权的实现。但是，需要处理的多个担保之间的关系则更为复杂。

六、反担保和本担保

（一）反担保的概念和特征

反担保是相对于本担保而言的特殊担保类型，是指债务人或第三人为确保担保人在承担担保责任后实现其对主债务人的追偿权而设立的担保。在类型上，反担保包括保证、抵押、质押担保，一般不会涉及定金，而其相对于一般担保具有如下特点：

1. 反担保以本担保的存在为前提。反担保作为一种特殊的担保类型，亦具有从属性，只有本担保存在，且本担保的担保人承担担保责任后，其才能作为反担保权人行使反担保权。如果本担保不成立、无效或被撤销的，除非反担保关系的当事人约定亦就本担保的无效、被撤销的情况下本担保承担的法律责任提供担保，否则反担保人不承担任何担保责任。

2. 反担保中的债权人是为债务人提供担保的第三担保人，即本担保的担保人，也是追偿权的债权人；反担保人既可以是本担保的债务人，也可以是债务人以外的第三人。

3. 反担保所担保的债权是本担保担保人在承担担保责任后对债务人的追偿权，而该追偿权属于附延缓条件的未来债权，只能是在满足本担保担保人承担担保责任这一条件时才能产生。

【问题7】反担保权的行使，是以担保人承担担保责任为前提的吗？

蓝星公司向银行借款，应银行的担保要求，与红星融资性担保公司达成《委托担保合同》，由红星公司就该笔借款向银行提供保证担保（连带责任保证）。对于担保方案，当事人之间存在以下两个选择：（1）在蓝星公司用自己的一套房产就该笔借款提供抵押担保的同时，红星公司提供保证担保，之后再由蓝星公司用该套房产向红星公司的保证担保提供抵押反担保；（2）仅由红星公司就该笔借款提供保证担保，而由蓝星公司用房产向红星公司的保证担保提供抵押反担保。后，当事人选择方案二。但是，在蓝星公司无力清偿到期借款本息的情况下，银行实现担保权利遇到了问题：红星公司因为资金紧张，根本无力代偿本息以履行保证责任，而作为物的担保的房产仅仅是反担保，银行不是反担保抵押权人，无权行使；同时，因为担保公司尚未承担保证责任，故其也无法对房产行使反担保抵押权，故债务清偿陷入僵局。

分析：反担保实际上是担保人因承担担保责任后，对债务人实现追偿权时的担保，属于追偿权的从权利。在没有因承担担保责任而产生追偿权的情况下，担保人无权行使反担保权利。故，反担保权的行使，是以担保人承担担保责任为前提的。实践中，P2P网络借贷平台公司经常会遇到这样的问题，因为P2P公司在线撮合的借贷关系往往是一个借款人、多个出借人的借款关系，本质上是多个借款法律关系，为此P2P网络借贷关系办理债务人的抵、质押物担保在实际操作中非常困难，几乎不存在可操作性。一般情况下，都是由一家担保公司就P2P网络借贷提供保证担保，然后由借款人（债务人）向担保公司提供抵、质押反担保。如此一来，就会出现上述难题。如果不是网络借贷这种特殊的借贷业务模式，那么较佳的方案是上述第一种担保方案，即反担保人在向担保人提供反担保的同时，还就主债务关系提供担保。在这种模式下，即使担保公司无力承担担保责任，债权人还可以就物的担保实现债权。但需要注意的是，在债务人提供物的担保的情况下，债权人须排除人保主体的顺位利益，即约定债权人有权利径行向保证人要求承担保证责任，而不必先就债务人提供的物的担保实现债权。

（二）反担保与本担保的区别

反担保和本担保虽然都属于担保的范围，但二者因设立目的的不同而存在诸多差别，具体表现为：

1. 二者担保的对象不同。本担保所担保的对象是主债权，而反担保的对象则是担保人在承担担保责任后的追偿权，属于一种附延缓条件的未来债权。

2. 二者的当事人不同。在本担保中，担保权人是主债权人，担保人是主债务人或者第三人；而在反担保中，担保权人是承担了担保责任的担保人，担保人可以是主债务人，也可以是第三人。

3. 二者的担保方式不同。在本担保中，担保方式可以是保证、抵押、质押、留置、定金，还可以是让与担保或所有权保留这些非典型担保，即担保可以是依法律规定而产生的法定担保，也可以是依当事人约定而产生的约定担保；而在反担保中，担保方式只能是保证、抵押、质押。

4. 二者的担保责任承担条件不同。在本担保中，担保人承担担保责任的条件是债务人不履行债务或当事人约定的实现担保权利的情形；而在反担保中，担保人承担反担保责任的条件是本担保担保人承担担保责任，这是一种法定条件或情形，当事人不得另行约定。

（三）反担保的法律意义

反担保也是一种担保，具有促进资金融通、商品流通、保障本担保担保人追偿权实现的意义，有利于维护担保人的利益，并促成本担保。在市场经济体制下，市场主体从自身的利益出发，一般不愿意为债务人提供担保，但通过反担保制度，担保人的利益就有了可靠的保障，担保人可以放心地为债务人提供担保，从而有助于担保关系的设立。

七、涉外担保及其法律适用

（一）涉外担保的概念

涉外担保是指中国境内机构与境外民事主体，包括法人、自然人或其他组织达成的担保法律关系。根据国家对涉外担保是否进行限制，分为对外担保和对内担保。对于对外担保，根据《境内机构对外担保管理办法》第二条之规定，即“中国境内机构（境内外资金融机构除外，以下简称担保人）以保函、备用信用证、本票、汇票等形式出具对外保证，以《中华人民共和国担保法》中第三十四条规定的财产对外抵押或者以《中华人民共和国担保法》第四章第一节规定的动产对外质押和第二节第七十五条规定的权利对外质押，向中国境外机构或者境内的外资金融机构（债权人或者受益人，以下称债权人）承诺，当债务人（以下称被担保人）未按照合同约定偿付债务时，由担保人履行偿付义务”。在对外担保中，境外债权人实现担保权利，将会使中国境内资产绕过国家外汇管理事先批准的相关规定而转移至境外，所以国家出于经济管理的需要给予严格的限制。实践中，经常发生境内民事主体以“内保外贷”等不合法的形式将境内资产转移至境外的情况，国家对于对外担保的管理正是为了防止这种情况发生。

（二）对外担保关系的管控

国家对于对外担保的管理和限制，分别规定在《中华人民共和国外汇管理条例》《境内机构对外担保管理办法》等国家外汇管理制度，以及最高人民法院《担保法司法解释》中。

1. 国家对对外担保的管理

根据国务院颁布的《外汇管理条例》第十九条之规定，即“提供对外担保，应当向外汇管理机关提出申请，由外汇管理机关根据申请人的资产负债等情况作出批准或者不批准的决定；国家规定其经营范围需经有关主管部门批准的，应当在向外汇管理机关提出申请前办理批准手续。申请人签订对外担保合同后，应当到外汇管理机关办理对外担保登记”，对外担保应当向外汇管理机关申请批准，是一项须经批准的法律关系。

对于境内机构如何向外汇管理机关申请对外担保等问题，《境内机构对外担保管理办法》《境内机构对外担保管理办法实施细则》有详细的规定，本书因篇幅所限，仅就部分内容进行论述。根据《境内机构对外担保管理办法》第二条第一款之规定，对外担保在类型上包括：（1）融资担保；（2）融资租赁担保；（3）补偿贸易项下的担保；（4）境外工程承包中的担保；（5）其他具有对外债务性质的担保。在担保方式上，对外担保包括以保函、备用信用证、本票、汇票等形式出具对外保证，符合《担保法》的抵、质押担保，以及各种形式的向中国境外机构或者境内的外资金融机构（债权人或者受益人，以下称债权人）出具的以“当债务人未按照合同约定偿付债务时，由担保人履行偿付义务”为内容的承诺书、保证书等。另外，该办法第二条第二款明确禁止担保人以留置或者定金形式对外提供担保。根据《境内机构对外担保管理办法》第十二条之规定，“经外汇局批准后，担保人方能提供对外担保”，该条中的外汇局系指中国人民银行在该办法第三条中授权就对外担保审批、管理和登记的国家外汇管理局及其分、支局。

2.《担保法》中对外担保行为效力的规定

《担保法》并非国家管理经济事务的行政管理性质的法律、法规，所以该法并不会从办理对外担保审批手续的要求、程序的角度就对外担保作出规定，而是从未经审批的对外担保行为的效力入手加以规定的。根据《担保法司法解释》第六条之规定，有下列情形之一的，对外担保合同无效：（1）未经国家有关主管部门批准或者登记对外担保的；（2）未经国家有关主管部门批准或者登记，为境外机构向境内债权人提供担保的；（3）为外商投资企业注册资本、外商投资企业中的外方投资部分的对外债务提供担保的；（4）无权经营外汇担保业务的金融机构、无外汇收入的非金融性质的企业法人提供外汇担保的；（5）主合同变更或者债权人将对外担保合同项下的权利转让，未经担保人同意和国家有关主管部门批准的，担保人不再承担担保责任。但法律、法规另有规定的除外。

（三）未经审批的对外担保的效力

担保合同系担保关系双方当事人就担保达成的民事法律行为，一般情况下，双方当事人一旦达成合意，并满足书面形式的要求，担保合同即告成立并生效。但是，在对外担保法律关系中，担保合同除了满足书面形式之外，还须得到外汇管理机关的批准。所以，对外担保合同的生效要件应当是合意 + 书面形式 + 批准。

根据《合同法》第四十四条第二款，即“法律、行政法规规定应当办理批准、登记等手续生效的，依照其规定”，《外汇管理条例》第十九条之规定，以及《合同法司法解释（一）》第九条，即“依照合同法第四十四条第二款的规定，法律、行政法规规定合同应当办理批准手续，或者办理批准、登记等手续才生效，在一审法庭辩论终结前当事人仍未办理批准手续的，或者仍未办理批准、登记等手续的，人民法院应当认定该合同未生效”，未经外汇管理机关批准的，也未在一审法庭辩论终结前办理批准手续的，人民法院应当认定对外担保合同未生效。

实际上，在对外担保纠纷中，因为未满足审批的强制性规范要求而认定对外担保合同不成立或不生效没有裁判上的意义；故，在司法实践中，人民法院对于未经审批的对外担保合同，通常情况下是认定根据《合同法》第五十二条第（五）项之规定认定无效，并根据《担保法司法解释》第七、八、九条就对外担保合同无效的法律后果作出裁判。在法学理论上，上述条款实际上是关于民法理论中的缔约过失责任。

担保合同无效，域外债权人是否可以就已经办理抵、质押登记的抵、质押物主张善意取得抵押权、质权。对于这一问题，我们认为，担保人未经审批的对外提供担保的行为并不是善意取得制度中的无权处分，所以并不能适用善意取得的相关制度。另外，《外汇管理条例》中对外担保须经审批的法律规定是一项公开的法律规定，债权人在主观上不存在善意的可能性，自然也不能“善意取得”。也正是因为《外汇管理条例》的公开性，人民法院就未经审批的对外担保纠纷作出裁判时，一般都会将合同无效的责任在担保权人和担保人之间进行平均分配。

【问题 8】如果对外担保当事人未经审批即签订涉外担保合同，其法律后果如何？

农银公司与俊兴投资有限公司（以下简称俊兴公司）自 1995 年至 1996 年在香港签订了《抵押贷款协议》《信用证融资抵押协议》等四份融资协议，三星车桥公司向农银公司出具了《不可撤销担保书》，并用广东省阳江市的几宗土地的使用权提供抵押担保，且办理了抵押登记。农银公司是一家拥有香港放债人牌照的香港登记的有限公司，俊兴公司也是一家香港公司，而三星车桥公司是在广东省阳江市的一家公司法人。上述对外担保，均未经过国家外汇管理机关的审批。

分析：本案是最高人民法院二审审理的对外担保的典型案件，因为是未经审批的对外担保，所以担保合同属于无效合同。最高人民法院认为在对外担保合同因未经审批而无效的情况下，应当由担保权人和担保人根据《担保法司法解释》第七、八、九条的规定分担合同无效的损失。本案中，债权人认为外汇审批或登记的手续应当由担保人完成，故主张其对担保无效不负有任何责任。对此，最高人民法院在其作出的（2004）民四终字第23号民事判决书中认为："根据担保法司法解释的规定，抵押合同被确认无效后，当事人之间责任的承担应当根据其过错程度来确认。由于我国实行的是外汇管制制度，关于外汇担保的管理办法也是向社会公开的，因此各方当事人都应当知道我国的法律规定。上诉人以批准手续应当由被上诉人办理为由，认为自己没有过错的主张是不成立的。如果仅以批准手续的办理来确定担保合同无效后的责任，则境外债权人就可以不顾我国的外汇管制政策和规定，可以因没有过错而不承担责任，最终将导致虽然抵押担保无效，但是实体处理与有效合同一致的后果。原审法院认为三星车桥公司和农银公司未经内地外汇管理部门批准提供和接受担保，对担保合同的无效均具有过错是正确的"；也就是说，债权人（担保权人）不可能基于不知晓应经审批的法律规定，而主张对合同无效无责任，也不能主张其善意取得抵、质押权。

此外，在《最高人民法院关于审理金融资产管理公司利用外资处置不良债权案件涉及对外担保合同效力问题的通知》（法发〔2010〕25号）对金融资产管理公司利用外资处置不良债权业务中，外资通过收购金融资产管理公司的债务在事实上成为担保权人，相应地对内担保事实也转变为对外担保，该担保合同是否因未经审批而无效的问题给出了处理意见。最高人民法院认为，"如果当事人提供证据证明依照《国家外汇管理局关于金融资产管理公司利用外资处置不良资产有关外汇管理问题的通知》（汇发〔2004〕119号）第六条规定，金融资产管理公司通知了原债权债务合同的担保人，外国投资者或其代理人在办理不良资产转让备案登记时提交的材料中注明了担保的具体情况，并经国家外汇管理局分局、管理部审核后办理不良资产备案登记的，人民法院不应以转让未经担保人同意或者未经国家有关主管部门批准或者登记为由认定担保合同无效"。也就是说，在利用外资处置不良资产中，只要满足以下事项，该担保即不会因未经审批提供对外担保而无效：（1）通知原债权债务合同的担保人；（2）外国投资者向外汇管理机关办理不良资产备案登记；（3）在提交不良资产备案登记的材料中注明担保的具体情况。

（四）涉外担保的法律适用

涉外担保是法律关系的主体、内容以及客体（标的物）具有涉外因素的涉外民事法律关系，存在法律适用的问题。其中，法律适用分为程序问题的法律适用和实体问题的法律适用。

1. 程序问题的法律适用

根据《民事诉讼法》第四条之规定，即“凡在中华人民共和国领域内进行民事诉讼，必须遵守本法”。也就是说，只要当事人将涉外担保纠纷提交我国领域内人民法院审理的，从管辖、送达、取证、证据、审理到执行的所有程序性问题都必须遵循《民事诉讼法》的相关规定，这事关我国的司法主权，不容置疑。需要注意的是，人民法院就当事人之间的实体法律问题选择适用具体的法律制度时，所依据的法律也是程序性法律制度。例如，中国债权人和美国的担保人达成《保证合同》，在人民法院选择并判断应当适用中国法律或美国法律时，其所依据的法律制度在性质上也属于程序性法律制度，也应当适用中国法律。

《民法通则》第八章第一百四十二条第一款规定：“涉外民事关系的法律适用，依照本章的规定确定。”该章即规定涉外民事法律关系的法律适用问题。实际上，该章在内容上涉及的是程序性问题，从体系上讲不应当出现在《民法通则》这样的实体法律制度中。所以，《民法总则》第十二条“中华人民共和国领域内的民事活动，适用中华人民共和国法律。法律另有规定的，依照其规定”，该条规定中的“法律”主要是指《中华人民共和国涉外民事关系法律适用法》（以下简称《法律适用法》），该法就涉外法律关系的适用问题作了详细规定。

2. 实体问题的法律适用

在《法律适用法》中，涉外担保法律关系中有关实体问题的法律适用，依据担保关系的特征，我们认为应当主要有以下规则：

（1）根据《法律适用法》第四条之规定，即“中华人民共和国法律对涉外民事关系有强制性规定的，直接适用该强制性规定”。凡是涉外担保关系涉及我国强制性规定的，应当适用该强制性规定，当事人不得通过法律选择的约定排除中国强制性规定的适用。前述《外汇管理条例》是一部行政法规，而不是法律，所以在实践中是否能根据该条例直接认定未经审批的担保合同无效，存在疑问。我们认为，《法律适用法》第四条中的“法律”也应当包括行政法规。因为，即使不能直接适用《外汇管理条例》，也可以考虑根据《合同法》第五十二条第（五）项“违反法律、行政法规的强制性规定的合同无效”的规定，间接适用该条例认定担保合同无效。

需要注意的是，根据现行《外汇管理条例》第五十三条之规定，即“非金融机构经营结汇、售汇业务，应当由国务院外汇管理部门批准，具体管理办法由国务院外汇管理部门另行制定”。中国人民银行制定并颁布《境内机构对外担保管理办法》是一项授权性立法，所以该办法在效力上应视为国务院颁布的行政法规。结论是，人民法院可以根据《合同法》第五十二条第（五）项的规定，适用《境内机构对外担保管理办法》认定合同的效力。

【问题9】对外担保中，当事人关于适用域外法律的约定是否有效?

S.O.E.（集团）香港有限公司（以下简称SOE集团）向中国银行（香港）有限公司（以下简称香港中行）借款，住所地在广东省汕头市的海洋集团（SOE集团母公司）、自然人李某某分别出具《保证函》《担保书》，承诺承担“一项连续性的保证，有效期直至借款人所欠一切款项全部偿还给贷款人为止”，并称“本《保证函》根据香港特别行政区法律解释、管辖”。后SOE集团无力还款，香港中行起诉至广东高院。请问，该案中有关法律适用的约定是否有效?

分析：广东高院在其就本案“汕头海洋（集团）公司（以下简称海洋集团）、李某某与中国银行（香港）有限公司（原中国银行香港分行）担保合同纠纷一案”作出的（2006）粤高法民四初字第7号民事判决中认为：“海洋集团、李某某分别出具的担保书约定，保函受香港特别行政区法律管辖，该担保行为具有对外担保的性质，《境内机构对外提供外汇担保管理办法》第六条规定，为境内机构对外提供外汇担保，应报担保人所在地外汇管理部门审批，依照《中华人民共和国民法通则》第一百五十条‘依照本章规定适用外国法律或者国际惯例的，不得违背中华人民共和国的社会公共利益’和《最高人民法院关于贯彻执行〈中华人民共和国民法通则〉若干问题的意见（试行）》第一百九十四条‘当事人规避我国强制性或者禁止性法律规范的行为，不发生适用外国法律的效力’的规定，上述约定属规避我国强制性或者禁止性法律规范的行为，在中华人民共和国内地法域内不具有法律约束力。”上述判决内容很明确，即在强制性规定的情况下，当事人不得通过约定排除我国强制性规定的适用。在该判决书中，广东高院适用了《境内机构对外提供外汇担保管理办法》，而根据中国人民银行《境内机构对外担保管理办法》第十九条的规定，《境内机构对外提供外汇担保管理办法》已经于1996年10月1日废止，该院在法律适用上存在错误。

后，当事人就该案上诉至最高人民法院，最高人民法院在其就本案作出的（2011）民四终字第17号民事判决书中认为：“1997年1月14日修订的《中华人民共和国外汇管理条例》第二十四条规定：‘提供对外担保，只能由符合国家规定条件的金融机构和企业办理，并须经外汇管理机关批准。’……2010 年 4 月 1 日起实施的《中华人民共和国涉外民事关系法律适用法》第四条规定：‘中华人民共和国法律对涉外民事关系有强制性规定的，直接适用该强制性规定。’该条系本案行为时的相关法律没有规定的内容，因此，在本案中可以参照适用该条的规定。本案即应当直接适用《中华人民共和国外汇管理条例》第二十四条的规定认定所涉担保合同的效力并作出处理。尽管海洋集团、李某某与香港中行之间签订的三份担保合同中均约定适用香港法律，但在我国内地法律有强制性规定的情况下，人民法院应当直接适用该强制性规定。”结合上述判决内容，我们对该案的法律适用作如下说明：

该案的法律适用分为两个层次：第一，在香港法律和内地法律之间，应当如何确定所适用的法律；第二，如果确定适用内地法律，那么应当适用哪一部具体的规范性文件。

关于第一个层次：（1）《法律适用法》是一部规定程序性质裁判规则的法律制度，其是否适用不是以具体民事行为发生的时间加以确定，而是以法院审理时该部法律是否有效为具体适用标准。是以，该法在广东高院审理时，并未具体适用该法；而最高人民法院审理该案时，《法律适用法》已经实施，故应当适用该法。

（2）《法律适用法》虽然在第三条规定，当事人依照法律规定可以明示选择涉外民事关系适用的法律，但是在第四条中规定，如果中华人民共和国法律对涉外民事关系有强制性规定的，那么直接适用该强制性规定，而不能适用当事人选择的法律。

结论：在本案中，是否根据《法律适用法》排除当事人之间“适用香港法律”的选择约定，取决于我国对当事人之间的实体问题是否存在强制性规定。

第二个层次：海洋集团和李某某的担保函，是当事人提供担保的具体民事行为，该行为应当适用哪一部规范性文件要看该行为发生时的法律制度，而不是法院审理时现行的法律制度。所以，《外汇管理条例》尽管于 2008 年 8 月 5 日，即在最高人民法院审理时已经修订，但是最高人民法院还是适用了 1997 年 1 月 14 日修订的新的《外汇管理条例》。《外汇管理条例》在法律性质上不属于《法律适用法》第四条中的“法律”，最高人民法院在本案中适用《外汇管理条例》认定担保行为的效力，是做“参照”处理，存在一定的瑕疵。但在法律适用上，最高人民法院是遵循“存在强制性规定，即排除当事人法律选择约定”的规则。最终，在排除当事人之间“适用香港法律”的约定后，适用《外汇管理条例》认定担保行为无效，并根据《中华人民共和国担保法》第五条第二款之规定，根据债务人、担保人、债权人的过错在当事人之间分配合同无效所造成的损失。

（2）根据《法律适用法》第三条之规定，即“当事人依照法律规定可以明示选择涉外民事关系适用的法律”。又根据该法第四十一条“当事人可以协议选择合同适用的法律”，债权人和保证人在保证合同中可以约定合同适用的法律，例如香港的债权人甲公司和深圳的保证人乙公司，就可以在保证合同中约定适用香港法律。但是，这里所说的法律选择不能排除第（1）项中国强制性法律规定的适用。也就是说，甲、乙完全可以在外汇管理机关就对外担保事项批准的情况下，约定适用香港法律。

如果当事人没有选择涉外保证合同适用的法律，则应当根据《法律适用法》第四十一条的规定，适用履行义务最能体现该合同特征的一方当事人经常居所地法律或者其他与该合同有最密切联系的法律。此外，在实践中，还应当正确识别当事人进行法律适用的具体法律关系。例如，广东高院在前文所述“汕头海洋（集团）公司、李某某与中国银行（香港）有限公司担保合同纠纷一案”中，就当事人具体是在哪些法律关系中选择适用法律的问题作出的认定：“虽本案所涉各《抵押贷款协议》和《信用证融资抵押协议》中均有法律和管辖权选择条款，但其清楚地表明此类选择属借贷双方的约定，而非本案（即担保关系）原被告双方的约定，因此上述协议中的法律和管辖权选择条款不能作为确定本案管辖权和准据法的根据”。从该判决内容中，我们认为，相对于借贷融资合同，担保合同具有相对的独立性，担保关系当事人可以在担保合同中自行约定所适用的法律，这也是担保合同独立性的一种表现。所以，在实践中，涉外担保关系的当事人应当注意自行在担保合同中约定应当适用的法律。

（3）对于抵、质押担保，应当：第一，分为对抵押合同、质权合同适用法律，还是对抵押权、质权适用法律。如果是对抵、质押合同适用法律，则适用上述第（2）项规则，在适用强制性规定的情况下，当事人可以选择合同适用的法律。如果对抵押权、质权是否有效设立，应当如何行使以及如何实现等有关担保物权问题进行法律适用，则应当依据《法律适用法》第三十六条、第三十七条的具体规定。

第二，将担保物权分为不动产担保物权和动产担保物权。对于不动产担保物权，根据《法律适用法》第三十六条之规定，应当适用不动产所在地法律，这是一项法律的专属性适用规则，当事人不得通过约定排除该规则的适用。例如，美国的甲公司为中国债权人乙公司，用自己在美国的一处房产提供抵押担保，那么关于该抵押权是否有效设立、抵押物的保全以及抵押权的实现等法律问题均应当适用美国法律。反之，如果抵押之不动产在中国，那么应当适用中国法律。

如果当事人之间的是动产质权，那么当事人可以根据《法律适用法》第三十七条之规定，可以协议选择动产物权适用的法律，如果当事人没有选择的，适用法律事实发生时动产所在地法律。这里的法律事实上是指具体引起动产质权法律关系发生变化的法律事实。例如，香港的甲公司将一批电视机交给深圳的债权人乙公司以设立动产质权，如果当事人就质权是否有效设立的问题产生纠纷，那么就应当适用内地法律。

【问题10】担保关系为涉外民事关系的，应当适用哪一个国家或地区的法律制度？

协微公司、商贸通公司签订《采购／销售执行框架合同》，约定商贸通公司向协微公司供货。两年后，双方签订《还款协议》，就所欠货款以及履行期限作出约定；同时，协微公司法定代笔人李某某承担不可撤销的个人无限连带担保。后，商贸通公司起诉。关于本案保证关系的法律适用问题，上海市浦东新区人民法院在（2013）浦民二（商）重字第S13号民事判决中认为："因保证人李某某系美国国籍，故其与商贸通公司之间系涉外担保合同关系。鉴于所担保的主债务发生在中国大陆，担保合同也在中国大陆签署，故中国大陆法律与该担保合同有最密切联系。根据《中华人民共和国涉外民事关系法律适用法》的相关规定，应适用中华人民共和国法律。"

在分析一个担保纠纷应当适用哪个国家或地区法律的问题时，应当将问题分解为两个子问题：第一，应当分析担保关系是不是涉外法律关系；第二，如果是涉外担保关系，那么应当进一步分析该担保关系应当适用的具体法律制度。我们以下面的示例具体说明：

深圳的甲公司向深圳市一家商业银行借款，香港的乙公司就该笔借款提供保证担保，该公司就此向银行出具《保证函》，但要求适用香港法律；同时将自己的一辆同时悬挂香港和深圳牌照的汽车作为质押担保，并向银行交付该汽车，并就此签订《质权合同》，合同中没有约定应当适用的法律。另外，新加坡的丙公司用其在深圳的一套房产提供抵押担保，并办理了抵押登记；美国的丁公司用一张银行承兑汇票提供质押担保，并在背书后在深圳向银行交付了承兑汇票，汇票承兑行为一家美国银行。后，甲公司无力清偿本息，银行在深圳法院起诉要求乙、丙、丁公司承担保证责任。请问，人民法院应当适用哪一国家或地区的法律？

分析：如果担保关系是涉外民事法律关系，那么就会涉及适用法律的问题，根据《最高人民法院关于适用〈中华人民共和国涉外民事关系法律适用法〉若干问题的解释（一）》第一条之规定，笔者认为，可以被认定为是涉外担保关系的情形是：（1）担保关系一方或双方是外国公民、外国法人或者其他组织、无国籍人，或经常居所地在中华人民共和国领域外；（2）物的担保的标的物在中华人民共和国领域外，保证人的资产在域外的不在此列；（3）产生、变更或者消灭担保关系的法律事实发生在中华人民共和国领域外，即担保合同在域外订立。

上述银行与乙、丙、丁之间的担保关系，因为担保人均为域外法人，故在审理过程中均涉及法律适用问题。其中，较为特殊的是香港的乙公司，根据《最高人民法院关于适用〈中华人民共和国涉外民事关系法律适用法〉若干问题的解释（一）》第十九条之规定，即"涉及香港特别行政区、澳门特别行政区的民事关系的法律适用问题，参照适用本规定"，因为上述示例中提供保证担保的是一家香港公司，所以人民法院解决该案的法律适用问题时还是应当适用《中华人民共和国涉外民事关系法律适用法》（以下简称《法律适用法》）及其司法解释。

在根据上文确定担保关系为涉外担保关系之后，应当根据《法律适用法》确定具体适用哪一国家或地区的法律制度。需要注意的是，案件由中国法院受理，所以应当适用中国的民事程序法，包括《民事诉讼法》《法律适用法》，当事人在合同中约定排除中国民事程序法的适用的，相应条款应属无效。

首先，应当将担保分为债权担保，即保证担保和物权担保。对于保证担保，应当根据《法律适用法》第四十一条之规定加以确定，即"当事人可以协议选择合同适用的法律。当事人没有选择的，适用履行义务最能体现该合同特征的一方当事人经常居所地法律或者其他与该合同有最密切联系的法律"。在上述示例中，香港的乙公司提供保证担保，如果没有约定具体适用的法律制度，那么就应当适用"最密切联系原则"，即如上述案件中浦东法院在判决中的观点"鉴于所担保的主债务发生在中国大陆，担保合同也在中国大陆签署，故中国大陆法律与该担保合同有最密切联系"。但是，上述示例中，因为双方对法律适用问题有约定，因此人民法院审理该案时应当适用香港法律。

其次，对于物权担保，如上述示例中乙公司提供的汽车质押担保，应当适用《法律适用法》第三十七条之规定，即"当事人可以协议选择动产物权适用的法律。当事人没有选择的，适用法律事实发生时动产所在地法律"。上述示例中，乙公司和银行在《质权合同》中没有就法律适用问题进行约定，结果是应当适用质权有效设立时汽车所在地法律制度，即中国内地的法律制度，如《担保法》《物权法》。

再次，对于丙公司提供的房产抵押担保，应当适用《法律适用法》第三十六条之规定，即“不动产物权，适用不动产所在地法律”，应当适用中国内地法律制度。此项对应的是《法律适用法》中的法律专属管辖，类似《民事诉讼法》中的不动产专属管辖，当事人不得在合同中通过约定排除中国内地法律的适用。

另外，对于丁公司提供的银行承兑汇票质押，不应当适用《法律适用法》第三十九条之规定，即“有价证券，适用有价证券权利实现地法律或者其他与该有价证券有最密切联系的法律”，因为这一法律适用规则一般是适用于确定有价证券的有效性，或其他与承兑行的承兑义务有关的法律纠纷。丁公司提供的银行承兑汇票质押，本质上涉及的是一种权利质权，即持票人要求承兑行无条件兑付的债权关系，故应当适用《法律适用法》第四十条之规定，即应当适用中国内地法律制度。如果在实现该票据质权过程中，涉及票据是否有效，承兑行的承兑义务，以及在无效的情况下，持票人或质权人对前手的追索权的，则不再是担保纠纷，而应当是票据权利纠纷，应当适用《法律适用法》第三十九条之规定。

最后，如果担保物权未有效设立，例如乙公司就质押汽车签署《质权合同》后未交付汽车，丙公司签署《抵押合同》后未办理抵押登记，以及丁公司签署《质权合同》未背书且交付质押票据，进而引发纠纷的，那么担保关系仅仅停留在合同阶段，人民法院在审理过程中还是应当适用《法律适用法》第四十一条有关合同纠纷的具体法律适用规定。

第三节　担保权的成立、设立

一、担保权的成立、设立

担保的成立、设立也即担保权的成立、设立，是指当事人通过协商成立保证债权，或经登记或交付设立担保物权，或在法定情形出现时成立法定担保物权的整个过程。根据传统民法理论，保证担保和物权担保在担保的成立和设立上并不一致。因保证担保在本质上是一种债权人和保证人之间的债权债务关系，故保证担保中的担保权，即保证债权并无所谓的设立问题。所以，债权人和保证人订立保证合同时，如果当事人未在合同中约定延缓条件或延缓期限，那么债权人的保证债权和保证人的担保义务即告成立，并生效。对于物权担保而言，因为担保物权系建立在他人享有所有权或使用权的标的物之上，故对于担保物的所有权人或权利人而言，设立担保物权是其处分担保物的一种具体方式。所以，担保物权设立时发生的物权变动在类型上是一种属于基于法律行为而产生的物权变动。换句话说，担保物权人取得担保物权在权利取得类型上是一种创设性继受取得，故其须满足两个要件：第一，法律行为，即《抵押合同》《质权合同》或《定金合同》，该合同承载担保物所有人、权利人处分担保物的具体意思表示，主要表现是担保物权何时、以什么方式设立，以及担保物权的具体内容；第二，登记或交付，即不动产的抵押登记，质押动产、保证金的交付，或权利的质权登记等。

【问题 11】担保权成立或设立需要满足哪些条件？

自然人甲与乙达成《借款合同》向乙借款，应债权人乙提供担保的要求，丙与乙订立《保证合同》就该笔债权提供保证担保；丁与乙达成《抵押合同》，用一套房产提供抵押担保，但未办理抵押登记；戊与乙达成《质权合同》，用其持有的某家上市公司的股份提供质押担保，在证券结算中心办理了上市公司股份质押登记；庚与乙达成《质权合同》，用自己的一辆汽车提供质押担保，但未交付车辆。请问，在上述担保关系中，哪些担保权有效成立或设立？

分析：上述实例中，当事人之间存在保证关系和抵、质押关系。因保证关系本质上是一种债权债务关系，故丙、乙所达成的《保证合同》生效时，保证担保关系即告有效成立。因为抵、质押担保是一种担保物权关系，所以抵押权、质权的有效设立除了抵、质押合同之外，还须引起担保物权有效设立这一物权变动的交付或登记行为，故乙在戊的质押股权上的质权有效设立；因为没有办理房产抵押登记和交付汽车，所以乙在丁的房产和庚的汽车上的抵押权和质权未有效设立，但其可以依据《抵押合同》《质权合同》要求丁和庚分别承担违约责任。

二、担保合同

因为后续章节将对具体担保合同的相关理论和实践问题做详细的论述，故本章仅介绍担保合同共同的特征和效力。

（一）担保合同的订立、生效以及特征

担保合同（保证合同、抵押合同、质权合同）的订立和生效基本遵循《合同法》中合同订立的相关规定，其特征包括：

1. 担保合同是要式合同

根据《担保法》第十三条之规定，“保证人与债权人应当以书面形式订立”，第九十条“定金应当以书面形式约定”，以及《物权法》第一百八十五条、第

二百一十条之规定，保证合同、定金合同、抵押合同以及质权合同均需以书面形式订立。根据《合同法》第十一条之规定，书面形式是指合同书、信件和数据电文（包括电报、电传、传真、电子数据交换和电子邮件）等可以有形地表现所载内容的形式。也就是说，以合同书、电子邮件、电报、传真等形式订立的担保合同均符合法律规定的担保合同应当具备的书面形式。在实践中可能产生疑问的是微信、QQ、手机短信是否属于《合同法》第十一条所述之“电子数据交换”，我们认为，这些形式应当属于《物权法》《担保法》规定的书面形式。

物权担保合同的书面形式是担保合同的成立要件，其决定了担保合同法律关系是否产生，以及产生的时间。反之，没有书面合同的，担保合同即不满足法定形式，当事人之间的口头约定即不能作为法律事实引起物权担保合同法律关系成立、有效的法律效果。根据《民诉法司法解释》第九十条之规定，在诉讼中，主张存在物权担保合同关系的当事人，必须就存在书面形式的担保合同承担举证责任，否则由其承担举证不力的法律后果。

2. 担保合同是诺成性合同

除定金合同外，担保合同均是诺成性合同，即自双方当事人达成书面的担保合同之日起，合同即成立并生效。当然，担保合同双方当事人也可以约定合同附款，即约定合同附延缓条件、期限条件。一般情况下，担保合同因为其从属性，应当成立并生效于主债权合同之前；但在实践中，担保合同成立在主债权合同之前的，也应当认定有效。抵、质押物需要交付或登记的，抵押权、质权自交付或登记之日起有效设立，未交付或登记的不影响抵押合同、质权合同的生效和有效存续。

根据《担保法》第九十条之规定，即“定金合同从实际交付定金之日起生效”，交付定金是定金合同的法定生效要件；未交付定金的，即使有书面的合同，定金合同也不生效。

3. 担保合同是单务合同

担保合同法律关系中，担保人单方面向债权人承担保证代偿义务，或办理抵、质押登记或质物交付的义务，而债权人一般情况并不对担保人负有任何对待给付义务。应当注意的是，在抵、质押合同中，抵质押人并不负有法律上的担保义务，而是登记、交付后有效设立的抵、质押权经债权人行使而担保债权的实现，这一点在最高人民法院审理的满洲里建行诉北京伊尔库公司担保纠纷案件中得到印证，我们将在抵押权一章中对该案给予详细介绍。

（二）担保合同的主体

在担保合同中，合同主体是担保权人和担保人，担保权人是在担保合同中享有担保权的一方，由于担保是保障债权实现的法律制度，所以担保权人只能是主债的债权人。担保人是为主债权提供担保，承担担保责任的一方，在本人担保中，担保人只能是主债务人，如定金担保。在第三人担保中，担保人只能是主债务人之外的第三人，如保证担保。当然，有些担保既可以是本人担保，也可以是第三人担保，因此担保人既可以是主债务人，也可以是主债务人之外的第三人，如抵押担保或质押担保。

【问题 12】在担保合同成立时，是否所有的当事人都必须确定下来？

1992 年，经中国人民银行金融管理司证管办（1992）27 号文批准，沈阳市建设投资公司委托中国工商银行、沈阳市风险投资股份有限公司代理发行财政贴息债券 1 亿元，该债券由建设公司作为债务人，由风险公司提供担保。同年，沈阳信托投资公司与建设投资公司签订担保书，内容为：信托公司为建设公司发行的债券承担不可撤销的到期还本付息的经济责任，担保金额为 9240 万元，其中本金为 6000 万元，到期利息为 3240 万元，被担保人和担保人为连带法律关系。后，中国工商银行辽宁省分行营业部购买上述债券，成为债权人。

从事实上看，保证人信托公司的担保书是向债务人建设投资公司发出的，并不是向债权人工行营业部发出的，因为此时工行营业部还未购买债券，亦未成为债权人。那么，保证担保是否可以在债权人不明的情况下，有效成立？关于这一点，从辽宁高院就该案中保证责任是否有效成立的问题递交最高人民法院的请示中可以看到两种相左的意见：第一，“信托公司在保证合同中作出的为建设公司发行的债券承担到期还本付息的承诺，是针对因发行债券而产生的债务作出的，故该债券的持有者因合法拥有该债券而与信托公司形成担保法律关系，信托公司即成为保证债权实现的保证人，从而承担保证责任。所以本案应按信托公司的承诺判令其承担保证责任”。第二，“保证合同的成立是保证人和债权人合意的结果，或者保证人在主合同担保项下盖章，保证人才能承担担保责任。本案保证人没有明确对工行营业部做出保证，故信托公司在本案中不应承担保证责任。”简言之，该问题就是，保证合同是否因债权人不确定而不成立，担保关系是否应当在债权人确定，并直接参与担保合同订立的情况下才能够有效成立。

我们认为，债券具有流通性的特征，其所代表的债权债务关系在没有债权人或债权人不确定的情况下也能够成立，作为从属性法律关系的保证担保、抵押担保、质押担保，也就能够在债权人不确定时成立。例如，国家发行国债，本质上这一债权是由国家的财政收入和财产做一般责任担保的，如果此时国家为了增强国债信用，由某一金融机构承诺承担保证责任，那么在债券购买人没有购买国债成为债权人的情况下，债权关系和担保关系都应当是有效成立的。而且，担保义务具有单向性，其单方有利于债权人，所以先成立担保关系赋予未来的债权人担保权利，无须债权人事先同意，而且还有利于该类型债权关系的成立。在结论上，担保关系成立时，债权人可以不确定，但是债务人和债务总额必须确定。也就是说，确定债务人是谁，即可以确定债权人所承担的债权实现风险；确定债务总额，即可确定担保人承担的向债务人的追偿权实现风险，这就足够了。反之，如果债务人或债务总额不确定，那么上述两种风险均是一种不确定的风险，无论债权还是担保所对应的交易内容都无法确定，这样的交易和法律关系都是无意义的，所以无论债权还是担保都无法成立。

最高人民法院在《关于沈阳市信托投资公司是否应当承担担保责任问题的答复》（最高人民法院民二〔2001〕50号）中，答复辽宁高院："我国《担保法》所规定的保证，是指保证人和债权人约定，当债务人不履行债务时，保证人按照约定履行债务或者承担责任的行为。这里所称保证人和债权人约定系指双方均为特定人的一般情况。由于公司向社会公开发行债券时，认购人并不特定，不可能要求每一个认购人都与保证人签订书面保证合同，因此，不能机械地理解和套用《担保法》中关于'保证'的定义。向社会公开发行债券时，债券发行人与代理发行人或第三人签订担保合同，该担保合同同样具有证明担保人之真实意思表示的作用。而认购人的认购行为即表明其已接受担保人作出的担保意思表示。你院请示中的第一种意见，即只要沈阳市信托投资公司的保证意思是自愿作出的，且其内容真实，该保证合同即应为有效，该公司应对其担保的兑付债券承担保证责任，是有道理的"。从上面最高人民法院的答复中，以及随后最高人民法院的司法解释即"保证人单方出具保证函"即为有效的担保合同的结论表明，即使没有担保人和债权人之间的担保合同，担保也能有效成立。应当看到，对于担保人而言，重要的不是债权人是谁，而是债务人是谁。

实际上，在本案件中，建设投资公司委托发行的债券是否能够销售出去决定了未来债权的具体数额，这一点类似于最高额保证法律关系中债权数额没有最终确定的情形，所以信托投资公司就承诺函而产生的法律关系在一定程度上可以理解为最高额保证，所不同的是债权人不确定。由此出发，我们认为，只要实践中登记机关在债权人不确定的情况下，可以就该类最高额担保事项进行抵、质押登记，物权担保就可以担保与本案类似的债权债务关系。但应当看到的是，担保物权不同于保证债权，保证债权仅仅停留在债权关系上，而担保物权则需要登记明确的物权人。解决这一问题的思路，我们认为：第一，可以签署债权人不明的抵押合同、质权合同，进行债权人空缺的抵、质押登记；第二，我国理论和实务的认识错误问题，因为担保物权的设立实际上是所有权或用益物权的权利人对自己权利的一种处分形式，债权人是谁并不重要，在围绕担保物建立起来的物权伦理关系在市场经济进一步确立及活跃的背景下几乎已经完全弱化的情况下，应当允许物权担保人在债权人不确定的情况下自行登记设立不动产担保物权，或债权、股权质押登记。此外，担保物权在理论上的应然构造是，担保物的权利人自己设立担保物权，然后根据担保合同转让给担保物权人，这也是为什么说担保物权的取得是一种创设性继受取得。故此，可以在债权人不明确的情况下，先由担保人自行、单方申请设立担保物权，并进行物权登记，然后在债权人明确时，将债权人补登记为担保物权人。

在《最高人民法院关于〈国土资源部办公厅关于征求为公司债券持有人办理国有土地使用权抵押登记意见函〉的答复》(〔2010〕民二他字第16号)中也表达了这一思路，即“在公司债券持有人因其不确定性、群体性而无法申请办理抵押权登记的情形下，应认定公司债券受托管理人可代理全体公司债券持有人申请办理土地抵押登记”。

(三)担保合同的内容

担保合同是当事人就担保事项有关的权利义务进行约定的结果，在内容上主要是对成立或设立的担保权进行描述。具体而言，保证担保，主要包括：(1)保证所担保的主债权的种类、数额，债务人履行期限；(2)保证方式；(3)保证期间；(4)保证担保的债务范围。抵、质押物权担保，则主要包括：(1)担保物权所担保的债权种类、数额；(2)抵、质押物；(3)担保物权所担保的债权范围；(4)办理抵、质押登记、质物交付的时间。

需要注意的是，保证合同包含保证人代债务人清偿债务的义务内容，即担保债务履行的内容；而在物权担保合同中，则仅有担保人为担保物权人设定担保物权的义务，即没有担保内容，担保债的履行是通过担保物权人行使担保物权实现的。如果物权担保合同中有代债务人清偿债务的内容，也只能是保证担保和物权担保进行组合的结果。

【问题 13】承诺函是否能被解释为保证合同?

中亚企业有限公司系佛山市人民政府驻香港机构。1994 年,为了中亚公司的发展,佛山市政府向香港交行出具《承诺函》,内容主要为:该公司拟申请 1000 万美元的授信额度,请香港交行予以支持;佛山市政府“愿意督促该驻港公司切实履行还款责任,按时归还贵行贷款本息。如该公司出现逾期或拖欠贵行的贷款本息情况,本政府将负责解决,不让贵行在经济上蒙受损失”。随后,佛山市政府又分两次出具《承诺函》称同意中亚公司、景山公司用香港物业按揭贷款,并作与上相同的承诺。最终,两债务人公司无法按时清偿债务,香港交行诉至广东高院,称:“请求判令佛山市政府在中亚公司和景山公司对其债务不能清偿部分的范围内,承担赔偿二分之一的民事责任。”本案广东高院一审支持了香港交行的诉讼请求,佛山市政府上诉至最高人民法院,核心理由为“保证不能推定是担保法的基本原则,‘负责解决’不是代为清偿债务的意思,所以从内容上看,《承诺函》《安慰函》不构成保证,并不具有法律约束力,对此被上诉人也是明知的,上诉人不应承担法律上的责任”。

最高人民法院二审认为本案争议的焦点是“佛山市政府向香港交行出具的《承诺函》是否构成我国担保法规定的担保”。最高人民法院经审理,在其就本案“佛山市人民政府与交通银行香港分行担保纠纷上诉案”作出的(2004)民四终字第 5 号终审判决中认为,“首先,从名称来看,《承诺函》并非担保函,对于其是否能构成担保应根据其内容来认定。其次,从《承诺函》的内容来看,‘负责解决’‘不让贵行在经济上蒙受损失’并无明确的承担保证责任或代为还款的意思表示。再次,在香港交行向中亚公司和景山公司出具的授信函中,在‘抵押品及法律文件’项下,除了佛山市政府的《承诺函》外,还有不动产的抵押、保证及存单的质押等,且《承诺函》均在这些授信函中被列入区别于‘保证’的‘其他’文件项下,这说明香港交行明知《承诺函》并非保证函。……综上,佛山市政府从向香港交行出具的书面文件上,到实际的行动上,从未有过承担保证责任或代所属企业还款的意思表示,其向香港交行出具的《承诺函》并不构成我国担保法意义上的保证。”

分析:根据《担保法司法解释》第二十二条第一款之规定,“第三人单方以书面形式向债权人出具担保书,债权人接受且未提出异议的,保证合同成立”,佛山市政府开具的承诺函如果符合担保书的特征,则其应当承担保证责任。我们认为,本案涉及的是担保合同的解释问题,担保纠纷中出现这一问题最多的当属保证合同。从方法上看,合同解释涉及文义解释、整体解释、目的解释等;从涉及的规范来看,主要涉及《合同法》第六十一条、第六十二条,补充协议——

上下文联系——交易习惯（分为涉及社会一般交易方式的大交易习惯和涉及当事人之间的小交易习惯）等。本案中，既无双方交易习惯，也无补充协议等可供进行合同解释的依据，只能由主审法官自由裁量并作出裁判，所以本案在裁判结果上的对错也并非泾渭分明。如果承诺函中包含本政府“代为清偿”或“以财政收入清偿”等明确表示代为清偿的用语，或佛山市政府曾因类似承诺函对外承担过担保责任，或对本案债权人清偿过案涉部分欠款，或是香港交行在收到承诺函之前已经向佛山市政府去函称债务人不符合放贷审核条件，而佛山市政府回复案涉承诺函最终促成贷款发放，那毫无疑问其与债权人之间是存在担保关系的。否则，“负责解决”既可以解释为以“代为清偿”的方式解决，也可以解释为通过政府出面协调股东方或其他第三方解决。本案也提醒所有的债权人在缔结担保合同时应格外注意使用《担保法》《物权法》中的法言法语，避免出现因语言歧义而发生的合同解释问题。

第四节　担保合同的相对独立性

根据《担保法》第五条第一句“担保合同是主合同的从合同，主合同无效，担保合同无效”，《物权法》第一百七十二条第二句“担保合同是主债权债务合同的从合同”的规定，担保合同是主债权合同的从合同，具有所谓的“从属性”。但是，这种从属性在立法和司法实践中已经被弱化，使得担保合同呈现出相对独立性。担保合同相对独立性在实践中的典型问题有两个：第一，独立保函的合法性问题，该问题已经由最高人民法院通过 2016 年 12 月 1 日起施行的《独立保函司法解释》加以解决，我们将在本书的最后一章“独立保函担保”中加以讨论；第二，担保关系中主合同发生变化，担保合同和担保责任是否也会随之发生变化的问题，我们将在本节重点讨论。

一、担保合同相对独立性的具体表现

担保合同虽然作为主债权合同的从合同，具有从属性；但也存在例外情况，这就是担保合同与担保关系的相对独立性。这种相对独立性主要表现为以下几个方面：

首先，一般情况下，担保合同应在主合同生效后生效，即担保合同对主合

同在成立及生效上具有从属性。在特殊情况下，担保合同的成立和生效具有相对独立性：（1）因为担保合同约定事项是就主债权合同中主债权关系提供担保，在主债权成立之前，债权人往往都会通过缔结担保合同确定债权风险，所以担保合同在实践中往往先于主债权合同生效，尤其是被担保的债权是民间借贷交易中的自然人借款债权（自然人借款合同自交付所借款项时生效），人民法院的裁判实践也确认了先于主合同生效的担保合同的效力。（2）最高额保证、抵押、质押合同一般情况下也先于主债权合同生效，根据《担保法》《物权法》的规定也应视为有效合同。（3）如果担保合同当事人就担保合同的生效订有诸如“质权合同自双方签订书面合同书之日起成立”“质权合同自交付质物之日起生效”等附延缓条件、延缓期限附款的，担保合同自合同中约定的独立条件成就，或期限届满而成立或生效，即其成立或生效完全独立于主合同。

【问题14】担保合同必须成立在主债权合同成立之后吗？

在湖北莲花湖旅游发展有限责任公司与武汉世纪宏祥物业管理有限公司、湖北莲花湖物业有限公司借款担保合同纠纷案中，抵押合同生效和抵押权设立的依据阳抵字第05-98008号《房屋他项权证》系1998年4月2日颁发，早于其担保的1998年9月30日签订的98023号《银行承兑契约》所产生的主债权；阳抵字第05-970060号《房屋他项权证》系1997年7月4日颁发，早于其担保的1997年7月24日签订的98038号《人民币资金借款合同》所产生的主债权。鉴于抵押权登记行为依据行为时的法律，即担保法也系抵押合同生效的时间，故本案的焦点实际上是“在抵押合同和抵押权生效和设立的时间早于主债权合同，且抵押合同非最高额抵押合同这类特殊担保合同类型的情况下，抵押合同是否有效和抵押权是否有效设立的问题”。最高人民法院在其就本案作出的（2012）民二终字第56号民事判决书中认为：“因先设定抵押权后订立主债权合同是双方当事人之间的真实意思表示，现行法律亦无抵押权不得先于主债权设定的禁止性规定，故对莲花湖旅游公司以抵押权从属于主债权，故抵押权不能先于主债权设定为由，主张抵押无效的上诉意见，本院不予支持”。

分析：担保合同对主债权合同，担保权对主合同项下债权在成立和生效上的从属性在法律和司法解释中并无明文规定，在理论上进行讨论仅仅具有指导意义。担保合同和担保权就像是射向靶心的箭，而主债权合同和主债权所涉的债权法律关系就像是靶心，应当先将靶子设置好，然后再张弓搭箭射向靶心，才能做到有的放矢。所以，担保合同是否能够先于主合同成立或生效，这一问题的本质是，在具体担保法律关系中，能否确定成立或生效在后的主合同和成立或生效在先的担保合同之间的担保和被担保关系。换句话说，只要能够确定这一点，无论担保合同成立或生效在先还是在后都没有关系。

《担保法》第十五条“保证合同应当包括以下内容：（一）被保证的主债权种类、数额……”，《物权法》第一百八十五条“抵押合同一般包括下列条款：（一）被担保债权的种类和数额……”，均将主合同项下债权的具体内容作为担保合同的一般条款，这样的做法本质上是将担保人的担保风险限制在具体的债权债务关系之中并使之确定，进而让担保人是在明确知晓其担保风险程度的基础上作出是否提供担保的意思表示订立担保合同，从而满足担保人承担担保责任的正当性要求。所以，先于主债权合同成立的担保合同就面临合同条款缺失的问题，而且该条款还是担保合同中的必要条款之一，那么这个问题实际上就是一个合同解释问题。一般情况下，处理这样的问题：（1）如果存有最高债权额的约定，即使债权不具体、不确定，那么也应当视为担保人的担保风险确定，应当视担保合同为最高额担保；确定最高债权额的期限按照《担保法》《物权法》的规定加以确定。（2）如果没有最高债权额的约定，担保人的担保风险不确定，在不能根据《合同法》第六十一条通过补充协议、交易习惯和合同解释最终确定所担保的具体债权的情况下，应当认定担保合同因缺少必要条款而不成立。所幸，物权担保关系在实践中，尤其是在不动产抵押关系中一般不会出现上述问题，因为登记机关在登记过程中均会要求登记申请人提供生效的主债权合同。

其次，一般情况下，担保合同在内容上对主合同具有从属性，须标明所担保的具体债务。在特殊情况下，担保合同在内容上也具有相对独立性：（1）基于担保合同所担保的债务既可以是主合同的全部债务（以借款额合同为例：本金、利息、违约金、损害赔偿金，还包括实现债权所需的其他费用），也可以仅担保主合同中的部分债务，例如仅担保本金。（2）担保合同当事人可以就担保人承担担保责任的条件、抗辩事由等事项进行约定，从而使担保人享有不同于债务人的独立的抗辩事由。例如，当事人可以在保证合同中约定保证方式为一般保证合同，保证人也将据此约定享有“先诉抗辩权”。（3）主合同当事人在履约期间变更主合同内容，并因此对担保人产生不利影响的，担保人将仍按担保合同承担担保责任；如果主合同变更内容有利于担保人，担保人则按照主合同变更的债务内容承担担保责任。

再次，一般情况下，担保合同的存续对主合同具有从属性，主合同权利义务终止，担保合同的权利义务也应当终止。在特殊情况下，担保合同的存续也具有相对独立性：（1）在涉及多笔债务的最高额保证、抵押、质押合同中，担保合同先于主合同生效，单笔债务所涉合同因清偿而终止的，最高额保证、抵押、质押合同继续有效；（2）主合同权利义务因解除而终止的情况下，担保合同根据《担保法司法解释》第十条的规定，“担保人对债务人应当承担的民事责任仍应承担担保责任”，也即担保合同继续有效，用于担保债务人因《合同法》第九十七条所规定的恢复原状、采取补救措施或赔偿损失的法律责任；（3）根据《担保法司法解释》第三十六条第一款后半句，“连带责任保证中，主债务诉讼时效中断，保证债务诉讼时效不中断”，也即在连带责任保证合同中，保证合同的诉讼时效独立于主债务诉讼时效予以计算。

【问题15】主合同解除，保证人是否还应当承担保证责任？

中建五局承揽和记黄埔温江公司光华大道项目工程，招商银行湖南分行向温江公司开立《履约保证书》约定：“如果总承包方违约时，担保人需向发包方赔偿因此而蒙受的损失，直至赔偿额达到人民币1889万元……”。在中建五局与和记黄埔温江公司签订了《解除合同协议》后，和记黄埔温江公司依据《履约保证书》取得中行湖南省分行支付的1889万元。中建五局认为与和记黄埔温江公司合同已经解除，该合同项下的担保合同亦应当不予履行，其主张是否于法有据？

对于本案中，关于《履约保证书》是否已随主合同解除而解除的问题，最高人民法院在其就本案“中国建筑第五工程局有限公司与和记黄埔地产（成都）温江有限公司不当得利纠纷申请再审案”作出的（2014）民申字第418号民事裁定书中认为，“中建五局认为《履约保证书》仅为双方施工合同项下的担保条款，应当随着主合同的解除而终止履行。《担保法司法解释》第十条规定：‘主合同解除后，担保人对债务人应当承担的民事责任仍应承担担保责任。但是，担保合同另有约定的除外。’2006年12月13日，中行湖南省分行应中建五局申请向和记黄埔温江公司出具《履约保证书》，第5项约定：‘此履约保证书对总承包方及担保人双方本身、其继任人及受让人均共同和分别地有不可撤销的约束力。’2009年9月15日，中建五局与和记黄埔温江公司签订的《解除合同协议》，对担保事宜亦未作任何说明。综上，中建五局的该项再审申请理由不能成立”。

分析：本案是关于独立保函的案件。该案审理时，最高人民法院还未颁布《独立保函司法解释》，本案应适用担保法中有关保证合同的约定。《担保法司法解释》第十条之所以规定主合同解除后，担保人继续对债务人应当承担的民事责任承担担保责任，即对债务人承担的合同解除后应当承担的恢复原状、采取补救措施或赔偿损失的法律责任；其原因是，合同解除，尤其是合意解除（即以解除协议的形式解除合同，除此之外，合同还有法定解除权解除和约定解除权解除）是双方当事人对出现履行障碍的合同进行处理的结果，往往有利于解决纷争和给双方造成的损失。所以，一方面，不能因为担保法的规定，阻碍或是给解除权人决定是否解除合同形成困扰，从而使其因害怕失去担保权而不敢行使解除权解除合同，致使履行障碍中的合同得不到及时解除；另一方面，担保人在合同解除情况下承担的担保责任相对较小，因此在制度上应当保障债权人在合同解除后行使担保权的权利。另外，我们认为，担保法司法解释第十条中担保人继续承担担保责任所担保债务是，如果担保合同中对主合同解除情况下担保人承担债务人具体责任内容有约定的，担保人应按照约定承担担保责任；如果担保合同没有约定的，担保人担保的一定是《合同法》第九十七条项下合同解除后债务人所承担的法定债务。在协议解除场合下，如果债权人和债务人在解除协议中对债务人应承担的债务另有约定，我们认为既不能简单适用第十条认定担保人应当承担，也不能认定担保人不承担该约定中由债务人承担的责任，应视具体情况而定。

【问题 16】主债务人放弃诉讼时效抗辩权是否对担保人发生效力？

畜产公司与辽宁省中行签署借款合同借款，时代公司就此出具不可撤销的担保书承担保证义务，后省中行将该笔债权转让给东方资产管理公司。因畜产公司未能按期还款，东方资产管理公司诉至法院，要求债务人、保证人履行清偿义务。法院经审理查明，该笔债权已经超过诉讼时效，但债权人分两次向畜产公司发出催收通知书，畜产公司均在通知书上加盖印章。根据最高人民法院《关于超过诉讼时效期间借款人在催款通知单上签字或者盖章的法律效力问题的批复》（法释〔1999〕7号）的规定，畜产公司在催收通知书上加盖印章的行为应视为对原债务的重新确认，即债务人已经放弃诉讼时效抗辩权。请问，该放弃行为是否对担保人有效，担保人是否有权对债权人行使诉讼时效抗辩权？

分析：最高人民法院在其就本案“中国东方资产管理公司大连办事处诉辽宁华曦集团公司等借款担保纠纷上诉案”作出的（2003）民二终字第93号终审判决中认为，“主债权已经超过诉讼时效，根据《中华人民共和国担保法》第二十条第一款的规定，保证人依法取得了主债务人享有的主债权诉讼时效届满产生的抗辩权。虽然嗣后畜产公司在催收通知书上盖章，放弃了原债权诉讼时效届满的抗辩权，但依照《担保法》第二十条第一款的规定，对于债务人放弃的抗辩权，担保人仍然可以行使，畜产公司放弃时效届满抗辩权的行为，对时代公司不发生法律效力”，即担保人仍有权对债权人行使诉讼时效抗辩权。

本案属于担保合同具有相对性的典型例证。一般情况下，担保人不仅可以行使债务人对债权人的源自主债权合同的抗辩权，而且还可以行使源自担保合同的抗辩权，而且主债务人放弃主合同抗辩权的，担保人仍可以行使该抗辩权。

最后，一般情况下，担保合同的消灭对主合同具有从属性，如《物权法》第一百七十七条规定主合同项下债权消灭的，物权担保合同项下担保物权也消灭。但是，在特殊情况下，担保合同的消灭也具有相对独立性：（1）担保合同当事人可以在担保合同中约定有别于主合同的自身独立的消灭条件和期限。例如，在房地产按揭业务中，开发商经常就购房人向银行的按揭贷款合同提供阶段性保证担保，即在银行就按揭贷款所购房屋办理抵押权登记之后，开发商的保证担保责任即告消灭，而此时主合同依然有效。（2）主债务人作为担保合同外的第三人欺诈担保人与债权人签署担保合同的，债权人知晓欺诈事由，或债权人在订立担保合同中直接对担保人实施欺诈或胁迫行为的，担保人可向人民法院诉请撤销担保合同，而此时主合同依然有效。

二、主合同变更情况下担保合同、担保关系的相对独立性

在担保合同从属性问题上，理论和实践中存在突出的法律问题是，主合同变更，担保人是否还应当承担担保责任？尤其是在担保合同中，双方约定的诸如“双方一致同意，在主合同变更情况下，担保人继续就主合同项下债务提供担保责任”的条款在具体情形下是否有效的问题。何为“主合同变更”？浙江高院在其就“林某某、王某某等与巫某、游某某民间借贷纠纷再审案”作出的（2015）浙商提字第2号再审判决书中认为，“主合同的变更包括两种性质的变更，一是合同内容的变更；二是合同主体及合同法律关系性质的变更。前者只是对原合同法律关系的具体权利义务有所改变，并不导致原合同法律关系消灭，该种变更系非实质性变更。后者引起原合同法律关系消灭，新合同法律关系产生，该种变更系实质性的变更”。我们认为，在分析主合同变更担保人应承担何种担保责任的问题时，应分为三种情况具体分析：（1）合同内容变更；（2）合同主体变更；（3）因主合同义务变化引起合同性质发生变更。前两者都需要在分析担保人的担保风险是否变化的基础上，具体分析担保人的担保责任是否发生变化；第三种情况下，主合同已经不再是原来的债权合同，故担保人无须再承担担保责任，我们将在后文对这一点加以论述。

（一）担保人承担担保责任的底层逻辑

民事法律中一项非常重要的基本原则是“责任自负原则”，作为“意思自治

原则”的逻辑结果，民事法律依据该原则拒绝承认“一切未经民事主体同意而为其施加或增加其民事义务（责任、风险）的行为”对该民事主体发生法律效力或产生不利影响。我们认为，对“主合同变更，担保人是否应当承担担保责任”问题进行讨论，必须建立在“责任自负”的基础之上，明确担保人承担担保责任系依其自身意思表示而为的底层逻辑。也就是说，应首先明确担保人承担担保责任的风险确定依据是什么，这是就担保人为什么作出担保的意思表示，签订担保合同并最终依据担保合同承担担保责任进行讨论的前置性问题。

实践中，担保人均是在知晓担保责任风险的基础上才签订担保合同的，我们认为，实践中与担保风险连接的一般有以下几个因素：（1）债务人是谁，即为谁提供担保？这一风险因素，一方面，表现为债务人的道德风险，即是否存在债务人恶意违约导致保证人在债务人有能力履行债务的情况下承担担保责任的可能性，在制度上担保人可以选择一般保证制度作为保障措施，该制度实际上即是法律为保证人提供的应对债务人恶意违约情形的风险排除机制；另一方面，这一风险因素与债务人的一般责任财产大小有关，这不仅涉及债务人的债务履行风险，而且还涉及担保人承担担保责任之后向债务人的追偿权实现风险。（2）实际承担担保责任的范围（主要表现为担保债务总的数额或/并债务内容），这一风险被担保人通过担保合同中有关担保范围的约定限制在一个确定的范围之内，在物权担保中更由担保物的实际价值作为担保责任的最高限额。基本逻辑是，担保人不可能为一个存在无限增长可能的、不受任何限制的债务承担担保责任，因为对一个无法估量的责任作出的任何许诺都是戏谑或虚假的。所以，即使是最高额类的担保类型，也会明确债务人是谁，以及有一个最高债权数额或最高债权额的确定方式。（3）债务履行期限。在订立担保合同时观察总体性的担保风险，担保风险与债务履行期限呈正相关关系。这一方面因为债务履行期限越长，不确定性越大的一般规律；另一方面债务履行期限越长，担保法范围内的利息或违约金即越多，也可能导致债务人财务状况恶化，导致担保权人在承担担保责任后难以实现追偿权。

简言之，担保人应当是在明确为谁提供担保和明确担保责任范围大小，以及债务履行期限的情况下，借此作出担保的意思表示签订担保合同。只有如此，才能使担保人最终承担担保责任符合民事法律从“意思自治”签订担保合同到“责任自负”承担担保责任的基本逻辑，担保人承担担保责任才符合法律的正当性要求。否则，在主债权合同中债务主体、担保范围（债务内容和范围）以及债务履行期限发生变化的情况下，担保人都有在制度上获得救济和保障的需求。一般情况下，这种法律或制度保障是通过要求担保人就主合同变更作出同意的意思表示而实现的。我们认为，这种同意的意思表示实际上是担保人就变更后的主合同提供担保的一种意思表示，既可以解释为对原有提供担保的意思表示的延续，也可以理解为提供担保的新的意思表示或意思表示的更新。

【问题 17】在主合同变更时，债务人提供担保和第三人提供担保是否应当区别对待？

工行洛江支行与清源公司订有《委托贷款合同》，债务人清源公司提供抵押担保，债务人股东王某甲、王某乙提供保证担保。清源公司未按期还款，并与工行洛江支行签订《委托贷款展期协议》延长了贷款期限，没有扩大贷款金额和提高利率水平。后，工行洛江支行因债务人未按期还款诉至法院，并主张《委托贷款展期协议》仅延长了贷款期限，没有扩大贷款金额和提高利率水平，故并未加重保证人责任；而且贷款到期后，保证人王某甲、王某乙以股东和保证人身份签署了贷款展期股东会决议书，同意贷款展期，二人仍应对借款承担保证责任。工行洛江支行在贷款到期后，多次向清源公司催收逾期贷款，明确了保证人分别在催收通知上签字，并未提出异议。请问，工行洛江支行的主张是否于法有据？

最高人民法院在其就“泉州市丰泽区清源房地产开发有限公司、王某甲与王某乙与中国工商银行股份有限公司泉州洛江支行、林某某一般借款合同纠纷申请再审案”作出的（2014）民申字第 629 号民事裁定书中认为，“虽然清源公司作为抵押人，工行洛江支行作为抵押权人，未就展期后的抵押问题另行签订新的抵押合同，但从双方的意思表示和实际履行情况来看，应当认为，清源公司同意继续以《最高额抵押合同》项下抵押物为展期后的借款提供担保，而工行洛江支行亦接受了该担保。因此清源公司以《委托贷款展期协议》签订后，工行洛江支行与清源公司没有续签抵押合同因而丧失对抵押物的抵押权的主张，缺乏事实和法律依据，本院不予采信”。“关于《委托贷款展期协议》签订后，王某甲、王某乙是否还应承担保证责任的问题。本院认为，《委托贷款展期协议》变更了主合同的履行期限，对该变更，为证人未作出书面同意。虽然二人作为清源公司股东，在履行股东职责时同意清源公司向工行洛江支行申请贷款展期，并明确知晓贷款已获展期的事实，但不应因此认为二人同意对展期后的贷款，按照展期后的履行期限承担保证责任”。所以，在结论上，债务人提供的抵押担保依然有效；而保证人仅在保证合同约定的保证期间承担担保责任，不受《委托贷款展期协议》约束。

分析：从上述判决可以看出，最高人民法院在主合同变更须担保人书面同意问题上，对作为物权担保人的债务人和作为第三人的保证人，态度是截然不同的。

对于作为物权担保人的债务人:(1)主合同履行期限延长,增加其用款时间,降低了其违约风险,并未增加其担保风险;(2)主合同履行期限延长系经债务人同意,此项可以推定为其仍然提供物权担保的意思表示。但是,对于保证人则完全不同,在规范上须其书面同意,即使保证人是债务人的股东也不例外,否则保证人仅在保证合同约定的保证期间承担保证责任。将上述结论推而广之,在主债务合同增加债权金额,或增加还款利率的情况下,我们认为,即使作为抵、质押人的债务人未作出书面同意继续提供物权担保的意思表示,也应承担担保责任。这种对于债务人担保人和第三担保人的截然不同的态度和规则,正是基于他们在担保关系中所承担的不同的担保风险决定的。

(二)主合同变更之一——合同主体发生变更

1. 债权转让

根据《合同法》第十二条的规定,"当事人的名称或者姓名和住所"也是合同的条款之一,故主债权合同的变更包含债权人的变更和债务人的变更。其中,债权人主体变更一般不会改变担保人所承担担保责任的风险,所以除非担保合同另有约定,否则债权人变更无须征得担保人同意。这一点与《担保法》第二十二条"保证期间,债权人依法将主债权转让给第三人的,保证人在原保证担保的范围内继续承担保证责任"、《物权法》第一百九十二条第二句"债权转让的,担保该债权的抵押权一并转让,但法律另有规定或者当事人另有约定的除外"的规定一致。在我国金融领域内,金融资产管理公司,如华融、信达等均是通过受让债权向银行等金融机构提供金融不良资产处置服务;在这些公司受让的债权过程中,其无须征得保证人、抵押人、质押人的同意即享有原债权银行享有的担保权。

2. 债务承担——加入式债务承担(增加为连带债务人)

主合同债务人发生变化的,意味着担保人所负担的担保风险在较大程度上发生变化。实践中,主合同债务人发生变化存在连带债务人增加(与原债务人一起对外承担连带责任,也即加入式债务承担)、按份债务人增加(与原债务人一起对外承担按份责任,也即部分免责式债务承担)、债务全部由新债务人承担(也即免责式债务承担)三种具体情形。在第一种情况下,新的连带债务人的加入,增加了债务履行的一般责任财产(原债务人的财产+新加入的连带债务人的财产),增加了债务履行的概率,也增加了保证人承担保证责任后向债务人行使追偿权的实现可能性,不存在增加保证人担保风险的情形,故无须担保人同意。实践中,仅需注意区分加入式债务承担和第三人代为履行债务即可。在主合同、担保合同订立后增加担保人的，也属于类似情况。最高人民法院在其就“吐鲁番市农村信用合作联社与上海丰鼎企业发展有限公司、吐鲁番正杰生态农业有限公司等金融借款合同纠纷案”作出的（2015）民二终字第 141 号民事终审判决书中认为，“本案中，吐鲁番信用社提供的《农村信用社借款合同》《农村信用社借款保证合同》虽然在其与丰鼎公司提供的合同文本上增加了泰信公司为保证人，但吐鲁番信用社提供的上述合同并没有改变合同条款内容，亦未增加保证人丰鼎公司的义务”，即是说明在债务履行过程中加入新的连带债务人或担保人，担保人的担保风险未增加，其仍应按照担保合同承担担保责任。

3. 债务承担二——部分免责式债务承担、免责式债务承担

在债务承担的部分免责式债务承担、免责式债务承担两种情形下，会使得担保人订立担保协议时，对债务人恶意违约的道德风险、债务人偿债能力风险以及担保人承担担保责任后对债务人的追偿权实现风险的风险预期发生改变。所以，尽管担保人并非债务关系当事人，债务转移本身无须担保人同意即可有效，但是在没有取得担保人书面同意的情况下，担保人将不再对未经同意承担的债务承担担保责任。这一点与《担保法》第二十三条“保证期间，债权人许可债务人转让债务的，应当取得保证人书面同意，保证人对未经其同意转让的债务，不再承担保证责任”、《担保法司法解释》第二十九条“保证期间，债权人许可债务人转让部分债务未经保证人书面同意的，保证人对未经其同意转让部分的债务，不再承担保证责任。但是，保证人仍应当对未转让部分的债务承担保证责任”、《物权法》第一百七十五条“第三人提供担保，未经其书面同意，债权人允许债务人转移全部或者部分债务的，担保人不再承担相应的担保责任”的规定一致。我们以下面的示例对上述条款给予说明。

（1）A 公司向甲银行借款，乙公司提供保证担保。借款合同期间，A 公司被 B 公司收购，并吸收合并后仅剩 B 公司，A 公司被注销。B 公司对 A 公司的吸收合并是否需要经保证人乙公司同意？我们认为，吸收合并完成后，A 公司的全部债权、债务将由 B 公司概括继受，合并一般会使债务人一般责任财产增加（A——A+B），但也存在特殊情况：如 B 公司本身已资不抵债，此时与 A 公司合并将会导致合并后的公司偿债能力相对于 A 公司而言有所下降。此时，除非当事人另有约定，该吸收合并甚至都无须经过债权人甲银行同意（但须通知债权人，债权人有权要求提前清偿债务），更加无须经保证人乙公司同意。实践中，还有一些被一般观念误认为发生债务承担的情形：第一，B 公司收购 A 公司大股东持有的 A 公司的股权；第二，A、B 与甲银行达成债务重组协议，B 公司加入债务人行列，与A公司一起承担连带清偿责任；第三，A公司将公司的核心资产转让给B公司。在这些情形下，不存在需担保人同意的债务承担问题，尤其要注意第三种情形：A公司将核心资产转让给B公司，如果是公平等价有偿，则仅仅发生A公司的核心资产转化为货币资产的情形，债权人的履约和保证人的追偿风险都未发生变化；如果A公司低价转让自己的核心资产给B公司，债权人、保证人应当视具体情况行使《合同法》规定的撤销权，撤销A公司的低价转让行为。

【问题18】债务人与他人进行合并，未经担保人同意，担保人是否免责？

东晨药业在吉林银行贷款900万元，山城公司以和平路118号综合楼为东晨药业提供抵押担保，现900万元贷款没有偿还。履行期间，东晨药业召开股东会并形成决议，即同意东晨药业与金恺威药业合并重组。后各方产生纠纷，山城公司主张未经其同意债务转移，故应当免除其担保责任，该主张是否于法有据？

一、二审法院查明，“金恺威药业与威德药业企业产权转让合同中已经明确约定欠吉林银行的900万元贷款由金恺威药业偿还，并且东晨药业的净资产已全部转入金恺威药业，生产经营场地全部由金恺威药业实际使用，金恺威药业应对东晨药业的债务承担连带清偿责任。关于山城公司是否承担担保责任的问题，本案系因主体变更而发生的债务承继，不同于一般意义上的债务转移，不属于《最高人民法院关于适用〈中华人民共和国担保法〉若干问题的解释》第七十二条规定的情形，不须经担保人书面同意”。

最高人民法院在其就“通化市山城房屋开发有限公司与吉林银行股份有限公司通化分行、通化市金恺威药业有限公司、吉林通化东晨药业股份有限公司与王平借款合同纠纷审判监督案”作出的（2015）民提字第28号民事判决书中认为，“担保人是基于对于债务人偿债能力的信任才作出担保，因此，《最高人民法院关于适用〈中华人民共和国担保法〉若干问题的解释》第七十二条规定，第三人提供抵押的，债权人许可债务人转让债务未经抵押人书面同意的，抵押人对未经其同意转让的债务，不再承担担保责任。本案中债务人东晨药业发生了企业重组。依据一审查明的事实，2005年8月2日，威德药业与金恺威药业法人代表王某签订企业产权转让合同，其中约定欠吉林银行的900万元贷款及利息由王某负责偿还。不论最终该笔债务是由王某负责偿还，还是金恺威药业负责偿还，在企业重组过程中，涉案债务的责任承担主体发生了变化，构成债务转让。债务人的偿债能力发生了变化，这严重影响了山城公司作出担保责任时的判断。而从2006年6月5日，通化市金信城市信用社向通化市中远资产评估有限责任公司作出的《关于同意东晨药业向金恺威药业投资函》的内容来看，吉林银行作为债权人对于所发生的债务转让是知情并同意的，依据《最高人民法院关于适用〈中华人民共和国担保法〉若干问题的解释》第七十二条的规定，涉案债务的转让并未取得抵押人的书面同意，抵押人应不再承担担保责任”。

分析：本案的基本事实是，第一，债务人东晨药业的债务转由王某或金恺威药业承担；第二，东晨药业资产全部转给金恺威药业，东晨药业虽未注销，但已经没有资产了。所以，从经济意义上看，既然原债务人的资产已经转给新债务人，那么新债务人的资产数额一般都会大于原债务人的资产数额，表面上看好像有利于担保人。但是，如上文所述，在特殊情况下，债务人与其他主体合并，合并之后主体的偿债能力可能小于债务人，例如其他主体本身即资不抵债。所以，我们的观点是，原则上不用征得担保人的同意，但例外情况下，例如合并后反而债务人资产状况恶化的情况下，须担保人同意。很显然，最高人民法院不是这一观点，其认为只要债务人的偿债能力发生变化，或具有发生变化的可能性，即须担保人就债务承担，或债务重组，或企业合并作出“同意”的意思表示，否则担保人即不应当承担担保责任。

（2）A公司向甲银行借款，乙公司提供保证担保。借款合同期间，A公司经乙银行同意将债务转由B公司承担。为简化问题，我们假设：A公司的核心资产是一幢价值100万元的楼房，B公司的核心资产是一幢价值50万元的楼房。很明显，B公司的偿债能力比A公司弱。债务承担完成后，乙公司承担保证责任的责任承担客观风险和向债务人追偿的债权实现风险都增大，所以应当取得乙公司的书面同意，否则乙公司不再承担保证责任。

如果将A、B公司的资产状况翻转，B公司的偿债能力比A公司强。债务承担完成后，乙公司承担保证责任的责任承担客观风险和向债务人追偿的债权实现风险都减低，此时是否应当取得乙公司的书面同意？我们认为，这里强调的“责任自负”是“意思自治”的逻辑结果。即使表面上新债务人的偿债能力，或财务数据远远强于原债务人，但新债务人也非保证人决意担保的债务承担者，也应当征得乙公司同意，原因是：第一，法律保护的是从“意思自治”到“责任自负”的逻辑因果关系，保证人承担的担保责任的大小和风险都应当由其自己决定，法律、法官都无权越俎代庖。而且，保证人提供保证担保的经济原因之外的，可能存在的其与债务人之间的社会伦理关系也应当得到法律保护。第二，风险是一种综合性的不确定性，并不能完全用单纯的资产价值数量加以衡量，特别是债务人的恶意违约风险。结论是，无论债务承担者的财务状况在多大程度上优于原债务人，保证人未书面同意债务承担的，其将不再承担保证责任。

（三）主合同变更之二——合同内容发生变更

担保人与债权人订立担保合同，系就合同订立时主合同包含的债权关系提供担保。在主合同发生变更的情况下，担保人依据担保合同所担保的标的债权已经发生变化。此时，即需要判断主合同的变化是否引起了担保人所承担担保责任的质的变化，进而决定是否需要担保人作出同意继续提供担保的意思表示。

1. 主债务合同变更的哪些情形可能会加重担保人的担保责任

根据《合同法》第七十七条第一款之规定，合同当事人协商一致，可以变更合同。实践中，主债权合同当事人可以通过协商一致的合同变更改变债务内容，而合同变更既可能加重也可能减轻原有债务。而担保关系中，担保人系就主债务提供担保，所以主合同变更就可能会在担保人订立担保合同时的风险预期之外加重或减轻担保责任。所以，《担保法》第二十四条要求主合同变更应当取得保证人书面同意，否则保证人不再承担保证责任。

《担保法》第二十四条的规定过于僵化，完全是一种"管理性"思维，而不是"裁判性"思维。在实践中，第二十四条至少无法用于应对主合同变更而导致保证责任减轻的情形，故《担保法司法解释》第三十条将主合同变更分为加重和减轻两种情形：在减轻债务人债务的情形下，保证人的保证责任也可能减轻，故其应当对变更后的合同承担保证责任；而在加重债务人债务的情形下，保证人则对加重部分不承担保证责任。结合《担保法》第二十四条，《担保法司法解释》第三十条、第三十九条的规定，可能引起担保责任加重的主合同变更因素包括合同的标的性质、数量、价款、利率、款项用途、期限等。

2. 主合同的一般变更和合同发生根本性变更之间的区别

合同的义务按照其在合同中的作用，分为主合同义务、从合同义务以及附随义务，主合同义务在合同法中的作用一是决定合同的性质，二是主合同义务履行与否关系是否可以解除合同。如果非主合同义务发生变更，属于合同的一般变更；而主合同义务的主要内容发生变化，如从给付钢材变为给付药品，从给付货物变为给付劳务等，一般都会引起合同性质或类型之类的合同根本性变化。我们认为，主合同义务的主要内容发生变化，已经不再是合同变更，而是由新的合同通过替代旧的合同而完成的合同更新。所以，在表面上，新的合同是当事人通过变更协议完成的，似乎是合同变更，但实际上旧的主债权合同已经经双方协商一致消灭，也一并产生了新的合同。由此出发，就旧的主债权合同提供担保的担保人，当然不应就新的债务关系承担担保责任。对于这一点，我们认为《担保法》《担保法司法解释》未予任何规定的做法是正确的，一方面是因为此项是不言自明的规则，另一方面是需要法官在具体司法审判实践中对是否发生主债权合同的根本变化进行自由裁量。

3. 合同内容变更和合同内容确定之间的区别

我们认为，在讨论主债权合同是否发生变更之前，应当首先明确合同内容变更和合同内容确定之间的区别。前者是指将原本已经确定的主合同债务内容或条件加以确定，例如改变利率、改变支付的货币种类等；而后者是指主合同当事人对债务内容或条件本身无约定或约定不明，其履行期间通过约定或依据法律规定加以明确的情形。例如，《担保法司法解释》第三十三条规定，“主合同对主债务履行期限没有约定或者约定不明的，保证期间自债权人要求债务人履行义务的宽限期届满之日起计算”，该条款的功能即是将债务履行期限确定规则和保证期间制度连接起来，通过确定债务履行期限而确定保证期间的始期。如何在主合同无约定或约定不明的情况下确定主合同内容，一般应当根据《合同法》第六十一条的补充协议、交易习惯，以及第六十二条的合同默认规则。此时，我们认为，不应将债务内容确定视为合同变更；而且，即使将这种情形认定为合同变更，也不应视为加重担保人的担保责任，因为担保人订立担保合同时所承诺担保的债务即是某些债务内容和条件不确定的债务，债权人与担保人通过补充协议或法律默认规则仅仅是将原本不确定的债务条件加以确定而已，是确定了担保责任的内容，而不是加重担保人的担保责任。

【问题 19】主合同无履行期限，债权人、债务人未经保证人同意即自行确定履行期限，保证人是否还应承担保证责任？

刘某某和王某达成借款合同，梁某某在债务人王某出具的借条上签署“担保人梁某某”。后王某没有再支付利息，经债权人刘某某多次催要，王某在原借条上加注以下两项内容：（1）月息按 2.5% 计算；（2）2014 年 6 月 30 日前归还，超期未还按 2.5% 计息（罚息）。后王某未履行债务，债权人刘某某诉至法院，要求王某、梁某某清偿债务。请问，保证人梁某某是否需要承担利息、罚息？

分析：本案属于民间借贷，适用自然人之间借款的相关规定。在债务人王某加注之前，借款合同：（1）没有履行期限；（2）没有利息。而债务人王某的加注行为，在结果上：（1）将无期限合同变更为有履行期限的合同；（2）将无利息的合同变更为有利息的合同。湖南高院在其就本案“刘某某与梁某某、王某民间借贷纠纷二审”作出的（2015）湘高法民三终字第 147 号终审民事判决书中认为：（1）“本案借款没有约定还款期限，王某加签的该内容仅是明确还款期限，并不属于变更借款合同内容，也没有加重保证责任，故梁某某不得以此免除保证责任”，其逻辑是从债务履行期限不确定的合同到期限确定的合同不属于合同变更。我们认为更加充分的解释是期限从不确定到确定并不增加保证责任，因为不确定期限不意味着永远都不会承担保证责任，相反其本身就存在在未来任何时点上都可能存在承担保证责任的可能性，本案中仅仅是通过债务人加注行为将其确定下来了而已。（2）债务人在借条上加注利息，确实增加了保证人的保证责任，保证人应当不承担该部分的保证责任。但经查明，保证人在债务人加注后曾在借条上加签，该加签行为即应当视为保证人对债务人的加注无异议，故本案应当根据《担保法司法解释》第三十条的规定，认定主合同利息加重部分是经过保证人同意的。另外，即使认定加注行为未经保证人同意，在结果上也仅仅产生其不承担利息、罚息的保证责任，仅此而已，不会产生保证人完全不承担保证责任的法律效果，其对债权本金仍应当承担保证责任。况且，债权人在本案一审中已经放弃主张利息，在本案审理结果上完全不会加重保证人的保证责任。

我们认为，如果主债权合同的某些合同内容（如质量、履行方式、履行地点、履行期限）不确定，应当根据《合同法》第六十一条、第六十二条加以确定，一般不应认定当事人就此达成的确定合同的协议为变更协议。但我们也认为，不能完全排除实践中存在例外情形的可能性，应当注意综合判断根据上述两条规则加以确定债务内容或条件是否超出了担保人提供担保责任时对担保责任承担风险的预期，对具体案件进行具体分析。

实践中，还可能存在的情形：

（1）主合同当事人将未来主合同可能发生的“变更”规定在主合同中。例如，甲（债权人）、乙（债务人）、丙（第三人）、丁（保证人）在借款及保证协议中约定：在债权存续期间，或债权到期后，债务人乙将债务转由丙方承担，保证人丁继续承担保证责任。这一约定，实际上是保证人丁所承担保证责任限定在两个可能性之下：第一，在债务人是乙的情形下；第二，在债务人是丙的情形下。也即在这两种情形下，保证人丁均承担保证责任；在保证人最终承担担保责任时，债务人为谁虽然存在不确定性，但这种不确定性是有限的，而且保证人是在明确知晓这种不确定性的情况下作出提供保证担保的意思表示。如果在随后的债务履行期间，债务由第三人丙承担，此时不应视为债务承担未经保证人同意。因为，保证人丁是将其在乙或丙作为债务人的情况下承担保证责任的风险均放在了其订立担保合同时的风险预期之中，符合从“意思自治”到“责任自负”的逻辑要求。我们认为，这里实际上并不存在合同变更，而仅仅存在合同债务确定。我们认为，这种情况也可以推广至诸如履行期限延长、利率变化或借款数额增加等主合同事项之上。例如，债权人甲、债务人乙、保证人丙可以在借款及担保协议中约定，在借款期限满一年债务人乙未还本付息的情况下，甲、乙可以自行协商决定增加借款数额至原来的一倍，保证人丙承诺就此继续提供保证担保（这种情形在实务中，也被一些法院理解为最高额担保的一种特殊类型）。但我们也认为，这种由各方协商的，在主合同履行内可能出现的主合同内容上的“变更”必须是确定的，从而使担保人在签订担保合同并提供担保时的风险预期是确定的，即如上述两例当中债务承担方丙和借款数额增加的幅度都是确定的。这样理解合同“变更”的好处在于，可以有效地增加担保关系中债权关系的灵活性，从而使得债权关系双方能够根据实际情况适应市场需求和节约资源。

（2）债权人与债务人对主合同数量、价款、币种、利率等内容作了变动，或改变协议约定的借款用途。在主合同履行期限内，主合同当事人通过协商一致改变诸如主合同数量、价款、币种、利率等内容的，如果加重了担保人的担保责任，则担保人就加重部分不承担担保责任，如果减轻了担保责任，担保人则应当继续承担担保责任。在诸多合同内容变更事项中，比较特殊的是变更借款用途，实践中一般认为债务人自行将借款款项移作他用的风险由担保人承担；只有在债务人借新还旧，债权人借此将就贷款的清偿风险转嫁至担保人的情况下，才能免除担保人的担保责任。

4. 主合同内容变更

《担保法司法解释》第三十条第一款规定，“保证期间，债权人与债务人对主合同数量、价款、币种、利率等内容作了变动，未经保证人同意的，如果减轻债务人的债务的，保证人仍应当对变更后的合同承担保证责任；如果加重债务人的债务的，保证人对加重的部分不承担保证责任”，这即是有关债务内容发生变更的规定。最为常见的是追加贷款、上浮利率等情形，实践中并不难进行判断。

5. 债务履行期限变更

根据《担保法司法解释》第三十条第二款之规定“债权人与债务人对主合同履行期限作了变动，未经保证人书面同意的，保证期间为原合同约定的或者法律规定的期间”，在主合同履行期限发生变化的情况下，未经书面同意的保证人只用遵守原合同中的约定或法定期间即可。但是，实践中，主合同内容在债务履行期限上发生的变更，远比上述法条复杂得多。

【问题 20】主合同当事人将“一年一次”分期还款的约定，变更为“一年还两次”，担保人是否还应承担担保责任?

金场沟公司与鸡西建行签订《借款合同》，向鸡西建行借款 1 亿元，合同约定借款期限为六十个月，自 2009 年 6 月 26 日起至 2014 年 6 月 25 日止。鸡西建行于 2009 年 6 月 26 日分别与宏达钼业公司、那氏矿业公司、那某某签订了《保证合同》，由三保证人对《借款合同》项下的全部债务承担连带保证责任。鸡西建行与金场沟公司签订一份《补充协议》，将《借款合同》中偿还本金的时间由 2011 年至 2014 年每年的 6 月 30 日偿还本金 2500 万元，变更为 2011 年至 2013 年每年 6 月 30 日偿还本金 500 万元，12 月 31 日偿还本金 2000 万元，即由“一年一次”分期还款的约定，变更为“一年还两次”。请问，主合同的履行期限发生上述变更的情况下，担保人是否还应承担担保责任?

在最高人民法院就“中国建设银行股份有限公司鸡西分行与葫芦岛宏达钼业有限公司、鸡东县金场沟矿业开发有限责任公司等金融借款合同纠纷二审案”作出的（2016）最高法民终 655 号民事判决书中，辽宁高院认为，“虽然宏达钼业公司主张鸡西建行与金场沟公司签订的案涉《补充协议》改变了《借款合同》的还款时间和方式，缩短了金场沟公司对贷款的使用率，增加了担保人的责任和风险，且未经其书面同意，进而主张其不承担保证责任，但案涉《补充协议》将金场沟公司的还款计划由每年的一次性还款 2500 万元调整为每年分两次偿还，并未增加金场沟公司的还款数额，应属减轻金场沟公司的还款负担”；最高人民法院认为，“还款计划进行上述调整（注：即‘一年一次’变更为‘一年还两次’）实际上是延长了金场沟公司的借款使用时间，放宽了还款期限，减轻了金场沟公司的还款压力，以及随之可能产生的逾期还款罚息和复利，且金场沟公司并未按该《补充协议》约定的期限履行还款义务，属于《担保法司法解释》第三十条规定的主合同变动减轻债务人债务以及债务人并未实际履行变动后内容的情形，根据法律规定，保证人仍应当承担保证责任”。

分析：最高人民法院在此种情况下，没有采信担保人上述情况下债务人缩短了贷款使用率，增加担保人的责任和风险的主张。我们认为，对于本案中的特殊情况，辽宁高院和最高人民法院的判决毫无问题。因为，本案中履行期限的变更确实没有增加担保人的担保风险。但是，一旦将本案中债权人、债务人达成的补充协议的内容进行微调，那么结果就可能不同。例如，《补充协议》在和本案一样将一年一次还款，改为一年两次还款的同时，增加约定，即债权人在债务人不支付某笔分期款项的情况下，即可要求清偿全部，或偿清该期债务；或如果原协议规定每年 12 月 31 日还款 2500 万元，修改为 6 月 30 日清偿 2000 万元，12 月 31 日清偿 500 万元，并且缀以不清偿即可要求清偿全部债务的约定，那么在上述两种特殊情况下就有可能增加担保人的担保风险。

6. 借新还旧

《担保法司法解释》第三十九条规定："主合同当事人双方协议以新贷偿还旧贷，除保证人知道或者应当知道的外，保证人不承担民事责任。新贷与旧贷系同一保证人的，不适用前款的规定。"在银行等金融机构的借贷业务中，经常发生在临近债务履行期限届满时，债权人、债务人会订立新的借款合同，约定"借新还旧"。如果发生"借新还旧"，且担保人并非债务人，也并非原合同的担保人，新的担保人实际上承担了原借款合同的借贷风险，实践中极有可能发生金融机构借此转嫁原有风险的情形。故此，《担保法司法解释》第三十九条规定保证人不知晓借新还旧的，不承担担保责任。之所以不规定为"借新还旧须经保证人同意，否则保证人不承担担保责任"，原因在于最高人民法院是站在纠纷已经发生，担保人无意承担担保责任的角度作出的司法解释。

（1）借新还旧的性质

在最高人民法院就"牛某某、沈阳亚欧工贸集团有限公司等与沈阳亚欧工贸集团有限公司、辽宁宏基工贸有限公司金融不良债权追偿纠纷申请再审"作出的（2015）民提字第79号民事判决书中可以看到，沈阳中院将辽宁高院《关于当前商事审判中适用法律若干问题的指导意见》（辽高法〔2005〕29号）规定的"贷款的实际用途与主合同约定的贷款用途不一致的，主合同双方当事人协商变更贷款用途，未经保证人同意的，保证人不承担保证责任"中的"主合同当事人协商变更贷款用途"的情形解释为一种变更主合同内容的行为。对此，沈阳中院认为，根据担保法及其司法解释的精神，主合同的内容发生了重大变更，必须征得保证人的同意，否则保证人不承担保证责任。我们赞同沈阳中院的这种观点，借新还旧一般情况下应当理解为主合同双方当事人对原主合同约定的借款用途的变更。

（2）借新还旧的认定

实践中，借新还旧的问题主要出在以下两个方面：第一，是不是借新还旧；第二，担保人是否知晓借新还旧。在最高人民法院审理的"湖州市八里店镇资产经营公司与中国长城资产管理公司杭州办事处、湖州市升山建筑工程有限公司等借款合同纠纷提审案"（〔2006〕民二提字第20号民事判决书）中，最高人民法院认为，金融机构作为债权人与新贷款人约定以新贷偿还新贷款人关联公司的旧贷，其性质仍然是"以贷还贷"，可以从新旧贷款人之间的关联关系加以证明。在最高人民法院审理的"中国农业银行十堰市分行东风支行与华夏证券有限公司武汉分公司十堰证券交易营业部、湖北汽车工程塑料厂经销公司、湖北汽车工程塑料厂、华夏证券有限公司武汉分公司借款担保合同纠纷案"

（〔1999〕经终字第137号）中，最高人民法院认为只要主合同未写明借新还旧即可认定担保人不知晓“借新还旧”的事实。在最高人民法院审理的“抚宁县新兴包装材料厂、抚宁公有资产经营有限公司与抚宁县农村信用合作联社、秦皇岛远东石油炼化有限公司、秦皇岛骊骅淀粉股份有限公司借款担保合同纠纷案”（〔2006〕民二终字第236号）中，最高人民法院认为新旧贷款均是同一个保证人，不能免除保证人的担保责任。在最高人民法院审理的“大竹县农村信用合作联社与西藏华西药业集团有限公司保证合同纠纷案”（〔2011〕民申字第429号民事裁定书）中，最高人民法院是通过保证人的法定代表人，同时也是债务人持有50%股份的股东及监事的事实认定担保人知晓“借新还旧”的事项。

（四）对保证人的保护性规定，是否可以适用于非债务人的抵、质押人？

在《担保法》《担保法司法解释》《物权法》中，在主合同变更情形下对担保人的保护性规定，很少涉及担保物权人，尤其是《担保法司法解释》第三十条、第三十九条规定仅仅涉及保证人。问题来了，这些规则是否适用于担保物权？我们认为：第一，保证人只可能是主合同当事人之外的第三人，而在物权担保则存在债务人提供和第三人提供两种情形。在债务人提供物权担保的情况下，几乎无须就在主合同变更时是否继续提供物权担保征求债务人的意见，如前述【问题16】所述案例。第二，在司法实践中，对第三物权担保人参照适用《担保法司法解释》第三十条、第三十九条的规定几乎是实务界的共识。

【问题21】主债权合同当事人变更借款用途为“借新还旧”，未经第三抵押人同意，其是否仍应承担担保责任？

金地公司与工行佳木斯分行签订《固定资产借款合同》，约定借款用途为金地公司8.5万吨牛皮箱板纸项目，华夏公司为上述借款提供了最高额抵押担保。后金地公司和工行佳木斯分行变更借款用途为“借新还旧”。请问，抵押人华夏公司是否仍应当承担担保责任？

最高人民法院在其就“中国长城资产管理公司哈尔滨办事处与黑龙江华夏造纸有限公司、佳木斯金地造纸股份有限公司借款担保合同纠纷案”作出的（2010）民二终字第72号终审判决书中认为，“《固定资产借款合同》签订之后，金地公司与工行佳木斯分行并未实际履行。其后，双方又分别签订六份《流动资金借款合同》，并已实际履行。上述六份《流动资金借款合同》约定的借款用途是借新还旧，对于借款用途的变更，华夏公司一直坚称其并不知道，也无证据证明其应当知道。因金地公司与工行佳木斯分行变更借款用途的结果实际上加重了担保人华夏公司的担保责任，根据《担保法司法解释》第三十九条关于‘主合同当事人双方协议以新贷偿还旧贷，除保证人知道或者应当知道的外，保证人不承担民事责任。新贷与旧贷系同一保证人的，不适用前款的规定’的规定，华夏公司不应当承担抵押担保责任。虽然华夏公司与工行佳木斯分行在《最高额抵押合同》中约定除展期和增加贷款金额外，工行佳木斯分行与金地公司协议变更主合同，无须经华夏公司同意，华夏公司仍承担抵押担保责任。但是，上述约定不能对抗因主合同变更导致担保人法定免责的情形。原审法院认定华夏公司不知道借款用途变更为借新还旧，判决华夏公司在本案中不应承担抵押担保责任并无不当，本院予以维持。长城公司哈尔滨办事处关于华夏公司知道金地公司的借款用途，并且同意金地公司与工行佳木斯分行任意变更借款用途，因此，华夏公司在本案中应当承担抵押担保责任的上诉主张不能成立，本院不予支持”。

分析：如果担保人不是原借款合同的担保人，那么借新还旧会使担保人承担原借款合同的风险，这超出担保人签订担保合同的风险预期，所以必须征得担保人的同意，或证明担保人在签订担保合同时知晓借款用途将要发生变更。这一规则，既适用于保证担保，也应适用于第三人提供抵、质押物权担保。正如最高人民法院在本案判决书中所述“抵押是担保的法定方式之一。在以第三人财产设定抵押的情形下，抵押担保法律关系在主体、内容、目的、效果等方面与保证担保的特征相近似。借贷关系的双方关于借款用途的约定，亦是担保人判断其风险责任所考虑的重要因素。无论对保证担保还是抵押担保，主债务双方在以固定资产投资为借款用途而设定担保后，又以借新还旧的真实用途发放并收回贷款，同样会改变担保人在提供担保时对担保风险的预期，加重其担保责任，同样会导致对担保人不公平的结果。据此，原审法院根据担保法司法解释关于保证章的相关规定对本案进行判决并无不当，本院予以维持。长城公司哈尔滨办事处关于一审判决对最高额抵押适用保证的规定属于适用法律错误的上诉主张不能成立，本院不予支持”。我们认为，能够比照适用于第三人抵、质押担保的不仅仅是《担保法司法解释》第三十九条，该解释第三十条同样可以适用于第三人抵、质押担保。

（五）在主合同变更，未经担保人同意的情况下，对担保人如何进行救济？

《担保法》第二十三条规定“保证期间，债权人许可债务人转让债务的，应当取得保证人书面同意，保证人对未经其同意转让的债务，不再承担保证责任”，《担保法司法解释》第二十九条规定“保证期间，债权人许可债务人转让部分债务未经保证人书面同意的，保证人对未经其同意转让部分的债务，不再承担保证责任。但是，保证人仍应当对未转让部分的债务承担保证责任”，《物权法》第一百七十五条规定“第三人提供担保，未经其书面同意，债权人允许债务人转移全部或者部分债务的，担保人不再承担相应的担保责任”，《担保法》第二十四条规定“债权人与债务人协议变更主合同的，应当取得保证人书面同意，未经保证人书面同意的，保证人不再承担保证责任。保证合同另有约定的，按照约定”，《担保法司法解释》第三十条第一、二款规定“保证期间，债权人与债务人对主合同数量、价款、币种、利率等内容作了变动，未经保证人同意的，如果减轻债务人的债务的，保证人仍应当对变更后的合同承担保证责任；如果加重债务人的债务的，保证人对加重的部分不承担保证责任”，“债权人与债务人对主合同履行期限作了变动，未经保证人书面同意的，保证期间为原合同约定的或者法律规定的期间”，《担保法司法解释》第三十九条第一款规定“主合同当事人双方协议以新贷偿还旧贷，除保证人知道或者应当知道的外，保证人不承担民事责任”，上述这些法律和司法解释的条文均规定主合同变更，未经担保人同意或书面同意，或知道的，担保人不承担相应的担保责任，如何在具体纠纷案件中理解和适用上述条文，一直是实践当中的一个难题，我们在这里专门加以讨论。

1. 未经担保人同意，担保人有什么权利？

上述规定中的大前提，简言之就是“主合同变更”这一规范事实，均是担保人在订立担保合同时未曾预期的事实，或者说不包含在担保人提供担保的条件之中。此时，如果要担保人在主合同变更后继续承担担保责任，须担保人作出继续承担的意思表示。在主合同变更且未经担保人同意的情况下，担保人有什么权利？理论和实务上，有债权人“担保权消灭”和担保人“抗辩权产生”两种方案。最高人民法院在其就“中国东方资产管理公司大连办事处诉辽宁华曦集团公司等借款担保纠纷上诉案”作出的（2003）民二终字第93号终审判决书中，结合案件事实给出了具体方案，即担保人对“借新还旧”提出的免责主张实际上是一项“免责抗辩权”。换句话说，对于债权人要求担保人承担担保责任的主张，保证人另行主张并证明存在“借新还旧”的事实加以抗辩，借此来对自己的民事权益进行救济。

2. 担保人在担保合同中放弃免责抗辩权是否有效？

如果债权人和担保人在担保合同中订有“主合同债务全部或部分移转的，

担保人同意仍就全部债务承担保证责任，债务关系各方无须在债务移转时就此征得保证人同意”，或“主合同债务履行期限延长、利率上浮、借款实际款项增加的，担保人同意仍然同意就延长的期限、利率上浮和实际款项增加部分承担担保责任，债务关系各方无须在就债务的上述事项达成一致时征得担保人同意”，或“债权人、债务人协商变更主债权合同的，担保人同意就变更后的合同继续提供担保责任而无须实现征得其同意”等类似约定时，是否可以视为担保人放弃了前述免责抗辩权，即在结果上是否得出担保人无权主张免责的结论？

实践中，认为上述条款有效的，一般系基于以下两种通常的不同理解：第一，上述条款是担保人事先同意，意思自治优先，故无须在债务承担时再征求其同意，也即符合责任自负的原则；第二，依据《担保法司法解释》的规定，主合同变更的，会使保证人产生拒绝履行担保责任的抗辩权，而担保人在上述条款中事先放弃了该抗辩权，而且担保合同中的上述条款即是担保人的书面同意，符合法律、司法解释对“书面”的要求。我们不赞成这两种说法：第一，所谓“同意”必须有的放矢，必须是在知晓承担债务的主体、主合同条款发生变更的程度、借新还旧等主合同变更的具体事实后作出的，否则就不能称为“同意”。因为，同意的结果是要承担与合同变更前所不同的担保责任和风险。在担保人不知道主合同未来将发生什么样的变更的情况下，无法确定主合同变更后担保风险和追偿风险的情况下，“事先同意”看似意思自治，但无法与担保人就变更后的主合同承担担保责任的“责任自负”有效连接，无法满足意思自治——责任自负的法律正当性要求。第二，“抗辩权”是一种民事权利，当事人当然可以自由放弃，但前提是权利人已经获得该抗辩权，否则根本无法构成抗辩权的放弃。例如，“事先”放弃诉讼时效抗辩权的行为无效。所以，上述两种说法都是不正确的。

那么，应当如何在规范意义上理解上述所谓“事先同意”的约定呢？即应当如何处理上述条款呢？实务界有观点认为《担保法》第二十三条，《担保法司法解释》第三十条、第三十九条是法律的效力性强制规范，所以上述约定根据《合同法》第五十二条第（五）项“违反法律、行政法规的强制性规定而无效”。最高人民法院在其就“中国长城资产管理公司哈尔滨办事处与黑龙江华夏造纸有限公司、佳木斯金地造纸股份有限公司借款担保合同纠纷案”作出的（2010）民二终字第72号终审判决书中对《担保法司法解释》第三十条的观点是，“虽然华夏公司与工行佳木斯分行在《最高额抵押合同》中约定除展期和增加贷款金额外，工行佳木斯分行与金地公司协议变更主合同，无须经华夏公司同意，华夏公司仍承担抵押担保责任。但是，上述约定不能对抗因主合同变更导致担保人法定免责的情形”，其具体表述是“不得对抗导致担保人法定免责的情形”。

我们认为，保证等担保合同也是在表述一种交易类型，而交易的主要内容是担保人就债务人的债务承担担保责任，而主合同变更也即是担保合同内容变更的一种情形。如果担保人在订立担保合同时不知晓在担保期间将要发生的债务承担的具体内容，那么他实际上系在不知晓未来的交易内容，即不知晓为谁担保的情况下，作出不加任何限制地承担担保责任的意思表示，该意思表示就应当视为就未来担保合同变更作出的一种“戏谑”行为而自始无效，或者可以认为担保合同就债务承担（担保合同变更）后的部分因缺乏必要条款（如何发生变更）而不成立。

如果将《担保法》《担保法司法解释》中规定的“同意”视为担保人就担保合同变更所作的意思表示，那么在理论上首先应当排除将其视为一项权利的错误认识。因为即使是认为该“同意”作为一项权利只能在实际发生债务承担时行使方为有效，但因是否“同意”与债务承担最终有效与否无关，所以在已知权利类型中根本找不到与之相匹配的权利类型。如果将“同意”视为一种意思表示，那么就存在对该意思表示的解释问题，该问题重点集中在是否存在“同意”的意思表示之上，我们以以下例子予以说明：

A公司向甲银行借款，两方与保证人乙公司一起签订借款及担保协议。该协议中约定，“在借款期限内，如果债务全部由B公司承担，乙公司自愿继续承担担保责任，协议各方无须就此再征求乙公司的同意”。我们认为，在借款及担保协议中，保证人乙公司所承担担保责任的债务人或者是A公司，或者是B公司，乙公司的意思表示清楚无误，包含意思表示应具备的诸项要素。所以，在借款期间，A公司的债务由B公司承担，保证人乙公司仍须承担担保责任，而且这不以协议各方就债务承担征求乙公司的同意为前提或条件。

A公司向甲银行借款，乙公司承担连带保证责任。借款期间，借款债务由B公司承担，借款协议各方将债务承担事项通知乙公司，乙公司未做任何意思表示。借款到期后，甲银行通知乙公司承担担保责任，乙公司在未提出任何异议的情况下承担担保责任的代偿义务。后，乙公司以债务承担未经其同意为由，要求不再承担担保责任。我们认为，乙公司已经以承担担保责任的方式作出同意债务承担的意思表示，故其无权要求不再承担担保责任；如果其仅仅承担部分的担保责任，则可以认定其同意部分债务承担。这一结论，是从担保人就主合同变更引起的担保合同变更应作出“同意”意思表示的思路而得出的，和上述在担保合同中表示愿意就某一特定主债务承担者，在债务承担发生后继续提供担保的意思表示在本质上是一致的，仅仅是作出意思表示的时间不同而已。

我们认为，所谓抗辩，在证明责任上，担保人须证明有“借新还旧”“债务承担”“主合同变更”的事实存在，在订立合同时，该事实并不存在。结论是，即使担保人在担保合同中“放弃”《担保法》第二十三条、第二十四条等条款赋予的就主合同变更的“同意权”，该放弃也应属无效，担保人仍能就主合同变更加重其担保责任主张其不再承担全部或部分的担保责任。当然，在实际纠纷处理上，也不能排除担保人根据《担保法》《合同法》等其他法律规定对自己进行救济。例如，在“上海三泷房地产开发有限公司诉中国建设银行上海市浦东分行、上海市申浦对外技术投资总公司借款担保纠纷抗诉案”中上海高院即是根据当事人的主张适用《担保法》第三十条第一款“主合同当事人双方串通，骗取保证人提供保证的，保证人不承担民事责任”的规定判令免除保证人的担保责任，而不是以“借新还旧”为由适用《担保法司法解释》第三十九条的规定。

第五节　担保合同无效及法律后果

实践中，存在大量担保合同无效的情形，处理这一类问题也是担保法理论和实务中的一个难点。尤其是担保合同无效后，法律责任的分配问题更是司法实践中非常棘手的问题，所以我们在本节作以专门讨论。在我国现行法律中，《担保法》第五条、《物权法》第一百七十二条第一款是担保合同无效的原则性规定，最高人民法院通过《担保法司法解释》第三条至第十一条就担保合同无效问题进一步构建了规则体系。我们在本节仅围绕上述条款内容进行讨论，以期对担保合同无效及其法律后果有一个整体性的认识。至于在保证合同、抵押合同、质权合同以及定金合同中，具体的无效原因及法律效果，我们将放置在具体担保类型下的各个章节中加以具体论述。

一、“担保无效”与“担保合同无效”概念之辨析

“担保无效”是指担保权无效，其在实践中常常与“担保合同无效”混为一谈。实际上，这两个术语是否可以互换使用，应当视具体的担保类型而定：如果是保证担保，债权人的保证债权本身也是担保合同有效所引起的法律效果，故保证合同无效和保证债权无效并无差别；但如果是物权担保，担保合同在法律效果上仅仅使担保人负有设立担保物权的义务，而担保物权还须进一步发生登记

或交付的法律事实方能有效设立。故，在物权担保关系中，物权担保合同无效与担保物权无效在概念上并不同一；另外，担保物权还存在善意取得的问题，即在担保合同无效的情况下，还应当在具体的法律关系中进一步考察是否存在担保物权善意取得的情形。

事实上，《担保法司法解释》第三条至第十一条就担保合同无效问题所构建的规则体系，在思想脉络上系建立在《合同法》第五十八条缔约过失责任的思路之上，总体上是用合同无效解决当事人之间担保物权无效的具体问题。

二、担保合同无效的事由类型

在我国现行法律体系中，规定担保合同无效事由的法律规范主要有《民法总则》《合同法》《物权法》《担保法》及这些法律规定的相关司法解释，我们在这里仅就无效事由类型结合司法实践进行讨论，涉及具体事由内容的，将在后续各种具体的担保法律关系中进行介绍。

担保合同是双方法律行为的一种具体类型，所以其有效也须遵循法律所规定的法律行为有效要件。根据《民法总则》第一百四十三条之规定，担保合同作为民事法律行为须满足以下要件方为有效：（1）行为人具有相应的民事行为能力；（2）意思表示真实；（3）不违反法律、行政法规的强制性规定，不违背公序良俗。《民法总则》的上述规定在立法上系作为担保合同无效规则体系的总纲性质的法律规定，由此出发，在就担保合同是否有效进行判断时，一般应当从以下几个方面进行具体分析：（1）担保合同的当事人主体是否适格；（2）当事人订立担保合同时的意思表示是否真实；（3）担保合同涉及担保物的，担保物是否合法、确定、可能；（4）担保合同是否违反法律、法规中的强制性效力规范。

（一）担保合同主体不适格

实践中，担保合同主体不适格包括以下情形：

（1）自然人担保人不具有完全的民事行为能力。鉴于担保合同的单务性质，我们认为，担保人不能是无民事行为能力人。而且，一般情况下也不能是限制民事行为能力人。因为即使是法定代理人代限制民事行为能力人签订担保合同，或对限制民事行为能力人签订的担保合同进行追认，其也无法证明担保合同系为限制民事行为能力人的利益而签订；故，一般情况下，担保人为限制民事行为能力人的担保合同均应属无效。

（2）法人作为担保人，存在经营范围上的限制。在传统的民法理论中，法人的经营范围被视为对法人的民事行为能力的限制，但随着法人设立的立法模式从特许设立主义向准则设立主义，甚至是自由设立主义转变，经营范围逐渐不再作为法人行为能力的限制。这也是为什么《合同法司法解释（一）》第十条规定，"当事人超越经营范围订立合同，人民法院不因此认定合同无效"。但这一立法趋势也存在例外情形，如上述第十条最后的"但书"规定，即"但违反国家限制经营、特许经营以及法律、行政法规禁止经营规定的除外"。具体到担保法关系中，上述"但书"规定的限制就极为明显，主要表现为：A. 政府机构、以公益为目的的事业单位、社会团体不得作为担保人，即根据《担保法》第八条之规定，"国家机关不得为保证人，但经国务院批准为使用外国政府或者国际经济组织贷款进行转贷的除外"；第九条之规定，"学校、幼儿园、医院等以公益为目的的事业单位、社会团体不得为保证人"。B. 非经国家行政许可，担保人不得开展经营性担保业务。例如，国务院《融资担保公司监督管理条例》（国令第683号）第六条第三款规定，"未经监督管理部门批准，任何单位和个人不得经营融资担保业务，任何单位不得在名称中使用融资担保字样"。

【问题22】典当行超出经营范围签署的动产抵押借款合同效力如何？

诚信典当行与张某签订《动产抵押借款合同》，该合同约定，张某向诚信典当行借款十万元，用自己的小轿车提供抵押担保。后查明，债权人诚信典当行的经营范围中并不包含从事借贷经营，根据中华人民共和国商务部颁布的《典当管理办法》第二十五条规定的典当行可以从事的典当业务类型中不包含动产抵押业务，而且第二十六条第（二）项明确规定典当行不得从事动产抵押业务。请问，诚信典当行与张某签订的《动产抵押借款合同》是否有效？

分析：最高人民法院民二庭2012年12月11日以（2012）民二他字第18号函答复江苏省高级人民法院。复函内容如下："《典当管理办法》系行政规章，根据《最高人民法院关于适用〈中华人民共和国合同法〉若干问题的解释（一）》第四条规定，不能作为认定合同效力的依据。典当行与当户签订动产抵押借款合同，违反了《典当行管理办法》关于典当行经营业务范围的规定，但不应据此认定合同无效。典当行办理动产抵押借款业务，亦不属于《中华人民共和国银行业监督管理法》第十九条规定的须经国务院银行监督管理机构批准的银行业金融机构的业务活动。"从另一个角度来看，《典当管理办法》中的规定属于管理性强制规定，是行业主管机关的管理规定，典当行违反该规定可能会遭到主管机关的处罚，但不会导致合同无效。而且，一般情况下，只有在法律行为的双方均违法的情况下，该行为才会无效，典当行的动产抵押不存在须有关部门审批的法律规定，故即使典当行违规办理动产抵押业务，也不应影响动产抵押合同的效力。所以，诚信典当行与张某签订的《动产抵押借款合同》有效。

（3）共有财产设定担保物权未经占有份额三分之二以上的按份共有人或者全体共有人同意。《物权法》第九十七条规定："处分共有的不动产或者动产以及对共有的不动产或者动产作重大修缮的，应当经占份额三分之二以上的按份共有人或者全体共同共有人同意，但共有人之间另有约定的除外。"在上述规定的条件不满足的情况下，共有人以动产或不动产设定抵押、质押的行为属于无权处分行为，而抵、质押合同属于效力待定的法律行为，其他共有人有权依《合同法》第五十一条的规定追认或拒绝追认抵、质押合同；拒绝追认的，抵、质押合同无效。当然，在抵、质押合同无效的情况下，抵、质押权人在具体的担保物权法律关系中还存在善意取得抵、质押权的可能性。

（二）担保合同订立时存在意思表示瑕疵

债权人和担保人订立担保合同时，存在意思表示瑕疵的，经表意人行使撤销权也会导致合同无效，合同无效是撤销权有效行使的法律后果。关于意思表示瑕疵的类型，《民法总则》第一百四十六条至第一百五十一条总计规定了虚假意思表示（无效）、重大误解、欺诈、胁迫以及乘人之危导致显失公平五种类型，而《合同法》第五十四条规定了重大误解、显失公平、欺诈、胁迫以及乘人之危五种类型。

意思表示存在瑕疵，让表意人承担法律行为引起的法律关系中的义务不符合法律的正当性要求，不符合民法的"责任自负原则"。所以，在法律上应当给表意人纠正意思表示的机会和权利，这就是《民法总则》《合同法》为其设置的撤销权。有关撤销权的行使，应当注意的是：（1）撤销权在性质上属于形成权，受到一年除斥期间的限制，该期间为不变期间（无中止、中断以及延长事由），即"自知道或者应当知道撤销事由之日起一年内、重大误解的当事人自知道或者应当知道撤销事由之日起三个月内"；（2）权利人行使撤销权只能通过人民法院行使，而法律行为（保证及抵、质押、定金合同）在被撤销之前，处于有效状态；（3）撤销权系权利人的民事权利，该权利行使与否由权利人自行决定，任何单位和个人不得妨碍，人民法院不得依职权代为行使。

【问题 23】基于欺诈行为订立的担保合同，效力如何？

债务人金场沟公司向债权人鸡西建行借款，并签署《借款合同》《最高额抵押担保合同》，并依法办理了动产抵押登记。后，鸡西建行与保证人宏达钼业公司、那氏矿业公司、那某某签订了《保证合同》。合同期满，在债权人要求债务人还款，保证人承担保证责任时，债务人提出抗辩：黑龙江省牡丹江市阳明区人民法院（2013）阳刑初字第33号刑事判决认定债务人犯单位行贿罪和骗取贷款罪，债务人法定代表人那某某犯单位行贿罪、骗取贷款罪和抽逃出资罪，故该《借款合同》《最高额抵押担保合同》符合《合同法》第五十二条第一款第（一）项、第（五）项的相关规定而无效。

分析：1. 一审辽宁高院查明：（1）金场沟公司法定代表人那某某伪造财务数据和报表，虚假提升金场沟公司信用评级，骗取贷款；（2）金场沟公司未将贷款用于合同约定的固定资产建设，而是私自改变借款用途用于其名下的其他公司经营或个人使用；并认为："从案涉诸份民事合同的订立过程看，借款人金场沟公司及其相关人员虽实施诈骗行为而触犯刑法，但从民法视角而言，该诈骗行为属于民事欺诈行为，其目的系通过虚假审计报告提高企业信用等级，以获取更高的贷款数额，而欺诈类合同的性质属于可变更、可撤销合同范畴，且该刑事判决并未认定鸡西建行的相关工作人员亦参与犯罪的相关事实，并不存在借贷双方恶意串通损害国家利益的情形，案涉诸份民事合同所涉内容亦不违反法律、行政法规的效力性强制性规定，又无导致合同无效的其他情形，故鸡西建行作为案涉诸份民事合同的权利人，可以选择合同有效而主张继续履行合同，也可以选择变更或者撤销合同而主张损害赔偿。"

2. 最高人民法院在其就本案作出的（2016）民终655号二审终审判决书中支持了一审辽宁高院的观点，最高人民法院认为，"金场沟公司及其法定代表人那某某使用虚假审计报告提高信用等级，骗取案涉借款，在刑法上，因其欺诈手段和非法目的构成骗取贷款罪，应当据此承担刑事责任；但在合同法上，其行为构成单方欺诈。根据《合同法》第五十四条第二款'一方以欺诈、胁迫的手段或者乘人之危，使对方在违背真实意思的情况下订立的合同，受损害方有权请求人民法院或者仲裁机构变更或者撤销'之规定，鸡西建行享有撤销权。因鸡西建行未按照该条规定主张撤销案涉借款合同，故原审判决认定借款合同有效并无不当"。

综合一、二审法院的判决内容，该案中的债务人与债权人银行订立借款及担保合同时，存在债务人欺诈债权人的情形。故，债权人有权选择不行使撤销权撤销借款合同和担保合同，这一认定符合撤销权的民事权利性质。基于欺诈订立的担保合同，在被撤销前系有效存续，只有在受欺诈人自行决定并正确行使撤销权后，担保合同才会从有效状态转变为无效状态。也就是说，债务人、担保人无权在“债权人受到欺诈，且未行使撤销权”的情况下，请求人民法院撤销或认定担保合同无效。

（三）担保物权合同标的物不合法、不确定、不可能

正所谓“无合同不交易”，担保合同所涉及的也是具体的交易行为，该交易行为涉及的标的物须满足合法、确定、可能的法律要求。在担保物权关系中，从标的物角度进行限制的主要有：（1）担保物必须明确，并遵循一物一权原则，否则合同不成立，当然也无效。（2）因为设置担保物权即存在经拍、变卖使担保物进入流通领域的可能性，故担保物不能是国家法律、行政法规禁止流通物，或限制流通物。否则，国家限制、禁止流通的规定即会因担保关系而被合法规避。对此，《担保法司法解释》第五条明确对禁止流通物和限制流通物进行了区分，即“以法律、法规禁止流通的财产或者不可转让的财产设定担保的，担保合同无效。以法律、法规限制流通的财产设定担保的，在实现债权时，人民法院应当按照有关法律、法规的规定对该财产进行处理”。例如，国家管制交易的文物、土地所有权、宅基地使用权作为禁止流通物均不能设定抵押权、质权等担保物权。而国家划拨的建设用地使用权作为限制流通物，在设定抵押时应经土地管理部门批准，在实现抵押权时应当按照国家出让的建设用地使用权办理相关的土地出让手续。（3）担保物不能是学校、幼儿园、医院等以公益为目的的事业单位、社会团体的教育设施、医疗卫生设施和其他社会公益设施。

在标的物不合法、不确定、不可能导致物权担保合同无效的问题中，《物权法》第一百八十四条第（四）项“所有权、使用权不明或者有争议的财产”、第（五）项“依法被查封、扣押、监管的财产”不得抵押这两项规定比较特殊。我们认为，当事人就查封、扣押或所有权有争议的财产订立抵押合同不应当因为上述第一百八十四条而径行被认定为无效合同，我们以下例说明。

【问题24】就已被查封的抵押物订立的抵押合同是否有效？

红星公司与蓝星公司签订土地抵押合同，该合同涉及A地块的土地所有权抵押，以及B地块的土地使用权抵押。合同签订后，抵押权人红星公司发现，B地块的土地使用权已经为人民法院采取强制执行措施查封。请问，该抵押合同是否有效？

分析：根据《物权法》第一百八十四条第（一）项、第（五）项之规定，土地所有权、已查封的财产不得设置抵押权。尽管上述两种情况在一个法条当中，但我们认为，应当对A、B地块抵押合同的效力区别对待，该抵押合同中的A

地块土地所有权抵押部分应属无效，而B地块土地使用权抵押部分的合同应当有效，因为：（1）抵押合同签订时，抵押权人不一定会知晓抵押物系已被查封的财产，让其就该事项承担合同无效的法律后果过于严苛；（2）抵押合同无效，抵押权人只有在证明抵押人在订立合同过程中知晓查封事宜，即抵押人对抵押合同无效存在过错时，才能够要求抵押人承担缔约过失的赔偿责任，这一要求也过于严苛；（3）抵押合同无效，抵押人根据《担保法司法解释》第七、八条承担的缔约过失责任是补充清偿责任。而认定抵押合同有效，抵押人因无法办理抵押登记而承担损失赔偿违约责任的，存在与债务人一起承担连带责任的可能性，这对于不知晓抵押财产系查封、有争议的财产的抵押权人而言更为有利。所以我们认为，应当按照一般合同中当事人履约不能的情形加以处理，即由抵押人承担不办理抵押登记的违约责任。这样，抵押权人无须就抵押人存在过错承担证明责任，即可以要求抵押人就不办理抵押登记承担违约责任。反观A地块的抵押合同，土地所有权作为禁止流通物的规定是一项明确的效力性强制规定，抵押权人无任何理由可以称其不知晓该规定。所以在结论上，红星公司和蓝星公司的抵押合同，A地块土地所有权抵押的部分无效，B地块土地使用权抵押的部分有效。

【问题25】抵押物不确定，抵押合同是否有效？

金昌公司与明发公司签订《煤炭销售补充协议》，由前者以调用明发公司资金的形式开展煤炭销售合作经营（实质上是借款关系）。在后续金昌公司、明发公司以及孙某某、河北伟光农业技术开发有限公司等签署的《协议书》中，金昌公司确认对明发公司负有债务，并以“金昌公司所拥有的燃气运输汽车及河北伟光农业技术开发有限公司的蔬菜大棚”“河北伟光集团所属企业的全部资产”提供抵押担保，孙某某等提供连带责任保证担保。后，在明发公司和孙某某之间的保证合同纠纷案中，孙某某提出请求法院确定上述抵押合同有效，债权人应当先就债务人的抵押物行使抵押权。请问，抵押物不确定，抵押合同是否有效？

分析：杭州中院在其就上述案件作出的（2015）浙杭商终字第154号民事判决书中认为：“我国担保法规定，抵押人和抵押权人应当以书面形式订立抵押合同；抵押合同应当包括被担保的主债权种类、数额，以及抵押物的名称、数量、质量、状况、所在地、所有权权属或者使用权权属等内容。抵押合同对被担保的主债权种类、抵押财产没有约定或者约定不明，根据主合同或者抵押合同不能补正或者无法推定的，抵押不成立。本案中，明发公司与金昌公司签订的《煤炭销售补充协议》《还款协议》等虽然有抵押条款，但协议中有关抵押物的表述为‘金昌公司所拥有的燃气运输汽车及河北伟光农业技术开发有限公司的蔬菜大棚’‘河北伟光集团所属企业的全部资产’，属于对抵押财产约定不明，故抵押并不成立。孙某某认为其对明发公司债权应在物的担保以外承担保证责任的上诉理由，缺乏事实依据，本院不予采纳。”

在该案的再审程序中，江苏高院在其就上述案件作出的（2015）浙民申字第2028号民事裁定书中认为：“最高人民法院《关于适用〈中华人民共和国担保法〉若干问题的解释》第五十六条第一款规定：抵押合同对被担保的主债权种类、抵押财产没有约定或者约定不明，根据主合同和抵押合同不能补正或者无法推定的，抵押不成立。《担保法》第三十八条、第三十九条明确：抵押人和抵押权人应当以书面形式订立抵押合同。抵押合同的内容应包括抵押物的名称、数量、质量、状况、所在地、所有权权属或者使用权权属等。本案抵押物仅指金昌公司拥有的燃气运输汽车、蔬菜大棚、河北伟光集团所属企业的全部资产，而车辆抵押，既未记载车号、车型，也未记载车辆品牌，蔬菜大棚、企业的资产均记载不明，一、二审认定合同中的约定属于对抵押财产约定不明，抵押合同不成立正确。”

综合两级法院的审理结果，我们认为，浙江高院“抵押合同不成立”的措辞较为准确，尽管《担保法司法解释》第五十六条规定，“抵押合同对被担保的主债权种类、抵押财产没有约定或者约定不明，根据主合同和抵押合同不能补正或者无法推定的，抵押不成立”，但杭州中院“抵押不成立”在用词上还是欠妥。因为根据物权法中物权担保合同生效和担保物权设立的区分原则，实践中还可能存在的情况是，即使是抵押权未有效设立，或不成立，但在抵押合同有效的情况下，抵押权人还有权依据抵押合同要求抵押人承担违约责任。与此相对，如果抵押合同不成立，那么当事人只能在符合法律规定的情况下，即在合同订立过程中一方违背诚实信用原则而造成对方损失的情况下，受损方根据《合同法》第四十二条第（三）项的规定要求承担缔约过失责任。由此出发，在本案中孙某某、明发公司、金昌公司、河北伟光农业技术开发有限公司等均为《协议书》当事人，抵押合同因抵押物约定不明而不成立，最终导致债权人明发公司无抵押权可供行使。对此，债权人明发公司、债务人金昌公司应当负有一定责任，我们认为，应当适当减轻孙某某的保证责任。因为从客观上讲，抵押合同不成立，孙某某就失去了在债务人提供抵押物之后承担保证责任的顺位利益。

（四）不违反法律和行政法规中的效力性强制规定

在民事法律关系中，法律、行政法规给出效力性强制规范在本质上属于一种国家公权力对民事生活的干预，所以这些规定都是一种立法者基于社会管理需要，或者出于保护公共利益的目的所设置的带有公法性质的规范。在立法和司法实践中，法律、行政法规的强制性规定如果对民事生活进行不当干预，将会导致民事法律秩序的紊乱，从而可能导致民事社会失去自我调节机制和自我调整能力。这也是为什么最高人民法院在《合同法》给出第五十二条第（五）项之规定，即“有下列情形之一的，合同无效：……（五）违反法律、行政法规的强制性规定”之后，接连在《合同法司法解释（一）》第四条中，即“合同法实施以后，人民法院确认合同无效，应当以全国人大及其常委会制定的法律和国务院制定的行政法规为依据，不得以地方性法规、行政规章为依据”，从强制性规范的法律层级上，以及在《合同法司法解释（二）》第十四条中，即“合同法第五十二条第（五）项规定的‘强制性规定’，是指效力性强制性规定”，从强制性规范的规范类型上对“强制性规定”进行严格限制。

【问题 26】担保合同违反什么性质的规定会导致合同无效?

西安商行与健桥证券签订资金拆借合同一份，约定：拆出单位为西安商行即甲方，拆入单位为健桥证券即乙方，拆借金额为 3603 万元，拆借期限 7 天，用途为弥补头寸西部信用担保公司向现商行出具担保函。后健桥证券未按期还款，西安商行催要无果，向法院提起诉讼。请问，该资金拆借合同是否有效?

陕西省高级人民法院经审理认为合同无效，主要原因：《商业银行法》第四十六条规定：“同业拆借应当遵守中国人民银行的相关规定”，《关于禁止银行资金违规流入股票市场的通知》第三条第 2、3 项规定：“各证券公司的拆入资金期限不得超过 1 天，拆入资金总额不得超过该机构实收资本金的 80%，拆入资金只能用于头寸调剂，不得用于证券交易”，“任何商业银行与非银行金融机构、非银行金融机构之间的拆借行为必须通过全国同业拆借市场（包括各地融资中心）进行，禁止一切场外拆借行为”，故西安商行和健桥证券的拆借：（1）违反拆借只有 1 天的规定；（2）违反只能在拆借市场进行的限制。陕西高院认为，“西安商行与健桥证券签订的资金合同，因内容违反国家金融法律法规强制性规定，应认定为无效。合同无效双方均有过错，依法应承担相应的过错责任”。

最高人民法院在其就“西安市商业银行与健桥证券股份有限公司、西部信用担保有限公司借款担保合同纠纷二审案”作出的（2005）民二终字第 150 号民事判决书中认为，“中国人民银行《关于禁止银行资金违规流入股票市场的通知》在规范性文件位阶上属于部门规章，根据本院《合同法司法解释（一）》第四条:‘合同法实施以后，人民法院确认合同无效，应当以全国人大及其常委会制定的法律和国务院制定的行政法规为依据，不得以地方性法规、行政规章为依据’的规定，该通知作为行政规章不能作为确认合同无效的依据。国务院《金融违法行为处罚办法》，是关于金融机构违反国家有关金融管理的规定应当如何进行行政处罚的规定，该办法第十七条规定金融机构从事拆借活动，如果具有资金拆借超过最长期限、在全国统一同业拆借网络之外从事同业拆借业务的行为，应当受到暂停或者停止该项业务，没收违法所得等处罚。可以看出，该条规定与合同效力没有关系。故不能依据该处罚办法的规定确认资金拆借合同无效。原审法院认定西安商行与健桥证券签订的资金拆借合同，内容违反国家金融法律法规的强制性规定，属无效合同错误，应予纠正”。

分析:本案是如何看待国家有关合同的强制性规定的问题的典型案例，实事求是地讲，本案依据《合同法司法解释(一)》第四条的规定作出判决是存在疑问的。我们认为,《商业银行法》第四十六条“同业拆借应当遵守中国人民银行的相关规定”包含授权性立法，所以中国人民银行《关于禁止银行资金违规流入股票市场的通知》中有关同业拆借的规定在法律效力上是等同于《商业银行法》的，仅依据第四条从法律层级上得出不能适用中国人民银行的规定，理由并不充分。这一问题，实际上是在2009年通过《合同法司法解释(二)》第十四条，即“合同法第五十二条第(五)项规定的‘强制性规定’，是指效力性强制性规定”得以解决的。很明显，中国人民银行的规定是管理性规定，是人民银行用于进行和规范行业管理的规定，违反这些规定的结果往往是由行业管理机关对违法的合同一方进行行政处罚，但不会影响合同的效力。

具体到担保法律关系中，法律和行政法规给出效力性强制性规定用于规范担保合同的情形主要表现在以下几个方面:(1)国家机关、学校、幼儿园、医院等以公益为目的的事业单位、社会团体不得作为保证人;(2)以法律明确规定禁止流通的物的类型作为物权担保合同的标的物，如土地所有权;(3)对外担保须经国家外汇管理机关批准;(4)公司为公司股东或者实际控制人提供担保的，必须经股东会或者股东大会决议。事实上，法律、行政法规很少对担保关系给出强制性规定，因为绝大多数担保关系在权利义务上仅涉及担保合同当事人的私人利益，而不涉及公共利益。另外，对于因违反法律强制性效力性规范而无效的担保合同，在责任归属上一定是与有过失形态，损失分配上一定是担保合同当事人共同承担因合同无效而导致的损失。

三、担保合同无效的法律后果

（一）担保合同无效后，当事人所承担法律责任的性质

《担保法》第五条第二款规定："担保合同被确认无效后，债务人、担保人、债权人有过错的，应当根据其过错各自承担相应的民事责任。"对于该规定中民事责任的性质，有学者认为是侵权责任，而不是通常情况下合同无效后的缔约过失责任，原因是后者无法解释为什么主合同无效，但却须非主合同当事人的担保人承担部分法律责任。或者说，因为担保人在这里并非主合同的缔约方，根本不具备承担缔约过失责任的资格，其就不可能承担缔约过失责任。但是，我们认为，担保合同无效的法律后果就是缔约过失责任，之所以担保人须承担责任，其承担的不是主合同的缔约过失责任，而是随着主合同无效的担保合同的缔约过失责任。正因如此，在主合同无效导致担保合同无效的情形中，应当以担保合同的内容确定在担保人有过错时，其应当承担缔约过失责任的具体数量。

（二）担保合同无效后的一般性法律后果

《合同法》第五十八条从合同法的角度，针对合同无效、被撤销后合同无效的两种情形，在合同无效导致的法律后果上作出了总体性的法律规定，即（1）因合同取得的财产，应当予以返还；不能返还或者没有必要返还的，应当折价补偿；（2）有过错的一方应当赔偿对方因此所受到的损失，双方都有过错的，应当各自承担相应的责任。根据《合同法》的上述条款，担保合同无效，在法律后果上：

1. 担保合同无效，应视为自始、确定、当然无效。故，保证合同无效的，债权人无权基于保证合同要求保证人承担保证合同约定的保证义务和保证责任。物权担保合同无效，如果尚未办理抵押登记、质物交付的，债权人（担保物权人）无权要求抵押人办理抵押登记，亦无权要求出质人交付质物；如果已经办理抵押登记、已交付质物的，除抵押权人、质权人善意取得抵押权、质权之外，债权人无权行使抵押权、质权以实现债权。

2. 因合同取得的财产，应当予以返还：（1）已登记抵押权的抵押权人负有向登记机关申请"注销"抵押登记的义务，而抵押人也可以根据《不动产登记实施条例》第二十八条之规定"有下列情形之一的，当事人可以申请办理注销登记：……（四）人民法院、仲裁委员会的生效法律文书导致不动产权利

消灭的”，持人民法院、仲裁委员会的生效法律文书向登记机关申请注销抵押登记。（2）已交付质物、权利凭证的质押担保，质权人负有向出质人返还质物或权利凭证的义务，而出质人有权依动产所有权要求质权人返还原物。

在这里，应当注意《民法总则》第一百九十六条第（二）项的规定，即“下列请求权不适用诉讼时效的规定：（二）不动产物权和登记的动产物权的权利人请求返还财产”，出质人要求质权人返还动产质物的，适用《民法总则》三年的诉讼时效规定。

3. 担保合同无效的，有过错的一方应当赔偿对方因此所遭受的损失，承担这一缔约过失责任，应当满足的要件是：（1）担保合同无效导致损失，一般情况下为担保权所担保债务的债务人不能履行债务而导致的损失；（2）担保合同一方或双方对合同无效有过错；（3）担保合同无效和损失之间存在因果关系。从赔偿机制上讲，责任类型是补充清偿责任，即对债务人不能清偿的部分承担清偿义务，这也是人民法院在司法实践中的一般裁判内容。

上述是合同无效的一般性法律后果，在担保合同中，包括保证合同、抵押合同、质押合同、定金合同、保证金合同，将会根据不同合同类型的不同特征，产生不同于一般性的特殊法律后果和实践问题。例如，抵押合同无效，是否可以将返还财产的法律义务视为抵押权的注销登记义务，并以此作为司法裁判的一部分内容。如果“抵押权人”在合同无效后，不及时办理抵押权注销登记，是否应当就迟延履行返还义务而承担相应的法律责任？再如，质权人应在债务人清偿债务后向出质人返还质物，出质人的返还请求权是否受到诉讼时效的限制等。

（三）关于主合同无效，导致担保合同无效情形下担保人的过错认定

《担保法司法解释》第八条规定：“主合同无效而导致担保合同无效……担保人有过错的，担保人承担民事责任的部分，不应超过债务人不能清偿部分的三分之一。”在该条款的适用过程中，担保人并非主合同的当事人，如何理解担保人就主合同无效存在“过错”是一个非常棘手的法律实践问题。最高人民法院民四庭法官在其就“中国银行重庆江北支行与樊东农行等信用证垫款纠纷案”作出的（2005）民四终字第21号民事判决书中认为：“在主合同无效导致担保合同无效的情形下，担保人并非主合同的当事人，主合同无效不应当要求非合同当事人的担保人承担无效结果。因此，担保人的过错不应是指担保人在主合同无效上的过错。担保人的过错应当包括：担保人明知主合同无效仍为之提供

担保、担保人明知主合同无效仍促使主合同成立或为主合同的签订作中介等。”在最高人民法院对担保人过错的这一认定中，担保人过错被表述为三种情形：（1）担保人明知主合同无效仍为之提供担保；（2）担保人明知主合同无效仍促使主合同成立；（3）担保人明知主合同无效仍为主合同的签订作中介。这三种情形有一个共同的特征，即担保人存在过错并承担缔约过失责任均以其明知主合同无效为前提，符合“责任自负”这一责任承担的基础性民事法律原则。

（四）《担保法司法解释》第七条、第八条之检讨

对于担保合同无效后，债权人、债务人以及担保人之间的责任分担，最高人民法院《担保法司法解释》第七条、第八条作为责任分担的一般规则分为两种不同的情形：

1.《担保法司法解释》第七条——主合同有效而担保合同无效

《担保法司法解释》第七条规定：“主合同有效而担保合同无效，债权人无过错的，担保人与债务人对主合同债权人的经济损失，承担连带赔偿责任；债权人、担保人有过错的，担保人承担民事责任的部分，不应超过债务人不能清偿部分的二分之一。”

（1）主合同有效而担保合同无效的情形

主合同有效而担保合同无效的情形主要有以下方面：①国家机关和以公益为目的的事业单位、社会团体提供担保的，担保合同无效（《担保法司法解释》第3条的规定）；②以法律、法规禁止流通的财产或者不可转让的财产设立担保的，担保合同无效（《担保法司法解释》第5条的规定）；③企业法人的分支机构未经法人书面授权提供担保的，保证合同无效（《担保法司法解释》第17条的规定）；④企业法人的职能部门提供保证的，保证合同无效（《担保法司法解释》第18条的规定）；⑤以法定程序确认为违法、违章建筑物抵押的，抵押合同无效（《担保法司法解释》第48条的规定）；⑥违反法律规定订立的对外担保合同无效（《担保法司法解释》第6条的规定）。

（2）担保合同无效时的具体责任划分

在主合同有效而担保合同无效时，担保人有过错的，按照《担保法司法解释》第七条的规定，其要么与债务人对主合同债权人的经济损失承担连带赔偿责任（债权人无过错场合），要么承担最多不超过债务人不能清偿部分的二分之一的责任（债权人有过错场合）。

【问题27】主债权合同有效，但该债权有多个担保无效的情况下，应当如

何分配担保无效的法律责任？

S.O.E.（集团）香港有限公司（以下简称SOE集团）向中国银行（香港）有限公司（以下简称香港中行）借款，住所地在广东省汕头市的海洋集团（SOE集团母公司）、自然人李某某分别出具《保证函》《担保书》，承诺承担“一项连续性的保证，有效期直至借款人所欠一切款项全部偿还给贷款人为止”，并称“本《保证函》根据香港特别行政区法律解释、管辖”。后SOE集团无力还款，香港中行起诉至广东高院。主债权合同有效，但在该债权的多个担保无效的情况下，应当如何分配担保无效的法律责任？

分析：本案属于对外担保，须经国家外汇管理机关的批准。所以，海洋集团和李某某在未经批准的情况下提供担保，该担保无效。但是，担保无效的法律责任应当在两个担保人之间怎么进行分配就成为审判过程中的主要问题之一。广东高院在其作出的（2006）粤高法民四初字第7号民事判决书中认为：“海洋集团是在内地依法注册登记的企业法人、李某某是内地居民，其为SOE集团向香港中行借款行为提供担保，属于对外担保。该对外担保未依法办理审批或者登记手续，违反了《最高人民法院关于适用〈中华人民共和国担保法〉若干问题的解释》第六条第一款第（一）项‘未经国家有关主管部门批准或者登记对外担保的，对外担保合同无效’的规定，依法应认定无效。海洋集团、李某某、香港中行对此均负有过错责任。依照《最高人民法院关于适用〈中华人民共和国担保法〉若干问题的解释》第七条‘主合同有效而担保合同无效，债权人、担保人有过错的，担保人承担民事责任的部分，不应超过债务人不能清偿部分的二分之一’的规定，故两个担保人均应在承诺担保的范围内对SOE集团不能清偿债务即贷款本息及有关费用，向香港中行承担二分之一的赔偿责任。”

广东高院的判决将债务人不能清偿的部分各二分之一分配至两个担保人，在这样的责任分配之下，就会发现担保人在数量上承担了全部的无效责任。担保人上诉至最高人民法院称：“这样的判决使得香港中行对其过错无须承担任何责任，其损失可通过海洋集团、李某某分别承担二分之一的赔偿责任而获得完全的赔偿，这样导致香港中行无须对自己的过错承担任何责任，有违公平原则。”最高人民法院最终作出的（2011）民四终字第17号民事判决书认为：“关于上诉人海洋集团、李某某法律责任的划分。香港中行作为债权人，要求债务人提供多项担保，目的就是保证其债权的顺利实现。在担保合同因未经批准而被认定无效的情况下，如果判令多个担保人共同向债权人承担不超过二分之一的赔偿责任，对债权人而言有失公平。且本案中，海洋集团、李某某系分别向香港中行出具的担保函，并非在一份担保函上共同签署，海洋集团与李某某之间并无意思联络，因此，海洋集团与李某某应当分别向香港中行承担各自的赔偿责任。……由海洋集团、李某某在其承诺的范围内向香港中行承担三分之一的赔偿责任。上诉人海洋集团、李某某关于原审判决将导致香港中行无须对自己的过错承担相应责任而有失公平的上诉理由成立，应予支持。”

从最高人民法院的判决中可以看出，在担保人为多数，且担保均无效的情况下，应当如何根据《担保法司法解释》第七条分配合同无效之责任：（1）多个担保人之间无意思联络成为判断担保人对合同无效的责任是否承担连带赔偿责任的认定标准。也就是说，如果是海洋集团和李某某共同向香港中行出具的担保函，那么二者应当承担连带责任，并根据第七条应当不超过债务人不能清偿部分的二分之一。（2）第七条中表述的“不超过债务人不能清偿部分的二分之一”是按照单个担保人计算的，所以，尽管海洋集团、李某某承担的总责任为三分之二，但就其个体而言，未超过二分之一。

我们在本书中反复强调，在担保法律关系中，“担保并非多多益善”，本案即是最好的例证之一。如果自然人李某某并无偿债能力，那么，对于香港中行而言，成立李某某的保证担保反而增加其损失。

2.《担保法司法解释》第八条——主合同无效而导致担保合同无效

《担保法司法解释》第八条规定：“主合同无效而导致担保合同无效，担保人无过错的，担保人不承担民事责任；担保人有过错的，担保人承担民事责任的部分，不应超过债务人不能清偿部分的三分之一。”

（1）主债权合同和担保合同之间从属关系对担保合同效力的影响

《担保法》第五条第一款第一句、《物权法》第一百七十二条第一款第二句中，法律均将担保合同表述为主债权合同的从合同。这一规定，在功能上除了排除担保合同单独转让情形之外，还具有两个功能：A. 将担保合同的效力与主债权合同的效力挂钩，《担保法》第五条第一款第一句、《物权法》第一百七十二条第一款第三句即是如此，即“主债权无效，担保合同无效，但法律另有规定的除外”；B. 排除独立担保的存在，例如我国司法实践中历来否认独立保函的独立性问题。应当注意《物权法》上述规定中的“但法律另有规定的除外”，主要是指最高额保证和最高额抵、质押合同，即在最高权额确定之前的某一主债权合同无效，并不导致保证合同无效。

（2）担保合同无效时的具体责任划分

在主合同无效而导致担保合同无效时，涉及的是三方关系，根据《担保法司法解释》第八条的规定，担保人无过错的，则担保人不承担责任；担保人有过错的，其承担民事责任的部分，不应超过债务人不能清偿部分的三分之一。这一“三分天下”的责任归属条款背后隐藏着两条法律逻辑：第一，主合同无效，债权人必然负有过错责任，否则责任的三分法就不具备基本的正当性，而且这一逻辑必然促使主债权人在其因意思表示瑕疵对主债权合同享有撤销权的场合下，不会行使撤销权使主债权合同无效；第二，主合同无效，若担保人有过错，法律推定其过错的程度不会超过无效之主债权合同双方当事人的过错。

3. 在理论和实践中，《担保法司法解释》第七条、第八条存在的问题

（1）在担保物权关系中，担保人系以特定担保物为限提供担保，在本质上是一种有限责任。担保合同无效，这一责任将因此转变为担保人以自身所有财产承担的无限责任。《担保法司法解释》第七条、第八条的上述规定如果是建立在《担保法》第三十五条第一款“抵押人所担保的债权不得超出其抵押物的价值”的基础之上的，自无问题。但是，实践中存在大量的担保物价值小于债权价值的情况，而且司法机关也通过法院判决肯定了此种情况下担保合同的有效性。在这种情况下，有可能出现物权担保人在合同有效时承担的责任反而小于合同无效情形下应当承担的责任，也就存在债权人恶意订立无效物权担保合同的风险。同样，如果保证人承诺担保的债权范围小于债权的二分之一，那么在主合同有效，保证合同无效的情况下，应会存在上述问题。虽然第七条、第八条分别用“不超过”的表述限制担保人承担的责任以及授权法官自由裁量，但我们还是认为，应当在“二分之一”“三分之一”之外，给担保人承担的责任再加一个明确的“盖子”，即担保人承诺担保的债权范围以内，或在其提供的担保物的价值范围内承担责任。我们认为，即使是在主合同有效，而担保合同无效，且担保合同在主合同订立过程中起到了“促成”作用，那么在担保物价值（保证担保的债权范围）远小于主债权价值（范围）的情况下，这种“促成”在主合同订立过程中的作用也应当予以减小，让担保人在合同无效情况下承担的责任大于有效情形下的责任不符合债权人、担保人订立合同时对担保所起作用的预期，也不符合物权担保人所承担担保责任的有限责任性质。

甲、乙之间借款合同关系涉及本金1000万元，丙以自己一套价值100万元的房产提供抵押担保。后，因为债权人甲为外国法人，抵押担保涉及对外担保，而抵押合同因未经审批被人民法院确认无效。按照《担保法司法解释》第七条的规定，即“债权人、担保人有过错的，担保人承担民事责任的部分，不应超过债务人不能清偿部分的二分之一”，从规范意义上讲，人民法院如果认定在审批问题上债权人也存在过错，那么担保人丙应当在不超过债务人不能清偿部分的二分之一，即500万元的范围内承担责任。与此相对，在抵押合同有效的情况下，担保人丙也仅仅是在抵押房产的100万元价值内承担担保责任。我们认为，担保合同无效，人民法院不能简单地裁判担保人丙就债务人乙不能清偿部分的二分之一承担清偿责任，而是应当裁判丙在不超过担保物价值100万元的二分之一，即50万元的范围内承担清偿责任。

（2）在混合担保场合下，债务人（物保人）和债权人之间的物保合同，倘因缔约过失而无效，则债权人的缔约过失虽不会给债务人造成任何损害，但却可能给提供物权担保的第三人或保证人带来损害。其中的焦点问题是，债权人对于债务人物保合同无效存在缔约过失，倘若第三担保人（保证人、抵押人、质押人）的保证合同和抵、质押合同仍然有效，是否应参照适用《担保法司法解释》第七条、第八条适当减轻第三担保人（保证人、抵押人、质押人）应当承担的担保责任？例如前述【问题16】所述判例，主债权合同中包含债务人的抵押合同和第三人的保证合同，在抵押合同因抵押物不确定而不成立时，我们认为，因债权人对抵押合同不成立存在缔约过失，就应当相应减少保证人的保证责任。

（3）《担保法司法解释》第七条、第八条分别涉及主合同有效、担保合同无效和主合同无效导致担保合同无效两种情形，实践中还可能存在主合同无效，而担保合同也因为自身原因无效的情形，所以人民法院在司法实践中往往是将主合同、担保合同放在一个程序中进行审查。但是，在连带保证责任场合下，债权人有时会选择仅起诉保证人，此时人民法院往往很难作出裁判。我们认为，在保证合同可能无效的情况下，人民法院应当向债权人释明是否追加债务人为共同被告，并在对主债权合同效力进行认定的基础上，在债权人、债务人以及保证人之间分配法律责任。关于这一点，我们以下例予以说明。

【问题28】担保合同无效的场合下，债权人是否应当以债务人、担保人为共同被告？

在刘某某与株洲市供销合作社联合社、株洲市供销资产管理有限公司保证合同纠纷案中，刘某某请求保证人承担保证责任，但人民法院最终认定保证合同无效。请问，在保证合同无效且债务人并非诉讼参加人的情况下，人民法院是否能够就保证人承担的法律责任进行认定，并进而作出判决？

分析：本案中，债权人刘某某仅以保证人为被告提起诉讼。在保证合同无效的情况下，人民法院须根据《担保法司法解释》第七条或第八条在债权人、保证人之间分配合同无效的法律责任。但此时，主债权合同是否有效并不确定，人民法院进行责任分配就会出现问题：依第七条的规定，认定保证人承担债务人不能清偿部分的二分之一的责任，那么无疑在认定主债权合同有效；依第八条的规定，认定保证人承担三分之一的责任，那么潜台词是在认定主债权合同无效。而且在结果上，保证人承担的责任并不相同。另外，是否在程序中追加债务人为共同被告，并使人民法院在程序上拥有对主债权合同效力的审查权，这一权利掌握在债权人手中，人民法院并无依职权追加债务人的权利。这里还存在的可能性是，债权人可能利用民事诉讼程序规则，恶意仅起诉保证人，从而避免人民法院就主债权合同进行审查，借此让保证人承担更大的法律责任。

在最高人民法院就本案，即“刘某某与株洲市供销合作社联合社、株洲市供销资产管理有限公司保证合同纠纷申请再审一案”作出的最高人民法院（2014）民申字第784号民事裁定书中认为，“关于认定合同无效后的责任问题。根据《中华人民共和国担保法》第五条、《最高人民法院关于适用〈中华人民共和国担保法〉若干问题的解释》第七条之规定，担保合同无效后，债权人无过错的，担保人与债务人对主合同债权人的经济损失承担连带赔偿责任；债权人、担保人有过错的，担保人承担民事责任的部分，不应超过债务人不能清偿部分的二分之一。本案中，刘某某请求供销合作社承担担保责任，在人民法院认定担保合同无效的情况下，供销合作社应当就合同无效应否承担责任以及责任范围作出判决。但是，二审法院考虑到该问题涉及案涉借款合同的主债务人与供销合作社之间的责任承担问题，同时又由于刘某某未在本案中对主债务人提起诉讼，因此，二审法院在判决中明确刘某某可以向主债务人、供销合作社另行主张，该认定未忽略刘某某基于前述法律和司法解释规定享有的实体权利，并无不当。刘某某可另行向本案主债务人及供销合作社提出合同无效后的责任承担请求”。

我们认为，在本案情形下，人民法院较为妥当的做法是：（1）向债权人释明担保合同无效，并询问债权人是否追加债务人为共同被告，并增加要求债务人承担违约责任的诉讼请求；（2）如果债权人坚持不追加债务人为共同被告并增加诉讼请求，那么应当作出认定担保合同无效的裁判内容，并告知债权人另行向主债务人和担保人提出合同无效后的责任承担请求。本案中，最高人民法院之所以未能就追加债务人为共同被告向债权人进行释明，是因为本案是再审案件，只能就原审判决是否正确作出认定。

第六节 债权人多数的担保关系——银团贷款

多数人之债，在理论上分为债权人多数或债务人多数，进而在此基础上再区分为连带债权和按份债权、连带债务和按份债务。如果将债权债务的连带或按份关系区分为对内和对外两种关系，那么上述区分还可以进一步区分。在实践中，在金融借贷、担保法律关系中，债权人为多数人的，就是我们这里要讨论的银团贷款，以及银团贷款中的担保法律关系。

一、银团贷款的类型

1. 农业合作机构社团贷款

2006 年 5 月 29 日，中国银监会印发《农村合作金融机构社团贷款指引》第二条规定，本指引所称的社团贷款，是指由两家及两家以上具有法人资格、经营贷款业务的农村合作金融机构，采用同一贷款合同，共同向同一借款人发放的贷款。而农业合作金融机构是指农村信用社、农村合作银行、农村商业银行。

在社团贷款中，农业合作金融机构分为成员社、牵头社和代理社。其中，成员社是社团贷款中的一般成员，牵头社负责社团贷款前期的筹组，负责组织债务人、担保人和社团成员签署社团贷款合同。而代理社由牵头社或借款人开立基本结算账户的社担任，全面负责社团贷款的贷后管理事务，具体负责：（1）为借款人统一划拨贷款资金；（2）统一负责贷后管理计算、划收贷款利息和费用，回收贷款本金，并按协议约定划转到各成员社指定账户；（3）根据社团会议决定，管理、清收或处置所形成的不良贷款，积极协助成员社采取保全措施，督促借款人偿还贷款本息。

社团贷款合同是借贷双方依法签订的单一贷款合同，社团贷款各有关当事人分别在贷款合同上签字、加盖单位印章后，社团贷款合同成立。在借款合同，资金划转以及贷后管理清收问题上，社团贷款中均由接受社团委托的代理社统一实施。

2. 商业银行银团贷款

2007 年 8 月 11 日，中国银监会关于印发《银团贷款业务指引》第三条规定的银团贷款定义是，银团贷款是指由两家或两家以上银行基于相同贷款条件，依据同一贷款协议，按约定时间和比例，通过代理行向借款人提供的本外币贷款或授信业务。而可以参与银团贷款的金融机构是指商业银行、农村商业银行、农村合作银行、农村信用社、城市信用社、外资独资银行、中外合资银行和外国银行分行。在银团贷款中，也分为牵头行、成员行和代理行。

二、代理社、代理行在银团贷款中的权利

【问题 29】代理社、代理行是否能单方面与债务人协议修改借款合同或担保合同？

中东集团与三亚农商行为代理社的社团贷款行签署《固定资产社团贷款合同》，后三亚农商行与债务人中东集团签订《合同变更协议》，其明确载明，经借贷双方协商，同意变更分次还本方式，变更后具体还本金额和日期为 2017 年 3 月 20 日归还本金 5 亿元。请问，作为代理社的三亚农商行单方与债务人中东集团签订的《合同变更协议》是否对贷款社团中的其他成员社发生法律效力？推而广之，代理社与担保人达成的修改担保合同的协议是否有效？

分析：在本案的审理过程中，中东集团认为，三亚农商行作为代理社签订的《合同变更协议》应当属于合法有效的代理行为，其行为后果归属于三亚农商行等六被上诉人。即使三亚农商行没有相应代理权限，根据《中华人民共和国合同法》第四十九条的规定，中东集团有理由相信三亚农商行具有代理权限，其代理行为有效，三亚农商行等六被上诉人承担相应后果；或者根据《中华人民共和国合同法》第四十八条的规定，三亚农商行应承担其作出无权代理行为的相应责任；或者三亚农商行作为《合同变更协议》的签约方，应受其法律约束依约履行。所以，涉案《固定资产社团贷款合同》不应当提前到期。对于债务人中东集团的主张，社团贷款的万宁农信社等成员社认为：三亚农商行曾准备签订《合同变更协议》，但万宁农信社、定安农信社、东方农信社、乐东农信社、儋州农信社不同意，没有在《合同变更协议》上签章确认。因此，《合同变更协议》并非涉案《固定资产社团贷款合同》各方当事人的真实意思表示，也未经合同各方当事人签章确认，故《合同变更协议》未成立生效。

对本案作出一审判决的海南高院认为："可以认定三亚农商行等六被上诉人宣布贷款到期日为 2015 年 3 月 30 日。根据中国银行业监督管理委员会《农村合作金融机构社团贷款指引》第二十七条的规定：'社团的各成员社应共同与借款人、担保人签订社团贷款合同。社团贷款合同是借贷双方依法签订的单一贷款合同。社团贷款各有关当事人分别在贷款合同上签字、加盖单位印章后，社团贷款合同成立。'因此，社团贷款合同须经三亚农商行和其他五家成员社与中东集团共同签字盖章方为成立，变更贷款合同主要条款亦须经合同各方当事人协商一致并共同签字盖章方能成立。中东集团提交的《合同变更协议》上仅有中东集团和三亚农商行的盖章，且存在未载明签约时间、地点、合同编号以及借贷方盖章位置对调等明显瑕疵。虽然中东集团称其前期贷款交涉、洽谈等均直接面向三亚农商

行，并未与其他五家农信社接触，但涉案《固定资产社团贷款合同》系其与三亚农商行等六被上诉人共同签字盖章后成立的，合同只约定三亚农商行负责贷后管理，并未就变更合同主要条款向三亚农商行作出授权，中东集团对此应当知情，在其他五家农信社未在《合同变更协议》上签字盖章时，该协议未成立亦未生效。三亚农商行在原审庭审时称其虽准备签《合同变更协议》，但因其他贷款方不同意，所以没有继续签。可见该《合同变更协议》并非涉案《固定资产社团贷款合同》各方当事人真实意思表示，亦未经全部合同当事人签字盖章，故该协议未成立亦未生效。因此，对中东集团关于《合同变更协议》真实有效并已履行且即使无效也应由三亚农商行承担责任的答辩理由，海南高院不予采信。"

最高人民法院在其就本案，即"三亚农村商业银行股份有限公司、万宁市农村信用合作联社等与海南中东集团有限公司、钟某某等金融借款合同纠纷"，作出的（2016）最高法民终 219 号终审民事判决书中认为：（1）《合同变更协议》仅加盖三亚农商行、中东集团的印章，未经涉案《固定资产社团贷款合同》全部合同当事人签章确认的情况下，涉案贷款的借贷双方并未达成对还款日期等合同主要条款予以变更的合意。故原判决认定《合同变更协议》未成立生效。（2）中东集团应当明确知晓，三亚农商行系在未得到全体贷款成员社变更社团贷款主要条款的授权之下签订合同，所以三亚农商行签订《合同变更协议》也不构成有效代理或构成表见代理。（3）社团贷款合同属于内容不可分割的单一性合同，并非各成员社作为贷款方各自订立的若干借款合同的简单合并，亦不可拆分成若干独立合同，其所有成员社系共同作为社团贷款合同的一方当事人。因此，在《合同变更协议》未成立生效，不对涉案贷款借贷双方发生法律效力的情况下，中东集团等上诉人关于三亚农商行作为社团贷款的成员社之一应就其签订《合同变更协议》的行为单独承担履约责任的主张，事实和法律依据不足，本院不予支持。

第七节　混合共同担保

一、混合共同担保的概念

在实践中，当事人往往就同一债权提供多个担保，实务界根据多个担保的方式，分为三种类型：共同物权担保、共同保证担保、混合共同担保。这种类型划分在最高人民法院的一份裁判文书中得到了印证：

最高人民法院在其就“岳阳友协置业有限公司与交通银行股份有限公司佛山南海支行及吴某某、佛山市友协国际贸易公司、常某某、徐某某借款合同纠纷申请再审案”作出的（2012）民再申字第212号民事裁定书中认为，“物权法第一百七十六条系就物的担保与人的担保之关系所作规定，岳阳友协提出的在既有债务人佛山友协提供的仓单质押，又有第三人岳阳友协提供的抵押物的情况下，二者应当谁先承担责任的问题，该条并未明确规定，岳阳友协据此主张本案判决适用法律错误依据不足，不能成立”。

依据上述的判决内容，同一债权有多个担保的，在处理人保（保证担保）和物保（抵、质押担保）时，依据《物权法》第一百七十六条之规定；而在处理多个物保之间的相互关系时，则不能依据该条款。也即是说，人保和物保的混合共同担保，与多个物保的共同物权担保，在法律适用上并不相同。有鉴于此，我们赞同上述对共同担保所作三种类型的划分，在本部分仅仅讨论混合共同担保，而共同保证担保、共同物权担保将分别在保证担保和抵押担保部分进行讨论。

所谓混合共同担保，是指同一债权的担保既包括保证担保，即实践中所谓的“人保”，也包括抵押权、质权担保，即所谓的“物保”，而人保和物保之间的关系即为混合共同担保关系。我们认为，在混合共同担保之中存在三个大的实践问题，即债权人行使担保权的顺序、第三担保人之间的相互追偿以及债权人不当处置担保权时第三担保人的减责问题。

【问题30】对于债权人而言，债权的担保在形式上和数量上是否“多多益善”？

在担保实践中，债权人往往认为，债权的担保在形式上和数量上应当“多多益善”。我们认为，这是一种思维懒惰的表现，应当根据法律就不同担保方式给出的不同规则，以及不同担保在实践中的不同功能进行具体分析，在结论上不一定就是“多多益善”，有时“好心办坏事”得出不佳的法律效果，反而给债务清收惹上不必要的麻烦。我们以下例进行说明：

甲公司向银行借款，银行要求甲公司提供相应的担保，经过磋商，一致同意由不同主体分别提供以下担保：（1）甲公司的一处房屋所有权提供抵押担保；（2）甲公司法定代表人张某、张某的配偶分别就该笔借款提供连带责任保证担保；（3）甲公司法定代表人张某、张某的配偶以自己持有的甲公司的股权提供质押担保。于是，银行对甲公司的借款债权的担保就有了三种担保方式，即房屋抵押担保、股权质押担保以及张某、张某的配偶分别提供的保证担保，这三个担保在实际的担保关系中起到的作用并不相同。

首先，如前言所述，在所有的由第三人提供担保的担保关系中，无论是保证担保还是物权担保，债权人（担保权人）和担保人之间都不存在以等价交换为内容的直接交换关系，权利义务都处在一种不对等的扭曲状态。第三担保人根据不同的原因提供担保，而在结果上却往往是在没有获得直接相对利益的情况下承担担保责任，其主观心态在承担担保责任时都或多或少地会发生转化。这也是担保纠纷在经济领域内频发的基本原因。我们认为，在担保关系中，债权人最为重要的是审查债务人的债务履行能力，而不应将交易安全和风险程度的评判标准仅仅放在债权担保的形式和数量之上。因为在债务人的债务履行危机爆发的，担保纠纷的出现绝对是大概率事件，仅仅是出于降低违约率的考虑，这一点也是每一个准备开展交易的债权人应清醒认识到的。

其次，不同的担保方式，不同类型的担保物，其在交易中起到的作用是不一致的，应当宏观地从如何有利于或促进顺利完成交易的角度审慎地选择担保方式和担保物。我们且以上例中的三种不同的担保方式进行说明：

（1）债务人提供的房产抵押担保，是债务人以房屋的交换价值就债权提供担保。在实践中，债务人提供的不动产抵押担保是债权实现最为重要的担保方式，基本原理是将房产所有权从债务人的一般责任财产（全部资产）中提取出来作为担保物，从而使债权人能够就房产价值优先于其他债权人和后序位的抵押权人受偿。在实践中，债务人是否愿意拿出自己的不动产提供抵押担保往往成为债权人衡量债务人是否具备债务履行意愿的试金石。我们建议，债权人应当在接受抵押担保的同时，严格审查债务人的债务履行能力、方式和来源，仅仅将抵押担保作为是否开展交易的次要因素，从而最大限度地避免陷入债务纠纷当中。

（2）法定代表人提供保证担保，是以法定代表人的一般责任财产（全部资产）就债权提供担保。在这种担保方式中，债权人对于法定代表人的资产并无优先受偿权，实践中往往只能采取首封优先的措施，博取先到先得的结果。

在功能上，法定代表人提供保证担保是为了防止法定代表人利用公司职务之便，将公司的资产转移至自己名下。具体而言，通过保证担保，法定代表人的所有财产成为债权未来实现的担保，如此一来，其转移公司资产为自己资产的行为将变得毫无意义。而法定代表人的配偶提供保证担保，目的是在执行法定代表人的财产时，也将其配偶的全部资产纳入执行财产当中，免去夫妻共同财产的认定和析产的过程和麻烦。在实践中，在债务即将到期且债务人无力清偿债务时，常常会出现提供保证担保的法定代表人离婚，巨额财产根据离婚协议归属配偶的情形，法定代表人配偶独立承担保证担保责任就是为了防范此种情形。

（3）债务人股东用其持有的公司股权提供质押担保，是以股东全部资产当中的股权资产就债权提供质押担保。这种担保方式最具功能性，正所谓“醉翁之意不在酒”。从本质上讲，公司的股权是股东全部资产中对应公司资产的部分和体现，股权价值大小与甲公司所有资产的价值大小呈正相关。当公司自身就是债务人时，作为担保资产的公司股权和作为公司债务偿还一般担保的公司资产在风险上呈现同一关系，所以以债务人公司的股权提供质押担保在财产价值上没有任何意义。我们认为，债务人公司股权质押在实践中的目的主要有两个：①确保公司股东不会以转让股权形式脱离公司，保证其无法就其持有的公司股权套现“走人”，使其与公司形成“一荣俱荣”“生死与共”的关系。这一点，针对某些特定债务人（高科技公司）是最为重要的担保方式，尤其是公司股东即是债务人公司的技术核心力量，是公司核心竞争力所在。②尽管公司是债务人，债权人可以以查封并拍卖公司资产的方式实现债权，但须就公司资产一一办理查封、评估、拍卖的手续，非常烦琐。但是，如果债务人公司股东用债务人公司股权提供质押担保，则可以对股权进行拍卖，通过这种方式在实质上对债务人公司的资产进行一次性整体处置实现债权，在程序和手续上要简便许多。

最后，在混合共同担保关系中，各个担保之间在效力上存在相互影响的关系。如果审查不当，可能会出现因为个别担保合同无效，而影响其他担保的效力的情形。例如，在上例中，债务人用于抵押的房产系建立在集体土地之上，根本无法办理抵押登记，那么保证人就有可能因此而免责。如果在整个混合担保中，真正起担保作用的恰恰是保证担保，那么债权人就有可能会“因贪多而坏事”。

如果债权人在制订担保方案时，没有考虑各担保类型的功能，以及各个担保相互之间在效力上的影响关系，那么就有可能会遭受意想不到的损失。关于这一点，我们以下例予以说明：

一家地方政府国有融资平台公司，根据政府文件，代表地方政府向辖区“优质企业”发放政策性低息扶持资金，并负责在扶持期限届满时回收资金予以循环使用。作为被扶持企业期满返还资金的担保，该平台公司仅要求债务人企业的股东就资金数额提供“账面”等值（数额一致）被扶持企业的股权做质押担保。一家“优质企业”接受扶持资金不到一年，即被其他债权人提请人民法院宣告破产，上述融资平台公司无奈之下，只能作为债权人参与破产程序。事后发现，该企业在接受扶持资金之前，以增资扩股的方式激增公司注册资本金，但仅仅是认缴，并未实缴，而未实缴股东在企业破产后莫名失踪。在这一则案例中，我们发现，当初设定的股权质押担保，在债务人企业破产的情况下，被质押的债务人公司的股权即使通过查封、评估进入拍卖程序，也根本无人问津。质押股权的风险和债务人资产的风险呈现同一性的结果就是，该股权质押担保毫无意义，没有对资金安全提供任何保障。对于这种情况，我们不禁要问：“你们发放扶持资金时，到底有没有想着要收回？”

以上仅仅是我们就不同担保方式在实践中的不同功能所举的一部分内容，仅仅是不同担保方式在市场经济行为中所起到作用的一个剖面。在事实上，保证担保、物权担保，以及两种担保在经济活动中的组合，所发挥的功能不仅仅局限于此。我们将在后续的部分中，继续予以介绍。在结论上，我们提醒经济活动中的债权人，应当切实考虑不同担保方式在不同的担保人或物的情况下所起到的不同作用，从而根据实际交易的具体需求，有针对性地选择担保方式，合理对不同的担保方式进行组合，而不是一味从担保的形式或数量上要求“多多益善”。

二、混合共同担保中债权实现的顺序规则

关于在混合共同担保中，债权人行使担保权以实现债权的基本规则，在我国现行法律当中，被规定在《担保法》《担保法司法解释》以及《物权法》三个规范性文件当中。从理论上讲，在担保权中，无论是保证债权，还是抵押权、质权等均系债权人所拥有的民事权利，债权人行不行使以及怎么行使担保权，法律原本不应加以限制。我们认为，法律给予限制的理由大致有二：（1）债务人系债务的最终承担者，为了提高债权实现最终效率，减少第三担保人向债务人进行追偿的麻烦，法律给予必要的限制，从而形成债权人行使担保权的默认规则；（2）债权人的担保权既包括相对权，即保证债权，也包括绝对权，即抵押权和质权。其中，通过行使保证债权实现债权，存在保证人财产不确定、保证人破产、保证人财产上存在他人财产，以及保护其他保证人、其他债权人等问题。而抵押权、质权属于支配权和绝对权，存在对抗第三人、善意取得等问题，这些问题使得担保权人（债权人）、债务人、保证人、抵质押人几方的法律关系极为复杂。所以，法律给出一个明确的规则，便于各方在处理自己权利义务时有明确的预期，能够贯彻从意思自治到责任自负的基本逻辑。但是，应当看到，凡是法律给予的限制，均是国家强制力对民事生活的干预，而这种干预会影响民事法律关系中当事人自我调节和保护的积极性，故法律也在逐步调整，慢慢

放开管制，让当事人的意思自治在混合共同担保法律关系中起主导作用。这一点在1995年、2000年和2007年相继实施的《担保法》《担保法司法解释》以及《物权法》的规则演进中得到充分体现。

（一）1995年《担保法》第二十八条

自1995年实施的《担保法》在第二十八条，从法律层面上对人保、物保并存时，对债权人担保权的实现作出限制，第一款规定“同一债权既有保证又有物的担保的，保证人对物的担保以外的债权承担保证责任”，规定了人保和物保并存时，保证人担保责任的法定范围，这里没有区分债务人物保还是第三人物保；第二款规定“债权人放弃物的担保的，保证人在债权人放弃权利的范围内免除保证责任”，该规定是第一款的必然逻辑结果，为第一款规定的保证人担保责任法定范围上了另一层保险。这一层保险非常必要！因为在实践中，为了骗取保证人承担保证责任，转移债务负担，债权人和债务人或第三抵、质押人绝对有动机和冲动，先提供物权担保，然后等待保证人签署保证合同后，通过放弃担保物权的方式让保证人单独承担担保责任。

根据《担保法》第二十八条的规定，债权人要求保证人承担保证责任的，首先在价值上被限制在物的担保之外，在程序上应首先就物的担保实现担保物权，待到数量上确立物的担保之外的担保责任范围之后才能要求保证人承担保证责任。结合《担保法》第三十五条第一款的规定，即“抵押人所担保的债权不得超出其抵押物的价值”，如果从字面意义理解，就会发现第二十八条的规定非常有问题。因为既然在数量上抵押物的价值大于债权数额，能够在数量上满足债权实现的需求，那么保证人什么时候承担保证责任呢？

实践中的认识和字面意义不同，“物的担保以外的债权”被理解为程序性要求，即只有在行使担保物权仍然无法实现全部债权的情况下，债权人才有权要求保证人承担保证责任，保证人实际上承担的是补充清偿责任。这种认识被全国人大常委会法制工作委员会在《中华人民共和国担保法释义》中得到印证，在理论上对上述规则予以支持的是担保物权是支配权，应当优先于保证债权行使的物权优先效力理论，而且上述规则最大限度地回避了保证人代偿后，其是取代担保物权人地位有权以行使担保物权的形式向其他担保物权人追偿，还是无权行使担保物权，其仅仅作为一般债权人向其他担保物权人追偿的理论和实践难题。尽管如此，我们认为，上述规则还是存在以下问题：（1）没有区分担保物权系债务人提供还是第三人提供，立法上缺乏必要的层次性，没有体现债务人为债务最终承担者的立法取向；（2）担保物权和保证债权均是债权人的合法权益，当事人没有约定限制，就应当有权自由行使，在法律上不应当人为进行限制；（3）立法可以规范债权实现途径和顺序，但不能进行完全强制，应当给当事人自治的空间，满足实际交易的多样化需求。

（二）2000年《担保法司法解释》第三十八条

针对实践中对《担保法》第二十八条不能有效解决混合共同担保中担保责任承担顺序、担保人之间追偿和担保人减责三大问题的批评意见，最高人民法院在2000年实施的《担保法司法解释》第三十八条中，第一款第一句规定担保责任承担顺序；第一款第二句规定担保人之间的相互追偿；第三款进一步扩大《担保法》第二十条第二款所规定的债权人“放弃”物保行为的范围，将怠于行使担保物权也纳入“放弃”的范围之内，成为保证责任免责事由之一。

1. 第三十八条第一款第一句——担保实现的顺序

第三十八条第一款第一句规定中对《担保法》第二十八条进行了补充性修正，该条第一款规定“同一债权既有保证又有第三人提供物的担保的，债权人可以请求保证人或者物的担保人承担担保责任”，将《担保法》第二十八条中的物的担保限制在债务人提供的担保之上，给予债权人在实现债权时，在第三人保证和第三人担保物权中进行选择的权利。结合两个法条的规定内容，可以得出在混合共同担保时，债权人实现债权的规则，我们以下例进行说明：

甲公司向乙银行借款，甲公司用自己的房产所有权提供抵押担保，丙公司提供连带责任保证担保，丁公司用自己持有的某公司股权提供股权质押担保。甲公司到期未履行还本付息义务，此时的规则是：

（1）债权人乙银行应当就债务人甲公司提供的房产所有权实现抵押权，满足债权实现的需求，在此之前，除非当事人另有约定，那么债权人乙银行根据《担保法》第二十八条不得要求保证人丙公司承担保证责任。如果只论及债务人甲公司提供的抵押担保和丁公司提供的质权担保，则属于共同物权担保，应当适用担保物权自己的相关规则，如《担保法司法解释》第七十五条第二款“同一债权有两个以上抵押人的，当事人对其提供的抵押财产所担保的债权份额或者顺序没有约定或者约定不明的，抵押权人可以就其中任一或者各个财产行使抵押权”。参考前文引述的最高人民法院“岳阳友协置业有限公司与交通银行股份有限公司佛山南海支行及吴某某、佛山市友协国际贸易公司、常某某、徐某某借款合同纠纷申请再审案”民事裁定书（最高人民法院〔2012〕民再申字212号民事裁定书），乙银行有权在两个担保物权中进行选择，按照自己的意愿行使担保物权实现债权。

（2）在就债务人甲公司提供的房产抵押担保未能实现债权的情况下，乙银行根据《担保法司法解释》第三十八条第一款第一句，既可以要求丙公司承担连带保证责任，也可以就丁公司提供的股权实现质权。另外，上述第一款第一句的出现，也自然而然地将《担保法》第二十八条第一款中“保证人对物的担保以外的债权承担保证责任”，在结果上被限缩为“保证人对债务人提供的物担保以外的债权承担保证责任”，否则债权人根本无法依据《担保法司法解释》第三十八条第一款第一句，既可以要求第三保证人承担保证责任，也可以要求实现第三人提供的担保物权。

【问题31】保证人是否有权主张“仅就物的担保以外的债权承担保证责任”？

在债权既有保证，又有第三人物权担保的情况下，保证人是否有权依据《担保法》第二十八条第一款之规定，即“同一债权既有保证又有物的担保的，保证人对物的担保以外的债权承担保证责任”，主张仅在物的担保之外承担保证责任？

分析：关于上述问题，最高人民法院在其就“海尔集团财务有限责任公司与青岛威乃达投资有限公司、山东赛赛集团有限公司等企业借贷纠纷申请再审案”作出的（2016）最高法民申2561号民事裁定书中认为，“在物的担保和保证共存的情况下，担保责任如何承担，《中华人民共和国担保法》第二十八条和《中华人民共和国物权法》第一百七十六条均有规定。根据《中华人民共和国物权法》第一百七十八条的规定，担保法与物权法的规定不一致的，适用物权法。海尔财务公司与赛赛公司签订的《质押合同》、与宋某、韩某某签订的《个人连带保证合同》、与全统旅游公司签订的《保证合同》均明确约定，无论海尔财务公司对主合同项下的债权是否拥有其他担保，海尔公司均有权处置质押财产或直接要求宋某、韩某某、全统旅游公司在其保证范围内承担保证责任。在海尔财务公司与各担保人之间已就如何承担担保责任有明确约定的情况下，原审判决根据《中华人民共和国物权法》第一百七十六条之规定，判令赛赛集团、宋某、韩某某、全统旅游公司应当对威乃达公司的全部债务承担担保责任，适用法律并无不当”。

我们认为，《担保法》第二十八条第一款在《物权法》第一百七十八条颁布之后已经失去法律效力，甚至是回溯至《担保法司法解释》第三十八条第一款第一句颁布之后已经在司法实践中不再起到任何规范作用。而且，如果当事人在保证合同中另有约定，那么实践中甚至可能出现即使债务人提供物的担保，债权人也有权径行要求保证人承担保证责任。

【问题32】同一债务既有债务人抵押担保，又有保证担保，均未完全覆盖债务。在部分清偿时，债权人实现债权的顺序如何？

西域公司与农行康昂支行签订两份编号相同的借款合同，总计借款2000万元；农行康昂支行分别与保证人金海公司、债务人西域公司签订了《保证合同》《抵押合同》，由金海公司为1300万元贷款提供连带责任保证，保证期限5年；西域公司以其土地作价1000万元作为700万元贷款的抵押担保。后西域公司法定代表人蒋某涉嫌刑事，由检察机关将1243万元追回，转回西域公司账户后被债权人农行自行划扣，而且抵押土地也被债权人依法查封。农行诉至法院要求债务人、保证人清偿债务。金海公司认可保证行为，但提出农行已经实现的债权（包括已收回的资金和保全财产）已相当于金海公司的担保债务，请求法院免除其保证责任。西域公司在法庭审理过程中认为上述款项应当优先清偿金海公司的保证担保的债务部分。同一债务既有债务人抵押担保，又有保证担保，均未完全覆盖债务，债权人实现债权的顺序如何？

分析：本案的2000万元债务，有两个担保：第一，700万元的土地使用权抵押担保；第二，1300万元的保证担保。该两个担保均未完全覆盖全部债务，在部分清偿1243万元债务的情况下，就会产生一个问题，即剩余未清偿债权如何实现？该案经西藏高院审理，判定保证人金海公司承担剩余债务65%的保证责任。这一结果是否正确并不是我们这里要讨论的重点。重点在于两个担保与债务清偿之间是什么关系？我们认为，在既有保证又有抵押的担保关系中，从表面上看，一个是保证债务，另一个是抵押权物权，虽然在权利性质上不一样。但是，如果从保证人和抵押人的当事人权利义务来看，他们均承担清偿债务的义务，所不同的是，一个用自己的全部财产，另一个用特定财产。所以，结果是，保证人和抵押人用各自的全部财产和特定财产对总债务当中的每一分钱债务都负有清偿义务。就如同甲、乙购买一套房子，按份共有，甲占10%共有份额、乙占90%共有份额，在对物业的物业费债务清偿完毕之前，他们承担连带责任，均负有清偿义务。不能说甲交了10%的物业费，其就不再承担清偿义务了，除非债权人明确表示同意。

本案稍有不同，保证人、抵押物承担的债务总额均有经债权人同意的限额，该限额也因此能够形成对债权人权利的限制，保证人、抵押人承担按份清偿债务。在这种情况下，部分清偿的1243万元到底清偿的是保证担保的债务部分，还是抵押权担保的债务部分就成为疑问。假设，本案中1243万元系债务人支付，并明确向债权人表示系清偿保证所担保的债务部分，是否在支付后保证人的债务即告清偿？我们认为：（1）当事人可以在借款协议中进行约定"只要债务人清偿，那么清偿的首先应为保证担保的债务部分，然后才是债务人抵押担保的债务部分"，那么可以认为清偿的是保证担保的部分债务，保证人担保的1300万元的担保债务总额中的1243万元的保证债务即因主债务清偿而予以终止。但是，如果条款是"只要债务人清偿的，那么清偿的首先为抵押担保的债务部分"，因为保证人并未在主债权合同上签署同意意见，是否应当保护来自《物权法》第一百七十六条保证人相对于债务人抵押担保的顺位利益？对于这一问题，我们认为：第一，如果清偿资金系保证人支付，在没有与保证人达成相反的约定或保证人同意该资金清偿非保证担保的债务部分，那么被清偿的就应当是保证人担保的债务部分。如果系第三抵押人清偿的，也应当认为其清偿了抵押权所担保的债务部分，第三抵押人可以要求注销抵押登记。第二，如果清偿资金系债务人、抵押人支付，那么应清偿抵押担保的债务部分，因为这一方面是对债权人权利的限制，另一方面是债权人通过上述约定自由选择的结果。（2）在本案中，并无上述部分清偿时清偿债务的顺序约定，也就是说，没有对债权人的限制，那么应当作出对债权人有利的判决结果，即不对1243万元清偿的债务部分作区分，在结果上，即使债务只剩一元钱未予清偿，只要保证人没有自行清偿1300万元，那么保证人也应当就该一元钱债务承担保证责任，抵押亦同。而且，其间债务人事后声明1243万元系清偿的是保证担保的债务部分，也不应改变上述结果，除非债权人明确表示同意该债务系清偿的是保证担保的债务部分。如果债务人清偿1243万元，并认为已经清偿了抵押担保的部分债务，能否要求债权人解除抵押登记？我们认为，除非债权人同意，否则不可以请求认定抵押权担保的债务已经履行完毕，因为抵押人本身也是债务最终承担者。如果债权人同意债务人清偿的金额系清偿抵押担保的债务部分，并因此注销抵押登记，我们认为，保证人不得要求减免自己所承担的债务部分，因为保证人的保证担保和债务人提供的抵押担保所担保的不是同一债务，不得适用减、免责规则。

最高人民法院在其就本案"西藏西域食品开发有限公司、蒋某、绵阳市金海企业有限责任公司与中国农业银行拉萨市康昂东路支行借款合同纠纷上诉案"作出的（2005）民二终字第100号民事终审判决书中认为，"金海公司以西域公司同意以上述资金优先清偿金海公司所担保的债务为由，请求二审改判免除其保证责任的上诉理由，本院不予支持。虽然，西域公司的借款中有一笔由西域公司以土地设立了抵押担保，而且农行康昂支行在本案一审期间申请对该抵押土地采取了保全措施，但抵押权的设立并不限制债权人以抵押之外的其他方式实现其债权，因此，本案中农行康昂支行仍有权选择以西域公司的资金部分偿还已经设立抵押担保的债权，并且，就未实现债权部分，农行康昂支行仍然继续享有就抵押物折价或者以拍卖、变卖抵押物价款优先受偿的权利。金海公司关于本案债务人提供的抵押物足够清偿抵押担保债务，故农行康昂支行不应以债务人其他资金清偿抵押担保债务的上诉理由，本院不予支持”。

2.《担保法司法解释》第三十八条第一款第二句——担保人之间相互追偿

《担保法司法解释》第三十八条第一款第二句中规定，“当事人对保证担保的范围或者物的担保的范围没有约定或者约定不明的，承担了担保责任的担保人，可以向债务人追偿，也可以要求其他担保人清偿其应当分担的份额”。该条款确立起了在混合共同担保中，第三担保人之间相互追偿的法律制度。该制度与《担保法》第十二条、《担保法司法解释》第二十条第二款规定的保证人之间相互追偿，分担保证责任的制度一脉相承。

在混合担保中，《担保法司法解释》第三十八条第一款规定的第三担保人之间相互追偿，与《担保法》第二十八条第二款、《担保法司法解释》第三十八条第三款规定的债权人放弃物保导致保证人减、免责的规则存在因果关系，正所谓“一荣俱荣、一损俱损”。如果没有追偿制度，就不会有保证人减、免责规则。除此之外，理论界通常对第三担保人之间相互追偿，系通过以下不同角度论证其合理性：（1）第三担保人之间系连带债务关系，据此即可推导出追偿权，理论上同《担保法》第十二条所规定的保证人之间的连带责任。（2）承担担保责任的共同担保人，系依据不当得利向其他担保人进行追偿，其他担保人系因未承担担保责任而负有不当得利返还义务，依此说最容易准确地解决追偿的份额问题。（3）物保和人保应当平等对待，承担责任应当公平分担。上述理由，无论哪一项均有不足之处，我们认为，在理论上，混合担保中第三担保人之间相互追偿，没有什么理论依据，纯粹是法律在担保人之间分担责任，避免单一担保人承担责任。从严格意义上讲，这是一种法律家长主义的立法思维，无富有理论和逻辑美感的说辞。

3.《担保法司法解释》第三十八条第三款——保证人减、免责

《担保法》第二十八条第二款规定“债权人放弃物的担保的，保证人在债权人放弃权利的范围内免除保证责任”，《担保法司法解释》第三十八条第三款进一步扩大债权人放弃物的担保的适用情形，即“债权人在主合同履行期届满后怠于行使担保物权，致使担保物的价值减少或者毁损、灭失的，视为债权人放弃部分或者全部物的担保。保证人在债权人放弃权利的范围内减轻或者免除保证责任”。这里应当注意的是，减、免责是单向的，即放弃物的担保的，减免保证责任，并未规定因债权人免除保证债务而减、免第三物权担保人担保责任。这种单向的减、免责规则，导致的结果是：

第一，结合前述混合担保中第三担保人之间追偿规则和减、免责规则的相互依存关系，可以得出承担保证责任的保证人可以向其他第三物权担保人要求承担其应当承担的份额，因为如果保证人不能向物权担保人追偿，那么债权人放弃担保物权也就不必减免保证人的保证责任。

第二，担保法和司法解释从始至终都未规定，债权人减免保证债务，应当减、免第三物权担保人的担保责任，所以根本无法从减、免责规则推导出第三担保物权人向保证人的追偿规则。结合《担保法司法解释》第三十八条所处的位置，即“关于保证部分的解释”，结论便呼之欲出，即第三十八条中“可以要求其他担保人清偿其应当分担的份额”，担保人仅指保证人，而不包括第三担保物权人。

从保证人的减、免责规则，到其享有减、免责利益推导出保证人向其他担保人的追偿规则，从保证人有权向其他担保人追偿的追偿规则，到其享有追偿利益推导出保证人的减、免责规则，两者之间互为因果，形成逻辑闭环。这一结论在《担保法》至《担保法司法解释》的规则演进中，还有《担保法》第二十八条第一款“同一债权既有保证又有物的担保的，保证人对物的担保以外的债权承担保证责任”，即保证人相对于物权担保人拥有“顺位利益”而先期进行立法铺垫。

第三，上述单向追偿和减、免责规则，在《担保法司法解释》第七十五条中得到部分印证，该条第三款规定“抵押人承担担保责任后，可以向债务人追偿，也可以要求其他抵押人清偿其应当承担的份额”。之所以我们认为是“部分”得到印证，是因为对于该条款的认识“见仁见智”，既可以理解为该追偿规则仅涉及“有多个第三人抵押担保，没有保证担保的情形”，也可以理解为“无论是否有保证担保，抵押人都可以向债务人或其他抵押人追偿”。

（三）2007年《物权法》第一百七十六条

自2007年实施的《物权法》第一百七十六条就混合共同担保作出了明确的规定，即“被担保的债权既有物的担保又有人的担保的，债务人不履行到期债务或者发生当事人约定的实现担保物权的情形，债权人应当按照约定实现债权；没有约定或者约定不明确，债务人自己提供物的担保的，债权人应当先就该物的担保实现债权；第三人提供物的担保的，债权人可以就物的担保实现债权，也可以要求保证人承担保证责任。提供担保的第三人承担担保责任后，有权向债务人追偿”，该规定结合司法实践进一步对《担保法司法解释》第三十八条第一款、第七十五条第一款所确定的规则加以修正，表现为：

1.《物权法》第一百七十六条确立了债权人债权实现顺序问题上的“意思自治优先”原则，即“当事人有约定的，债权人应当按照约定实现债权”，这里的约定在总体上分为两种情形：

第一种情形：债权人和担保人就担保的债权份额进行约定。这里应当严格区分混合共同担保和按份共同担保：在前者情况下，每一担保人就全部债权承担担保责任，相互之间在承担担保责任后享有要求承担担保责任份额的权利；而在后者情况下，每一担保人就约定的债权份额承担担保责任，债权人不得要求担保人承担约定份额之外的担保责任，每一担保人在承担担保责任后只能向债务人进行追偿，无权向其他担保人要求承担担保责任。例如：

甲向乙银行借款，丙提供连带责任保证担保，仅仅担保本金债权；丁提供质押担保，仅仅担保利息债权。债权人乙银行在债务人甲到期不履行债务时，只能要求丙、丁分别就其承诺的担保份额之内债权承担担保责任。担保人丙、丁承担担保责任后，无权向其他担保人要求承担相应的担保责任，只能向债务人进行追偿。

这里应当注意的是，当事人就担保债权份额的约定，将会限制债权人的担保权，所以约定只有在债权人同意的情况下才能够对债权人产生法律强制力。如果没有债权人明确的书面同意意见或协议，对债权人而言，应视为无约定，债权人不必遵守上述规则。另外，如果没有债权人的意见，那么上述有关担保债权范围或份额的约定只能在担保人之间产生效力。例如，如果上例中的担保的债权范围仅仅是担保人丙和丁之间的约定，那么，（1）乙银行既可以要求丙承担整个债权的保证责任，也可以就丁提供的质押担保实现整个债权；（2）在丙或丁对债权人乙银行承担整个债权担保责任后，其在向债务人甲进行追偿的同时，也可以按照约定要求另一担保人承担约定份额之内的担保责任。

第二种情形：担保人虽未与债权人就担保的债权份额达成一致约定，但可以与债权人就债权实现条件，或债权人行使担保权的条件和期限进行约定。在实践中，这种约定往往是债权人与担保人分别达成的。例如，当事人可以约定，债权人可以在债务人提供的物权担保，或第三人提供的保证、抵押、质押担保中自由选择实现债权；甚至可以约定必须先行就第三人提供的保证担保实现债权，之后才能就债务人提供的物权担保实现债权，这样的约定就出现在北京二中院审理的“中国农业银行股份有限公司北京丰台支行诉北京北雄科技实业有限公司等金融借款合同纠纷案［参见（2010）二中民初字第2221号民事判决书］”中，并且在效力上得到了审判机关的支持。所以，在分析《物权法》第一百七十六条所确立的规则内容之前，应当明确在债权人实现债权问题上，当事人可能存在的约定是什么，我们且以下例进行说明：

甲公司向乙银行借款，甲公司用自己的房产所有权提供抵押担保，丙公司提供连带责任保证担保，丁公司用自己持有的某公司股权提供股权质押担保。在债权人实现债权问题上，乙银行将可能与相关当事人达成如下一致约定：

（1）乙银行可以就债务人甲公司的所有财产（即一般责任财产）实现债权，并可能与甲公司就实现借款债权的条件和期限在《借款合同》中进行约定。其中，条件如“在甲公司对外负有巨额债务时，乙银行有权宣布贷款提前到期，并实现已发生的债权”；期限如“借款期限一年”或“借款债务分四次到期，每三个月偿还本金的四分之一，以及其间发生的所有借款利息”。

（2）乙银行可以就保证人丙公司的所有财产（即一般责任财产）实现债权，并可能与丙公司就实现保证债权的条件和期限在《保证合同》中进行约定。其中，条件如“乙银行有权在债务人负有到期债务，且存在尚未清偿之本息债务的情况下，有权要求保证人丙公司承担保证债务”，这时的债务就包含银行宣布贷款提前到期的情形；期限如“在债务人甲公司总借款债权到期，即一年期满之时起，且甲公司尚有未清偿之本息债务的，乙银行有权行使保证债权，要求保证人丙公司承担保证责任”。另外，实践中还有保证担保和其他担保方式的关系问题的约定，如“甲方对主合同项下发生的债务承担连带保证责任，不论主合同项下债权是否存在其他担保人（包括主合同债务人）提供的保证或物的担保，乙方有权要求甲方优先承担保证责任”［江苏高院（2017）苏01民申128号“陈某甲与杨某某、陈某乙等追偿权纠纷申诉民事裁定书”］。

（3）乙银行可以就出质人丁公司提供质押担保的股权实现债权，并可能与质押人丁公司就实现质权的条件和期限在《质权合同》中进行约定。其中，条件如“质权人乙银行只有在债务人负有到期债务，存在尚未清偿之本息债务，且保证人丙公司承担保证责任后尚存未予清偿之债务的情况下，有权行使本合同项下的质权以实现债权”；期限如“在债务人甲公司总借款债权到期，即一年期满之时起，且甲公司尚有未清偿之本息债务的，质权人乙银行有权行使本合同项下的质权以实现债权，一年借款期限届满之前乙银行均不得行使质权”。

从上文的表述可以看出，债权人实现债权时所对应的相对人包括债务人、保证人、物权担保人，他们可能在相关协议中与债权人进行约定，限制债权人实现债权的条件或期限。在实践中，因为银行等金融机构的市场强势地位，导致债权人与上述主体在《借款合同》《保证合同》以及《物权担保合同》中，约定的债权实现的条件和期限一般情况下均一致。但是，一旦如上例所述存在较大的差异，在法律适用上，如果继续按照《担保法司法解释》第三十八条第一款赋予债权人在保证人和担保物权中自由选择实现债权的法定权利，那么就必须面对当事人在上述三份合同中的约定是否有效的问题。

举个很简单的例子：甲公司向乙银行借款，约定分四期还本付息，丙公司提供连带责任保证担保。丁公司用自己持有的某公司股权提供股权质押担保，但乙、丁约定只有全部债权到期时，乙才有权利通过行使质权实现债权。

在上例中，债权人乙、保证人丙之间没有有关实现保证债权条件和时间的特殊约定，根据保证债权对主债权的从属性，在债务人甲公司一笔分期债务没有清偿的情况下，债权人乙银行就有权要求丙公司承担保证责任。但此时，因为全部债权并未到期，乙银行根据《质权合同》尚无权行使质权。那么，此时可能的方案是：（1）认定《质权合同》中约定的质权行使期限无效，债权人乙银行根据《担保法司法解释》第三十八条第一款可以请求保证人或者物的担保人承担担保责任；（2）根据《担保法司法解释》第三十八条第一款确立的保证人和第三担保物权人地位平等的规则，认定保证人享有质押人丁公司享有的期限抗辩权，待全部债权到期，让乙银行自由决定向保证人或物的担保人要求承担担保责任；（3）根据当事人之间的不同约定，分别适用法律，保证人丙公司在一笔分期没有清偿的情况下承担保证责任，而乙银行只有在全部债权到期的情况下才有权对丁公司提供的质押股权行使质权。

很显然，在没有法律依据判定当事人在担保合同中有关债权实现的特殊约定无效的情况下，立法者所能给出的最佳方案只能是第三个。这样，《担保法司法解释》第三十八条第一款所确立的规则就只能是在“当事人无约定”的情况下予以适用。上述问题，在担保关系中，如果附加从属性的反担保关系（反担保保证、抵、质押担保），各方当事人之间的法律关系将会变得异常复杂，如果《借款合同》《担保合同》以及《反担保合同》有关债权实现和追偿权实现的条款上存在个性化条件或期限的约定，其造成的复杂关系将会是从事专业担保业务的担保公司和审判法官的“噩梦”。

2.《物权法》第一百七十六条明确规定了由《担保法》第二十八条第一款、《担保法司法解释》第三十八条第一款所形成的债权人应优先就债务人提供的物的担保实现债权的规则，即“没有约定或者约定不明确，债务人自己提供物的担保的，债权人应当先就该物的担保实现债权”，形成了默认规则下第三担保人（保证或抵、质押）对债务人提供的物权担保的顺位利益规则，这一规则符合担保关系中债务人为最终债务承担者的不真正连带债务特征，也符合社会一般认知。很难想象，债权人可以置债务人提供的担保物于不顾，在无特殊约定的情况下直接请求法院执行第三保证人财产的权利。

甲公司向乙银行借款，甲公司用自己的房产所有权提供抵押担保，丙公司提供连带责任保证担保，丁公司用自己持有的某公司股权提供股权质押担保。在债务到期，债务人甲公司未履行还本付息义务时，在当事人没有其他约定的情况下，乙银行应当先就甲公司提供的抵押房产行使抵押权以实现债权。

在实践中，债权人为了规避“先就债务人提供的物的担保实现债权的规则”，常常和保证人、第三抵、质押人“另有约定”，例如，和保证人约定“本合同双方一致同意，即使债务人提供物的担保，债权人也有权不经行使该物的担保，径行要求保证人承担本合同项下的保证责任”。如果存在这样的约定，那么上例的债权人乙银行就有权直接行使保证债权，要求保证人丙公司承担保证责任。

【问题 33】当事人无特殊约定，在债务人、第三人分别提供物的担保时，债权人是否应当先就债务人提供的物的担保实现债权？

分析：在上例中，如果只论及债务人甲公司提供的抵押担保和丁公司提供的质权担保，则属于共同物权担保。那么，债权人是否有权在就债务人提供的物的担保实现债权之前，先就第三人提供的物的担保实现债权？答案是肯定的，前文引述的最高人民法院“岳阳友协置业有限公司与交通银行股份有限公司佛山南海支行及吴某某、佛山市友协国际贸易公司、常某某、徐某某借款合同纠纷申请再审案”民事裁定书［最高人民法院（2012）民再申字 212 号民事裁定书］中表达的即是这样的一种观点（“《物权法》第一百七十六条系就物的担保与人的担保之关系所作规定，岳阳友协提出的在既有债务人佛山友协提供的仓单质押，又有第三人岳阳友协提供的抵押物的情况下，二者应当谁先承担责任的问题，该条并未明确规定，岳阳友协据此主张本案判决适用法律错误依据不足，不能成立”），即在没有当事人的“另有约定”的情况下，乙银行有权在两个担保物权中进行选择，按照自己的意愿行使担保物权实现债权。

我们推测最高人民法院判决的理由是，无论是债务人，还是第三人提供物的担保，债权人都享有担保物价值的直接支配权，该权利不同于保证担保中的相对请求权，在权利人行使担保物权问题上，并无法定的先后顺序对担保物权人的权利进行限制。但我们认为这一理由并不充分，这会使得第三物权担保人在承担担保责任后向保证人追偿时发生错乱。所幸，《物权法》第一百七十六条并未规定，第三物权担保人可以向保证人追偿。

可能会有观点认为，上述判决仅仅是最高人民法院在个案中的观点，不会在司法实践中造成影响。但是，根据《北京市高级人民法院关于民商事上诉案件改判和发回重审若干问题的意见（试行）》（京高法发〔2002〕366号）第十一条第（二）项的规定，即“在既无法律、法规规定，又无相关司法解释的情况下，审理案件应当按照下列顺序检索参照有关规定：……（二）最高人民法院公布的生效判决及案例中体现的审判原则”，最高人民法院上述判决中，“债权人可以在债务人和第三人提供的担保物权中自由选择实现债权”就是这样的一个审判原则。也即是说，最高人民法院在（2012）民再申字第212号民事裁定书中的观点可能会被直接或间接地适用在具体案件当中。

【问题34】当事人在担保合同中有关“债权人有权直接要求保证人或第三物保人承担担保责任”的约定是否有效?

分析：最高人民法院在其就“刘某某、许某某民间借贷纠纷再审纠纷案”作出的（2017）最高法民申2931号民事裁定书中认为：“《中华人民共和国物权法》第一百七十六条规定了担保物权的实现顺序问题，根据该条规定，在同时存在物的担保和人的担保的情形下，关于两种担保的实现顺序，当事人之间有约定的，从其约定；无约定或约定不明确，债务人自己提供物的担保的，债权人应当先就该物的担保实现债权。刘某某与许某某之间《保证合同》第7.10条约定，债务人提供了物的担保，债权人方放弃该担保物权、担保物权顺位或者变更担保物权的，担保人同意继续按本合同约定为主合同项下债务提供连带责任保证担保。可见，担保人刘某某与债权人许某某就担保权实现顺位作了特别约定，因此，刘某某所应承担的担保责任不因债务人提供了物的担保而处于在后顺位。一审法院判决刘某某承担连带清偿责任符合法律规定。”

最高人民法院的上述判例，使得当事人对担保实现的顺序在实践中形成两种不同的类型：第一，明确的有关债权实现顺序或担保实现顺序的约定，如“债权到期，债权人有权直接要求保证人承担保证责任”或“债权到期，即使存在债务人提供的物的担保，债权人也可以直接要求保证人承担保证责任”；第二，当事人通过约定如“即使债权人放弃债务人提供的担保物权，保证人同意继续承担连带保证责任”之类的约定在实质意义上就担保实现的顺序进行了特别约定。

3. 在无债务人提供的物的担保，且债权人和第三担保人在《担保合同》（保证合同、抵押合同、质押合同）中没有有关债权实现的个性化条件和期限的情况下，债权人可以根据《物权法》第一百七十六条，自行决定行使保证债权或担保物权实现债权，即“第三人提供物的担保的，债权人可以就物的担保实现债权，也可以要求保证人承担保证责任”。这一规定，实际上是对《担保法司法解释》第三十八条第一款规定内容在法律层面上的确认。我们且以下例说明：

甲公司向乙银行借款，丙公司提供连带责任保证担保，丁公司用自己持有的某公司股权提供股权质押担保。在债务到期，债务人甲公司未履行还本付息义务时，乙银行既可以要求丙公司承担保证责任，也可以就丁公司提供的质押股票行使质权以实现债权。

三、混合共同担保中第三担保人之间的追偿规则

（一）《物权法》第一百七十六条并未禁止承担责任的担保人向其他担保人追偿

《担保法司法解释》第三十八条第一款第二句中规定了承担了担保责任的担保人，可以向债务人追偿，“也可以要求其他担保人清偿其应当分担的份额”，即所谓担保人之间的法定追偿权。有意思的是，《担保法司法解释》第七十五条第三款“抵押人承担担保责任后，可以向债务人追偿，也可以要求其他抵押人清偿其应当承担的份额”，仅规定抵押人可以向其他抵押人追偿，而未言及是否可以向保证人或第三出质人追偿。而且，《担保法司法解释》第三十八条是保证部分的司法解释，所以再对比第七十五条第三款的规定，似乎可以得出的结论是，第三十八条中承担责任的担保人仅指保证人，但这样的结论又与第三十八条一开始“同一债权既有保证又有第三人提供物的担保的”的表述不一致。

【问题35】承担担保责任的物权担保人是否有权向保证人追偿？

在中国邮政储蓄银行股份有限公司南京市分行（以下简称邮政南京分行）

与被告南京瑞长存电器有限公司（以下简称瑞长存公司）、杨某某、陈某甲、崔某、聂某某、赵某、陈某乙借款合同纠纷一案中，债务人瑞长存公司向债权人邮政南京分行提供的担保有：（1）杨某某、陈某甲、崔某、范某某提供的保证担保；（2）聂某某、赵某用其共有房产提供的抵押担保；（3）陈某乙提供的房产抵押担保，上述三项均不存在担保责任份额和条件的特殊约定。后，在债务人未履行担保责任的情况下，南京市鼓楼区人民法院作出（2013）鼓商初字第849号民事判决书判决保证人承担保证责任，并有权在承担责任后向债务人追偿，债权人还有权就抵押房产优先受偿。

抵押人陈某乙在承担担保责任后，向债务人和所有保证人提起追偿权之诉，南京市鼓楼区人民法院作出（2016）苏0106民初1805号民事判决书判决：（1）债务人瑞长存公司偿还陈某乙代偿款项，并支付利息；（2）保证人杨某某、陈某甲、崔某、范某某就瑞长存公司未能清偿的部分分别承担20%的偿还责任。

上述保证人在判决生效后，向南京中院提起申诉，其认为：（1）《担保法》第二十八条规定，保证人对物的担保以外的债务承担保证责任，故抵押人向保证人追偿无法律依据；（2）一审判决对《担保法司法解释》第三十八条和《物权法》第一百七十六条理解错误，让物保和人保互为担保，违反当事人意思自治，适用法律错误。南京中院就此作出的（2017）苏01民申128号民事裁定书认为，“本案系陈某乙承担担保责任后向杨某某、陈某甲、崔某、范某某行使追偿权，一审法院适用《最高人民法院关于适用〈中华人民共和国担保法〉若干问题的解释》第三十八条第一款的规定并无不当，杨某某、陈某甲、崔某主张抵押人向保证人追偿无法律依据、一审适用法律错误的理由不能成立”。

分析：根据最高人民法院《民事案件案由规定》，追偿权纠纷被列入第四部分“合同、无因管理、不当得利纠纷”之中，即总第126项。作为一种人民法院确认的纠纷类型，实践中的追偿权之诉通常是担保人对反担保人，或担保人对债务人提起的诉讼，很少涉及担保人之间相互追偿的纠纷。从上述判决和当事人的申诉意见可以看出，《担保法》第二十八条和《担保法司法解释》第三十八条第一款之间的矛盾，以及《物权法》第一百七十六条对第三担保人之间相互追偿问题没有给予明确规定所引发的问题。在这个案件中，承担担保责任的是抵押人，而不是保证人，所以南京法院适用《担保法司法解释》保证部分的第三十八条，而不是适用司法解释抵押部分的第七十五条第三款驳回抵押人向保证人追偿的诉讼请求，向其释明应向其他抵押人要求其承担应当承担的份额，本身即存在法律适用上的问题。

《物权法》第一百七十六条仅仅规定“提供担保的第三人承担担保责任后，有权向债务人追偿”，并未直接规定承担担保责任的第三人可以向其他担保人要求分担担保责任。实务和理论界有观点认为，《物权法》第一百七十六条在第三人承担保证责任后向其他担保人追偿问题上，似乎回避了《担保法司法解释》第三十八条规定的第三担保人之间相互追偿的规则，但事实是否如此？

实际上，上述看法是对《物权法》规定的误读，只要真正理解《物权法》第一百七十六条在实现债权问题上所确立的当事人“意思自治优先”这一基本原则和该原则的法律效果后，就会发现，很难在规范上再给出“承担担保责任的担保人可以要求其他担保人清偿其应当分担的份额”这样的规定。我们以下例进行说明：

甲公司向乙银行借款，约定分期履行，丙公司提供连带责任保证担保；丁公司提供抵押担保，但约定债权人乙银行须在全部债权到期后才能行使抵押权。甲公司一笔分期债务未履行，丙公司在没有其他约定的情况下承担了保证责任。此时，丙公司根本无法要求第三物权担保人丁公司清偿其应当分担的份额，因为乙银行行使丁公司提供担保的抵押权的期限还未届满。如果此时丙公司根据《担保法司法解释》第三十八条有权要求丁公司清偿其应当分担的份额，那么丁公司和债权人乙银行之间有关抵押权行使期限的约定的效力应当如何判断？

在实践中，如果根据当事人的约定，第三担保人承担债务担保责任的条件或期限存在差异，那么就会出现上面的复杂情形，所以《物权法》要延续《担保法司法解释》第三十八条的规定内容，就必须为承担责任的担保人在要求其他担保人清偿应当分担的责任问题上，加上“在其他担保责任履行条件成就，或期限届满时”的限定语。但是，一旦加上这样的限定语，实践中债权人和其他未承担担保责任的第三担保人之间有关担保责任履行期限和条件的补充协议，和倒签上述补充协议的情形就会纷至沓来，或者又会回到债权人放弃担保权或增加担保权行使期限或条件的问题之上。在结论上，上述限定语即使规定在《物权法》第一百七十六条中，也不一定会解决现实中的复杂情形。所以，《物权法》第一百七十六条到“提供担保的第三人承担担保责任后，有权向债务人追偿”这个地方就戛然而止了，即对第三担保人之间相互追偿的问题索性不予规定。

我们的观点是，尽管存在《担保法司法解释》第三十八条第一款与第七十五条第三款之间规定不一致的情况，但除非《担保法》《物权法》后续修订版本，或司法解释明确规定承担担保责任的第三人除有权向债务人追偿外，不能向其他担保人追偿，否则其都可以根据《担保法司法解释》第三十八条第一款向其他担保人追偿。在司法实践中，人民法院的司法裁判也印证了这一结论。在广东东莞中院就“东莞市博钜贸易有限公司等诉东莞市国裕实业投资有限公司等债权人代位权纠纷案”作出的（2015）东中法民二终字第26号民事判决书中，东莞中院二审认为：“已经承担了担保责任的卢某某有权要求包括博钜公司在内的担保人（保证人）清偿其应当分担的份额。虽然《中华人民共和国担保法》及《中华人民共和国物权法》未明确物上担保人承担担保责任后，如何向其他担保人追偿的问题，但亦未否定物上担保人的追偿权，不构成与《最高人民法院关于适用〈中华人民共和国担保法〉若干问题的解释》第三十八条相冲突的情形。对于博钜公司就此提出的法律适用异议，本院不予采纳。”山东高院在其就“邹平富而通工程咨询有限公司与楚某某、程某某等担保追偿权纠纷案”作出的（2013）鲁商终字第214号二审民事判决书中认为，“本案中，对于程某某向中扶公司的借款，富而通公司提供了抵押担保，楚某某提供了保证担保，根据上述法律规定，富而通公司作为物的担保人，在承担了担保责任后，既有权向主债务人程某某追偿，也可以要求保证人楚某某分担相应的份额。楚某某主张抵押人不能向保证人追偿，以及自己只应在抵押担保范围外承担责任，没有法律依据，其上诉请求，本院依法不予支持。另外，原审法院在判决中援引了《最高人民法院关于适用〈中华人民共和国担保法〉若干问题的解释》第七十五条规定，确有不当，应予纠正，但其判令楚某某承担责任正确，其判决结果应予维持”。最终，该院没有支持保证人提出的“《担保法》第二十八条规定，保证人对物的担保以外的债权承担保证责任”的抗辩，依据《担保法司法解释》第三十八条第一款之规定，判令保证人应对债务人程某某不能履行的部分承担50%的赔偿责任。应当注意，山东高院给出的判决是，第三担保人之间即使是可以追偿，其他担保人承担的也仅仅是补充清偿责任，而不是连带责任。

（二）在实践中，有关担保人之间相互追偿问题的争议

在实践中，在以“追偿权”作为案由立案审理的案件中，以担保人（尤其是专业的担保公司）向反担保人、担保人向债务人追偿的案件为主，担保人之间相互追偿的案件“十不足一”。在担保人之间相互追偿的案件中，又以保证人之间相互追偿为主，物权担保人向保证人或其他第三物权担保人追偿的案件极为罕见，而且审理法院的级别亦较低。在人民法院过往的判例中，以下三个案件具有典型性：

1. 湖北省高院就“上诉人顾某某与被上诉人汇城公司、原审被告荣华公司、

华泰龙公司、钱某某追偿权纠纷一案”作出的（2014）鄂民二终字第00078号民事终审判决

华泰龙公司与农行华中支行签订一份《借款合同》，汇城公司提供抵押担保、顾某某提供连带保证责任担保，该案所涉纠纷系抵押人汇城公司承担抵押担保责任后，向保证人顾某某主张追偿而产生的纠纷。保证人在一审审理时即称其所承担的保证责任系产生于“其独立与农行华中支行签订的保证合同，与汇城公司之间没有担保顺序和金额的约定，担保人之间相互追偿无法律依据；本案应适用《中华人民共和国物权法》第一百七十六条的规定，担保人之间不享有追偿权”。

在借款合同纠纷的执行程序中，汇城公司用于抵押的房产被人民法院依法拍卖，债权人农行华中支行的债权得到清偿。一审法院认为保证人顾某某提出的“《物权法》第一百七十六条否定了担保人之间相互追偿的权利”的观点是错误的，因为“上述法条明确了提供担保的第三人承担担保责任后，有权向债务人追偿，但该法条并未明确规定第三人承担担保责任后，是否有权向保证人追偿情形，这并不等于法律否定追偿权问题，对此应理解为《中华人民共和国物权法》第一百七十六条对第三人承担担保责任后，是否有权向保证人追偿未作出法律规定。依照《最高人民法院关于适用〈中华人民共和国担保法〉若干问题的解释》第三十八条第一款的规定，承担了担保责任的担保人可以要求其他担保人承担责任”，并基于上述认识支持了抵押人向保证人追偿的权利。

顾某某在上诉请求中称：“《中华人民共和国物权法》第一百七十六条优先于《最高人民法院关于适用〈中华人民共和国担保法〉若干问题的解释》第三十八条适用，排除了担保人之间的追偿权。根据列举其一即为排除其他的法理，结合文义解释的原则，物权法否定了担保人之间的追偿权。从体系化解释角度分析，当事人提供物的担保时，担保人放弃物的担保，对保证人及其他担保人的担保责任不产生影响，由此可推断物权法在立法本意上不承认担保人之间具有追偿关系。另外，担保关系的设立应以当事人的意思自治为基础，而在人保和物保并存情形下，除担保人之间有特别约定或保证人与物上担保人共同与债务人设定担保关系外，各担保人之间并无共同担保的意思表示，担保人之间进行追偿缺乏法律关系基础，否则会在各担保人之间强行设定反担保。追偿权问题仅涉及担保人之间的利益平衡，不涉及公共利益的维护，法律不应强行介入。”

对于本案，二审湖北高院在其作出的（2014）鄂民二终字第00078号民事终审判决中认为，“关于各担保人之间是否享有追偿权的问题，《最高人民法院关于适用〈中华人民共和国担保法〉若干问题的解释》第三十八条第一款赋予承担担保责任的担保人可以向其他担保人主张应当清偿的份额，而《中华人民共和国物权法》第一百七十六条并未明确上述权利，因而引发关于法律渊源的争议。对此，本院认为：1.从法律特征来看。法理通说认为担保人承担担保责任后，继受了债权人地位，因此对债务人的追偿以及对其他担保人的清偿请求，均源自债权的效力，所发生的法律关系也属于债法范畴，不属于物权法调整范围。2.从法律功能来看。《中华人民共和国担保法》在于规范包括人的保证和物的担保在内的担保行为，因此，该法律及其司法解释应当对涉及混合担保的情形作出规定。而《中华人民共和国物权法》则主要规范基于物上权利所发生的物的担保的行为，人的保证不在其调整范围之内，因此，《中华人民共和国担保法》对混合担保仅作衔接性规定，即赋予担保人向债务人追偿权利而对担保责任消灭后各担保人之间是否具有追偿权不作进一步的明确规定，应属受其立法目的和法律功能的限制，并非对《中华人民共和国担保法》及其司法解释关于混合担保的担保人互有追偿权条款的否定。3.从公平原则来看。如果保证人和物上保证人没有就承担担保责任后如何分担进行约定，则其权利义务的事后平衡应当适用公平原则予以实现。担保人承担担保责任后，其他担保人担保责任随之免除，就其所订立担保合同面临的风险而言，获得了实际的法律利益，如禁止承担担保责任的担保人请求分担清偿则会显失公平。4.从恶意危险防范来看。保证人和物上担保人在实现担保权程序中均为维护同一债权人利益，两者权利之间并不产生冲突。另因并未在同一物上产生物权与债权的堆叠冲突、物权优先于债权原则排除适用，故而应当允许债权人可以选择通过履行人的保证或物的担保来实现债权。这从《中华人民共和国担保法》第二十八条所采保证人绝对优待主义到该法司法解释第三十八条第一款所采平等主义的变迁足以看出。但如果禁止担保人之间的追偿，则会鼓励债权人与某一担保人串通、恶意选择其他担保人承担责任从而免除其应负担保责任的滥用选择权情形发生，明显有违诚实信用原则。综上所述，法律尤其是《中华人民共和国物权法》并无关于禁止承担担保责任的担保人请求其他担保人承担清偿责任的规定，混合担保的担保人之间可互有清偿请求权的制度设置更符合公平原则和诚实信用原则等债法基本规则。故汇城公司在承担担保责任后，向包括顾某某在内的其他保证人追偿，并不违反上述法律和司法解释的相关规定和立法宗旨，本院依法予以支持”。

上诉人、保证人顾某某的观点涉及理论界长期争论的核心问题，即追偿权系担保人之间的利益平衡问题，不涉及公共利益，在当事人没有明确约定的情况下，法律是否能够强制性地在担保人之间分担担保责任？我们认为，二审法院担心的"如果禁止担保人之间的追偿，则会鼓励债权人与某一担保人串通、恶意选择其他担保人承担责任从而免除其应负担保责任的滥用选择权情形发生"没有道理，这种情形在实践中应当是所有担保人面对的风险，其完全可以通过担保合同中有关担保实现顺序的特别约定加以避免，法律本没有任何必要在担保人之间分配担保责任。最高人民法院于2016年1月26日就本案当事人提出的再审申请作出（2015）民申字第1280号再审民事裁定书，认为湖北高院（2014）鄂民二终字第00078号民事终审判决存在《民事诉讼法》第二百条第（六）项规定的"原判决、裁定适用法律确有错误"的情形，并裁定提审和终止原判决执行。我们认为，最高人民法院提审的原因即是前文所述，抵押人应当依《担保法司法解释》第七十五条第三款之规定主张追偿权，即应当向债务人或其他抵押人追偿。

2. 江苏高院就"南京能发科技集团有限公司等诉上海宽频科技股份有限公司等担保追偿权纠纷案"作出的（2011）苏商终字第0162号民事判决

在南京能发科技集团有限公司（以下简称能发集团）与广东发展银行股份有限公司南京城北支行的借款合同关系中，南京康成房地产开发有限公司（以下简称康成公司）提供抵押担保，南京斯威特集团有限公司（以下简称斯威特集团）提供连带责任保证担保。后，康成公司用其抵押的房产向债权人银行清偿债务，该公司的股东上海宽频科技股份有限公司、上海博大电子有限公司在已完成股东代表诉讼的"竭尽公司内部救济"的前置程序，即在公司怠于行使权利的情况下，依照《中华人民共和国公司法》第一百五十二条的规定，提起股东代表诉讼，向债务人能发集团、保证人斯威特集团行使担保人追偿权。

江苏高院对于向债务人承担了全额清偿责任的抵押人康成公司能否向连带保证人斯威特集团进行追偿的案件争议焦点，依据《担保法司法解释》第三十八条的规定认为康成公司作为抵押担保人，在其抵押财产被拍卖、承担担保责任后，依法有权向连带责任保证人斯威特集团要求清偿其应当分担的份额。而在具体份额的分担上，法院认为，"由于康成公司和斯威特集团对各自担保的范围及份额并无明确约定，由斯威特集团和康成公司平均分担担保义务，既符合公平原则，也符合法律规定"。最终判决斯威特集团分担50%的未清偿债务。该院在判决主文中认为，"《最高人民法院关于适用〈中华人民共和国担保法〉若干问题的解释》第三十八条第一款规定，同一债权既有保证又有第三人提供物的担保的，债权人可以请求保证人或者物的担保人承担担保责任。当事人对保证担保的范围或者物的担保的范围没有约定或者约定不明的，承担了担保责任的担保人，可以向债务人追偿，也可以要求其他担保人清偿其应当分担的份额。也就是说，同一债权上既有保证也有物的担保的，保证与物的担保居于同一清偿顺序，承担担保责任的一方可以请求另外一方分担责任。在本案中，康成公司作为抵押担保人，在其抵押财产被拍卖、承担担保责任后，依法有权向连带责任保证人斯威特集团要求清偿其应当分担的份额。由于康成公司和斯威特集团对各自担保的范围及份额并无明确约定，由斯威特集团和康成公司平均分担担保义务，既符合公平原则，也符合法律规定”。需要注意的是，江苏高院并未在判决中阐明《担保法司法解释》第三十八条第一款与《物权法》第一百七十六条之间的关系，是因为其认为案涉借款及担保行为均发生在《物权法》实施之前，所以应当依“法不溯及既往”的法律原则适用《担保法司法解释》第三十八条的规定，而不能适用《物权法》的规定。

3. 苏州中院就“金龙联合汽车工业（苏州）有限公司与长沙市湘辉旅行社有限公司、杨某某等追偿权纠纷”作出的（2017）苏05民终2063号二审民事判决

苏州中院在其“金龙联合汽车工业（苏州）有限公司与长沙市湘辉旅行社有限公司、杨某某等追偿权纠纷”作出的（2017）苏05民终2063号二审民事判决书中认为，“根据《中华人民共和国物权法》第一百七十六条关于‘被担保的债权既有物的担保又有人的担保的，债务人不履行到期债务或者发生当事人约定的实现担保物权的情形，债权人应当按照约定实现债权；没有约定或者约定不明确，债务人自己提供物的担保的，债权人应当先就该物的担保实现债权；第三人提供物的担保的，债权人可以就物的担保实现债权，也可以要求保证人承担保证责任。提供担保的第三人承担担保责任后，有权向债务人追偿’的规定，金龙公司就其代偿行为可向债务人追偿，但是其主张由湘辉旅行社承担抵押担保责任缺乏合同及法律依据，本院不予支持”。

从上述判决可以看出，实践中人民法院对担保人之间是否享有追偿权认识不一，审理的结果各不相同。但我们了解到的大致趋势是，在担保权实现顺序问题遵循当事人“意思自治原则”的基础上，不支持担保人之间相互追偿，由担保人各自独立承担担保责任和风险正在渐渐成为理论和实务界的共识。

（三）承担责任的担保人向其他担保人追偿时，行使的是求偿权还是代位权？

通常情况下，在保证人和第三物权担保人之间，人民法院会优先考虑就第三物权担保人提供的抵、质押物做拍、变卖的执行处置。在实践中，很少出现先执行保证人之财产以实现债权，后由保证人向第三物权担保人进行追偿的情况。但是，一旦出现这种情形，首先遇到的问题就是，保证人在追偿时是否有权行使原本已由债权人拥有的担保物权？

【问题 36】保证人承担保证责任后，在向第三物权担保人要求清偿其应当分担的份额时，是否有权行使担保物权？

甲向乙银行借款，丙提供连带责任保证担保，丁提供质押担保。债权人乙银行在债务人甲到期不履行债务时，要求丙承担保证责任。丙在承担保证责任，代债务人甲向乙银行清偿所有本息债务后，在要求丁清偿丁应当分担的份额时，其是否有权行使原本乙银行对丁提供担保的质物的质权？

分析：《担保法》第二十八条和《担保法司法解释》第三十八条共同组成的规则，没有对担保法上一个重大问题给出明确的答案，即在保证人承担保证责任后，在向物权担保人进行追偿的时候，其是否可以行使担保物权，是否有权就其他担保人应当承担的份额就担保物的价值优先受偿？这个问题也是担保法中的尤为重要的理论难题，即担保人承担担保责任的行为是“代位说”，还是“清偿说”？

讨论上述问题的答案，应当确定两个讨论的基础逻辑：（1）《担保法司法解释》第三十八条规定承担责任的担保人有权要求其他担保人承担相应的责任；（2）部分担保人承担担保责任的行为并不能自然而然作为引致其向其他担保人要求承担相应担保责任这一法律效果的法律事实，因为从担保关系建立之初，承担责任的担保人的义务就是代偿所有债务，而且承担担保责任的担保人和未承担的担保人之间并无相互追偿的协议。在这两个逻辑之上，我们发现，承担担保责任的担保人向其他担保人追偿，是法律为了在担保人之中分担债务风险而设立的特殊制度，是一种法定关系，带有强烈的公法强制意味，在理论上并无完全无懈可击的理由。

故，既然是一种法定债权债务关系，那么法律在担保人之间分担债务风险，就不能超出担保人提供担保时的预期，尤其是提供物权担保的担保人。可以说，承担担保责任的担保人在向其他担保物权人要求清偿其应当分担的份额时，有权行使担保物权，但无权要求其他担保人用担保物之外的财产承担责任，这也符合担保人其他债权人，担保物其他担保物权人的预期。所以，对于未承担担保责任的第三担保物权人而言，已承担担保责任的担保人对其的追偿仅仅是一个被限定在其提供的担保物之上的有限责任，而非一般责任，在责任范围和责任财产上都不能超出担保物。举一个简单的例子：在未承担担保责任的担保物权人提供担保的担保物价值大幅度下降的情况下，《担保法司法解释》第三十八条中“应当分担的份额”应当如何确定？所以，我们同意代位说，已承担担保责任的担保人在向第三物权担保人追偿时，有权行使担保物权，否则就不会有第三十八条第三款中保证人因债权人怠于行使担保物权，致使担保物价值减少而减、免保证责任的规定内容。这一结论在最高人民法院就“中国农业银行黑龙江分行宏博支行与北方国际租赁有限公司担保合同纠纷案”作出的（2000）经终字第267号民事判决书中得到证实，最高人民法院在该判决书中认为，“在主合同和担保合同均有效的情形下，担保人的担保责任在本质上属于代为清偿的责任，即代替债务人向债权人清偿债务。因此，担保人在承担代为清偿责任之后，在其可得求偿的范围内，债权人所享有的权利当然转移于担保人，即担保人因代为履行而取得代位权；同时，担保人也因代位清偿而自然产生对债务人的求偿权。此时，担保人因为代位履行而产生的代位权和求偿权情形，属于请求权竞合。在其中一项权利的行使而得到满足时，其他权利即归消灭”。同时，代位说在未承担担保责任的第三担保物权人，或自己提供物权担保的债务人破产的情况下，可以有效地保护已经承担担保责任的担保人，其可以请求破产法院将担保物权所涉担保物从破产财产当中隔离出来，让追偿权成为有担保之债权。当然，我们也认为，未承担担保责任的担保人有权用自己除担保物之外的其他财产主动向承担担保责任的担保人履行应当分担的份额的清偿责任。

关于《担保法司法解释》第三十八条中“应当分担的份额”如何确定的问题，我们认为，如果涉及保证人向第三物权担保人，那么不能简单地按照担保人的人数以均分的方式分大饼，因为担保物的价值在价值下降时可能并不能覆盖按照人数分配至物权担保人的应当清偿的债权份额，这样会超出第三担保物权人提供担保时的预期。故，确定“应当分担的份额”存在两个限制：（1）第三担保人提供物权担保的担保物价值；（2）各方和债权人约定的担保范围（如果是后续补充约定的，按照放弃担保权的情形认定）。这一结论与《最高人民法院关于审理担保物权纠纷案件适用法律若干问题的解释（2013年4月讨论稿）》第十五条的规定一致：该讨论稿第十五条第三项规定，“在认定本条第1款中其他保证人‘应当分担的份额’时，人民法院应当依照保证人应当承担的保证责任与其保证责任和担保物的市场价格以及其他保证人的保证责任之和的比例确定”。

四、混合共同担保中担保人减、免责规则

在混合共同担保中，担保人的减、免责规则，总结起来就是“一个中心，两条主线”：一个中心，即担保人减、免责，只能由债权人的不当行为招致；两

条主线，即（1）第三担保人提供的保证、抵质押担保相对于债务人提供的物权担保具有“顺位利益”；（2）第三担保人之间有相互追偿的权利，即相互之间享有“追偿利益”。这里，我们先就两条主线分析担保人减、免责规则的演化路径和具体规则内容，然后再就债权人不当行为类型进行具体分析，以期探究担保人减、免责规则的全貌。其间，我们不讨论保证人之间、抵押人之间、出质人之间的减、免责规则，这些规则将放置在保证担保、抵质押担保章节中分别加以论述。

（一）担保人减、免责规则的演化路径

现行法律中的担保人减、免责规则，肇始于《担保法》第二十八条第二款，即“债权人放弃物的担保的，保证人在债权人放弃权利的范围内免除保证责任”。很明显，这一规则是第一款“同一债权既有保证又有物的担保的，保证人对物的担保以外的债权承担保证责任”的必然结果。如前文所述，第一款实际上是一个程序性规则，即债权人必须先就物的担保实现债权，然后才能要求保证人承担保证责任。所以，在本质上，该规则遵循的是保护保证人后于物的担保承担担保责任的“顺位利益”的基本逻辑。

《担保法司法解释》第三十八条第三款规定，“债权人在主合同履行期届满后怠于行使担保物权，致使担保物的价值减少或者毁损、灭失的，视为债权人放弃部分或者全部物的担保。保证人在债权人放弃权利的范围内减轻或者免除保证责任”，虽然在规范内容上延续了《担保法》第二十八条第二款的内容，并且进一步丰富“债权人放弃权利”的内涵，但因为第三十八条第一款确定了保证人和第三物权担保人法律上的平等地位，所以该规则的主线就变成了两条：（1）债权人放弃债务人提供的担保物权，那么依然保护保证人的“顺位利益”；（2）债权人放弃第三担保人提供的物的担保的，则保护的是保证人第三物权担保人的“追偿利益”。

与第三十八条对保证人的保护不同，《担保法司法解释》第七十五条第一款仅仅突出了对第三抵押人对债务人“追偿利益”的保护，即债权人放弃债务人提供的抵押担保的，其他抵押人可以要求减、免责。除此之外，既未因承担责任的抵押人因该条第三款享有对其他抵押人的追偿权，而规定“债权人放弃其他抵押人提供的抵押担保的，应当减、免承担责任的抵押人的担保责任”；也更未规定“债权人放弃保证债权的，应当减、免第三抵押担保人的担保责任”。

在担保人减、免责问题上，《物权法》第一百七十六条规定了默认规则下第三担保人对债务人物保的“顺位利益”和向债务人的“追偿利益”，因法律的物权法性质而未涉及保证人的减、免责规则。此外，通过《物权法》第一百九十四

条第二款对《担保法司法解释》第七十五条第一款进行了调整，即将“抵押权人放弃该抵押权、抵押权顺位或者变更抵押权的”视为债权人放弃债务人抵押担保的情形；并且，增加了第二百一十八条质权人放弃债务人提供的质权担保对其他担保人担保责任影响的规定，从而在《担保法司法解释》第三十八条第三款已经丰富了《担保法》第二十八条第二款中“债权人放弃物的担保”的适用情形的基础上，进一步丰富债权人放弃物的担保的适用情形。

（二）担保人减、免责规则中的两个问题

从上面的路径可以看出，法律对两个明显的问题没有给出明确的规定：第一个问题，债权人放弃保证担保，那么其他第三担保人是否免责？第二个问题，债权人放弃某一第三物权担保人的担保物权，那么其他第三物权担保人的担保责任是否减免？

【问题37】债权人免除保证人的保证债务，或不行使权利致使保证债权经过诉讼时效，其他第三担保人是否应当减、免责？

假设在前述中国邮政储蓄银行股份有限公司南京市分行（以下简称邮政南京分行）与被告南京瑞长存电器有限公司（以下简称瑞长存公司）、杨某某、陈某甲、崔某、聂某某、赵某、陈某乙借款合同纠纷一案的审理过程中，债权人邮政南京分行做出单方民事法律行为免除保证人杨某某的保证债务，其他第三担保人是否应当减、免责？

分析：首先，应当明确的是，债权人免除保证人的保证债务，只能是在其债权还未实现的情况下，否则，其无权免除保证债务。上述假设中，债权人在借款担保纠纷的庭审过程中免除保证债务就符合上述要求；如果债权人已就抵押人的抵押财产受偿债权，那么其是无权免除保证人的保证债权的。其次，假设中的问题又可以分解为“其他保证人是否减、免责？”和“其他第三物权担保人是否减、免责？”两个问题。对于前一个问题，因为根据《担保法》第十二条中两个规定内容，无约定，所有保证人承担连带责任，以及承担连带责任的保证人可以要求其他保证人清偿其应当承担的份额，从而导致在债权人免除保证人杨某某的保证债务后，其他保证人应减轻相应的保证责任。

对于后一个问题，即“债权人免除保证人的保证债务，其他第三物权担保人是否免责？”法律没有给予明确的规定。之所以如此，原因大致有二：第一，一般情况下，借贷担保经济纠纷中的债权人多是银行等金融机构，在严格的内控规定下，银行一般不会出现以明确的单方意思表示放弃保证担保的情形，而

且这种“免除”单方法律行为一般需要书面形式。第二，保证债权是一种具有相对特质的债权，民间借贷关系中，其他担保人不一定会知晓某一保证债权的存在；而且，债权人在实践中仅需不行使该债权即可，一般不会免除保证债权，而不像放弃担保物权时，需要完成注销抵、质押登记和返还质物等具体行为。但是，在对法律规则进行讨论时，也应当考虑到实践中可能出现的极端情形：（1）如果出现债权人通过意思表示，免除某一保证人的保证债务情形；（2）债权人不行使保证债权，以致该保证合同经过诉讼时效。

在第（1）点所述的情形下，如果对上述案件的法院就承担担保责任的抵押人向保证人、债务人提起的追偿权纠纷所作出的实际判决结果，即“各保证人承担 20% 的担保责任”进行反向推演，在结果上就必然是“如果债权人免除保证人杨某某的保证债务，那么抵押人陈某乙须承担的担保责任也应减少 20%”。这一结果，正是遵循前述第二条主线“第三担保人之间有相互追偿的权利”而推演出来的，也说明了相互追偿规则和减、免责规则之间的因果关系。

对于第（2）点所述的情形，2008 年《最高人民法院关于审理民事案件适用诉讼时效制度若干问题的规定》（以下简称《最高法诉讼时效规定》）第二十一条规定，“主债务诉讼时效期间届满，保证人享有主债务人的诉讼时效抗辩权”，该规定和《物权法》第二百零二条的规定，即“抵押权人应当在主债权诉讼时效期间行使抵押权；未行使的，人民法院不予保护”有异曲同工之妙，实际上都是在间接保障担保人对债务人的“追偿利益”。根据《担保法司法解释》第三十六条第一款之规定“一般保证中，主债务诉讼时效中断，保证债务诉讼时效中断；连带责任保证中，主债务诉讼时效中断，保证债务诉讼时效不中断”，对于实践中存在的连带保证债权已经经过诉讼时效，而主债权因时效中断事由的出现并未经过诉讼时效的情形，就会引起：（1）多个连带保证，因为诉讼时效起算时间不同，会导致一些经过诉讼时效，一些并未经过诉讼时效的问题；（2）因为主债权未经过诉讼时效，债权人始终可以行使担保物权。在上述情形下，我们认为，基于《担保法司法解释》第三十八条第一款规定的其他物权担保人对已过诉讼时效的保证人的“追偿利益”，那么在保证债权经过诉讼时效的情况下，对其他物权担保人应当给予减、免责待遇。

对于在诉讼时效问题上平衡保证人和物权担保人之间的关系，审判机关实际上也认识到问题的复杂性，根据《浙江省高级人民法院关于印发〈关于审理实现担保物权案件若干问题的解答〉的通知》（浙高法〔2013〕152 号）中第十三问第二问“提起实现担保物权申请是否构成对主债务和保证债务诉讼时效的中断？”对于担保物权人依《物权法》第一百九十五条和《民事诉讼法》第一百九十六条、第一百九十七条规定的“实现担保物权特别程序”申请实现担保物权的行为，“无论是债务人自己提供物保还是第三人提供物保，申请实现担保物权都是债权人向债务人主张权利的意思表达，应视为同时向主债务人主张权利，故应具有中断主债务诉讼时效的效力。至于保证债务的诉讼时效，《最高人民法院关于审理民事案件适用诉讼时效制度若干问题的规定》第十七条明确了连带债务诉讼时效中断事由具有涉他性，故申请人提出实现担保物权申请的，保证债务的诉讼时效也随主债务、担保债务诉讼时效的中断而中断”。该问答中给出了债权人行使担保物权的行为具有中断保证债务诉讼时效效力的规则，但仍然不能从中找到“在保证债权经过诉讼时效的情况下，对其他物权担保人是否应当给予减、免责待遇”的答案。相比之下，在江西高院发布的《江西省高级人民法院关于审理金融债权纠纷案件的若干意见》（赣高法〔2015〕145号）第十条第二款第二句在该问题上给出了明确的意见，即“保证债务的诉讼时效随主债务诉讼时效的中断而中断”，根据该规定，实践中根本不存在“保证债务经过诉讼时效，而主债务的诉讼时效因中断而未经过”的情形，但该规定存在违反《担保法司法解释》第三十六条之规定的嫌疑。

对于第二个问题，即《担保法司法解释》第三十八条第三款规定债权人放弃物的担保，保证人在债权人放弃权利的范围内减、免责，这一规定从字面意义理解，当然包括放弃某一第三物权担保人提供的物的担保，从而导致保证人减、免责。但是，这一规则是否适用于债权人“放弃”第三物权担保人提供的物的担保，从而导致其他第三担保人减、免责呢？

《担保法司法解释》第七十五条第一款规定，“同一债权有两个以上抵押人的，债权人放弃债务人提供的抵押担保的，其他抵押人可以请求人民法院减轻或者免除其应当承担的担保责任”，而《担保法司法解释》第一百二十三条，即“同一债权上数个担保物权并存时，债权人放弃债务人提供的物的担保的，其他担保人在其放弃权利的范围内减轻或免除担保责任”，该条款将第七十五条第一款的规定内容扩展到了质权问题上，最终促使《物权法》通过第一百九十四条第二款和第二百一十八条对此予以确认。上述规定，都没有解决第三物权担保人之间是否存在减、免责规则的问题。

我们认为，要明确第三物权担保人之间是否存在减、免责规则，首先应当看他们之间是否存在：（1）“顺位利益”；（2）相互追偿权而享有“追偿利益”。很显然，第三物权担保人之间不存在“顺位利益”，而第三物权担保人和提供物的担保的债务人之间却存在顺位利益，所以会有上述《担保法司法解释》第七十五条第一款等规定。那么，第三物权担保人之间是否存在减、免责规则，就只剩下“追偿利益”这一个原因。

在实践中，因为债权人在大多数情况下均是银行等金融机构，因为银行完备的内控措施，一般不会出现放弃担保物权的情形。所以，我们在这里且以江苏高院就“江苏皇珈置业有限公司与朱某某、常州市巨业建设发展有限公司等借款合同纠纷二审一案”作出的（2015）苏商终字第00234号民事判决书中所载的案件为例：

【问题38】债权人放弃某一第三物权担保人的担保物权，那么其他第三物权担保人的担保责任是否减免？

巨业公司与广发银行常州分行签订授信额度合同，约定巨业公司向广发银行常州分行借款2000万元。朱某某、刘某与广发银行常州分行签订了最高额保证合同，为巨业公司的前述债务承担连带保证责任。皇珈公司与广发银行常州分行签订了最高额抵押合同，为巨业公司的前述债务提供抵押担保。后，广发行常州分行向巨业公司实际发放贷款2000万元。借款到期后，巨业公司仅归还部分本金及利息。抵押人皇珈公司与广发银行常州分行签订了债权转让协议，受让广发银行常州分行的前述债权。后，皇珈公司诉至人民法院，请求债务人巨业公司和保证人要求履行借款合同。保证人在原审辩称：“作为抵押人受让该债权严重损害了朱某某、刘某担保债务的追偿权。”

原审法院经审理认为：“皇珈公司为巨业公司向广发银行常州分行的借款提供了最高额抵押担保，朱某某、刘某为巨业公司向广发银行常州分行的借款提供了最高额保证，广发银行常州分行对巨业公司的债权既有保证又有第三人提供物的担保，人保与物保没有实现顺序的先后之分。广发银行常州分行向案涉债权的抵押人皇珈公司转让本案所涉债权，抵押人皇珈公司的抵押被注销。在没有发生债权转让的情况下，一旦债务人巨业公司不能清偿全部债务，各担保人在内部关系中清偿的份额应当占巨业公司不能清偿部分的三分之一。然抵押人皇珈公司受让案涉债权后，抵押登记被注销，皇珈公司将其本应承担的抵押担保责任加重于朱某某、刘某，对于加重部分，未经得朱某某、刘某的同意，朱某某、刘某不承担本应由皇珈公司承担的担保责任。再者，巨业公司、皇珈公司与常州市巨业建筑新材料科技有限公司达成的三方协议，仅是巨业公司同意皇珈公司在履行协议义务后注销抵押登记，并无证据证明朱某某、刘某也同意注销抵押登记。故朱某某、刘某均对巨业公司的上述债务在巨业公司不能清偿部分的三分之一的范围内承担连带保证责任，且朱某某、刘某互负连带保证责任。在承担保证责任后，有权向巨业公司追偿。”

分析：抵押人皇珈公司受让主债权使得主债权人和抵押权人成为同一个主体，但债务人未发生变更，所以不能根据《合同法》第九十一条第（六）项“债权债务同归于一人”认定主债权因发生“债权债务混同”而消灭；进而不能依据《物权法》第一百七十七条第（一）项所述“主债权消灭”的原因得出抵押权自动消灭的结论。那么，在皇珈公司受让主债权成为抵押权人后，抵押权是否会自动消灭？我国现行法律没有这一规定，我们认为不会，因为在很多情形下，抵押人成为抵押权人时，其抵押权对自己的抵押物还占有优先顺位，该顺位具有经济价值。所以，抵押权人成为抵押人也不会使抵押权消灭，结果上就只剩下皇珈公司作为抵押权人放弃抵押权这一种可能。故，我们不同意江苏高院“抵押权非因债权人放弃抵押权而消灭”的观点，但认同其“即使认定抵押权系因放弃而消灭，但因为保证人对第三物权担保人仅有追偿利益，对保证人的减、免责范围也应当限定在追偿的范围之内”的观点。如果在法律上认可保证人享有对抵押权人的追偿权这一大前提之下，原审法院的判决结果即是正确的，其判决的底层逻辑即是保护保证人对物权担保人的追偿权和“追偿利益”。

如果将上诉案件中的保证人更换成抵押人或质押人，保证担保更换成抵押担保或质押担保，将债权人、抵押人合并更换成债权人放弃第三抵押人的抵押担保，那么就能够得出这样的答案，即债权人放弃第三物权担保人的担保物权，应当在其他第三担保人（保证担保、抵质押担保）的追偿范围内减轻其担保责任。本案也是用于论证第三担保人之间应存追偿规则的最佳例证，即原审法院认为的，抵押权消灭，加重了保证人的担保责任。因为在实践中，有时很难就“保证人是否系因抵押人提供抵押担保而提供保证担保”，即“保证人是否在存有可以向抵押人追偿的预期而提供保证担保”作出判断。

综上，担保人的减、免责规则，存在两条主线：第一，第三担保人相对于主债务人提供的物权担保享有“顺位利益”，债权人放弃债务人提供的物权担保的，其他第三担保人的担保责任应当给予减、免责待遇；第二，第三担保人相互之间享有“追偿利益”，债权人放弃第三人物权担保、免除保证债务的，应当给予其他第三担保人减、免责待遇。

（三）债权人引致担保人减、免责的行为类型

在担保法律关系中，担保人减、免责在法律效果上增加了债权人债权受偿的风险，故原则上担保人减、免责应当均是由债权人不当行为引起的，否则要求债

权人承担债务风险增大的法律后果不符合“责任自负”的民事法律基本原则。

1. 债权人在保证合同中引致第三物权担保人减、免责的不当行为类型

在制度层面上，只有在确认第三物权担保人因《担保法司法解释》第三十八条第一款之规定对保证人享有“追偿利益”的情况下，才会有因债权人在保证合同中的不当行为引致第三物权担保人减、免责的法律问题。在具体情况下，（1）保证合同无效情形中，如对外担保未经审批，政府机关作为保证人等情形，无效事由和依据均系法律、行政法规的效力性强制规定，第三物权担保人应当自行承担保证合同无效的法律效果，故不存在第三物权担保人因保证合同无效而减、免责的问题。（2）债权人不行使或未及时行使保证债权，导致保证人破产或失去履行保证义务能力的情形中，保证债权是相对权，且债权人依法享有是否行使保证债权的自由，故在此情形中也不存在第三物权担保人减、免责的问题，更加不存在债权人未在保证期间向一般保证人主张保证债权，而使第三物权担保人减、免责的问题。（3）如前所述，如存在债权人免除保证人的保证债务的情形，因第三物权担保人失去向保证人的“追偿利益”，故存在第三物权担保人减、免责问题。

应当注意的是，如果出现如第三物权担保人因“借新还旧”等情形而依据《担保法司法解释》第三十九条等条款不承担保证责任的情形时，人民法院也会参照保证担保的上述条款免除第三物权担保人的担保责任，这一点在最高人民法院就“中国长城资产管理公司哈尔滨办事处与黑龙江华夏造纸有限公司、佳木斯金地造纸股份有限公司借款担保合同纠纷案”作出的最高人民法院（2010）民二终字第72号民事判决书中得到印证。也即是说，“借新还旧”等债权人不当行为导致保证人不承担保证责任的，第三物权担保人也一样不承担责任，故不存在第三物权担保人减、免责问题。

综上，我们认为，只有在债权人免除保证债务损害第三物权担保人对保证人的追偿利益时，才存在第三物权担保人减、免责的问题。

2. 债权人在物保合同中引致保证人减、免责的不当行为类型

基于《担保法司法解释》第三十八条第二款“同一债权既有保证又有物的担保的，物的担保合同被确认无效或者被撤销，或者担保物因不可抗力的原因灭失而没有代位物的，保证人仍应当按合同的约定或者法律的规定承担保证责任”，和第三款“债权人在主合同履行期届满后怠于行使担保物权，致使担保物的价值减少或者毁损、灭失的，视为债权人放弃部分或者全部物的担保。保证人在债权人放弃权利的范围内减轻或者免除保证责任”，我们将债权人在物保合同中的不当行为根据不当行为的时间不同而分为两类：第一，担保物权成立过程中的不当行为；第二，担保物权维持以及实现阶段的不当行为。

（1）债权人在担保物权成立过程中的不当行为

A. 责任性质的变化

根据《担保法》第四十一条、第六十四条第二款的规定，办理抵押登记和交付质物成为抵押合同和质权合同的生效要件，未抵押、未交付引起抵、质押合同无效的，抵、质押合同的双方当事人承担的是缔约过失责任，但是在《物权法》第十五条颁布后，该责任变成了违约责任。

B. 学术界对《担保法司法解释》第三十八条第二款的质疑

上海财经政法大学叶名怡教授在《混合担保中债权人过错对保证责任之影响》一文中对《担保法司法解释》第三十八条提出如下质疑："首先，法律的规定所指为何并不清楚。其次，该条没有区分债务人物保与第三人物保，与《物权法》第176条的区分立场显有抵牾。同时，该条也未区分债权人有无过错，与现行担保法上担保无效之过错责任亦有龃龉。最后，根据该条后段的反对解释，因不可抗力之外的因素（如债权人有过错）导致担保物灭失的，保证人又可相应免责，显然该条前后割裂，立场不一。"[①]随后，叶教授在文中列举了在理论界和实务界"物保设立环节债权人纵有过错而保证责任不受影响论"的主要四点理由，"其一，物保无效，受损失的是债权人自己，是否设立抵押权是债权人的自由选择，保证人无权置喙；其二，根据"双重法律关系互不影响说"，保证合同有效，保证人无权免责；其三，《担保法司法解释》第七条、第八条仅限于担保无效情形，保证合同仍有效，这些法条均不能适用；其四，不论是物保合同无效还是物保因未登记或交付而未生效，担保物权都未成立，故不属于债权人放弃担保权的情形，因而保证责任不能减免"。[②]

C. 我们的观点

物权担保成立过程中债权人的不当行为，减免保证人的保证责任，理由主要是保护保证人对提供物权担保的债务人的顺位利益和追偿利益，以及保证人对其他物权担保人的追偿利益。在结果上，减免保证责任显然影响债权人的利益，故要求债权人须有过错才能满足责任自负的基本逻辑。无论是顺位利益还是追偿利益，都是法定利益类型，这两种利益都是法律预设之利益，而且建立在债务人物权担保、第三人物权担保或保证担保有效设立或成立的前提条件之

① 叶名怡：《混合担保中债权人过错对保证责任之影响》，载《法商研究》2016年第4期，第131页。

② 叶名怡：《混合担保中债权人过错对保证责任之影响》，载《法商研究》2016年第4期，第132页。

上。在保证人签订保证合同时，保证人并不天然地享有这两种利益，其享有这两种利益的主观条件是：（1）保证人知晓其他担保的存在；（2）债权人认可保证人提供保证担保是以其他担保存在为条件。前者的原因是，在保证人不知晓其他担保存在情况下，保证人的行为后果是承担全部清偿责任，其他担保无效、可撤销后，保证责任不减、免不违反保证人基于意思自治承担保证责任，满足行为人责任自负的基本原则，这一点在具体的担保法律关系中一般都会满足；后者的原因是，如果债权人并不认可其他担保有效存续系保证人承担保证责任的条件，无论什么原因下，让债权人承担保证责任减、免责的法律后果不符合责任自负的基本原则。

所以，我们认为，在保证人不知晓其他担保的存在，且没有与债权人达成其承担保证责任系以其他担保有效成立为条件或前提，否则应当减免保证责任的约定的情况下，即使存在债权人的不当行为导致其他担保未有效成立，我们倾向性认为不应当给予保证人减、免责待遇。因为，一方面，无约定情形下给予减、免责待遇等于法律给予保证人的"福利"，不符合民事法律塑造独立人格的精神和宗旨，而且法律凭空给债权人有效设定其他担保的法定义务，强行满足债权人责任自负的基本原则，将减损保证合同中意思自治原则的法律效果；另一方面，《担保法》《物权法》为保证人和债权人就此项进行约定提供了制度性保障，当事人选择不约定的情形和当事人选择就此进行约定的情形应当给予区别对待，不能一视同仁。

综上，我们赞同《担保法司法解释》第三十八条的规定内容，在担保关系中引入"过错思维"没有问题，但过错是否导致保证人减、免责，还应当建立在当事人是否就此存有有效约定的基础之上。

D. 司法实践

为了说明上述观点，我们以司法实践中的真实案例加以说明，这些案例选自叶名怡教授的前述文章。在司法实践中，将《担保法司法解释》第三十八条第二款所适用的情形分为两种情况：第一，物权担保无效或被撤销；第二，物权担保合同生效后，担保物权未经登记或交付而未有效设立。

（A）物权担保无效或被撤销

如前文所述，因为我国担保物权登记、质物交付等均系事实行为，不能作价值判断，故担保物权无效本质上讲都是物权担保合同无效。物权担保合同无效，分为三种情况：（1）担保人主体不适格，或因无民事行为能力，或因法定代理人不追认等情形；（2）物权担保合同的标的物，即担保物系禁止或限制流通物；（3）物权担保合同系要式合同，缺乏审批或其他法定形式，如对外物权担保合同。

河南省平顶山市中级人民法院在（2013）平民三终字第605号民事判决书中认为，“所占用的土地是集体所有的土地……抵押合同无效，（保证人）孙某某关于其仅对物保之外的债权承担还款责任的辩驳理由，事实根据不足”，该判决遵循《担保法司法解释》第三十八条之规定。“直接影响着担保人承担责任的份额，债权人庄某在抵押借款协议签订之时，应知道该房产所在土地的权属性质，或虽不明知但仍负有查证确认的义务，然其仍同意以该房产设抵押，明显均存在过错。故本案保证人李某、王某的担保责任应以欠款本息的二分之一为宜”[①]，仅从该判决的上述内容中可以看到，存在两个问题：第一，以抵押物为禁止流通物为由判断抵押权人存在过错过于武断，不知道作出判决的法庭是如何排除保证人不知晓抵押物为禁止流通物的情形；第二，物权担保无效与减、免责之间没有与当事人约定之间的因果关系，让债权人承担保证责任减、免责的后果有失公允。另外，物权担保是否有效，基本上均系因法律的强制性规定，这些规定具有公示效力，保证人也应承担物权担保无效的风险，只要不在保证合同中通过约定将物权担保无效的法律风险转而由债权人承担，就不能对保证人的保证责任进行减、免。

如果说，因为债权人是金融机构，所以其应负有异于一般债权人的对物权担保合同是否有效的审查义务或责任，所以应当承担保证人减、免责的不利后果。对于这种说法，我们认为，第一，该义务的来源不明，应当在商业银行法等公法制度中加以明确，因为这毕竟是非约定的义务，本质上是公法干预私法关系的一种情形。所以，在公法制度中没有明确的情况下，不得天然地附加给银行等金融机构债权人上述义务。第二，该义务施加作用的具体法律关系是什么，即该义务是在什么法律关系中起作用，是无效的物权担保合同，还是保证合同。对保证人减、免责，该义务应当作用于保证合同中，那么该义务在内容上就应为债权人向保证人保证物权担保合同的有效性。这样，就又会回到债权人和保证人在保证合同中没有相应约定的老问题上。

综上，我们认为，在物权担保无效或被撤销的情况下，只有遵循意思自治——责任自负的民事法律基本逻辑，才会使具体案件中保证人是否减、免责的问题变得简单。在这一点上，《担保法司法解释》第三十八条第二款的规定没有任何问题，正如《法国民法典》第2314条（原第2037条）之规定内容一样，“只有当债权人的优先权或抵押权先于保证合同存在，或者只有当债权人承诺取

① 张晓燕：《混合担保中物保合同无效，保证人如何承担保证责任？》，http：//dgqfy.chinacourt.org/article/detail/2014/01/id11764}7.shtm1.2014-01-01，转引自叶名怡：《混合担保中债权人过错对保证责任之影响》，载《法商研究》2016年第4期，第132页。

得这些权利，而保证人不能对债权人的优先权或抵押权取得代位权时，按原第2037条之规定，保证人才能解除其保证义务”。

【问题39】抵押合同无效，保证人是否应当免除全部或部分的担保责任？

建行郑铁分行与皮埃特罗公司签订借款合同，约定由竹林安特公司提供保证担保，皮埃特罗公司用土地使用权和房产提供抵押担保。后皮埃特罗公司无力清偿，建行郑铁分行起诉要求竹林安特公司承担保证责任。法院审理过程中查明：（1）在借款和保证合同中明确约定，除竹林安特公司的信誉担保外，皮埃特罗公司用土地使用权和房产提供抵押担保；（2）皮埃特罗公司自始至终对租赁而来的土地未缴纳征用费，未享有该土地的使用权。问，保证人是否应当减、免责？

分析：该案年代久远，当时担保法规定抵押合同自办理抵押登记时生效。在最高人民法院就“河南竹林安特制药有限公司与中国建设银行郑州铁路专业分行营业部等借款担保合同纠纷上诉案”作出的（1999）经终字第351号民事判决书中，郑州高院认为：“建行郑铁分行营业部部分诉请有理，该院予以采纳，但其对合同约定的以皮埃特罗公司的土地、房产提供的抵押未能核实并依法办理登记，最终放弃了物的担保，对此也未能及时告知保证人，该行为明显改变了保证人作出保证的条件，从而加重了保证人的保证责任，故竹林安特公司应在建行郑铁分行营业部放弃物的担保的范围内免除保证责任。”实际上，债务人皮埃特罗公司用不享有的土地使用权作抵押，该抵押合同应属无效。在这种情形下，保证人是否减、免责，即看保证人和抵押权人之间是否存在保证责任承担，是否存在以其他担保尤其是债务人物权担保有效存续为前提的约定。最高人民法院在就该案作出的终审判决中认为，“建行郑铁分行营业部与皮埃特罗公司未将这一真实情况告知竹林安特公司，致使竹林安特公司在作出保证时合理信赖该抵押担保的存在。虽然借款及保证合同中未明确约定土地、房产抵押是保证人提供保证的条件，但抵押担保具有法定的优先权，建行郑铁分行营业部应当知道竹林安特公司依法应是在抵押担保范围以外承担责任。建行郑铁分行营业部接受皮埃特罗公司提供的土地抵押，却又消极地不作为，致使该抵押担保无效，改变了保证人作出保证的条件，加重了保证人的责任负担”。

我们认为，该案最为重要的节点就在于保证合同中有明确的债务人提供担保的约定，保证人减、免责既符合债权人责任自负的原则，也符合保证人对承担保证责任的风险预期。

（B）物权担保合同生效后，担保物权未经登记或交付而未有效设立自《物权法》施行之后，物权担保合同的生效和担保物权的成立分别依据不同的法律事实，这即是所谓的区分原则。在区分原则下，举例：银行和张三签订借款合同，并签订《抵押合同》，张三用自己的房产提供抵押担保；李四就张三的借款提供保证担保，且与银行签订保证合同。借款期间，银行和张三始终未就抵押房产办理抵押登记，导致抵押权未有效设立。这时，问题来了，如果因为债权人的过错，导致债务人提供抵押担保未有效设立，对保证人是否应当减、免责？对此，我们认为：

第一，设立抵押权，是担保物的所有人或使用权人处分自己抵押财产的一种方式，所以在判断担保物权未经登记或交付而未有效设立的问题上，不能天然地认定债权人对担保物权未有效设立负有责任。

第二，遵循区分原则，将物权担保合同的成立生效和担保物权的有效设立区分开，也应将担保物权的无效和被撤销，和担保物权未有效设立的法律后果区分开，适用不同的法律规则。

所以，在上例中，如果保证人能够举证抵押人要办理抵押登记，但因为债权人不配合而导致抵押权未有效设立，就可以认定债权人的行为损害了保证人对债权人担保物权的顺位利益和追偿利益，可以基于和比照《担保法司法解释》第三十八条第三款之规定，减、免保证人李四的保证责任。如果系抵押权人行使权利，要求办理抵押登记未果，则不能对保证人的保证责任进行减、免。

【问题40】抵押权人不进行抵押登记导致抵押权未有效设立，保证人是否应当免除全部或部分的担保责任？

最高人民法院就“九江化学纤维总厂与中国信达资产管理公司、九江化工厂等借款保证合同纠纷案”作出的（2003）民二终字第195号民事判决书中认为，“根据本案保证合同记载的保证事项，保证人提供保证均未以抵押担保成立为前提，而抵押物登记属于法律强制性规定，抵押物未登记，抵押合同不生效，受损失的应系权利人，是否设立抵押权亦系权利人选择结果。《担保法》规定，只有抵押物登记抵押合同生效后，抵押权人放弃了抵押担保，保证人才能在其放弃范围内免除保证责任，在法律有明文规定情况下，不可作扩大解释。故抵押权既不成立亦就不存在权利人放弃事实。化纤厂作为保证人属于无条件担保，无理由要求银行对抵押物进行登记，其不能以此免除保证责任”。[①]

---

① 王洪光：《借款保证合同的几个问题》，载《民商事审判指导·民商事审判》2004年第1辑（总第5辑），第203页。

分析：该案发生在《物权法》颁布之前，抵押权合同在抵押登记之时起生效。假设该案发生在《物权法》颁布之后，也即债权人和抵押人之间的抵押合同已经生效，那么我们不赞同最高人民法院在该案判决中的观点，原因有以下两点：

第一，抵押登记是事实行为，通过抵押登记设立抵押权系债权人源自已经生效的抵押合同的权利，其行使或不行使依其自由选择。债权人不行使要求抵押人办理抵押权登记的权利，其当然须承担权利不行使的不利后果，而该等不利后果除了不能行使抵押权之外，还损害了保证人的顺位利益。其间，无法得知的问题是，债权人是否存有排除保证人（如果抵押人即是债务人）顺位利益，从而可以直接要求保证人承担保证责任的目的。另外，如果抵押人要求办理抵押登记，而债权人不予配合导致抵押权未有效设立的情况下，债权人可能都无权要求抵押人承担抵押合同中不办理抵押登记的违约责任。

第二，抵押合同有效，抵押登记是事实行为，抵押权人即在法律逻辑上可以根据该合同顺利获得抵押权，让抵押权人承担保证人减、免责的不利法律后果就与其是否要求办理抵押预登记的行为形成因果关系。也正因如此，在抵押合同有效的情形下，保证人要求减、免责就有了根据。

所以，在担保物权合同有效的情况下，如因抵押权人的过错导致担保物权未有效设立，应当比照抵押权人放弃抵押权的情形，适用《担保法司法解释》第三十八条第三款给予保证人以减、免责待遇；如果仅仅是抵押权人未办理抵押登记，则不能简单地判断债权人放弃担保物权。

【问题 41】商品房按揭贷款中，按揭贷款银行“不”办理商品房抵押登记，是否应当免除开发商的连带保证责任？

刘某在香江房地产公司购买商品房，建设银行朝阳支行提供按揭贷款，刘某用所购买的商品房提供债务人抵押担保，开发商香江公司提供阶段性连带责任保证担保，保证期间“自按揭贷款合同生效之日起至抵押的房屋取得房屋所有权证，办妥房产保险和抵押登记，并将房屋他项权证及其他有关资料交建行朝阳支行代为保管之日为止”。后建设银行从香江公司领取房产所有权证一年，房产手续未办理抵押登记，该房产现被公安机关在债务人涉嫌的刑事案件中查封。问，香江公司是否应当承担保证责任？

分析：北京二中院在其就该案“中国建设银行股份有限公司北京朝阳支行与刘某等购房贷款合同纠纷上诉案”作出的（2005）二中民初字第 10645 号民事判决书中认为，“建行朝阳支行从香江房产公司处领取房屋所有权证后长达近一年的时间内不办理抵押登记，且没有充分的理由，既未及时告知香江房产公司，也没有将房屋所有权证退还香江房产公司，致使刘某所购房屋在被公安机关查封后无法办理抵押登记，建行朝阳支行上述行为属于怠于行使权利；放任抵押登记的风险发生，因此建行朝阳支行对此具有过错，应当视为香江房产公司保证责任免除"，应当注意的是，北京二中院在本案中适用的是《担保法》第二十六条有关保证期间的规定，而不是第二十八条第二款"债权人放弃物的担保的，保证人在债权人放弃权利的范围内免除保证责任"的规定，可见，北京二中院在这里对本案是否能够适用因放弃物的担保而免除保证责任的规定并不确定。

上述问题在北京高院就本案作出的（2006）高民终字第547号民事终审判决书中就非常明确，北京高院认为，"由于放弃物的担保应以担保物权有效成立为前提，没有合法有效的担保物权，自然不存在放弃的问题，而本案房屋抵押权因未经登记而未成立，因此，不存在建行朝阳支行放弃物的担保的问题"；也即是说，放弃物的担保的情形必须是在担保物权已经有效设立的情况下才会出现，在担保物权有效设立之前，无所谓的放弃一说。在这一问题上，应当格外关注下面这一点，即如果银行在按揭商品房上设定抵押权预告登记，在可以办理正式抵押权的情况下，银行未予办理，导致抵押预告登记失效，是否应当视为放弃抵押权。对此，我们的观点是，抵押权预告登记转为抵押权登记时，被称为抵押权首次登记，所以还应当坚持北京高院的观点，即抵押权未设立，无所谓的放弃。这时，有影响的是下面关于开发商阶段性保证是否解除的问题，我们在下文予以介绍。除此之外，北京高院在本案中也认定了两项有关按揭抵押贷款业务相关问题的法律效果，值得提供按揭贷款的银行和出售商品房的开发企业学习。下面，我们以问题和回答的形式加以说明。

【问题42】商品房按揭贷款业务中的保证合同本质上是一个附解除条件的合同类型，按揭贷款银行"不"办理商品房抵押登记，是否应当视为"解除条件已成就"，从而免除开发商的连带保证责任？

（1）房地产开发企业提供的阶段性连带责任保证担保在本质上是一个附保证责任解除条件的特殊合同。

北京高院认为，"建行朝阳支行、刘某和香江房产公司在借款合同中约定保证期间由借款合同生效之日起至抵押的房屋取得房屋所有权证，办妥房产保险和抵押登记，并将房屋他项权证及其他有关资料交建行朝阳支行代为保管之日止办妥房屋抵押登记作为香江房产公司解除保证责任的条件，因此，属于附解除条件的合同"。既然是附解除条件的合同，那么就须遵守该类型合同的法律规则：（1）自条件（办理抵押登记）成就之时起，保证人的保证责任解除；

(2) 如果债权人不正当阻止条件，那么应当视为条件已成就，保证人的保证责任解除。对此，北京高院经审查认为，按揭贷款人刘某是办理抵押登记的义务人，因此，除非有证据证明刘某积极办理房屋抵押登记而建行朝阳支行怠于配合，否则，不能认定建行朝阳支行的不作为属于“不正当地阻止条件成就”。

如果在按揭商品房的抵押权预告登记可以办理抵押权首次登记的情况下，存在抵押人申请办理，银行不予配合的情形，我们认为即出现条件拟制成就的法律效果。

（2）按揭贷款银行长期不办理抵押登记导致抵押风险，其是否应当承担相应的法律责任和损失？

在不动产所有权或使用权上设置抵押权是权利人处分不动产物权的一种方式，所以在理论层面看，抵押人应当是设置抵押权的完全法律意义上的义务人。但在实践中，我国有关房地产抵押登记的法规要求抵押人和抵押权人一起申请办理抵押登记，从表面上看抵押权人相对于利害关系人也是办理抵押登记的义务人。所以，利害关系人（保证人）看似有权要求抵押权人承担未办理登记所造成的损失，但我们认为这是实践中的一种误读，利害关系人应当正确认识其中的风险关系。在本案中，北京高院的责任分配非常准确。

“建行朝阳支行在取得房屋所有权证和国有土地使用证后，在长达近一年的时间内，其没有举证证明曾催促过刘某共同向登记机关申请抵押登记，致使抵押权不成立，香江房产公司本可以解除的保证责任因而未能解除，建行朝阳支行和刘某对此均具有过错，应当承担相应的赔偿责任。因刘某不仅是办理房屋抵押登记的法定义务人，而且负有办妥房屋抵押登记的合同义务，并负担抵押登记费用，是办理抵押登记的主要义务人，建行朝阳支行应当积极配合刘某完成抵押登记，是办理抵押登记的次要义务人。因此，在办理抵押登记事项上，刘某的过错程度大于建行朝阳支行的过错程度。相应地，刘某应当承担主要责任，建行朝阳支行应当承担次要责任。本院酌情确定刘某对未能办妥抵押登记承担80%的责任，建行朝阳支行承担20%的责任。因未办妥房屋抵押登记与香江房产公司不能解除担保责任存在因果关系，故应在建行朝阳支行所承担的过错责任范围内，适当减轻香江房产公司的担保责任至80%的保证责任。”

我们认为，北京高院合理地分配了朝阳支行和香江公司的风险和责任：首先，抵押登记在我国须抵押权人和抵押人一并办理，而且我国法院基本不会作出强制进行抵押登记的判决和强制执行的执行裁定，这是因为：（1）抵押登记是一个从债务，实现该债权强制进行登记时，债权人并无当即应当实现的主债权。（2）抵押登记设立抵押权是抵押人处分自己不动产物权的方式之一，涉及抵押人的处分自由；在强制抵押人办理抵押登记和因不办理抵押登记而判令抵押人承担抵押合同违约责任中进行选择，后者更加符合契约自由的精神（我们认为，契约自由也包含债务人的违约自由，法律后果当然也会是违约后承担违约责任），而且也符合在市场经济交往中违约以经济价值补偿为主的原则。其次，抵押登记是抵押人处分自己财产的方式之一，抵押人才是抵押登记的义务人，债权人并非义务人。最后，香江公司在合同履行期间，有能力通过解除商品房买卖合同止损，所以其应当承担主要责任。

（2）债权人在担保物权维持以及实现阶段的不当行为

《担保法》第二十八条第二款“债权人放弃物的担保的，保证人在债权人放弃权利的范围内免除保证责任”和《担保法司法解释》第三十八条第三款“债权人在主合同履行期届满后怠于行使担保物权，致使担保物的价值减少或者毁损、灭失的，视为债权人放弃部分或者全部物的担保。保证人在债权人放弃权利的范围内减轻或者免除保证责任”共同组成了保证人基于债权人在担保物权维持以及实现阶段的不当行为，保证人减、免责的具体规则。与成立阶段债权人不当行为不同，在维持和实现阶段，保证人的顺位利益和追偿利益是一种既得权益，该权益的实现方式是：第一，保证人自己承担保证责任后，向其他担保人追偿，即以积极的方式实现该权益；第二，其他担保人承担担保责任后向保证人追偿时，其用顺位利益和追偿利益予以抗辩，如在债权人要求保证人承担保证责任时，保证人可以以债务人提供物权担保为由予以抗辩。所以，上述两个条款组成的减、免责规则就应当包含两个应当明确的问题：第一，何谓“放弃”？第二，保证人减、免责的幅度？

关于第一个问题存在两个维度，第一个是放弃的时间，第二个是放弃的方式。关于放弃担保物权的时间，北京高院就本案作出的（2006）高民终字第547号民事终审判决书中就非常明确，北京高院认为，“由于放弃物的担保应以担保物权有效成立为前提，没有合法有效的担保物权，自然不存在放弃的问题，而本案房屋抵押权因未经登记而未成立，因此，不存在建行朝阳支行放弃物的担保的问题”；也即是说，放弃担保物权须以担保物权有效设立和存续为前提。最高人民法院就“九江化学纤维总厂与中国信达资产管理公司、九江化工厂等借款保证合同纠纷案”作出的（2003）民二终字第195号民事判决书中也有类似的表述。我们认为，放弃既包含已经取得担保物权，也应当包含物权担保合同生效后，抵、质押权人通过行使要求进行担保物权登记或交付担保物的权利而使担保物权有效设立的权利，后者至少应当比照“放弃”适用上述两个条款。

关于放弃担保物权的方式，我们认为应当包含以下几种形式：（1）在物权担保人要求进行担保物权登记或交付担保物时，不予配合，致使担保物权未有效设立。（2）抛弃担保物权，即向担保人作出抛弃的意思表示。应当注意的是，担保物权的抛弃是一个单方的要式法律行为，故应当向登记机关申请注销登记或向担保人退还担保物，否则抛弃行为不生效。（3）破坏质物行为，致使质物丧失且无替代物。应当注意的是，这应当和担保物自然损耗（或正常使用之下的损耗）和意外灭失区分开，后者情况下，相关的担保人、债权人以及保证人均应各自承担该风险，保证人无权要求减、免保证责任。（4）抵押权人让与或放弃抵押权的优先顺位。同时，还有一些特殊情形可以视同“抛弃”而适用上述减、免责规则：（1）债权人同意物权担保人低价转让担保物，这种情形在不同的阶段有很多不同的表现形式，如在担保物权实现阶段同意担保人以低价变价处置担保物。（2）担保物遭受风险，债权人可以采取措施而未采取，损失扩大部分应比照担保物权的抛弃。（3）担保人破产，债权人未以担保物权人身份申报债权和担保物权，致使仅以一般债权人身份参与分配，导致最终无法足额受偿的情形。（4）《担保法司法解释》第三十八条第三款规定，“债权人在主合同履行期届满后怠于行使担保物权，致使担保物的价值减少或者毁损、灭失的，视为债权人放弃部分或者全部物的担保”。黑龙江高院在其就“中国长城资产管理公司诉黑龙江粮油集团有限公司金融债权追偿纠纷案”作出的（2012）黑高商初字第8号民事判决书中认为，“案涉物的担保行为发生于2002年，担保物系粮食作物，难以久存，而长城公司哈办于2012年才提起诉讼行使抵押权，而此时抵押物已被处分，且难以确定受让人及代位物，应属债权人怠于行使担保物权，根据前述司法解释的规定（即《担保法司法解释》第三十八条第三款），保证人油脂公司亦应免除相应的保证责任”。

【问题43】债权人在债权存续期间退回债务人保证金，对保证人是否应当减免责？

1998年7月6日，农行乌鲁木齐青年路支行与高频钢管厂、大湾房产公司签订一份银行承兑汇票契约，约定如下：（1）银行为钢管厂开具承兑汇票金额为1000万元；（2）钢管厂缴纳300万元保证金；（3）大湾房产公司提供保证担保。后，各方按约履行合同；但1998年10月29日，银行将300万元打回钢管厂账户，并用该款项清偿其他债务，这些债务的担保人并非大湾房产公司。因钢管厂未还农行票据垫款，故银行于1999年12月28日与钢管厂签订借款合同，与大湾房产公司签订保证合同，该笔借款用于清偿前述票据垫款。问，银行在债权存续期间退回保证金的行为，是否能够导致对保证人减、免责？

最高人民法院在其就本案“中国农业银行乌鲁木齐市青年路支行与新疆大湾房产（集团）有限公司借款担保合同纠纷再审案”作出的（2009）民提字第97号民事判决书中认为，“《最高人民法院关于适用〈中华人民共和国担保法〉若干问题的解释》第八十五条规定：‘债务人或者第三人将其金钱以特户、封金、保证金等形式特定化后，移交债权人占有作为债权的担保，债务人不履行债务时，债权人可以以该金钱优先受偿’，保证金、封金等可以成立金钱质押，故本案承兑汇票保证金的性质是金钱质押”。

分析：保证金系金钱质押，是物权担保的一种特殊类型。所以，在本案中，因银行对其开具给钢管厂的承兑汇票的垫款行为而产生的债权债务关系存在两个担保：第一，债务人自己提供的质押担保；第二，大湾房产公司提供的保证担保。其中，农行青年路支行在承兑汇票未到期前，同意高频钢管厂提前支取保证金，如同抵押权人放弃抵押权并注销抵押登记、动产质权人向出质人返还质物一样，都应当视为债权人主动放弃物权担保。故，最高人民法院在本案提审判决中认为，“该行为应认为是其主动放弃了质押担保，根据《中华人民共和国担保法》第二十八条第二款‘债权人放弃物的担保的，保证人在债权人放弃权利的范围内免除保证责任’的规定，大湾房产公司应当在农行青年路支行放弃物的担保范围内免除保证责任”，在结果上，保证人大湾房产公司仅就剩余的700万元债务承担保证责任。

【问题44】担保人破产，债权人未以担保物权人身份申报债权和参与分配，是否应认定其放弃担保物权？

1990年，氮肥厂向银行贷款495万美元，借款合同约定“氮肥厂必须以其原有固定资产和项目形成的固定资产全部抵押给银行，在贷款未还清前，银行有留置权”。同时，卷烟厂提供连带责任保证。2006年，氮肥厂被列入国务院拟破产企业时，该厂资产总额为8亿余元。进入破产程序后，银行以及后续受让资产的资产公司仅以普通债权人身份申报债权，但最终确认未受偿债权为4400万余元。2006年12月，受让银行该不良债权的资产公司诉请卷烟厂承担保证责任。卷烟厂以银行放弃抵押权而主张免除担保责任。问，是否应对保证人卷烟厂减、免保证责任？

法院在审理过程中认为，氮肥厂2006年被国务院列入拟破产企业时，资产公司向氮肥厂破产管理人申报债权时是作为普通债权申报的，并未提及抵押权。经第一次债权人会议，管理人编制了拟确认债权表，资产公司亦未提出异议，由此应认定资产公司放弃了物权担保。

分析：该案属于应当视同为债权人抛弃担保物权的情形。在该案中，借款和抵押关系形成时间年代久远，借款及抵押关系是否有效应当按照行为时的法律规定加以判断。银行与氮肥厂在1990年的借款合同中明确约定将氮肥厂原有固定资产和项目形成的固定资产全部抵押给银行，根据《最高人民法院关于贯彻执行〈民法通则〉若干问题的意见（试行）》第一百一十二条关于“债务人或者第三人向债权人提供抵押物时，应当订立书面合同或者在原债权文书中写明。没有书面合同，但有其他证据证明抵押物或者其权利证书已交给抵押权人的，可以认定抵押关系成立”的规定，应认定银行与氮肥厂抵押关系依法成立。在债权人对债务人的抵押权有效的情况下，却仅以一般债权人身份申报债权，最终无法完全受偿。此项，应当认定债权人抛弃债务人提供的担保物权，应当减、免保证人的保证责任。最终，法院根据《最高人民法院关于审理经济合同纠纷案件有关保证的若干问题的规定》第十五条关于“债权人放弃抵押权的，保证人就放弃抵押权的部分不再承担保证责任”的规定，因资产公司放弃了物权担保，且氮肥厂抵押财产价值大于本案所涉借款本息，故卷烟厂保证责任应予免除。

【问题45】债权到期，债权人怠于行使债务人提供的担保物权，导致担保物灭失的，是否应当减、免保证责任？

2000年，商贸公司以两只油罐向信用社抵押贷款27万元，借款到期日为2001年5月12日。王某提供连带责任保证，但保证期间约定不明。2003年1月，信用社诉请王某承担保证责任时，油罐不知所终。此时，是否应当减、免保证人承担的保证责任？

分析：本案属于“主合同履行期限届满，债权人怠于行使担保物权，致使担保物的价值减少或毁损、灭失”的典型情形。我们并未找到法院的原始判决，现只能根据审判法院的法官的著述加以分析。审判法院攀枝花中院认为，“商贸公司贷款时提供了油罐作为抵押物，依《担保法》第二十八条规定，同一债权既有保证又有物的担保的，保证人对物的担保以外的债权承担保证责任。债权人放弃物的担保的，保证人在债权人放弃权利的范围内免除保证责任。《最高人民法院关于适用〈中华人民共和国担保法〉若干问题的解释》第三十八条第三款规定：债权人在主合同履行期届满后怠于行使担保物权，致使担保物的价值减少或者毁损、灭失的，视为债权人放弃部分或者全部物的担保。保证人在债权人放弃权利的范围内减轻或者免除保证责任。因本案贷款有物的担保，在贷款到期后，商贸公司不能依约还款，信用社就应及时行使担保物权，以避免担保物价值减少或出现担保物毁损、灭失情况，但信用社未及时行使自己的权利，其行为应视为怠于行使担保物权，故王某只应对担保物不足清偿部分承担保证责任，且该担保物价值应计至贷款到期之日，判决王某在抵押物即两只油罐不足以清偿贷款本息范围内承担连带责任，油罐价值以贷款到期日即 2001 年 5 月 12 日计”。[①]

我们认为，本案中有两点值得引起注意：（1）第一，债权人“怠于”行使的具体含义？第二，债权人放弃物权担保的价值范围怎么计算。关于第一个问题，如何认定是否存在“怠于”，《担保法司法解释》第三十八条有两个判断坐标：第一，应当以怠于行使权利的时间进行判断；第二，应当以担保物在结果上是否毁损进行判断。（2）债权人放弃物权担保的价值范围，也即减、免保证责任的幅度，应当以债权到期日为准。如果债权期限存在经保证人同意的展期情形，应当以展期债务到期日的价值计算。

关于第二个问题，保证人减、免责的幅度？我们认为，应当区分债权人放弃的担保物权系债务人提供还是第三人提供。如果是债务人提供，保证人对债务人提供的物权担保拥有顺位利益，所以应当按照债权人放弃的债务人物权担保的实际价值确定保证人减、免责幅度。例如，在上面的案件中，提供抵押担保的是债务人，且抵押物价值大于债权数额，故债权人放弃担保物权的行为在结果上即导致保证人的保证责任全部免除。如果是第三人提供担保，在确认保证人有权向第三物权担保人追偿的情况下，应当按照保证人在全部承担保证责任后有权向第三物权担保人追偿的范围确定保证人减、免责的幅度。

第八节　公司提供担保的有效性

根据我国公司法理论，公司提供担保，即是公司用公司的所有资产提供保证担保，或者用公司的特定资产（不动产、动产、权利）提供抵、质押物权担保。

① 案例索引：见《债权人在主合同履行期届满后怠于行使担保物权，致使担保物的价值减少或者毁损、灭失的，视为债权人放弃部分或者全部物的担保——王远康与攀枝花市仁和区农村信用合作社联合社、攀枝花市劲恒商贸有限责任公司借款担保合同纠纷案》（夏芸，四川攀枝花中院），载《全国法院再审典型案例评注（上）》。

在公司提供担保事务上，理论和实务界存在诸多争议，因此我们单辟一节给予重点论述。

一、《公司法》对于公司提供担保作出的程序性要求

从法律性质上讲，我国《公司法》系我国法律对于公司法人这一特殊商事主体的主体法律制度，《公司法》第一条开宗明义即通过规定“为了规范公司的组织和行为，保护公司、股东和债权人的合法权益，维护社会经济秩序，促进社会主义市场经济的发展，制定本法”，言及公司法的立法宗旨，即在功能上主要用于规范公司组织和行为。所以，《公司法》作为公司这一商事主体的组织法，仅仅对于公司如何用自己的资产提供担保的问题，给出了程序性规定，也即《公司法》第十六条：

公司向其他企业投资或者为他人提供担保，依照公司章程的规定，由董事会或者股东会、股东大会决议；公司章程对投资或者担保的总额及单项投资或者担保的数额有限额规定的，不得超过规定的限额。

公司为公司股东或者实际控制人提供担保的，必须经股东会或者股东大会决议。

前款规定的股东或者受前款规定的实际控制人支配的股东，不得参加前款规定事项的表决。该项表决由出席会议的其他股东所持表决权的过半数通过。

我们对审判机关对公司担保纠纷案件作出的判决进行梳理后发现，在实践中，怎么理解上述规定，是各级法院认定公司签署的担保合同效力的关键问题。关于这一点，最高人民法院在其就“招商银行股份有限公司大连东港支行与大连振邦氟涂料股份有限公司、大连振邦集团有限公司借款合同纠纷再审案”作出的（2012）民提字第156号民事判决书中的观点非常具有典型性，最高人民法院认为：“上述公司法规定已然明确了其立法本意在于限制公司主体行为，防止公司的实际控制人或者高级管理人员损害公司、小股东或其他债权人的利益，故其实质是内部控制程序，不能以此约束交易相对人。故此上述规定宜理解为管理性强制性规范。”也即是说，《公司法》第十六条的规定，意在保护公司中小股东，防止大股东、实际控制人借助控制地位侵害中小股东的权益，目的是规范公司自身的行为，不具有外部效力，更不能借此危及外部债权人的利益。对于公司借担保合同与公司外部主体建立起来的担保法律关系还须回到与担保行为本身有关的法律制度中，因为签订担保合同的行为系民事法律行为，故与担保行为本身有关的法律制度包括《民法总则》有关法律行为效力的规定，《合

同法》有关合同效力，以及《担保法》及其司法解释有关担保行为效力的法律规定。

二、公司违反《公司法》第十六条所提供担保的效力问题

（一）审判机关的观点

在长期的司法实践中，在公司提供担保出现最多的问题是，公司在法定代表人或其他管理人员违反《公司法》第十六条向债权人提供担保时，是否承担担保责任的问题。关于这一点，在2007年全国民商事审判工作会议上，时任最高人民法院民二庭庭长的宋晓明法官在接受记者采访时，所表达的观点具有借鉴意义。宋庭长认为："对于《公司法》第十六条就公司担保所作的规定，应当从以下两个问题进行理解：第一，公司对外担保违反公司法或公司章程规定的，应如何认定其效力？第二，违反上述规定时应如何认定公司及担保合同的其他当事人应承担的民事责任？"在接下来的访谈中，宋庭长仅就第一个问题表达了自己的观点。

对于第一个问题，宋庭长表示，"实践中的倾向性意见认为，公司章程关于公司担保能力、担保额度以及担保审批程序等方面的规定，系调整公司内部法律关系的规范，在公司内部产生相应的法律后果，通常不能对抗担保债权人等公司以外的第三人"。也即是说，公司提供担保的行为不符合公司章程，通常不能对抗担保债权人。在这一原则下，宋庭长将公司提供担保，以债务人身份为标准分为两种情形：（1）公司对外提供担保；（2）公司为公司内部人员提供担保。并在此分类之下，再次给出认定担保关系效力的原则，即在法律效果上，"公司、公司股东以及公司之外的第三人以担保违反公司章程的规定为由主张担保关系无效的，除非涉及公司为内部人员提供担保，一般不应予以支持"。根据这一观点，除非涉及公司内部人员，否则公司违反公司章程提供担保的，一般应认定担保关系有效。而什么是"公司内部人员"？宋庭长认为应当分为两种情况：（1）公司对内为公司股东、实际控制人提供担保；（2）公司为公司董、监、高提供担保。

对于第一种情况，宋庭长认为："《公司法》第十六条第二款是公司为股东和实际控制人提供担保应当遵守的特殊规定，该规定是强制性的，公司股东会或股东大会就此作出同意担保的决议，应为担保协议生效的必要条件。"也即是说，如果公司所提供的担保系以公司股东或实际控制人为债务人，那么股东会或股东大会就该担保作出同意决议是该担保协议生效的必要条件，没有股东会

或股东大会决议，担保协议将因为违反《公司法》第十六条第二款的强制性规定而无效。

对于第二种情况，宋庭长认为："公司法设置了公司财产所有权与经营权相分离的制度，也对公司股东及董事、监事和高管人员的经济利益与公司利益的隔离作出了要求，公司之外的第三人在经济交往中同时涉及公司利益与公司股东、董事、监事和高管人员的利益时，应负注意义务。2005年《公司法》第一百四十九条明确规定董事、监事和高管人员不得与本公司发生交易。担保虽然不是该条所列人员与公司直接发生交易，但担保使公司存在代公司股东、董事、监事和高管人员等承担债务责任的后果，公司能否代为承担债务，股东可以通过公司章程或股东会、股东大会决议的形式加以明确。当公司为董事、监事和高管人员的债务而与债权人签订担保协议时，债权人应当注意2005年《公司法》第一百四十九条对董事、监事和高管人员交易行为的规定，了解股东对相关人员提供担保的意思表示。若担保不符合公司章程规定，应认定担保协议缺乏生效要件。公司提供的担保协议被认定为未生效，公司应当承担缔约过失责任。债权人如果不能证明其尽到了充分注意义务的，亦应承担相应的过错责任。公司因此承担赔偿责任之后，根据2005年《公司法》第一百五十条的规定，如果公司对外承担担保责任后，因无法向主债务人追偿而产生实际损失，公司或公司股东可以请求相关责任人员对公司的损失承担赔偿责任。"也即是说，如果公司提供的担保系以公司董、监、高为债务人，债权人应当注意2005年《公司法》第一百四十九条的规定，否则担保协议应当认定为不生效，但公司应当承担缔约过失责任，与违反注意义务承担过错责任的债权人一起分担合同无效所造成的损失。在公司承担上述缔约过失责任之后，其可以根据2005年《公司法》第一百五十条的规定，向相关责任人要求承担赔偿责任。

（二）公司提供担保的分类分析

根据最高人民法院宋庭长在访谈中表达的观点，以及我们对近些年审判机关所作司法裁判进行梳理的结果，我们认为，在认定公司所提供担保的效力时，可以进行分类分析，简化问题。

1. 以公司提供担保的债务人身份为标准，应分为公司对内担保和对外担保

（1）公司对内担保

公司对内提供担保系指公司就公司股东、实际控制人，或公司董、监、高的对外债务提供保证担保或抵、质押物权担保。此类担保中，又分为为股东或实际控制人提供担保和为公司董、监、高提供担保。

A. 为股东或实际控制人提供担保

在担保合同纠纷中，如果是公司为股东或实际控制人提供担保，债权人应当按照《公司法》第十六条第二款之规定，向审判机关提供合法有效的股东会或股东大会决议；否则，公司可以根据《合同法》第五十条“法人或者其他组织的法定代表人、负责人超越权限订立的合同，除相对人知道或者应当知道其超越权限的以外，该代表行为有效”、《担保法司法解释》第十一条“法人或者其他组织的法定代表人、负责人超越权限订立的担保合同，除相对人知道或者应当知道其超越权限的以外，该代表行为有效”的规定，在证明债权人知道或应当知道的情况下，请求审判机关认定法定代表人代表公司签署担保合同的行为无效，即认定担保无效。

B. 为公司董、监、高提供担保

2013 年《公司法》第一百四十八条第（四）项“违反公司章程的规定或者未经股东会、股东大会同意，与本公司订立合同或者进行交易”，也即最高人民法院宋庭长所述“董事、监事和高管人员不得与本公司发生交易”，该规定在本质上是将公司董、监、高与公司股东或实际控制人做相同对待。所以，在担保合同纠纷中，债权人也应当向审判机关提交同意公司为公司董、监、高提供担保的股东会决议或股东大会决议。

我们认为，对内担保也应当包含公司就关联公司的债务提供担保的情形，这种情形属于《公司法》第二十一条第一款规定的情形，即“公司的控股股东、实际控制人、董事、监事、高级管理人员不得利用其关联关系损害公司利益”。例如，甲公司就乙公司向银行的借款提供保证担保，而两公司的大股东为一个民事主体。从表面上看，保证人和债务人之间不存在股东关系，但实际上这种担保常常是公司实际控制人转移资产的方式之一，很容易侵害担保人中小股东的权益。所以，债权人与担保人达成担保合同时，也应当要求担保人出具股东会或股东大会决议。

（2）公司对外提供担保

公司对外提供担保，系指公司对非股东、实际控制人、关联公司以及董、监、高的债务人提供担保的情形。在此类担保的纠纷案件中，公司不得以公司法定代表人违反公司章程或公司授权为由请求人民法院认定担保合同无效，除非其能够对债权人知晓法定代表人越权签订担保合同的“恶意”情形加以证明。

2. 以公司提供担保的行为的持续时间为标准，分为即时成立担保和持续成立担保

无论是保证合同，还是抵、质押合同，在本质上都是法律行为。两者不同之处在于，法律规定虽然要求保证合同具备书面形式，但却具体可以采纳保证合同、主债权合同中的保证条款、主债权合同结尾以保证人身份签章以及保证函（或承诺书）四种形式，保证关系在实践中成立并生效在时间上可能非常短。而抵押合同却不同，首先，抵押合同成立的形式没有以抵押人身份签字以及抵押函这两种形式。其次，对于不动产抵押而言，抵押合同成立并生效后，抵押权并未设立，须待抵押登记时方才设立，整个过程持续时间相较于保证担保较长，属于持续成立的担保类型。

所以，在判断公司担保效力时，还应当结合担保的类型加以认定，对于保证合同这种即时成立担保，应当严格按照上述对外、对内担保的要求认定。对于抵、质押担保，还应当结合在办理抵、质押手续过程中，以及抵、质押担保存续期间，担保人公司的态度加以认定。

上述两种分类，仅仅是一种分类处理、简化问题的方式，在本质上还是通过将认定债权人是否存在“知晓法定代表人越权签署担保合同”的“恶意”情形的问题进行分类处理。应当看到，在特殊情形下，如债权人向审判机关提交的担保人公司股东会决议“虚假”的情况下，债权人是否存在“恶意”是非常难以认定的，“招商银行股份有限公司大连东港支行与大连振邦氟涂料股份有限公司、大连振邦集团有限公司借款合同纠纷再审案”就是典型。在该案中，大连中院、辽宁中院认定债权人存在“恶意”，判决担保合同无效，而最高人民法院在获得关键证据后则认定债权人不存在“恶意”情形。最高人民法院在审理“贵州丰鑫源矿业有限公司、湖南省中小企业信用担保有限责任公司追偿权纠纷上诉案”中，就综合了多方证据，并未简单地就担保是否有效作出判决，在其就该案作出的（2016）最高人民法院民终380号终审民事判决书中认为：“丰鑫源公司称债务人泽丰园公司系本公司的股东，丰鑫源公司没有召开股东会决议，仅有《董事会决议》，据此主债务保证人所作出的《不可撤销保证反担保函》违反了《公司法》第十六条第二款的规定，丰鑫源公司的反担保行为应认定无效。本院认为，《公司法》第十六条第二款的规定，是为公司防范风险所作的规则指引，是公司的内部治理规范，公司以自己名义所进行的担保行为应认定为是该公司的行为，其内部的风险管理规定并不影响公司对外行为的效力。本案中，丰鑫源公司的反担保行为不属于《中华人民共和国合同法》第五十二条合同无效的情形，应认定反担保行为有效。对于《公司法》第十六条的宗旨亦应结合本案案情全面理解，丰鑫源公司的担保不仅有《不可撤销保证反担保函》，还有另行签订的《三方协议》，基于本案的多方证据充分表明丰鑫源公司向中小企业担保公司承担反担保责任的意思表示清晰。丰鑫源公司认为反担保无效的理由不能成立。”

三、审判机关的司法实践

宋庭长在记者访谈中表达的观点代表了审判机关在公司违反公司章程提供担保时，对担保效力进行认定的一般观点。那么，在实践中，审判机关的判决是否体现了上述观点呢？下述三个司法判决具有借鉴意义，我们在下文作以针对性分析：

【问题46】法定代表人代表公司对外提供担保，未履行公司章程规定的程序，也未经过公司股东会或股东大会决议，担保是否有效？

在北京高院审理的“中建材集团进出口公司诉北京大地恒通经贸有限公司、北京天元盛唐投资有限公司、天宝盛世科技发展（北京）有限公司、江苏银大科技有限公司、四川宜宾俄欧工程发展有限公司进出口代理合同纠纷案”中，保证人银大公司存在违反公司章程对外签署保证合同（以承诺函的方式）的情形，故保证人认为“公司章程第三十四条规定：‘董事、高级管理人员不得有下列行为……违反公司章程的约定，未经股东会、股东大会或者董事会同意，将公司资金借贷给他人或者以公司资产为他人提供担保。’所以，法定代表人何某某对外提供担保，并没有经过股东会、股东大会或者董事会同意，该擅自对外担保因违反《公司法》第十六条的强制性法律规定，应为无效担保”。请问，该保证担保是否有效？

分析：该案是关于公司对外担保的纠纷，并不涉及公司就股东、实际控制人的债务提供担保的情形。针对保证人依据《公司法》第十六条提出的上述抗辩事由，北京高院在其就该案作出的（2009）高民终字第1730号终审民事判决书中认为，“第一，该条款并未明确规定公司违反上述规定对外提供担保导致担保合同无效；第二，公司内部决议程序，不得约束第三人；第三，该条款并非效力性强制性的规定；第四，依据该条款认定担保合同无效，不利于维护合同的稳定和交易的安全”。（《中华人民共和国最高人民法院公报》2011年第2期刊登）

根据我国民商事公司法人实体理论，公司法定代表人的行为即公司的行为，公司应当就法定代表人的行为承担法律义务和责任。《民法通则》第四十三条关于“企业法人对它的法定代表人和其他工作人员的经营活动，承担民事责任”即是这一理论的实体反映。《民法总则》第六十一条第二款规定，“法定代表人以法人名义从事的民事活动，其法律后果由法人承受”延续了《民法通则》

的规定。另外，《民法总则》第六十一条第三款“法人章程或者法人权力机构对法定代表人代表权的限制，不得对抗善意相对人”也对公司章程外部效力给予了界定，即“不得对抗善意相对人”。这一规定，也是对《担保法司法解释》第十一条关于“法人或者其他组织的法定代表人、负责人超越权限订立的担保合同，除相对人知道或者应当知道其超越权限的以外，该代表行为有效”的确认。

从上述规定可以看出，在公司应就法定代表人的行为承担法律义务和责任的原则之下，可能存在的例外情况就只能是相对人在公司做出法律行为时“不存在善意”。在如何判断担保关系中，债权人是否存在善意的问题上，北京高院认为，“有限责任公司的公司章程不具有对世效力，有限责任公司的公司章程作为公司内部决议的书面载体，它的公开行为不构成第三人应当知道的证据。强加给第三人对公司章程的审查义务不具有可操作性和合理性，第三人对公司章程不负有审查义务。第三人的善意是由法律所推定的，第三人无须举证自己善意；如果公司主张第三人恶意，应对此负举证责任”。北京高院通过这一判决内容表达了三个观点：（1）有限责任公司的公司章程即使在公司登记机关公示，该公开行为也不能作为债权人“恶意”的认定依据；（2）债权人不负有公司章程的审查义务，这就是说，无论债权人是否具有专业经验的金融机构，都不能作为债权人存在“恶意”的认定依据；（3）担保人应对债权人存在“恶意”情形负有举证责任，而不能简单以债权人是银行等所谓“具有专业资质”为由加以推定。

从北京高院的上述判决中，我们发现，在认定公司对外担保的效力时，不能简单地依据《公司法》第十六条加以认定，还应当回到《担保法》有关担保行为效力的相关规定，尤其是《担保法司法解释》第十一条。另外，还应当看到该案并未涉及最高人民法院宋晓明庭长在上述访谈中所提及的2005年《公司法》第一百四十九条所规定的“董事、监事和高管人员不得与本公司发生交易”的问题。

【问题47】公司对内就股东债务提供担保，未经过公司股东会或股东大会决议，担保是否有效？

天利公司法定代表人戴某某代表天利公司与债权人吴某某签订担保合同，系为天利公司股东或实际控制人对债权人的债务提供担保，但未经公司股东大会表决通过并形成决议。请问，该担保是否有效？

分析：最高人民法院在其就本案“吴某某与泰州市天利投资发展有限公司与扬州东煜贸易发展有限公司、周某某的民间借贷纠纷申请再审案”作出的（2014）

民申字第1876号民事裁定书中认为，“关于天利公司是否受担保合同拘束的问题。《中华人民共和国公司法》第十六条第二款明确规定，公司为公司股东或者实际控制人提供担保的，必须经股东会或者股东大会决议。法律规定具有公示作用，吴某某应当知晓。因法律有明确规定，吴某某应当知道天利公司为戴某某的债务提供担保须经天利公司股东会决议，而其并未要求戴某某出具天利公司的股东会决议，吴某某显然负有过错，因而其不能被认定为善意第三人”。

从上述判决内容可以看到，审判机关在否定在公司登记机关“公开”的公司章程的对外效力（对世效力），或作为认定债权人存在“恶意”认定依据的同时，肯定了《公司法》第十六条第二款的公示作用。也即是说，公司如果为股东或实际控制人提供担保，须由股东会决议或股东大会决议，否则该担保合同对公司不产生拘束力。而这一结果，依据最高人民法院在本案裁定书中的观点，不是因为公司的行为依据《公司法》第十六条第二款违反了所谓“强制性规定”，进而依据《合同法》第五十二条第（五）项关于违反法律、行政法规的强制性规定的合同无效的规定得出的；从本质上讲，法定代表人擅自签署对内担保协议的行为是一项无权代理行为（虽然和我国法人实体说的理论不符，但可用以说明问题），债权人要想获得该行为是表见代理行为的行为有效的法律效果，就必须证明自己是善意的，或者说是法定代表人的行为须具备外在有权代理的表征。所以，在判断法定代表人无股东会决议提供对内担保的担保合同效力时，又回到了《担保法司法解释》第十一条的法律适用之上，即“法人或者其他组织的法定代表人、负责人超越权限订立的担保合同，除相对人知道或者应当知道其超越权限的以外，该代表行为有效”。

在该案审理过程中，债权人在抗辩时，提及上文所述《中华人民共和国最高人民法院公报》2011年第2期刊登的案例“北京高院就‘中建材集团进出口公司诉北京大地恒通经贸有限公司、北京天元盛唐投资有限公司、天宝盛世科技发展（北京）有限公司、江苏银大科技有限公司、四川宜宾俄欧工程发展有限公司进出口代理合同纠纷案’作出的北京高院（2009）高民终字第1730号终审民事判决书”。最高人民法院认为，两个判决针对的法律关系不同，一个是公司对外担保，而另一个是公司对内担保；在结论上，对外担保，无须股东会或股东大会决议，而对内担保，两会决议是担保合同对公司产生拘束力的必要前提。

【问题48】非公司法定代表人，以公司法定代表人身份签署公司的担保协议，该担保是否有效？

依据我国公司法理论中通行的法人实体说，法定代表人无公司授权对外签署担保协议的，该行为并不涉及无权代理问题，更无必要讨论该行为是否符合表见代理情形。那么，在现实中，非公司法定代表人以公司法定代表人身份签署公司的担保协议，是否应当认定存在表见代理情形，进而认定担保有效？

王某某以大复盛公司名义及其法定代理人的身份与并州支行于2003年12月25日签订《抵押合同》，将大复盛公司的土地使用权抵押给中国银行并州支行，然而在签订该抵押合同时，王某某已经不是大复盛公司的法定代表人，其所在大复盛公司的股权也已经全部转让给了金港公司。而大复盛公司于2003年12月16日就已经办理了工商变更登记，换领了新的企业法人营业执照。

在最高人民法院就上述案件“中国银行股份有限公司太原并州支行与太原市大复盛房地产开发有限公司借款担保合同纠纷再审案”作出的（2011）民提字第316号民事判决书中可以看到，太原中院认为“大复盛公司原法定代表人王某某以大复盛公司名义在2003年12月25日与中行并州支行签订抵押合同，签名和加盖公章的行为，是在2003年12月16日大复盛公司重新办理了工商登记并变更法定代表人之后所为，那时王某某已非大复盛公司法定代表人，也未经过大复盛公司授权，不能代表大复盛公司的意思表示。因此，王某某利用欺诈手段以大复盛公司名义与中行并州支行所签订的抵押合同无效。中行并州支行在办理贷款手续时，在大复盛公司2003年12月16日其营业状况、股东结构、工商登记已发生重大变更的情况下，仍与冒用大复盛公司法人代表名义的王某某签订抵押合同，未尽审查职责，违规放贷，存在严重过错。中行并州支行诉讼请求的证据不足，不予支持”，山西高院二审维持原判。结合两审法院的观点，最为重要的支持观点是债权人中行并州支行未尽审查职责，违规放贷。

山西高院再审判决提及表见代理问题，该院认为“关于中行并州支行所称本案王某某的行为构成表见代理的问题，表见代理是行为人没有代理权、超越代理权或者代理权终止后继续以被代理人名义订立合同，而善意相对人客观上有充分的理由相信行为人具有代理权，则该代理行为有效，被代理人应按合同约定承担起与相对人之间的民事责任。但是，在相对方有过错的情况下，不论该种过错是故意还是过失，无表见代理适用之余地。因中行并州支行在本案所涉贷款过程中具有过错，故本案不适用合同法关于表见代理的规定”。

最高人民法院在再审中首先认为“案涉抵押合同是否有效，以及大复盛公司是否应当承担担保责任，取决于王某某的行为是否构成表见代理及中行并州支行是否尽到了注意义务”，并认为“关于中行并州支行签订本案抵押合同时是否尽到了审慎审查的注意义务问题。王某某签订本案抵押合同时给银行提供了2003年12月17日大复盛公司股东会议决议原件，该决议应当认定系王某某伪造，但中行并州支行并无法知晓。要求中行并州支行在大复盛公司2003年12月16日重新领取企业法人营业执照之后到王某某签订本案抵押合同的同月25日的短短几天时间内审查到王某某已经无权代表大复盛公司签订本案抵押合同未免苛刻。因此，中行并州支行签订本案抵押合同时并不存在审核不严的过错。认定中行并州支行在本案贷款的审查、发放、贷后跟踪检查等环节具有明显疏漏及过错等，缺乏确凿的法律依据，本院不予采纳”。

分析：最高人民法院再审审理的结论是“王某某以大复盛公司的名义签订本案抵押合同构成表见代理，中行并州支行审查抵押时亦尽到合理的审慎谨慎注意义务”，所以抵押合同有效，大复盛公司应当承担担保责任。我们认为，上述是否存在表见代理，和法定代理人是否越权，在本质上审查的均是债权人是否存在“善意”，让其丧失担保权是否具有事实上和法律上足够的理据。所以，正如我们反复在本书中所述，民事行为的行为人意思自治和责任自负两个民事法律的基本价值已经深深地嵌入民事法律的方方面面，或直接或间接地在指导人民法院作出判决。上述案件放在今日已经不再具有典型意义，因为查询公司登记情况已经可以通过手机等互联网终端分分钟实现，科技在促进社会发展的同时，也在推动民事法律和司法实践向前发展。

【问题49】公司对内就股东债务提供担保，未经过公司股东会或股东大会决议，但提供了虚假的股东会决议，该担保是否有效？

保证人振邦股份为自己的股东、债务人振邦集团向债权人招商银行东港支行的借款提供《不可撤销担保书》承担连带责任保证担保，并与债权人签订《抵押合同》办理抵押登记，并提交了相应的《股东会担保决议》。后因债务人未完全履行还本付息义务，债权人招商银行东港支行诉至人民法院。

在该案审理中，一审大连中院认为，根据《公司法》第十六条的规定，公司为自己股东提供担保，必须提交股东会决议，东港支行未提供合法、有效的股东会决议，故保证人、抵押人振邦股份法定代表人周某某超越权限订立的不可撤销担保书和抵押合同无效。对此，债权人东港支行是知道或应当知道的，理由如下：“（1）招行东港支行虽然获取了《股东会担保决议》，但按照公司法第十六条第二款的规定‘公司为公司股东或者实际控制人提供担保的，必须经股东会或者股东大会决议’。招行东港支行对《股东会担保决议》中存在的一些明显瑕疵却未尽到合理的形式审查义务。例如，其中一枚名为‘辽宁科技创业投资责任公司’的印章，按公司法规定不可能存在‘责任公司’这种名称，招行东港支行对此瑕疵依法应能审查出来，结果却未审查出来，庭审中，招行东港支行对此也承认存在疏忽。（2）振邦股份公司的股东之一大连科技风险投资基金有限公司，在2003年就已经将名称由‘大连科技风险投资有限公司’变更为现名称‘大连科技风险投资基金有限公司’，而《股东会担保决议》形成于2006年，故其上所盖的名为‘大连科技风险投资有限公司’的印章系作废旧印章，对此招行东港支行应进行审查，但实际其并未尽到审查义务。（3）根据《公司法》第十六条第三款规定‘前款规定的股东或者受前款规定的实际控制人支配的股东，不得参加前款规定事项的表决’，振邦集团公司作为振邦股份公司的股东，本不应参加此担保事项的表决，但《股东会担保决议》上却盖有振邦集团公司的印章，对此因公司法有明确规定，招行东港支行亦应进行审查，结果招行东港支行同样未尽审查义务。”最终，大连中院适用《担保法司法解释》第十一条之规定，不可撤销担保书及抵押合同应当认定为无效，振邦股份应当对债务人振邦集团不能清偿部分的债务承担二分之一的赔偿责任。二审辽宁高院审理查明，案涉《股东会担保决议》中共盖有5枚公章，除了债务人振邦集团所盖公章外，均不是真实的，而且个别股东的印章名称存在重大瑕疵；并认为，一审确认《股东会担保决议》并未经过股东会的同意，该决议缺乏真实性，导致担保合同无效正确。最终，辽宁高院二审维持原判，驳回东港支行的上诉请求。

综上，问题是，担保人公司向债权人提交了存有疑问的《股东会担保决议》，担保是否有效？

分析：最高人民法院在其就该案“招商银行股份有限公司大连东港支行与大连振邦氟涂料股份有限公司、大连振邦集团有限公司借款合同纠纷再审案”作出的（2012）民提字第156号民事判决书中认为：“作为公司组织及公司行为当受《公司法》调整，同时其以合同形式对外担保行为亦受合同法及担保法的制约。案涉公司担保合同效力的认定，因其并未超出平等商事主体之间的合同行为的范畴，故应首先从合同法相关规定出发展开评判。”对于是否应当适用《合同法》第五十二条第（五）项关于违反法律、行政法规强制性规定的问题，最高人民法院认为：“公司法第十六条第二款规定：‘公司为公司股东或者实际控制人提供担保的，必须经股东会或者股东大会决议。’上述公司法规定已然明确了其立法本意在于限制公司主体行为，防止公司的实际控制人或者高级管理人员损害公司、小股东或其他债权人的利益，故其实质是内部控制程序，不能以此约束交易相对人。故此上述规定宜理解为管理性强制性规范。对违反该规范的，原则上不宜认定合同无效。”并进一步认为：“如作为效力性规范认定将会降低交易效率和损害交易安全。例如，股东会何时召开，以什么样的形式召开，何人能够代表股东表达真实的意志，均超出交易相对人的判断和控制能力范围，如以违反股东决议程序而判令合同无效，必将降低交易效率，同时也给公司动辄以违反股东决议主张合同无效的不诚信行为留下了制度缺口，最终危害交易安全，不仅有违商事行为的诚信规则，更有违公平正义。故本案一、二审法院以案涉《股东会担保决议》的决议事项并未经过振邦股份公司股东会的同意，振邦股份公司也未就此事召开过股东大会为由，根据公司法第十六条规定，作出案涉不可撤销担保书及抵押合同无效的认定，属于适用法律错误，本院予以纠正。”

对于是否应当适用《担保法司法解释》第十一条，即“法人或者其他组织的法定代表人、负责人超越权限订立的担保合同，除相对人知道或者应当知道其超越权限的以外，该代表行为有效”的问题，最高人民法院在判决主文中没有直接涉及；而是通过对与上述规定内容一致的《合同法》第五十条的规定“法人或者其他组织的法定代表人、负责人超越权限订立的合同，除相对人知道或者应当知道其超越权限的以外，该代表行为有效”在该案中的适用问题进行分析，最终给出结论性意见。最高人民法院认为：“本案再审期间，招行东港支行向本院提交的新证据表明，振邦股份公司提供给招行东港支行的股东会决议上的签字及印章与其为担保行为当时提供给招行东港支行的签字及印章样本一致。而振邦股份公司向招行东港支行提供担保时使用的公司印章真实，亦有其法人代表真实签名。且案涉抵押担保在经过行政机关审查后也已办理了登记。至此，招行东港支行在接受担保人担保行为过程中的审查义务已经完成，其有理由相信作为担保公司法定代表人的周某某本人代表行为的真实性。《股东会担保决议》中存在的相关瑕疵必须经过鉴定机关的鉴定方能识别，必须经过查询公司工商登记才能知晓、必须谙熟公司法相关规范才能避免因担保公司内部管理不善导致的风险，如若将此全部归属于担保债权人的审查义务范围，未免过于严苛，亦有违合同法、担保法等保护交易安全的立法初衷。担保债权人基于对担保人法定代表人身份、公司法人印章真实性的信赖，基于担保人提供的股东会担保决议盖有担保人公司真实印章的事实，完全有理由相信该《股东会担保决议》的真实性，无须也不可能进一步鉴别担保人提供的《股东会担保决议》的真伪。因此，招行东港支行在接受作为非上市公司的振邦股份公司为其股东提供担保过程中，已尽到合理的审查义务，主观上构成善意。”（《中华人民共和国最高人民法院公报》2015 年第 2 期刊登）也即是说，最高人民法院否认了辽宁高院所认定的“债权人东港支行知道或应当知道保证人、抵押人振邦股份法定代表人越权签署不可撤销担保书、抵押合同”的结论。

从最高人民法院的判决中可以看出：（1）债权人对于担保合同真实、有效性仅负有形式审查义务，股东会决议虚假的事实原则上不能证明债权人知晓两会关于公司担保的决议系有效决议；（2）如果是上市公众公司，那么债权人的审查义务程度就应当相应加重。至于对债权人对上市公司提交的公司决议的审查义务程度，我们在下文通过对最高人民法院就“中国光大银行深圳分行为与创智信息科技股份有限公司、深圳市智信投资有限公司和湖南创智集团有限公司借款保证合同纠纷上诉案”作出的（2007）民二终字第184号民事判决的分析加以说明。

【问题50】上市公司在不满足对外担保的程序性要求的情况下对外提供担保，其是否应当承担担保责任？

上述案件中，最高人民法院认定债权人对担保人提供担保决议仅负有形式审查义务，在无其他证据证明债权人在其与担保人订立担保合同时知晓担保未经公司决议的，该对内或对外担保原则上有效。那么，对于上市的公众公司呢，是否需要加重债权人的审查义务？

在上市公司问题上，最高人民法院就“中国光大银行深圳分行为与创智信息科技股份有限公司、深圳市智信投资有限公司和湖南创智集团有限公司借款保证合同纠纷上诉案”作出的（2007）民二终字第184号民事判决非常具有典型性。

该案案涉担保合同订立时，原公司法中并未要求公司对外提供担保必须经董事会或股东代表大会决议。当时的行政规章《关于上市公司为他人提供担保有关问题的通知》[①]（证监公司字〔2000〕61号）就曾经规定：“二、上市公司不得以公司资产为本公司的股东、股东的控股子公司、股东的附属企业或者个人债务提供担保。……五、上市公司为他人提供担保必须经董事会或股东大会批准”，以及证监会《关于规范上市公司与关联方资金往来及上市公司对外担保若干问题的通知》（证监发〔2003〕56号）第二条第二款第（一）项规定“上市公司不得为控股股东及本公司持股50%以下的其他关联方、任何非法人单位或个人提供担保”，第（二）项规定“上市公司对外担保总额不得超过最近一个会计年度合并会计报表净资产的50%”，第（四）项规定“上市公司对外担保必须要求对方提供反担保，且反担保的提供方应当具有实际承担能力”，所以最高人民法院认为“虽然原公司法中对公司担保能力未作明确规定，创智股份对外担保在程序上也应当经董事会或股东大会批准。至于到底需要股东大会还是董事会的批准，则属于公司自治的范畴”。又因为，创智科技在其向社会公布的公司章

① 该通知目前已失效。

程第一百一十九条规定，担保应经董事会决议，故最高人民法院认为：“根据上述部门规章以及创智股份的公司章程之规定，本案中创智股份作出担保意思决定，需经董事会决议。”

至于担保人上市公司创智股份提交的董事会决议是否有效的问题，最高人民法院认为，“在债权人光大银行提交出一份创智股份同意担保的董事会决议，且该董事会决议上加盖了创智股份的公章，在没有相反证据证明这份决议是光大银行自行伪造的情况下，可以认定该决议是为签订担保合同的目的，以创智股份的名义提交给光大银行的。对于该份董事会决议，光大银行仅负有形式审查的义务，即只要审查董事会决议的形式要件是否符合法律规定，银行即尽到了合理的注意义务。董事会决议记载的是出席会议的董事依职权作出的特定意思表示，其形式要件只需出席会议的董事签名即可。该份董事会决议上有丁某等7位董事签名，符合董事会决议形式要件的要求，并加盖了创智股份的印章。决议上的签名是否为董事亲笔所签，则属于实质性审查的范畴，光大银行对此并无法定义务。……在创智股份没有证据证明光大银行存在恶意的情况下，应当认定光大银行对该份董事会决议已履行了合理审查的义务”。最终，最高人民法院改判创智股份向债权人承担连带清偿责任。

分析：根据最高人民法院的判决，我们认为，在上市公司提供担保时，为保护上市公司中小股东，提高债权人对担保有效性的审查义务程度是从其是否审查法律、行政法规规定的，上市公司在对外担保时应当提交的公司内部决议的种类加以完成的。例如，根据《公司法》第一百二十一条的规定，“上市公司在一年内购买、出售重大资产或者担保金额超过公司资产总额百分之三十的，应当由股东大会作出决议，并经出席会议的股东所持表决权的三分之二以上通过”，在上述规定下，债权人就应当要求上市公司提交符合上述表决权比例的股东大会决议。在上述案例中，法律、法规规定应当提交董事会决议，债权人只要证明担保人上市公司提交了符合形式要件的董事会决议，即已经履行了形式审查的义务；在结果上，即使上市公司未实际召开董事会，未履行法律、法规规定的对外担保应当履行的手续，但只要债权人不存在知晓，或未尽形式审查义务的情形，上市公司就应当承担担保责任。在新《公司法》下，债权人与上市公司担保人缔结担保关系时，应当格外注意以下两点：第一，《公司法》第一百二十一条规定实际上否定了董事会决议在下列情况下的对外效力，即“一年内购买、出售重大资产或者担保金额超过公司资产总额百分之三十”，该决议事项必须通过股东大会作出决议，并经出席会议的股东所持表决权的三分之二以上通过；第二，在上述特殊决议事项上，上市公司必须召开股东大会，而股东大会一般须：（1）提前公告，并在证券交易所系统上在线召开股东会；（2）需要律师事务所就股东大会召开的程序是否符合法律规定出具法律意见书。

在上述案件中，前两个是几级法院均维持判决，第三个案件的三级审理法院中，一、二级维持原判，最高院再审改判。可见，在司法实践中，在公司对外、对内担保问题上，对违反公司章程，或未提供股东会决议的担保合同的效力并无争议，真正有争议的是提供股东会决议，而在该决议虚假的情况下，如何判断债权人“善意”的问题。这是一个主观价值评判的问题，法官根据自由心证作出判决，并无一定之数。在法律适用上，我们认为，公司提供担保的效力的问题本质上是判断一个行为是否有效的问题，所以无论《公司法》的规定如何，因为其组织法的法律性质，在功能上只能起到规范和组织公司行为的作用，而不能最终作为认定公司担保行为效力的依据。最终，担保纠纷还是应当拿回到与行为本身有关的法律制度中加以判断，尤其是《合同法》第五十条、《担保法司法解释》第十一条的规定，这两个条款才是真正决定担保行为效力的终极法律依据。

【问题 51】在经公司股东、董事、监事等请求，人民法院确认股东会或者股东大会、董事会决议无效或者不成立，或撤销的，公司担保的效力是否受到影响？

2017 年 9 月 1 日施行的《最高人民法院关于适用〈中华人民共和国公司法〉若干问题的规定（四）》（以下简称《公司法司法解释四》）第一条、第四条，规定了“公司股东、董事、监事等确认股东会或股东大会、董事会决议无效或不成立之诉”以及“股东撤销股东会或者股东大会、董事会决议之诉”制度，并在第一条至第五条之中详细规定了两类诉讼的程序和实体规则。那么，问题来了，债权人在担保合同纠纷中向人民法院提交了公司同意担保的股东会或股东大会、董事会决议；但是，在另案中，这些决议被人民法院确认不成立、无效或被撤销的，是否影响公司内提供的担保，或上市公司提供的担保的效力？

分析：关于上述问题，《公司法司法解释四》第六条有明确的规定，即“股东会或者股东大会、董事会决议被人民法院判决确认无效或者撤销的，公司依据该决议与善意相对人形成的民事法律关系不受影响”，这一条和《合同法》第五十条、《担保法司法解释》第十一条一脉相承，即担保人公司不能证明订立担保合同，债权人知晓公司法定代表人系越权签订担保合同，担保合同的效力都不受影响。说到底，还是债权人的“善意”问题。可以说，《公司法司法解释四》

在公司决议被确认无效或撤销的情况下，也未改变原有规则。

有意思的是，《公司法司法解释四》第六条并未包含公司决议不成立的情形，结合该司法解释第五条有关公司决议不成立的认定标准的规定，我们认为，除非公司决议存在重大瑕疵，如公司股东有五位，但只有两位在股东会决议上签名，否则即使是在公司决议不成立的情况下，也应当保护按照法律规定认定的“善意”债权人，认定担保有效。

第二章
保　证

保证担保作为经济交往中常见的担保方式，是一种债权性质的担保方式。在保证担保关系中，保证人用其全部财产就债务人所负债务承担法律责任，在本质上还是一种信用担保和无限责任担保。原本承担债务担保的是债务人的全部财产，但在保证担保关系成立后，用以债务担保的则是债务人和保证人财产的总和，信用担保的总特征并未发生变化。这一点是理解和掌握有关保证担保的法律规定和理论构成的出发点。

第一节　保证担保的概述

本节主要介绍和讨论保证担保的概念、特征、效力和基本分类，并借助这些内容掌握保证担保的基本制度框架。

理论部分

一、保证担保的概念及基本原理

（一）保证担保的概念

保证担保，是指第三人与债权人约定，当债务人不履行其债务时，该第三人按照约定履行债务或承担责任的担保方式。在保证担保法律关系中，债权人是保证债权人，也即被担保债权的债权人，第三人是保证人，而债务人是被担保债权的债务人。

（二）保证担保的基本原理

一般情况下，债务人应当按照约定或法定履行自己对特定债权人的债务（义务），而用以担保债务履行以及可能出现的责任承担的是债务人的全部财产，该财产在法律上称为“一般责任财产”。保证担保的基本原理是，让保证人的一般责任财产也加入责任财产范围当中，与债务人的财产一起担保债务履行，借此增加责任财产的数量，提高债务清偿的概率、降低债务履行的风险、最终改善债权人的债权状况。

在金融借贷业务中，保证人提供保证担保被视为对债务人实施的增信行为。应当看到，保证人提供保证担保的增信行为，因为保证人的一般责任财产始终处于变化之中，其增信不能像抵、质押担保那样以抵、质押物较为确定的财产价值明确信用增加的数量和幅度。所以，债权人在实践中切不可“迷信”保证担保所带来的信用增加，其仍然具有很大的不确定性。这也是银行等专业的金融机构在开展信贷担保业务中，多数要求债务人提供抵、质押担保的原因。

在权利性质上，保证担保对应的担保权也是一种债权性质的权利，也具有相对性、相容性、平等性的债权一般特征，实践中也须恪守合同及债权相对性的原则和受到诉讼时效的限制。因为保证债权人（即主债权债权人）在保证人的全部财产上并无任何支配性权利，所以保证担保在本质上是一个债权来担保另一个债权，即用债权人对保证人的债权担保债权人对债务人的债权。

【问题1】保证担保的一般原理是什么？

自然人甲向自然人乙借款十万元，自然人丙作为保证人。问，保证担保的一般原理是什么？

分析：在甲、乙之间的债权债务关系中，原本用于担保借款债权的仅仅是甲的全部个人财产。当丙成为保证人后，担保借款债务履行的就是甲和丙两人的全部财产。所以，在保证关系中，保证人必须是债务人之外的独立的自然人、法人或其他组织，而不能是法人的分支机构，因为二者的财产具有同一性，更不能是债务人本人。

甲建设公司与某市地铁公司签订地铁施工合同，应发包方地铁公司的要求，甲委托乙银行向地铁公司开具履约保函。事后，甲公司未履行部分施工合同。问，地铁公司应如何维护自己的合法权益？

分析：实践中，履约保函是保证合同的一种被广泛应用的常见形式。在上述三方关系中，地铁公司是债权人，甲公司是债务人，而乙银行系甲公司的保证人。问题是，银行提供的保证担保所担保的是债务的继续履行，还是不履约须承担的违约赔偿责任。很明显，乙银行无代甲公司以《合同法》第一百零七条所规定的继续履行施工合同方式承担违约责任的能力，只能是赔偿损失。当地铁公司要求乙银行承担保证责任，意味着该公司已经选择了以赔偿损失的方式要求承担违约责任。这是担保关系的一个鲜明的特点，即担保人承担的担保责任通常情况下只能是一种金钱责任；这也是债务到期，债权人要求担保人承担的实际上是一个法律责任的原因。

二、保证担保、保证关系的特征

保证是一种特殊类型的债权债务关系，作为保证人的第三人并非真正意义上的债务人，也不是主债权债务关系的当事人。所以，在保证人在法律上无权过问主债权关系的情况下，如何对保证人形成有效的法律保障是保证担保规则中的一个难题。在解决这个难题之前，应当对保证担保的特征有一个正确的认识：

（一）保证担保关系具有非对价性

保证债权人和保证人之间并不存在如买卖合同、租赁合同一般的带有等价交换性质的交易关系；合同双方在保证关系中的权利义务关系并不存在对称性，保证合同也因此被称为单务合同或无偿合同。尽管保证人基于与债务人的某种关系，作出为债务人所负债务提供保证担保的意思表示，但保证人不能以其对债务人的抗辩事由对债权人要求其承担保证责任的请求进行抗辩。保证担保从合同相对性原则衍生出的，保证合同的无因性恰当地使债权人的权利不受保证人和债务人之间法律关系的影响，也使保证人须独自面对其与债务人之间法律关系有效及权利实现的风险。正因为保证关系的非对价性，法律规定和司法实践都非常注意对承担义务的保证人的保护，这也是理解《担保法》及其司法解释中相关条款的出发点。

【问题2】保证人和债务人之间的法律关系是否能够影响保证担保的有效性?

自然人甲向自然人乙借款十万元，乙要求甲提供担保。为此，甲向好友丙提出由丙就该笔借款债权承担连带责任保证的请求，而丙提出保证期间无偿借用甲之房屋的要求。随后，乙与甲、丙三方分别签订了借款合同、保证合同，并已向甲支付了所借款项；另外，甲、丙也签署了房屋借用合同。后在甲向丙交付所借房屋前，房屋所在地发生地震，房屋彻底倒塌，房屋“借用合同”出现履行不能。问，借款债务到期后，丙是否可以以房屋无法借得使用为由，拒绝履行保证责任；或者，丙是否能够以不可抗力致使目的不达，而依据《合同法》第九十四条第一款的规定解除保证合同?

分析：在上述问题中，房屋借用合同的签订和履行是第三人丙与债权人乙签订保证合同的动机，但是该动机是否能够得以实现与保证合同的效力无关，而且动机错误或动机不能实现也不是意思表示瑕疵中的“错误”类型。房屋倒塌，借用合同履行不能，但该事由并非保证合同无效、不成立、免责之事由；所以，甲、丙之间房屋借用合同嗣后履行不能，不影响保证合同的效力，丙也不能借此拒绝履行保证义务。应当注意的是，无论债权人乙是否知晓丙签订保证合同的动机，都不影响保证合同的效力。从风险的角度出发，房屋是否存在，是否能够达到借用的目的，这其实是保证人面对的风险，而不是债权人应当面对的。合同法中合同相对性的基本原理即这样一个隔离风险的有效工具，让应当面对和承担风险的民事主体自己去面对风险，不至于对其他主体产生不利影响。如果保证人要将该风险纳入保证合同当中，转嫁给债权人承担，就需要将借用并得以使用房屋写入保证合同，将其作为承担保证责任的，在债务人不履行到期债务之外的一个条件，但实践中债权人一般不会接受这样的交易条件。在结论上，丙不能将房屋倒塌作为其履行保证责任的抗辩事由，或将之作为解除保证合同并免除保证责任的事由。

（二）保证合同关系具有从属性和相对独立性

保证担保是主债权关系的从属性法律关系，无论保证人在一般保证中承担补充清偿义务，还是在连带责任保证中承担连带清偿义务，保证人的保证义务均在整体上呈现从属于主债权法律关系的特征。但是，保证担保是基于保证人和债权人之间的合意达成的债权债务关系，该关系在内容上取决于保证人和债权人的合意内容，所以保证担保虽然在整体上表现为对主债权的从属关系，但在具体权利内容等事项上还具有相对独立性。

【问题 3】如何理解保证担保的从属性和相对独立性?

自然人甲向自然人乙借款十万元，自然人丙与乙签订保证合同提供保证担保。在借款合同存续期间，甲与乙达成借款合同的变更协议，约定甲向乙追加借款五万元。问，该五万元借款，丙是否应当承担保证责任?

分析：在上述问题当中，丙在签订保证合同时，承诺就十万元承担保证责任，故其当然应当承担相应的担保责任；对于甲追加的五万元借款，丙并未作出担保的意思表示或承诺，所以不承担相应的担保责任。也即是说，保证人始终只是仅就自己的行为，即基于保证合同承担保证责任。结论是，在总计十五万元的债务中，十万元借款有丙的保证担保，剩余的五万元借款为一般债权，没有担保。从上面的分析可以看出保证担保的从属性和相对独立性，保证人是否需要承担保证责任依赖于主债权合同是否得以清偿；而保证人承担保证责任的大小、时间、范围等却取决于保证合同的内容，而不是主债权合同；在这些内容上，保证合同具有独立性。

问题是，借款到期，如果甲仅向乙还款五万元，比较难以确定的是，在总计十五万元的债务中，该五万元是清偿先前的由丙提供保证担保的十万元债务，还是在清偿后续追加的没有保证担保的五万元债务？我们认为，除非当事人另有约定（例如，保证合同中的清偿顺序），或债务人在清偿时特别声明所还债务且债权人无异议，否则该五万元清偿的应当属于后续追加的五万元债务。这一结论的核心理由是，在没有债权人同意的情况下，不能降低债权人的法律地位。那么，这一结论是否降低了保证人的法律地位？对于这一点，我们认为应当将甲的资产看作一个动态的数额，在追加五万元借款前后，甲的正向资产对于保证人丙而言是不变的数额，债务清偿概率在纳入新的五万元借款后可能还会优于之前，故将五万元用于清偿后续追加的债务，对保证人的法律地位并无影响，所以应当看作对后续的无保证担保的五万元债务的清偿。这一结论的最根本原因还是“责任自负”原则。

保证从属性的例外情况：第一，成立时间上的从属性，最高人民法院在相关案件中也认为保证合同与贷款合同的签订时间顺序不能影响保证合同的成立。第二，保证合同在国际上存在独立保函模式，但是在国内尚无判决承认。第三，保证债务可以在范围上约定的小于主债权。第四，保证债务的履约条件可以弱于主债务，一般保证就是最好的例证。法定例外：第一，《担保法》第二十条规定，主债务人放弃抗辩权的，保证人并不因此丧失抗辩权。第二，主债权被解除，并不导致保证债务被消灭（《担保法司法解释》第十条）。第三，债权人申报债权后在破产程序中未受清偿的部分，保证人仍应当承担保证责任。破产人的保证人和其他连带债务人在破产程序终结后，对债权人依照破产清算程序未受清偿的债权，继续承担清偿责任（《担保法司法解释》第四十四条第二款第一句、《企业破产法》第一百二十四条）。第四，债权人对债务人的保证人和其他连带债务人所享有的权利，不受重整计划的影响（《企业破产法》第九十二条第三款）。第五，和解债权人对债务人的保证人和其他连带债务人所享有的权利，不受和解协议的影响（《企业破产法》第一百零一条）。第六，主债务的仲裁条款的效力不及于保证债务。最高人民法院在惠州纬通房地产有限公司与惠州市人民政府履约担保纠纷案件中认为：“本案债权人纬通公司与保证人惠州市人民政府在双方签订的《履约确认书》中并未约定仲裁条款，本案系纬通公司起诉惠州市政府的履约担保纠纷，与纬通公司和嘉城公司之间的承包工程合同纠纷系两个不同的民事关系。纬通公司与惠州市政府之间形成的履约担保民事关系不受纬通公司和嘉城公司承包合同中约定的仲裁条款的约束，双方当事人在所签订的《履约确认书》中并未选择仲裁方式解决纠纷。纬通公司的起诉符合《民事诉讼法》第一百零八条的规定，广东省高级人民法院应当予以受理。”

（三）保证担保对主债权关系具有补充性

保证法律关系中，保证人所承担的是一种不真正债务，其并非债务的最终承担者；保证人承担保证责任之后，其有权就其向债权人承担的保证责任向主债务人全额追偿。从这一点可以看出，保证担保，尤其是连带责任保证担保，实际上是将原本应当由债权人承担的债务人履约风险，转而由保证人承担，保证人承担保证责任后即会取代债权人的地位向债务人追偿。所以说，保证担保交易在本质上是风险转移交易，债权人需要从保证人的履约能力判断其是否能顺利地最终将风险转移给保证人，而保证人也需考虑替代债权人承担债务人履约风险的收益是否与风险相匹配，以及其向债务人追偿的风险，也即订立保证合同的双方当事人应当在切实考虑各自承担的风险和责任的基础上达成保证合同。

【问题 4】主债务人到期未履行债务，应当先执行连带保证人，还是债务人提供的担保物？

甲向乙借款，用自己的汽车提供质押担保，自然人丙同时提供连带保证担保。借款合同到期后，甲未能还本付息，乙依据法律规定应当先就债务人甲提供的汽车实现担保物权，还是有权选择直接请求保证人丙承担保证责任？

分析：保证担保对于主债权债务关系具有补充性，而债务人甲提供质押担保的汽车属于甲的一般责任财产当中的一项特定质押财产，故法律在当事人没有约定“债权人自由可以选择就保证担保，或就质押担保实现债权的权利”的情况下，规定债权人乙应当先就债务人甲提供的质押担保物汽车实现债权，之后才能要求保证人承担保证责任。这一法律规定的一般性规则正体现了保证担保、第三人抵押担保、第三人质押担保的补充性。

（四）保证责任是一种无限责任

债权人、保证人设置保证关系的目的是强化债权的实现，为债权的实现增加一重保障。相比较抵、质押担保，用于承担担保责任的是特定的抵、质押物，保证人用于承担保证责任的是其全部财产。而且，即使主债务是非金钱之债，保证人通常都是以损害赔偿替代履行的方式承担保证责任，即承担金钱债务；而金钱债务又根据《合同法》第一百零九条之规定属于不会因履行不能而依法排除的债务类型。所以，在理论上，保证责任是一种无限责任，保证人必须承担责任直到债务清偿完毕。如果保证人是企业法人，则除非其破产，否则应当承担担保责任直到债务清偿完毕；如果保证人是自然人，则其应当履行担保责任直到债务清偿完毕，而不能以自己没有清偿能力为由免除担保责任。

【问题5】保证人是否能以无力承担保证责任为由，请求不再承担保证责任？

甲向乙借款，自然人丙提供连带保证担保。借款合同到期后，甲未能还本付息，乙请求丙承担保证责任；丙替甲履行部分还本付息义务后，能否以无力清偿为由请求法院确认其不再承担保证责任？

分析：丙作为连带保证人，在未有其他约定的情况下，其承担的保证责任是甲对乙的全部债务。在未能全部清偿的情况下，如果丙无力履行保证责任，人民法院在执行程序中会以终结本次执行（即实践中所谓“终本程序”）方式停止对丙的执行；但是，只要丙获得财产，人民法院即会依申请恢复执行直至债务清偿完毕。所以，只要保证担保的债务足够大，保证人即可能以其所有财产承担担保责任。所以讲，保证责任是一种无限责任，保证人无权以其无力承担责任为由请求免除保证责任。

三、保证的分类

（一）一般保证和连带保证

根据我国《担保法》的规定，保证依据保证人承担保证责任的方式和性质不同，分为一般保证和连带保证两种不同的类型。

一般保证，是指当事人在保证合同中约定，只有当债务人不能履行债务时，才由保证人承担保证责任的保证类型。连带责任保证，是指当事人在保证合同中约定保证人与债务人一起，对债务人的债务承担连带责任的保证类型。保证人所承担的保证责任类型，由保证人与债权人进行约定，双方没有约定，或约定不明时，保证人承担连带责任保证。也即是说，我国是以连带责任保证为原则，以一般保证为例外。

一般保证和连带保证最大的区别在于保证人是否享有先诉抗辩权。所谓先诉抗辩权，也被形象地称为检索抗辩权，是指在一般保证关系中，主债权合同纠纷未经审判或仲裁，并就债务人财产依法强制执行以前，保证人有权对债权人要求其承担担保责任的请求进行抗辩。一般保证人的先诉抗辩权是一项暂时性抗辩权，在符合法定条件的情形下，一般保证人即不再享有该抗辩权，该法定条件为：（1）债权人提起审判或仲裁；（2）债权人获得司法裁判或仲裁裁决，提出对债务人的强制执行申请，且通过强制执行无法完全清偿主债务。

从保证责任承担的顺序上看，一般保证中，债务人和保证人的一般责任财产（全部财产）是按照先后顺序用于清偿债务；其间，保证人对债权人所承担的实际上是债务人不能履行债务时的补充责任；而在连带保证中，债务人和保证人的一般责任财产是并行用以履行债务，并不存在先后顺序，保证人和债权人一起承担连带责任。

【问题6】一般保证和连带保证之间的区别是什么?

自然人甲向自然人乙借款十万元，自然人丙作为保证人与乙签订保证合同，明确约定丙承担一般保证责任。借款债务到期后，甲未向乙履行还本付息义务。问：

（1）乙是否有权径行要求丙承担保证责任，代甲还本付息?

（2）满足什么条件，丙即应当承担保证责任?

分析：在保证人丙和债权人乙签订的保证合同中，双方明确约定了保证的方式为一般保证，故丙提供的是一般保证担保。丙承担一般保证责任，主债务期限届满，债权人乙虽有权径行要求丙承担保证责任，但丙可以行使先诉抗辩权拒绝承担保证责任。当然，因为该抗辩权是民事权利，故丙也可以不行使该权利，直接向乙清偿甲的债务以承担保证责任。

如果在乙对甲、丙提起诉讼并获得有效判决之后，乙是否能依据该判决径行请求人民法院对丙采取强制执行措施?从理论上讲，丙承担的是一项补充责任，承担该责任是以人民法院对债务人进行强制执行且执行未果为条件，这也是先诉抗辩权又被称为“检索抗辩权”的原因。先诉抗辩权属于暂时性抗辩权，并非永久性抗辩权，所以只有法院执行机构对甲的财产强制执行，确定甲不能履行债务的情况下，乙方有权要求丙承担保证责任。

如果丙提供的是连带责任保证，那么在甲到期未履行债务的情况下，债权人乙可以在债务人甲有能力清偿债务的情况下要求丙承担保证责任，代债务人甲清偿债务。

（二）单独保证和共同保证

在担保法律关系中，如果仅仅是由一个保证人承担担保义务，即所谓“单独保证”；如果由两个或两个以上的保证人承担担保义务，即为共同保证。在共同保证中，需要解决的是以下两个问题：第一，多个保证人之间，是分别就固定债权份额向债权人承担保证责任，还是不分份额承担保证责任，即保证人之间向债权人承担的是按份责任还是连带责任；第二，特定保证人承担保证责任后是否有权要求其他保证人承担相应的份额，即保证人之间如何分担担保责任，保证人之间是否存在追偿权。

【问题 7】共同保证在实践中涉及哪些问题?

甲公司向乙银行借款 100 万元，甲公司董事长丙、丁公司作为保证人承担保证责任。问：

（1）乙、丙、丁签订《保证合同》，约定丙、丁承担连带保证责任。问，借款债务到期，乙是否有权单独要求丙或丁，或同时要求丙、丁承担保证责任，代甲清偿所有本息?

有权，因为共同保证关系中，各保证人未与债权人就其担保的范围进行约定，那么推定各保证人之间就全部债务承担连带责任，所以丙、丁之间为连带责任，债权人乙有权要求丙、丁单独承担所有的债务，或同时要求丙、丁承担保证责任。丙、丁中一人单独承担担保责任后，可以向另一人进行追偿。

（2）乙、丙、丁签订《保证合同》，约定乙须先起诉丙要求承担保证责任，在获得判决且强制执行丙无果的情况下，才有权请求丁承担保证责任，该约定是否有效?

有效，因为保证合同在内容上遵循意思自治的合同法基本原则，乙要求丁承担保证责任必须以向丙要求承担保证责任无果为前提的约定，在丙也签署该合同的情况下并不违反法律的强制性规定，故约定有效。相比较一般的情况，上述约定实际上是对债权人乙的债权进行限制，并对丙的法律地位实施减等，故应当经乙、丙书面同意。

（3）乙、丙、丁签订《保证合同》，约定丙、丁分别就甲的债务各承担 50% 的保证责任，该约定是否有效?

有效，这是典型的按份共同保证的协议内容，丙、丁在此仅承担按份保证担保责任，经债权人乙同意即为有效。债务履行期限届满而未得清偿的，债权人乙仅能按照上述份额分别要求丙、丁对甲的债务与甲一起承担连带清偿责任。乙或丙承担担保责任后，无权向另一方进行追偿。

（4）乙、丙、丁签订《保证合同》，未约定丙、丁承担担保责任的份额，但是丙、丁另行签订的《债务承担协议》中约定丙、丁各自承担 50% 的保证责任，丙、丁是否能够以此为由拒绝向乙承担超过该份额限制的保证责任?

不能，因为该协议仅仅是丙、丁自己的协议，其在效果上限制了债权人乙的权利，故必须经过乙的书面同意，所以在结论上该协议仅能产生相对效力（对内有效、对外无效)，即对乙无效，但对丙、丁有效，故乙仍然可以要求丙、丁承担连带保证责任。如果丙根据《保证合同》承担了全部的担保责任，其可根据其与丁的协议向丁追偿。实践中，仅对特定人有效、对其他人无效的“相对有效”的协议类型是经常能够看到的情形，在这些协议上，应当格外注意效力范围和条件。

上述实例仅仅涉及多个保证之间的关系，法律关系尚较为简单，如果主债权还涉及债务人或第三人提供的抵、质押担保，那么情况和需要解决的问题将更多，需要引起特别注意。

（三）一般的保证和最高额保证

一般的保证，无论是一般保证还是连带责任保证都是针对已经确定的、既存的债务关系提供的担保，而将来的债务在数量上存在不确定性，故是以最高额保证形式出现的。至于最高额保证一般是以什么方式出现在债权债务关系当中，我们以下例进行说明。

【问题 8】何谓最高额保证?

自然人甲向乙公司签订《采购协议》，该协议约定，乙公司向甲在半年内分期提供货物若干，甲据实结算货款。自然人丙作为保证人与乙公司签订《保证合同》，约定丙在200万元的额度内，就甲在半年内形成的应付货款余额向乙公司承担连带责任保证。后查明，甲在半年内与乙公司完成供货交易10笔，其中有5笔，累计金额100万元货款尚未付清。问，乙公司是否有权要求丙承担保证责任，代甲向其清偿货款?

分析：在上述问题中，丙所承担的担保责任有两个口径：第一，保证合同中约定的200万元最高债权限额；第二，保证合同中约定的，在合同签署之日起半年内形成的债务余额。保证人丙最终须承担的保证责任以上述两个口径中较小的为准。在签订保证合同时，债权人、保证人双方均不知晓最终的债权额大小，而最高债权额实际上是作为保证人对其最终承担的保证责任大小的限制出现的，是保证人控制保证责任风险的一种手段，保证人借此对未来可能承担的保证责任可以获得一个较为明确的预期。在上述问题中，最终的100万元货款余额符合这两个条件，所以是丙担保的债务范围之内的担保债务，乙公司有权要求丙承担保证责任代甲向乙公司清偿100万元货款债务。如果最终剩余未付的货款数额为300万元，那么只有其中的200万元债务系由保证人丙承担保证责任。

制度部分

一、保证的概念

我国有关保证担保的法律规定主要规定在《担保法》《担保法司法解释》当中。《担保法》第六条给出了保证的法定概念，即“是指保证人和债权人约定，当债务人不履行债务时，保证人按照约定履行债务或者承担责任的行为”。

【问题9】保证人承担担保责任是代债务人“履行债务”，还是“承担责任”？

甲、乙签订买卖合同，乙与丙签订保证合同约定丙就甲的交货义务承担连带保证责任。债务履行期限届满，甲未履行交货义务，乙是否有权要求丙以代甲履行货物交付义务的方式承担保证责任？

分析：保证人承担担保责任是代债务人“履行债务”，还是“承担责任”？这个问题来自《担保法》第六条的内容，也可以换一种问法，那就是在债务人甲不履行债务时，提供连带保证的保证人丙是代债务人甲履行交货义务，还是仅以赔偿损失的方式代债务人承担违约责任？根据《合同法》第一百零七条的规定，债务人不履行债务，其承担违约责任有三种方式，即继续履行（也被称为实际履行）、采取补救措施和赔偿损失。世界各国中，存在英美法系“损失赔偿优先”和大陆法系“实际履行优先”两种立法模式，即在美国，债务人未履行交货义务的，法院一般会判令债务人承担赔偿责任，而不会判令其限期履行交货义务；而大陆法系则恰恰相反，《合同法》第一百零九条、第一百一十条即规定债权人在债务人违约情形下是否可以提出实际履行的例外规定。在保证责任问题上，法国、日本采取保证债务的实际履行，即债务人不履行交付货物的债务，保证人有义务代债务人履行；而德国、瑞士采取保证损害赔偿替代履行的违约责任，即债务人不履行交付货物的债务，债权人只能要求保证人赔偿损失替代履行，也即债权人不能请求保证人履行交货义务，只能要求其赔偿。在现代社会违约责任法中，随着商品的日益充裕和经济的日益发达，债权契约伦理性因素逐步减弱，以实际履行维护履约秩序的需求越来越弱，以“损害赔偿优先”重新厘定违约责任的呼声亦越来越高。所以，我们认为，债务人甲未履行交货义务的，债权人只能要求保证人承担赔偿责任；而从主债权合同来看，实际上是债权系以赔偿损失替代履行的方式被清偿了。这样做的好处是，保证人就一些专属于债务人的债务都可以提供保证担保，如劳务之债。有关这一点，《担保法司法解释》第十三条实际上是在为《担保法》第六条的规定打补丁，即“保证合同中约定保证人代为履行非金钱债务的，如果保证人不能实际代为履行，对债权人因此造成的损失，保证人应当承担赔偿责任”。

结论是，保证人不是代债务人履行债务，而是代债务人承担违约责任，而且是以赔偿损失的方式承担违约责任，这也是保证人最终承担的是保证责任，而不是履行保证义务的原因。

二、保证担保的分类

（一）一般保证和连带保证

《担保法》第十六条规定了两种保证方式，即一般保证和连带保证。

1. 一般保证

（1）概念。《担保法》第十七条给出了一般保证的法定概念，即“当事人在保证合同中约定，债务人不能履行债务时，由保证人承担保证责任的，为一般保证”。“债务人不能履行”，一方面是债权人要求一般保证人承担保证责任应当满足的条件，另一方面也表现为一般保证人可以拒绝向债权人承担保证责任的情形。

（2）先诉抗辩权。《担保法》第十七条第二款规定了一般保证人的“先诉抗辩权”，即“一般保证的保证人在主合同纠纷未经审判或者仲裁，并就债务人财产依法强制执行仍不能履行债务前，对债权人可以拒绝承担保证责任”。在执行程序中，人民法院经查询发现债务人并无可供执行的有效财产时，可以就一般保证人的财产采取强制执行措施清偿债务。《担保法司法解释》第一百三十一条对上述“不能清偿”给出了解释，即指“对债务人的存款、现金、有价证券、成品、半成品、原材料、交通工具等可以执行的动产和其他方便执行的财产执行完毕后，债务仍未能得到清偿的状态”，江西高院在其就“江西赣县农村商业银行股份有限公司、赣州经济技术开发区财政局合同纠纷案”作出的（2017）赣民终437号二审民事判决书中对具体案件执行中如何认定“不能清偿”进一步作出解释，即“对‘不能清偿’的判定是以‘方便执行财产’执行完毕为前提，而不是以对债务人所有财产执行完毕为必要，更不是以穷尽被执行人所有财产的执行可能性为必要。本案中，赣县农商行申请执行云天公司借款合同纠纷一案，经法院采取查询存款、提取租金收入、拍卖不动产等强制执行手段，依然不能清偿全部债务，完全符合‘不能清偿’的情形”。依据江西高院作出的判决，我们可以更加清晰地了解人民法院是如何理解作为先履行抗辩权阻碍事由的“不能清偿”。

（3）先诉抗辩权的特殊排除事由。《担保法》第十七条第三款规定了排除先诉抗辩权的法定事由，即“1）债务人住所变更，致使债权人要求其履行债务发生重大困难的；2）人民法院受理债务人破产案件，中止执行程序的；3）保证人以书面形式放弃前款规定的权利的”。上述事由中，前两项是风险负担或分配规则，即享有先诉抗辩权的一般保证人承担了债务人住所变更致使债权人行使债权出现重大困难，以及债务人破产的情况下，无法行使先诉抗辩权的法定风险。可以说，这两项规则，加重了一般保证人的保证责任，使其在约定一般保证担保的情况下，还得依据法律承担上述两项风险。我们认为，尽管法律有上述规定，保证人还是可以通过保证合同中明确的约定改变上述风险负担规则，将债务人住所变动和进入破产程序的风险分配给债权人承担。最后一项是鉴于先诉抗辩权的民事权利性质，确认一般保证人放弃该权利的权利，这从反向证明了保证人可以通过约定去除债务人住所变更和进入破产程序的风险。

在上述排除先诉抗辩权的法定事由中，“债务人住所变更，致使债权人要求其履行债务发生重大困难”的规定有两个关键词，即“致使”和“重大困难”。这一条实际上是一个以结果为导向的裁判规则，即重点在于是否在结果上造成债权人向债务人主张、行使权利变得非常困难。实践中，经常出现的问题是，主债务人住所并未发生变化，但是却下落不明，或者主债务人并非在国内变更住所，但是已经移居国外，其在境内无法找到或根本没有财产可供执行。我国人民法院也在司法实践中对上述规则进行扩张性解释或适用。在北京高院审理的公报案例“中信实业银行诉北京市京工房地产开发总公司保证合同纠纷案”中，北京高院认为，“上诉人京工公司在本案中承担的是一般保证责任，依法享有先诉抗辩权。只要主合同纠纷未经审判或仲裁，并就债务人财产依法强制执行仍不能履行债务前，一般保证的保证人都可以对债权人拒绝承担保证责任。但是，先诉抗辩权在遇到法律规定的情形时，不得行使。本案中，被保证人金辉公司的住所不明、营业执照被吊销，其中方投资者的营业执照也被注销，外方投资者的情况不明。这种情况，使被上诉人中信银行向金辉公司请求清偿债务发生很大困难，符合《担保法》第十七条第三款第（一）项规定的情形。因此，京工公司的先诉抗辩权不得行使。一审认定京工公司不再享有先诉抗辩权，判决其向中信银行承担保证责任，并无不当”。实践中，还可能出现的相反情形是，债务人虽然下落不明，但其有可供执行的财产，此时不得认为一般保证人无权行使先诉抗辩权。《担保法司法解释》第二十五条就“要求债务人履行债务发生重大困难”的情形进一步作出解释，即“担保法第十七条第三款第（一）项规定的债权人要求债务人履行债务发生的重大困难情形，包括债务人下落不明、移居境外，且无财产可供执行”，该规定的重点在于“无财产可供执行”。

对于《担保法》第十七条第三款第（二）项规定的“人民法院受理债务人破产案件，中止执行程序的”，不得行使先诉抗辩权的法定事由，具体是指当债权人已经取得了对主债务人的胜诉判决，或仲裁裁决，且申请了强制执行，或尚未起诉即已发现债务人破产案件为法院受理；此时，债权人即可直接要求一般保证人承担保证责任。此时，按照破产程序的法律规定，所有对债务人的诉讼须中止并移送至破产受理法院，对债务人财产的执行程序亦须中止，债权人应当凭生效法律文书向受理破产案件的人民法院申报债权，并依据企业法人破产的相应程序来实现债权。其间，债务人进入破产程序足以说明，债务人不能满足债权人实现债权的要求，所以这时就已经符合一般保证人不得行使先诉抗辩权的条件。《担保法司法解释》第四十四条第一款也确认了这一规则，即“人民法院受理债务人破产案件的，债权人既可以向人民法院申报债权，也可以向保证人主张权利”，其中并未言及是一般保证人，还是连带保证人。与之相对，《担保法》第三十二条为了保护保证人到期能够向债务人行使追偿权，法律上也赋予其在债权人未申报债权的情况下，可以参加破产财产分配，预先行使追偿权的权利，此项规定也未区分一般保证和连带保证。

【问题10】一般保证人在何种情况下不得行使先诉抗辩权？

甲、乙签订借款合同，乙与丙签订保证合同约定丙就甲的还本付息义务承担一般保证责任。

问题一：债务人甲到期未履行还本付息义务，乙诉至人民法院，最终持法院的缺席判决申请强制执行。人民法院执行机关在执行中发现甲已经变更住所地，不知所踪，且无有效的财产线索。

（1）问：债权人乙是否能要求保证人丙承担保证责任？

分析：可以，此种情况符合《担保法》第十七条第三款第（一）项所规定的情形，一般保证人丙不得就乙要求其承担保证责任的请求行使先诉抗辩权。

（2）如果执行机关发现甲虽然不知所踪，但其名下登记其持有的A公司的股权可供执行。问，债权人乙是否能要求保证人丙承担保证责任？

分析：不能，因为《担保法》第十七条第三款第（一）项规定的重点在于“债权人要求债务人履行债务发生重大困难”的结果。实践中，即使债务人不知所踪，只要尚可对债务人的有效财产采取执行措施，那么即不能要求一般保证人承担保证责任。《担保法司法解释》第二十五条之规定，即“担保法第十七条第三款第（一）项规定的债权人要求债务人履行债务发生的重大困难情形，包括债务人下落不明、移居境外，且无财产可供执行”规定了具体的要求。

（3）甲、乙之间借款关系成就于甲结婚之前。执行机关在执行判决过程中发现甲在与丁结婚后购置一套住房，此时乙是否可以要求一般保证人丙承担保证责任？

分析：甲、乙之间的债权债务关系系甲本人的个人债务，执行机关只能就甲的有效财产采取执行措施。甲、丁不知所踪，此时执行机关如果就甲、丁婚后购置共有的房产采取执行措施，可能导致侵害丁的共有权、优先购买权等民事权利。因此，这时就出现了债权人要求债务人履行债务出现重大困难的情况；所以，乙可以要求丙承担保证责任，丙不得行使先诉抗辩权拒绝承担保证责任。

实践中，“债务人住所变更，致使债权人要求其履行债务发生重大困难”的情形极为复杂，执行机关往往很难判断实际情况是否符合上述法定情形。这也是为什么在当事人约定不明的情况下，审判机关都倾向于将当事人之间约定不清的保证方式认定为连带保证的一个主要原因。

问题二：债务人甲公司到期未履行还本付息义务，乙诉至人民法院，人民法院在审理过程中发现甲公司已经为第三方申请破产。问，债权人乙此时是否有权要求一般保证人丙承担保证责任？

分析：实践中，如果债务人是企业法人或其他组织，那么一般保证人还须面对债务人破产导致其无法行使先诉抗辩权的风险。按照我国破产法的规定，企业法人破产的，有关破产法人的所有民事纠纷应移交破产法院审理和执行；所以，人民法院应当将甲、乙之间民事纠纷案件的审理移送至破产法院。此时，债权人有权根据《担保法》第十七条第三款第（二）项的规定，要求一般保证人承担保证责任。债权人乙可以单独以一般保证人丙为被告提起诉讼，该诉讼不必移交破产法院审理。

问题三：乙、丙在保证合同中虽然约定保证方式为一般保证，但在借款期限届满之后，一般保证人丙向债权人乙以书面形式明确表示放弃先诉抗辩权。问，乙是否有权要求丙承担保证责任？

分析：先诉抗辩权是一项民事权利，权利人即一般保证人当然可以予以放弃；而放弃的结果是，债权人即使是在未就债务人起诉和强制执行的情况下，也有权要求保证人丙承担保证责任。对于一般保证人对先诉抗辩权的放弃有关的事项，应当注意：（1）"放弃先诉抗辩权"的书面内容可能表现为多种方式，如仅表示"如果债务人到期未履行债务，保证人将承担保证责任"，或直接表述为"放弃先诉抗辩权"，或"放弃《担保法》第十七条赋予的民事权利"等，在实践中应当注意：区分合同变更行为和放弃行为，前者系指保证人的书面决定是在债务到期之前送达债权人，此时保证人的先诉抗辩权尚未产生，故只能是对保证合同中保证方式的变更；后者是指债务到期后，保证人对其拥有的先诉抗辩权的放弃，具体应注意结合当事人之间的具体情况综合判定保证人的意思表示是否为放弃行为。（2）放弃行为在法律性质上属于单方法律行为，除须保证人具有完全民事行为能力和意思表示须真实之外，该行为一经作出且到达保证人时立即生效。一般保证人不能在放弃行为生效后撤销放弃通知，或以反悔为由重新获得先诉抗辩权。因为放弃行为将消灭先诉抗辩权，在结果上不具备可回复性。（3）一般保证人在保证合同中，如果以合同约定的形式放弃先诉抗辩权，那么这种情况与当事人约定的一般保证的保证方式相互矛盾，属于保证合同在保证方式问题上的解释问题，而不能视为先诉抗辩权的放弃问题，应结合具体情况正确确定保证人的保证方式。（4）在借款期限届满之前，一般保证人书面向债权人表示放弃先诉抗辩权的，应当认定为当事人在合同履行期间内，改变了原合同对担保方式的约定，属于合同的变更。因为只有当债务履行期限届满，债务人未履行债务的情况下，保证人才享有先诉抗辩权；而在债务履行期限届满之前，保证人不享有该权利，更谈不上放弃，所以只能根据实际情况判定该放弃表示是否为当事人对保证方式约定的变更。

（4）一般保证人的催告。《担保法司法解释》第二十四条规定："一般保证的保证人在主债权履行期间届满后，向债权人提供了债务人可供执行财产的真实情况的，债权人放弃或者怠于行使权利致使该财产不能被执行，保证人可以请求人民法院在其提供可供执行财产的实际价值范围内免除保证责任。"一般保证人承担保证责任的前提是债务人"不能清偿"，如果债务到期后债务人财务状况持续恶化，那么其承担保证责任的风险就会增大。所以，法律赋予一般保证人催告的权利，如果债权人放弃或者怠于行使权利致使该财产不能被执行，保证人借此可以要求免除相应的保证责任。第二十四条实际上是一个法定免责条款，其道理和出质人、留置权债务人、留置物所有权人要求质权人、留置权人尽快处置质物、留置物是一致的，请注意在抵押权制度中，没有抵押人要求抵押权人尽快行使抵押权的权利。

2. 连带保证

（1）概念。《担保法》第十八条第一款给出连带保证责任的法定概念，即“当事人在保证合同中约定保证人与债务人对债务承担连带责任的，为连带责任保证”，保证人承担保证责任的一般条件为第十八条第二款，即“连带责任保证的债务人在主合同规定的债务履行期届满没有履行债务的，债权人可以要求债务人履行债务，也可以要求保证人在其保证范围内承担保证责任”，也即债务人根据《合同法》第一百零七条须承担违约责任的，债权人即可要求保证人承担保证责任。

（2）连带保证责任的承担方式。保证人承担的是连带保证责任的，债务到期债务人未履行债务的，债权人既可以要求债务人承担违约责任，也可以要求保证人承担保证责任。

（3）保证方式的确定。根据《担保法》第十九条之规定，即“当事人对保证方式没有约定或者约定不明确的，按照连带责任保证承担保证责任”，也就是说，只要没有明确约定是一般保证，就都是连带保证。

3. 一般保证合同纠纷和连带保证合同纠纷的诉讼主体

一般保证和连带保证的区别也体现在民事诉讼程序法律制度有关诉讼主体的规定当中，其中，如果是一般保证，则：（1）《民诉法司法解释》第六十六条规定：“因保证合同纠纷提起的诉讼，债权人向保证人和被保证人一并主张权利的，人民法院应当将保证人和被保证人列为共同被告。保证合同约定为一般保证，债权人仅起诉保证人的，人民法院应当通知被保证人作为共同被告参加诉讼；债权人仅起诉被保证人的，可以只列被保证人为被告。”（2）《担保法司法解释》第一百二十五条规定：“一般保证的债权人向债务人和保证人一并提起诉讼的，人民法院可以将债务人和保证人列为共同被告参加诉讼。但是，应当在判决书中明确在对债务人财产依法强制执行后仍不能履行债务时，由保证人承担保证责任。”如果是连带保证，则根据《担保法司法解释》第一百二十六条之规定，债权人既可以单独起诉债务人，也可以单独起诉保证人，还可以将债务人、保证人列为共同被告提起诉讼。

综上，一般保证，一般将债务人、保证人列为共同被告，仅以债务人为被告的，则可以只列债务人为被告，但是不能仅以一般保证人为被告；连带保证，则可以单独以保证人、单独以债务人，或共同以保证人和债务人为被告。

【问题 11】一般保证合同纠纷中，人民法院仅以一般保证人为被告作出的判决是否正确？

王某某与朱某之间达成借款合同，保证人吕某某在债务人王某某给债权人朱某出具的借条上写明："如王某某同事按时还不上由我偿还，吕某某。"后债务人王某某未按时还本付息，债权人朱某将债务人王某某、保证人吕某某诉至法院。在诉讼过程中，受诉法院在原告债权人朱某撤回对债务人王某某的诉讼的情况下，判令保证人吕某某承担保证责任。问，该判决是否符合程序法律规定？

分析：本案中，如果是一般保证，那么应当以债务人、保证人为共同被告，仅以保证人为被告即违反程序法律规定。所以，甘肃高院在其就本案作出的（2016）甘民申952号判决书中首先是认定保证方式，即"《中华人民共和国担保法》第十七条规定，当事人在保证合同中约定，债务人不能履行债务时，由保证人承担责任的，为一般保证。根据该借条上的意思表示，即'如王某某同事按时还不上由我偿还，吕某某'应认定为一般保证"。在此基础上，甘肃高院认为，"根据《最高人民法院关于适用〈中华人民共和国民事诉讼法〉的解释》第六十六条的规定，因保证合同纠纷提起的诉讼，债权人向保证人和被保证人一并主张权利的，人民法院应当将保证人和被保证人列为共同被告。保证合同约定为一般保证，债权人仅起诉保证人的，人民法院应当通知被保证人作为共同被告参与诉讼；债权人仅起诉被保证人的，可以只列被保证人为被告。因此原审法院在未查明被保证人王某某是否确实存在住所地变更，导致债权人要求其履行债务发生重大困难的情形下，仅以原告撤回对王某某夫妇的诉讼为由作出判决，侵犯了一般保证人吕某某的先诉抗辩权，原审法院适用法律不当"。也即是说，即使债务人王某某变更住所地，正确的做法也是法院应当确认该事项因《担保法》第十七条第三款第（一）项的规定存在致使债权人要求债务人履行债务发生重大困难，在确认之后可以仅以一般保证人为被告，其此时无权行使先诉抗辩权；否则，在确认保证方式为一般保证的情况下，受诉法院仅以一般保证人为被告，并径行就其承担的保证责任作出判决的做法即违反了法定程序。究其原因，系人民法院不能仅作出让一般保证人承担保证责任的判决内容，但如果依照《担保法司法解释》第一百二十五条规定作出，"在判决书中明确在对债务人财产依法强制执行后仍不能履行债务时，由保证人承担保证责任"的判决内容，很明显又会出现法院就非被告的债务人作出承担义务的判决的程序性错误。从这个角度来看，如果以债务人、一般保证人为被告，但人民法院就债务人部分作出缺席判决，并依据《担保法司法解释》第一百二十五条规定就一般保证人承担的一般保证责任作出判决是符合法律规定的。

（二）单独保证和共同保证

在单独保证和共同保证中，实践中出现纠纷较多的是后者。《担保法》第十二条，即“同一债务有两个以上保证人的，保证人应当按照保证合同约定的保证份额，承担保证责任。没有约定保证份额的，保证人承担连带责任，债权人可以要求任何一个保证人承担全部保证责任，保证人都负有担保全部债权实现的义务。已经承担保证责任的保证人，有权向债务人追偿，或者要求承担连带责任的其他保证人清偿其应当承担的份额”，首先将共同保证分为按份共同保证和连带共同保证。

《担保法司法解释》第十九条进一步就如何判断数个保证人是否成立连带共同保证的问题作出规定，即“两个以上保证人对同一债务同时或者分别提供保证时，各保证人与债权人没有约定保证份额的，应当认定为连带共同保证。连带共同保证的保证人以其相互之间约定各自承担的份额对抗债权人的，人民法院不予支持”。

甲、乙签订借款额合同，债权人乙与丙、丁分别签署保证合同，但均没有约定保证人承担的保证份额。此时，尽管丙、丁系分别与债权人乙签订保证合同，但丙、丁二人系连带共同保证人。

《担保法司法解释》第二十条规定了债权人如何向连带共同保证人主张权利，即“连带共同保证的债务人在主合同规定的债务履行期届满没有履行债务的，债权人可以要求债务人履行债务，也可以要求任何一个保证人承担全部保证责任。连带共同保证的保证人承担保证责任后，向债务人不能追偿的部分，由各连带保证人按其内部约定的比例分担。没有约定的，平均分担”。

在上例中，债务人甲到期未履行还本付息义务的，债权人乙既可以要求丙承担全部的保证责任，也可以要求丁承担全部的保证责任。在程序上，乙可以单独以甲为被告，可以单独以丙为被告，可以单独以丁为被告，也可以将以三人中的任何两人或全部三人为组合提起诉讼。如果丙在得知丁亦为连带保证人的情况下，与丁达成协议各承担甲的债务的50%的保证责任，该责任分担不能用以对抗债权人乙，即不能以该协议对债权人乙要求某一连带保证人承担全部的保证责任的请求提出抗辩。如果债权人乙在丙、丁之间的保证责任分担协议上签署同意意见，那么应当视为乙、丙、丁就保证合同达成补充或变更协议，或就保证责任的分担达成一致协议。此时，丙、丁之间的保证责任分担协议就可以用于对抗债权人乙。实践中，债务人、保证人债务重组过程中，连带保证变为按份保证的方式是改善某一保证人债务状况的一种常见方式。

在连带保证人中的某一保证人承担保证责任后，该保证人可以就其承担保证责任全额向债务人追偿，也可以在追偿无果的情况下，让其他连带保证人分担其应当分担的部分，此时应当注意：（1）其他保证人向已经承担保证责任的保证人承担的实际上是一种补充责任，即只有在向债务人进行追偿不能的情况下，其他保证人才承担其应当承担的保证责任；（2）其他保证人承担的补充清偿责任的大小首先应当看其是否与已经承担保证责任的保证人之间存在保证责任分担协议，即两者就各自承担的保证责任的内部约定。如果没有分担协议的，《担保法司法解释》给出的默认规则是均担。

《担保法》《担保法司法解释》对按份共同保证给出的规则较为简单，根据《担保法司法解释》第二十一条之规定，即"按份共同保证的保证人按照保证合同约定的保证份额承担保证责任后，在其履行保证责任的范围内对债务人行使追偿权"：（1）保证人仅就保证合同约定的份额，或经债权人书面同意的保证人之间分担协议中约定的保证份额承担保证责任，超出部分不予承担；（2）保证人按照约定的份额承担保证责任后只可以向债务人追偿；（3）保证人在承担保证责任后，不能向其他保证人追偿，也不能要求其分担应当分担的保证责任。

（三）一般的保证和最高额保证

在《担保法》《担保法司法解释》组成的规则体系中，立法者对最高额保证关系给予了特别关注。根据《担保法》第十四条，即"保证人与债权人可以就单个主合同分别订立保证合同，也可以协议在最高债权额限度内就一定期间连续发生的借款合同或者某项商品交易合同订立一个保证合同"，最高额保证具有以下法定特点：

1. 最高额保证合同确定的保证关系，所担保的可以是连续发生的多个主合同项下的债务

甲、丙签订保证合同，用以担保买受人乙自保证合同生效之日起一年内在甲处购买所有货物的货款债务。这样，保证合同仅有一份，而保证担保的主债务却是未来一年甲、乙之间发生的买卖关系的所有价款支付义务。至于未来发生的主债务数量并不确定，可能是一笔，可能是数笔，也可能根本不发生或发生后全部为债务人所清偿。

2. 最高额保证在债权确定日之前，所担保的债权总额不特定

签订保证合同后，甲在一年内先后与乙签订十份采购协议，涉及货款及利息总计100万元，其中债务人乙自行支付货款50万元。可见，之所以最高额保证担保的债权总额不确定，原因来自两个方面：第一，债务是否发生，发生的债务数额大小均不确定；第二，在债权确定日前，债务人可能自行清偿全部或部分债务，从而导致最终债务数额不特定。所以，《担保法司法解释》第二十三条规定，“最高额保证合同的不特定债权确定后，保证人应当对在最高债权额限度内就一定期间连续发生的债权余额承担保证责任”，即仅就约定时段内发生的，尚未清偿的债务承担保证责任。

3. 保证人系用最高债权额和债权确定日，控制其所要承担的担保风险

在甲、丙签订保证合同中，双方约定保证人丙所承担担保责任的债务总额不得超过80万元，而一年期满至债权确定日为止，甲、乙发生的货款债务余额为100万元。那么，保证人丙保证担保的最终债务为80万元，而不是100万元。实际上，《担保法》第十四条、《担保法司法解释》第二十三条的规定组合成了保证人、债权人之间特殊的风险负担规则。其中，保证人系用最高债权额和债权确定日框定自己承担的担保责任，在签订保证合同时，其担保风险即用该两项约定得到有效的确定。无论债权人、债务人实际发生的债权数额有多少，涉及债务金额有多少，保证人都不承担最高债权额之外债务的担保责任。而债权人需要承担的风险是，如果债务人在债权确定日前不履行债务，除非另有约定，否则其只能等到债权确定之日，方有权要求保证人承担保证责任；这一点非常重要，实践中债权人往往用债务提前到期的约定规避必须待最高额期限届满方能要求保证人承担保证责任的风险。

第二节　保证合同

保证合同是债权人、保证人之间就保证人未来应承担的保证责任进行约定的协议，双方根据各自的意愿进行协商，最终在保证合同中明确各自应当承担的责任或风险。鉴于保证合同的单务性，立法者在有关保证合同的法律规定中存在保护保证人的立法倾向，因此也在相关法律条文中安排了一些强制性的法律规定。所以，在理解和掌握《担保法》《担保法司法解释》中有关保证合同的法律规定时，应当格外注意法律的强制性规定，以及如何处理和协调这些规定和当事人意思自治之间的关系。

理论部分

一、保证合同的概念和特征

（一）保证合同的概念

保证合同是约定保证人和债权人用以确定保证人承担保证责任的范围、方式、条件等事项的债权合同，保证合同法律关系的当事人是保证人和债权人，不包含债务人。也即是说，保证合同是由保证人和债权人签订的，用于设立和规范保证人和债权人之间法律关系的法律文件。实践中，即使债务人作为合同当事人也签订了保证合同，其也不具有保证合同关系当事人的主体资格，应当根据其在合同中承担的义务具体判断其法律地位。

（二）保证合同的法律特征

保证合同在法律上具有如下主要特征：(1）保证合同是一种要式合同。保证合同一般情况下须具有书面形式方可成立。(2）保证合同是一种单务合同。保证合同与买卖合同、租赁合同等双务合同不同，仅系保证人单方对债权人负有保证债务，而无债权人相对于保证人的对待给付义务。这也是为什么在保证关系中，保证人作为义务人不能行使合同法规定的同时履行抗辩权、先履行抗辩权和不安抗辩权的原因。(3）保证合同是一种涉他合同。在内容上，保证人系就另一债权债务关系中债务人承担的债务提供保证担保，所以是一种利他合同，应当注意协调保证合同中保证人的债务和主债权合同中债务人的债务之间的关系，以及“利”字是否出现在保证合同中成为承担保证责任的条件。(4）保证合同是一种无偿合同。因为保证合同债权人对保证人没有对待给付义务，故保证合同原则上是一种无偿合同。(5）保证合同是一种诺成性合同。保证合同与自然人借款合同、保管合同等要物合同（实践性合同）不同，只需要合同双方当事人达成合意并具备书面形式即可成立。(6）保证合同是一种从合同。保证合同从属于主债权合同，因主债权合同的消灭而消灭。(7）保证合同是保证人承担无限责任的合同。与抵押人就以抵押物承担有限的担保责任不同，保证合同形成的保证责任对于保证人而言是一种无限责任，需要保证人以其现有的和未来所有的财产承担。

【问题 12】保证合同是诺成性合同，是否可以附生效条件？

保证人沈阳水泥机械有限公司与朝阳银行龙城支行签订保证合同。后发现：

（1）《保证合同》上“沈阳水泥机械有限公司”的印章是其法定代表人张某某私刻的假印章，所以该合同上仅有保证人法定代表人的签字，没有保证人的盖章；（2）《保证合同》第十四条约定：“本合同由甲乙双方法定代表人或法定代表人授权的代理人签字并加盖公章后生效。”问，龙城支行是否能以《合同法》第五十条之规定，“法人或者其他组织的法定代表人、负责人超越权限订立的合同，除相对人知道或者应当知道其超越权限的以外，该代表行为有效”，请求水泥机械公司承担保证责任？

分析：本案是最高人民法院再审的均由水泥机械公司提供保证担保的三个案件中的一宗案件，最高人民法院就这三个案件分别作出（2014）民提字第164、165、166号民事判决书，内容大致相同。从判决内容上看，结果是水泥机械公司不承担保证责任。除了其他判决理由外，最高人民法院认为“水泥机械公司未在本案的《保证合同》上加盖公章，并非一个单纯的形式要件欠缺问题，而是涉及对其是否作出了同意担保的真实意思表示的认定问题。《保证合同》第十四条约定：‘本合同由甲乙双方法定代表人或法定代表人授权的代理人签字并加盖公章后生效。’由此可见，《保证合同》为附生效条件的合同，只有签字与加盖公章的条件同时具备，合同才能生效。因《保证合同》上仅有法定代表人张某某的签字，而无水泥机械公司的真实公章，水泥机械公司亦不存在先签订合同，而后又拒绝加盖公章、恶意阻却合同生效的情形，故此《保证合同》约定的生效条件并未成就。现水泥机械公司对《保证合同》不予认可，《保证合同》确定不能发生法律效力，水泥机械公司无须承担保证责任”。

我们不对上述保证合同中不符合盖章的生效条件和最高人民法院否定保证人之保证责任之间因果关系的必然性进行评价，也不讨论水泥机械公司是否应当承担合同未生效的不利的法律后果。仅仅是说，保证合同虽然是一种诺成性合同，虽然原则上自双方签字盖章之日起生效，但也可以另行约定生效条件和生效期限。实践中，极易被当事人忽视的就是本案中的保证合同自“签字并加盖公章”之时起生效的情形。所以，当事人在签署保证合同后，不能当然地认为保证合同即发生法律效力，而是要仔细审查合同是否约定有生效条件或期限，从而最终判定合同是否已经生效。

二、保证合同的主体

保证合同系保证人与债权人订立，两者也称为保证债务人和保证债权人；保证人必须是债务人、债权人之外的第三人，而不能是债务人。世界范围内，对于保证人的资格问题，有两种立法模式：第一种，英美法系国家对保证人没有要求；第二种，法国、日本等国家则给出要求保证人须具备代偿能力的一般要求。我国采取后一种模式，从1985年《借款合同条例》开始，就对保证人有了资格要求，即须具备“足够代偿借款的财产”。现行《担保法》第七条规定，即“具有代为清偿债务能力的法人、其他组织或者公民，可以作保证人”也延续了这一立法思想。

那么，如果由民事主体资格，但没有代偿能力的保证人提供保证担保，该担保是否有效？根据《民通意见》第一百零六条第二句的规定，保证人即使不具备完全代偿能力，也应当以自己的财产承担担保责任。也即违反《担保法》第七条“具有代为清偿债务能力的法人、其他组织或者公民，可以作保证人”，不影响保证人的担保责任。另外，《担保法司法解释》第十四条规定，不具有代偿能力的主体，以保证人身份订立合同后，又以自己没有代偿能力要求免除保证责任的，人民法院不予支持，即不具有或不完全具有代偿能力的主体，订立保证合同后，应以自己财产承担担保责任，不得要求免除担保责任。所以，保证人在实践中主张自己因无代偿能力而不承担保证责任，是无法得到人民法院的支持的。司法实践中，只有在因保证人系政府机关、以公益事业为目的的主体而不具备保证人主体资格的情况下，其所签订的保证合同才会被确认为无效合同，债权人在这种情况下只能以缔约过失责任要求“保证人”赔偿因合同无效而造成的损失。

三、保证合同的形式

根据《担保法》第十三条之规定，“保证人与债权人应当以书面形式订立”，保证合同须以书面形式订立。根据《合同法》第十一条之规定，书面形式是指合同书、信件和数据电文（包括电报、电传、传真、电子数据交换和电子邮件）等可以有形地表现所载内容的形式。也即是说，以合同书、电子邮件、电报传真等形式订立的担保合同均符合法律规定的担保合同应当具备的书面形式。在实践中可能产生疑问的是，微信、QQ、手机短信是否属于《合同法》第十一条所述之“电子数据交换”？我们认为，这些形式应当属于《担保法》规定的保证合同应当具有的书面形式。

原则上，担保合同应当采取书面形式。鉴于实践中广泛存在的保证函、承诺函、信用证、保函等以单方意思表示进行保证的形式，担保法理论又发展出一方作出保证承诺，另一方不提出异议的情况下，成立保证合同的特殊保证形式。是以，在理论上存在的保证合同形式有：

1. 主从合同的形式

所谓主合同，即主债权合同，是指独立存在，并为保证合同担保履行的合同，而起担保作用的保证合同就是从合同。主从合同的形式就是指，除债权人、债务人签订主债权合同外，保证人与债权人订立单独的保证合同，作为主债权合同的从合同。这是建立保证法律关系的典型形式，遵循主合同有效，从合同则有效；主合同终止，从合同也得以终止的主从合同关系规则。

2. 主从条款的形式

所谓主从条款形式，即是指保证人与债权人并不专门订立一个单独的保证合同，而是由债权人、债务人、保证人三方共同订立一个合同；在这个合同中，约定由保证人提供保证责任的保证条款作为主要条款的从属性条款出现，如保证人在合同最后以合同当事人身份签章的，保证合同有效成立。

3. 保证人单方出具担保书的形式

所谓单方担保书，或承诺函、保函、保证书等形式，即是指保证人向债权人出具书面担保书，表示愿为债务人履行债务承担保证义务；如果债权人接受担保书并且没有提出异议，则保证合同成立。注意，保证合同是一个双方法律行为，应当由两个意思表示，即保证人提供保证担保，债权人接受保证担保两个意思表示组成；而在上述形式下，债权人缔结保证合同的意思表示是以“无异议”方式作出的。依据合同法的基本理论，这种以“默示”方式作出意思表示的，只有在法律有明确规定的情况下才能作为法律规定的“默示”所代表的意思表示。

4. 保证人在主合同上以保证人身份签字或盖章的形式

以保证人身份签章，是一种极为特殊的保证合同的形式，其着眼点在于符合我国一般民众的交易习惯，满足人民群众以这种极简的形式缔结保证合同的实际需要。但是，也应当看到，这种极简的方式常常在实践中产生纠纷，如在保证人签章属实，但签章前的“保证人”字样并非保证人书写的情况下，是否应当认定保证合同有效的问题；再如，如果保证人以保证人身份签字不是在合同结尾，而是在合同首页，且保证人抗辩称并不知晓债权合同的内容。在这些困难情况下，如何认定保证合同的效力就成为十分棘手的问题。

【问题13】法定代表人在合同结尾的签字是代表公司，还是代表个人？

甲公司和乙公司在前者印制的标准格式《货运代理合同》上盖章。《货运代理合同》第四条约定：“乙公司法定代表人对乙公司支付货运代理份费承担连带责任。”乙公司法定代表人在合同尾部签字。后双方发生纠纷，甲公司起诉乙公司和法定代表人，要求法定代表人承担连带保证责任。问，甲公司的主张是否于法有据？

分析：上述示例中的情况是：（1）主债权合同中有保证条款，即法定代表人承担连带责任；（2）法定代表人在合同尾部签字。对于第（2）点，存在两种可能的认定：第一，法定代表人仅代表公司签署《货运代理合同》；如果仅此而已，其不承担保证责任。第二，法定代表人不仅代表公司，而且也作为保证人，对《货运代理合同》中的保证条款进行确认；照此理解，法定代表人应当承担保证责任。我们认为，应当分为两种情况：第一，如果《货运代理合同》的文头部分，清楚地标明：甲方：甲公司；乙方：乙公司；丙方：法定代表人，或者更进一步在丙方后注明（保证人），那么毫无疑问，法定代表人视为保证人，应当确认其应当承担保证责任。第二，如果《货运代理合同》的文头没有标明法定代表人的当事人地位，那么应当认定法定代表人仅系代表公司签署合同，并未作出承担保证责任的意思表示，因为无任何证据证明其系作为保证人同意《货运代理合同》的保证条款。另外，如果在法定代表人签字处前清晰地标明"保证人"的字样，那么法定代表人应当承担保证责任，但其缔结保证合同的方式是保证合同的第四种形式，即"保证人在主合同上以保证人身份签字或盖章的形式"。上述示例如果扩展一下就可能更为棘手，即保证条款中称法定代表人仅承担货运代理费的保证责任，而不承担该费用衍生的利息的保证责任，而其后又以保证人身份签字，此时应当如何认定保证人的保证责任内容。当然，人民法院在具体审理案件过程中，还会综合考虑当事人之间法律关系的其他因素。

四、保证合同的内容

保证人系根据保证合同向债权人，就债权人对债务人的债权承担担保责任，所以保证合同的基本内容就应当包括：（1）当事人，即保证人、债权人；（2）保证担保的债权债务关系，包括债务人以及可供识别的具体的债务关系；（3）保证担保的债权范围，即上述由保证担保的债务中，全部或部分由保证人提供保证担保，在双方当事人没有约定的情况下，即主债权、利息、违约金、损害赔偿金以及实现保证债权的费用；（4）保证方式，是一般保证还是连带责任保证；（5）保证期间，即债权人可以要求保证人承担保证责任的法定或约定时间范围；（6）违约责任。

上述保证合同的内容，一般均会出现在债权人和保证之间的保证合同之中。如果保证合同是以保证函、保函、保证人身份签章等形式成立，则会导致上述条款并不完整和齐备，这时即需要对保证合同进行解释。

五、保证合同的效力

（一）保证合同的有效要件

保证合同作为双方法律行为，其有效要件也需满足民事法律行为的有效要件：（1）当事人应具备保证人资格，不能是政府机关或其他无保证人主体资格的民事主体；（2）当事人必须具备完全的民事行为能力，而限制民事行为能力人，即使是法定代理人事先同意或事后追认，其所签订的保证合同也应无效；（3）保证合同签订过程中，如果出现欺诈、胁迫等事宜，被欺诈、被胁迫的保证人可以基于法律规定，通过法定程序撤销保证合同；（4）保证合同不存在《合同法》第五十二条所规定的恶意串通损害第三人利益、以合法形式掩盖非法目的、损害公共利益以及违反法律效力性强制规定的情形，在这些情形中，应当注意，无效事由既可能导致保证合同全部无效，也可能导致保证合同的部分条款无效。

（二）保证合同双方当事人的权利和义务

保证合同是一种双方法律行为，债权人、保证人会在保证合同中约定各自的权利和义务，在当事人约定不明确的情况下，则应当根据《担保法》《担保法司法解释》等法律和司法解释确定保证合同双方当事人的权利和义务。

一般情况下，保证人的权利为：如果是一般保证人，其享有先诉抗辩权，以及在债权到期后，要求债权人尽快就债务人实现债权的权利；而连带保证人则不享有上述权利。无论一般保证人和连带责任保证人，他们均享有的权利是：（1）来自保证合同的，保证人对债权人享有的各项抗辩权，以及来自主债权合同的，债务人对债权人享有的各项抗辩权；（2）保证期间后拒绝履行保证责任的权利；（3）在债务人破产，且债权人不向债务人破产管理人申报债权的情况下，向债务人破产管理人申报债权。相对而言，保证人应承担的义务是，在符合法律规定或约定的情况下，向债权人承担担保责任。此外，因为保证人并非主债权合同的当事人，无权阻止债权人、债务人变更主合同内容；但是，如果债权人、债务人变更主债权合同内容，保证人有权拒绝履行导致保证责任加重部分的保证合同义务。

一般情况下，债权人的权利为：在符合法定或约定的情况下，有权要求保证人承担保证责任，并在此基础上享有一般债权人所拥有的债的保全中的，保证人对其一般责任财产施加的不当行为的撤销权和代位权等民事权利。与此相对，一般情况下，债权人对保证人不承担任何义务。

【问题 14】保证人恶意转让资产，降低保证责任承担能力情形下，债权人是否可以行使撤销权撤销保证人的转让行为？

2009 年协微公司、商贸通公司签定《采购／销售执行框架合同》，约定商贸通公司向协微公司供货。2011 年 1 月，双方签订《还款协议》，就所欠货款以及履行期限作出约定；同时，协微公司法定代笔人李某某承担不可撤销的个人无限连带担保。同年 7 月，双方再次约定《还款协议》，约定还款计划，李某某、禹华公司及法定代表人吴某某（李某某配偶）提供连带担保责任。同年 12 月，商贸通公司起诉协微公司及李某某和禹华公司，要求还款。法院最终作出（2013）浦民二（商）重字第 S13 号民事判决，判决协微公司还款，禹华公司和李某某共同对协微公司的付款义务承担连带清偿责任。2011 年 12 月 14 日，李某某、吴某某签署赠与合同，将其夫妻二人的房产赠与其子吴小某，办理公证，且办理产权变更登记。商贸通公司起诉要求确认赠与合同无效。

一审法院审理查明，浦东法院（2013）浦民二（商）重字第 S13 号民事判决现已生效，该案进入执行阶段，但因故未执行到位；最终判决赠与行为无效，并认为：案涉赠与合同经公证可定依法成立；“但合同的成立并不意味着合同必然会发生法律效力，李某某在明知其为协微公司巨额债务承担连带清偿责任的情况下，却将其财产赠与儿子，损害了债权人的合法权益，依照法律规定，该合同从订立之时就无效，无效的合同自始没有法律约束力，故本案中的赠与合同虽成立但未生效”。

二审期间，被上诉人商贸通公司变更诉由为债权人撤销权之诉。二审法院最终认为：“本案并没有足够的证据证明吴小某知道李某某及吴某某对外承担连带保证责任并存在主观恶意，故不足以认定上述三人之间存在‘恶意串通’，原审法院据此适用《合同法》第五十二条的有关规定，有所不当，本院予以纠正。”“李某某与吴某某在明知对协微公司债务承担连带清偿责任的情况下，将案涉房产赠与吴小某并办理登记，又未能提供其他相应的担保保证债务的实现，商贸通公司作为债权人有权行使《中华人民共和国合同法》第七十四条规定之撤销权撤销该赠与行为。”

分析：债权人就担保人恶意转让（有偿或无偿）资产致使偿债能力降低的行为，行使《合同法》第七十四条之撤销权，这种情形一般情况下只发生在保证担保中。因为抵、质押担保中，债权人（担保物权人）对抵、质押物享有直接支配权，不必行使撤销权。而根据《合同法》第七十四条，以及《合同法司法解释（二）》第十八条之规定，债权人行使撤销权需要满足以下实体和程序要求，其中实体要求：（1）保证人之行为系无偿或低价转让资产的行为。（2）保证人的转让行为致使其偿债能力下降（如果是等价交换，则不存在偿债能力下降的问题，这一要件的考察须综合进行，实践中的情形往往非常复杂）。（3）保证人的行为侵害到保证债权，即无力承担保证责任。本案中，法院审理查明保证人承担保证责任的判决因故未能执行到位，即满足这一要件。程序要求：（1）债权人起诉的案由应当是撤销权纠纷，而不是借贷担保纠纷；（2）需要在知晓或应当知晓保证人的行为侵害到保证债权的一年内提起诉讼要求撤销，这是对撤销权这一形成权的行使期限进行限制的法律规定；（3）债权人须就保证人的行为侵害其债权，或在低价转让时就受让人的恶意承担举证责任，举证不利的，承担不能行使撤销权的不利法律后果；（4）在实践中，应当注意促使法院作出回复资产归属的判决内容，否则即使撤销了，没有有效的判决也无济于事。

制度部分

一、保证人的主体资格要求

《担保法》第七条对保证人的主体资格给出了一般性的要求，即“具有代为清偿债务能力的法人、其他组织或者公民，可以作保证人”；而《担保法司法解释》第十五条对上述规定中的“其他组织”作以补充，即“担保法第七条规定的其他组织主要包括：（一）依法登记领取营业执照的独资企业、合伙企业；（二）依法登记领取营业执照的联营企业；（三）依法登记领取营业执照的中外合作经营企业；（四）经民政部门核准登记的社会团体；（五）经核准登记领取营业执照的乡镇、街道、村办企业”。其中，实践中争议较大的是经民政部门核准登记的社会团体，其是否具有代偿能力应视其是不是营利性法人以及其资金来源和是否向出资人分配利润而定。

《担保法司法解释》第十四条对不具有保证人资格的主体是否有权主张免除担保责任的问题作以规定，即“不具有完全代偿能力的法人、其他组织或者自然人，以保证人身份订立保证合同后，又以自己没有代偿能力要求免除保证责任的，人民法院不予支持”。这是民事诉讼法领域内“禁止反言”原则的体现，即签订保证合同的，不得以自己没有保证人资格主张不承担保证责任。

（一）国家机关

根据《担保法》第八条之规定，“国家机关不得为保证人，但经国务院批准为使用外国政府或者国际经济组织贷款进行转贷的除外”，国家机关作为保证人须具备两个要件：第一，经国务院批准；第二，为使用外国政府或者国际经济组织贷款进行转贷。除此之外，国家机关不得提供保证担保。如果国家机关与债权人达成保证合同的，在结果上应当根据《担保法司法解释》第三条之规定，即“国家机关和以公益为目的的事业单位、社会团体违反法律规定提供担保的，担保合同无效。因此给债权人造成损失的，应当根据担保法第五条第二款的规定处理”，也即“担保合同被确认无效后，债务人、担保人、债权人有过错的，应当根据其过错各自承担相应的民事责任”。

【问题 15】县政府签订的担保合同是否有效?

华宇北药公司向林甸县农村信用合作联社林甸信用社借款1000万元，农业担保公司为华宇北药公司的该笔借款提供了担保，林甸县政府向农业担保公司出具一份《担保函》，为华宇北药公司该笔借款本息及其他费用提供反担保。问，林甸县政府基于上述《担保函》与农业担保公司签订反担保保证合同是否有效?

分析：《担保法》第八条“国家机关不得为保证人”的规定是一项法律的效力性强制规定，目的在于禁止各级人民政府用税收等财政收入就社会主体的债权债务关系承担担保责任，从而在一定程度上保障政府财政收入能够被用于公共福利营造之上。所以，县政府以《担保函》方式与债权人订立的保证合同无效。黑龙江高院在其就本案“林甸县人民政府与大庆市农业担保有限公司、大庆华宇北药科技开发有限公司、叶某某、张某追偿权纠纷案”作出的（2015）黑高商终字第135号二审民事判决书中认为，“林甸县政府作为国家机关，超出行政职能范围向农业担保公司提供反担保，违反《担保法司法解释》第三条之规定，原审判决确认林甸县政府与农业担保公司之间所建立的担保合同关系无效正确。而林甸县政府与农业担保公司均明知法律对‘国家机关’作为担保人有禁止性规定的情况下，仍建立反担保法律关系，双方对此均有过错”。最终，黑龙江高院就林甸县政府承担的法律责任判决其就保证人向债务人追偿而不能清偿范围内承担二分之一的赔偿责任，即承担补充清偿责任。黑龙江高院作出判决的原因是保证人、债权人对保证合同无效都有过错，应当根据缔约过失责任分担因此造成的损失，而认定保证人有过错是因为《担保法》第八条的公开性。保证合同无效的缔约过失责任当中的损失即被保证人无法清偿的债务，要搞清楚该损失的大小，即必须对债务人实施强制执行措施之后方可确认，而连带保证人所承担的责任也会因此从原来的连带责任，在实质意义上转变为补充责任。

【问题 16】供销社是否能够提供保证担保？

刘某某与株洲市供销合作社联合社签订保证合同，后债务人未能履行期债务，刘某某诉至法院要求株洲市供销合作社联合社承担保证责任。问，刘某某的诉请是否于法有据？

最高人民法院在其就本案“刘某某与株洲市供销合作社联合社、株洲市供销资产管理有限公司保证合同纠纷申请再审案”作出的最高人民法院（2014）民申字第 784 号民事裁定书中认为，“最高人民法院《关于县级以上供销合作社联合社能否成为保证人问题的复函》（法研（1999）10 号）也明确指出县级以上供销合作社不能成为保证人。本院经审查认为：一、关于供销合作社所签订的担保合同的效力问题。《最高人民法院关于适用〈中华人民共和国担保法〉若干问题的解释》第三条规定，以公益事业为目的的事业单位、社会团体违反法律规定提供担保的，担保合同无效。1999 年 1 月 28 日国务院国发（1999）5 号《国务院关于解决当前供销合作社几个突出问题的通知》规定，全国供销合作总社和省、市（地）级联社‘所需经费列入同级财政预算，不再向所办企业提取管理费’；县级供销合作社的主要任务是对基层进行指导、监督和协调，在性质、组织、经费等方面不同于一般的企业，还承担国家委托的政策性业务。因此，县级以上供销合作社不符合《担保法》第七条的规定，不能对外提供担保。二审法院基于上述原因认定担保合同无效，并无不当”。在结论上，虽然刘某某不能要求供销社承担保证责任，但是可以基于保证合同无效而要求供销社承担缔约过失的赔偿责任。

分析：从最高人民法院的上述判决内容可以看出，在判断某一主体是否具有保证人资格时，应当格外注意其是否具有独立的财产。供销社的经费来自国家财政预算，其财产并不具备其作为保证人应当具有的独立性，所以其并非《担保法》第七条规定的具有代偿能力的自然人、法人和其他组织，在签订保证合同问题上，其应当视为无民事行为能力人。对于这类特殊主体，应当注意考察两点：第一，其经费是否自收自支，不依赖国家财政；第二，其是否承担国家行政职能，以及该职能是不是其唯一的职能。

【问题 17】市政府签署的担保合同是否有效？

香港中行向原审法院起诉称：原中南银行香港分行从 1993 年开始授予必荣实

业有限公司信用贷款。阳江外经局的前身阳江市对外经济贸易委员会和阳江市政府分别于1993年10月8日、1995年7月18日出具《承诺函》，承诺如借款人出现逾期，将解决借款人拖欠的债务，不让银行蒙受损失。后，中国银行诉至法院，要求阳江市政府和外经局承担保证责任。阳江市政府称该担保为无效担保，中行损失应当由其自己承担，且中行的债权已经超过诉讼时效，丧失胜诉权，应当驳回其诉讼请求。问，市政府以开具的承诺书形式订立的保证合同是否有效？

分析：广东省高院在其就本案“中国银行（香港）有限公司与广东省阳江市人民政府、广东省阳江市对外贸易经济合作局、广东阳江轻工业品进出口（集团）公司担保合同纠纷案”作出的（2004）粤高法民四终字第55号判决书中认为，“阳江市政府、外经委明知其不具有保证人资格仍出具担保，中南银行香港分行在明知法律禁止国家机关作担保人的情况下仍接受阳江市政府和外经委出具的保证，双方均有过错。依照最高人民法院《关于适用〈中华人民共和国担保法〉若干问题的解释》第七条的规定，阳江市政府、外经局应对必荣公司不能清偿香港中行借款本息部分的二分之一承担连带赔偿责任”。也就是说，阳江市政府、外经局订立的保证合同无效，其应当承担缔约过失责任，该责任通常为债务人承担债务的补充清偿责任。关于诉讼时效问题，最高人民法院认为，“阳江市政府、外经局承担的是基于无效保证而产生的对债权人的赔偿责任，因此，不能依据有效保证的保证期间和诉讼时效的规定来计算该项赔偿请求权的诉讼时效。由于无效保证赔偿责任的确定依赖于对债务人不能清偿的主债权部分的确定。因此，主债的诉讼时效没过，要求保证人承担无效保证的赔偿责任的时效期间也没有过”。也即是说，阳江市政府签署了一个没有终期的最高额保证合同，而且没有法律事实促使终期出现和届满，故其应当承担保证责任。

（二）以公益为目的的事业单位、社会团体

《担保法》第九条规定，“学校、幼儿园、医院等以公益为目的的事业单位、社会团体不得为保证人”，这是一条禁止性规定。该规定涉及两个问题：第一，学校、幼儿园、医院等事业单位、社会团体的公益为目的性质应作何理解？第二，上述主体提供保证担保之后，该担保的效力如何，这些主体承担什么法律责任？

关于第一个问题：根据《民法总则》第三章的规定，我国法人被分为营利性法人和非营利性法人。对于学校、幼儿园、医院而言，都存在登记为营利性法人和非营利性法人的情况。如果是民办，且登记为非营利性法人的，则依据《民办非企业单位登记管理暂行条例》第五条等规定至民政部门登记；如果登记为营利性法人，则一般会缀以“有限责任公司”，则可以进行工商和税务的正常登记。

学校、幼儿园、医院等事业单位、社会团体，如果登记为非营利性法人，则不得向出资人、设立人以及会员分配利润，经营所得应当全部用于教育、医疗事业的再投入；所以，其作为保证人，无论是以现有医疗、教育资产，还是以未来的收入承担保证责任，都与我国促进、扩大医疗、教育事业的公共利益相冲突，故即使是民办的医疗、教育主体，只要在性质上是非营利机构，其签订的保证合同都将因违反《担保法》第九条，根据《担保法司法解释》第五条的规定而无效。立法层面上，在《民法总则》颁布后，民事主体是否具有保证人资格，主要看其是否具有非营利性法人的资格，诸如医院、学校、幼儿园、宗教活动场所、公益基金等捐助法人以及发展社会公共事业的事业单位法人，都没有保证人资格。对于从事经营活动的，登记为营利性法人，则根据《担保法司法解释》第十六条之规定，“从事经营活动的事业单位、社会团体为保证人的，如无其他导致保证合同无效的情况，其所签定的保证合同应当认定为有效”，应当认定保证合同有效，保证人应当承担保证责任。

【问题18】学校提供保证担保，保证合同是否有效？

新时代信托公司与中加投资公司签订《信托贷款合同》。除其他担保外，中加双语学校与新时代信托公司签订《保证合同》约定，由中加双语学校提供保证担保。后，债务人无力清偿债务，新时代信托公司诉至法院要求中加双语学校承担担保责任。问，该《保证合同》是否有效？

最高人民法院在其就本案“马鞍山中加双语学校、新时代信托股份有限公司金融借款合同纠纷二审案”作出的（2017）最高人民法院民终297号民事判决书中认为，“判断中加双语学校是否具备保证人的主体资格，应以其是否以公益为目的为要件，对此应综合审查其登记情况和实际运行情况。首先，2016年11月7日，全国人民代表大会常务委员会通过了《全国人民代表大会常务委员会关于修改〈中华人民共和国民办教育促进法〉的决定》，对民办学校实行非营利性和营利性分类管理。因此，现有民办学校有权选择登记为营利性或者非营利性。经查，目前中加双语学校依照《民办非企业单位登记管理暂行条例》登记为民办非企业单位，尚未选择登记为营利性民办学校，故应依据《中华人民共和国民办教育促进法》（2003年9月1日起实施）及《民办非企业单位登记管理暂行条例》认定中加双语学校的性质。其次，中加双语学校的章程第二十四条第二款约定，学校接受的捐献、收取的学杂费的收支结余，归学校集体所有。第二十五条规定本校出资人暂不要求合理回报。第二十八条规定学校解散，剩余财产按三方投入方式并由审批机关统筹安排返还。新时代信托公司并不否认该份章程的真实性。故根据该份章程约定，中加双语学校出资人不享有学校财产所有权，对学校的盈余未约定个人分配规则，对学校解散之后的剩余财产约定了明确的处置规则，符合公益性事业具有非营利性的界定。最后，依据《中华人民共和国民办教育促进法》（2003年9月1日起实施）第三十七条第二款规定民办学校收取的费用应当主要用于教育教学活动和改善办学条件。第五十一条规定，出资人可以从办学结余中取得合理回报。取得合理回报的具体办法由国务院规定。故中加双语学校从事办学活动，依法有权向接受教育者收取费用，收取费用是其维持教育教学活动的经济基础，并不能因收取费用而认定其从事营利活动。营利性法人区别于非营利性法人的重要特征，不是‘取得利润’而是‘利润分配给出资人’。中加双语学校章程明确了出资人暂不收取回报，新时代信托公司也未举证证明中加双语学校通过修改章程，报审批机关批准后收取回报。新时代信托公司以民办学校收取费用和合理回报认为中加双语学校具有营利性，本院不予支持”。结论上，中加双语学校不能作为保证人，其签署的保证合同无效。

分析：1. 最高人民法院的上述判决内容字字珠玑，核心观点：（1）民办院校并不当然不能作为保证人，具体应看其是否以公益为目的；（2）非营利性法人，或公益目的不能以“取得利润”加以否定，而应当以是否将“利润分配给出资人”作为判断标准；（3）学校作非营利性和营利性的选择性登记结果是其是否能作为保证人的重要参考标准。

2. 实践中，和学校一样，医疗机构的设立登记情况也是比较复杂的。对于医院，存在两种情况：第一，实践中存在登记为“有限责任公司”的医院，很明显其不是以公益为目的的非营利性法人，可以作为保证人；第二，大多数医院则登记为事业单位法人，这类医院即非营利性法人，一般不能取得营业执照和办理一般企业的税务登记，其不得向出资人分配利润，更不得作为保证人。对于学校，也存在两种情况：第一，实践中很少出现登记为“有限责任公司”的情况，但常常出现学校作为某一教育机构分支机构的情况；这时，判断其机构性质就需要看其章程约定，以及其是否实际存在向出资人分配利润的情形。第二，大多数公立学校则登记为事业单位法人，不得作为保证人。

3. 实际上，禁止公益性非营利性法人作为保证人还有另一层含义，因为保证人均系为第三方债务人的债务提供担保，承担债务本身和结果一般都和公益性非营利性法人自身发展无关，无益于公益性事业的发展。另外，如果公益性非营利法人资金并非来自债务人，其就债务人的债务提供担保，还会使公益性非营利性法人的资产在事实上转移至债务人，甚至会导致恶意转移公益资金的恶性事件发生。例如，经公众捐款成立的公益性捐助法人，为第三方提供担保，就会使公众捐款发生事实上的转移。这也是上述案例，人民法院会在审理过程中关注债务人信托贷款是否用于学校建设的原因；即如果资金不是用于学校、医院等公益性事业单位法人，那么不能让非营利性法人承担全部或大部分民事责任。我们认为，在特殊情况下，人民法院甚至不能判令公益目的非营利性法人承担保证合同无效后的缔约过失责任，因为在这种情况下也会部分纵容恶意转移公益资金的恶性事件。

4. 实践当中，有关以公益性为目的的非营利性法人是否能够作为保证人的民事判决还涉及其他类型的民事主体。例如，最高人民法院在其就“湖南省高速公路管理局、湖南省高速公路建设开发总公司因与被上诉人招商银行股份有限公司深圳分行合同纠纷一案”作出的（2017）最高人民法院民终353号终审判决中认为，“关于高速公路管理局出具的《承诺函》的效力。本院认为，根据担保法第九条关于‘学校、幼儿园、医院等以公益为目的的事业单位、社会团体不得为保证人’的规定，高管局作为湖南基础设施高速公路的建设、管理事业单位，不得作为保证人。《承诺函》因违反法律强制性规定应认定无效。一审判决关于‘高管局单方承诺为自己设定前述义务，没有违反法律法规的禁止性规定’的认定，认定事实及适用法律不当，本院予以纠正”。在结果上，最高人民法院还是认定了高管局的缔约过失责任，即“本案中，如前所述，《承诺函》因违反法律强制性规定而无效。高管局作为出具人，明知自身不具备保证人资格仍出具《承诺函》，具有过错。而招行深圳分行作为专业的金融机构，明知高管局作为事业单位，不能成为保证人，其仍要求高管局出具《承诺函》，招行深圳分行亦存在过错。故综合本案成讼原因、当事人的实际损失及过错程度，本院酌定高管局对宜连公司不能偿还招行深圳分行的债务承担三分之一的赔偿责任”。

关于第二个问题：《担保法司法解释》第三条规定得非常明确而具体，在法律结果上：（1）保证合同无效；（2）“因此给债权人造成损失的，应当根据担保法第五条第二款的规定处理”，也即“担保合同被确认无效后，债务人、担保人、债权人有过错的，应当根据其过错各自承担相应的民事责任”，这里的责任一般是补充清偿责任。在上述案例中，对于保证人的责任，最高人民法院认为应当根据其过错承担缔约过失责任，即“新时代信托公司作为专业从事信托业务的金融机构明知或应知以公益为目的的民办学校不能作为保证人，而中加双语学校作为民办学校明知或应知不能对外提供担保，双方均存在过错且过错程度相当”。最终，最高人民法院判定“中加双语学校责任范围为中加投资公司不能清偿部分的二分之一”，即承担二分之一的补充清偿责任。

（三）法人的分支机构、职能部门

法人的分支机构不具备独立民事主体资格，不享有民事权利能力，也即其没有独立承担民事责任的财产权利，所以《担保法》第十条规定，法人的分支机构、职能部门不得作为保证人，只能在法人有效授权的情况下提供保证担保。因为我国幅员辽阔，很多全国性企业法人在各地设立分支机构，而这些分支机构因为地方利益，加之挂靠、内部承包等复杂因素使得其所经营管理的财产相对于企业法人财产具有相对独立性，这样即会产生是否应当由分支机构先行承担民事责任的实践性问题。

实践中，法人的分支机构提供保证往往出现以下三种特殊情况：（1）未经法人书面授权提供保证；（2）法人书面授权范围不明；（3）超出法人书面授权签订保证合同。对于这三种情况，《担保法》《担保法司法解释》的相关条款组成了较为复杂的规则体系：

第一，未经法人书面授权提供保证，且法人不予追认保证合同有效性的，保证合同无效。保证合同无效，导致债权人失去保证担保造成损失的，则法人根据《担保法》第二十九条之规定，在债权人有过错的情况下，法人就其过错承担民事责任；在债权人无过错的情况下，由法人承担民事责任。也即法人原则上应当承担分支机构签署保证合同项下的保证责任。应当注意的是，这里的讨论全部是建立在保证合同中列明的保证人是分支机构，而不是分支机构所在的法人基础上的。所以，在债权人无过错的情况下，让法人承担全部赔偿责任（实际就是保证责任），则是法律给无效场合下债权人馈赠的“礼物”。因为即使在合同有效的情况下，无法人授权，也无任何正当理由让不是当事人的法人承担保证责任。《担保法司法解释》根据司法实践，在第十七条中对上述规定进行了微调，明确了：（1）分支机构是保证人，而不是法人；（2）法人未有效授权的不利法律后果只能由债权人承担，法人只在其有过错时根据过错承担保证责任（实际上是按照授权不明的情形进行规范）。在结果上，保证合同无效的，意味着分支机构当然过错，所以无论债权人是否有过错，分支机构都应以其经营管理的财产承担保证合同无效的赔偿责任；债权人有过错的，则和法人分支机构一起，根据各自的过错分担损失。如果分支机构所在法人有过错的，按照《担保法》第二十九条在分支机构后承担民事责任。

【问题19】法人分支机构签署保证合同，法人知晓，但无有效授权，保证合同是否有效?

滨州市滨城区银泰小额贷款有限公司与滨州市房屋修建工程公司签订《人

民币借款合同》，借款人民币300万元。同日，滨州市滨城区银泰小额贷款有限公司与山东银联担保有限公司滨州分公司签订了《最高额保证合同》一份，约定山东银联担保有限公司滨州分公司为上述借款提供最高本金余额300万元的担保，保证方式为连带责任保证，保证期间为借款期限届满之日起两年，合同的生效要件同借款合同。经查，债务人滨州房屋修建工程公司已于1998年被吊销营业执照，但未清算注销。

原审法院认为，吊销营业执照为行政处罚。《公司法》虽然规定在此之后应当进行清算，且不得开展与清算无关的经营活动，但该规定为管理性规定，不能认定案涉借款合同无效。对于保证合同是否有效，二审山东高院在其就本案"滨州市滨城区银泰小额贷款有限公司与山东银联担保有限公司滨州分公司、滨州市房屋修建工程公司企业借贷纠纷案"作出的（2015）鲁商终字第141号民事终审判决中认为，"山东银联担保有限公司滨州分公司是专业的担保公司的分公司，其业务范围即是为公司提供担保服务，并且李某某既是山东银联担保有限公司滨州分公司的负责人又是山东银联担保有限公司的法定代表人，相对人有理由相信山东银联担保有限公司滨州分公司所涉本案担保业务是经过公司授权的，山东银联担保有限公司滨州分公司有权为滨州市滨城区银泰小额贷款有限公司与滨州市房屋修建工程公司的借款合同提供担保，本案所涉担保合同应为有效合同，山东银联担保有限公司滨州分公司主张担保合同无效的理由不能成立，本院不予支持"。

分析：《担保法》第十条规定分支机构签订保证合同须有法人的书面授权，实践中还可能存在法人知道或应当知道分支机构对外签署保证合同的情形，此时应当认定分支机构有有效授权，山东高院即是据此认定保证合同有效。也即是说，《担保法》第十条须书面授权的规定存在例外情形。更进一步讲，本案中，债权人可以在山东银联担保有限公司滨州分公司不足以承担保证责任的情况下，根据《担保法司法解释》第十七条第三款的规定，也即分支机构签署的保证合同有效且其财产不足以清偿债务的情况下，有权要求分支机构所在法人，即山东银联担保有限公司承担民事责任。在上述情况下，债权人是否能要求法人直接承担担保责任，我们认为不可以，因为保证合同的当事人是分支机构，而不是法人。所以，在清偿责任的顺序上持先分支机构，后法人的立场，并不超出债权人订立保证合同的预期。而且，这一顺序也恰当地将法人的责任定位在内部审批、管理制度不严的过错之上，合理地分配了责任和风险，符合我们一直强调的"责任自负"的基本原则。

第二，法人书面授权不明的，根据《担保法司法解释》第十七条规定，应当认定保证合同有效，法人的分支机构应当对保证合同约定的全部债务承担保证责任。法人的分支机构经营管理的财产不足以承担保证责任的，由法人承担民事责任。我们认为在实践中，甚至可以在诉讼程序中列法人为共同被告，并判令法人承担担保责任，即在分支机构承担责任之后承担保证责任。

第三，法人分支机构超出企业法人书面授权签订保证合同的，超出授权部分无效。对于超出的无效部分，在债权人有过错的情况下，法人就其过错承担民事责任；在债权人无过错的情况下，由法人承担民事责任；对于未超出部分，在法人承担民事责任前，先由分支机构经营管理的财产承担责任，不足以承担的，才由法人承担民事责任。

上述规定的内在逻辑是，法人给分支机构授权的，意味着其不仅允许分支机构以其相对独立的财产承担保证责任，承担分支机构一起名义签署的保证合同的保证责任，而且还作出了承诺，就分支机构的财产不足以承担保证责任的情况下，由法人接着承担保证责任。与此相对，法人没有给予分支机构有效授权，则意味着法人不应当承担保证责任，此时其只用在有过错的情况下承担补充清偿责任；如果法人对分支机构在无授权情况下对外签署无效的保证合同无过错的，则不应承担法律责任。实践中，法院在审理过程中还应当考虑是否存在，法人在保证合同签订后是否将分支机构相对独立的财产转移回法人等因素。

如果签订保证合同的是企业法人的职能部门（并非分支机构，财产上完全不具有独立性），根据《担保法司法解释》第十八条的规定，责任承担应视债权人是否有过错而定：如果债权人知道或者应当知道保证人为企业法人的职能部门的，因此造成的损失由债权人自行承担；如果债权人不知道保证人为企业法人的职能部门，因此造成的损失，则应由债权人和有过错的企业法人根据其过错各自承担相应的民事责任；债权人无过错的，由企业法人承担民事责任。之所以这样规定，是因为职能部门和分支机构不同，其没有如分支机构一样相对独立的财产。

【问题 20】法人职能部门签署的保证合同无效，法人是否应当承担责任？

港航工程公司与肯瑞公司订立《定期租船合同》，中港四公司经营科给肯瑞公司出具《担保函》，就租金提供担保。后因租金问题，各方产生纠纷诉至法院。问，中港四公司是否需要承担保证责任？

海南高院在其就“海南肯瑞船务公司与广州保税区港航工程有限公司、中港四航局第四工程公司定期租船合同纠纷再审案”作出的（2006）琼民再终字第7号民事判决书中认为，“肯瑞船务公司与中港四公司有长期的业务关系，应当知道中港四公司的经营科是该公司的内部职能部门。根据《最高人民法院关于适用〈中华人民共和国担保法〉若干问题的解释》第十八条第一款‘企业法人职能部门提供保证的，保证合同无效。债权人知道或者应当知道保证人为企业法人职能部门的，因此造成的损失由债权人自行承担’的规定，中港四公司经营科为肯瑞船务公司出具的保函无效，由此造成的后果应由肯瑞船务公司自行承担。因此，原判以此为由，认定保证合同无效，确认中港四公司对港航工程公司的租金不承担连带清偿责任，认定事实和适用法律正确，肯瑞船务公司的上诉理由不能成立”。所以，中港四公司无须承担保证责任。

分析：法人职能部门担保与分支机构担保最大的不同在于：因为职能部门并无相对独立的财产，法人职能部门不存在经法人授权而承担担保责任的问题；即使法人授权，担保合同的主体也是法人，而不是职能部门，职能部门签署的担保合同相当于无权代理。反观分支机构的担保合同，其在法人授权的情况下，是可以作为担保合同的当事人。在职能部门签署担保合同的处理规则上，法人的责任只能视债权人是否有过错而定，而债权人的过错与法人的过错正好成反比。本案中，中港四公司的职能部门“经营科”，仅从名字上看即是职能部门了，所以债权人有过错，这意味着职能部门所在的法人中港四公司无过错，结果可想而知。

（四）保证人主体资格问题中的两个难题

在政府机关、以公益为目的的事业单位、法人分支机构和职能部门提供保证担保的司法实践中，存在两个难题：第一，保证合同无效后，上述主体就债权人损失承担补充清偿责任，还是连带责任？第二，法人就其分支机构对外签署的无效保证合同，承担连带责任还是补充责任？

1. 保证合同无效后，政府机关、以公益为目的的事业单位、法人分支机构和职能部门就债权人损失承担补充清偿责任，还是连带责任？

政府机关、以公益为目的的事业单位、法人分支机构和职能部门提供保证担保的，原则上保证合同均无效，而合同无效在后果上一般均适用《担保法》第五条第二款“债务人、担保人、债权人有过错的，应当根据其过错各自承担相应的民事责任”来分担损失。实践中，人民法院对上述主体承担责任的判决存在连带责任和补充责任两种内容。要知道，对债权人而言，保证人从承担连带责任到补充责任，债权人的权利实际上是发生权利减等的。我们认为，这种权利减等，必须建立在债权人有过错的基础之上，这也成为分清上述主体承担连带责任还是补充责任的标准。一般情况下，政府机关、以公益为目的的事业单位，在名称、登记上很容易查明其不能作为保证人，所以人民法院的判决一边倒地都判令无效保证合同的保证人在债务人不能清偿的部分承担相应的责任，即承担补充清偿责任；但法人分支机构提供的保证担保在实践中则会产生例外情况。

【问题21】法人分支机构签署的保证合同无效，该分支机构承担连带还是补充赔偿责任?

方某与王某某签订借款合同约定，方某将40万元借予王某某，王某某到期不能还款，由下陆支行承担偿还本息。合同签订后，方某按约履行了义务，王某某出具借据。同日，王某某向下陆支行出具委托付款函，该函载明：2007年4月25日，其向贵行申请贷款40万元，现请求贵行在发放贷款时直接将其中的40万元汇入方某的账户。同日，下陆支行向王某某出具担保书载明：其同意贷款给王某某40万元，根据王某某2007年4月25日的委托付款函的请求，其承诺将其中的40万元直接汇入方某开设在建行的账户。若王某某不能偿还，由下陆支行负责偿还借款本息。后，王某某未履行还款义务，下陆支行未履行付款义务，方某诉至法院。法院审理过程中查明，下陆支行系黄石农村商业银行股份有限公司分支机构。问，保证合同无效，下陆支行应当承担补充清偿责任还是连带责任?

本案经一审、二审，发回二审法院再审，一直到检察院抗诉，最终由湖北高院提审，审理的重点在于下陆支行是否提供了保证担保，以及保证合同无效，下陆支行是否仅应承担债务人不能清偿部分的二分之一的赔偿责任。湖北高院在其就本案“黄石市滨江农村信用合作银行下陆支行与方某、王某某、黄石市恒信担保有限责任公司借款及担保合同纠纷再审案”作出的（2014）鄂民监三再终字第10号民事判决书中认为，“因下陆支行作为银行的分支机构不能为担保人，本案所涉担保关系无效。债权人方某作为自然人，对保证合同无效的法律后果没有主观过错，下陆支行也没有证据表明方某明知下陆支行没有担保资质还接受其保证，故方某对保证无效不存在过错”。最终，判令维持下级法院作出的“下陆支行对王某某所负上述债务承担连带赔偿责任”的判决。

分析：本案中，法院实际上是依据《担保法》第五条第二款的规定对责任进行分担，即债权人无过错的，担保人与债务人对主合同债权人的损失承担连带责任。事实上，坚持民法“自负原则”体现在本案中，即是在债权人没有过错的情况下，不能对其权利进行减等，所以保证人就无效保证合同与债务人一起承担连带赔偿责任，实际上就是承担和保证合同有效时一样的法律后果。这是一种，在一方面应当认定合同无效，另一方面又不能让无过错的债权人承担不利法律后果的情况下得出的结论。在这一问题上，司法机关虽然在《担保法》第五条第二款基础上发展出《担保法司法解释》第七条、第八条更易操作的法律规定，但是应当清醒地看到实践中还是可能存在担保合同无效，而债权人毫无过错的情况，此时适用第七条、第八条二分之一、三分之一的责任分配方法就会显得十分不恰当。

实践中，存在与本案极为相似的案件，但结果却不同。例如，郑州中院就“中国农业银行郑州市商都支行与王某某、河南路桥建设股份有限公司民间借贷纠纷案”作出的（2009）郑民二终字第1219号民事判决书中认为，“由于农行商都支行未经法人书面授权提供担保，对保证无效具有过错，而王某某在明知借款合同中已明确约定有‘担保已经获得有效授权’的情况下，没有审查是否有书面授权，王某某对保证无效同样具有过错”。最终，郑州中院判令保证人商都支行承担民事责任的部分，不应超过债务人路桥公司不能清偿部分的二分之一。很显然，判决结果依据的是《担保法》第五条和《担保法司法解释》第七条，逻辑是债权人有过错，应对其对保证人的权利作减等和减半承担处理。对于这一案件和上述案件之间的不同，我们认为，人民法院在审理担保合同无效的案件时，应当实事求是，在查明债权人是否有过错的基础上具体适用法律，不能机械照搬第七条、第八条中规定的二分之一、三分之一的责任分配方案。

2. 法人就其分支机构对外签署的无效保证合同，承担连带责任，还是补充责任？

从上述案例中，还可以看到另外一点，即法人并不应必然地就分支机构承担的责任而承担民事责任。下陆支行原本是信用合作联社下属分社，其财产原本就具备一定的独立性，而后续进行的机构改革导致其成为银行的分支机构。实践中，还有所谓内部承包、挂靠等一些类似情形。我们认为，对于这些情况，不能简单地认为法人应当就其分支机构签署的无效保证合同承担责任，不能简单地从《公司法》第十四条第一款“公司可以设立分公司。设立分公司，应当向公司登记机关申请登记，领取营业执照。分公司不具有法人资格，其民事责任由公司承担”中得出法人必须就分支机构在无效保证合同中应当负有的赔偿责任承担民事责任。

保证担保法律关系有其特殊性，其是单方就第三人的债务承担担保责任，并无债权人的对待给付义务，分支机构也未因签署担保合同而如借款合同那样使其一般责任财产中的正向财产数额增多，所以也不能简单地认定法人必须如最高人民法院〔2001〕民监他字第4号《关于企业分支机构的负责人以分支机构的名义对外签订借款合同企业应承担民事责任的复函》“批发部作为柳州烟草分公司的分支机构，如有偿付能力，应当自行承担；如无偿付能力，应由企业法人柳州烟草分公司承担”所指出的那样，让法人承担补充清偿责任。

实际上，判令分支机构承担责任，而不是由法人承担连带或补充责任具有一定的合理性，因为这一结果并未超出债权人在签订保证合同时，对保证人承担担保责任的能力和责任财产数额的预期。这一做法有利有弊：好处是，增强了法人对分支机构对外担保行为的抗风险能力，防止分支机构负责人利用不当交易损害法人利益（这种情况几乎只能在保证关系中出现，在抵、质押关系中，最高人民法院的观点是只要是登记在分支机构名下，或为分支机构占有的，都应当将“登记”和“占有”认定为法人给予的分支机构就该等项财产设定抵、质押权利的授权）。例如，甲公司的分公司经营管理的财产只有10万元，在未经甲公司有效授权的情况下，分公司与债权人签署保证合同，就债务人对债权人的100万元的债务承担保证责任。保证合同将因无法人有效授权而无效。在这一过程中，甲公司并无任何过错，即使认定甲公司应当承担分公司的保证责任，也应当是在分公司管理的10万元财产范围内承担法律责任。而不能在甲公司未有效授权，也无过错的情况下，认定甲公司必须以其其他财产承担法律责任。与此相对，这样做的弊端在于，如果排除甲公司的赔偿责任，那么可能就会出现因分公司将财产合法内部转移至法人的情况下，在事实上损害债权人的利益。所以，我们认为，在保证期间，如果分公司将财产转移至甲公司，那么甲公司应当在转移的财产范围内承担法律责任。

在实体上，法人就其分支机构的无效保证合同承担责任的，有两个要件：第一，企业法人应当有过错，换句话说，企业法人没有过错的，不承担责任；第二，即使企业法人有过错，也应当先以分支机构经营管理的财产承担责任，然后再综合企业法人和债权人的过错认定企业法人是否承担责任以及承担多大范围上的责任。在程序上，《担保法司法解释》第一百二十四条规定，人民法院在审理企业法人的分支机构为他人提供保证产生的纠纷时，可以该企业法人作为共同被告参加诉讼。如果债权人仅以分支机构提起诉讼，那么就应当判令分支机构承担责任，人民法院也可以追加企业法人作为共同被告。问题是，不追加企业法人为被告的，如果分支机构财产不够承担责任的，债权人是否能够根据《最高人民法院关于人民法院执行工作若干问题的规定（试行）》第七十八条规定要求追加企业法人为被执行人，甚至在企业法人直接经营管理的财产仍不能清偿债务时裁定执行该企业法人其他分支机构的财产？对这一问题，我们认为，应当严格依据《担保法》第二十九条、《担保法司法解释》第十七条的规定，只有在法人有过错的情况下，才能够追加企业法人为被执行人；在法人是否有过错的问题上如果没有裁判结论的，应当在法人提出的执行异议中进行审查。

二、保证合同的形式

《担保法》第十三条规定，保证人与债权人应当以书面形式订立保证合同。实际上，早在《担保法》颁布之前，司法审判机关就已经认识到了保证合同在实践中可能呈现出的不同形式。1994年颁布的《最高人民法院关于审理经济合同纠纷案件有关保证的若干问题的规定》在“一、保证合同成立的认定”中即规定了保证合同的形式：（1）保证人与债权人就保证问题依法达成书面协议的，保证合同成立。（2）保证人以书面形式向债权人表示，当被保证人不履行债务时，由其代为履行或者承担连带责任并为债权人接受的，保证合同成立。（3）保证人在债权人与被保证人签订的有保证条款的主合同上，以保证人的身份签字或者盖章；或者主合同中虽没有保证条款，但保证人在主合同上以保证人的身份签字或者盖章的，视为保证合同成立。最高人民法院在其后续颁布的《担保法司法解释》第二十二条中再次确认了保证合同的形式，即第一款：“第三人单方以书面形式向债权人出具担保书，债权人接受且未提出异议的，保证合同成立。”第二款：“主合同中虽然没有保证条款，但是，保证人在主合同上以保证人的身份签字或者盖章的，保证合同成立。”

综上，保证合同是需要书面形式的要式合同，但有以下签订方式：第一，保证人和债权人签署书面保证合同，该合同可以为合同书形式，也可以是数据电文形式，但须符合《合同法》第十一条有关书面合同形式的规定；第二，主债权合同为包含债权人、债务人、保证人的多方合同，含有保证条款，保证人作为当事人签章；第三，主债权合同虽不包含保证条款，但第三人以保证人身份签章；第四，保证人单方以书面形式向债权人出具担保书（承诺函、保证书、保函等包含担保意思的单方意思表示），债权人接受且未提出任何异议。除此之外，单行法律中，还会对特殊的保证类型有具体的形式要求，如《最高人民法院关于审理票据纠纷案件若干问题的规定》第六十二条规定：“保证人未在票据或者粘单上记载‘保证’字样而另行签订保证合同或者保证条款的，不属于票据保证，人民法院应当适用《中华人民共和国担保法》的有关规定。”

【问题 22】保证人在银行的业务审批表上签章，保证合同是否成立？

张某与工行葫芦岛滨海支行签订《信用卡购车透支还款合同》，张某用牡丹购车专用卡以透支方式向汽车销售商葫芦岛万运汽车销售服务有限公司购买中兴皮卡汽车一辆，透支金额为133000.00元，该笔款项由滨海支行划入被告张某指定的葫芦岛万运汽车销售服务有限公司的账户，形成消费贷款关系。在案件审理过程中，为证明第三人杨某应承担保证责任，滨海支行向法院提供了《中国工商银行信用卡购车专项分期付款业务申请审批表》，该表“担保情况”一栏担保人处加盖了杨某的个人名章。此外，滨海支行不能提供其与杨某签订书面的保证合同或其他能够证明杨某为张某提供担保的证据。问，滨海支行与杨某之间的保证合同是否有效？

分析：葫芦岛中院在其就本案“中国工商银行股份有限公司葫芦岛滨海支行与被上诉人张某、杨某借款合同纠纷案”作出的（2016）辽14民终1149号二审民事判决书中认为，“上诉人的《中国工商银行信用卡购车专项分期付款业务申请审批表》是其银行内部办理相关业务的一种程序性的审批手续。该审批表不具备保证合同的形式要件和实质要件，不能起到约束双方当事人权利、义务的合同作用。杨某不应对张某所欠上诉人的债务承担连带保证责任。上诉人的上诉请求没有事实和法律依据，本院不予支持”。也即是说，滨海支行与杨某之间并无法律规定的保证合同形式，故无保证合同关系。从上述实例可以看出，保证人提供保证的意思表示虽然形式多样，但一定是在一个特定场合下作出的意思表示。

（一）担保合同的特殊形式之一——单方担保书

《担保法司法解释》第二十二条第一款规定，“第三人单方以书面形式向债权人出具担保书，债权人接受且未提出异议的，保证合同成立”，最高人民法院法官在解释该条款时认为，“保证合同属于单务合同，就保证合同而言仅一方负有义务，保证合同一旦成立，只能给债权人带来保证自己债权实现的实际利益。因此，在债权人受到保证书后没有明确表示同意与否的情况下，可以认为是以默示的形式作出同意的意思表示，从而保证合同得以成立，一旦债务人不履行债务，保证人应当承担其所承诺的保证义务，债权人也有权利要求其履行。这样的处理与确定保证制度的目的并不矛盾，有利于保护债权人的利益。对此，《最高人民法院关于审理经济合同纠纷案件有关保证的若干问题的规定》第二条作了明确的规定，本条解释对此再次予以确认”。

1. 担保书的性质

就保证人单方向债权人出具的保证书、承诺书、保函等法律文件的本质而言，实际上是一种保证人作出的单方的意思表示，即行为人的单方行为产生表意人想要达到的私法上的效果，即承担保证责任。单方意思表示发生法律效力有一个前提：该单方意思表示产生的私法效果必须有利于相对人，如所有权的抛弃行为和债务的免除行为；因此，这里并不需要债权人作出相对的、明确的同意意思表示，而保证书是这样的一个行为，它比债务的免除行为更进一步，是一个单方的对他赋权行为，或对已施与义务的行为。所以，该行为首先要明确的是如何对保证人本身有效的法律要件：（1）该意思表示的表意人必须是具有完全民事行为能力的民事主体；（2）该意思表示必须要真实，不存在欺诈、胁迫等违背表意人的真实意愿；（3）该意思表示必须向相对方作出，可以是由第三方代为传达，可以是在有效授权的情况下授权第三方代理作出，但是不得向非债权人的第三方作出，这是来自法律行为本身对该单方法律行为的要求。另外，《担保法司法解释》对该单方意思表示行为（保证书）有形式上的“书面”要求，也即该行为和保证合同一样在性质上属于要式行为。在保证人向债权人以书面形式作出保证承诺后，紧接着就会出现两个问题：

第一，保证人什么时候可以撤回或撤销该意思表示，这里有两个时间节点：（1）保证人的撤回通知在债权人收到该意思表示（保证书）之前或同时，这一点当无争议；（2）在主债权成立之前撤销提供保证担保的意思表示，撤销通知须在主债权合同成立或生效之前到达债权人（这里注意区分自然人借款合同和商事借款合同，因为两者成立或生效的时间并不一致）。关于第（2）个时间节点，即在主债权成立之前撤回（销）保证书，主债权尚未成立，保证人提供保证担保的意思表示还属于债权人考虑是否建立主债权关系的考虑因素之一，故法律应当允许其撤销并不影响债权人对是否建立主债权关系的决策。这也是我们认为，担保函仅仅是单方意思表示，而不是单方法律行为的原因，因为单方法律行为一旦作出立即生效，并且无回复可能。这一结论也和《担保法司法解释》第二十二条第一款以“未提出异议”作为债权人意思表示的规定在逻辑上一致，所以在主债权成立或生效前，保证人撤销单方提供保证意思表示的，保证合同即会无法成立。当然，我们不排除债权人“未提出异议”，而是明确地作出意思表示接受并同意保证人提供保证担保的情形，应认定保证合同自债权人明确意思表示时生效。与此相对，如果主债权关系已经确立，我们认为，应当理解为保证合同在债权人无异议的情况下与主债权同时成立，保证人此时送达给债权人的撤销通知至多只能被认为是一种保证合同解除协议的一方意思表示，或解除协议的要约。

第二，《担保法司法解释》规定债权人无异议即成立保证合同，这里的无异议是对担保书中的任何内容的异议，还是应当按照《合同法》第二十条第（四）项的规定“受要约人对要约的内容作出实质性变更”理解为对担保书中的实质性内容的异议？债权人异议的形式是否应当有所限制，即单纯的口头异议是否就足以导致保证合同不成立，还是仅仅局限于书面异议？此外，债权人何时未提出异议才能导致保证合同成立？上述问题，我们举下例予以说明：

甲公司向乙银行送达担保书，承诺就丙公司向乙银行1000万元的借款本金承担连带保证责任。担保书送达后三天，甲公司即向乙银行送达撤销通知，第四天乙银行与丙公司达成借款合同并随即发放借款。第五天，乙银行向甲公司送达异议文书，称原初步拟定的担保债权范围是本金以及利息，但甲公司的担保书称只就本金进行担保，不符合原双方拟定的担保范围。丙公司到期未履行债务，乙银行要求甲公司承担本金及利息的担保责任，是否于法有据？

对于上述示例，我们认为：（1）乙银行向丙公司发放借款，应当是将甲公司的保证考虑在内的，在甲公司撤销通知到达后，乙银行还执意向丙公司发放贷款，意味着其已经放弃了甲公司的保证担保，或者在决定是否发放贷款时，甲公司是否提供担保已经不是乙银行考虑的内容了。所以根据《担保法司法解释》第二十二条的规定，甲公司撤回该担保书应当是合法有效的，保证合同不成立，甲公司不应当承担担保责任。不仅如此，我们认为，在上例设定的简单条件下，甲公司甚至无须承担缔约过失责任。（2）如果没有甲公司的撤销通知，在此情况下讨论乙银行异议，我们认为，因为乙银行异议前，乙银行与丙银行已经达成借款协议，那么应当认为乙银行无异议，保证合同自借款合同签订时以甲公司的担保函内容成立并生效。之后，乙银行向甲公司提出异议，实际上是就保证合同的内容提出变更协议的单方意思表示，甲公司同意的，保证合同的担保范围将变更为本金和利息。至此，乙银行的主张于法无据。（3）如果乙公司尚未与丙公司签订借款合同，那么乙银行仅仅是就甲公司保证合同要约中保证担保的债权范围提出异议，而未就丙公司承担担保责任本身提出异议，所以即使其提出了异议，在结果上：（1）乙银行的异议不构成对丙公司承担担保责任的异议，所以不影响担保的效力；（2）甲公司未回复同意的，保证合同和保证担保依然成立，但担保的范围是本金。我们认为，除非债权人明确表示不接受保证担保，否则都应按照保证人的保证书的内容成立保证合同，不能简单地认定保证合同成立或不成立。

上述讨论均是针对先有担保函，后有主债权合同的情形。在先有主债权合同，后有担保函的一般情形下，担保函一旦送达债权人即须认为保证合同已经成立并生效。其后，无论是保证人的“撤销”，还是债权人的异议（在不认为是拒绝担保的场合下），都应当认为是合同成立后的解除或变更。

【问题23】保证人在股东会决议的股东签名处签字，保证合同是否成立？

安县田园建材公司向安县信用社借款，安县田园建材公司及周某某向安县信用社出具《安县田园建材公司股东会决议》，载明：“安县农村信用合作联社河清分社：兹有安县田园建材有限责任公司在你社办理借款……经我公司全体股东研究决定：同意我公司在你社办理借新还旧贷款贰佰陆拾玖万元整，同意由绵阳市高新区鑫田融资担保有限公司提供连带责任保证担保；同意由我厂法人（法人代表人）周某某提供连带责任保证担保。我公司承担该合同项下全部借款清偿责任。”安县田园建材公司在该决议书上加盖印章，周某某在该决议书上“股东签字”处签名。后安县信用社诉至法院，诉请之一即是要求周某某承担保证责任。问，周某某的保证合同是否有效？

四川高院在其就本案“周某某与安县农村信用合作联社、安县田园建材有限责任公司金融借款合同纠纷案二审案”作出的（2014）川民终字第806号民事判决书中认为，“股东会决议虽形式上是公司内部文件，通常情况下对外不产生效力，但本案所涉股东会决议是明确出具给安县信用社，该股东会决议的原件也由安县信用社持有；同时，该股东会决议中明确了由安县田园建材公司法定代表人周某某个人承担连带清偿责任的意思表示，周某某也签字进行了确认，因此，该股东会决议已经超越了通常意义上的公司内部文件性质，实质是向安县信用社出具的连带保证责任的承诺书”。

分析：我们认为，仅从文义上将上例股东会决议中周某某的意思表示理解为作出保证担保的意思表示非常牵强。该股东会决议仅仅是同意周某某提供保证担保，周某某签字行为的正常理解应当是其就股东会决议事项进行表决或对表决结果以股东身份进行确认，很难将其签字理解为作出保证的意思表示。即使是以单方承诺的形式缔结保证合同，保证人的单方承诺在性质上也应当是一个需领受的意思表示，该行为的有效要件是：（1）行为人有完全的民事行为能力，且无意思瑕疵；（2）该行为须向相对方，即债权人作出，向第三方作出的无效；（3）该行为须系保证人的意思送达相对方，并借此生效。本案中，如果股东会决议没有“安县农村信用合作联社河清分社”的抬头，那么就不符合向相对方作出意思表示的要件，即使债权人持有该股东会决议，也不能成为保证合同有效的依据，因为周某某同意保证担保的意思表示是向公司作出的，而不是向债权人作出的；如果保证人周某某不是法定代表人，而是一般股东，那么不符合保证担保意思表示须系保证人送达相对人（债权人）的要件，也不能构成有效的保证合同。周某某保证合同之所以能成立，真正的原因来自：（1）股东会决议是出具给债权人，决议抬头是债权人；（2）周某某在股东会决议中的签字确认其愿意承担保证责任；（3）周某某是法定代表人，惯常情况下股东会决议系由其或其支配情况下交给债权人，也即保证人将载有自己愿意承担保证责任的意思表示送达债权人，从而最终完成了单方保证承诺。上述因素综合促使保证合同成立，最为关键的是周某某法定代表人这一因素，并以此推论该意思表示是其送达的结论。如果愿意提供担保的是其他并非法定代表人的股东，我们认为不能认定保证合同成立并生效。即便如此，我们认为，保证合同是一项非常严肃的单方承担义务的法律文件，如果四川高院不将股东会决议视为保证人向债权人作出的单方保证承诺，也不能简单地得出判决有误的结论。

2. 担保书的内容

担保书应当具备保证合同一般内容，如所担保的具体债权的债权人、债务人、债权数额及其他可用于标明具体债权的事项，以及明确的代为偿还的意思表示。如果担保书的内容不明确，尤其是承担保证责任的意思表示不明确，即很难认定担保书开立人承担保证责任。

【问题 24】《承诺函》内容不明时，依据什么确定其是否系担保法规定的担保书？

1994 年 5 月至 1996 年 10 月，佛山市政府向香港交行出具三份《承诺函》，内容为中亚公司（景山公司）是我市驻港机构。为进一步发展该公司的对外贸易业务，该公司特向贵行申请以下银行便利：用该公司位于 ×× 物业按揭贷款 ×× 万元。上述申请业经本政府研究批准同意，请贵行根据该驻港公司的业务发展实际需要，给予支持。本政府愿意督促该驻港公司切实履行还款责任，按时归还贵行贷款本息。如该公司出现逾期或拖欠贵行的贷款本息情况，本政府将负责解决，不让贵行在经济上蒙受损失。

1995 年 10 月 18 日，阳江市政府向中南银行香港分行出具一份《承诺函》，称："必荣公司向贵行申请以下授信额度：开出信用证 1000 万港元（或等值其他货币）、信托提货 700 万港元（或等值其他货币）、透支 50 万港元（或等值其他货币）、凭保议付 100 万港元（或等值其他货币），上述申请授信额度业经我市政府研究批准同意，请贵行给予支持。如该公司出现逾期或拖欠贵行的贷款本息情况，本政府将负责解决，不让贵行在经济上蒙受损失。”

两个案件市政府用的都是《承诺函》，且在该函件结尾都用的是“如该公司出现逾期或拖欠贵行的贷款本息情况，本政府将负责解决，不让贵行在经济上蒙受损失”，故审理的结果应当是一致的。但是，最高人民法院和广东高院却给出了不同的结果：

第一个案件：最高人民法院在其就“佛山市人民政府与交通银行香港分行担保纠纷案”作出的（2004）民四终字第5号民事二审判决书中否定了《承诺函》的担保书性质：“首先，从名称来看，《承诺函》并非担保函，对于其是否能构成担保应根据其内容来认定。其次，从《承诺函》的内容来看，‘负责解决’‘不让贵行在经济上蒙受损失’并无明确的承担保证责任或代为还款的意思表示。再次，在香港交行向中亚公司和景山公司出具的授信函中，在‘抵押品及法律文件’项下，除了佛山市政府的《承诺函》外，还有不动产的抵押、保证及存单的质押等，且《承诺函》均在这些授信函中被列入区别于‘保证’的‘其他’文件项下，这说明香港交行明知《承诺函》并非保证函。最后，为解决包括中亚公司、景山公司在内的佛山市直属企业拖欠香港交行贷款事宜，佛山市政府与香港交行之间有三次座谈会并形成会议纪要。从这三份纪要的记载来看，香港交行从未要求佛山市政府承担保证责任或代中亚公司、景山公司还款，佛山市政府也未作出过承担保证责任或代企业还款的意思表示，而双方谈到的解决途径均是政府在适当时机对企业进行资产重组，以解决原有债务。佛山市政府亦于1998年11月12日以佛经贸发〔1998〕42号文件批复同意了佛山市有关企业与香港交行商定的企业重组计划，以解决中亚公司、景山公司等企业拖欠香港交行贷款的问题。综上，佛山市政府从向香港交行出具的书面文件上，到实际的行动上，从未有过承担保证责任或代所属企业还款的意思表示，其向香港交行出具的《承诺函》并不构成我国担保法意义上的保证。”

第二个案件：广东高院在其就本案“中国银行（香港）有限公司与广东省阳江市人民政府、广东省阳江市对外贸易经济合作局、广东阳江轻工业品进出口（集团）公司担保合同纠纷案”作出的（2004）粤高法民四终字第55号判决书中认为阳江市人民政府的《承诺函》，“具有为必荣公司的借款提供保证担保的意思表示，符合《中华人民共和国民法通则》第八十九条第一款第（一）项、《中华人民共和国担保法》第六条规定的精神，应认定阳江市政府、外经局为必荣公司向中南银行香港分行的借款提供了保证担保”。

分析：最高人民法院的判决内容较长，也比较充分。但我们认为，佛山市政府应当和广东高院判决中的阳江市政府一样承担担保责任，原因有三：第一，从两个《承诺书》的内容来看，基本一致，可见其是当时在港中资公司向在港中资金融机构的一种普遍情形。那么，问题来了，《承诺函》仅仅是当时中资金融机构贷款的一项行政“手续”，还是一项满足增信要求，银行规避风险的手段。如果是前者，最高人民法院的判决比较有道理，但从两案判决主文中看不到对开具《承诺函》原因的分析。第二，如前文所述，保证人承担的担保责任实际上是一种赔偿责任，在语义上和“不让贵行在经济上蒙受损失”具有一致性。如果不认可《承诺函》的担保书性质，债务人未还本付息，结果上银行无法收回贷款本息遭受损失，那么市政府的“不让贵行在经济上蒙受损失”的承诺是什么？人民政府的公信力何在？第三，在贷款法律关系中，出具法律文书是非常严肃的事项，作为一级人民政府的市政府，在民事法律关系中出具带有法律效力的文件应当施与更为严苛的后果。在结果上，即使认定《承诺函》在性质上属于担保法所规定的担保书，也应当认定该担保关系无效，遭受损失的依然是信任人民政府公信力的相对人。在担保无效的框架下，在市政府和债权人之间分担损失是十分恰当的方案，而作出承诺，但不履行承诺，通过不认可《承诺函》的担保书性质摆脱所有法律责任，有违常理。在本书中，我们一直强调担保法的基本原则“责任自负”，担保法在这里始终承担着塑造能够“责任自负”的行为人的任务，市政府是否承担保证责任和银行怎么看待市政府的《承诺函》，是否要求市政府承担担保责任无关；相对地，市政府作出承诺，就应当履行承诺不让银行遭受损失，否则，最终失去信用的还是作出承诺的人民政府。

（二）保证合同的特殊形式之二——以保证人身份签章

在主合同上以保证人身份签章的，应当认定为有保证的意思表示。《担保法司法解释》第二十二条第二款规定：“主合同中虽然没有保证条款，但是，保证人在主合同上以保证人的身份签字或者盖章的，保证合同成立。”也即是说，即使合同文本抬头上没有保证人，但是根据司法解释起草者的意见，如果文本抬头上没有明确设置第三人为保证人或担保人，或者主合同上没有设置保证人签章的栏目，当事人在该主合同保证人签章处签章后，其保证的意思表示是十分明显，应当承担保证责任。

【问题 25】非保证人第三方签署债权协议应注意哪些事项？

鹏兰公司与鹏港律师事务所签订委托代理合同，约定由后者向前者提供法律服务，鹏兰公司在合同最后加盖公章，且法定代表人曾某某签字。但是，曾某某签字处前，原先打印的“代表”二字被画掉，下面手写“保证人”三个字。

就此，律师事务所认为曾某某应当就代理费承担连带保证责任，而曾某某认为该“保证人”字样系后续篡改。对于这一实践中的真实案例（具体参见深圳中院就本案“广东鹏港律师事务所与深圳市鹏兰化工有限公司、曾某某诉讼、仲裁、人民调解代理合同纠纷”作出的（2013）深中法商终字第39号民事判决书），我们在这里不是要分析具体案件中的是非曲直，而是要讨论非债权债务人的第三方在债权合同上签章的风险。再如，高邮法院在其就“金某某与许某某民间借贷纠纷案”作出的（2014）邮开民初字第0098号民事判决书中认为，“被告许某明确表示拒绝承担担保责任，审理中能否确定被告承担保证责任，在于借条上许某所写内容是否具有担保或保证的意思表示。从原告所提交的借条上可以看出，‘许某’之前的三个字，书写较为潦草，笔画较难分辨，难以确定为‘担保’或‘保证’的内容”。可见，因第三方签章前的用以表明“身份”的文样模糊不清而产生分歧，在实践中已是屡见不鲜。那么，第三方非以提供保证的意思签署主合同时，应当从哪些方面防范可能出现的风险呢?

分析：实践中，经常会出现第三方作为见证人、证明人，而不是保证人签署债权人、债务人之间的债权合同。鉴于《担保法司法解释》第二十二条第二款“主合同中虽然没有保证条款，但是，保证人在主合同上以保证人的身份签字或者盖章的，保证合同成立”，第三方在主合同文书上签章存在巨大的法律风险。因为只签章名称的，法官除了审查签章之前是否有“保证人：”这样表明签章人身份的事项之外，还会审查当事人之间的法律关系是否符合保证合同的实质要件，最终存在判决第三方承担保证责任的风险。所以，为避免法院在审判程序中进入实质性审查，第三方在签署主债权合同时必须谨慎并采取防御措施。

除此之外，实践中还存在债权人恶意在第三方签章前添加表明身份的“保证人：”的字样，达到向第三方转嫁债权实现风险的目的；而且，第三方不是债权合同当事人，实践中基本上不会持有债权合同，这就给了恶意债权人以可乘之机。从《担保法司法解释》第二十二条第二款的文意来看，“以保证人身份签章”并未要求“保证人”三个字也系保证人书写。这样，就会出现第三方签章系第三方亲笔签名书写或盖章，但签章前表明身份的“保证人”三个字并非第三方亲笔书写签章的情形，而根据第二十二条第二款的规定很可能会认定这种情况系第三方承担保证责任的意思表示。为了避免第三方陷入保证纠纷，第三方如果不是作为保证人签署债权合同，我们建议应当注意以下事项：（1）如果第三方与债权合同存在利害关系，那么不要在债权合同签章处签章，避免人民法院在审理过程中对当事人之间的法律关系是否符合保证担保实质要件进行审查；（2）即使在签章处表有“见证人：”的字样，第三方也应在签字后或盖章处标明（仅作为见证人），因为还存在债权人恶意在“见证人：”前添加“保证人、”的字样，从而组成“保证人、见证人：签章”的组合的风险；（3）第三方签章后，应当复印合同文本，并要求债权人在复印件上签章，或在条件允许的情况下直接要求持有合同原件。

三、保证合同的解释——一般保证，还是连带保证？

合同当事人在合同当中的约定不明时，即会产生合同解释问题。对此，《合同法》《担保法》《担保法司法解释》给出了保证合同的一般解释规则和特殊解释规则：

（一）《合同法》的一般解释规则

《合同法》对所有合同类型给出了一般性解释规则，该规则被规定在《合同法》第六十一条、第六十二条中，与保证合同有关的规则如下：

1. 根据《合同法》第六十一条之规定，即“合同生效后，当事人就质量、价款或者报酬、履行地点等内容没有约定或者约定不明确的，可以协议补充；不能达成补充协议的，按照合同有关条款或者交易习惯确定”。也即在保证合同中，如果当事人约定不明的，首先应当看当事人是否达成补充协议，进而根据补充协议确定约定不明的合同条款；其次，如果当事人达不成补充协议的，则看当事人之间是否有交易习惯或合同中的其他条款；最后，仍然不能确定的，则根据《合同法》第六十二条的规定加以确定。所以，保证合同如果存在约定不明的情况时，应当按照以下顺序对合同进行解释：补充协议——合同其他条款或交易习惯——《合同法》第六十二条。

2. 在《合同法》第六十二条的解释规则中，与保证合同有关的条款，我们以下例进行说明：甲、乙签订保证合同，约定保证人乙就甲对其债务人丙的债权实现承担连带保证责任，但双方在保证合同中有些条款没有约定清楚：

（1）双方对履行地点约定不明。如果甲、丙之间是借款合同，那么乙承担的保证责任即为金钱支付义务（代为返本付息），那么根据第六十二条第（三）项的规定，即“履行地点不明确，给付货币的，在接受货币一方所在地履行”，保证人乙向甲支付代偿款项的履行地点则为债权人甲（接受货币的一方）住所地。如果乙未在甲所在地履行担保责任，债权人甲在法律上有权拒绝受领，保证人在此情况下可能陷入履行迟延。

（2）双方对履行期限约定不明。一般情况下，保证人承担保证责任是跟随债务人的债务履行期限。在主债务双方当事人没有约定债务履行期限的情况下，则应当根据第六十二条第（四）项的规定，确定主债务履行期限，即债权人可随时要求债务人履行，债务人可以随时履行，但应当给对方必要的准备时间。因为甲、丙并未在借款合同中约定还本付息的时间，甲、乙在保证合同中仅约定承担连带保证责任。问题是，债权人甲何时有权要求保证人乙承担保证责任？答案是，债权人甲可以向债务人丙送达履行通知，要求丙在合理期限后履行债务，以此确定主债务履行期限；合理的期限届满，债务人未履行债务的，债权人甲即可要求保证人乙承担保证责任。

【问题 26】未约定最高额结算期保证担保，是最高额保证，还是无效保证？

1995 年 10 月 18 日，阳江市政府向中南银行香港分行（后成为中国银行香港分行）出具一份《承诺函》，称“必荣公司向贵行申请以下授信额度：开出信用证 1000 万港元……上述申请授信额度业经我市政府研究批准同意，请贵行给予支持。如该公司出现逾期或拖欠贵行的贷款本息情况，本政府将负责解决，不让贵行在经济上蒙受损失”。后，中国银行与必荣公司成立债务关系，阳江市政府称该年度未发生借款，在后来发生的债务中，阳江市政府不应当成为保证人。问，应当怎么理解阳江市政府开具的《承诺函》？

广东省高院在其就本案“中国银行（香港）有限公司与广东省阳江市人民政府、广东省阳江市对外贸易经济合作局、广东阳江轻工业品进出口（集团）公司担保合同纠纷案”作出的（2004）粤高法民四终字第 55 号判决书中认为，“由于《承诺函》没有约定保证期间也没有指明为哪一笔贷款提供担保，而是同意在授信额度内提供保证，由此产生了当事人间就此保证是否针对本案所涉借款的争议。本案中的承诺是为中南银行香港分行向必荣公司提供的授信额度提供保证的，授信额度提供的并非一笔特定的贷款，而是贷款方作出的限定最高贷款余额的贷款承诺。因此，本案中的《承诺函》是一种最高额保证的意思表示，是对特定授信额度内的贷款的最高额保证。其保证范围不是某一笔特定贷款，也不是多笔债务的简单累加，而是合同约定或法律规定的被保证债权发生期内实际发生的债务余额。本案所涉《承诺书》没有约定被保证债权的发生期限，阳江市政府、外经局也未通知香港中行该保证何时终止，故阳江市政府、外经局应对纠纷产生时必荣公司的借款余额（以其各自承诺的数额为限）及其利息、费用，向香港中行承担保证责任。本案所涉必荣公司拖欠香港中行的借款余额没有超过约定的保证限额，借款发生日期没有超过约定或法定的期限，故本案所涉贷款并未超过《承诺函》确定的最高额度和贷款期限，属于《承诺函》确立的最高额保证的范围”。

分析：很明显，保证人阳江市政府开具的《承诺函》构成最高额保证担保，但只有始期，即《承诺函》送达债权人之处时；而没有终期，即没有通常情况下核查最高额担保的实际债权余额的时间，即决算期。这一问题不会导致合同无效，也不会像阳江市政府“认为”的那样确定债权的余额的时间为当年年终；而是应当根据《合同法》第六十一条、《担保法》第二十七条加以确定。也即由双方达成补充协议，达不成补充协议的根据交易习惯或合同其他条款，或是在无法查明的情况下根据《担保法》第二十七条之规定，即“保证人依照本法第十四条规定就连续发生的债权作保证，未约定保证期间的，保证人可以随时书面通知债权人终止保证合同，但保证人对于通知到债权人前所发生的债权，承担保证责任”加以确定，而该条款实际上即是《合同法》第六十二条第（四）项的规定在保证担保法律制度中的具体应用。是以，如果《最高额保证合同》《最高额抵、质押合同》未载明确定债权余额的时间的，保证人、抵押人、质押人应当及时向债权人表示终止担保合同，以便确定最高额担保的债权数额。

（3）双方对履行费用负担约定不明。如果保证合同双方没有就履行费用的承担进行明确约定，则根据第六十二条第（六）项的规定由保证人负担履行保证责任的费用。这一点和《担保法》第二十一条第一款“保证担保的范围包括主债权及利息、违约金、损害赔偿金和实现债权的费用。保证合同另有约定的，按照约定”中，保证人应当承担实现债权的费用的规定是一致的。

（二）《担保法》《担保法司法解释》的特殊解释规则

在保证合同的解释问题上，实践中最为棘手的莫过于在约定不明情况下对保证方式的解释，即当事人在保证合同中约定保证方式不明的情况下，应当将保证人提供的保证责任认定为一般保证还是连带保证的问题。对此，《担保法》给出了基本的认定标准：

1. 一般保证的判断标准——不能履行

在《担保法》第十七条第一款“当事人在保证合同中约定，债务人不能履行债务时，由保证人承担保证责任的，为一般保证”的有关一般保证的概念中，认定一般保证的核心在于“不能履行债务时”。因为是否能够履行债务，是否满足一般保证人承担保证责任的条件，需要执行机构通过具体的执行行为对债务人是否能够履行债务加以判断，所以保证人才在法律上拥有检索抗辩权。在保证合同中，如果作为保证人承担保证责任的条件被设定为“债务人不能履行债务时”的，都应当认定为一般保证。

【问题 27】“债务人还不上，则由保证人偿还”的约定是一般保证，还是连带保证？

甘肃高院在其就“吕某某与朱某合同纠纷再审案”作出的（2016）甘民申952号民事裁定书中认为，“本院经审查认为，吕某某作为保证人在王某某给朱某出具的借条上写明：‘如王某某同事按时还不上由我偿还，吕某某’。该意思表示是否能认定为对保证方式约定不明是本案的争议焦点。《中华人民共和国担保法》第十七条规定，‘当事人在保证合同中约定，债务人不能履行债务时，由保证人承担保证责任的，为一般保证。’根据该借条上的意思表示应认定为一般保证”。问，甘肃高院的观点是否正确？

分析：一般保证、连带保证的约定实际上是保证关系当事人，即债权人和保证人就债务人的履约风险的分担所达成的一致协议。债务人不履行债务的违约风险，应当分为客观风险和主观风险，前者是债务人愿意履行债务，但因客观无能力履行而导致其不能履行；后者也被称为道德风险，即无论债务人在客观上是否能够，其主观无意履行债务。从风险负担的角度看，一般保证人只承担债务人履约的客观风险，连带保证人既承担主观风险，也承担客观风险。在上述问题中，“还不上”不能仅理解为一种客观风险，更多地在讲一种没有履行债务的事实状态，而“按时”也恰恰印证了这一点，应当还包含债务人有能力履行债务而未履行的情形。我们认为，《担保法》第十七条中的“债务人不能履行债务时”作为保证人承担保证责任的条件，重点在于“时”，该时点须与“不能履行债务”相连，具有客观不能履行的外部性，而本案中“按时”则系与合同约定的履行期限相连，在一定程度上可以解释为合同履行期限届满是债务人未履行还本付息义务的客观状况，当然包括债务人有能力履行而不履行还本付息义务的情形，两者存在巨大的差别。故，本案中当事人的约定更加贴近于连带保证，如果将当事人的“王某某同事按时还不上由我偿还”改为“王某某同事到期还不上由我偿还”，意思一致，但很清晰地表明不是一般保证。这里，人民法院应当按照“到期有没有还”的标准认定当事人之间系连带保证，因为这一理解和本案中“到期不能还”的理解是一致的，甘肃高院的判决具有保护保证人的倾向。

以下是一些人民法院的司法判例，供参考：

（1）“按期不能履行债务”

对于“按期不能履行债务”的约定性质的认定，最具有代表性的司法判例是最高人民法院就“中国信达资产管理公司贵阳办事处与贵阳开磷有限责任公司借款合同纠纷二审案”作出的（2008）民二终字第106号终审判决，也因为该判决系最高人民法院直接作出，而不是再审裁定，使得该案判决更具有说服力。该案中，债务人开磷公司提供的保证在借款合同中有两种表述：（1）“全部贷款到期，贷款方发出逾期通知三个月后，仍未归还，贷款方可以直接从借款方或担保方的各项投资和存款中扣收”；（2）“贷款到期，借款方如不能按期偿还，由担保单位代为偿还，担保单位在接到黔南中心支行还款通知三个月后仍未归还，黔南中心支行有权从借款方或担保单位的投资或存款户中扣收，或委托其他金融机构扣收”。对这两种表述，最高人民法院认为，“区分连带责任保证和一般保证的重要标志就是保证人是否享有先诉抗辩权，即债权人是否必须先行对主债务人主张权利并经强制执行仍不能得到清偿时，方能要求保证人承担保证责任。上述借款合同中的第一种表述，只要贷款达到约定期限仍未归还，即将担保方与借款方的责任一并对待，并未区分保证人应否在主债务人客观偿还不能，即先向主债务人主张权利不能后，方承担保证责任，因此，此处保证责任约定是清楚的，为连带责任保证”；而对于第二种表述，最高人民法院进一步认为，“上述借款合同中的第二种表述有‘不能’字样，如单纯使用‘不能’字样，则具有客观上债务人确无能力偿还借款的含义，此时保证人方承担保证责任可以认定为一般保证责任。但是，该‘不能’字样是与‘按期’结合在一起使用，则不能将其理解为确实无力偿还借款的客观能力的约定，仅是表明到期不能偿还即产生保证责任。因此，第二种表述亦应认定为连带保证责任”。所以，保证人承担保证责任的条件是债务人“到期不能偿还”的，则应当认定为连带保证。

最高人民法院在其就“潘某、吉林省东兴消防智能工程有限公司与潘某、吉林省东兴消防智能工程有限公司保证合同纠纷申请再审案”作出的（2016）最高法民再6号民事判决书中认为，“本案《工程施工合同》中，第十一条‘履约担保’中关于‘如甲方（盛基公司）不能按照合同约定支付工程款，此款项由担保方支付’的约定，不仅约定了保证方式，而且该约定也完全符合一般保证的法律特征，不能认为当事人对保证方式没有约定或者约定不明确。再审申请人潘某依照合同约定及担保法的规定，应当承担一般保证责任”。我们对这一判决内容持不同意见，“不能按照合同约定支付工程款”中的“合同约定”仅指工程款的约定数量，那么毫无疑问是一般保证；如果“合同约定”还包括合同约定支付工程款的期限，那么这一表述与最高人民法院审理的上一案件中的“如不能按期偿还”无任何区别。

白城中院在其就“刘某某与高某甲、伊某某、高某乙民间借贷纠纷再审案”

作出的（2015）白城民申字第82号民事裁定书中认为保证人作出的“到期如还不上，担保人愿意偿还”的表述中的“还不上”符合一般保证的“不能履行债务”的要件。江苏高院在其就“李某甲与李某乙、徐州和谐汽车销售有限公司等民间借贷纠纷再审复查与审判监督案”作出的（2016）苏民申3163号民事裁定书中认为保证人作出的“2015年3月16日，李某丙无法偿还此700000元债务时，我愿意承担担保责任”的表述中的“无法偿还”符合一般保证的“不能履行债务”的要件。与此相对，黑龙江高院在其就“杨某某与周某某、白某某保证合同纠纷案”作出的（2017）黑民再281号再审民事判决书中认为，杨某某在担保人处签名，借据载明：“今有白某某借周某某人民币壹拾叁万元，此款于2014年7月21日一次还清，如到期还不清由担保人还”的表述不符合一般保证的“不能履行债务”的要件，而应当是连带责任保证。很明显，黑龙江高院的判决与最高人民法院的判决在思路上是一致的。

从最高人民法院就“惠某某与德州科信土工材料工程有限公司、新疆乐悟金棵生物科技有限公司等民间借贷纠纷申诉案”作出的（2015）民申字第2583号民事裁定书中可以看到，山东高院认为当事人“只约定若新疆乐悟公司到期无力偿还借款本息，由德州科信公司代偿。从该条款中，推断不出保证责任方式是连带责任保证还是一般保证责任。依照《中华人民共和国担保法》第十九条规定，当事人对保证责任方式没有约定或者约定不明确的，按照连带责任保证承担保证责任”。而最高人民法院在其判决中支持了这一认定，即“从案涉《借款协议》中关于‘若借款到期乙方无力偿还借款本息，由丙方（科信公司）代偿’的约定，难以判断其中‘无力偿还’系指在合同约定的保证期间和法律规定的保证期间，债权人对债务人提起诉讼或者申请仲裁，并经依法强制执行，债权仍不能得到清偿；难以判断其含义是否与担保法关于一般保证的定义中‘不能履行’的含义一致，故保证人应当承担连带保证责任”。

我们认为，上述案件中的“到期无力偿还”“到期还不上”“到期不能”语义上并无太大区别，在“不能履行”之前冠以“到期”或“×年×月”字样的，都应当是连带保证，而不是一般保证。当然，人民法院在审理案件的过程中，一般还都会遵循“实质大于形式”的实事求是的原则而考虑当事人之间实际的权利义务状况，并不会拘泥于合同的文意，单纯地通过合同约定判断是一般保证还是连带保证。

（2）“如债务人履行债务，则债务与某人无关”

大连中院在其就“郭某甲与姚某保证合同纠纷再审案”作出的（2016）辽02民申576号民事裁定书中认为，“案涉两份《借款合同》中手写注明‘此款如郭某、于某某还清，此条就与郭某甲无关’的类似表述，无法理解为《中华人民共和国担保法》第十七条中规定的一般担保，故当事人对保证方式没有约定或者约定不明确的，按照连带责任保证承担保证责任”。也即大连中院认为，在债权文书中载明类似“债务人履行债务，则与某人无关”的约定表明：（1）债权人和某人存在担保关系；（2）上述约定属于保证方式约定不明的情形，故应当是连带保证，而不是一般保证。我们认为应当直接认定郭某甲的意思表示是连带保证，主债权合同，无论形式为何，在其上签章均系极其严肃的法律事务，郭某甲应当承担相应的保证责任。

（3）“负责到底，直到收回，否则由某人承担”

宁波中院就“翁某某为与被上诉人徐某某、原审被告沈甲、原审原告徐某某与翁某某、沈甲等民间借贷纠纷二审案”作出的（2011）浙甬商终字第5号民事判决书中，认定保证人作出的承诺书“我翁某某承诺，关于朱某某、沈甲向徐某某借款叁佰万元事宜，会积极催讨，负责到底，直至收回为止，始终不会推托责任。确定该笔借款出现意外，由我承担责任”为一般保证责任。我们认为，上述表述包含债务人履行不能的情况下由保证人承担责任的意思，故应当是一般保证责任。

（4）“不能及时付款”≠“不能付款”

最高人民法院在其就“贵州蓝雁投资实业有限公司、刘某某矿权转让合同纠纷二审案”作出的（2016）最高法民终780号民事判决书中认为，“案涉《煤矿收购协议书》关于蓝雁公司担保责任的约定为‘若因甲方（朝阳煤矿）不能及时付款’，则‘无条件承担余款的支付责任’。基于担保法的法律规定，并结合协议相关条文的规定，一审法院理解‘不能及时付款’强调的是履行期限问题即是否应按约定时间如期履行，不同于‘不能付款’，并无不当。蓝雁公司关于‘不能及时付款’是‘不能付款’的下位概念，其应为一般保证人的主张缺乏明确的合同依据”。所以，保证人在债务人不能及时付款时承担责任的约定，应当是连带保证，而不是一般保证。

实践中，因为当事人之间的约定千差万别，往往很难加以判断，应具体情况具体分析判断。在《最高人民法院关于涉及担保纠纷案件的司法解释的适用和保证责任方式认定问题的批复》第二条中给出了当事人之间约定的解释规则：（1）一般保证，即在债务人不能履行债务时，保证人承担责任；（2）连带保证，即在债务人不履行债务时，保证人承担责任。实践中，当事人应当注意在具体纠纷中适用上述两条解释规则。

2. 连带保证的判断标准——非一般保证

根据《担保法》第十九条之规定，即“当事人对保证方式没有约定或者约定不明确的，按照连带责任保证承担保证责任”，我们可以借此确定连带保证的判断标准为“非一般保证”，或者是连带保证人履行保证责任的条件是债务人不履行债务，而不是债务人不能履行债务。

实践中，还可以通过以下方式判断保证人提供的保证责任是连带责任：

（1）保证人承诺或约定，债务期限届满或接履约通知后几日内履行保证责任的，为连带责任保证。

最高人民法院在其就“中国建设银行海南省分行诉中国光大银行海口支行、海南九龙集团公司银行承兑垫付款担保纠纷案”作出的（1999）经终字第255号民事判决书中认为，“由于保证人在该保函中明确表示了在接到建设银行国际业务部通知后三日内付款的承诺，说明其保证责任的承担并不是以九龙公司不付款或不能付款为前提，投资银行不享有针对建设银行的先诉抗辩权，所以双方约定的，或投资银行承诺的实际上是连带责任保证担保”。最高人民法院的观点恰恰说明了一般保证和连带保证之间的根本区别。

（2）保证合同约定，债权人有权委托银行自行从保证人账户中扣收款项的，为连带责任保证。

最高人民法院在其就“中国新型建筑材料集团公司与中国信达资产管理公司长沙办事处等借款担保合同纠纷上诉案”作出的（2002）第36号民事判决书中认为，“债务人未按期清偿本息时，由中国建材集团代为偿还，如保证人不能自动履行，则允许债权人委托有关银行从保证人账户中扣收全部贷款本息”的约定为连带保证责任。我们认为，扣款权利是连带责任保证的一种典型表象，即只有保证方式是连带责任保证的，债权人才拥有自行委托银行扣款的权利。

（3）保证人承诺债务人不履行债务的，“无条件”“立即”代为履行债务的，为连带责任保证。

最高人民法院在其就“广西桂林南方橡胶公司与中国光大银行南宁星湖支行借款合同纠纷上诉案”作出的（2000）经终字第180号民事判决书中认为，“担保书中约定如借款人没有按贷款合同规定偿还全部贷款本息，担保人依法无条件承担履行贷款合同规定偿还全部贷款本息的义务，并见索即付，是一种连带责任保证担保”。山东高院在其就“华和国际租赁有限公司诉中化山东进出口集团公司融资租赁保证纠纷案”作出的（1999）鲁经终字第140号民事判决书中认为，“租赁合同担保条款和上诉人出具的外汇担保函，均证明上诉人是向被上诉人为农药厂直接承担保证责任，应认定保证人对农药厂所欠租金承担连带责任”。可见，用“立即”“无条件”表明保证人承担保证责任，除了债务人没有履行到期债务之外，再无其他条件的，应当认定为连带责任保证。

从本质上讲，无论是一般保证，还是连带责任保证，分类的标准实际上是保证人承担保证责任的条件不同，如果是以债务人到期未履行债务为条件，那么为连带责任保证；如果是以债务人不能履行为条件，在程序上须以对债务人财产强制执行为条件的，则为一般保证。

四、保证合同的内容

《担保法》第十五条具体规定了保证合同应当具备的内容，即（1）“被保证的主债权种类、数额”，实践中应当借助合同编号、数额、日期、当事人的事项确定被保证的主债权，否则即可能被认定为最高额保证或保证合同不成立。（2）“债务人履行债务的期限”，实践中往往只要表明保证的主债务，则债务人履行债务的期限即告确定，无须另行约定。（3）“保证的方式”，即依据《担保法》第十六条、第十七条确定保证方式为一般保证或连带责任保证。（4）“保证担保的范围”，当事人可就此进行具体约定，如果约定不明的，则根据《担保法》第二十一条之规定，就“主债权及利息、违约金、损害赔偿金和实现债权的费用”承担保证责任。（5）“保证的期间”，即应当依据《担保法》第二十五条、第二十六条确定保证期间，我们将在后续就此作专门讨论。如果债权人和保证人之间的保证合同不完全具备上述内容的，《担保法》第十五条规定当事人可以进行“补正”。所谓“补正”，我们认为，应当是指当事人可以通过补充协议或实际履行对保证合同不完全的部分进行补充。

五、保证合同的无效事由及法律后果

保证合同作为一种债权合同，除了遵循《合同法》第五十二条因一般的合同无效事由而无效，或依据《民法总则》《合同法》因保证人行使撤销权而无效之外，保证人还会获得《担保法》第三十条、《担保法司法解释》第四十条、第四十一条的特殊保护规则的保护。鉴于保证合同相对于合同法的特殊性，我们认为，应当将保证合同的无效事由、法律后果放在《担保法》《担保法司法解释》的框架内进行讨论，兼顾《合同法》《民法总则》中有关合同、法律行为无效的规定。根据保证合同无效的原因，我们首先将保证合同无效分为因主合同无效而无效和因保证合同自身而无效两种情形。请注意，我们这里讨论的合同无效，包括合同自始当然无效，也包括权利人行使撤销权而无效的情况。

（一）保证合同因主债权合同无效而无效

根据《担保法》第五条第一句“担保合同是主合同的从合同，主合同无效，担保合同无效”之规定，保证合同会基于主合同无效而无效。我们认为，上述情形在实践中可能以以下方式出现：

1. 主合同根据担保法的规定而无效

保证关系中，因为保证合同担保的主合同类型多样，合同标的可能是给付金钱、给付货物，还可能是给付劳务的合同，该合同会根据合同法的规定有效或无效，所以担保法的法律规定很少涉及主合同无效的情况。与之相对，《担保法司法解释》第四十一条之规定，即“债务人与保证人共同欺骗债权人，订立主合同和保证合同的，债权人可以请求人民法院予以撤销。因此给债权人造成损失的，由保证人与债务人承担连带赔偿责任”比较特殊。债权人基于保证人和债务人的欺诈而请求人民法院撤销主合同的，主合同即会基于人民法院的撤销判决而溯及既往的无效。

上述规定实际上涉及第三人欺诈的情形，相对于主合同，保证人是第三人；而相对于保证合同，债务人是第三人。根据《民法总则》第一百四十九条之规定，即“第三人实施欺诈行为，使一方在违背真实意思的情况下实施的民事法律行为，对方知道或者应当知道该欺诈行为的，受欺诈方有权请求人民法院或者仲裁机构予以撤销”，如果债权人以保证人作为第三方在债权人订立主合同时实施欺诈行为，而债务人知晓为由，可以请求人民法院撤销主合同。此时，保证人和债务人应对债权人承担何种法律责任，在理论界和实务界存在争议。有观点认为，二者应当承担侵权责任，即根据《侵权责任法》第八条“二人以上共同实施侵权行为，造成他人损害的，应当承担连带责任”，在结果上和《担保法司法解释》第四十一条规定的法律后果相同。我们赞同这种观点，并认为《担保法司法解释》第四十一条相对于《担保法》第五条、《担保法司法解释》第七条和第八条是特殊规定，应当优先适用。

2. 主合同根据合同法的规定而无效

实践中，主合同在大多数情况下是因合同法的规定而无效，涉及的主要情形如下：（1）主合同当事人不具备相应的民事行为能力；（2）主合同当事人意思表示存在错误瑕疵，存在欺诈、胁迫等意思不自由的情形，而合同经债权人、债务人申请，人民法院审理而被撤销的；（3）主合同标的不合法、不确定、不可能的，在不确定场合下当事人无法合意补正的；（4）主合同违反《合同法》第五十二条、第五十三条（合同中的下列免责条款无效：（一）造成对方人身伤害的；（二）因故意或者重大过失造成对方财产损失的）。在实践中，主合同无效的情形可能因为主合同的性质和类型而千差万别，应当具体情况具体分析。但应当注意，上述第（2）项的情形，主合同须经债权人申请，人民法院作出撤销判决的情况下才会无效，并不当然无效。

如果主合同因上述第（2）项而无效的，保证合同也无效，应当根据《担保法司法解释》第八条的规定，即“主合同无效而导致担保合同无效，担保人无过错的，担保人不承担民事责任；担保人有过错的，担保人承担民事责任的部分，不应超过债务人不能清偿部分的三分之一”，在保证人有过错的情况下要求保证人承担不应超过债务人不能清偿部分的三分之一的赔偿责任。

（二）保证合同因为自身的原因而无效

相比较保证合同因主合同无效而无效的情形，实践中较多的是保证合同基于自身而无效的情形。

1. 担保法律制度中保证合同无效的事由

担保法律制度中规定的保证合同无效的事由主要是：（1）保证人系政府机关、以公益为目的的事业单位、社会团体；（2）保证人系企业法人分支机构，且无企业法人的有效授权；（3）保证人系企业法人的职能部门；（4）未经国家外汇管理机关批准对外提供担保的保证合同。

根据《担保法司法解释》第四十一条之规定，即“债务人与保证人共同欺骗债权人，订立主合同和保证合同的，债权人可以请求人民法院予以撤销。因此给债权人造成损失的，由保证人与债务人承担连带赔偿责任”，如果债务人和保证人共同欺骗债权人，债权人请求人民法院撤销保证合同的，由保证人和债务人承担连带赔偿责任。

【问题 28】对外保证，为办理审批手续，担保合同无效，债权人是否有过错？

新业公司和宏业公司先后向国华银行（后变更为中银香港公司）出具《不可撤销担保契约》，就债务人达利丰公司向该银行的借款提供保证担保。后，债务人未还本付息，债权人诉至法院。问，保证人是否应当承担保证责任？

审理中，人民法院发现本案担保人为大陆公司，债权人为在香港注册的企业，所以本案为对外担保案件，而担保人没有实际履行向外汇管理机关办理审批手续，所以保证合同无效。一审广东高院适用《担保法司法解释》第七条的规定，即“主合同有效而担保合同无效，债权人无过错的，担保人与债务人对主合同债权人的经济损失，承担连带赔偿责任”，认为债权人无过错，判令两保证人向债权人承担连带赔偿责任。

分析：最高人民法院在其就本案“中银香港公司诉宏业公司等担保合同纠纷案”作出的（2002）民四终字第6号终审民事判决书中认为，“宏业公司和新业公司是为香港公司向香港银行的外币借款进行担保，该担保属于对外担保。根据我国内地关于对外担保的有关规定，此类担保应该到外汇管理部门办理有关批准登记手续。而本案宏业公司和新业公司出具的担保契约未办理上述手续，根据《最高人民法院关于适用〈中华人民共和国担保法〉若干问题的解释》第六条第（一）项的规定，该担保契约应认定无效。原审法院对本案担保契约效力的认定是正确的。但原审法院认定担保契约无效的责任完全由宏业公司和新业公司承担，属于划分责任不当。对于造成担保契约无效，债权人国华银行同样具有过错。国华银行作为债权人在接受担保时，有义务了解担保人宏业公司和新业公司是否具有出具此类担保的资格，出具此类担保是否需要由有关部门批准，担保人是否履行了批准手续，如果有关担保手续不完备，国华银行有义务督促担保人予以补正，从而取得一份完备有效的担保，使自己的权益得到更好的保障。但本案中在宏业公司和新业公司出具的担保未经有关外汇管理部门批准登记的情况下，国华银行未履行上述其应尽的义务而予以接受，因此对于本案所涉两份担保契约因缺乏法定审批登记手续而导致无效，宏业公司、新业公司及国华银行均存在过错”。最终，最高人民法院判决担保人宏业公司和新业公司对债务人达利丰公司不能偿还部分的三分之一向债权人中银香港公司承担赔偿责任。我们认为，如果保证合同无效，首先，要根据保证合同和主债权合同之间的关系，判断保证合同系自身无效，还是系因主债权合同无效而无效；其次，要确定债权人、保证人对保证合同无效是否有过错，确定双方是否需要承担缔约过失责任；最后，要根据保证人的人数和关系，确定其分别应当承担的缔约过失责任。

2. 合同法律制度中保证合同无效的事由

合同法律制度中保证合同无效的事由主要是：（1）保证人无签订保证合同的完全的民事行为能力；（2）保证合同因意思表示瑕疵而成为可撤销的保证合同；（3）保证合同的标的不确定、不合法、不可能；（4）保证合同违反法律和行政法规中的强制性效力规范。其中，第（3）项、第（4）项主要规定在担保法律制度中。第（2）项中，《民法总则》第一百四十七条至第一百五十一条分别规定了四种可撤销的法律行为类型，即重大误解、欺诈、胁迫以及乘人之危显失公平的法律行为；《合同法》第五十四条规定了重大误解、显失公平、欺诈、胁迫、乘人之危五种可撤销的合同类型。其中，应当格外注意欺诈情形下的第三人欺诈问题。

在司法实践中，应当在保证合同欺诈纠纷中，分清楚是债务人欺诈，还是债权人欺诈，如果仅仅债务人欺诈，而作为保证合同相对方的债权人并无欺诈行为，也不知晓债务人的欺诈行为的，保证合同就不是可撤销合同的类型。例如，广西高院在其就“谢某与黄某某、郑某某合同、无因管理、不当得利纠纷再审复查与审判监督案”作出的（2015）桂民申字第992号民事裁定书中认为，“保证人谢某提供的新的证据，只证明债务人黄某某欺骗了谢某，不能证明债权人郑某某采取了欺诈或胁迫手段，使保证人谢某在违背真实意思的情形下提供担保。同样，谢某申请再审并没有提供证据证明债权人郑某某在签订合同时知道或应当知道黄某某没有林木经营权，欺骗了谢某，主观上存在过错”。

（三）《担保法》《担保法司法解释》中的保证人免责规则

《担保法》第三十条规定，有下列情形之一的，保证人不承担民事责任，即（1）主合同当事人双方串通，骗取保证人提供保证的；（2）主合同债权人采取欺诈、胁迫等手段，使保证人在违背真实意思的情况下提供保证的。《担保法司法解释》第四十条规定，主合同债务人采取欺诈、胁迫等手段，使保证人在违背真实意思的情况下提供保证的，债权人知道或者应当知道欺诈、胁迫事实的，按照《担保法》第三十条的规定处理，两个条文共同组成了保证人的免责规则。从《担保法》《担保法司法解释》组成的上述规定来看，并未涉及保证人免责的同时保证合同的效力为何。我们认为，上述情况下，要求保证人按照《民法总则》《合同法》的规定起诉人民法院行使撤销权会增加保证人的维权成本，所以不如在担保法律制度中直接认定保证人免责，而且这也符合保证人因欺诈或胁迫意思不自由的情况下，根据“责任自负”原则不承担法律责任的基本逻辑。

【问题29】债务人欺诈保证人与债权人签订保证合同，保证人是否应承担担保责任？

三泷公司与浦东建行签署《最高额保证合同》，用于申浦公司向浦东建行的外汇借款。后，浦东建行与申浦公司签订《外汇借款合同》，借款150万美元。三份合同签订的当天，浦东建行开出150万美元进申浦公司账户的进账单。经查，该笔贷款并没有被申浦公司用于进出口业务，而是在贷款的当日，即由浦东建行开出两张支取凭条，将该款用于归还案外人巨龙公司开立信用证所欠浦东建行的款项。为巨龙公司还款的原因是，浦东建行依据信用证开具协议为巨龙公司开出三份信用证计229.94万美元并确定其于1996年3月1日对外付款，而申浦公司系该笔借款的保证人。因申浦公司无力还款，为尽快解决该问题，浦东建行与申浦公司商议，由申浦公司以申请进口项目流动资金名义向浦东建行贷款，归还其为巨龙公司开信用证的担保款。最终，债务人申浦公司未向浦东建行还款，后者诉至法院要求申浦公司和三泷公司承担还款责任。

本案审理过程中，上海一中院认为，“浦东建行与申浦公司签订的贷款合同，虽然合同约定的贷款用途与实际用途不符，但申浦公司在明知该款用途为代偿案外人巨龙公司欠款而签署的，是双方意思表示的合意，应依法确认有效。浦东建行已如约放贷，申浦公司未如约还款，显属违约，现应承担还本付息的责任。三泷公司对借贷双方的用途为巨龙公司代偿欠款一节，因浦东建行未能提供三泷公司明知贷款用途的事实依据，故三泷公司在不明借贷双方真实贷款用途的前提下提供的保证，违背了担保人的真实意思表示，故担保人不承担担保责任”，最终驳回浦东建行要求保证人三泷公司承担保证责任的诉讼请求。上海高院认为，“三泷公司对借款双方的实际用途为巨龙公司代偿欠款一节，因三泷公司与浦东建行之间签订的最高额保证合同是无条件连带责任的担保，不受任何情形之影响连续有效，且申浦公司将外汇流动资金借款用于履行为巨龙公司的担保之债，其用途与合同约定的‘资金周转’一致，并无矛盾；三泷公司称在不明真相的情况下提供的担保之说无事实与法律依据”，最终支持了浦东建行的诉请。三泷公司不服终审判决，向最高检提出申诉，最高检经审查向最高人民法院提出抗诉认为，“终审判决认定‘三泷公司称在不明真相的情况下提供的担保之说无事实与法律依据’，认定事实的主要证据不足。申浦公司向浦东建行递交的《外汇贷款额度申请书》中明确说明，贷款是‘用于公司在南非的钴矿进口和加工出口、意大利家具、美国洁具进口等进出口项目’，在浦东建行关于这笔外汇贷款的签报上，对该贷款用途的说明也与上述申请书的表述是一致的，‘为了发展公司上述业务，加速公司资金运转，特向我行申请综合外汇贷款额度（用途为资金周转）’。虽然浦东建行与申浦公司签订的外汇借款合同约定的贷款用途为‘资金周转’，但‘资金周转’的外延应该受到上述《外汇贷款额度申请书》和签报内容的限制，三泷公司同意为申浦公司提供担保，是基于该贷款将用于进出口项目的用途。但该贷款并没有用于约定的用途，而是用于申浦公司归还其为巨龙公司开信用证的担保款，对于贷款的这一真实用途，三泷公司是不知道的”，并在推定浦东建行存有恶意转嫁坏账风险的情况下，认为应当适用《中华人民共和国担保法》第三十条第一款之规定“主合同当事人双方串通，骗取保证人提供保证的”，保证人不承担民事责任。因此，三泷公司不应该承担担保责任，判令三泷公司不应承担担保责任。最终，上海高院在接受最高人民法院函转之后启动再审程序，在其就本案“上海三泷房地产开发有限公司诉中国建设银行上海市浦东分行、上海市申浦对外技术投资总公司借款担保纠纷抗诉案”作出的（2000）沪高经再终字第4号民事判决中认为，“浦东建行与申浦公司所签的外汇借款合同合法有效，申浦公司未能还贷付息，依法应承担违约责任。申浦公司以开展落实进出口业务为名，骗取三泷公司为其借款担保，将外汇短期借款用于向浦东建行偿还为案外人巨龙公司的担保之债；浦东建行明知该项贷款的实际用途，但其签订担保合同时未告知担保人三泷公司，亦不能举证三泷公司明知借贷双方‘以贷还债’，应认定主合同当事人双方串通，骗取保证人提供保证，据此，三泷公司对申浦公司偿还浦东建行的担保之债，不承担民事责任”。

分析：本案是一宗公报案例，是应当适用《担保法》第三十条判令保证人不再承担保证责任的典型案例。该案中，各方当事人和审理法院并不关注保证人和债权人签订的保证合同是否有效，这是《担保法》第三十条、《担保法司法解释》第四十条所组成的对保证人保护规则的特殊之处。保证人系就他人的债权债务关系提供担保，其担保风险虽然可以通过保证的债权范围、保证期间以及其对债务人的选择上加以控制，但是在其所担保的债务本身的风险上，因为其并非主合同当事人而非常难以控制。在没有上述规则的情况下，保证人三泷公司可选的方案是：（1）根据《民法总则》第一百四十九条“第三人实施欺诈行为，使一方在违背真实意思的情况下实施的民事法律行为，对方知道或者应当知道该欺诈行为的，受欺诈方有权请求人民法院或者仲裁机构予以撤销”，在知道或应当知道其受第三人申浦公司欺诈且在能够证明浦东建行知道之日起一年内向人民法院撤销保证合同。这一方案的问题在于，一方面在审理本案时，第三人欺诈理论还没有被规定进法律或司法解释当中，无法可依；另一方面，三泷公司须提起诉讼或在本案中提起反诉，除须预付诉讼费之外还应证明其主张撤销未经过一年（最长五年）的法定时效。这样，毫无疑问会增加保证人的纠纷解决成本和风险，实无必要。（2）依据《合同法》《民法总则》的规定，以保证合同相对方，即债权人浦东建行欺诈为由在一年内向人民法院申请撤销保证合同。这一方案的问题在于，一般情况下的保证合同都相对简单，仅对所担保的债务进行一笔带过的描述，仅据保证合同很难证明债权人存在欺诈，并且保证人的诉讼成本和风险较大。（3）依据《合同法》第五十二条第（二）项“恶意串通，损害国家、集体或者第三人利益”的规定，请求人民法院确认浦东建行和申浦公司的借款合同无效，从而根据主债权合同、保证合同主从合同的规则，在保证合同随主债权合同无效的情况下，主张不再承担保证责任。这一方案的问题在于，一般情况下纠纷产生时，债权人已经履行债务，保证人作为主合同的第三人确认合同可能会损害债权人的利益，而保证人的目的仅仅是不承担保证责任，所以实无必要触及主合同的效力问题。

最高人民法院公布的另外一宗涉及《担保法司法解释》第四十条的公报案件“风神轮胎股份有限公司与中信银行股份有限公司天津分行、河北宝硕股份有限公司借款担保合同纠纷二审案”也具有借鉴意义，该案的基本情况是：宝硕公司与中信银行签订借款协议，风神公司出于其与宝硕公司的《互保协议》就该借款与中信银行签署《最高额保证合同》。事后查明，在签署《最高额保证合同》时，宝硕公司的财务状况实际上不符合《互保合同》第七条规定的“在合同一方最近一期资产负债率高于70%时，或其到期债务高于其净资产70%，或其面临的诉讼标的高于其净资产70%时，或其资产、财务严重恶化还不能履行到期债务时”的风神公司提供保证担保的条件。对此，最高人民法院在二审判决中认为，“宝硕公司在与风神公司订立《互保合同》时，隐瞒真实财务状况，欺骗风神公司签订《互保合同》的事实成立，宝硕公司构成欺诈”。所以，保证人风神公司认为应当适用《担保法司法解释》第四十条之规定，判令其不承担保证责任。对此，最高人民法院在其就该案作出的（2007）民二终字第36号二审判决中认为，“风神公司主张依据《担保法解释》第四十条和《担保法》第三十条的规定免除保证责任，需证明两个事实：一是宝硕公司在与风神公司订立《互保合同》时存在欺诈；二是中信银行对宝硕公司的欺诈是知道或应当知道的。根据本案查明的事实，首先，宝硕公司在与风神公司订立《互保合同》时，隐瞒真实财务状况，欺骗风神公司签订《互保合同》的事实成立，宝硕公司构成欺诈；其次，中信银行作为与宝硕公司长期合作的贷款银行是知道或者应当知道宝硕公司财务状况的。但是，《担保法解释》第四十条适用于本案的最重要的前提，并不是仅证明宝硕公司存在欺诈以及中信银行知道或应当知道宝硕公司的财务状况，更重要的是证明中信银行在接受风神公司《最高额保证合同》时，知道或者应当知道宝硕公司对风神公司构成欺诈，而如果中信银行在当时即对《互保合同》第七条第五项内容有了解，则构成中信银行知道或者应当知道欺诈存在的前提。与之相关的事实是，中信银行在本案一审起诉时，向原审法院提交了《互保合同》，中信银行陈述该合同系在起诉前从宝硕公司取得，已尽到证据来源的说明义务，在此情形下，举证责任应当由风神公司承担，即风神公司需证明其向中信银行出具《最高额保证合同》时，中信银行知道或者应当知道《互保合同》第七条第五项的内容”。最终，最高人民法院因风神公司举证不利而驳回其上诉请求。我们认为，即使中信银行知晓《互保合同》第七条第五项的内容，但只要风神公司无法证明中信银行在签订保证合同时知晓债务人宝硕公司的财务状况不满足该第七条第五项的要求，也无法适用《担保法司法解释》第四十条的规定。

从上述案例中，我们可以依据《担保法》第三十条、《担保法司法解释》第四十条的规定得出以下几个结论：（1）“保证合同有效”≠“保证人必须承担保证责任”；（2）保证人主张不承担保证责任不以主张主债权合同、保证合同无效为前提；（3）保证人主张不承担保证责任不受一年（最长五年）的时效限制；（4）保证人主张不承担保证责任不是担保纠纷案件的反请求，存在的欺诈、胁迫事项应视为不符合保证责任的成立要件，故保证人无须提出反诉请求；不仅如此，我们认为，保证人甚至在不主张主债权合同、保证合同无效，或不主张撤销保证合同的情况下，不能仅以不承担保证责任为由向人民法院主动提起诉讼。当然，保证人可以依据《民法总则》欺诈（第三人欺诈）、《合同法》第五十二条第（二）项恶意串通、第（三）项以合法形式掩盖非法目的为由向人民法院主动提起诉讼要求撤销保证合同，或确认合同无效。

（四）共同保证中，仅有一个保证无效，应当如何处理？

实践中，比较困难的问题是，在共同保证的情况下，一个保证无效，或两个保证都无效，而主合同有效，应当如何处理？

香港的A银行借款100万元给香港的B公司，内地的C公司和D公司分别为该债权提供100万元连带责任保证担保，但是C公司对外担保办理了批准登记手续，而D公司未办理。这样，根据《担保法司法解释》第六条第（一）项的规定，A、D之间的保证合同因为保证人未办理批准手续而无效，A、C之间的保证合同有效。如果B公司到期不能还款，A银行有过错，那么D公司承担B公司不能清偿部分的二分之一。

（1）C公司承担全部保证责任后，除了向债务人B公司追偿之外，是否依然有权依据《担保法司法解释》第二十条第二款的规定，就其向债务人不能追偿的部分要求由D公司按照内部约定的比例分担，或在没有约定的情况下进行平均分担？

或者，如果D公司承担B公司不能清偿部分的二分之一的赔偿责任，除了可以依据《担保法司法解释》第九条第一款向债务人B全部进行追偿外，能否同样要求有效保证合同的保证人C进行分担？

上述两种情形在C公司和D公司当初提供的是连带共同保证的前提下，C公司的保证责任和D公司的赔偿责任属于连带关系，两者属于连带债务人。有鉴于此，C、D公司在承担保证责任或赔偿责任后，可以相互追偿，有约定的从约定，因为这时的约定是C、D公司之间的，并不随D公司的保证合同无效而无效，故按照约定追偿；没有约定的，各自承担的份额相同。

（2）如果C、D公司的保证均无效，两公司均应依据《担保法》第五条第二款以及《担保法司法解释》第七条承担主合同有效而保证合同无效时的赔偿责任。问题是，C、D之间成立按份债务还是连带债务？

广东省高院二审审理的“铜川鑫光铝业有限公司与中国银行（香港）有限公司以及珠海鑫光集团股份有限公司担保合同纠纷上诉案”就涉及这一问题。在该案中，一审的判决是，“铜川公司和珠海公司系分别提供担保，在保证合同无效的问题上没有共同的过错，故均有义务独立承担责任。在两公司之间，任一公司履行债务的效力及于其他公司，即在一公司履行债务的金额内，另一公司免责。但已履行债务的公司，不能向另一公司追偿”。而广东省高院在其就该案作出的（2004）粤高法民四终字第6号二审民事判决中认为，“两公司应承担的债务人不能履行的部分的二分之一是该两公司承担的赔偿责任的总额，由于两个公司的过错相当，故两公司对债务人不能履行的债务各承担25%的赔偿责任。如果一公司履行债务，另一公司的责任即相应免除且履行债务的公司不能向另一公司追偿，则意味着没有履行债务的公司虽有过错，但不用承担赔偿责任，这违背了《担保法》及其司法解释的相关规定，与法理不符且极不公平”。判决实际上是在让两个保证人承担连带责任，我们认为这一判决内容没有问题，符合保证人在订立保证合同时的预期，符合“责任自负”的担保法基本原则。

第三节　保证期间

本节讨论保证担保制度中，经常产生纠纷的保证期间问题，重点在于掌握保证期间的长短、起算和解释等问题，解决保证期间和诉讼时效之间区别和衔接的问题。因为最高额保证具有独特性，故有关最高额保证的保证期间问题，我们将在最高额保证一节中予以讨论。

理论部分

一、保证期间的概念和法律效果

1. 概念

保证期间，也称为保证责任期间，是指保证合同当事人约定或依法律规定确定的，债权人在主债务履行期间届满后，能够有效要求保证人承担保证责任的最长期限。保证期间，既是保证人承担保证义务的时限，也是债权人向保证人主张权利的时限。

2. 保证期间经过的法律效果

根据我国《担保法》的规定，债权人在保证期间内未向保证人主张权利的，保证人免除保证责任。因此，保证期间经过，即会产生消灭债权人保证债权的法律效果。

二、保证期间的法律属性

关于保证期间的性质，理论争议很大。目前，学术界有以下三种观点：（1）诉讼时效说，主要依据是《担保法》第二十五条规定，“保证期间适用诉讼时效中断的规定”，并且该观点认为在保证期间经过后，保证人主动承担保证责任后应当有权向债务人追偿，而且债权人对保证人的给付有受领保持力。因此，保证期间的经过并不消灭债权人的要求保证人承担保证责任的实体债权，仅仅是丧失胜诉权或者产生保证人的保证期间抗辩权。（2）除斥期间说，主要依据是《担保法司法解释》第三十一条规定，“保证期间不因任何事由发生中断、中止、延长的法律后果”，以及《担保法》第二十五条、第二十六条规定的，经过保证期间的，保证人免责，实际上是消灭了债权人的实体保证债权。（3）非除斥期间和诉讼时效说，该观点认为保证期间是一种特殊的时效制度，既不同于除斥期间，因为其适用于保证债权，该权利不是一种形成权；也不是诉讼时效，因为其消灭保证债权。并且，当事人可以约定保证期间的长短，并不同于诉讼时效和除斥期间是法定时效制度的特征。

（一）保证期间和诉讼时效、除斥期间的区别

1. 保证期间和诉讼时效的区别

保证期间和诉讼时效之间有明显的区别，主要表现在以下几个方面：（1）期间或时效经过的法律效果不同：诉讼时效经过会使债务人享有诉讼时效抗辩权，保证期间经过会使保证人免除保证责任；（2）时效是否法定不同：诉讼时效是由法律直接规定的，当事人约定无效，约定排除也无效，保证期间原则上是由法律规定的，例外情况是当事人有明确的约定；（3）一般诉讼时效的起算采取主观标准，即从当事人知道或应当知道之日起计算，而保证期间的起算可以由当事人约定产生，法律一般推定为“主债务履行期限届满之日起开始计算”；（4）诉讼时效期间属于可变期间，能够发生终止、中断，而保证期间是不变期间，不会发生中止、中断和延长。

2. 保证期间和除斥期间的区别

相比较保证期间和诉讼时效之间的区别，其和除斥期间也存在较大的差异：（1）除斥期间适用于形成权，诸如追认权、撤销权、解除权和抵销权，而保证期间适用于保证债权，而保证债权本质上是一种请求权。（2）除斥期间原则上由法律直接规定，有法律规定为确定期限，如因意思表示瑕疵引起的撤销权为一年，有法律规定为不确定期限，如选择权，还有在特殊情形下，如合同解除权，当事人也可以约定；而保证期间原则上由当事人约定，当事人未约定的，由法律推定产生。（3）除斥期间的起算是从形成权形成之时或相对人催告之时起起算，而保证期间的起算是由当事人约定产生，无约定时由法律推定为“主债务履行期限届满之日起计算”。保证期间和除斥期间的相同之处也很明显，除斥期间经过消灭形成权，而保证期间经过则消灭保证债权。鉴于保证期间和除斥期间经过都具有消灭民事权利的特征，我们认为，保证期间在性质上更加接近除斥期间，其会产生消灭保证责任的法律效果。

上述结论，与最高人民法院于2004年给云南、河北、四川省高级人民法院的《最高人民法院关于人民法院应当如何认定保证人在保证期间届满后又在催款通知书上签字问题的批复》（法释〔2004〕4号）中的观点一致，即“根据《中华人民共和国担保法》的规定，保证期间届满债权人未依法向保证人主张保证责任的，保证责任消灭”；而且，该保证责任，不会因为保证人在催款通知上签字，而和诉讼时效一样发生中断或回复的法律效果。这从另一个侧面表现出保证期间与诉讼时效的不同。

（二）保证期间和诉讼时效之间的关系

用于说明保证期间和诉讼时效之间关系的最佳说法即是所谓“纸尿裤原理”。一般情况下，保证期间一旦经过，即发生保证责任永久性消灭的法律后果。此时，债权人无权要求保证人承担保证责任，自然不会涉及债权人对保证人的保证债权的诉讼时效问题；一旦债权人在保证期间内向保证人主张保证债权（以连带责任保证为例），即开始起算债权人对保证人的诉讼时效。这一过程，保证期间就像给小孩子使用的纸尿裤，一旦债权人向保证人主张权利，那么保证期间即应被抛弃，从而开始计算诉讼时效。

【问题30】债权人未在保证期间内向保证人主张权利，保证期间经过，保证人是否还应承担保证责任？

王某某和张某某之间存在借款合同关系，曹某某提供保证担保，借款合同自2014年10月10日起至2015年10月10日为止，保证期间6个月。债权人王某某于2016年5月17日向人民法院提起诉讼，曹某某是否应当承担保证责任？

本案审理过程中，二审法院认为“根据《担保法司法解释》第三十六条之规定，即‘一般保证中，主债务诉讼时效中断，保证债务诉讼时效中断；连带责任保证中，主债务诉讼时效中断，保证债务诉讼时效不中断’，债权人王某某在借款到期后，多次找债务人张某某、案外人某公司主张权利，该债务的诉讼时效因债权的主张而中断，上诉人的保证债务诉讼时效也中断，故上诉人主张保证责任免除的理由不能成立”。再审法院陕西高院在其就本案“曹某某与王某某、延长胜沣果品包装有限责任公司、张某某借款合同纠纷申请再审案”作出的（2017）陕民申1555号民事裁定书中认为，“《担保法司法解释》第三十四条第一款规定，一般保证的债权人在保证期间届满前对债务人提起诉讼或者申请仲裁的，从判决或者仲裁裁决生效之日起，开始计算保证合同的诉讼时效。因此，如果在保证期间内，债权人向主债务人提起诉讼或者仲裁，才引起诉讼时效中断的问题。本案借款合同签订于2014年10月10日，借款期一年，2015年10月10日到期，保证期间6个月，王某某应在2016年4月9日前起诉主债务人，但实际上于2016年5月17日提起诉讼，曹某某的一般保证责任已经免除。二审法院以诉讼时效中断为由，认定未超过保证期间不当，应予纠正”。

从陕西高院再审裁定的内容看，很明显，二审法院混淆一般保证的保证期间和诉讼时效的概念。本案中，债权人未在一般保证人的保证期间内起诉债务人，此时保证期间就已经经过，导致一般保证人的保证责任已经免除，根本谈不上诉讼时效的问题。

制度部分

我国有关保证期间的法律制度被安排在《担保法》和《担保法司法解释》之中，分为保证期间的计算和保证期间经过的法律效果两个部分。

一、保证期间的计算

1. 保证期间的长短

根据《担保法》第二十五条之规定，即“一般保证的保证人与债权人未约定保证期间的，保证期间为主债务履行期届满之日起六个月”，以及第二十六条规定，即“连带责任保证的保证人与债权人未约定保证期间的，债权人有权自主债务履行期届满之日起六个月内要求保证人承担保证责任”，《担保法》在当事人对保证期间没有约定的情况下，认定一般保证和连带保证的保证期间均为六个月。

《担保法司法解释》第三十二条第一款规定，“保证合同约定的保证期间早于或者等于主债务履行期限的，视为没有约定，保证期间为主债务履行期届满之日起六个月”；第二款规定，“保证合同约定保证人承担保证责任直至主债务本息还清时为止等类似内容的，视为约定不明，保证期间为主债务履行期届满之日起二年”。

综上，《担保法》《担保法司法解释》将保证合同中的保证期间分为无约定的六个月和有约定的从约定两种情形，前者包含有约定但约定无效的情形，而后者包含有约定但约定不明的为两年的情形。上述两种情形中，比较容易发生混淆产生纠纷的是有约定，但无法分清属于约定无效，还是约定不明的情形。对此，人民法院的法官们在他们的判决中给出了最好的说明：

【问题31】“保证期间自合同生效至还清本息”的约定属于无保证期间约定，还是有约定但约定不明？

张某某与田某某订有借款合同，朱某某、傅某某提供保证担保，债权人和保证人在借款合同中约定的保证期间自“本合同生效之日”至“田某某还清借款本金之日”为止。问：该保证期间的约定属于无保证期间约定，还是有约定但约定不明？

分析：嘉兴中院在其就本案“张某某与田某某、朱某某等民间借贷纠纷二审案”作出的（2015）浙嘉商终字第597号民事终审判决中认为，“《最高人民法院关于适用〈中华人民共和国担保法〉若干问题的解释》第三十二条第一款规定：保证合同约定的保证期间早于或者等于主债务履行期限的，视为没有约定，保证期间为主债务履行期届满之日起六个月；第二款规定：保证合同约定保证人承担保证责任直至主债务本息还清时为止等类似内容的，视为约定不明，保证期间为主债务履行期届满之日起二年”。本院认为，上述第一款所称的“保证期间早于或者等于主债务履行期限”，是指保证期间的起点和终点均早于或等于主债务履行期限的情形。在主债务履行期尚未到期时，主债务人没有履行义务，保证人的保证责任自然不能发生；在主债务履行期届至时，保证期间就已结束，保证人已经免责。这两种情形下，保证责任形同虚设，与当事人设立保证的初衷相悖，故视为没有约定。但本案中，借款协议书约定的保证期间起点“本合同生效之日”虽因早于主债务履行期限而无效，但终点“田某某还清借款本金之日”迟于主债务履行期限，应为有效，故本案应当适用上述第二款的规定，视为约定不明，保证期间为主债务履行期届满之日起二年，即至2015年10月12日，债权人于2015年2月16日起诉未超过保证期间，保证人应当承担保证责任。

我们认为，本案属于双方当事人有关保证期间的法律行为（意思表示）部分有效、部分无效的情形。因为保证期间只能于债务履行期限届满之时起或之后开始，故双方自合同生效之日起的约定应属无效约定。所以，保证期间的始期应当依据《担保法》第二十五条、第二十六条之规定从债务履行期限届满之日起开始计算，而终期，在约定不明的情况下，则应当依据《担保法司法解释》第三十二条第二款的规定进行认定，结果是“保证期间为主债务履行期届满之日起二年”。

【问题32】当事人是否可以通过约定变更担保期间？

云南公司与原债权人农行春城支行、保证人中电公司签署《保证担保借款合同》，约定主债务履行期限为1997年11月24日至2000年11月24日，保证期间为1997年11月至2000年11月。中电公司于2000年11月13日出具《担保承诺》，表示担保期限延长至2002年11月12日。2001年9月13日，中电公司将部分款项汇至云南公司，后者将款项直接支付至春城支行。2003年6月26日，经济技术开发区支行派人至中电公司北京总部对债权人变更为开发区支行的情况给予说明。2003年9月19日，开发区支行派人再次至中电公司总部催收债务，中电公司否认这一点。2004年10月28日，在中电公司、云南公司、格林公司另案诉讼中，中电公司在起诉状中陈述了本案所涉债务。问，本案中的保证期间和诉讼时效是否已经经过？

最高人民法院在其就本案“中国电子进出口总公司与中国农业银行股份有限公司昆明经济技术开发区支行、中电云南进出口公司借款合同纠纷再审案”作出的（2010）民提字第1号民事判决书中认为：（1）《担保承诺》将保证期间延长至2002年11月12日，应当认定双方以约定的方式将保证期间进行延长；（2）中电公司转经云南公司向债权人付款的行为属于当事人认诺，“应当认定中电公司认可并同意该笔债务，由此推定原债权人春城支行向中电公司主张了权利”，因此，根据《担保法司法解释》第三十四条第二款之规定，应认定存在“债权人要求保证人承担保证责任”的将保证期间转化为诉讼时效的法定事由；（3）中电公司派员向中电公司就债权变更情况进行说明，也应当“视为经济技术开发区支行对权利的主张”，进而认定诉讼时效已经中断；（4）因为保证人否认2003年9月19日，开发区支行派员至中电公司催收债务，且没有其他证据加以支持，故不能认定该日开发区支行的催收再次中断诉讼时效；（5）2004年10月28日，中电公司在另案起诉状中对于“其为云南公司238万美元贷款承担保证责任”的陈述应视为“愿意承担本案担保责任，故而导致诉讼时效中断”的法律后果。所以，“农行开发区支行2005年8月22日提起诉讼，并未超过诉讼时效”。[①]

分析：本案应当格外注意最高人民法院对当事人之间保证期间和诉讼时效是否经过事宜的观点。我们认为，因债务人中电云南进出口公司与保证人中国电子进出口总公司之间的关联关系，以及最高人民法院实质重于形式的审判原则，本案的典型性和代表性将会大打折扣。对于最高人民法院的观点，我们总结以下几点：第一，保证期间既可以在保证合同订立时进行约定，可以超过两年时间，也可以在债务履行过程中进行约定，其原则上是一个约定期间[②]；第二，保证期间转化为诉讼时效，既可以因为债权人向保证人主张权利，也可以以保证人主动承担保证责任的方式进行；第三，债权让与并不中断诉讼时效，但是让与通知可以达到这一效果，通知送达之日，无论是原债权人送达，还是新债权人送达，均可中断诉讼时效；第四，中断诉讼时效的方式可以以债务人（保证人）在另案司法程序中认诺的方式进行。在这一点上，我们认为债务人的认诺，只要不是向债权人作出，即不会产生中断诉讼时效的法律效果，因为认诺本身是一个准法律行为，必须向债权人作出。所以，若中电公司在另案诉讼程序中对债权进行陈述，而债权人并非该案当事人，我们对此是否能够形成诉讼时效中断的法律效果保留意见。

2. 特殊保证期间

除了《担保法》在第二十五条、第二十六条规定的保证期间的一般规定外，《担保法司法解释》第四十四条还规定了债务人破产情形下的特殊保证期间，即“债权人申报债权后在破产程序中未受清偿的部分，保证人仍应当承担保证责任。债权人要求保证人承担保证责任的，应当在破产程序终结后六个月内提出”。也即是说，无论是一般保证还是连带保证，债务人在保证期间内进入破产程序的，

① 奚晓明主编：《担保案件审判指导》，法律出版社2014年8月，第195—196页。

② 奚晓明主编：《担保案件审判指导》，法律出版社2014年8月，第201页。在这一问题上，最高人民法院的法官认为，“在保证期间超过两年的情况下，应分情况分析保证期间是否有效。事实上，比较科学的方法是不以两年作为保证期间的最高期限，而是以保证所担保的主债务的诉讼时效期作为担保期间的最高期限，该期限可能是两年（在主合同债务履行期限届满后的两年内债权人不向主合同债务人主张权利），也可能超过两年（在主合同债务履行期限届满后的两年内债权人向主合同债务人主张权利，诉讼时效中断后重新起算）”。我们的观点是，保证期间是一个约定期间，应当由保证合同的当事人自行约定，超过两年也应当认定有效，至于主债权已经经过诉讼时效的，让保证人享有主债务人的诉讼时效抗辩权即可。

自破产程序终结之日起的六个月，是债权人在破产终结后就未清偿部分向保证人要求其承担保证责任的保证期间。我们认为，该期间有两个特点：第一，法定性，当事人不能也无法就该期间进行约定；第二，该期间和一般的保证期间一样属于不变期间，债权人在该期间内主张保证债权的，即会使保证债权进入诉讼时效。

在最高人民法院就“河北辛集化工集团有限责任公司、浙江亚商投资管理有限公司与河北辛集化工集团有限责任公司保证合同纠纷申请再审案”作出的（2014）民提字第220号民事判决书中即有对上述特殊保证期间进行认定的内容，“破产债权人是否在《担保法解释》规定的宽限期内未向保证人主张权利，保证人是否应据此免责。《担保法解释》第四十四条第二款规定：‘债权人申报债权后在破产程序中未受清偿的部分，保证人仍应当承担保证责任。债权人要求保证人承担保证责任的，应当在破产程序终结后六个月内提出。’本案中，2002年8月30日，法院裁定汽缸盖厂破产终结，但破产公告的送达时间为2003年10月29日。汽缸盖厂破产后，债权人最近一次主张权利的日期是2004年3月18日，距离送达时间并未超过六个月，故辛集化工公司关于债权人主张保证权利的时间超过宽限期的理由不能成立，本院不予支持”。

3. 保证期间起算和经过

根据《担保法》第二十五条、第二十六条以及《担保法司法解释》第三十二条之规定，保证期间自主债务履行期限届满之时起开始计算。对于没有约定主债务履行期限的，则应当先确定主债务履行期限。根据《担保法司法解释》第三十三条之规定，“主合同对主债务履行期限没有约定或者约定不明的，保证期间自债权人要求债务人履行义务的宽限期届满之日起计算”，即一般的做法是，债权人先向债务人发出债务履行通知，该通知中包含的履约宽限期届满之时即是主债务履行期限届满之时。对于主债务协议中没有履行期限，而保证合同中有保证期间的情形，我们认为，应当先确定主债务履行期限，然后再根据《担保法司法解释》第三十二条审查是否存在保证期间有无约定的情形，最后正确确定保证期间的始期与终期。

保证期间起算后，当事人之间的法律关系存在两种可能性：第一，一般保证的债权人提起诉讼或仲裁，获得生效判决或裁决的，连带保证的债权人要求保证人承担保证责任的，保证期间将终止并进入诉讼时效阶段。其后，诉讼时效经过，保证人将获得对债权人的诉讼时效抗辩权。第二，债权人未提起诉讼或仲裁，未要求保证人承担保证责任，保证期间届满，则保证人不再负有保证责任。应当注意的是，《担保法司法解释》第三十一条规定：保证期间不因任何事由发生中断、中止、延长的法律后果，也即保证期间是一个不变期间。

实践中，存在问题的是保证反担保的保证期间的起算时间，我们认为，应根据保证反担保所担保的，产生追偿权的担保（即本担保）的类型区分为两种情形：第一，本担保是保证担保；第二，本担保是抵、质押担保。例如，甲公司向银行借款，乙公司提供保证担保，而丙公司提供抵押担保，两者相对于反担保可以称为“本担保”。对于乙公司的保证担保，丁公司提供保证反担保；对于丙公司的抵押担保，戊公司提供保证反担保。这样，丁公司提供的保证反担保就是第一种情形，而戊公司提供的保证反担保就属于第二种情形。这两种情形下，丁、戊提供的保证反担保担保的分别是乙公司承担保证担保责任后向甲公司的追偿权、丙公司承担抵押担保责任后向甲公司的追偿权。对于丁、戊的保证反担保保证期间，均应当以担保人能够向反担保保证人行使追偿权时起算。对此，我们以下例予以说明：

【问题 33】保证反担保的保证期间如何起算？

海恒公司向建行十堰分行贷款，汇城公司用其商业用房和土地使用权提供抵押担保，钱某某就汇城公司提供的抵押担保提供保证反担保。后因债务人海恒公司未还本付息，导致十堰分行于 2010 年 3 月起诉要求汇城公司承担担保责任。案件审理中，汇城公司和十堰分行达成民事调解书，案件自此进入执行程序。抵押物经人民法院三次流拍，于 2011 年 9 月经申请变卖。2011 年 12 月 9 日，十堰中院作出终结上述民事调解书的执行裁定书。问，钱某某提供的保证反担保的保证期间是否应当自 2011 年 12 月 9 日开始起算？

最高人民法院在其就本案“钱某某与湖北汇城置业有限公司、十堰海恒汽车专营有限公司追偿纠纷申请再审案”作出的（2014）民申字第 1298 号民事裁定书中认为，“本案中，汇城公司为海恒公司在十堰建行的贷款提供了抵押担保，钱某某向汇城公司提供了反担保，该反担保所对应的主债务是汇城公司为海恒公司提供抵押担保所造成的实际损失。反担保人承担反担保责任应以担保人已承担保证责任为前提，担保人承担担保责任之时，就是反担保人担保期间的起算日。本案汇城公司承担抵押担保责任以其抵押物价值为限，抵押物价值虽然在拍卖后业已确定，但因汇城公司以同一抵押物为不同债务设定了抵押，本案的执行与另案关联，十堰中院曾就与该关联案件作出六份执行裁定书，其中，2011 年 12 月 19 日的执行裁定书涉及汇城公司抵押物的变现和分割。后汇城公司及上述关联案件当事人提出执行异议及复议申请，直至 2014 年 3 月 19 日才由湖北高院最终裁定，确认了执行该案抵押物所涉及的全部费用，本案也就此执行终结。从上述过程中可以看出，2011 年 12 月 19 日至 2014 年 3 月 19 日，本案处于持续的执行过程中，即作为担保人的汇城公司在持续地履行其担保责任，钱某某作为反担保人，其应承担的反担保责任期间，如在担保人汇城公司实际承担担保责任前即结束，则反担保失去了法律意义，对担保人也显失公平。因此，钱某某提出其保证责任因保证期间届满而消灭的主张，应依法予以驳回”。

分析：对于保证反担保的保证期间，困难的不是保证期间长短的确定，而是保证期间起算点的确定。反担保所担保的债务范围一般包括本担保担保人承担担保责任代债务人清偿的债务，承担的债权人实现本担保担保权的诸如执行费、拍卖费、公告费等费用，以及承担本担保担保人前述各项费用的法定或约定的利息，只有这些反担保所担保的债务数额确定了，本担保担保人才可以有效行使反担保权，才可以起算保证期间。本案中，2014 年 3 月 19 日，人民法院通过裁定确定了本担保担保人最终承担的担保责任的数额，即债权人实现抵押权的费用，本担保人自此方可有效行使追偿权，才可以起算保证期间。四川高院就“四川宏疆建设工程有限公司、苍某某与被上诉人四川鑫星融资担保有限公司、阿坝藏族羌族自治州公安局担保合同纠纷案”作出的（2016）川民终 166 号二审民事判决也表达了一观点，“鑫星担保公司于 2011 年 11 月 24 日向业主州公安局支付 80 万元，仅承担了部分担保债务，尚有剩余的担保债务没有履行。直到州公安局于 2012 年 9 月 19 日发函鑫星担保公司，告知其履约担保金应向南部兴发公司追索或通过司法程序解决。州公安局在该函中未要求鑫星担保公司继续履行担保责任，至此，《委托担保合同》中鑫星担保公司的保证责任无须继续履行，《保证反担保合同》的反担保主债务 1533136 元无须继续履行，因此，2012 年 9 月 19 日应视为鑫星担保公司实际承担担保责任的金额 80 万元确定之日，其向苍某某主张追偿债权的金额自此予以确定。其次，关于苍某某反担保的保证期间。根据《最高人民法院关于适用〈中华人民共和国担保法〉若干问题的解释》第三十二条第二款‘保证合同约定保证人承担保证责任直至主债务本息还清时为止等类似内容的，视为约定不明，保证期间为主债务履行期届满之日起两年’之规定，《保证反担保合同》第三条第二项对保证期间的约定属于约定不明，苍某某的反担保期间应从反担保债务的履行届满之日起计算两年。反担保债务 80 万元没有约定履行期间，考虑到保证期限的设置是为督促债权人及时行使权利，宜以反担保债务 80 万元债务最终确定之日确定主债务届满之日，即自 2012 年 9 月 19 日起算两年止。鑫星担保公司于 2014 年 7 月 21 日向原审法院提起诉讼，未超过两年的追偿诉讼时效。上诉人苍某某关于鑫星担保公司追偿代偿款的诉讼时效已过的上诉理由不成立，本院不予支持”。从上述两个判决也可以得知，保证期间是法律用于约束债权人权利的一项制度，旨在督促债权人行使权利，如本身债权人在客观上无法行使债权，无论这种情况持续多长时间，也不应起算保证期间。应当注意，保证期间起算的时点，与保证人的具体状况无关。根据上述我们的分类，如果本担保是抵、质押担保的，保证反担保的保证期间一般自抵、质押担保权实现（拍卖、变卖、折价），抵、质押人承担担保责任的数额确定之时起算；如果本担保是保证担保的，一般应自保证人承担保证责任，并在承担责任的具体数额确定之时起算保证期间。

4. 保证债务诉讼时效起算

《担保法司法解释》第三十四条规定了债权人之保证债权的诉讼时效起算时间：对于一般保证，保证债权的诉讼时效，如债权人在保证期间届满前对债务人提起诉讼或者申请仲裁的，从该判决或者仲裁裁决生效之日起开始计算；对于连带保证，保证债权的诉讼时效自保证期间内，债权人要求保证人承担保证责任之日起开始计算。实际上，保证期间的非正常终结和诉讼时效的起算是一个硬币的两面，同时发生在保证期间内，所以，根据《担保法》和《担保法司法解释》的规定，促使保证期间终结和诉讼时效起算的事由会因保证方式不同而有所不同。

（1）一般保证——对债务人提起诉讼或者申请仲裁

因为一般保证人的先诉抗辩权，债权人只能就主债务提起诉讼或仲裁后，并通过强制执行确定债务人不能履行的情况下才能要求一般保证人承担保证责任，所以一般保证的债权人的诉讼时效只能从能够要求保证人承担保证责任之时起开始起算。因此，根据《担保法司法解释》第三十四条之规定，一般保证的保证债权的诉讼时效应从判决或者仲裁裁决生效之日起开始计算。这一规定忽略了对债务人的执行程序，因为一般保证在原理上是应自对债务人强制执行，并根据执行结果确定债务人不能履行债务时，债权人方可主张保证债权。我们认为，这是因为执行程序在实践中存在大量各不相同的情形，使得立法者不可能给出一个统一的标准，故只能根据实际情况将对一般保证人的诉讼时效起算点确定在“判决或者仲裁裁决生效之日”。

（2）连带保证——要求保证人承担保证责任

因为连带保证的连带债务特性，原则上，只要债权人向连带保证人主张保证债权要求其承担保证责任，就会产生保证期间终结，开始起算诉讼时效的法律效果；而且，在共同连带保证中，向一个保证人主张保证债权，也会同时产生对其他保证人相同的法律效果。针对实践中出现的对“要求保证人承担保证责任”这一规定的不统一认识，在《最高人民法院关于在保证期间内保证人在债权转让协议上签字并承诺履行原保证义务能否视为债权人向担保人主张过债权及认定保证合同的诉讼时效如何起算等问题请示的答复》(〔2003〕民二他字第25号)中进一步地加以解释，“《中华人民共和国担保法》(以下简称《担保法》)第二十六条第一款规定的债权人要求保证人承担保证责任应包括债权人在保证期间内向保证人主动催收或提示债权，以及保证人在保证期间内向债权人作出承担保证责任的承诺两种情形。请示所涉案件的保证人个旧市配件公司于保证期间内，在所担保的债权转让协议上签字并承诺‘继续履行原保证合同项下的保证义务’即属《担保法》第二十六条第一款所规定的债权人要求保证人承担保证责任的规定精神。依照本院《关于适用〈中华人民共和国担保法〉若干问题的解释》第三十四条第二款的规定，自保证人个旧市配件公司承诺之日起，保证合同的诉讼时效开始计算”。根据《担保法》第二十六条、《担保法司法解释》第三十四条之规定，以及最高人民法院的上述答复，我们认为，终结保证期间、起算诉讼时效的事由有：(1)债权人向保证人进行催收，如发送催款函、代偿通知、扣款；(2)保证人向债权人主动承诺，如与债权人达成还款协议、展期协议等。在具体分析是否出现上述事由时，我们认为可以参考2008年最高人民法院颁布的《诉讼时效规定》中有关诉讼时效的事由。

实践中，各地人民法院也采用了最高人民法院的上述观点，如贵州高院在其就“严某某、罗某某民间借贷纠纷再审一案”作出的(2016)黔民申971号民事裁定书中认为，“本案争议的主要焦点为罗某某的债权是否已过保证期间。根据《最高人民法院关于在保证期间内保证人在债权转让协议上签字并承诺履行原保证义务能否视为债权人向担保人主张过债权及认定保证合同的诉讼时效如何起算等问题请示的答复》(2003年9月8日〔2003〕民二他字第25号)：‘《中华人民共和国担保法》第二十六条第一款规定的债权人要求保证人承担保证责任应包括债权人在保证期间内向保证人主动催收或提示债权。’一审庭审时罗某某提供的证据证实罗某某在保证期间内要求严某某偿还借款(承担保证责任)；杨某某证实在保证期间内罗某某要求严某某找蒋某某还钱。即在保证期间内，罗某某向严某某催收或提示过债权，依照《最高人民法院关于适用〈中华人民共和国担保法〉若干问题的解释》第三十四条第二款的规定，‘连带责任保证的债权人在保证期间届满前要求保证人承担保证责任的，从债权人要求保证人承担保证责任之日起，开始计算保证合同的诉讼时效’，自债权人罗某某向保证人严某某要求承担保证责任之日起，保证合同的诉讼时效开始计算。故严某某的保证期间没有超过，其保证责任不能免除”。

【问题 34】保证期间本质性制度功能为何?

保证人聚兴公司在其再审申请中称，债权人农行天台支行在保证期间从未向其主张过权利，应免除其保证责任。债权人农行天台支行抗辩称其已经通过公证处进行公证送达《担保人履行责任通知书》，并且由聚兴公司员工杨某某签收，已经有效主张权利，保证期间并未经过。对此，聚兴公司称杨某某并非其公司员工。问，保证期间是否已经经过，保证人应否承担保证责任?

最高人民法院在其就本案“陕西聚兴置业有限公司与中国农业银行股份有限公司汉中天台路支行、北京亚飞汽车汉中有限责任公司借款担保合同纠纷申请再审案”作出的（2013）民申字第396号民事裁定书中认为，“关于担保时效问题。农行天台支行提供的特快专递邮件存根、收费单据及汉中市汉台路公证处《公证书》，证明该行于2009年7月17日通过邮政特快专递方式向担保人聚兴公司发出《担保人履行责任通知书》，应认定农行天台支行在保证期间向聚兴公司主张了权利。农行天台支行邮政特快专递的地址是聚兴公司的工商注册登记地址，不管实际签收人杨某某是否系聚兴公司员工，均不足以推翻农行天台支行所提供的向聚兴公司主张权利的证据。因此，聚兴公司的该项再审事由不能成立”。

分析：本案双方争议的上述焦点指出了一个本质性问题，即保证期间的本质性制度功能是什么，或者说，依据什么核心因素判断保证期间是否经过? 从上述案例中可以看到，保证期间、诉讼时效都是在制度上限制权利人行使权利，在结果上都是对怠于行使权利的权利人施以不利法律后果，借此督促权利人行使权利。所以，在判断重点保证期间是否经过的时候，核心因素在于权利人是否正确地行使了权利，而不在于义务人是否已经收到权利人行使权利的法律文书；或者说，关键在于是否正确行使权利，而不在于行使权利的效果。只要按照通常的方式，义务人能够收到，那么就应当认为权利人行使了权利，保证期间就应当认为非正常终止转而进入诉讼时效，这就是最高人民法院作出上述判决的原因。

二、保证期间、诉讼时效经过的法律效果

1. 保证期间经过的法律效果

《担保法》第二十五条第二款、第二十六条第二款分别规定了一般保证和连带保证中保证期间经过的法律效果：在一般保证中，在合同约定的保证期间和前款规定的保证期间，债权人未对债务人提起诉讼或者申请仲裁的，保证人免除

保证责任；在连带保证中，在合同约定的保证期间和前款规定的保证期间，债权人未要求保证人承担保证责任的，保证人免除保证责任。

依据上述规定，最高人民法院在2004年其给云南、河北、四川省高级人民法院的《最高人民法院关于人民法院应当如何认定保证人在保证期间届满后又在催款通知书上签字问题的批复》（法释〔2004〕4号）中认为，“根据《中华人民共和国担保法》的规定，保证期间届满债权人未依法向保证人主张保证责任的，保证责任消灭。保证责任消灭后，债权人书面通知保证人要求承担保证责任或者清偿债务，保证人在催款通知书上签字的，人民法院不得认定保证人继续承担保证责任。但是，该催款通知书内容符合《合同法》和《担保法》有关担保合同成立的规定，并经保证人签字认可，能够认定成立新的保证合同的，人民法院应当认定保证人按照新保证合同承担责任”。也即是说，保证期间经过：（1）保证人的保证责任消灭；（2）即使保证人在催款通知书上签字，也不会如诉讼时效一样发生中断或回复的法律效果；（3）保证期间消灭后，保证人承担保证责任只有在新的保证合同框架下方有可能，此时需要对新的保证合同成立与否进行审查。

【问题35】保证期间届满，保证人与债权人就此签署的协议或文件的性质为何？

建行新安支行向东沙煤矿发放贷款，万基公司提供保证担保。保证期间届满，债务人未能还本付息，新安支行向万基公司送达催收通知，万基公司签收。后，该笔借款债权受让人汉彩公司，主张万基公司的签收行为构成新的保证合同。问，汉彩公司的主张是否于法有据？

庭审中查明，万基公司与建行新安支行签订的《关于贷款与担保问题的协议》中特别约定，《关于贷款与担保问题的协议》有效签订，万基公司方签收催款通知。最高人民法院在其就本案“北京汉彩悦动国际文化传播有限公司、义煤集团新安县恒祥煤业有限公司等与万基控股集团有限公司、吕某某金融不良债权转让合同纠纷再审案”作出的（2014）民申字第1436号民事裁定书中认为，“因此，万基公司和建行新安支行之间是否达成新的保证合同的合意，不能仅依据催款通知书确定，而应当结合《关于贷款与担保问题的协议》的具体约定予以认定。《关于贷款与担保问题的协议》约定，案涉贷款因超过担保时效而成为建行新安支行的沉淀资金，为双方友好合作，建行新安支行承诺对万基公司的贷款利率下浮10%，利率下浮产生的节余资金用以偿还万基公司担保的东沙煤矿债务本息；万基公司承诺一旦东沙煤矿恢复生产，用东沙煤矿供应万基公司的煤款偿还建行新安支行的贷款本息。根据上述约定，万基公司承担的仅是附条件的代为偿还东沙煤矿债务本息的责任，其性质并不是《中华人民共和国担保法》规定的连带保证或一般保证责任。二审判决据此认定双方之间未成立新的保证合同，适用法律并无不当”。也即，司法机关不认可《关于贷款与担保问题的协议》并不是典型意义上的保证合同，而是附特定条件的代偿协议，条件尚未成就，受让债权的债权人汉彩公司自然无权要求万基公司承担保证责任。

分析：保证期间经过，确定无疑的效力是保证债权消灭，或保证责任消灭，这一消灭并不会因保证人在催收通知上签字而会简单地回复为有效。所以，保证期间届满，无论保证人签署什么法律文件，都只有两个结果：第一，从内容到成立符合新保证合同的实质性要件，原保证人按照新保证合同的内容承担保证责任；第二，不符合保证合同要件的，当事人之间没有新的保证合同关系，保证人不再承担保证责任。本案中，《关于贷款与担保问题的协议》中权利义务的一方当事人是特定的，即新安支行；在债权转让的情况下，上述协议的前半部分即很难履行。协议的后半部分，即用东沙煤矿出售煤的价款偿还贷款本息，这一约定的问题在于该煤矿并非上述协议的签署方，煤炭采购方万基公司如不将货款支付东沙煤矿，将面临承担违约责任的问题。所以，从内容上讲，上述协议不能作为新的保证合同，故此不能判令原保证人承担保证责任。最高人民法院在其就“河北辛集化工集团有限责任公司、浙江亚商投资管理有限公司与河北辛集化工集团有限责任公司保证合同纠纷申请再审案”作出的（2014）民提字第220号民事判决书中也对保证人相似的表示作出认定，“辛集化工公司给华融公司回函称，其在收到催款通知书后积极与华融公司联系协商此笔担保事宜，其已无力承担担保责任。上述回函所载内容仅系辛集化工公司对其能否履行担保债务的说明，并不能认定其与华融公司之间就保证期间已过的债务又订立了新的保证合同”。从最高人民法院的《批复》和上述案例可以看出，保证期间经过和诉讼时效经过在法律效果上的不同，前者消灭保证债权，后者仅仅给保证人产生了诉讼时效抗辩权。

2. 保证债务诉讼时效经过的法律后果

从保证期间进入保证债务的诉讼时效期间后，债权人应当积极行使并实现债权，如果其怠于行使债权，导致诉讼时效期间届满，则保证人有权根据《民法总则》第一百九十二条第一款之规定对债权人要求其承担保证责任的请求，提出不履行保证责任项下代债务人履行义务的诉讼时效抗辩。

根据《民法总则》第一百八十八条之规定，我国法定的诉讼时效期间为三年。该期间是一个可变期间，存在中止和中断的可能性，实践中问题较多的是时效中断问题。对此，《民法总则》第一百九十五条规定，下列事项会引起诉讼时效中断，从中断、有关程序终结时起，债权人对保证人的保证债权的诉讼时效期间重新计算：（1）债权人向保证人提出承担保证责任的请求；（2）保证人同意承担保证责任；（3）债权人就保证人承担保证责任提起诉讼或申请仲裁；（4）与提起诉讼或申请仲裁具有同等效力的其他情形。其中需要关注第（4）项，其在内容上并未具体罗列，我们认为，可以根据2008年最高人民法院颁布的《诉讼时效规定》（法释〔2008〕11号）第十三条的规定，认定中断诉讼时效期间的事由包括：（1）申请仲裁；（2）申请支付令；（3）申请破产、申报破产债权；（4）为主张权利而申请宣告义务人失踪或死亡；（5）申请诉前财产保全、诉前临时禁令等诉前措施；（6）申请强制执行；（7）申请追加当事人或被通知参加诉讼；（8）在诉讼中主张抵销；（9）其他与提起诉讼具有同等诉讼时效中断效力的事项。

关于如何协调主债务诉讼时效和保证债权诉讼时效的关系问题，《担保法司法解释》第三十六条规定，"一般保证中，主债务诉讼时效中断，保证债务诉讼时效中断；连带责任保证中，主债务诉讼时效中断，保证债务诉讼时效不中断。一般保证和连带责任保证中，主债务诉讼时效中止的，保证债务的诉讼时效同时中止"。在上述规则中，一般保证鉴于先诉抗辩权，保证债务进入诉讼时效的前提是主债务人无债务履行能力，故讨论二者在诉讼时效上的关系无太大意义，重要的是连带保证中的情况。结合《诉讼时效规定》第二十一条，即"主债务诉讼时效期间届满，保证人享有主债务人的诉讼时效抗辩权"的规定，规则为：连带保证中，主债务诉讼时效中断的，保证债务诉讼时效不中断，如保证债务诉讼时效期间届满，保证人享有诉讼时效抗辩权；主债务诉讼时效不中断，保证债务诉讼时效中断的，如主债务诉讼时效期间届满，则保证人基于《诉讼时效规定》第二十一条之规定，也享有诉讼时效抗辩权。总而言之，连带保证中，如债权人想要达到保证债务诉讼时效不届满的效果，就必须对主债务和保证债务同时采取中断诉讼时效的措施。

诉讼时效经过的法律后果是产生保证人的诉讼时效抗辩权，该权利是一项民事权利，保证人可以决定行使或不行使。根据《担保法司法解释》第三十五条之规定，即"保证人对已经超过诉讼时效期间的债务承担保证责任或者提供保证的，又以超过诉讼时效为由抗辩的，人民法院不予支持"，如果保证人不行使该诉讼时效抗辩权，承担了保证责任的，其无权要求债权人返还。

【问题 36】已经承担保证责任的保证人是否有权向已经经过保证期间的其他保证人行使追偿权?

债权人甲分别与保证人乙、丙签订保证合同，两份合同中均未约定保证方式和保证期间。债权到期，甲要求乙承担保证责任后，承担了保证责任的乙在向丙进行追偿时发现债权人甲并未在保证期间内向保证人丙主张保证债权。问，已经承担保证责任的乙是否有权向丙追偿?

分析：一般情况下，债权人如果在保证期间内未向保证人主张保证债权，保证人将不再承担保证责任。但是，上述案例中的情况比较特殊：（1）保证人乙承担了保证责任；（2）保证期间内，债权人甲未向保证人丙主张保证债权。结论上，在保证期间经过后，保证人丙的保证责任免除，其有权拒绝向债权人甲承担保证责任。问题来了：（1）保证人乙并非债权人，其无权代表债权人甲，或自行向保证人丙主张保证债权，其是否应当承担因债权人导致的，保证期间经过的不能要求保证人丙承担保证责任的不利法律后果，也即是否能够向丙追偿，要求分担保证责任？（2）如果可以向丙追偿，那么保证人丙的保证期间经过的法定的免除保证责任的法律后果如何认定？（3）如果不可以向丙追偿，那么让保证人乙承担因债权人甲不主张权利的不利法律后果，是否有违公正，保证人之间的追偿权的民事权利性质是否会受到质疑？对于这种情况，最高人民法院在其给云南高院的对《关于已经承担了保证责任的保证人向保证期间内未被主张保证责任的其他保证人行使追偿权是否成立的请示》作出的《最高人民法院关于已承担保证责任的保证人向其他保证人行使追偿权问题的批复》（法释〔2002〕37号）中认为，“根据《中华人民共和国担保法》第十二条的规定，承担连带责任保证的保证人一人或者数人承担保证责任后，有权要求其他保证人清偿应当承担的份额，不受债权人是否在保证期间内向未承担保证责任的保证人主张过保证责任的影响”。

根据上述批复，当一个连带保证人向债权人承担保证责任后，可以向其他保证人追偿，不管债权人是否在保证期间向该保证人行使过保证债权。这实际上仅仅是为了保障承担保证责任的保证人向其他保证人要求分担损失或责任分担的权利，而针对保证期间制度作出的一种制度性调整。这种“头痛医头脚痛医脚”式的措施，并无理论上的有力支持，必然会产生难以解决的问题：（1）债权人甲在保证期间内向保证人乙主张债权未果，在其转而向保证人丙要求承担保证责任的时候发现丙的保证期间已经经过，其是否有权要求丙承担保证责任？答案肯定是否定的。这时，就会发现保证期间经过仅会对债权人发生效果，而对于其他保证人无效，理论上无法解释保证期间法律效果的单向性或相对性。（2）如果保证人乙的保证期间是两年，保证人丙的保证期间是六个月，在债权到期后接近两年的时间点上，保证人乙承担了保证责任，其向已经经过保证期间的丙行使追偿权，实际上是在帮助债权人向保证人丙主张保证债权。此时，保证人丙与债权人甲协商确定较短的保证期间至少在其从保证人乙分担的保证责任部分上即失去了应有的制度意义。从这个意义上看，上述《批复》实际上是延长了保证期间较短的保证人的保证期间。

第四节 保证责任

《担保法》在第二十一条至第三十二条规定了保证人的保证责任制度，其中包含：（1）保证担保的债权范围，即保证责任的范围；（2）保证期间，债权转让与债务承担情况下的保证责任；（3）主合同变更导致的保证责任的变更；（4）保证期间，即承担保证责任的时限；（5）保证人的免责情形；（6）保证人承担保证责任后的追偿问题，由这些内容组成了保证人保证责任的制度框架。因为我们基于担保权的共性，在本书担保法总论部分，已经对主合同变更导致保证担保责任变更的问题，在本章前述保证合同无效和保证期间部分分别对担保人免责、保证期间问题，进行了详细的论述，故在本节不再赘述。本节仅就保证担保的债权范围、债权转让下的保证责任以及保证责任的特殊问题进行重点讨论。

理论部分

一、保证担保的债权范围

保证债务的范围就是我国法上“保证担保的范围”或实务界所谓“保证责任范围”“保证的范围”。它是指当主债务人不履行债务时，债权人能够在何种范围内请求保证人履行债务或承担责任。和抵、质押担保一样，保证担保的范围也包括主债权及利息、违约金、损害赔偿金和实现债权的费用。当然，允许当事人在上述范围内约定担保的具体债务。

从经济学上说，利息就是货币的时间价值，这一点从货币的资产属性上比较容易理解。在法律上，利息就是作为主债权的金钱债权而产生的法定孳息。但实践中的利息由两部分构成：第一，贷款在出借期间所产生的利息；第二，逾期还款所产生的逾期利息。这一点，在《合同法》第二百零七条，即“借款人未按照约定的期限返还借款的，应当按照约定或者国家有关规定支付逾期利息”中，法律已经做了非常明确的区分。我们认为，逾期利息在本质上是因金钱之债到期未予履行的损失赔偿金，是金钱之债根据《合同法》第一百零七条所规定的赔偿损失之债违约责任的具体体现。对于这一点，以无利息借款合同为例最佳。在债务人未按期还款的，即使双方当事人未约定逾期利息，债务人也应当按照《合同法》第一百零七条、第二百零七条之规定向债权人支付逾期利息。所以，如果主债权是金钱之债，保证人担保范围内的主债权即借款本金、货款、租金或报酬，其中利息是特指借款关系中双方约定的借款期内的利息，这部分是第一百零七条中的继续履行；违约金、损失赔偿金和实现债权的费用则是迟延履行上述金钱支付义务情况下当事人约定的罚息或法定的损失赔偿金，这部分是第一百零七条中的赔偿损失。

如果主债权并非金钱之债，债务人违约的，应当按照《合同法》第一百零七条以继续履行、采取补救措施和赔偿损失的方式承担违约责任。此时，对于保证人而言，如前文所述，其是根据《担保法司法解释》第十三条之规定，在不能实际履行的情况下向债权人承担赔偿责任。此时，保证人担保范围内的主债权即为不能实际履行情况下用于替代实际履行的损失赔偿金，而违约金、损失赔偿金和实现债权的费用则是迟延实际履行，或在不能实际履行情况下，迟延支付替代履行损失赔偿金的当事人约定的罚息或法定的损失赔偿金。其中，实现债权的费用，对于保证人而言，主要是债权人通过起诉或申请仲裁行使并实现债权的费用，包括案件的受理费、公告费、公证费、执行费等，一般不包括律师费。

二、债权让与与债务承担情形下的保证责任

债权让与情形下，对于保证人而言，其承担保证责任的风险在于谁是债务人，而非债权人，所以债权让与原则上不影响保证人的保证责任，除非保证人和债权人在保证协议中约定保证人在债权让与后不再承担保证责任。与债权让与相对，如果在债权人同意的情况下，主合同债务人的债权由第三人承担，即发生债务承担的，则需要经过保证人同意，否则保证人将不再承担保证责任。究其原因，系因债务人更换后，债务履行能力发生变化。我们认为，即使是新债务人的偿债能力在表面上远远大于原债务人，保证人也将不再承担保证责任。

制度部分

一、保证担保的债权范围

《担保法》第二十一条第一款规定，“保证担保的范围包括主债权及利息、违约金、损害赔偿金和实现债权的费用。保证合同另有约定的，按照约定”。实践中，当事人可以在保证合同中自行约定保证担保的范围，或本金，或利息，或损害赔偿金，或全部。在这一问题上，法律将约定不明的风险分配给了保证人，即在第二十一条第二款中规定，“当事人对保证担保的范围没有约定或者约定不明确的，保证人应当对全部债务承担责任”。

实践中有两个非常有趣的问题：第一，如果保证合同中，债权人和保证人约定了逾期承担保证责任的违约金，应当如何认定保证人的保证责任？我们以下例说明：

借款合同约定有利息，但未约定逾期利率。保证合同约定，主债务履行届满，则保证人应当立即承担保证责任，否则迟延一日按主债权的万分之一向债权人支付违约金。后因债务人未按期还本付息，债务履行期限届满一月后，保证人拟承担保证责任。此时，保证人是否应当向债权人支付来自保证合同的违约金？我们认为，保证人本身承担的即是一种责任，债务履行期限届满，债务人即需承担逾期利息或损失赔偿金（在无利息和逾期利息约定的情况下，按照同期人民银行贷款利率支付的赔偿金），而且该赔偿金本身即在保证人的担保范围之内；故保证人承担的违约金和其担保的债务人延期履约的赔偿金存在一致性，一方面保证人不能承担双重责任，另一方面其支付来自保证合同的违约金后，因为该违约金并非主债权合同中约定的债务，故其不能就违约金向债务人追偿。所以，我们认为，不能要求保证人承担保证合同中约定的违约金，如果债务人同意该金额，可以认为该约定也成为主债权合同的约定。

第二，在担保公司提供担保的担保和反担保关系中，如果债务人与担保公司在委托担保合同中约定，在担保公司向债权人承担担保责任后，债务人应当立即向担保公司返还代偿款，否则应当向担保公司支付违约金。这里的违约金是否应做和上述违约金一样的理解呢？我们以下例说明：

贷款合同约定借款一千万元。债务人委托担保公司提供担保服务。在债务人和担保公司的委托担保合同中，双方约定，在担保公司向债权人承担担保责任后，债务人应当立即向担保公司返还代偿款，否则应当按照每日一千万元的万分之一向担保公司支付违约金。对于委托担保合同约定的追偿权和违约金，担保公司和反担保人签订反担保合同进行担保。问，债务人是否应当向担保公司支付违约金？我们认为，这里的情况和上述保证合同中约定违约金的情况有本质上的区别：在担保公司承担担保责任前，债务人使用的是银行的款项，即应遵守其和银行之间约定的款项使用费，即利息；但是在担保公司代偿后，债务人和银行之间的借款合同关系已经因担保公司的代偿而消灭，所以，债务人使用的款项本质上已经转变为担保公司的款项，其当然应当按照其与担保公司之间的约定向担保公司支付款项使用费，即违约金，该金额本质上还是利息。而此时，反担保人担保的范围即为担保公司代偿的款项，和上述违约金。同理，在上一个例子当中，保证人虽然不用承担保证合同中约定的违约金，但是其可以在向债务人追偿时，主张债务人应当支付保证人承担保证责任和实现追偿权这一段时间内，保证人向债权人支付的代偿款的利息。

【问题37】担保公司对债务人的追偿权纠纷案中，担保费及利息、代偿款及利息、违约金、损失赔偿金是否都应当得到支持？

华威公司为向国开行借款2500万元，委托四维担保公司，各方签订借款合同、委托担保合同以及保证合同，约定担保费137.5万元，华威公司违约金为担保金额的10%。后因华威公司未清偿全部借款本息，且尚欠担保费60万元，四维公司代偿2100万元，并起诉至法院向华威公司提出如下诉请：（1）支付60万元担保费及逾期利息；（2）支付代偿款2100万元，并赔偿损失91万元；（3）承担违约金250万元。问，四维公司的上述诉讼请求是否均应当得到支持？

青海高院在其就本案“青海四维信用担保有限公司与青海华威冶炼有限责任公司追偿权纠纷一案”作出的（2013）青民二初字第12号民事判决书中认为，“本院认为，四维公司主张的担保费迟延付款损失及垫付款损失是因华威公司未按照合同的约定还款、支付担保费而产生的利息损失，其具有补偿性，而违约金在性质上也是以补偿性为主，两者之间有交叉重叠，故对该项利息主张本院不予支持。现华威公司主张违约金过高请求减少。根据《最高人民法院关于适用〈中华人民共和国合同法〉若干问题的解释（二）》第二十九条规定，四维公司对其实际损失的主张，主要是之前所述利息损失，应以此为实际损失的基础，酌情将违约金调整至130万元”，最终判决：（1）支付代偿款2100万元，利息91万元；（2）支付违约金130万元；（3）支付担保费60万元，并驳回其他诉讼请求。

分析：我们认为在担保公司和债务人的委托担保关系中，担保公司有两个动作：（1）与债权人签署保证合同，提供担保；（2）代偿，履行保证合同。

在第（1）项中，担保公司通常会收取2%—3%的担保费，本案为137万元/2500万元=5.48%，相对较高。很多地方的法院认为，担保费实际上就是履行保证代偿义务后，债务人应支付给担保公司代偿款利息的一部分，而我们认为这种观点是错误的，原因有四点：第一，债务人委托担保公司提供的担保服务，是债务人因信用缺失而无法正常向银行借款的情况下，委托担保公司提供的一种增信服务，基于服务收费是一种交易的必然结果；第二，担保公司能够对外有多少担保额度，根据银监会等七部委联合发布的《融资性担保公司管理暂行办法》第二十八条之规定，即“融资性担保公司的融资性担保责任余额不得超过其净资产的10倍”，是与净资产挂钩的有限度事项，担保公司为某一企业提供担保服务需要使用其宝贵的担保额度；第三，担保公司是商事主体，提供担保服务后，要进行贷后管理、监督等一系列商业行为，无担保费，其根本无法生存；第四，提供担保服务后，有些债务人自行清偿，有些债务人没有清偿而由担保公司代偿，我们发现在这两种情况下，债务人均需向担保公司支付担保费。这样，担保费的发生即和代偿行为无关，自然和担保公司代偿款的利息或损失也就无关了。那么，担保费的迟延支付损失或违约金是什么？我们认为，就是当事人约定的担保费的迟延支付利息、违约金，或在当事人无约定情况下依据中国人民银行同期贷款基准利率计算出的利息，和代偿款（垫付款）的损失没有任何关系，因为其计算的本金不是一个东西，青海高院的判决值得商榷。

在第（2）项中，我们要分清楚，担保公司代偿前和代偿后的情况不同，代偿以履行担保责任前，债务人使用的是银行的款项，之后则是使用担保公司的款项。所以，代偿前后的利息可以存在不同：代偿之前的利息，依据债务人和银行之间借款合同的约定加以确定；代偿之后的利息依据债务人和担保公司之间委托担保合同的约定加以确定。如果委托担保合同中没有利息的约定，则依据中国人民银行同期贷款基准利率加以计算，因为债务人没有向担保公司返还代偿款项，担保公司的损失也就是资金占用损失，以其款项是从银行贷款而来的一般推论加以确定。如果委托担保合同中对此有约定的，则可能表现为违约金、逾期利息或其他费用。此时，应当根据《最高人民法院关于审理民间借贷案件适用法律若干问题的规定》第三十条之规定，即“出借人与借款人既约定了逾期利率，又约定了违约金或者其他费用，出借人可以选择主张逾期利息、违约金或者其他费用，也可以一并主张，但总计超过年利率24%的部分，人民法院不予支持”，计算综合利息。具体到本案，即担保公司的第（2）项、第（3）项诉讼请求“支付代偿款2100万元，并赔偿损失91万元，承担违约金250万元”，应综合计算其是否超过了法定利率限制。如果超过了，人民法院应当不予支持；如果没有超过，即使如本案债务人一样认为违约金过高，也应当对计算出的综合利率予以支持，人民法院在此类案件中根本没有基于当事人请求予以酌减的自由裁量权。

二、债权让与与债务承担的保证责任

《担保法》第二十二条规定“保证期间，债权人依法将主债权转让给第三人的，保证人在原保证担保的范围内继续承担保证责任。保证合同另有约定的，按照约定”、第二十三条规定“保证期间，债权人许可债务人转让债务的，应当取得保证人书面同意，保证人对未经其同意转让的债务，不再承担保证责任”。我们认为，这里没有考量新的债务人相对于原先的债务人是否具有更强偿债能力的空间，即如论新旧债务人的偿债能力对比情况如何，只要没有经过保证人同意，保证人即可主张不再承担保证责任，因为保证人提供保证担保时所思考的因素可能不仅仅在于保证人的偿债能力。

《担保法司法解释》第二十八条在《担保法》第二十二条的基础上，做了进一步的细化工作，即“保证期间，债权人依法将主债权转让给第三人的，保证债权同时转让，保证人在原保证担保的范围内对受让人承担保证责任”，但是在但书规定中也给出了例外情形，即当事人约定仅对特定的债权人承担保证责任或者禁止债权转让的，应当尊重保证人的选择，保证人即不再承担保证责任。也即是说，保证人完全可以在保证合同中约定仅对特定的债权人承担保证责任。而第二十九条，则对可能出现的债权部分转让的情形作以规定，即“保证期间，债权人许可债务人转让部分债务未经保证人书面同意的，保证人对未经其同意转让部分的债务，不再承担保证责任。但是，保证人仍应当对未转让部分的债务承担保证责任”。这样的规定，也同样适用于抵押权，《物权法》第一百九十二条第二句即规定，“债权转让的，担保该债权的抵押权一并转让，但法律另有规定或者当事人另有约定的除外”，即当事人另有约定的，抵押权并不随着主债权一并转让。

三、保证责任的特殊问题

《担保法司法解释》第二十六条、第二十七条规定了两项特别的担保责任。

其中，根据第二十六条之规定，“第三人向债权人保证监督支付专款专用的，在履行了监督支付专款专用的义务后，不再承担责任。未尽监督义务造成资金流失的，应当对流失的资金承担补充赔偿责任”。实践中，这种情况经常发生在委托贷款情形下，尤其是在银监会颁布委托贷款新规，明确银行仅仅是委托代理人，且对委托贷款负有监督、协助义务之后。例如，甲公司委托乙银行向丙房地产开发公司借款，乙银行受甲公司的委托监督款项的支付，并保证监督支付专款专用。如果丙公司要向施工企业付款，乙银行付款依据的合同和使用情况则由乙银行负责监督，而乙银行未尽监管义务造成资金流失的，则应当对甲公司承担流失资金的补充清偿责任。类似的情况也发生在政策性银行委托商业银行向贷款企业发放贷款并监督支付的场合。

【问题 38】资金监管人没有履行监管职责，造成资金流失的，应当承担什么责任?

2012 年 9 月 24 日，赣县农商行与云天公司签订《固定资产借款合同》，云天公司向赣县农商行借款 6200 万元。之后，云天公司未按合同约定偿还借款。2014 年 9 月 2 日，赣州中院作出（2014）赣中民二初字第 100 号民事判决书，判决云天公司向赣县农商行偿还借款本金 5700 万元及支付利息；赣县农商行有权就抵押房产依法折价或拍卖、变卖的价款优先受偿，保证人谢某某等人在上述抵就押物价值不足部分负有清偿责任。赣县农商行与开发区财政局、云天公司签订《工程款专户结算监管协议书》，主要约定：云天公司在赣县农商行开设工程结算专户；该账户作为云天公司 18 个项目项下的工程款结算专户，项目完工验收审计后，开发区财政局必须将应支付给云天公司的工程款以不低于三分之二的金额通过银行转账的方式转入该工程结算专户，并有义务协助赣县农商行加强工程款的管理，且不得将工程款转入其他账户；任何一方违约造成的损失由违约方承担。

二审法院责令开发区财政局提供：一是云天公司涉案 18 个项目工程款结算金额并附结算材料；二是截至一审起诉前已付云天公司款项金额及相关支付凭证；三是在已付工程款当中有多少工程款被法院冻结、扣划并附相关法律文书。开发区财政局陈述，工程款经审批后划入赣州开发区建设投资（集团）有限公司（以下简称建投公司）账户，由该公司支付工程款。云天公司在建投公司账户的工程款被多个法院冻结、划拨，涉及金额 32506.3877 万元，其中 11898.0312 万元被划拨。

江西高院在其就“江西赣县农村商业银行股份有限公司、赣州经济技术开发区财政局合同纠纷案”作出的（2017）赣民终437号二审民事判决书中认为，“从开发区财政局提供的证据来看，其已经提供了工程款结算的数据、有关工程款被法院冻结划拨款项的明细，没有提供其将云天公司工程款转入约定专户的证据。一方面，自监管协议生效后，云天公司超过2.4亿工程款已经结算确定，说明开发区财政局具备履行合同的客观条件，另一方面，其没有提供将工程款转入约定专户的证据，结合其在庭审中‘将工程款划入建投公司账户’的陈述以及云天公司大量工程款在建投公司账户被冻结划拨的事实，可以认定开发区财政局具备履行客观条件而没有履行义务，已经构成违约，应当承担违约责任”。

分析：本案是《担保法司法解释》第二十六条规定情形的典型案例。从案件的结果来看，江西高院没有严格依据该条款作出判决，而是根据《合同法》第一百零七条的规定，酌情让开发区财政局承担200万元损失赔偿的违约责任。我们认为，江西高院完全可以依据上述第二十六条判令开发区财政局承担全部的补充赔偿责任。从该严格意义上讲，第二十六条不应当出现在担保法当中，用合同法中委托合同的相关规定即可解决问题，因为该条中的“保证”并不具有担保法保证合同的典型意义，保证人并没有代债务人承担违约责任的意思表示，所以该“保证”应当被理解为一种对义务的承诺。以下是最高人民法院审理的两个相关案例，仅供参考。

最高人民法院在其就“唐山合利混凝土有限公司与唐山荣盛房地产开发有限公司、秦皇岛市第二建筑工程有限公司买卖合同纠纷再审案”作出的（2015）民申字第2612号民事裁定书中认为，“根据《还款协议书》的约定，荣盛公司所负的合同义务为：监管及负责协议约定的款项支付到合利公司的账户。协议签订后，秦皇岛二建未向合利公司支付约定款项。荣盛公司亦未尽到监管并负责将协议约定款项支付到合利公司账户的义务，反而在约定的期限内向秦皇岛二建支付了超过1100万元的款项。原审判决认定其具有过错，并无不当。根据约定，荣盛公司对款项的支付具有监管义务，原审判决判令其对秦皇岛二建欠付合利公司的混凝土款及违约金承担补充赔偿责任，亦无不当。荣盛公司关于其已尽监管义务以及原审法院适用法律错误的申请理由，本院不予采纳”。

最高人民法院在其就“山东富宏服饰股份有限公司与被申请人闵某某、山东巨峰环保建材有限公司、山东博利特电源科技有限公司、德州富利达新能源有限公司、山东亿丰伟业国际物流有限公司、付某某等自然人民间借贷纠纷再审案”作出的（2015）民申字第3150号民事裁定书中认为，“关于能否适用《最高人民法院关于适用〈中华人民共和国担保法〉若干问题的解释》第二十六条规定，免除富宏服饰公司的担保责任问题。对此，《最高人民法院关于适用〈中华人民共和国担保法〉若干问题的解释》第二十六条规定借款人、出借人之外的负有监督款项使用的第三人未履行监督义务应承担的责任问题，同本案处理的情形并无关联。本案并不存在对借款进行监督使用的出借人、借款人之外的第三人。而对于借款合同当事人而言，虽然借款合同约定了借款用途，但是对于借款人巨峰建材公司改变借款用途此节事实而言，系巨峰建材公司利用资金的行为，非作为出借人的闵某某所能掌控，故即使巨峰建材公司改变了借款用途，该种行为不能免除借款人的还款义务，亦不能免除担保人富宏服饰公司的担保责任”。

从上述两个案例可以看出，适用第二十六条的一个前提条件是必须存在一个独立于债权人、债务人的第三方作为资金监管方，否则无法给其安排第二十六条所述的监管义务。

《担保法司法解释》第二十七条规定，“保证人对债务人的注册资金提供保证的，债务人的实际投资与注册资金不符，或者抽逃转移注册资金的，保证人在注册资金不足或者抽逃转移注册资金的范围内承担连带保证责任”，在《公司法》资本金认缴制后，这种担保方式显得更加重要，我们从下例展开说明：

【问题 39】企业的注册资金由第三人担保的，企业注销，第三人是否对企业债务承担担保责任？

粮油机械公司与储运公司签订加工粮食烘干塔合同一份，合同约定粮油机械公司供给储运公司 400 吨全套烘干塔设备并负责安装和施工，总金额为 180 万元。合同签订后，粮油机械公司安装到位，而储运公司欠付工程款 432872 元未给付。后，辽宁省农垦商贸集团营口公司与康利粮油总公司签订财产及转让土地使用协议书一份，对储运公司固定资产（包括烘干塔）和库存材料以 500 万元的价格出售给辽宁省农垦商贸集团营口公司，仓库用地也一并转让。法院认定康利公司应向粮油机械公司承担债务，而该公司挂靠单位是营口实验中学。经法院审理查明，康利粮油总公司开办时，由港湾宾馆提供 150 万元注册资金担保，在港湾宾馆被其主管单位营口公安局注销时，营口公安局出具“申请注销函”表明其作为主管部门应对港湾宾馆的债权债务负责。问，营口实验中学、营口公安局是否要承担担保责任？

大连中院在其就本案“瓦房店市粮油机械制造公司与营口经济技术开发区公安局、营口经济技术开发区康利储运公司等承揽合同纠纷再审案”作出的（2014）大审民再终字第 52 号民事判决书中认为，康利公司挂靠在营口市实验中学依据《最高人民法院关于适用〈中华人民共和国民事诉讼法〉若干问题的意见》第四十三条之规定（个体工商户、个人合伙或私营企业挂靠集体企业并以集体企业的名义从事生产经营活动的，在诉讼中，该个体工商户、个人合伙或私营企业与其挂靠的集体企业为共同诉讼人），原审判由营口市实验中学承担案涉欠款及利息给付的连带责任，并无不当。

对于营口公安局，大连中院认为，“而港湾宾馆为康利粮油总公司提供150万注册资金担保，使该公司顺利取得了企业法人资格，并对外以企业法人名义开展活动，故港湾宾馆应为其担保行为负法律责任”。康利公司虚假出资，港湾宾馆应根据《担保法司法解释》第二十七条之规定承担担保责任；另外，港湾宾馆的民事责任主体资格因营口公安局的注销行为已不复存在，《申请注销函》上明确表明“对遗留问题，主管部门仍负责任”，营口公安局应为其行为负责。至于营口公安局所称“康利粮油总公司在工商注册时已有100万元注册资金验资，不用港湾宾馆出具150万注册担保”一节，“康利粮油总公司的工商登记档案中没有验资报告或其他证据表明其在工商注册时已有100万注册资金验资”，以及“1996年3月25日《申请注销函》是上诉人写给营口市工商局的，依据《民法通则》等相关规定，主管部门负的是清算责任，不是承担债务的责任”一节，“现有法律法规并未明确规定主管单位申请注销企业承担的仅限于清算责任”。故，大连中院判定，“原审依法定职权追加营口公安局为本案被告，并判由营口公安局在150万元范围内承担连带责任并无不当”。

分析：本案涉及三个问题：（1）对注册资本金承担保证担保；（2）企业挂靠；（3）企业注销。其中，注册资本金担保责任，这一项是鉴于当时公司法和工商注册中的资本实缴要求，企业所寻求的一种变通方式。我们认为，在资本认缴制之后，寻求担保满足实缴注册要求的需求没有了，但是股东实缴是否属实，股东是否按期实缴都可以由保证人进行担保。新的公司资本制度完全可以赋予第二十七条以新的制度功能。例如，自然人甲向乙公司以投资公司新增注册资本金的方式进行投资，甲和乙公司的股东在增资协议中约定了认缴数额和期限，丙就甲的实缴义务承担保证责任。在这一点上，需要从请求权概念出发将丙的实缴义务理解为一种债务，而非投资行为，并将其直接规定在第二十七条当中。至于本案中企业挂靠、注销的问题，均是企业登记、经营过程中的老问题，我们在这里不再进行讨论。

第五节　最高额保证

最高额保证是保证人对债权人和债务人之间发生的最高债权限额内的债权实现提供担保的方式。在最高额保证关系中，保证人用以控制担保风险的因素有：（1）债务人，该因素关系到债务人的主观违约风险和保证人的承担保证责任后的追偿风险；（2）最高债权额，该因素关系到保证人最终承担保证责任大小的可能性；（3）债权发生的期间，该因素关系到保证人所担保债权的发生期限，实践中也被称为“决算期”，该期限有始期和终期，后者即实践中所说的“决算日”。所以，在掌握最高额保证过程中，应当格外注意上述三个因素，由此出发，在实践中灵活运用最高额保证制度。

理论部分

一、最高额保证的概念和特征

最高额保证，是指保证人在最高债权额的限度内，就一定期间连续发生的债权所设定的保证担保。最高额保证的特征有：

1. 主债权的发生具有不确定性。最高额保证主要是为将来发生的债权做担保，一般情况下其所担保的主债权在最高额保证合同签订时并未发生，而且将来发生与否存在不确定性，即使发生也存在债务人及时清结的可能性。

2. 主债权的发生具有连续性。最高额保证所担保的可能并不是一个债权，而是多个债权，而且是在一定期间内连续发生的债权。实践中，在银行借贷关系中，最高额保证担保经常使用，我们以下例进行说明：

按照银行的贷款流程，贷款合同签订前，银行一般会要求债务人提交财务报表，包括资产负债表、利润表、损益表、现金流量表等，并且会派员实地审查债务人对外交易合同、库存、发货清单等以明确债务人的财务状况、账期以及交易状况，最终会对债务人的经营状况做综合评级。这一流程一般耗时、耗力。甲企业与乙银行有长期的合作关系，长期向银行借贷，但是其贷款均为短期流动资金借款，常常是月初借款，月尾即归还。如果甲企业按照银行的贷款审批流程，逐笔审核审批，耗时、耗力，就很难适应甲企业的交易模式和资金需求。于是，实践中甲企业会在年初向乙银行申请综合授信，一次性地完成上述审核；

而乙银行会根据审核结果对甲企业在未来一年内的资金需求授予信用额度。在一年内，甲企业在信用额度内向乙银行申请贷款时，即无须再进行审批。这样做无疑符合了甲企业的经营需求，但还是会出现每一笔贷款债权的担保如何落实的问题。对此，相应地出现了最高额保证、最高额抵、质押担保，解决分笔无法及时办理保证和抵、质押担保手续的问题。作为第三人的保证人，可以依据银行的信用评级资料，或自行对债务人的信用审核结果作出判断是否提供最高额保证。

3. 保证人承担的保证责任具有限定性。首先，在最高额保证合同中，债权人、保证人会就保证担保的最高债权额进行限定。虽然最高额保证所担保的是未来的系列债权，但其所担保的并不是多笔债务的简单累加，而是债务整体；相对地，保证人所承担的保证责任是一种有限度责任，是一种系列债务范围内的有限度责任。其次，保证人只对在约定的期限内发生的最高额以内的主债权承担保证责任，对约定期满之后的债权不承担保证责任。最后，保证人是就最高额期限届满时未予清偿的债权承担保证责任，只是其最终承担的保证责任不超过最高债权额。

【问题 40】决算日是确定担保的债权余额，还是担保责任余额？

债务人生化公司向浦发银行沈阳分行借款，北大荒公司在5500万最高额度内提供保证担保。2015年5月8日为案涉最高额保证的决算日，共计确定发生了两笔主债权，一笔为2014年10月24日两份《开立银行承兑汇票协议书》项下的合计金额为本金5000万元的债权，到期日为2015年4月24日；另一笔为2014年10月24日《流动资金借款合同》项下借款本金为2500万元的债权，宣布提前到期日为2015年5月8日。生化公司于2015年6月11日的付款行为清偿了其中银行承兑汇票协议书中的两笔合计5000万元及相应利息的债务，此时，债权人认为保证人应当承担的保证责任为剩余的2500万元的本金及利息；而北大荒公司认为应当为5500万元剩余的债权。问，债权人和保证人，哪一种说法是正确的？

最高人民法院在其就本案“上海浦东发展银行股份有限公司沈阳分行与黑龙江农垦北大荒商贸集团有限责任公司、昌图生化科技有限公司等金融借款合同纠纷再审案”作出的（2016）最高人民法院民申3256号民事裁定书中认为，“对保证人北大荒公司而言，由于是对整个债权余额进行担保，而不分债务履行的先后顺序，故只要是发生在最高额保证期间内，不超过最高限额的债务的余额，最高额保证人均应承担保证责任。本院认为，在存在最高额担保的情形下，债务得到部分清偿并不必然导致最高额担保人的担保责任相应减少，故北大荒公司仍应当在约定的5500万元担保责任范围内对上述债权余额2500万元及相应利息承担保证责任。据此，原判决认定北大荒公司对2500万元本金及利息、复利应在最高限额为5500万元的范围内承担连带保证责任并无不当。北大荒公司申请再审主张原判决曲解《担保法司法解释》第二十三条的本意，混淆了债权和保证债权、债权余额和保证债权余额的确定，没有事实和法律依据，本院不予支持”。

分析：本案涉及的实质性问题是，所谓决算期的功能到底是什么？我们认为，《担保法司法解释》第二十三条“最高额保证合同的不特定债权确定后，保证人应当对在最高债权额限度内就一定期间连续发生的债权余额承担保证责任”中的“债权余额”是至决算日未予清偿的债权余额，这个余额可能大于最高债权额，也可能小于最高债权额。至于保证人需承担的保证责任，需看债务人在决算日之后清偿了多少。所以，决算日并没有决算的含义，仅有确定的含义，正所谓确而不决；真正的“决算日”是保证人实际承担保证责任之日，需看决算期届满时未予清偿的债务在此时还剩余多少，是否在最高债权额额度内。另外，纵观最高额保证的所有条款，都没有所谓决算的表述，该表述容易引起歧义。本案中，决算日过后，最高额保证即相当于一种保证担保额小于债权数额的特殊保证，如甲向乙借款10万元，丙就此提供保证担保，担保额为5万元，此时的10万元即是决算日确定的债权余额。债务履行期限届满后，债务人甲向债权人清偿了3万元，未清偿部分为7万，则丙仅承担5万元的保证责任；如果债务人甲向债权人清偿了8万元，未清偿部分为2万元，则丙的保证责任即只剩下了2万元。综上，决算日确定的是担保的债权余额，而不是保证责任余额。

二、最高额保证担保的债权确定方式

最高额保证所担保的未来债权是不特定的，将来的债权是否发生、债权类型是什么、债权额是多少均是不确定的，那么如何确定最高额保证所担保的债权即是最高额保证法律制度中最为重要的部分，我们认为应当从以下几个方面加以确定最高额保证的债权范围：

（一）最高额保证合同

和一般的保证一样，最高额保证担保也需要债权人和保证人之间订立有效的保证合同，该合同中一般应包含以下主要事项：（1）债务人；（2）保证方式，是一般保证还是连带保证；（3）最高额担保的期限，一般称为决算期，由始期和终期决定担保的债权发生的期限；（4）担保的最高债权额，一般用“不超过××元的债权”的方式进行表述。

最高额保证合同在形式上和一般的保证合同一样，都有独立的最高额保证合同、最高额保证担保书、借款综合授信或其他交易框架协议当中的最高额保证条款以及第三人以最高额保证人身份在主债权文书上签章四种形式。

（二）无终期情况下的最高额保证期限届满通知

在以担保书形式订立的最高额保证合同中，保证人往往在担保书中并未给出明确的决算期，这就导致没有终期确定实际发生的债权。对此，我们在本书前文的讨论中认为需要保证人以通知的方式确定终期。在前文讨论的阳江市政府与中南银行香港分行的担保纠纷中，阳江市政府向中南银行香港分行出具一份承诺函，称：“必荣公司向贵行申请以下授信额度：开出信用证1000万港元（或等值其他货币）、信托提货700万港元（或等值其他货币）、透支50万港元（或等值其他货币）、凭保议付100万港元（或等值其他货币），上述申请授信额度业经我市政府研究批准同意，请贵行给予支持。如该公司出现逾期或拖欠贵行的贷款本息情况，本政府将负责解决，不让贵行在经济上蒙受损失。”该承诺书中即没有决算期的终期，一直到债权人起诉保证人要求承担保证责任时，广东高院才认为决算期已经届满。一般情况下，在没有终期约定的最高额保证合同中，终期的确定通过以下两种方式完成：（1）保证人通知债权人就某一时点之前的债务承担最高额保证责任，这是实践中最常出现的情形；（2）债权人通知保证人承担保证责任，或根据其与债务人之间的债权合意宣布对债务人的债权到期。

（三）法定的最高额结算期

最高额保证是保证人就债权人与债务人之间连续发生的债务承担保证责任，所以在特殊情况下，如果确定债权人和债务人之间不可能再发生债权债务关系的，应当认为最高额保证的决算期已经届满。北京高院在其发布的《审理民商事案件若干问题的解答之四（试行）》（2003年3月5日京高法发〔2003〕61号）中对“如何认定最高额保证的债权特定化及保证责任承担”的问题进行了回答：“以最高额保证为基础订立的借款合同，因法定事由导致合同不能继续履行，不可能再发生新的债权时，最高额保证债权特定。清偿期限届满的，债权人有权向债务人主张债权，并要求保证人承担保证责任。银行将债权确定为不良资产，移交资产管理公司清理的，最高额保证债权特定，资产管理公司有权向债务人主张债权，并要求保证人承担保证责任。”这样，该解答给出了最高额保证决算期确定的两种方式：第一，“法定事由导致合同不能继续履行，不可能再发生新的债权时”；第二，“银行将债权确定为不良资产，移交资产管理公司清理”。实际上，上述解答是从债务人和债权人两个方面，对决算期终止的原因进行规定。我们认为，诸如债务人进入破产清算程序，在对外信用证业务中债务人失去对外贸易资格，以及银行将某一债务人的债务整体性打包转让给资产管理公司的，都可以认为决算期届满。

三、最高额保证决算期内，债权人对已经发生的债权进行转让的情形

实践中，经常发生的情形是，在最高额保证决算期内，债权人将决算期已经发生的债权转让给第三人的情形。此时，该转让的标的债权是否有保证人的保证担保即是一个比较棘手的问题。这一问题，也发生在最高额抵押担保中，而且因为最高额抵押担保还涉及抵押登记的问题，使得该问题在抵押担保关系中更为棘手。

在最高额保证担保关系中，对于债权转让情形，我们认为处理的思路是：（1）由债权转让人和受让人协商该债权是否在最高额保证担保的范围之内，因为该债权要使用最高额保证的担保额度，所以必须经过债权人书面同意方可认为其有效地处理了自己享有的保证债权。（2）如果经协商，债权转让人和受让人一致同意转让的标的债权带有保证担保，那么一方面转让完成后标的债权的保证担保是一般保证，另一方面应当将该保证担保的额度从最高额保证的担保额度中剔除。如果在最高额保证决算期届满前，转让的标的债权已经被债务人清偿，则该标的债权对应的保证担保额度将回复到最高额保证的担保额度内。（3）如果经协商，债权转让人和受让人一致同意转让的标的债权不带有保证担保，或双方未就此达成合意，都应当认为转让的标的债权不带有保证担保。当然，保证人可以在最高额保证合同中与债权人达成合意，确定最高额保证决算期内，担保范围内的债权不得转让，债权人转让的，保证人不对转让标的债权承担担保责任。

制度部分

一、最高额保证的法定概念

《担保法》在第十四条后半句规定最高额保证合同的概念，保证人与债权人

“可以协议在最高债权额限度内就一定期间连续发生的借款合同或者某项商品交易合同订立一个保证合同”。该条规定了债权人与保证人订立最高额保证合同的可能性，但是并未就如何处理保证合同和保证担保之间关系的具体问题作出规定。

《担保法司法解释》第二十三条之规定，即“最高额保证合同的不特定债权确定后，保证人应当对在最高债权额限度内就一定期间连续发生的债权余额承担保证责任”，具体给出了最高额保证合同的基本内容，以及最高额保证的法定概念。根据该规定，最高额保证合同应当有以下内容：（1）最高额保证担保的债权发生的时间区间，即实践中的决算期。该时间区间导致最高额保证担保的债权有以下特征：第一，未来的；第二，连续发生的；第三，不特定性。（2）最高额保证担保的最高债权额。如果前述期间内发生的债权总额超过约定最高债权额限度，则保证人不承担保证责任。上述两项即是最高额保证不同于一般的保证的最明显的特征。从前述【问题 40】可以看到上述第二十三条在实践中引起的误解，我们认为，第二十三条更好的表述是“保证人应当就一定期间连续发生的债权余额在最高债权额限度内承担保证责任”，这样就可以解决债权余额大于最高债权额，但债务人在决算期届满后清偿部分债权，导致难以确定保证人担保责任的问题。

二、最高额保证担保的债权范围

最高额保证的担保范围同一般的保证，包括本金、利息、违约金、损失赔偿金以及实现担保的费用等。根据人民法院的司法实践，有关最高额保证担保的债权范围的实践问题，主要涉及最高额保证所担保的债权确定，我们以以下几个司法案例加以说明：

【问题 41】最高额保证担保的债权应当是在决算期发生的债权，还是在决算期内到期的债权？

风神公司就宝硕公司和中信银行之间发生的债权债务关系提供最高额保证担保，决算期为 2005 年 5 月 16 日至 2006 年 5 月 16 日。因中信银行主张风神公司应当承担担保责任的一笔债权的到期日超过了最后决算期 2006 年 5 月 16 日，故其主张该笔债权不应归为最高额保证合同项下担保范围内的债权。问，其主张是否于法有据？

分析：最高人民法院在其就本案“风神轮胎股份有限公司与中信银行股份有限公司天津分行、河北宝硕股份有限公司借款担保合同纠纷二审案”作出的

(2007)民二终字第36号二审判决中认为，“此问题涉及对《担保法解释》第二十三条的理解。该条规定：‘最高额保证合同的不特定债权确定后，保证人应当对在最高债权额限度内就一定期间连续发生的债权余额承担保证责任。’其规定了最高额保证范围为发生的债权余额，该余额为最高额保证期间已经发生的债权和偿还债务的差额，并非指最高额保证期间已到期的债权余额。从此意义上讲，本案讼争的2170万元贷款系发生于最高额保证期间，虽然其到期日超过最高额保证期间，仍应属最高额保证人应当承担保证责任的范围。上诉人风神公司提出该笔贷款超过《最高额保证合同》决算期因而不应承担责任的主张不能成立，本院不予支持”。结合《担保法司法解释》第二十三条和最高人民法院的上述判决观点，只要发生在决算期内的债权都应当列入最高额保证担保的范围。

【问题42】主债权合同约定了债务担保，但未包括债权人和保证人约定的最高额保证担保，保证人是否承担保证责任？

2010年9月10日，温州银行与婷微公司、岑某某分别签订了编号为温银9022010年高保字01003号、01004号的最高额保证合同，约定分别为创菱公司2010年9月10日至2011年10月18日期间与温州银行发生的余额不超过1100万元的债务本金及利息、罚息等提供连带责任保证担保。2011年10月12日，温州银行与岑某某、三好塑模公司分别签署了编号为温银9022011年高保字00808号、00809号最高额保证合同，岑某某、三好塑模公司自愿为创菱公司在2010年9月10日至2011年10月18日期间发生的余额不超过550万元的债务本金及利息、罚息等提供连带责任保证担保。2011年10月14日，温州银行与创菱公司签署了编号为温银9022011企贷字00542号借款合同，约定温州银行向创菱公司发放贷款500万元，到期日为2012年10月13日，并列明担保合同编号分别为温银9022011年高保字00808号、00809号。创菱公司从温州银行借款后，不能按期归还部分贷款，温州银行诉至法院。

本案的争议焦点为，婷微公司签订的温银9022010年高保字01003号最高额保证合同未被选择列入温银9022011企贷字00542号借款合同所约定的担保合同范围，婷微公司是否应当对温银9022011企贷字00542号借款合同项下债务承担保证责任。对此，法院经审理认为，婷微公司应当承担保证责任。理由如下：第一，民事权利的放弃必须采取明示的意思表示才能发生法律效力，默示的意思表示只有在法律有明确规定及当事人有特别约定的情况下才能发生法律效力，不宜在无明确约定或者法律无特别规定的情况下，推定当事人对权利进行放弃。

具体到本案，温州银行与创菱公司签订的温银 9022011 企贷字 00542 号借款合同虽未将婷微公司签订的最高额保证合同列入，但原告未以明示方式放弃婷微公司提供的最高额保证，故婷微公司仍是该诉争借款合同的最高额保证人。第二，本案诉争借款合同签订时间及贷款发放时间均在婷微公司签订的编号温银 9022010 年高保字 01003 号最高额保证合同约定的决算期内（2010 年 9 月 10 日至 2011 年 10 月 18 日），温州银行向婷微公司主张权利并未超过合同约定的保证期间，故婷微公司应依约在其承诺的最高债权限额内为创菱公司对温州银行的欠债承担连带保证责任。第三，最高额担保合同是债权人和担保人之间约定担保法律关系和相关权利义务关系的直接合同依据，不能以主合同内容取代从合同内容。具体到本案，温州银行与婷微公司签订了最高额保证合同，双方的担保权利义务应以该合同为准，不受温州银行与创菱公司之间签订的温州银行非自然人借款合同约束或变更。第四，婷微公司曾于 2012 年 6 月、10 月、11 月三次归还过本案借款利息，上述行为也是婷微公司对本案借款履行保证责任的行为表征。综上，婷微公司应对创菱公司的上述债务承担连带清偿责任，其承担保证责任后，有权向创菱公司追偿。

分析：本案的关键问题是在最高额保证期间，当事人发生借款事宜，而借款合同约定的保证方式并未包含前述最高额保证合同，此时该笔借款债权是不是最高额保证所担保的债权？从严格意义上讲，保证合同是一个利他合同，该合同的订立原则上无须经过债务人同意，所以也就无须在主债权合同中约定担保该合同履行的担保是什么。更为重要的是，最高额保证合同是保证人和债权人之间的债权债务关系，一般的保证当中对于主债权合同从属性的相对独立性而言，最高额保证合同的独立性更强，其基本上是在独立发挥法律效力。在决算期内发生的债权，除非债权人作明确的否定表示，否则债权均应属最高额保证担保范围内的债权；如果债权人在借款合同中明确向债务人表示该债权不受最高额保证担保，我们认为，该表示行为应属权利的放弃。在民事法律领域，除了遗赠关系等少数几个存在法律明确规定的可以以“沉默”方式作出权利放弃行为的特殊情形之外，权利的放弃行为必须作出明确的意思表示。

【问题 43】债权人宣布债权提前到期导致该债权进入决算期的，是否有效？

民生银行杭州分行与浙玻公司签订综合授信合同。绍兴县经济技术担保有限公司就该合同项下的债权提供最高额保证担保，其与民生银行签订的最高额保证合同第三条约定：“担保公司对上述《综合授信合同》项下发生在 2008 年 12 月 22 日至 2010 年 12 月 22 日的债权，在 2.75 亿元范围内提供最高额保证，并约定了主债权发生期间的具体含义”；第八条约定了被担保债权的确定方式，即“有下列情形之一时，本合同项下被担保的债权确定：1. 本合同约定的主债权的发生期间届满；2. 依据法律规定或主合同约定主债权人宣布主合同项下全部债务提前到期；3. 法律规定的被担保的债权确定的其他情形”；第十九条还约定“担保公司所担保的任何一笔债务履行期限届满之日均不得超过2010年12月25日”。后，浙玻公司与民生银行的债权约定期限均在2011年8月19日至8月26日之间，该期间超过了《最高额保证合同》第十九条约定的期限。

最高人民法院在其就本案“中国民生银行股份有限公司杭州分行与绍兴县经济技术担保有限公司、浙江玻璃股份有限公司等金融借款合同纠纷案”作出的（2013）民提字第141号民事判决书中认为，“如果在2010年12月25日之前未发生《最高额保证合同》约定的或者法律规定的导致被担保债权确定的情形，则按照《最高额保证合同》第十九条约定，案涉债权将被排除于被担保债权的范围。但本案特殊情况在于，2010年12月8日，民生银行依据《综合授信合同》的约定宣布本案贷款提前到期。此情况下，案涉贷款是否属于《最高额保证合同》的担保范围，是本案需要解决的关键问题”。最终，最高人民法院认为，应当依据《最高额保证合同》第八条的规定，在民生银行宣布本案贷款提前到期之时，未清偿的主合同项下的不特定债权已确定，均被纳入《最高额保证合同》约定的被担保债权范围。

分析：一般的保证合同的关键内容之一是确定保证担保的债权，最高额保证与之不同的是确定其所担保的债权范围，决算期即是保证合同完成这一任务的核心内容。除决算期外，保证人当然可以通过其他方式对其担保的债权进行限定，本案第十九条的约定“所担保的任何一笔债务履行期限届满之日均不得超过2010年12月25日”虽然是一种非典型的方式，但其效力无可争议。我们认为，第十九条的内容是最高额保证担保范围内债权的一个定语。所以，本案保证人所担保的债权范围即是在决算期内发生的，履行期限届满之日不超过2010年12月25日的，未予清偿的债权余额。根据这一限定，本案案涉债权显然都不属于保证担保的范围，但根据第八条的提前到期条款，债权人有权选择通过宣布提前到期的方式，将该部分债权归入保证担保的范围之内。本案应当注意两点：第一，如果没有第八条，仅在借款合同中有债权人有权宣布借款提前到期的条款，我们认为保证人即不承担担保责任；第二，即使存在第八条，也应当严格审查债权人宣布提前到期是否符合主债权合同约定的条件，如果不符合，保证人也不应承担担保责任。另外，债权人民生银行曾于2010年8月18日送达给担保公司《补充协议》一份，要求对双方之前签订的《最高额保证合同》第十九条的约定变更为：“经双方约定，担保公司所担保的任何一笔债务履行期限届满之日均不得超过2011年8月31日”，而保证人未予理睬，债权人民生银行2010年8月19日至8月26日与浙玻公司签订《流动资金贷款借款合同》共计41份，七天之内履行该41份合同突击向浙玻公司发放了总额为6亿元的贷款，紧接着又于2010年12月8日宣布上述贷款立即到期，结合以上事实，可以推测债权人宣布借款提前到期是其为行使保证债权有意而为的行为和可能存在的“恶意”。

三、最高额保证的保证期间

《担保法》第二十七条“保证人依照本法第十四条规定就连续发生的债权作保证，未约定保证期间的，保证人可以随时书面通知债权人终止保证合同，但保证人对于通知到债权人前所发生的债权，承担保证责任”中的保证期间显然是指“决算期”。在最高额保证担保的债权为多数，且履行期限并不一致的情况下，多个债权的保证期间应当如何确定，是一个相当棘手的问题。

（一）如何理解《担保法司法解释》第三十七条

在一般的保证合同关系中，保证人在提供保证担保时，知晓主债务的数额和履行期限；而在最高额保证担保中，保证人仅能通过决算期的约定限定债权发生的时间，却无法控制债权的履行期间。这样，保证人在保证责任承担问题上就会面临很大的不确定性，如在决算期内，债权人和债务人达成借款合同，但债务履行期限为十年，这就使得保证人需为十年后到期的主债务承担保证责任。因这种情况仅涉及保证人的个人利益，所以立法上采取了将权利交给当事人意思自治的态度，即保证人可以和债权人在最高额保证合同中对承担责任的期间进行约定，如《担保法司法解释》第三十七条规定“最高额保证合同对保证期间没有约定或者约定不明的，如最高额保证合同约定有保证人清偿债务期限的，保证期间为清偿期限届满之日起六个月。没有约定债务清偿期限的，保证期间自最高额保证终止之日或自债权人收到保证人终止保证合同的书面通知到达之日起六个月”。

《担保法司法解释》第三十七条的出发点在于，让保证人有能力控制保证责任的承担时间，在真正意义上实现“责任自负”。该规定有两个要点：第一，保证期间；第二，保证人清偿债务的期限。例如，最高额保证合同中约定主债权的发生期限是2018年1月1日至2018年12月31日。如债权人和债务人之间的债务发生时间是2018年12月1日，则该债务应当属于保证人担保范围内的债权，但双方在借款合同中约定的债务履行期限届满之日为2021年的12月1日。显然，保证人无法控制债务履行期限；对此，保证人可以在最高额保证合同中约定保证期间，或其承担清偿债务的最后期限，如“两年”或“2020年1月1日”。至该期间或时限届满时，上述借款期限（2021年的12月1日）尚未届满，则尽管该债务发生在决算期内，但保证人不承担该笔债务的担保责任。因为，最高额保证合同先于主债务合同成立并生效，债权人无视其与保证人约定的保证期间或清偿债务期限，与债务人约定超过该期限的主债务履行期限，自然应当“责任自负”，其失去最高额保证担保的结果也就符合法律的正当性要求。我们认为，第三十七条实际上给最高额保证人担保的债务增加了一个限定，最高额保证的保证期间因此也就有了双重属性：第一，在决算期之外，再给予保证担保范围内的债权一个债务履行期限的统一限定；第二，作为保证人承担保证责任的期限。

对于当事人的约定，除了明确的保证期间，或清偿债务期限的约定外，实践中还存在以下两种形式：第一，由具体主债权合同确定。例如，“风神轮胎股份有限公司与中信银行股份有限公司天津分行、河北宝硕股份有限公司借款担保合同纠纷案”中，《最高额保证合同》约定“保证期间为宝硕公司依具体业务合同约定的债务履行期限届满之日起两年。每一具体业务合同项下的保证期间单独计算”，即保证人将保证期间的计算交给了债权人和债务人在具体债权合同中加以约定。第二，通过最高额保证担保的债权履行期限进行限制。例如，“中国民生银行股份有限公司杭州分行与绍兴县经济技术担保有限公司、浙江玻璃股份有限公司等金融借款合同纠纷案”中，《最高额保证合同》第十九条的约定“担保公司所担保的任何一笔债务履行期限届满之日均不得超过2010年12月25日”，我们认为该约定和第三十七条中保证人清偿债务期限的功能一致。

实践中，应当严格按照《担保法司法解释》第三十七条的规定，遵循“保证期间”—“清偿债务期限”—“最高额保证终止”或“保证人送达终止保证合同的通知”的规则适用顺序。其中，最高额保证终止是指决算期终止之日，或因其他事由导致决算期终止；而保证人送达终止保证合同的通知则是在当事人没有约定决算期终期的情况下，保证人通过通知确定终期和债权的情形。

（二）实践中就《担保法司法解释》第三十七条的争议

实践中，《担保法司法解释》第三十七条很容易产生理解上的歧义和争议，尤其是在最高额保证合同中没有约定保证期间的情况下。最先引发争议的是最高人民法院在其审理的“中国工商银行厦门分行与中福实业股份有限公司担保合同纠纷上诉案”（〔2000〕经终字第274号）的民事判决中的观点，即“主合同的借款期限往往超过六个月，在这种情况下，如果适用上述条款（第三十七条），必然会产生担保期间等于或短于债务的清偿期的现象，甚至会发生主合同的清偿期未到，担保合同的保证期间已经届至的情况，使得担保合同成为一纸空文。因此，如果机械地适用《最高人民法院关于适用〈中华人民共和国担保法〉若干问题的解释》第三十七条的规定，保证人的保证责任就会落空，这就削弱了《担保法》对债权的保护作用，对债权人也是极不公允的，不仅不符合我国民法的公平原则，也不符合《担保法》的立法原意”。鉴于这种担心，实践中对第三十七条应如何适用有以下两种观点：第一，只有在主合同没有规定清偿期，最高额保证合同对保证期间也没有约定或者约定不明的情况下，才能适用第三十七条；第二，对第三十七条中的“对保证期间没有约定或者约定不明”的解释应当适用《担保法司法解释》第三十二条的规定，如约定保证期间为“至主债权合同本息清偿之日为止”，保证期间应按第三十二条为两年，而不能是第三十七条的六个月。这一争议，在“四川央扩企业发展有限公司、郭某某借款合同纠纷案”中二审四川高院和再审最高人民法院给出了详细的回应，我们以本案为例说明第三十七条应当如何正确理解。

【问题 44】应当如何理解《担保法司法解释》第三十七条的规定内容？

2013 年 1 月 4 日，出借人郭某某，借款人科亨公司，担保人央扩公司，三方签订《借款协议》，主要内容为：郭某某向科亨公司提供 3000 万元的借款额度，每次借款期限不超过 180 天，协议有效期限自 2013 年 1 月 4 日至 2014 年 1 月 3 日；央扩公司为科亨公司的借款承担连带责任保证，担保范围为借款本金、利息、违约金及律师费等实现债权的其他费用，担保责任至科亨公司履行完还款义务时终止。一审当中，保证人央扩公司辩称，案涉最后一笔债务的发生时间是 2013 年 6 月 24 日，保证期间应根据第三十七条于 2013 年 12 月 23 日届满，郭某某于 2015 年 2 月 28 日提起诉讼，早已超过央扩公司承担保证责任的法定期间，央扩公司已经享有法定免责权利。

一审法院经审理认为，“第三十七条适用的对象为保证合同未约定保证期限的情形。而郭某某、科亨公司及央扩公司签订的《借款协议》约定‘央扩公司的担保责任至科亨公司履行完还款义务时终止’，即对保证期间作出了约定，根据最高人民法院《关于适用〈中华人民共和国担保法〉若干问题的解释》第三十二条‘保证合同约定保证人承担保证责任直至主债务本息还清时为止等类似内容的，视为约定不明，保证期间为主债务履行期届满之日起二年’的规定，央扩公司的保证期间应为主债务履行期届满之日起二年，而本案科亨公司的债务履行期限尚未满两年，故央扩公司关于保证责任已过期的抗辩理由不能成立”，并判令保证人承担保证责任。

保证人央扩公司上诉至四川高院，核心理由为第三十七条规定的六个月既针对没有约定，也针对约定不明，所以不能适用第三十二条将约定不明的保证期间推定为二年。四川高院在其就本案作出的（2016）川民终914号二审民事判决中认为，“第三十二条作为普通原则定义了保证期间‘视为没有约定’和‘视为约定不明’的情形。第三十七条是对最高额保证期间‘没有约定或者约定不明’情形下如何确定‘保证期间’的特别规定”，所以应当适用第三十七条，而不是第三十二条。“根据最高人民法院《关于适用〈中华人民共和国担保法〉若干问题的解释》第三十七条的规定，由于本案合同当事人未约定最高额保证期间，保证债务清偿期限也约定不明，保证人央扩公司亦未向债权人郭某某发出终止保证合同通知，故其保证期间的确定应当适用‘保证终止之日起六个月’的规定。就本案而言，‘保证终止之日’的判定，成为本案的核心。对于最高额保证，是保证人对债权人与债务人之间在一定期间发生的一定金额的主债务进行清偿保证，其保证有效期间为当事人约定的主债务发生期间，以及主债务的履行期间届满前，即使在约定的‘主债务发生期间’的最后一日发生的债务，该笔债务的履行时间虽然已经超过合同约定的‘主债务发生期间’，但仍然属于保证的时间范围，其保证责任自该主债务履行期限届满开始。因‘主债务发生期间’与‘主债务履行期间’均是债权人、债务人、保证人共同约定并认可的涉及主债务及保证的有效期间，故在该‘主债务发生期间’与‘主债务履行期间’之和的时间范围内，当事人约定的承担保证责任的起点尚未届至，债权人尚未处于受损状态。只有当主债务履行的最后到期日届满，债权人才进入受损状态。基于最高额保证具有动态特性，故在最高额保证期间约定不明时，其‘保证终止之日’确定为在各方当事人参与下的最大明知限度期间届满日，即‘主债务发生期间’和‘主债务履行期间’之和的届满之日，既没有过分加重任何一方的法律责任和交易风险，也符合各方当事人订约时的意思表示。案涉借款合同（包括保证条款）约定的主债务发生期间为2013年1月4日至2014年1月3日止，协议约定的主债务履行期限不超过180天，因此，在合同约定的主债务发生期间内任何时间发生的借款债务，在该借款债务的履行期间届满之日起，保证人即负有履行保证责任的约定义务。故本案保证人央扩公司对出借人郭某某在2013年1月4日至2014年1月3日期间，出借3000万元，借款期间为180天的‘保证终止之日’为2014年7月3日。因此，本案保证期间到2015年1月3日届满”。本案中，债权人起诉行使债权的时间已经超过保证期间，保证人不再承担保证责任。

债权人郭某某的再审申请代表了很多人对第三十七条的理解，“本案不符合适用《担保法司法解释》第三十七条的条件。该条只有在主合同没有约定债务履行期限，保证合同也没有约定保证履行期限的情况下才能适用。最高额借款合同纠纷中，借款期限往往超过六个月，如果直接适用《担保法司法解释》第三十七条，会出现保证期间等于或者短于主债务清偿期限，保证责任落空，削弱债权保护，违背立法原意，不符合公平原则。对此，最高人民法院在2002年8月26日审结的‘中国工商银行厦门分行与中福实业股份有限公司担保合同纠纷上诉案’已有明确的认定。本案中，各方在《借款协议》中明确约定了债务履行期限，因此不具备适用《担保法司法解释》第三十七条的条件”。最高人民法院没有采纳债权人的意见，支持了二审四川高院的判决，作出（2017）最高人民法院民申2599号民事裁定驳回了债权人的再审申请。

分析：我们认同四川高院和最高人民法院的观点，在适用第三十七条还是第三十二条的问题上，因为第三十七条规定十分明确，根本没有后者的适用余地。值得一提的是本案中“保证终止之日”应依“主债务发生期间”与“主债务履行期间”之和的时间范围内加以判定，之所以如此，是因为180日的主债务履行期间规定在债权人、债务人、保证人的三方协议中，为保证人接受，而且本案中的借款合同实际上是一个综合授信合同，所以保证人承担保证责任的期限不可能和主债务履行期限相同。假如本案中，没有180日的主债务履行期限，我们认为“保证终止之日”就只能是主债务履行期间，即六个月的保证期间应当从2014年1月3日开始起算。另外，假如：（1）保证人并未签署借款合同；（2）借款合同没有约定180日的债务履行期限；（3）保证人以出具保证书的形式订立保证合同；（4）在借款合同和保证合同订立后，债权人债务人以补充协议的形式约定了180日的主债务履行期限，应当如何处理？我们认为，应当认为六个月的保证期间依然从2014年1月3日开始计算。

第三章

抵押权

抵押权作为担保物权中最为典型的一种类型，是市场经济中最重要、最常见，也是最为复杂的一种担保方式，其以不转移抵押物占有的制度特征，既满足了抵押权人债务担保的需求，同时又满足了抵押人对抵押物占有、使用的需求，使物的交换价值和使用价值在法律上得以分离而分属于不同的民事主体，满足了不同市场经济主体的不同需求。因此，在理解和使用抵押权以及适用抵押权法律制度时，就应当理解和掌握抵押权制度保障抵押权人对抵押物之交换价值的支配，同时又不妨碍抵押人以占有和使用的方式实际支配抵押物，并最终实现抵押权人和抵押人不同的经济目的的制度内核。在本书中，我们未设置担保物权总论的章节，未将抵押权、质权、留置权具有共性的理论和制度提出单辟一章，故本章的论述在一定程度上也可以被视为担保物权总论。

第一节　抵押权的概述

本节的重点是从宏观上把握抵押权制度，从抵押权的概念、特征以及分类等方面入手，明确抵押权作为一种独立的担保物权类型，其在担保物权体系中的地位、作用和功能，从而对抵押权制度有一个清晰的、整体性的认识。

理论部分

一、抵押权的概念

所谓抵押权，是指债权人对于债务人或第三人不转移占有、作为担保履行债务的特定财产，在债务人到期不履行债务时，有权就该特定财产所获的价金优先受偿的权利。抵押的特定财产可以由债务人提供，亦可以由第三人提供。在抵押权法律关系中，提供抵押财产的债务人或第三人为抵押人，享有抵押权的债权人为抵押权人，抵押人提供的特定财产权利对应的标的物为抵押物，抵押权所担保的债权被称为主债权。

抵押权是物权体系中他物权的一种类型，也具备物权支配性权利的法律特征。不同于所有权对物的全面支配，也不同于用益物权对物使用价值的支配，抵押权和其他担保物权一样，其所支配的是抵押物的交换价值。在抵押权有效设立之后，所有权（或用益物权）和抵押权同时存在于抵押物之上，导致在抵押权法律关系中产生了一个主要矛盾，即抵押人对抵押物的支配与抵押权人对抵押物的支配之间的矛盾。结合抵押权不转移占有的制度特征，抵押权制度应当解决的首要问题就在于如何一方面帮助抵押权人对抵押物的交换价值进行有效“控制”，另一方面确保抵押权人对抵押物交换价值的控制不至于妨碍抵押人对抵押物的有效利用，最终从抵押物的使用价值和交换价值两个方面达到物尽其用的目的。可以说，抵押权的各项制度，诸如可用于抵押的物或权利、抵押权的设立、保全、实现等均是围绕抵押权人的“控制”二字展开，只有理解了这一点，才能够更好地理解和应用抵押权制度，最大限度地发挥抵押权制度的社会和经济功能。

【问题 1】抵押权“抵押”的是什么？

甲公司向当地乙银行申请贷款，乙银行要求其提供担保，甲公司用其从国家矿产管理部门合法受让取得的采矿权提供抵押担保，双方就此签订抵押合同并办理了抵押登记。问题：乙银行所享有的抵押权“抵押”的是权利？

分析：根据《宪法》《物权法》等法律的规定，我国矿产所有权属于国家所有。故而，在上述问题中，当事人，即国家、甲公司、乙银行之间存在三个与矿产有关的不同物权和物权类型：第一，国家的土地所有权；第二，甲公司在土地所有权之上享有采矿权，在权利性质上属于用益物权；第三，乙银行的抵押权，在权利性质上属于担保物权。

“物尽其用”是《物权法》的立法宗旨。一般的物均拥有使用价值和交换价值，《物权法》根据物的这两种价值，通过法律规定分别构建了两种不同的他物权类型，即用益物权和担保物权，国家所有的土地也不例外。因为土地可以产出矿产，故国家通过设定采矿权与采矿权人就采矿性使用土地建立起稳定的物之利用关系，即用益物权关系，采矿权人借此可以采矿性使用国有土地并享有使用收益，即获得其所产出矿产的所有权。在这一点上，采矿权和建设用地使用权这种建筑性使用土地的用益物权不同，前者就不得在采矿权涉及土地的范围内建设性地使用土地，即不得建筑和采矿无关的建筑物并获取建筑物经营和使用收益。而抵押权作为物权所支配的是采矿权这种用益物权本身所具有的交换价值；所以，在权利层次上，采矿权设定在土地所有权之上，抵押权设定在采矿权之上，故抵押权的权利范围不得超出采矿权的范围（例如采矿权年开采量、采矿权所涉土地范围、采矿权土地使用权限等）。这样，甲公司支配采矿权所涉土地的采矿性使用价值，即享有占有土地、使用（矿场开发）、收益（即拥有所采矿产的所有权）的权利；乙银行控制、支配采矿权的交换价值，所以乙银行的抵押权原则上不得干预甲公司对矿产的占有、使用和收益，但控制甲公司采矿权中对采矿权本身的处分权能。

在民事法律领域中，表面上抵押、质押的都是动产或不动产实物，而实际上抵押的是动产或不动产实物的所有权或用益物权。关于这一点，上述问题中的权利状况就是最好的例子，乙银行抵押权“抵押”的是甲公司享有的“采矿权”。

二、抵押权的特征

抵押权作为一种担保物权，除具有担保物权的一般特征之外，还具有自身独特的特征，主要表现在以下方面。

（一）抵押权是一种意定（约定）担保物权

抵押权系设定在他人物上的一种物权类型，在类型上属于他物权。在抵押物上设定抵押权是物之所有权人或用益物权人处分抵押物所有权或用益物权的一种方式，须经其同意。所以，为妥善处理抵押权人和抵押人之间有关抵押权的权利义务，两者须就抵押权的设立以及抵押权的权利内容达成合意，即签订抵押合同。因此，抵押权作为一种意定担保物权类型，其有效设定一般需要两个要件：第一，抵押合同；第二，抵押公示，即抵押登记。

【问题2】设立抵押权为什么须签订抵押合同?

甲公司向银行借款，乙公司用其一块土地的建设用地使用权提供抵押担保。为此，乙与银行签订抵押合同，经抵押登记后抵押权有效设立，那么设立抵押权为什么须签署抵押合同?

分析：房产登记条例中规定申请登记取得抵押权他项权利证书时，须向房地产管理机关提交抵押合同；所以，实践中大多数人认为，签署抵押合同是房地产管理机关的程序性要求。事实上，抵押权被称为意定担保物权，须签订抵押合同的原因在于抵押权是设立在所有权或用益物权之上的，抵押权的权利内容会对所有权或用益物权形成限制，抵押权的设立实际上是抵押人以设定抵押权的形式处置抵押物的一种方式，需要抵押人在抵押合同中作出明确的意思表示，并与抵押权人达成一致合意；再加之，抵押权人和抵押人需要就抵押权所担保的债权、债权范围、抵押物的范围等问题达成一致，才能够设定权属清晰的抵押权，故设立抵押权需要当事人签订抵押合同。

（二）抵押权是一种不转移占有的担保物权

抵押权是直接以特定的不动产、动产或权利为客体的担保物权。根据物权特定原则，抵押权的有效设定是以抵押物存在为前提，正所谓“无抵押物，无抵押权”。此外，不同于质权、留置权，抵押权的有效设定是不以转移抵押物的占有为前提的。正是因为这一特征，通过设定抵押权，抵押物的使用价值和交换价值在法律上得以分离，分别归属于不同的民事主体，满足物权法的制度价值取向。

【问题 3】为什么设定抵押权不需要转移抵押物的占有?

甲、乙达成自然人借款合同，应出借人甲的要求，借款人乙将自己的电视机质押并交付给甲，以担保其能够履行按期还本付息义务。事实上，乙更想在担保期间内，继续占有并使用该电视机观看电视节目，但根据我国法律规定，电视机作为动产不能设定不转移占有的抵押权。那么，为什么设定抵押权不需要转移占有?

分析：担保物权主要有抵押权和质权两种，这两种类型在就物设定担保物权上是有分工的：其中抵押权不需要转移物之占有，质权则恰恰相反。如前所述，担保物权的所有规则几乎是围绕担保物权人对担保物的交换价值的有效“控制”而展开的。是否可以如乙所想，以不转移占有的形式在电视机上设定抵押权?在回答这一问题之前，先来看不转移电视机的占有而设定担保物权，将会在担保期间出现的两个风险：

第一，所有权人乙使用电视机会导致价值降低，在乙未向甲补充其他担保物的情况下，甲实现抵押权所获得的价款将会减少，就会发生在以电视机价款承担担保责任时出现未清偿债务部分，而该部分将会变为无担保债权，失去优先受偿权的物权优先性，甲就部分失去了在电视机上设定担保物权的意义。

第二，因为所有权人乙仍然占有电视机，故乙在未经甲同意的情况下，可以轻易地将电视机出卖并交付给丙。在善意不知情且以市场价格受让电视机的情况下，丙将善意取得无任何担保物权负担的电视机所有权，甲也将因此丧失对电视机的抵押权，抵押权所担保的主债权也将成为无担保债权。

从上述风险中可以看出，如果担保物权人无法在担保人使用和处分担保物时进行有效控制，那么对于担保物权人而言，担保物权将毫无意义。相比于土地、房屋等不动产，动产具有以下两个特征：第一，价值在使用中减损较快，不利于担保物权人在担保物使用中保持担保物的交换价值，而且在使用中不存在价值增加的可能性。反观土地、房屋等不动产的使用，尤其是对土地进行开发性使用，一方面会从客观上增加土地的交换价值，抵押物价值增加无疑是有利于担保物权人；另一方面满足了整个社会对土地进行有效利用的需求，而抵押权人的抵押权是担保物权而不是用益物权，故其无权使用土地。所以，土地的稀缺性和其作为生产资料的特征也需要不转移占有而应继续为抵押人开发、利用和收益。第二，动产的物权变动是以交付为要件，担保人占有动产很容易发生善意取得的物权变动，不利于担保物权人控制和干预担保人对担保物的处分。但土地、房产等不动产不同，其物权变动是以登记为要件，即使是担保人占有不动产，因为抵押登记的公示效力和作为限定物权阻止担保人进行权属变更登记的特点，也能在制度上保障在未经担保物权人同意的情况下不发生物权变动，从而使担保物权人在不占有抵押物的情况下对抵押物进行有效控制成为可能。尽管《物权法》未明确禁止动产抵押，甚至通过《物权法》第一百八十一条明确允许特殊的动产抵押（即浮动抵押），但鉴于动产的物之特征，在一般的动产上设定抵押并无实际意义，社会实践也充分证明了这一点。这一结论虽然使得动产的使用性利用和担保性利用无法两全其美，但鱼和熊掌无法兼得的结果也实属无奈。

在结论上，抵押权一般仅涉及不动产，不动产发生移转需要经过登记。“不转移占有”在结果上，一方面，抵押权人不转移占有也能通过登记有效控制不动产；另一方面不转移占有可以使抵押人继续占有并使用不动产，以达到“物尽其用”的目的。

（三）抵押权是一种确保担保人持续使用担保物的担保物权

因为不转移抵押物的占有，所以抵押权作为限定物权的一个很重要的特征表现为抵押权人对抵押物的权利人处分权能的限制。所以，在抵押权存续期间，抵押权人一般无权干涉所有权人或用益物权人对抵押物正常进行占有、使用以及收益。

【问题 4】抵押权有效设立后，抵押人是否可以使用并就抵押物获取收益？

甲向乙借款，为担保按期还本付息，甲用自己的房屋为乙设定抵押权。在抵押权存续期间，甲与丙签订租赁合同将房屋出租给丙。问，甲是否有权向丙收取房屋租金？

分析：如前文所述，抵押权是担保物权，并不是用益物权，不能占有及使用抵押物。在上述问题中，乙作为抵押权人只能阻止甲转让房产所有权，并不能妨碍抵押人甲继续行使所有权占有、使用及就房屋所有权获取收益，所以甲有权将房屋出租给丙，并就此获取租金收益。根据我国法律规定，只有在法院依据抵押权人实现抵押权的请求查封抵押房产后，抵押房产的租金才归入抵押物范围承担担保功能。

三、抵押权的分类

（一）动产抵押权和不动产抵押权

根据抵押物的类型不同将抵押权分为动产抵押权、不动产抵押权两种类型。不动产抵押权是指以不动产为抵押物而设定的抵押权，如土地、房屋；动产抵押权是指以动产为抵押物而设定的抵押权，如交通工具、货物。抵押权的客体既可以是所有权，如房屋所有权、动产所有权；也可以是用益物权，如建设用地使用权、采矿权等。

动产、不动产因其移动性、耐用性等物理特征不同，导致在物权类型、内容、公示方式等方面均有所不同。故而，这一分类的意义在于，将抵押权分为动产抵押权、不动产抵押权更容易从两种不同物的物理特征入手，有助于理解法律对动产、不动产抵押权所设定的不同规则。

【问题 5】根据我国法律，是不是所有的动产都可以设定抵押权？

如前文所述，动产不适于设定抵押权，但在《物权法》第一百八十一条规定的浮动抵押制度中，动产又可以设定抵押权，这是不是意味着立法上已经承认了动产抵押权？

分析：动产抵押被规定在《物权法》第一百八十一条中，而实际上，这一条规定却对动产抵押进行了限制：第一，提供抵押的主体仅仅是企业、个体工商户、农业生产经营者；第二，可以抵押的动产在类型上可以是现有的以及将有的生产设备、原材料、半成品、产品。这一条规定的立法目的也很明确，就是在制度上满足中小企业的融资需求。

在实践中，中小企业面临的问题是，一方面缺乏抵押融资所需的不动产；另一方面他们手头的动产，如生产设备、原材料、半成品以及成品如果要进行动产质押融资，那么就需向质权人交付上述动产，这恰恰与其融资投入再生产的目的背道而驰。因此，物权法规定中小企业无须转移占有就可以就上述动产进行抵押融资，这也成为动产设定质权这一原则的例外情况。所以，不是所有的动产都可以设定抵押权。

（二）一般抵押权和特殊抵押权

根据法律对抵押权有无特殊规定，将抵押权分为一般抵押权和特殊抵押权。一般抵押权适用抵押权的一般规定，而特殊抵押权还应当适用法律对抵押权设置的特殊规定。特殊抵押权通常包括共同抵押、浮动抵押、最高额抵押等。

这一分类的意义在于，法律针对特殊抵押权相对于一般抵押权的特殊之处，设定了特殊的规则，这些特殊之处也是理解和掌握特殊抵押权制度时应给予特别关注的内容。除此之外，反担保因为其担保的是担保人对债务人的追偿权，也具有一定的特殊性，应当予以重视。

【问题 6】反担保抵押是什么，该抵押担保所担保的主债权是什么？

甲公司向乙银行申请贷款，丙融资性担保有限公司就该笔贷款提供连带保证责任担保。就此，甲、乙签订《贷款合同》，乙、丙签订《保证合同》。应丙的要求，丁用自己一宗土地的建设用地使用权提供抵押反担保，丁与丙签订《反担保抵押合同》，并依法办理了抵押登记。请问，建设用地使用权上设定的抵押权所担保的主债权是什么？

分析：在上例中，甲、乙之间的《贷款合同》是主债权合同，乙对甲的贷款债权是主债权，乙、丙之间的《保证合同》是担保合同，乙对丙的保证债权是担保从债权。当甲向乙不履行到期还本付息义务时，乙可以请求丙履行保证担保义务。

在甲、丙、丁之间，在丙根据《保证合同》向乙承担担保责任后，其有权向甲进行追偿，该追偿权是反担保法律关系中的主债权，而丁根据《反担保抵押合同》在自己建设土地使用权上设定的抵押权反担保是用于担保丙对甲的追偿权这一债权的实现。在实践中，反担保既可以是债务人自己提供，也可以是第三人提供，如上例。反担保人与担保人（反担保权人）可以在反担保合同中自由约定担保范围等有关事项。

【问题 7】商品房按揭抵押贷款流程中包含哪些具体的法律关系？

自然人甲购买乙房地产开发公司的期房，并至丙银行办理房屋按揭贷款，商品房按揭抵押贷款是怎么回事？

分析：根据我国的法律规定和司法实践，商品房买卖及按揭贷款的一般业务流程如下：

（1）甲、乙签订《商品房买卖合同》，根据该合同，甲负有向乙支付房屋价款的义务，乙负有向甲交付房屋的义务。在此之前，甲乙就买卖的房产进行预售登记，即买受人甲对房屋所有权的预告登记。

（2）甲、丙签订《商品房按揭贷款合同》，根据该合同，丙负有向甲支付所借款项的义务，甲在丙支付借款款项之后负有向丙还本付息的义务。实践中，丙所支付的借款款项一般是直接支付给开发商乙的，作为部分房屋价款予以支付。

（3）甲、丙签订《抵押合同》，根据该合同，在房屋建成且甲获得房屋所有权证之后，甲用该房屋就其向丙还本付息的义务提供抵押担保。在此之前，甲、丙就甲从乙处购买的房屋进行抵押权预告登记。

（4）乙、丙签订《保证合同》，根据该合同，乙在甲根据《抵押合同》为丙有效设定房屋抵押权之前，就甲向丙履行按期还本付息义务提供连带责任保证担保，即开发商的阶段性保证。

第（1）项中，甲的房屋价款的部分支付义务是由丙根据《商品房按揭贷款合同》代为履行，在性质上属于第三人代为履行；同时，丙向乙支付房屋价款的行为也是其履行第（2）项当中向甲支付借款款项义务的履约行为。在实践中，第（4）项当中《保证合同》约定的保证担保被称为“阶段性担保（保证）”，即乙仅在特定的时间段内提供保证担保义务。之所以如此，是因为甲购买的是期房，签订抵押合同时房子尚未建成，而抵押权的有效设定须以特定物的客观存在为前提，故丙只能要求乙提供阶段性担保以覆盖房屋建成及房屋抵押权有效设定之前贷款债权存在的风险。在房屋建成，且房屋抵押权有效设立的情况下，乙自然不用再承担保证担保义务。

制度部分

一、抵押权的一般规定

我国现行有关抵押权的法律规定，见于《担保法》《担保法司法解释》以及《物权法》。在处理《担保法》《物权法》法律适用的问题上，遵循新法优先适用的规则应优先适用《物权法》的规定。这一点被规定在《物权法》第一百七十八条之中，即“担保法与本法的规定不一致的，适用本法”。

《物权法》第一百七十九条至第二百零七条规定了抵押权的有关制度。其中，

《物权法》第一百七十九条直接规定抵押权的一般性规定，即“为担保债务的履行，债务人或者第三人不转移财产的占有，将该财产抵押给债权人的，债务人不履行到期债务或者发生当事人约定的实现抵押权的情形，债权人有权就该财产优先受偿。前款规定的债务人或者第三人为抵押人，债权人为抵押权人，提供担保的财产为抵押财产”。根据该规定，抵押权设定在债务人或第三人提供的抵押财产之上，且抵押权的设定不要求转移抵押财产。

二、抵押权担保的债权类型

《物权法》第一百七十一条第一款规定了担保物权所担保的债权类型，即“债权人在借贷、买卖等民事活动中，为保障实现其债权，需要担保的，可以依照本法和其他法律的规定设立担保物权”。根据该规定，抵押权等担保物权担保的债权类型主要为借贷、买卖等债权类型。实践中，抵押权除担保上述债权类型之外，还被广泛应用于各种债权类型，主要是各种意定合同债权。在侵权、不当得利、无因管理等法定债权类型中，在债权发生之后，为担保债务人履行债务，也可以由当事人进行协商确定追加设定抵押权，以担保上述债权的实现。

根据《物权法》第一百七十一条第二款的规定，第三人为债务人向债权人提供担保的，可以要求债务人提供反担保。上述规定中的反担保是相对于一般的担保而言的担保类型，其是在第三人提供担保的情况下，就第三人承担担保义务后向债务人行使追偿权而使用的担保类型。

【问题8】侵权损害赔偿是否可以设定抵押担保？

侵权行为所产生的是一项法定的债权关系，是否可以设定抵押担保？以下例说明。

自然人甲驾车不慎与行人乙发生交通事故，致使乙住院治疗花费十万元，交警部门认定事故责任完全由甲承担。事后，甲向乙表示暂时无法支付赔偿费用。于是，甲、乙起草侵权损害赔偿协议，并在该协议中约定甲用其所有的一套房产就履行侵权损害赔偿责任提供抵押担保。随后，双方就该房产办理了抵押登记。

分析：侵权行为、不当得利和无因管理的债权债务关系，民法理论一般称为“法定之债”，其标的系基于当事人之间出现法定事由，而由一方向另一方履行侵权损害赔偿、不当得利返还、无因管理费用返还的责任或义务。在上述事由发生，债权关系形成后，当事人可以就如何履行上述责任或义务达成一致协议，并就该协议当中的义务提供抵押或质押担保。这一点和基于合同产生的债权关系，并就该债权实现提供保证，或抵、质押担保不同，因为此时的担保是在侵权损害赔偿、不当得利返还、无因管理费用返还债权关系产生后“追加”的。

【问题9】抵押权真的是“担保之王”吗？——来自经济学的思考

抵押权因为不转移占有的权利特征，可以同时发挥抵押物的使用价值和交换价值，从而达到物尽其用的制度功能，所以被称为“担保之王”，但事实真的如此吗?

分析：在实践中，设定、使用抵押权最多的是在金融领域，系作为银行贷款的担保方式。在我国的法律实践中，企业等市场主体在向银行签订贷款合同申请贷款时，绝大多数采取的是在其房屋所有权和土地使用权上为银行设定抵押权作为贷款的担保方式。在我国大规模采取该种方式之前，银行向特定市场主体发放贷款的决定因素是该企业的经济状况，例如贷款企业从事的行业是否为新兴的、有前景的行业，经营过程中的回款账期、毛利率以及资产负债状况等，即银行会审查贷款企业是否是优质的市场主体。从经济学的角度上讲，银行作为聚拢人民储蓄，握有大笔资金的资金供给主体，其筛选企业发放贷款的过程是帮助市场对企业进行甄别，并通过决定是否发放贷款资金以及发放资金的数额对企业进行优胜劣汰的过程。

但是，在市场化改革后，银行均将资金的安全作为经营考虑的首要因素，而不动产抵押担保恰恰满足了银行的风险控制要求，因为房屋所有权以及土地使用权是一种稀缺的、价值损耗小，甚至通过建设能够增加价值的绝佳抵押品。所以，出于自身的安全性考虑，在决定向谁发放贷款这一问题上，银行会很自然地优先考虑企业是否能提供优质的抵押品，如房屋所有权或土地使用权，而不是优先考虑企业真正的优势。在结果上，一个企业再优质，也可能不及另一个能够提供好地段不动产抵押品的企业容易得到贷款。这样，银行作为资金供给方就部分失去了帮助市场筛选企业进行优胜劣汰的功能。好的企业，尤其是那些具有创新特质的初创型轻资产企业就因为没有提供优质抵押品而无法获得企业发展所需的资金；而不好的企业，尤其是那些基于历史原因拥有优质抵押品的企业却能够获得资金。市场规律在这里发生了扭曲，有限的资金在企业间发生了严重的错配，从而导致银行在企业优胜劣汰问题上失去了应有的功能。

不动产抵押除了使银行部分失去应有的市场功能外，还会导致另一个十分恶劣的结果。土地使用权作为不动产抵押的最主要标的物，其上设定抵押权的前提条件是必须赋予其流通性的商品特质，否则不能以拍卖、折价、变卖土地使用权实现的抵押权本身就毫无意义。而土地使用权作为商品，一方面，会增加国家发行货币的总量，因为一个经济体发行货币的总量必须与该经济体的商品价值总量匹配，否则商品会因为缺乏货币这种流通工具而无法自由流动。但土地使用权本身在市场上的流通并不顺畅，这就导致原本对应土地使用权这种商品而发行的货币没有用来购买土地使用权，而是用来购买其他商品，最终会导致其他商品的价格在一定时间内虚增。另一方面，在作为抵押权最佳标的的同时，土地使用权因为其耐用性和增值性也成为投资的最佳标的，这就导致企业和一般民众会将自己的资金用来争抢土地使用权或房屋所有权，最终导致房屋和土地使用权价格不断上涨，土地投机不可避免，因土地而形成的经济泡沫也不可避免。

作为商品的物，其所有权依据所有权人的经济目的可以分为使用性所有和处分性所有，前者如刚需商品房，购房人是为了自己使用而购买房屋所有权的；后者是为了投资，其所有者获得所有权本身就是为了待价而沽，在价格上涨的情况下进行出售。这也就是我们怎么看待土地的问题，是将其作为发展经济的生产资料，还是作为投资、投机或可以予以流通的商品。对于土地使用权这种特殊的商品而言，其本身是社会生产最为重要的必备生产资料，其最重要的功能是作为厂房、办公用地、农耕、住宅用地，即发挥其使用性的一面。作为商品，土地使用权的价格最终会进入企业生产商品的成本当中，例如在企业建设厂房使用土地的情况下，购买或租赁土地的资金最终会进入商品生产的成本中，企业工作人员买房、租房居住，房租和房价会反向计入工资进入劳动力成本，最终通过劳动力成本进入商品生产的成本。土地这种稀缺的特殊商品，因为土地使用权可以抵押而充分发挥其处分性所有的一面，从而与使用性所有者产生严重的矛盾和冲突。其结果是，土地价格不断上涨，一方面刚需消费者、企业得不到廉价的土地投入使用，导致企业成本上涨，人民的居住成本上涨；另一方面，土地投资、投机者囤积大量的土地，导致土地闲置。

客观地讲，土地使用权抵押制度促进土地市场繁荣，土地价格上涨，使我国政府在国家建设初期通过出让土地使用权获得土地出让金的方式筹集了大量的建设资金，在我国经济建设中发挥了十分重要的作用。但时至今日，土地使用权抵押制度却在延缓或阻碍我国的经济发展。在抵押权是不是担保之王这一问题上，我们是需要进行深刻反思的。

相关资料请参见十九世纪下半叶美国经济学家亨利·乔治有关经济危机和土地投机之间关系的论著。

第二节 抵押权的设立

抵押权作为意定担保物权，其有效设定一般须满足当事人之间签订抵押合同和抵押公示登记两个要件，故本节的重点在于从抵押合同和抵押权之间的关系，可用于抵押的财产类型以及如何进行抵押公示三个方面讲述如何有效设定抵押权。

理论部分

一、抵押权设立的一般基础理论

（一）抵押权设立与继受取得

1. 原始取得和继受取得

依据传统的民法理论，民事主体获得物权有两种基本方式：第一，原始取得，如先占、建筑、耕作、劳动、善意取得，其原理是民事主体所取得的物权在其取得前无所有权人或用益物权人，所以无须与他人协商，只需事实行为即可取得；第二，继受取得，即民事主体取得权利须经物之所有权人和用益物权人同意，并与之商定取得的方式和所取得权利的内容等，否则就是对原权利人权利的侵害。所以，继受取得往往须以合同为取得条件，如因买卖合同取得物之所有权、因土地出让合同取得建设用地使用权。

2. 抵押权设立是抵押权的继受取得

抵押权是设立在他人物权之上的一种他物权类型，例如在他人的建设用地使用权、房屋所有权之上设定抵押权，故抵押权是以他人物权的存续及他物权人的意思为基础和条件而设定。所以，从物权取得的类型上看，抵押权设立是物权的继受取得，属于继受取得当中的创设取得类型。对抵押权取得的这一类型的理解非常重要，它有助于理解抵押合同的重要性，有助于理解抵押权具体内容系当事人合意结果等与抵押权有关的重大问题。

（二）抵押权设立与法律行为

继受取得物权在物权变动的类型上属于基于法律行为（即合同）最终引起的物权变动，抵押权设立也不例外。基于法律行为最终引起的物权变动在发生物权变动时，需要两个要件：第一，法律行为，即抵押合同；第二，公示，对于不动产而言，即抵押登记。在这两个要件中，抵押合同是抵押设立的原因行为，其之所以作为抵押权设立的要件之一，是因为抵押权是设立在他人物权之上的他物权，在权利性质上属于限定物权，在权利效力上会对他人物权形成限制。简单地讲，要设定抵押权，就必须面对如何对抵押权人的抵押权与抵押人的物权在权利内容、效力等方面进行妥善处理的问题。通过抵押合同中包含的债权合意，抵押权人和抵押人对抵押权的设立时间、抵押物范围、担保的债权范围、行使方式等权利内容进行约定，这将产生对抵押权人和抵押人相对性的法律拘束力，从而使抵押合同成为处理抵押权人和他物权人之间权利冲突的法律依据。

但是，抵押合同相对性的债权属性，决定了它只能在抵押权人和抵押人之间产生拘束力，而不能产生抵押权作为物权类型所应当具有的对世效力。因此，登记公示就成为抵押权有效设定的另一要件，一方面，需要对外宣示抵押权的存在，从而产生物权对世效力；另一方面，在宣示抵押权存在的情况下，产生物权的排他、追及和优先效力。通过登记等公示方式，抵押权人和抵押人在抵押合同中有关抵押权内容的约定将成为有效设定的抵押权的实际内容。

二、抵押合同

（一）抵押合同的含义

抵押合同是当事人双方以设立抵押权为目的而自愿达成的协议。在抵押合同法律关系中，抵押人是提供抵押财产并作为债权担保的一方当事人，其既可以是债务人，也可以是第三人；抵押权人必须是抵押权所担保的主债权的债权人，抵押合同由抵押人和抵押权人签订。

抵押人和抵押权人签订抵押合同的行为属于双方法律行为，所以其成立并且生效就需要遵循法律行为成立和生效的相关法律规定，在法学理论上应参照民法总论中有关民事法律行为的相关理论知识。需要特别注意的是，民法总论（民法总则）中有关民事法律行为的相关理论知识具有的基础性作用，例如有关法律行为有效要件的知识，缔结抵押合同的双方当事人必须具有相应的民事行为能力、意思表示必须真实、不违反社会公共利益及抵押财产合法、确定、可能。

【问题 10】约定用村集体土地所有权进行抵押的合同是否有效？

红旗村村办企业向银行申请贷款，应银行的要求，红旗村村委会用该村一块土地的集体土地所有权就该笔贷款向银行提供抵押担保，并签订抵押合同。该合同是否有效？

分析：抵押合同的标的物集体土地所有权只能在农村集体和国家之间以征收的行政方式进行流转，故抵押合同应属于无效合同，这一结论的法律依据是《合同法》第五十二条，即违反法律、行政法规的强制性规定的合同无效，和《担保法》第三十七条，即土地所有权不得抵押。在农村，宅基地使用权和土地承包经营权等用益物权是否可予抵押，需要根据《担保法》第三十四条视具体情况而定，如果是“抵押人依法承包并经发包方同意抵押的荒山、荒沟、荒丘、荒滩等荒地的土地使用权”，或“乡（镇）、村企业的土地使用权不得单独抵押。以乡（镇）、村企业的厂房等建筑物抵押的，其占用范围内的土地使用权同时抵押”的情形，则可以进行抵押。若从民法总论和民法总则的角度看待这一问题，就会发现，农村集体所有权在物或权利的分类上属于“禁止流通物”，所以问题中的抵押合同不符合民事法律行为之“标的物合法、确定、可能”的有效要件，故抵押合同无效。在民事法律体系中，具体的法律规定均是从民事法律基本的法律问题演化而来，在逻辑上属于从抽象到具体的过程，无论是《合同法》《担保法》，还是《物权法》，从其具体规定中总能找到民法总论的理论和民法总则具体规定的影子，这一点是由民事法律理论和体系的体系性决定的。

（二）抵押合同的性质

抵押合同在性质上属于双方法律行为，且是以抵押权人请求抵押人履行有效设定抵押权的特定义务为主要内容，符合特定人要求特定人完成特定行为的债权法律特征，故抵押合同在法律性质上应当属于债权合意。在法律适用时，抵押合同在合同内容上不得违反《物权法》《担保法》的效力性强制规定，但在合同的订立、履行以及违约责任方面均应当适用《合同法》的相关规定。

实践中，许多当事人认为抵押合同属于物权合同，这是一种错误认识。我国《物权法》奉行的是债权形式主义为原则、意思主义为例外的立法模式。在法律效果上，签订抵押合同作为法律事实一般并不能够引起抵押权有效设立的物权变动，所以不可能是物权合同。抵押权有效设立是在签订抵押合同后，直接由抵押登记这一法律事实引起的法律效果。

【问题11】第三抵押人是否能够以其与债务人之间的纠纷为由拒绝履行《抵押合同》义务?

甲公司向乙银行申请贷款,乙要求甲提供担保。甲与其客户丙公司协商提供担保的相关事宜,丙答应用自己的一处房产所有权就上述贷款提供抵押担保,但条件是甲必须与丙签订买卖合同购买丙生产的一批成套设备。随后,甲、乙签订贷款合同,乙、丙签订抵押合同,甲与丙签订买卖合同。最终,在乙依据抵押合同要求丙办理抵押登记时,丙以甲未依据买卖合同向其履行价款支付义务为由拒绝履行办理抵押登记义务。丙的理由是否于法有据?

分析:在上例中,抵押合同和买卖合同是两个独立的法律关系。根据合同相对性原则,丙不能以甲未履行买卖合同的义务为由,而拒绝履行其依据抵押合同为乙办理抵押登记的义务。根据《合同法》第一百二十一条之规定,即"当事人一方因第三人的原因造成违约的,应当向对方承担违约责任。当事人一方和第三人之间的纠纷,依照法律规定或者按照约定解决",即使丙认为其不办理抵押登记的违约行为系由债务人甲造成,那么其也应当向乙承担违约责任,然后再根据买卖合同要求甲承担买卖合同项下的违约责任。而且,即使甲、丙之买卖合同无效,丙也不得以此为由对乙要求其办理抵押登记的请求提出抗辩。这个例子也很好地说明了第三担保人提供抵押担保存在无因性特征。

(三)抵押合同的性质、内容和效力

抵押合同在性质上属于要式合同、诺成性合同、从属性合同。抵押合同是债权合同,其作为法律事实会使抵押权人和抵押人之间产生,以抵押人在特定抵押财产上通过办理抵押登记为抵押权人设立抵押权为主要内容的债权关系。所以,抵押合同的主要内容应当包括:(1)抵押财产;(2)抵押担保的主债权;(3)担保的债权范围;(4)抵押人履行办理抵押登记义务的时限、方式以及违约责任等。其中,有关抵押财产、抵押担保的主债权以及担保范围是抵押权人和抵押人对将要设立的抵押权的具体描述,在抵押登记后,这些具体描述将通过公示公信而成为具有物权对抗效力的抵押权的内容。

抵押人不办理抵押登记,应向抵押权人承担违反抵押合同的违约责任,而抵押合同本身不能产生抵押人就主债权承担法律责任的担保义务,否则抵押合同就不再只是抵押合同,而是兼有保证合同的内容。具体请参看本章经典案例"中国建设银行股份有限公司满洲里分行与满洲里中欧化工有限公司、北京伊尔

库科贸有限公司信用证纠纷案”，请注意最高人民法院在判决中对再担保条款的论述，该担保的方式为保证担保。

【问题12】抵押人不办理抵押登记，抵押权人应当如何维权？

分析：在【问题11】中，抵押人丙拒绝办理抵押登记，债权人（抵押权人）乙银行应当如何维权？回答这一问题，就要明确抵押合同是债权合同，应当受我国合同法的规范。根据《合同法》第一百零七条的规定，即“当事人一方不履行合同义务或者履行合同义务不符合约定的，应当承担继续履行、采取补救措施或者赔偿损失等违约责任”，乙可要求丙以继续履行办理抵押登记并/或赔偿损失的方式承担违约责任；丙仍然拒绝的，乙有权请求人民法院依法作出相应的判决。其后，乙可持有效判决向人民法院执行机关申请强制执行。

【问题13】抵押合同双方可以约定用抵押人“全部财产”提供抵押担保吗？

欧翔公司与翔鹿公司签订供货合同1份，约定欧翔公司向翔鹿公司供货。若翔鹿公司无法承担所有债务，则由翔鹿公司签字个人以其个人资产为抵押负责偿还欧翔公司的所有货款等。欧翔公司、翔鹿公司分别在合同上加盖印章，张某某代表翔鹿公司在合同上签字。因翔鹿公司未按约履行付款义务，欧翔公司诉至无锡锡山法院请求判令：翔鹿公司支付货款及逾期付款利息；因合同约定张某某以个人资产为抵押担保，故张某某对翔鹿公司的付款义务承担连带责任。

法院审理后认为：翔鹿公司支付货款义务无异议；但是张某某作为签字个人，以其个人资产为抵押负责偿还欧翔公司货款的合同条款，没有对抵押财产进行具体约定，而且当事人事后也未能补正和推定，故抵押合同不成立，抵押也不成立，抵押人不承担民事责任。

后，欧翔公司另案起诉张某某承担一般保证责任。无锡锡山法院经审理认为，担保法规定抵押权对应的抵押物应为特定物，而个人资产时刻处于变动之中，具有不确定性，故在具有不确定性的个人资产上设定抵押为特定债权提供担保实际上不具有可行性，故不能成立抵押担保。但是根据合同条款的文义解释，在翔鹿公司无法承担其结欠欧翔公司的所有债务时，应由张某某以其个人资产负责偿还翔鹿公司结欠欧翔公司的所有货款，这应视为张某某向欧翔公司提供的保证担保。而且，因该合同条款中约定，只有在翔鹿公司无法承担所有债务时，才由张某某负责偿还欧翔公司所有货款，故张某某向欧翔公司提供的是一般保证担保。最终锡山法院作出（2011）锡法商初字第0554号民事判决书，裁判张某某承担一般保证责任，在对翔鹿公司财产依法强制执行后仍不能履行其债务时，由张某某承担清偿责任。

张某某不服锡山法院判决，上诉至无锡中院，该院经审理后认为，“本案所涉合同条款不能认定为抵押担保成立。抵押权是以抵押物的价值来担保债权实现的物权，抵押权应当设定在抵押物上，抵押物必须是抵押人为担保债务的履行和债权的实现而提供的特定财产。张某某以个人资产为抵押负责偿还欧翔公司所有货款，但个人资产属集合概念，通常处于动态变化中，不具有特定性，与上述法律规定的抵押财产须特定化不符，且当事人亦未就抵押物特定化予以补正，故上述担保条款不能起到抵押担保的作用”；另外，“保证是债务人以外的第三人以其信用担保债务人履行债务的担保方式。张某某以个人资产为抵押负责偿还欧翔公司所有货款的担保条款，实质系指在翔鹿公司无法承担所有债务时，由张某某个人负责偿还欧翔公司的所有货款，属张某某以其个人资产为信用担保翔鹿公司履行债务的担保方式，这符合保证的核心要素，故张某某依此应承担相应的保证责任”，并作出（2012）锡商终字第0169号判决驳回张某某的上诉，维持原判。

分析：本案中的抵押合同缺乏担保物这一必要条款，作为担保物权必须建立在现存的、具体的物之所有权或使用权之上，这是由物权的支配权特征演化出的“一物一权”原则决定的。担保物权人继受取得担保物权，并享受抵押人其他债权人的优先权效力，必须明确其享有优先权所涉及的具体的物，由此确定具体担保物上的支配和优先权秩序。所以，本案中抵押合同因抵押物不明确而不成立。但是，这并不意味着张某某就公司债务提供担保的意思表示无效，该意思表示符合一般保证的特征时，就应当适用保证担保的相关法律规定。这一点，也是债权人先后以抵押权纠纷、保证担保纠纷提起诉讼并不违反“一事不再理”的诉讼原则的原因。

（四）抵押合同中流押条款的禁止

《物权法》第一百八十六条规定：“抵押权人在债务履行期届满前，不得与抵押人约定债务人不履行到期债务时抵押财产归债权人所有。”这就是所谓的“流押条款禁令”。根据该规定，如果抵押人和抵押权人在合同中约定流押条款的，该合同条款将根据《合同法》第五十二条第（五）项、《合同法司法解释（二）》第十四条违反法律、行政法规的效力性强制性规定而无效，且该无效属于合同的部分无效，一般不影响抵押合同整体的效力。

流押条款禁令的原因其实很简单。在很多情况下，在抵押合同成立并生效时，抵押人可能因为情势所迫与抵押权人约定流押条款，即在债务人不履行到期债务时抵押财产归债权人所有，而抵押财产的价值可能远远大于抵押担保的债权。这样，一方面可能侵害抵押人的利益，使其无法通过实现抵押权时的拍卖、折价即变价程序体现抵押财产的最大价值，而且设定抵押权不等于以转让方式处置抵押财产；另一方面可能会侵害抵押人其他债权人的利益，因低价处置抵押物而导致其他债权人受偿可能性降低。当然，也可能存在抵押人通过这种方式与其他主体串通转移资产的可能性。因此，在符合法律规定的情况下，抵押人的其他债权人可以以《合同法》第五十二条第（二）项之规定请求人民法院确认该抵押合同无效，或根据《合同法》第七十四条之规定，请求人民法院撤销该合同。世界范围内，大陆法系主要国家如法国、德国均在其相关法律中规定有流押条款禁令。

在实践中，当事人往往将“以折价方式实现抵押权”与“流押条款”混淆在一起。作为法律所允许采用的担保物变价方式的折价，其与流押条款的区别主要有以下两点：第一，时间不同。流押条款是当事人在债务关系建立之初，或至少是在债务到期之前所达成的约定；折价则是债务到期后，当事人在实现抵押权时所达成的担保物变价方式，一般须在法院就抵押物两次公开拍卖遭遇流拍后方可实施。第二，内容不同。根据流押条款，担保物权人取得担保物的所有权，并不以担保物的评估作价为条件，不具有“担保物变价”的性质；根据折价，担保物权人取得担保物的所有权，则是以评估作价为基础，具有“多退少补”的担保物变价内涵。

【问题 14】什么样的约定属于“流押条款”？

自然人甲与乙签订《买卖合同》，甲用自己的房产对自己履行价款支付义务提供抵押担保，并约定在自己按期不履行价款支付义务时，该房产所有权归乙所有。事后，双方办理了抵押登记。乙交货后，甲拒不支付价款，乙请求人民法院确认抵押合同效力，并请求将甲的房产判归自己，其诉讼请求是否于法有据？

分析：甲、乙有关房产归属的约定属于典型的“流押条款”，该约定违反了《物权法》和《担保法》的规定而属于无效条款，但是该条款无效不影响整个合同的效力，所以，乙有权请求法院确认抵押合同有效，但无权要求将甲的房产判归自己。

关于流押条款和折价的区别以及在实践中的具体认定，参见本章讨论的典型案例“山西羽硕房地产开发有限公司与山西智海房地产开发有限公司买卖合同纠纷再审案”。

实践中还存在的情况是：当事人在签订抵押借款合同的时候，抵押人还签署了一份授权委托书给抵押权人，授权其在债务人不能偿还到期债务时作为抵押人的代理人，可以处分抵押的房地产。后，抵押权人与第三人签订转让协议，处分了该抵押房产。法院认为，典型的流押是指抵押物所有权直接归抵押权人，而此处处分抵押房产，也是所有权最为关键的核心部分，抵押权人处分抵押房产和将房产任意处置给第三人的行为，无须经过抵押人的同意，所以双方的约定实际上就是流押条款。

广西嘉美房地产开发有限责任公司与杨某某商品房销售合同纠纷案，最高人民法院作出的（2013）民提字第135号民事判决书认为："杨某某向嘉美公司支付340万元并收取利息的行为，足以认定双方之间成立债权债务关系。嘉美公司从杨某某处取得340万元的真实意思是融资还债，其与杨某某签订《商品房买卖合同》的目的则是担保债务的履行。鉴于双方未办理抵押登记，其约定也不符合《中华人民共和国担保法》规定的担保方式，故双方签订《商品房买卖合同》并办理商品房备案登记的行为应认定为非典型的担保方式。即在嘉美公司不能按时归还340万元的情况下，杨某某可以通过拍卖或者变卖案涉房屋的方式确保其能够实现债权。如果嘉美公司按时归还340万元，则杨某某是不能就案涉的53间商铺主张权利的。嘉美公司对交易的控制体现在借款合同和其没有将《销售不动产统一发票》原件交给杨某某，缺少了发票，杨某某是无法实际取得商铺并办理产权登记手续的……尽管双方签订了《商品房买卖合同》并办理了商品房备案登记的行为并不导致抵押权的成立，但足以在双方当事人之间成立一种非典型的担保关系。既然属于担保，就应当遵循物权法有关禁止流质的原则，也就是说债权人实现担保债权时，对设定的担保财产，应当以拍卖或者变卖的方式受偿。"

最终，法院以杨某某请求直接取得案涉商铺所有权的主张违反法律为由，驳回杨某某的诉讼请求，并释明杨某某可以就其债权的实现另寻途径解决。对于上述案件，2015年《民间借贷司法解释》第二十四条规定，即"当事人以签订买卖合同作为民间借贷合同的担保，借款到期后借款人不能还款，出借人请求履行买卖合同的，人民法院应当按照民间借贷法律关系审理，并向当事人释明变更诉讼请求。当事人拒绝变更的，人民法院裁定驳回起诉"，实际上所解决的就是变相流押的问题。

（五）抵押合同无效时的法律责任

抵押合同是债权合同的一种类型，应当遵循《合同法》的相关规定，实践中，抵押合同也会存在无效或因被撤销而无效的情形。

1. 抵押合同无效

因为抵押合同是担保合同的一种类型，是一种从合同，其无效事由分为两种情形：第一种情形，即因抵押合同自身原因而无效，无效原因主要来自三个方面：第一，抵押人主体不适格，例如抵押人无民事行为能力，或某人民政府或其职能部门，或企业法人的分支机构，或共同共有人未经其他共有人同意抵押共有财产（见【问题 16】）等；第二，抵押物为禁止流通物，如军事基地的土地所有权或使用权，又如以违法、违章建筑为标的物等；第三，合同本身存在《合同法》第五十二条规定的合同无效的其他事由，如恶意串通损害第三人利益的情形。第二种情形，即因主债权合同无效，而导致作为从合同的抵押合同无效，主债权合同无效的原因主要来自《合同法》第五十二条所规定的合同无效的各项事由。

【问题 15】因主债权合同无效导致抵押合同无效是一种什么情形？

鸿海公司向某城市商业银行借款，长征建设集团用自己拥有的一宗土地的建设用地使用权提供抵押担保，各方当事人分别签署了《借款合同》《抵押合同》并办理了抵押登记。后鸿海公司无力向银行履行还本付息义务，银行要求就长征集团提供的抵押土地实现抵押权，双方就此产生纠纷，银行诉至法院。在庭审过程中，法院查明，鸿海公司向银行提交的用于贷款审批的所有财务资料均系伪造；银行信贷人员在知晓伪造事宜后，却在鸿海公司的“公关”下，用伪造的资料审批并发放贷款，但是银行信贷审批、决策部门以及长征集团均不知晓伪造事宜。长征集团请求法院确认抵押合同无效，其诉讼请求是否于法有据？

分析：在上述案件中，鸿海公司与银行系《借款合同》的当事人，鸿海公司未向银行提交与订立合同有重大关系的资料，存在欺诈情形。毫无疑问，银行在借款合同法律关系中，拥有合同法所规定的因欺诈而享有的撤销权。但是，长征集团并非《借款合同》的当事人，其并无撤销《借款合同》之权利。所以，其解决问题的方案有两个：第一，信贷人员系银行的工作人员，尽管银行信贷审批和决策部门不掌握伪造事宜，但这属于银行内部的管理问题，所以可以认定银行是知晓伪造事宜的。鉴于抵押权和《借款合同》的担保关系，在法律效果上银行是将因鸿海公司欺诈签署《借款合同》，引致鸿海公司到期不能还本付息之风险转嫁给了长征集团，故可以认定鸿海公司和银行签订的《借款合同》存在恶意串通损害第三人利益的情形，符合《合同法》第五十二条第（二）项规定的合同无效情形。所以，长征集团有权请求人民法院确认《借款合同》无效，其结果也将导致《抵押合同》无效。事实上，受诉法院最终也是按照这一方案作出了判决。第二，信贷人员系银行的工作人员，其未向银行提交真实的信贷审批资料使得银行在与长征集团订立《抵押合同》时，无法向长征集团告知与订立该合同有关的重大事项，银行对此是有过错的。所以，一方面长征集团应当拥有因欺诈而请求人民法院撤销《抵押合同》的权利，另一方面长征集团亦有因欺诈要求银行承担缔约过失责任的权利。

【问题16】企业法人分支机构用自己名下的不动产提供抵押担保的抵押与合同是否有效?

甲企业向乙银行申请贷款，丙集团在该地的办事处用自己名下的房产提供抵押担保，乙与该办事处签订抵押合同，并办理抵押登记。在贷款到期，甲企业未履行还本付息义务的情况下，乙银行要求就丙集团办事处提供抵押担保的房产实现债权。丙集团称办事处仅仅是该集团的分支机构，不具备独立法人资格，故应当比照《担保法》第十条第一款“企业法人的分支机构、职能部门不得为保证人”以及《担保法司法解释》第十七条第一款第一句“企业法人的分支机构未经法人书面授权提供保证的，保证合同无效”，认定抵押合同无效，其主张是否于法有据?

分析：对上述问题，《最高人民法院关于企业法人分支机构未经授权以登记在其名下的房地产为他人提供抵押合同的效力应当如何认定问题请示之答复》(〔2005〕民二他字第8号)有明确的说明：“根据我国房地产法律关于登记确权规定之精神，企业法人的分支机构以登记在其名下的房地产为他人债权设定抵押，该抵押设定行为符合担保法规定的抵押权生效条件的，人民法院应当认定有效。”起草该答复的法官认为：“尽管企业法人的分支机构不具备独立的民事主体资格，其对外从事民事活动应当得到企业法人的授权。但是，企业法人将不动产登记在分支机构名下的场合，根据我国房地产物权登记制度的效力原则，房地产的产权系以登记为准而不是以事实为准。故法人将房地产登记在其分支机构名下的行为就应认定为授权行为，分支机构以登记在其名下的房地产为他人债务设定抵押的行为属于所有权人处分房地产的有权处分，而不是无权处分。因此，不应比照最高人民法院《关于适用〈中华人民共和国担保法〉若干问题的解释》第17条认定担保无效。”[①] 我们认为，最高人民法院的上述答复实际上是确认企业法人将不动产登记在自己分支机构名下是一种提前的授权行

① 宋晓明、王闯：《无权处分与有权处分：企业法人分支机构未经授权以登记在其名下的房地产为他人提供抵押的效力问题之考量和认定——关于最高人民法院〔2005〕民二他字第8号请示答复之解析》，载奚晓明主编：《民商事审判指导》(2006年第1辑)，人民法院出版社2006年版，第100页以下。

为，这样，比照《担保法》第十条第二款“企业法人的分支机构有法人书面授权的，可以在授权范围内提供保证”，抵押合同就应当视为有效合同。应当注意的是，因为这里的抵押合同为有效合同，故不存在抵押权人善意取得抵押权的问题。

【问题 17】国有企业未经审批用企业机械设备等财产提供抵押担保的，抵押与合同是否有效？

甲企业向乙银行借款，丙国有企业用机械设备提供抵押担保，并与乙就该抵押担保签署抵押合同。问，未经过国资管理部门审批，该抵押合同是否有效？

分析：国有企业，既包含已经过公司制改造的企业，也包含未经公司制改造的全民所有制企业，其用自己名下的机械设备提供抵押担保，该抵押合同是否有效？这一问题涉及交易安全，无论是理论界还是实务界的观点都非常明确，合同有效；如果办理了抵押登记，抵押权亦有效设立。对此，在《最高人民法院关于国有工业企业以机器设备等财产为抵押物与债权人签订的抵押合同的法律效力问题的批复》（法释〔2002〕14 号）中有明确的意见：“根据《中华人民共和国担保法》第三十四条和最高人民法院《关于适用〈中华人民共和国合同法〉若干问题的解释（一）》第九条规定的精神，国有工业企业以机器设备、厂房等财产与债权人签订的抵押合同，如无其它法定的无效情形，不应当仅以未经政府主管部门批准为由认定抵押合同无效。”

2. 抵押合同因被撤销而无效

与抵押合同无效的情形不同，抵押合同被撤销，根据撤销主体的不同，也分为两种情形：第一种情形，即抵押人因抵押权人欺诈、胁迫、重大误解、显失公平等《合同法》规定的合同撤销事由而撤销抵押合同。第二种情形，即抵押人自身无撤销抵押合同权利，而是抵押人的债权人依据《合同法》第七十四条之规定请求人民法院行使撤销权，撤销抵押合同。关于抵押合同无效或被撤销的法律后果，《物权法》《担保法》及其司法解释遵循《合同法》第五十八条所规定的缔约过失责任的立法精神，确立了因抵押合同无效或被撤销后的责任承担规则，即从总体上确定抵押人应当承担与其过错和造成损失相应的法律责任。

首先，无论抵押合同是基于自身原因被撤销而无效或本身即无效，还是基于主合同被撤销或无效的原因而无效，抵押人无过错的，不承担任何法律责任，此项为缔约过失责任的内在要求。

其次，主合同有效而抵押合同无效的，债权人无过错的，抵押人与债务人承担连带责任，这种情况在实践中几乎没有；债权人、抵押人有过错的，抵押人承担的法律责任不超过债务人不能清偿部分的二分之一。

最后，主合同无效导致抵押合同无效的，抵押人有过错的，担保人承担民事责任的部分，不应超过债务人不能清偿部分的三分之一。抵押人对主债权合同无效无过错，即无须承担任何法律责任。

从上述规则可以看出，抵押合同无效或被撤销后，基于物权法有因性原则，抵押权人也无抵押权可供行使。此时，抵押人承担缔约过失责任，这也是其在主合同无效的情况下要承担法律责任的原因，因为其提供担保意思表示表明其已经与抵押权人进入抵押合同的磋商阶段。此外，除抵押权人无过错的，主合同有效而抵押合同无效时抵押人与债务人承担连带责任外，抵押人承担的均是补充清偿责任，而非连带责任。

【问题18】在主合同有效，抵押合同无效的情况下抵押人承担的是什么责任？

上述问题在安徽高院和后续最高人民法院审理灵璧农村商业银行诉任某某再审一案［最高人民法院（2015）民申字第1733号民事裁定书］中，对在主合同有效，抵押合同无效的情况下抵押人应当承担什么责任有明确的描述。

债权人灵璧农村商业银行认为抵押人任某某提供抵押的房产登记在其自己名下，而且共有情况登记为“单独所有”。所以，虽然任某某的丈夫并未签署抵押合同，但该抵押合同和抵押权设立有效，其有权行使抵押权以实现债权。但安徽高院认为，“该房屋是任某某与其丈夫侯某某婚姻关系存续期间取得，系夫妻共有财产，任某某将该房屋设定抵押未取得共有人的同意，灵璧农商行也并无证据证明房屋共有人侯某某知道或者应当知道而未提出异议，且在本案抵押发生之前，任某某在为其他借款办理抵押登记过程中，其丈夫侯某某均共同签字同意，原审中侯某某亦曾就涉案抵押通过诉讼方式提出了异议，故本案不能认定任某某有权代理共有人处置共有房产，其擅自设立抵押行为侵害共有人权利，应为无效”。请注意，因为我国法律并未承认抵押登记行为是法律行为，故无效的应当是抵押合同，抵押权也因此而无效。最终，安徽高院认定，灵璧农商行和任某某对无效均有过错，任某某应当“在抵押房产价值一半的范围内赔偿安徽灵璧农村商业银行股份有限公司上述第二项债权不能实现部分的经济损失”。该判决得到最高人民法院再审判决的支持，即“二审判决认为任某某擅自以共有房产设立抵押的行为因侵害了共有人权利而无效，符合相关法律规定。二审判决对于任某某在签订抵押合同过程中存在的过错，已经依法判令其承担相应的民事责任”。

分析：抵押合同无效，其法律后果是：第一，抵押权设立无效，抵押权人无权行使抵押权；第二，合同过错方应当就其过错承担无效的损失赔偿责任。在本案中，抵押合同无效的法律后果是：第一，债权人灵璧农商行无权行使房屋抵押权。第二，因为债权人、抵押人对于合同无效均存在过错，应当按照《担保法司法解释》的规定各自分担损失的二分之一。第三，合同无效的损失是债务人不能履行的债务部分，安徽高院的表述是“债权不能实现部分”。这里使用的是“不能”，是在依法执行债务人财产之后仍然无法清偿债务的部分，这即是前文所述“补充责任”，而不是承担连带责任。也就是说，债权人因其本身的过错，导致其丧失要求抵押人、债务人承担连带责任的权利。第四，应当注意抵押人承担责任有一个责任范围限制，即抵押房产价值，这一方面是说损失范围不能超过抵押房产价值的一半，因为抵押合同是就房产这一特定财产设立的，责任范围不能超出合同约定抵押财产的价值范围；另一方面是说抵押人是用其个人所有财产（一般责任财产）承担抵押房产价值一半范围内的损失，而不仅仅是用抵押人在房产这一特定财产上的权利。也即是说，人民法院执行机关可以就该损失的责任承担执行抵押人个人的其他财产，如存款、车辆等。

总之，在抵押合同无效的情况下，抵押权人无权行使抵押权，有过错的抵押人是以其个人全部财产承担合同无效的缔约过失责任。

【问题19】债务人有多个债权人而将其全部财产抵押给其中一个债权人是否有效?

最高人民法院在其就“中国光大银行与内蒙古包头华达合资卧具装饰厂、中国农业银行包头市青山支行、包头市青山区人民政府自由路办事处侵权纠纷上诉案”作出的（2008）民二终字第135号民事判决书中对司法实践中存在的“事后抵押”作出了解释，即“所谓事后抵押，一般是指债务人有多个普通债权人，在清偿债务时，债务人与其中一个债权人恶意串通，将其全部或者部分财产抵押给该债权人。这种事后抵押的设定通常发生在债务人业已陷入支付危机、濒临破产、其财产已经不足以清偿全部债务的情况下”。

1989年1月，原中国投资银行内蒙古分行向原包头市第四木器厂发放世界银行转贷款。后债务主体变更为华达装饰厂，该厂承诺于1999年9月20日前归还本息。1999年3月，债权主体变更为光大银行。至案件审理之时，债务人华达装饰厂未完全履行还本付息义务。后，农行青山支行与华达装饰厂签订借款担保合同，用华达装饰的土地使用权提供抵押担保。内蒙古高院经审理查明，该笔借款合同并没有实际履行，签订合同的目的是为旧有债务设定抵押，“使华达装饰厂的有效资产均设定为农行贷款抵押，双方存在主观上的恶意，该行为损害了其他债权人的利益，因此农行青山支行与华达装饰厂的房地产抵押行为无效，农行青山支行就行使抵押权获得的价款没有优先受偿权，农行青山支行应将该价款返还华达装饰厂”。内蒙古高院遂作出（2005）内民二终字第48号民事判决书确认农行青山支行与华达装饰厂之间的抵押合同无效，“农行青山支行就抵押无效所应承担的法律后果是返还其基于抵押优先受偿获得的款项”。

分析：本案中，内蒙古高院和最高人民法院实际上是根据《合同法》第五十二条第（二）项“恶意串通，损害国家、集体或者第三人利益”的合同无效的规定作出判决。所以，在逻辑上，法院认为设定事后抵押会导致债务人降低或者丧失履行其他债务的能力，损害了其他债权人的合法利益。因此，即使抵押合同双方就合同达成合意，该合同也会被认定为无效合同，抵押权人将会因此失去优先受偿权，已经取得的价款也应当依法予以返还。这一结果在内容上与1994年最高人民法院就山东高院的《关于债务人有多个债权人，而将其全部财产抵押给一个债权人是否有效的请示》所作出的《最高人民法院关于债务人有多个债权人而将其全部财产抵押给其中一个债权人是否有效问题的批复》“债务人有多个债权人时，而将其全部财产抵押给其中一个债权人，因此丧失了履行其他债务的能力，损害了其他债权人的合法权益，根据《中华人民共和国民法通则》第四条、第五条的规定，应当认定该抵押协议无效”的司法解释一致。但是，我们认为，法院的判决结果是建立在农行青山支行与华达装饰厂存在恶意串通，以及抵押权设立使得债务人再无有效资产清偿其他债权人债务的假设之上的，实际中将这一结果扩大适用可能会有损于其他债权人，所以更佳的解决方案是向当事人释明，让其行使《合同法》第七十四条赋予的撤销权，《破产法》第三十一条第（三）项“人民法院受理破产申请前一年内，涉及债务人财产的下列行为，管理人有权请求人民法院予以撤销：……（三）对没有财产担保的债务提供财产担保的”规定所遵循的就是这一思路。

三、抵押物

抵押物又称为抵押财产，是指抵押人用以设定抵押权的财产。我国《物权法》第一百八十条、第一百八十四条分别以肯定式不完全列举和否定式不完全列举的方式规定了可以成为抵押物的财产，结合两条规定可以发现，抵押财产应当具备的基本特征是流通性。因为只有具备商品的流通性，抵押权在实现时才有市场和可能，抵押权设定才具有实际意义，否则即使允许设定抵押权，也不能为实践所接受。实践中，物是否具有可流通性在法律上、观念上始终处于发展和不确定状态，而《物权法》从正反两个方面对可予抵押的物进行规定，正反映了立法者也是在用发展的眼光看待“哪些物可以作为抵押物”这一问题。

四、抵押权设立的主要方式

（一）抵押登记

所谓抵押登记，是指登记机关经当事人申请，依法定条件和程序将抵押权状态记载于登记簿册的行为。在抵押权登记效力问题上，我国《物权法》根据抵押物的类型不同分别采取了登记生效主义立法模式，即以不动产为抵押财产的，不登记抵押权不生效，抵押登记为抵押权有效设立的必要条件；登记对抗主义立法模式，即以动产、准不动产为抵押财产的，如机动车抵押。抵押权自抵押合同生效时设立，未经登记的，不得对抗善意第三人，抵押登记不是抵押权有效设立的必要条件。

【问题 20】抵押登记和抵押权之间的关系？

甲公司向乙银行贷款，用自己的机械设备和第三人丙的建设用地使用权提供抵押担保，但均未办理抵押登记。后甲无力向银行还本付息，乙银行应当如何维护自己的权利？

分析：机械设备所有权上设立的抵押权，自甲、乙之间抵押合同生效之日起有效设立，抵押合同生效这一法律事实将引起机械设备抵押权有效设立的物权变动，机械设备抵押权在工商部门登记备案仅使已经有效设立的机械设备抵押权拥有了对抗效力。建设用地使用权上设立的抵押权，自办理抵押登记之日起生效，抵押合同生效这一法律事实并不能引起该抵押权有效设立的物权变动，抵押登记是抵押权有效设立的必要条件。

所以，乙银行可以就机械设备行使抵押权，并以机械设备的价款清偿本息债务。另外，因为建设用地使用权抵押未登记，抵押权未有效设立，故乙银行无权行使该抵押权，只能根据《合同法》第一百零七条之规定，要求丙公司承担违约责任。

（二）预告登记

《物权法》第二十条“当事人签订买卖房屋或者其他不动产物权的协议，为保障将来实现物权，按照约定可以向登记机关申请预告登记。预告登记后，未经预告登记的权利人同意，处分该不动产的，不发生物权效力”，该条规定即指我国房产登记制度中的预告登记。

预告登记制度是随着我国房屋预售制度产生的，是与之相配套的法律制度，可以说，没有预告登记制度，房屋预售制度就不会真正得以实施。预告登记制度分为“房屋转让预告登记”和“抵押权设立预告登记”，尽管上述两种预告登记称谓是否准确还有待商榷，但可以明确的是预告登记程序登记的并非物权，而是当事人之间的交付房产或设定抵押权的债务协议，使协议基于公示登记而获得相对于其他债权的优先性，即赋予债权人未来从债务人手中获得的物权（包括房屋所有权和房屋抵押权）的债权以优先性。在预售商品房取得产权证书后，抵押预告登记的权利人需要向登记部门申请转为正式抵押登记，此项登记为抵押权的首次登记，抵押权基于此方有效设立。

【问题 21】查封是否能阻却当事人将抵押权预告登记转为抵押权首次登记？

2011 年 10 月 21 日，江苏省无锡市崇安区人民法院因唐某与叶某等民间借贷纠纷一案，裁定查封了叶某向无锡市吉品置业有限公司购买的无锡市马山梅梁苑房屋。因该房屋未办理产权登记，该查封属于预查封。无锡市房屋产权监理处（以下简称产监处）在送达回证上注明“太湖梅梁苑 12−282 尚未办理产权登记，有抵押”。后，崇安区人民法院就本案作出（2011）崇民初字第 918 号民事判决书，申请人持该判决向该院申请执行。执行中，法院对上述房产进行评估、拍卖，经两次流拍，拟进行第三次拍卖。

被查封房产系叶某向银行按揭贷款购置，无锡市房产管理局作出锡房预登字第 WX10160019 号房屋预告登记证明，预告登记业务种类为预购商品房抵押预告登记，预告登记权利人为广发银行无锡支行，预告登记义务人为叶某。2013 年 6 月 9 日，叶某取得产权证，产监处将预购商品房抵押预告登记转为正式抵押登记。该案中，抵押权预告登记并非抵押登记，不具备抵押权设立的法律效力。也即是说，法院在查封时，该房产上没有处优先地位的他项权利，在拍卖过程中，产监处的转登记行为使得该房产上有了处于优先地位的抵押权。问，查封是否应当具有阻却抵押权预告登记转为首次登记的效力？

分析：首先，抵押权预告登记并非正式的抵押权登记，不会产生设立抵押权的法律效果，所以拍卖房产上的抵押权系事后设立，而且根据一物一权原则必须是在抵押房产被建成之后方才设立；其次，人民法院的查封系因被执行人购买房产的所有权预告登记，同时债权人银行在房产上的抵押权预告登记实际上也是登记在所有权预告登记之上，所以两者都仅有“预告”性质，并非正式的抵押登记和查封，而且都处于同一位阶；最后，根据首封和轮候查封的次序性，和预告登记的公示效力，在法院预查封和抵押权预告登记之间存在“次序性”和“排他性”，都是“债权物权化”的典型情形。事实上，在被执行人未取得房屋所有权证书的情况下，即使是执行法院，也是在得到无锡市中级人民法院（2012）锡商他字第0002号批复意见后才采取了评估和拍卖措施。

本案采取评估拍卖措施后，广发银行无锡支行向法院提出执行异议，认为无论是抵押预告登记还是正式抵押登记，银行对房产拍卖所得价款均享有优先受偿权；被执行人（抵押预告登记之抵押人、债务人）唐某向法院申请撤销产监处办理的抵押权首次登记，恢复至抵押权预告登记状态；崇安区人民法院函告产监处，告知其在法院预查封期间办理正式抵押登记的手续属于擅自处分法院查封财产的行为，要求产监处在收到函后10日内纠正上述行为，否则责令其承担相应的赔偿责任；产监处复函崇安区人民法院称：法律法规明确了预告登记的效力和范围，预购人有权以预购商品房设定抵押权。从上述情况来看，暴露出的问题是：（1）预查封是否应当具有阻却抵押权预告登记转为首次登记的效力？（2）登记机关是否有权利仅依单方之申请，即将抵押权预告登记转为抵押权首次登记？

对于产监处将预告抵押转为抵押权首次登记的行为，执行法院崇安区人民法院审委会形成两种意见：第一种意见即认为产监处的行为属擅自处分法院查封财产的行为。理由是：根据无锡市中级人民法院（2012）锡商他字第0002号批复，仅办理抵押预告登记的房产不具有优先受偿权，预购商品房抵押预告登记的权利人不享有与正式抵押相同的权利，涉案房产在预查封时不存在抵押权，现产监处在法院已预查封的情形下办理了抵押登记手续，致使房产被设定了抵押权，产监处的行为属擅自处分法院查封财产的行为。第二种意见即认为产监处的行为不属于擅自处分法院查封财产的行为。理由是：叶某将商品房预告登记转为房屋转移登记，根据《房屋登记办法》第六十八条的规定，预购商品房抵押预告登记也转为正式的抵押登记，该转换不产生新的权利，不影响法院查封的效力，产监处不存在擅自处分法院查封财产的行为。就此，无锡市中级人民法院合议庭于2013年10月28日作出（2013）锡执他字第0001号批复，同意崇安区人民法院第二种意见，认为本案中，法院预查封的基础是房产的预告登记，预查封之时，法院已经可以预见今后房产将会产生抵押权。产监处将抵押预告登记转为正式抵押登记的行为并未设定新的权利或权利负担，不属于擅自处分法院查封财产的行为。崇安区人民法院第一种意见不符合预告登记制度和预查封制度的本意，不仅不利于商品房预售制度的发展，也不利于法院今后预查封工作的开展。

我们认为，首先，人民法院的预查封不具有阻却抵押权预告登记转为首次登记的效力。其次，公示登记是当事人处分自己不动产物权的方式之一，应当由当事人申请。所以，预告登记转正式登记不能基于当事人一方之申请，《不动产登记暂行条例实施细则》第八十五条第三款“预告登记后，债权未消灭且自能够进行相应的不动产登记之日起3个月内，当事人申请不动产登记的，不动产登记机关应当按照预告登记事项办理相应的登记”的规定即是如此。最后，对于实践中可能存在的案外人以法院生效文书对预告登记之标的物进行执行，以及当事人仅申请预告登记转所有权的登记，而不申请预告登记转抵押权登记的情形，我们认为当属于当事人申请的例外情形，抵押权预告登记应当随所有权预告登记转正式登记和随预查封转为正式查封一并转为正式的抵押权登记，否则抵押权预告登记制度的功能将会大打折扣。

（三）抵押权的善意取得

一般情况下，抵押权的有效设立需满足抵押合同和抵押登记两个要件，这是抵押权的继受取得，即自抵押物的所有人或权利人取得抵押权。根据《物权法》一百八十条之规定，设定抵押权的，应当是“债务人或第三人有处分权的财产”，所以抵押人只能对自己有所有权或处分权的财产以设定抵押权的方式进行处分，倘若抵押人自己没有处分权，将构成《物权法》上的无权处分，除非构成善意取得，否则债权人不能取得抵押权。抵押权大多涉及不动产，作为不动产善意取得，须以不动产登记的公示推定效力为前提，所以在未立法确认公示登记的物权推定效力之前，不动产的善意取得都很难得到立法和司法的承认。

我国立法、司法确立担保物权善意取得是一个曲折的过程，直到2000年《担保法司法解释》第84条才明确承认动产质权的善意取得。2003年《最高人民法院关于中国农业银行大连友好支行诉大连中大集团公司、第三人中国大连国际经济技术合作集团有限公司借款合同抵押担保纠纷一案请示的答复》（〔2003〕民二他字第26号）明确认可了不动产登记的权利推定效力及不动产抵押权的善意取得，该答复认为：“从你院请示材料看，依据大连市中级人民法院［1999］大民初字第160号民事调解书、大连市房地产管理局大房局管字［2000］16号文件以及大连市中级人民法院［2002］大行再字第21号行政判决书，中大大厦9—15层的产权确系中国大连国际经济技术合作集团有限公司（以下简称大连国际）所有，大连中大集团公司（以下简称中大集团）未经大连国际的同意将中大大厦整体抵押给债权人中国农业银行大连市分行友好支行（以下简称友好支行）的行为，属于无权处分行为，依照《中华人民共和国合同法》第五十一条的规定，抵押合同涉及无权处分部分无效。但鉴于中大大厦在抵押时的全部产权登记在中大集团名下，不动产登记具有权利推定效力，因此，如无证据证明友好支行在接受抵押时对中大大厦9－15层产权的真实状况为明知或应知的，友好支行可以善意取得对中大大厦9－15层的抵押权。你院应当在查明案件事实，尤其是债权人在接受抵押时是否属于善意的基础上，妥善处理该案。”根据上述答复，可以看出抵押权善意取得的要件：（1）抵押财产被登记在抵押人名下，但其实际并无权处分；（2）办理了抵押登记，抵押权有效设立；（3）在办理抵押登记时，抵押权人不知抵押人系无权处分人。

有关抵押权的善意取得，参见本章经典案例三。这里仅讨论了不动产抵押权的善意取得，我们认为讨论动产的善意取得无实际意义，因为一方面动产一般涉及所有权的善意取得，而不是抵押权的善意取得；另一方面，因为抵押权无须转移占有，而且抵押合同不具备公示的公信效力，往往十分隐私，所以动产抵押很难判定取得人的主观善意。

【问题22】抵押权是否能够善意取得?

甲、乙两位自然人分别从开发商丙公司处购买相邻的A、B商品房，且两套商品房已经交付使用。在丙进行房屋产权初始登记时，错误地将属于乙的、面积较大的B房登记在甲的名下。甲随即在向丁银行贷款时，将B房抵押给丁银行，双方签署了抵押合同，且办理了抵押登记。丁银行是否能够取得该房屋的抵押权?

分析：首先需要明确的是，根据《最高人民法院关于适用〈中华人民共和国物权法〉若干问题的解释（一）》第二条之规定，即“当事人有证据证明不动产登记簿的记载与真实权利状态不符、其为该不动产物权的真实权利人，请求确认其享有物权的，应予支持”，B房的实际所有权人是乙，而非甲，故本案中丁银行的抵押权是设定在B房的所有权之上。因丁银行系与甲签订抵押合同，而非乙，丁银行取得抵押权并非基于乙的意思，即非基于法律行为而取得抵押权。故而，丁银行取得B房抵押权在类型上不属于继受取得，而是原始取得。在原始取得的具体类型上，丁银行系因信赖B房的权属登记而办理抵押登记，故其是基于《物权法》中有关善意取得的相关规定和抵押登记而取得有效的抵押权。甲、丁银行在抵押合同中对抵押权内容（抵押物的范围、抵押权所担保债权范围等）的约定也因为抵押权登记而成为丁银行善意取得的抵押权的内容。

本案中，甲通过设定抵押权的方式处分了不属于自己的B房的所有权，其行为属于无权处分行为，设定抵押权的抵押合同因此根据《合同法》第五十一条的规定须经过权利人乙的追认方可有效，否则该合同无效。

【问题23】善意取得抵押权的要件有哪些？

甲向乙银行借款，用自己的房产提供抵押担保，双方签订了借款合同、抵押合同，并办理了抵押登记。后，乙发现该抵押房产系甲、丙共有，甲签订抵押合同并办理抵押登记的行为是为无权处分行为。问，乙银行善意取得房产抵押权的要求有哪些？

分析：《物权法》第一百零六条第一款规定了善意取得的三项要件：（1）受让人受让该不动产或者动产时是善意的；（2）以合理的价格转让；（3）转让的不动产或者动产依照法律规定应当登记的已经登记，不需要登记的已经交付给受让人。其中，前两个要件需要给予进一步说明。

（1）抵押权人善意

在抵押权人是善意的这一要件上，对不动产物权取得人而言，只要不能证明其知晓登记簿记载错误并且登记簿上没有异议登记，就应当认定其是善意的。取得人不负有调查核实的义务，不能因为取得人没有进行调查核实而否定其善意，在实践中也不能任意扩大“应知”的范围，这样会极大地削弱登记簿的公信力，遭受损失的是交易安全，是全社会每一个潜在的交易者，是社会的整体性福祉。所以，在抵押权善意取得时，应当同时符合以下两个标准，第一，不动产登记簿上记载了抵押人是抵押财产的所有权人或使用权人，而且登记簿上没有异议登记；第二，没有任何证据证明债权人知晓登记簿的登记内容存在错误。在实践中，还应当顾及债权人的性质，如果是专业的金融机构，对于诸如夫妻婚内财产的共有制了如指掌，或者在其业务流程中，已经形成了普遍的交易规则，即审查是否存在夫妻关系的审查规则，那么就应当认为其不存在善意。

（2）抵押权设立须存在“合理的对价”

善意取得的另外一个要件是“以合理的对价转让”，与一般的不动产交易不同，抵押权的设立是无偿的还是有偿的有时很难判断。在确立抵押权设立时，抵押权人是否已经支付了合理的对价，须从善意取得制度设置“以合理的价格转让”这一要件的逻辑起点入手。简单地讲，保护原物权人，得出善意取得不发生的结论；还是保护相对人，得出其善意取得物权的结论，物权法中善意取得制度始终是在原物权人和相对人之间寻找利益平衡点。如果相对人无偿获取物权，那么即使保护原物权人，相对人也没有任何经济利益上的损失，所以可以规定，善意取得不发生。所谓以合理的价格，既可以是支付具体的金钱数额，也可以是负担某一项义务等。但是，这个简单的判断标准，在判断抵押权善意取得时变得复杂了。因为在抵押合同和抵押权的设立过程中，抵押人对抵押权人的义务是单向的，抵押权人对抵押人无任何合同义务。那么，如何体现“合理的价格”呢？《物权法司法解释（一）》第19条提出的判断标准是，“应当根据转让标的物的性质、数量以及付款方式等具体情况，参考转让时交易地市场价格以及交易习惯等因素综合认定”。所以，不应当机械地要求，抵押权人必须支付合理的价格。最高人民法院第一巡回法庭在其就“中信银行大连分行诉兆峰机电公司、关兆峰之间的借款合同纠纷案”作出的（2015）民申字第1247号民事裁定书中认为，为担保该笔借款的偿还，兆峰机电公司向中信大连分行提供了案涉车辆作为抵押物。鉴于中信银行大连分行为取得抵押权已经履行了相关贷款义务，抵押权担保的主债权已经成立，应当视为已经支付了合理的对价。根据上述判决，已经发放贷款就视为已经支付了合理的价款。实际上，合理的借款在这里就成为认定不能善意取得，或者撤销善意取得抵押权的代价，是一个以结果为导向的结论。理论界对此也存在反对的声音，清华大学教授程啸认为，抵押权的善意取得无须以支付合理价格或合理对价为要件，更不应将抵押权人是否实际履行主合同的义务作为判断满足这一要件的标准。

【问题24】冒名将他人不动产抵押给债权人，债权人是否能善意取得抵押权？

A房屋为甲所有，但是乙冒充甲，伪造甲的身份证件等相关资料，冒名与银行签订借款合同、抵押合同，将该房屋抵押给银行，并办理了抵押登记，以此骗取银行贷款。问，银行是否能够善意取得该房产？

分析：在实践中，很容易将冒名处分和善意取得中的无权处分混淆。从无权处分的概念上讲，冒名处分应当包含在无权处分的范畴之内。但是，在冒名处分是否能够导致善意取得问题上，其和狭义的无权处分会产生较大的差异。在善意取得制度上，无权处分是基于对物权公示公信效力，相信物权公示的权利推定效力，即不动产登记是错误的，仍为第三人对不动产登记簿的虚假权利外观的信赖提供保护，以保障交易秩序的安全。但是冒名处分不动产过程中，买受人是基于冒名人的欺骗行为，相信冒名人系不动产登记的权利人，而不动产登记本身是没有任何错误的，不存在善意人对权利外观的信赖保护的事实基础，所以不适用不动产善意取得制度。从风险负担的角度来看，冒名处分系全社会所有权利人均面对的风险，所以权利人承担损失即要求其有过错。而善意取得中的不动产登记错误，系部分权利人面对的风险，此时法律制度上选择对基于善意相信登记外观的相对人进行救济，而不是对真实权利人进行救济，也即放弃真实权利人利益而优先维护交易秩序和安全的意图。

因此，可以得出的结论是，冒名处分一般不发生善意取得，这一点与抵押权人是否存在善意无关系，不能够让不动产所有人承担非物权公示错误带来的损失。

制度部分

一、抵押合同

（一）抵押合同为要式合同

《物权法》第一百八十五条规定“当事人应当采取书面形式订立抵押合同”，即抵押合同是一种必须采取书面形式订立的要式合同。何为书面形式，应当根据《合同法》第十一条加以判断，即“书面形式是指合同书、信件和数据电文（包括电报、电传、传真、电子数据交换和电子邮件）等可以有形地表现所载内容的形式”。

【问题 25】电子邮件形式的要约和承诺是否符合抵押合同法定的书面形式要件？

甲公司向乙公司发送电子邮件，称自愿用一处房屋的所有权作为其向乙公司履行买卖合同价款支付义务的担保，乙公司回复邮件表示同意，甲、乙公司之间抵押合同是否成立，何时成立？

分析:《物权法》第一百八十五条规定的“书面形式”应当根据《合同法》第十一条之规定加以解释，即电子邮件也是书面的一种形式；又根据《合同法》第二十五条之规定，即“承诺生效时合同成立”，当乙公司的回复邮件，即承诺到达甲公司的电子邮箱时，甲、乙之间的抵押合同成立，他们之间的邮件往来符合法律所要求的书面形式。在这里一定要注意对“书面”的理解，其不同于一般认知当中的“书面”，数据电文形式也属于书面形式。

【问题 26】未成年人能签署抵押合同吗？

自然人甲向银行申请贷款，应银行的要求，欲用自己七岁的儿子乙所有的一套房产就该笔贷款提供抵押担保。试问，抵押合同的当事人是谁，合同的签署主体是谁，合同是否有效？

分析：首先，应当清楚的是乙是房屋的所有权人，其对房产的所有权中包含完全的处分权，包括在房产所有权之上设定有效的抵押权。在该房产设定抵押的过程中，须签订抵押合同并办理抵押登记，而乙无民事行为能力，意味着其在法律上没有作出意思表示并签订抵押合同的资格。

其次，乙虽然无民事行为能力，但是其父甲可以作为乙的监护人代理乙作出设定抵押权的意思表示，并签署抵押合同。但根据《民法总则》第三十五条的规定，“监护人除为维护被监护人利益外，不得处分被监护人的财产”。所以，在审查合同是否有效的时候，必须审查甲的贷款是不是为了乙的利益，例如为了家庭生活，家庭开支，或者为了乙的学业等。《不动产登记暂行条例事实细则》第十一条第二款规定，“监护人代为申请登记的，应当提供监护人与被监护人的身份证或者户口簿、有关监护关系等材料；因处分不动产而申请登记的，还应当提供为被监护人利益的书面保证”，这里进行物权登记的要求比《民法总则》要低，因为监护人只用出具保证书，而不用提供进行物权登记系为了被监护人利益的证据。这里需要注意的是，是否为了被监护人利益在司法实践中存在不同的认识，从实质层面考虑处分对被监护人的好处，还是仅仅看形式，即监护人处置了被监护人的财产，司法实践中都有相应的案例。

最后，如果无法证明甲在该笔贷款中是为了乙的利益，那么甲无权作为乙的监护人以设定抵押权的方式处分乙的不动产，抵押合同也会被认为是无效合同。实践中，银行等金融机构作为债权人和抵押权人一般均不会同意父母代子女签订抵押合同，因为很难证明设立抵押权合同是为了子女的利益。

（二）抵押合同为诺成性合同

根据《担保法》第四十一条之规定，即“当事人以本法第四十二条规定的财产抵押的，应当办理抵押物登记，抵押合同自登记之日起生效”，抵押合同为实践性合同（要物合同）。但是，根据《物权法》第十五条之规定，“当事人之间订立有关设立、变更、转让和消灭不动产物权的合同，除法律另有规定或者合同另有约定外，自合同成立时生效；未办理物权登记的，不影响合同效力”，抵押合同为诺成性合同（不要物合同）。在这里，《物权法》和《担保法》的规定出现不一致的情况。根据《物权法》第一百七十八条之规定，即“担保法与本法的规定不一致的，适用本法”，故抵押合同为诺成性合同。规则上，仅仅是一些特殊不动产权利的抵押权设立的要件和时间不同，如按照一般规定，建设用地使用权、房屋所有权、林地使用权、采矿权等不动产抵押权自登记之时设立；

而对于土地承包经营权（水域使用权）、宅基地使用权、动产抵押而言，抵押权自合同签订并生效之日起设立。

【问题27】抵押合同是诺成性合同，还是实践性合同，何时生效？

分析：根据《物权法》第十五条的规定，以及《合同法》第二十六条“承诺通知到达要约人时生效”，第二十五条“承诺生效时合同成立”之规定，抵押合同是典型的诺成性合同。因此，在【问题25】中，甲、乙公司之间的抵押合同，自乙公司的回复邮件，即承诺到达甲公司的电子邮箱时成立并且生效。

尽管抵押合同是诺成性合同，但合同当事人还是可以用效力附款设置推迟生效期限或条件。例如，若甲、乙之间在抵押合同中约定，“抵押合同自乙公司向甲公司发货之时起生效”，这即是当事人为抵押合同设定的生效条件，在条件满足的情况下抵押合同才生效。

（三）抵押合同为从属性合同

《物权法》第一百七十二条第一款规定，“设立担保物权，应当依照本法和其他法律的规定订立担保合同。担保合同是主债权债务合同的从合同。主债权债务合同无效，担保合同无效，但法律另有规定的除外”；第二款规定，“担保合同被确认无效后，债务人、担保人、债权人有过错的，应当根据其过错各自承担相应的民事责任”。根据《物权法》的上述规定，抵押合同是主债权债务合同的从属合同，具有从属性，其在效力上对主债权债务合同存在依附性，即主债权债务合同无效，担保合同无效；但反向不存在这一规则，即担保合同无效的，主债权债务合同不一定无效，担保合同具有相对独立于主债权债务合同的无效事由。第二款之规定是在担保合同无效后处理各方法律关系的规则，该条所述之民事责任的性质，因债务人并非担保合同的当事人，故其对债权人、担保人的责任属于侵权责任，担保人和债权人之间的民事责任属于缔约过失责任。

（四）抵押合同的内容

如前所述，抵押合同是抵押权人和抵押人之间约定通过办理抵押登记有效设立抵押权的债权合意，故抵押合同的主要内容为：

1. 抵押权的一般条款

抵押合同应当首先包含与抵押权有关的内容：第一，抵押财产；第二，抵押担保的主债权；第三，担保范围。对于上述三项内容，《担保法》第三十九条第一款规定抵押合同应当包括“（1）被担保的主债权种类、数额；（2）债务人履行债务的期限；（3）抵押物的名称、数量、质量、状况、所在地、所有权权属或者使用权权属；（4）抵押担保的范围；（5）当事人认为需要约定的其他事项”；《物权法》第一百八十五条第二款规定抵押合同一般包括“（1）被担保债权的种类和数额；（2）债务人履行债务的期限；（3）抵押财产的名称、数量、质量、状况、所在地、所有权归属或者使用权归属；（4）担保的范围”。上述条款实际上是抵押合同当事人对将要设定的抵押权的具体描述，在抵押权经公示登记有效设立后，该具体描述将成为抵押权的内容。

对比《物权法》第一百八十五条第二款和《担保法》第三十九条第一款，就会发现两者在表述上存在差异，《物权法》并没有采取《担保法》的表述方式，将抵押合同的内容规定表述为“抵押合同应当包含以下内容”，而是采取了“抵押合同一般包括下列条款”这样的表示，这就是说，第一百八十五条第二款给出的是样板合同内容，或者说典型性合同内容，实践中还存在大量的非典型性抵押合同，例如关于抵押所担保的债权，仅仅叙述当事人之间借款合同的编号，并不对债务内容进行具体复述等情形。

在上述抵押合同的内容中，属于抵押合同必要条款的是“被担保债权的种类、数额”和“抵押财产”。关于“被担保债权的种类、数额”，只要根据《担保法司法解释》第五十六条第一款的规定确定债权的种类，就可以依据《合同法》第六十一条、第六十二条的规定确定债权内容。关于“抵押财产”，则必须明确而具体，因为抵押权是支配权，必须满足物权特定化的支配前提，否则不特定的抵押财产，抵押权存续既无意义，也无效力。《物权法》第一百八十五条第二款和《担保法》第三十九条第一款中要求抵押合同包括关于“抵押财产的名称、数量、质量、状况、所在地、所有权归属或者使用权归属”，其目的就是完成物权的特定化。

在实践中，应当如何理解《担保法》第三十九条第二款“抵押合同不完全具备前款规定内容的，可以补正”中“补正”的问题。这里的补正和法院对错误裁判文字问题的补正不一样，我们认为，在《物权法》采用“抵押合同一般包括下列条款”的表述之后，就不再存在补正的问题，因为如果抵押合同内容有所欠缺，其所采取的还是《合同法》第六十一、六十二条的合同补充和解释方法。如果出现所谓双方的“补正”，那在本质上只能说是双方的补充协议，应当按照协议是否符合合同生效要件认定所谓“补正”是否有效。实践中，杭州中院在其就“孙某某诉金昌公司、明发公司借款担保纠纷案”作出的（2015）浙杭商终字第154号民事判决书中认为，“我国担保法规定，抵押人和抵押权人应当以书面形式订立抵押合同；抵押合同应当包括被担保的主债权种类、数额，以及抵押物的名称、数量、质量、状况、所在地、所有权权属或者使用权权属等内容。抵押合同对被担保的主债权种类、抵押财产没有约定或者约定不明，根据主合同或者抵押合同不能补正或者无法推定的，抵押不成立。本案中，明发公司与昌平公司签订的《煤炭销售补充协议》《还款协议》等虽然有抵押条款，但协议中有关抵押物的表述为'金昌公司所拥有的燃气运输汽车及河北伟光农业技术开发有限公司的蔬菜大棚''河北伟光集团所属企业的全部资产'，属于对抵押财产约定不明，故抵押并不成立"，其中就包含抵押合同"补正"的内容。

2. 抵押担保的范围

《物权法》第一百七十三条规定了担保物权担保的一般范围，即"包括主债权及其利息、违约金、损害赔偿金、保管担保财产和实现担保物权的费用。当事人另有约定的，按照约定"。抵押合同在本质上属于债权合意，应当首先尊重当事人的意思自治，故《物权法》的上述规定仅仅是在当事人没有另有约定情况下的一般性规定。

此外，《担保法》第三十五条虽然规定抵押人所担保的债权不得超出其抵押物的价值，但这一规定实质上已经被《担保法司法解释》第五十一条改变，抵押人所担保的债权超出其抵押物价值的，超出的部分不具有优先受偿的效力，即抵押物的价值可以小于所担保债权的价值。实践中，经常会出现抵押物重复抵押，且重复抵押担保的债权大于抵押物价值的情况。

【问题 28】当事人是否可以自行约定抵押担保的债权范围？

甲公司向乙银行贷款，丙公司用其一处房产提供抵押担保。但乙、丙之间的抵押合同约定该处房产仅担保甲对乙的贷款本金，该约定是否有效？

分析：根据《物权法》第一百七十三条之规定，抵押合同当事人可以自行约定抵押担保的债权范围，乙、丙之间有关抵押担保范围的约定当然有效。如果乙、丙没有上述约定，也不能依据合同的解释得出抵押担保范围，那么就需按照第一百七十三条的规定确定担保范围为"主债权及其利息、违约金、损害赔偿金、保管担保财产和实现担保物权的费用"。其中，损害赔偿金和违约金只能择一适用，因为抵押权不转移占有的权利特征，所以担保范围不涉及保管担保财产的费用。而实现债权的费用往往是指拍卖、折价、变卖所涉及的费用。

3. 抵押人履行办理抵押登记义务的时限、方式以及违约责任等

抵押人办理抵押登记设立双方约定的抵押权，是抵押合同的主合同义务，双方当事人会就履行办理抵押登记的时限、方式及违约责任进行约定。未约定的，依照《合同法》的相关规定加以处理。有关抵押合同的违约责任的内容，参见本章经典案例一“中国建设银行股份有限公司满洲里分行与满洲里中欧化工有限公司、北京伊尔库科贸有限公司信用证纠纷案”。

【问题 29】当事人在抵押合同中没有约定办理抵押登记的时间，该如何处理？

在【问题 28】中，在乙、丙未在抵押合同中约定丙履行办理抵押登记义务的时间，乙该如何处理？

分析：在解决上述问题以及类似问题时，一定要注意联系合同法的相关规定。按照《合同法》的规定，在当事人对部分合同内容没有约定，或约定不明的情况下，就需要借助《合同法》第六十一条、第六十二条确定合同内容。

对于问题中，在未约定办理抵押登记的时间的情况下，当事人根据《合同法》第六十一条通过补充协议确定登记时间，不能达成补充协议的，应当根据合同上下文和交易习惯加以确定，没有交易习惯，且无法从上下文可供确定的，应当适用第六十二条第（四）项的规定加以确定，即“履行期限不明确的，债务人可以随时履行，债权人也可以随时要求履行，但应当给对方必要的准备时间”。也就是说，抵押权人乙（抵押合同债权人）有权要求抵押人丙（抵押合同债务人）在一定时限（必要准备时间）后，履行办理抵押登记的义务。这一过程实际是确定履行期限的过程。如果丙未履行，且双方对违约责任有约定的，那么乙可要求丙按照约定承担违约责任；没有约定的，可依据《合同法》第一百零七条及以后有关违约责任的条款要求丙承担违约责任。

（五）抵押合同无效时的法律责任

抵押合同是担保合同的一种，《担保法》及其司法解释、《物权法》规定了担保合同无效时，各方当事人承担法律责任的一整套规则：

1.《担保法》第五条规定，“担保合同是主合同的从合同，主合同无效，担保合同无效。担保合同另有约定的，按照约定。担保合同被确认无效后，债务人、担保人、债权人有过错的，应当根据其过错各自承担相应的民事责任”，此项是抵押合同无效时的一般条款，即各方当事人根据对无效事由的过错承担缔约过失责任。

2.《物权法》第一百七十二条规定，“设立担保物权，应当依照本法和其他法律的规定订立担保合同。担保合同是主债权债务合同的从合同。主债权债务合同无效，担保合同无效，但法律另有规定的除外。担保合同被确认无效后，债务人、担保人、债权人有过错的，应当根据其过错各自承担相应的民事责任”。

3.《担保法司法解释》第七条规定，“主合同有效而担保合同无效，债权人无过错的，担保人与债务人对主合同债权人的经济损失，承担连带赔偿责任；债权人、担保人有过错的，担保人承担民事责任的部分，不应超过债务人不能清偿部分的二分之一”；第八条规定，“主合同无效而导致担保合同无效，担保人无过错的，担保人不承担民事责任；担保人有过错的，担保人承担民事责任的部分，不应超过债务人不能清偿部分的三分之一”；第九条规定，“担保人因无效担保合同向债权人承担赔偿责任后，可以向债务人追偿，或者在承担赔偿责任的范围内，要求有过错的反担保人承担赔偿责任”。

二、抵押物

我国《物权法》第一百八十条、第一百八十四条分别以肯定式不完全列举和否定式不完全列举的方式规定了可以成为抵押物的财产：

第一百八十条规定以下财产可以抵押：（1）建筑物和其他土地附着物；（2）建设用地使用权；（3）以招标、拍卖、公开协商等方式取得的荒地等土地承包经营权；（4）生产设备、原材料、半成品、产品；（5）正在建造的建筑物、船舶、航空器；（6）交通运输工具；（7）法律、行政法规未禁止抵押的其他财产。

第一百八十四条规定以下财产不能抵押：（1）土地所有权；（2）耕地、宅基地、自留地、自留山等集体所有的土地使用权，但法律规定可以抵押的除外；（3）学校、幼儿园、医院等以公益为目的的事业单位、社会团体的教育设施、医疗卫生设施和其他社会公益设施；（4）所有权、使用权不明或者有争议的财产；（5）依法被查封、扣押、监管的财产；（6）法律、行政法规规定不得抵押的其他财产。

综合上述两条法律规定，就可以看出所有抵押物的共同特征，即应当具备自由流通性。

【问题 30】用车辆提供的是质押担保，还是抵押担保？

2012年1月5日，自然人甲向自然人乙借款，用自己所有的一辆汽车提供抵押担保，双方签订《抵押合同》，但未办理抵押登记。同年1月6日，甲向金鑫典当行借款，用上述汽车提供质押担保，双方签订《质押合同》，甲于1月7日将车辆交给金鑫典当行且在车辆管理所进行质押备案。乙在抵押车辆的抵押权，金鑫典当行在汽车上的质权是否均有效设立？车辆到底是质押担保，还是抵押担保？

分析：机动车是一种特殊的动产，根据《物权法》第一百八十八条之规定，即“以本法第一百八十条第一款第四项、第六项规定的财产或者第五项规定的正在建造的船舶、航空器抵押的，抵押权自抵押合同生效时设立”，机动车抵押权自抵押合同生效时设立，即1月5日。抵押权有效设立无须抵押登记，抵押登记仅发生对抗效力。同时，作为动产，机动车还可设定质权。根据《物权法》第二百一十二条之规定，即“质权自出质人交付质押财产时设立”，即在1月7日甲将汽车交付给金鑫典当行时质权有效设立。所以，乙在抵押车辆的抵押权，金鑫典当行在汽车上的质权均有效设立。

如前文所述，对于担保物权人而言，重点在于对担保物交换价值的“控制”，这种控制体现在担保人对担保物的使用和处分中。对于机动车这种特殊的担保物而言，抵押权往往满足不了抵押权人的需要，因为抵押权不转移占有的特征，使得抵押权人无法在抵押人使用机动车时对机动车价值进行有效控制。所以，尽管抵押权人可以通过抵押登记阻止抵押人转让机动车所有权，但在抵押人使用机动车过程中可能出现的磨损、事故均会使抵押权全部或部分失去担保价值。而机动车质押，虽然因质权需转移占有的权利特征阻止质押人使用和转让机动车，但是无法去除质押人通过过户登记处分机动车所有权的法律风险。这一问题被2008年10月1日施行的公安部《机动车登记规定》的相关规定加以解决，该规定在第二十二条、第四十二条分别规定了机动车的抵押登记和质押备案制度。其中，质押备案制度就解决了机动车质押以交付方式进行公示，但对抗效力不足的问题。实践中，当事人会根据自身的实际需要，通过抵、质押合同在抵押和质押两种担保方式中进行选择。例如，银行汽车信贷销售，鉴于借款人，也就是购买汽车的消费者的目的本身就是占有并使用汽车，银行就不可能以转移占有的质权办理汽车消费借贷；但是，在消费者将自己的车辆作为担保财产对外借款时，获取借款就成为消费者的主要目的，就可以设定质权担保借款债权。

上述规定给出的启示有以下两点：第一，应从“控制”担保物交换价值这一核心问题出发理解各项担保物权，从而思考和理解法律所设定的相关规则的功能和目的。第二，法律规定了当事人的权利，就必须依据实际情况提供充分的制度保障，否则法律即使规定了某种民事权利，也无法应用于实践之中满足民事主体的实际需要。例如，《物权法》规定了应收账款质押制度，中国人民银行即出台了《应收账款质押登记办法》，规定应收账款质权可在中国人民银行征信中心的应收账款质押登记公示系统中加以登记公示，从而达到使应收账款质权产生物权对抗效力的目的。

在我国，能够抵押的主要有：不动产、动产和权利。（1）不动产抵押。《不动产登记暂行条例》第二条第二款称“土地、海域以及房屋、林木等定着物”。（2）动产抵押。根据《物权法》第一百八十七条的规定，即生产设备、原材料、半成品、产品以及船舶、机动车、航空器等交通运输工具，还包括正在建造的船舶、航空器。（3）权利抵押。权利抵押必须符合以下两个条件：第一，必须是不动产上的用益物权以及特许物权。相对而言，债权、股权、知识产权只能作为质权的标的。第二，不动产上的用益物权以及特许物权也并非均能设定抵押权，只有那些法律允许的才可以，一方面在立法上会存在政治和经济上的考虑，另一方面受到登记制度的客观制约，如很多不动产权利诸如宅基地使用权在全国很多地方都没有进行初始登记，这就造成无论是宅基地上的房屋所有权，还是房屋所有权上的抵押权都无法进行登记。下面，我们将就实践中存在争议的抵押物（权利）逐一进行讨论。

（一）划拨的建设用地使用权

我国民事主体取得国有建设土地使用权存在两种方式，即出让和划拨。其中，《城市房地产管理法》第二十三条规定建设用地使用权的划拨，是指县级以上人民政府依法批准，在土地使用者缴纳补偿、安置等费用后将该幅土地交付其使用，或者将土地使用权无偿交付给土地使用者使用的行为。从该法第五十一条“设定房地产抵押权的土地使用权是以划拨方式取得的，依法拍卖该房地产后，应当从拍卖所得的价款中缴纳相当于应缴纳的土地使用权出让金的款额后，抵押权人方可优先受偿”的表述来看，土地管理部门是认可就划拨方式取得的国有建设用地使用权所设置抵押权的有效性的。这一点与《担保法》第五十六条的规定，即“拍卖划拨的国有土地使用权所得的价款，在依法缴纳相当于应缴纳的土地使用权出让金的款额后，抵押权人有优先受偿权”的表述一致。

问题是，无论是划拨土地，还是出让土地，使用权人都应当依据划拨或出让时国家规划部门的规划条件使用，而且土地划拨一般都会被国家土地部门加以特殊的目的和功能，不能简单地视为可以流通的土地使用权，所以实践中普遍认为划拨用地设定抵押权时应当经过有关部门的批准。根据2003年《最高人民法院关于破产企业国有划拨土地使用权应否列入破产财产等问题的批复》（法释〔2003〕6号）第一条之规定，即“根据《中华人民共和国土地管理法》第五十八条第一款第（四）项及《城镇国有土地使用权出让和转让暂行条例》第四十七条的规定，破产企业以划拨方式取得的国有土地使用权不属于破产财产，在企业破产时，有关人民政府可以予以收回，并依法处置”，划拨取得的土地使用权甚至都不在破产企业的财产范围。根据该批复第二条之规定，即“企业对其以划拨方式取得的国有土地使用权无处分权，以该土地使用权为标的物设定抵押，除依法办理抵押登记之外，还应经具有审批权限的人民政府或土地行政管理部门批准”，企业法人凡是用划拨方式取得的土地使用权提供抵押担保的，须事先经过审批，否则应当认定抵押无效。

2004年1月15日，国土资源部颁布的《关于国有划拨土地使用权抵押登记有关问题的通知》规定，以国有划拨土地使用权为标的物设定抵押，土地行政管理部门依法办理抵押登记手续，即视同已经具有审批权限的土地行政管理部门批准，不必再另行办理土地使用权抵押的审批手续。鉴于国土资源部的这一态度，最高人民法院于2004年3月23日以转发该通知的形式改变了前述司法解释的观点，该通知指出“国土资源部于2004年1月15日发布了国土资发[2004]9号《关于国有划拨土地使用权抵押登记有关问题的通知》……在《通知》发布之日起，人民法院尚未审结的涉及国有划拨土地使用权抵押经过有审批权限的土地行政管理部门依法办理登记手续的案件，不以国有划拨土地使用权未经审批而认定抵押无效。已经审结的案件不应依据该《通知》提起再审”。实际上，国土资源部的通知是将划拨土地的抵押审批和抵押登记两个程序合二为一，径行认定土地行政管理部门的抵押登记视为通过审批。

【问题31】国有划拨用地使用权是否可以设定抵押权？

甲企业向乙银行借款，用自己从国家以划拨方式取得的建设用地使用权提供抵押担保，并办理了抵押登记。请问，该企业就划拨土地设定抵押权是否有效？

国有划拨土地能否设定抵押权，实际上涉及两个问题：第一，在未经审批的情况下，国有划拨土地使用权能否设定抵押权；第二，实现抵押权时，在未经审批的情况下是否能对划拨土地进行拍卖、折价及变卖。

分析：问题一：根据前述《城市房地产管理法》《担保法》的规定，企业可以在其以划拨方式取得的土地使用权上设定抵押权，而且根据国土资源部颁布的《关于国有划拨土地使用权抵押登记有关问题的通知》，甲企业可以径行至不动产登记部门办理抵押登记。并且，如果不动产登记部门就该土地使用权进行抵押登记的，那么该土地使用权的抵押权则有效设立。所以，就国有划拨土地使用权设定抵押权，当事人无须事先经审批。

问题二：在最高人民法院就“中国轻骑集团有限公司与中国长城资产管理公司济南办事处合同纠纷执行案”作出的复议裁定书中，轻骑集团向最高人民法院提出复议申请认为，“请求撤销山东高院（2008）鲁执异字第37-1号裁定书。理由是，根据《中华人民共和国城市房地产管理法》第三十九条及《城镇国有土地使用权出让和转让暂行条例》第四十四、四十五条的规定，法院在执行涉案土地前，必须先经土地管理部门审批同意，在土地管理部门审批同意以前，对国有划拨土地不得进行强制拍卖”。对此，最高人民法院认为，“本案划拨土地使用权是依法为本案债权设定抵押的，该抵押担保已经山东高院（2006）鲁民二初字第66号和本院（2007）民二终字第141号民事判决确认合法有效，并明确债权人对该土地使用权折价或拍卖、变卖的价款享有优先受偿权。《最高人民法院关于能否将国有土地使用权折价抵偿给抵押权人问题的批复》中亦明确，在依法以国有土地使用权作抵押的担保纠纷案件中，可以通过拍卖的方式将土地使用权变现。故轻骑集团认为处置划拨土地使用权必须事先经政府审批同意的复议理由不能成立”，亦即在人民法院就国有划拨土地采取处置的执行行为时，只要划拨土地使用权抵押权系有效设定，那么处置时无须事先经过政府审批同意。

我们认为，在现代化城市管理模式下，即使是划拨土地，也应当有城市规划条件，例如容积率、配套设施等，这些规划条件关系到建设用地的可建建筑面积，最终关系到建设用地使用权的价值。这些规划条件，在划拨状态下是否和出让情况下一致，则意味着土地使用权价值是否在拍卖中得以体现。如果经拍卖转出让土地前后的规划条件一致，那么土地价值不变；但如果经拍卖后土地从划拨转为出让之后，规划条件不一致，就必然会出现买受人利益或国家利益受损的情况。当然，如果出让后建设用地的规划条件发生变更，也可以让使用权人补交土地出让金，但拍卖这种竞价交易就会部分地失去应有的功能。所以，实践中，在抵押拍卖之前，规划部门都会确认拍卖后规划条件是否变更；如果变更，则会根据新的规划条件对建设用地使用权的价值重新评估并确定拍卖底价。我们认为，简单地以《担保法》第五十六条“在依法缴纳相当于应缴纳的土地使用权出让金的款额后，抵押权人有优先受偿权”的条款加以规范，可能不足以解决规划变更所引起的问题。由此可知，属于债权性质的“土地使用权出让金”可以对抗抵押权人的物权而先于抵押权受偿。

另外，根据《规范国有土地租赁若干意见》（国土资发〔1999〕222号）的规定，以租赁方式取得土地使用权的，也可以进行土地抵押。根据该意见第一条第二款之规定，即“国有土地租赁是指国家将国有土地出租给使用者使用，由使用者与县级以上人民政府土地行政主管部门签订一定年期的土地租赁合同，并支付租金的行为。国有土地租赁是国有土地有偿使用的一种形式，是出让方式的补充。当前应以完善国有土地出让为主，稳妥地推行国有土地租赁”，国有土地租赁也是国有土地有偿使用的一种形式，是出让方式的补充。本质上，我国建设土地使用权制度也是一种土地租赁制度，只不过是通过《物权法》和土地使用权登记制度使国家和使用人之间形成了有别于一般债权性质的租赁关系的一种稳定的土地利用关系，即用益物权关系。2000 年以后，因国家主要推行建设用地使用权制度，而导致实践中很少存在长期的国家和民事主体之间的土地租赁关系。根据上述意见第六条的规定，以租赁方式取得承租土地使用权的承租人，如果要就承租土地使用权设定抵押权，须满足两个条件：（1）承租人在按规定支付土地租金并完成开发建设后；（2）土地抵押须经土地行政主管部门同意，或须有租赁合同中的约定作为依据，可将承租土地使用权转租、转让或抵押。承租土地使用权设定抵押权的，必须依法登记，否则抵押无效。

（二）集体土地

与我国的集体土地相关的不动产物权主要包含集体土地所有权、宅基地使用权、土地承包经营权以及农村建设用地使用权集中相关权利。因为集体土地相关权利包含农村广大人口的政策性权利内容，使得集体土地的相关权利带有很强的身份权特征，这就表现为：农村集体土地所有权属于禁止流通物，只能由国家通过征收转变为国有土地，否则不得转让、抵押；宅基地使用权和土地承包经营权只能在集体经济组织内部流转，不具备广泛意义上的流通性，故不得抵押；而农村建设用地使用权只能在被乡镇企业使用的情况下，为满足乡镇企业的融资需求，在满足法定要件的情况下可以抵押。

1. 宅基地使用权

《物权法》第一百八十二条第（二）项规定，除法律另有规定之外，宅基地使用权不得抵押。“为了落实农村土地的用益物权，赋予农民更多财产权利，深化农村金融改革创新，有效盘活农村资源、资金、资产，为稳步推进农村土地制度改革提供经验和模式”，2015 年 12 月 27 日，第十二届全国人大第十八次常务委员会通过了《全国人大常委会关于授权国务院在北京市大兴区等 232 个试点县、天津市蓟县等 59 个试点县行政区域分别暂时调整实施有关法律规定的决定》，授权国务院在北京市大兴区等 232 个试点县（市、区）行政区域，暂时调整实施《中华人民共和国物权法》《中华人民共和国担保法》关于集体所有的耕地使用权不得抵押的规定；在天津市蓟县等 59 个试点县（市、区）行政区域暂时调整实施《中华人民共和国物权法》《中华人民共和国担保法》关于集体所有的宅基地使用权不得抵押的规定。之所以由全国人大进行授权，是因为《物权法》

第一百八十二条第（二）项中的“法律另有规定”。该决定于2017年12月28日，由第十二届全国人民代表大会常务委员会第三十一次会议决定延期至2018年12月31日。2015年8月10日《国务院关于开展农村承包土地的经营权和农民住房财产权抵押贷款试点的指导意见》（国发〔2015〕45号）基于上述授权，作出农村承包土地的经营权和农民住房财产权的权利人可以在试点期间就土地承包经营权和宅基地使用权土地上房屋的所有权设定抵押权的规定。

将宅基地使用权及地上房屋以抵押的方式实现其价值，须满足宅基地使用权的流通性问题，否则无法实现其真实价值；而实现宅基地使用权的流通性，除了解决该权利身份权属性之外，还需要在制度上完成登记等基础设施建设，使其能够通过高效、便捷的公示登记获得物权效力，最终使宅基地使用权实现可抵押性。在这一方面，我国目前在立法、司法、行政等诸多方面还需要完成观念转变、组织建设以及人力、物力投入等大量的系统性工作，而且宅基地使用权以抵押方式进行流转在社会、经济，甚至伦理等方面都可能产生意想不到的问题和效果，这也是全国人大、国务院先期进行试点的一个非常重要的原因。

2. 土地承包经营权

我国农村土地承包经营权，分为一般的土地承包经营权和经招标、拍卖、公开协商等方式取得的农村土地承包经营权两种类型。对于前者，根据《最高人民法院关于审理涉及农村土地承包纠纷案件适用法律问题的解释》第十五条“承包方以其土地承包经营权进行抵押或者抵偿债务的，应当认定无效”的规定不能抵押。对于后者，根据《农村土地承包法》第四十九条的规定，即“通过招标、拍卖、公开协商等方式承包农村土地，经依法登记取得土地承包经营权证或者林权证等证书的，其土地承包经营权可以依法采取转让、出租、入股、抵押或者其他方式流转”，可以进行设定抵押权。

在具体实施土地承包经营权抵押制度层面，从《物权法》第一百八十条第（三）项之规定，即“以招标、拍卖、公开协商等方式取得的荒地等土地承包经营权”可以设定抵押权土地范围被缩小至“荒地”，以及《最高人民法院关于审理涉及农村土地承包纠纷案件适用法律问题的解释》第二十一条之规定，即“承包方未依法登记取得土地承包经营权证等证书，即以转让、出租、入股、抵押等方式流转土地承包经营权，发包方请求确认该流转无效的，应予支持”，可以看出我国农村土地承包经营权进行抵押的条件是：（1）抵押的标的物仅涉及荒山、荒沟、荒丘、荒滩（包括荒地、荒沙、荒草和荒水）等“荒地”；（2）抵押的仅仅是经招标、拍卖、公开协商等方式取得的上述“荒地”的农村土地承包经营权；（3）上述土地承包经营权须是已经依法登记并取得土地承包经营权证。

实际上，最后一项仅仅是程序性要求，并非实体要件，其关系到土地承包权抵押的社会接受程度，因为不经依法登记，不能产生物权对抗效力，该抵押权即使设立了也很难得到社会实践的认可。

3. 农村建设用地使用权

从《土地管理法》第四十三条之规定，即“任何单位和个人进行建设，需要使用土地的，必须依法申请使用国有土地；但是，兴办乡镇企业和村民建设住宅经依法批准使用本集体经济组织农民集体所有的土地的，或者乡（镇）村公共设施和公益事业建设经依法批准使用农民集体所有的土地的除外”来看，我国属于集体土地所有权的土地，用于建设的包括乡（镇）村企业建设用地使用权与乡（镇）村公益建设用地使用权两种形式。鉴于设定抵押权是土地使用权人使用使用权交换价值的一种方式，所以后者乡镇公益建设用地一般设置抵押权并无太多社会实践意义；而前者，根据《物权法》第一百八十三条之规定，即“乡镇、村企业的建设用地使用权不得单独抵押。以乡镇、村企业的厂房等建筑物抵押的，其占用范围内的建设用地使用权一并抵押”，不能单独设定抵押权，只能与乡镇、村企业的厂房一起按照“地随房走”原则设定抵押权，从而真正满足有需求的乡镇企业的融资需求。

《物权法》第二百零一条后半句，即“或者依照本法第一百八十三条规定以乡镇、村企业的厂房等建筑物占用范围内的建设用地使用权一并抵押的，实现抵押权后，未经法定程序，不得改变土地所有权的性质和土地用途”，规定了乡镇企业所使用土地的建设用地使用权抵押权实现的部分法律后果，即买受人在经拍卖、折价、变价方式实现抵押权而成为土地使用权人时，土地仍然属于集体所有。

（三）地上新增建筑物

土地设定抵押权后，无论是划拨土地、出让土地，还是农村集体建设用地，都存在地上新增建筑物的情形。对于抵押权人是否能就地上新增建筑物优先受偿的问题，《城市房地产管理法》第五十一条规定，“房地产抵押合同签订后，土地上新增的房屋不属于抵押财产。需要拍卖该抵押的房地产时，可以依法将土地上新增的房屋与抵押财产一同拍卖，但对拍卖新增房屋所得，抵押权人无权优先受偿”，即地上新增建筑物不在抵押物范围之内，抵押权人无权就新增房地产的价值优先受偿。

《城市房地产管理法》的上述规定与《担保法》第五十五条的规定基本一致，即“城市房地产抵押合同签订后，土地上新增的房屋不属于抵押物。需要拍卖该抵押的房地产时，可以依法将该土地上新增的房屋与抵押物一同拍卖，但对拍卖新增房屋所得，抵押权人无权优先受偿”，也得到《物权法》第二百条的确认，即“建设用地使用权抵押后，该土地上新增的建筑物不属于抵押财产。该建设用地使用权实现抵押权时，应当将该土地上新增的建筑物与建设用地使用权一并处分，但新增建筑物所得的价款，抵押权人无权优先受偿”，所以在地上新增建筑物的抵押问题上，法律规定的规则是：（1）地上新增建筑物不是抵押物，不在抵押物范围内；（2）在就土地实现抵押权时，地上新增建筑物一并通过拍卖、折价或变卖的方式加以处分，确保“房随地走”的房地一体处置的原则得到贯彻；（3）抵押权人不得就地上新增建筑物部分优先受偿；（4）抵押人将拿回地上新增建筑物价值部分作为一般责任财产，而非担保财产。

【问题 32】划拨土地上存有新增建筑物，其抵押权如何实现？

甲公司向乙银行借款，用自己从国家划拨取得的建设用地使用权提供抵押担保，双方签订抵押合同，并办理了抵押登记。问，在甲公司不履行到期债务时，乙银行的抵押权如何实现？

分析：根据国土资源部《关于国有划拨土地使用权抵押登记有关问题的通知》，尽管甲、乙就划拨土地设定抵押权未经事前审批，但只要办理了抵押登记，那么该抵押权即为有效设立。根据《物权法》《担保法》《城市房地产管理法》的规定，在乙银行实现抵押权时，地上新增建筑物一并处分，但地上新增建筑物不是抵押物，故乙银行无权就地上新增建筑物优先受偿。请注意，上述三部法律均未排除划拨土地的情形。

于是，问题来了：假若甲、乙借款债权 1 亿元，土地、地上新增建筑物共计拍卖所得 1.2 亿元，其中地上新增建筑物拍卖所得部分为 0.3 亿元，而划拨土地须缴纳的出让金为 1 亿元，即土地部分的拍卖价款不足以补交土地出让金。如果该土地为出让土地，土地使用权人无土地出让金的缴纳义务，那么分配方案是乙银行将就 1.2 亿元 − 0.3 亿元 =0.9 亿元优先受偿，未得到清偿的 0.1 亿元，乙银行将作为普通债权人参与分配新增建筑物的价值部分即 0.3 亿元。但是，该土地为划拨土地，这时债权人乙银行如何优先受偿？根据《城市房地产管理办法》第四十五条之规定，即“以划拨方式取得的土地使用权连同地上建筑物设定的房地产抵押进行处分时，应当从处分所得的价款中缴纳相当于应当缴纳的土地使用权出让金的款额后，抵押权人方可优先受偿”，这时拍卖价款的分配方案是，用拍卖所得 1.2 亿元中的 1 亿元缴纳土地出让金，剩余的 0.2 亿元作为新增建筑物的价值部分全部由甲公司取回作为一般责任财产用于清偿乙银行的到期债务，乙银行就该部分无优先受偿权。也就是说，土地出让金优先权在理论上甚至优先于土地使用权人就新增建筑物的价值取回权。从这一点看，在面对划拨土地的土地出让金优先权时，金融机构应综合考虑抵押权实现时划拨土地的市场价值和未来土地出让金数额之间的差额部分是否能覆盖债权债务，在土地出让金数额不定，尤其是土地规划条件可能存在变动的情况下，金融机构债权人面对的风险十分巨大。

【问题33】抵押合同中“未来地上新增建筑物也包含在抵押物范围之内”的类似约定是否有效?

甲、乙在抵押合同中约定，“本合同双方当事人一致同意，在抵押期间，抵押人甲未来在地上新建设的建筑物也包含在抵押物范围之内，抵押权人乙有权就新增建筑物部分的价值优先受偿，无须另行办理抵押登记”。问，该约定是否有效?

分析：我们认为，上述约定或可直接认定无效，或即使认定有效，但双方在未办理在建建筑物抵押权手续的情况下，地上新增建筑物抵押权未有效设立，主要理由如下：(1)根据物权法“一物一权原则”(物权特定原则)，抵押权作为物权必须设立在现存的物之上，否则只能采取诸如商品房预售登记的预告登记的方式，将债权物权化，但其本质仍为债权，而不是物权。这里需要指明的是，为实现房屋预售制度，我国只承认商品房所有权预告登记，以及在此基础上承认商品房抵押权预告登记。(2)在我国《物权法》第一百八十条中，法定可供抵押的财产类型中不包含“未来建筑物”，而只能在建筑物建设过程中，且在符合法定条件的情况下设定在建建筑物抵押权。也就是说，相关法律在制度上已经保障了当事人在在建建筑物上设定抵押权，那么当事人即使约定就“未来建筑物”设定抵押，也应当办理在建建筑物抵押登记手续，否则该抵押权未有效设立。(3)《物权法》《担保法》《城市房地产管理法》的条文规定“土地上新增的建筑物不属于抵押财产”属于对土地抵押权范围的法律界定，即使不理解为“效力性强制规定”，从而依据《合同法》导致上述诸如“未来新增建筑物也包含在土地抵押权抵押物范围内”的约定无效，也会产生规范效果，即在当事人未就新增建筑物设定在建建筑物抵押权的情况下，产生抵押人的其他债权人，或在建建筑物的抵押权人排除土地使用权抵押权人优先受偿权的法律效果，这里与抵押人其他债权人、抵押权人是否知晓上述约定的主观状况无关，也不涉及善意取得问题，因为土地使用权的抵押权人根本未曾取得新增建筑物的抵押权。(4)《物权法》《担保法》之所以就土地使用权设立抵押权制度，目的是最大限度地发挥土地使用权的使用价值和交换价值，如果认定当事人之间“未来新增建筑物也包含在土地使用权抵押物范围之内”的约定有效，将会打击土地使用权抵押人对地上新增建筑物的热情，消弭抵押权制度的应有功能。故，我们认为，当事人之间诸如“未来新增建筑物也包含在土地使用权抵押物范围之内”的约定或可直接认定无效，或即使认定有效，但双方未办理在建建筑物抵押权手续的情况下，地上新增建筑物抵押权未有效设立。

（四）在建建筑物抵押

《物权法》第一百八十条第（五）项规定“正在建造的建筑物、船舶、航空器”可以抵押，又根据《物权法》第一百八十七条、第一百八十八条的规定，在建建筑物抵押的，抵押权自办理抵押登记时设立，未登记的，当事人之间仅存在抵押合同的债权关系；船舶、航空器抵押的，抵押权自合同生效时设立，登记仅产生对抗第三人的法律效力。

在建工程抵押制度，是我国特有的一项经济和法律制度，该制度的出现与我国的商品房预售制度息息相关，可以说正是我国商品房预售制度才催生出在建工程抵押制度。借助在建工程抵押融资，建设者可以为后续的开发建设融通资金，在发挥已建部分建筑经济效用的同时，也为整个在建工程的顺利完工提供了制度保障。

1. 在建建筑物的概念

《担保法司法解释》第四十七条规定，“以依法获准尚未建造或正在建造中的房屋或其他建筑物抵押的，当事人办理了抵押物登记，人民法院可以认定抵押有效”;《物权法》第一百八十条第一款第五项规定“正在建造的建筑物”可以作为抵押物；第一百八十七条还规定，“以本法第一百八十条第一款第一项至第三项规定的财产或第五项规定的正在建造的建筑物抵押的，应当办理抵押登记。抵押权自登记时设立”，上述规定并没有给出法定的在建建筑物的概念。

《城市房地产抵押管理办法》第三条第五款规定：“本办法所称在建工程抵押，是指抵押人为取得在建工程继续建造资金的贷款，以其合法方式取得的土地使用权连同在建工程的投入资金，以不转移占有的方式抵押给贷款银行作为偿还贷款履行担保的行为”；而《不动产登记暂行条例实施细则》第七十五条第三款没有继续沿用“在建工程”的称谓，而是使用“在建建筑物”，即“在建建筑物，是指正在建造、尚未办理所有权首次登记的房屋等建筑物”。结合实施细则第七十五条第一款之规定，即“以建设用地使用权以及全部或者部分在建建筑物设定抵押的，应当一并申请建设用地使用权以及在建建筑物抵押权的首次登记”，可以看出在建工程和在建建筑物之间存在差异：前者包括在建建筑物，还包括建设用地使用权；后者仅指土地上正在建造的建筑物中已经建造完成部分的全部或部分。

《物权法》第一百四十三条规定建设用地使用权人有权将建设用地使用权转让、互换、赠与或者抵押，但法律另有规定的除外。但实践中，单纯地将建设用地使用权抵押，对于抵押权人而言存在很大的风险，因为土地可能基于开发商闲置而被收回。根据国土资源部《闲置土地处置办法》第十四条等规定，国家土地资源主管部门在“未动工开发满两年”等情形下，有权无偿收回土地。同时，根据国家土地管理局《关于认定收回土地使用权行政决定法律性质的意见》第五条之规定，人民政府或者土地管理部门依法无偿收回出让的国有土地使用权的，属于行政处罚决定；《国家土地管理局关于对〈中华人民共和国城镇国有土地使用权出让和转让暂行条例〉第十七条有关内容请求解释的复函》规定，“抵押权附属于土地使用权。作为主权利的土地使用权，因行政机关依照《中华人民共和国城镇国有土地使用权出让和转让暂行条例》第十七条规定，作为收回土地使用权的处罚而消灭时，该土地使用权上设定的抵押权随之消灭”。所以，在实践中，债权人一般均会接受在建工程抵押，尤其是银行向开发主体贷款时，均有已开发、已完成部分工程项目的要求。

【问题 34】非金融机构的法人是否适格成为在建建筑物抵押权人？

2012 年，山东高院就其下级法院审理的一宗案件中的特殊问题向最高人民法院提起请示。具体情况是，聊城东昌府区人民法院在审理邯郸市邯三建筑工程有限公司诉聊城市住房和城乡建设委员会在建工程抵押行政登记一案的过程中，对担保法司法解释与建设部规章就在建工程抵押所作规定是否存在冲突问题把握不准。《城市房地产抵押管理办法》第三条第五款规定：“本办法所称在建工程抵押，是指抵押人为取得在建工程继续建造资金的贷款，以其合法方式取得的土地使用权连同在建工程的投入资产，以不转移占有的方式抵押给贷款银行作为偿还贷款履行担保的行为。”根据该条规定，在办理在建工程抵押登记中，抵押权人只能是贷款银行。而在本案的在建工程抵押登记中，抵押权人（债权人）为自然人程某某而非贷款银行，不符合建设部《城市房地产抵押管理办法》规定的在建工程贷款抵押权利主体的法定条件。

在《最高人民法院关于〈城市房地产抵押管理办法〉在建工程抵押规定与上位法是否冲突问题的答复》（〔2012〕行他字第 8 号）中这样答复山东高院：“你

院鲁高法函［2012］3号请示收悉，经征求全国人大常委会法制工作委员会、住房和城乡建设部意见，答复如下：在建工程属于《担保法》规定的可以抵押的财产范围。法律对在建工程抵押权人的范围没有作出限制性规定，《城市房地产抵押管理办法》第三条第五款有关在建工程抵押的规定，是针对贷款银行作为抵押权人时的特别规定，但并不限制贷款银行以外的主体成为在建工程的抵押权人。”

分析：我们一直坚持的观点是，对抵押登记只能做事实判断；是否应当登记以及登记的有效性的价值判断由对合同效力的判断来完成。所以，只要抵押合同合法有效，且根据法律应当办理抵押登记，那么登记机关不能拒绝进行登记。最高人民法院的答复虽然很取巧，但中肯地说，也非常不容易。

2. 在建建筑物抵押的主要问题

实践中，房地产的开发主体作为建设用地使用权人，基于建造建筑物的事实行为而成为在建建筑物的所有权人。因此，在理论上讲，房地产开发主体有权自由处分自己对在建建筑物的所有权，包括以设定抵押权的方式加以处分。

但是，因为我国土地管理和房屋预售制度，问题变得复杂了：一方面，根据《城市房地产管理法》第三十九条的规定，开发主体转让在建工程时需要满足两个条件：（1）按照土地出让合同约定已经支付全部土地使用权出让金，并取得土地使用权证书；（2）按照出让合同约定进行投资开发，属于房屋建设工程的，完成开发投资总额的百分之二十五以上，属于成片开发土地的，形成工业用地或者其他建设用地条件。

另一方面，根据《城市商品房预售管理办法》第五条的规定，开发主体申请商品房预售时，需要满足三个条件：（1）已交付全部土地使用权出让金，取得土地使用权证书。（2）持有建设工程规划许可证和施工许可证。（3）按提供预售的商品房计算，投入开发建设的资金达到工程建设总投资的25%以上，并已经确定施工进度和竣工交付日期；在建工程转让和商品房预售在实质条件上均是投入资金达到总投资额的25%以上。也就是说，在满足该条件的情况下，可能产生在同一在建建筑物上，同时存在开发主体债权人的在建建筑物抵押权，以及商品房购房人对于该建筑部分房屋的来自商品房买卖合同中经“预告登记”而被物权化了的要求交房的权利的情形。

对于如何避免和解决在同一标的物上存在两个排他性权利的问题，《不动产登记暂行条例实施细则》第七十五条、第八十六条给出了解决方案，该方案分为“先预售登记，后在建建筑物抵押”，以及“先进行在建建筑物抵押，后预售登记”两种情形。

（1）先预售登记，后在建建筑物抵押

《不动产登记暂行条例实施细则》第七十五条第二款规定，“当事人申请在建建筑物抵押权首次登记时，抵押财产不包括已经办理预告登记的预购商品房和已经办理预售备案的商品房”。也就是说，在建工程抵押权只能设定在“已经办理预告登记的预购商品房和已经办理预售备案的商品房”的在建建筑物之外的部分。根据《物权法》第二十条之规定，即“预告登记后，未经预告登记的权利人同意，处分该不动产的，不发生物权效力”，在预告登记后，即使不动产登记机关在在建建筑物抵押登记过程中，未能将已经预告登记的房屋部分排除在抵押登记之外，该部分的抵押登记也不发生物权效力，应视为抵押合同虽然有效，但房地产开发主体无法就已经预告登记的房屋部分履行有效设定抵押权的抵押合同义务的情形。

（2）先进行在建建筑物抵押，后预售登记

《不动产登记暂行条例实施细则》第八十六条第四款规定，“申请预告登记的商品房已经办理在建建筑物抵押权首次登记的，当事人应当一并申请在建建筑物抵押权注销登记，并提交不动产权属转移材料、不动产登记证明。不动产登记机关应当先办理在建建筑物抵押权注销登记，再办理预告登记”。在该条似乎有些啰唆的表述中，在建建筑物抵押权注销登记成了预告登记的前置程序，由此解决了先进行在建建筑物抵押登记，后预售登记的问题。

实践中，如果存在商品房买卖合同，或进一步办理了预告登记，但同时又有在建建筑物抵押权登记的情形，司法机关则倾向于保护商品房买受人的权益。最高人民法院《商品房买卖合同司法解释》第八条的规定，即“在商品房买卖合同订立后，出卖人未告知买受人又将该房屋抵押给第三人，或出卖人又将该房屋出卖给第三人的，导致商品房买卖合同目的不能实现的，无法取得房屋的买受人可以请求解除合同、返还已付购房款及利息、赔偿损失，并可以请求出卖人承担不超过已付购房款一倍的赔偿责任”，旨在保护那些“不要房、要退钱”的购房人能够尽快得到赔偿，并且其中的“一倍”赔偿责任很明显带有惩罚性赔偿的意味。同时，该司法解释第九条第（三）项的规定，即“在商品房买卖合同订立之时，出卖人故意隐瞒所售房屋已经抵押的事实，导致合同无效或者被撤销、解除的，买受人可以请求返还已付购房款及利息、赔偿损失，并可以请求出卖人承担不超过已付购房款一倍的赔偿责任”，则是从缔约过失、嗣前履行不能的角度加以规范。之所以第九条与第八条不同，是因为《物权法》第一百九十一条第二款规定“抵押期间，抵押人未经抵押权人同意，不得转让抵押财产”；由此也能看出司法机关对“不得转让抵押财产”这一规定对抵押合同效力的影响的态度，即将权利交给购房人，由其根据实际情况在宣告合同无效、因未告知订立合同重大事项而撤销合同或在合同有效的基础上解除合同这三项诉讼请求当中进行选择。

对于“不退钱、要房”的购房人，司法机关也同样持优先保护立场。根据《最高人民法院关于建设工程价款优先受偿权问题的批复》第一条、第二条之规定，即“一、人民法院在审理房地产纠纷案件和办理执行案件中，应当依照《中华人民共和国合同法》第二百八十六条的规定，认定建筑工程的承包人的优先受偿权优于抵押权和其他债权。二、消费者交付购买商品房的全部或者大部分款项后，承包人就该商品房享有的工程价款优先受偿权不得对抗买受人”，交付全部或大部分款项的商品房买受人的债权优先于承包人和抵押权人的优先受偿权。但是，这仅限于：（1）购买商品房的消费者，购买办公或厂房的非消费者不在其列。（2）已经支付全部或大部分款项。根据最高人民法院《执行异议和复议规定》第二十九条第（三）项的规定，大部分款项是指超过合同约定总价款的百分之五十。我们认为，上述规定会加大在建建筑物抵押权人（债权人）的风险，不利于商品房开发主体实现融资需求；另外，实践中，存在对最高人民法院《执行异议和复议规定》第二十九条“金钱债权执行中，买受人对登记在被执行的房地产开发企业名下的商品房提出异议，符合下列情形且其权利能够排除执行的，人民法院应予支持：（一）在人民法院查封之前已签订合法有效的书面买卖合同；（二）所购商品房系用于居住且买受人名下无其他用于居住的房屋；（三）已支付的价款超过合同约定总价款的百分之五十”的误解，即认为在上述情况下也可以排除拥有在建建筑物抵押权的债权人所申请的执行。因为该规定第二十七条“申请执行人对执行标的依法享有对抗案外人的担保物权等优先受偿权，人民法院对案外人提出的排除执行异议不予支持，但法律、司法解释另有规定的除外”所指的担保物权就包含在建建筑物抵押权，而能够排除该抵押权的仅仅指《关于建设工程价款优先受偿权问题的批复》第二条中的购买商品房的消费者。而且，《执行异议和复议规定》第二十九条的内容仅仅是执行异议程序中用于排除执行程序性裁定标准，买受人不能据此认为其对执行标的的实体权利得到人民法院的支持，其只能根据《民诉法司法解释》第三百一十条第二款，或另行提起的确认之诉中请求人民法院确认其实体权利。

【问题 35】金融机构的抵押权是否能够对抗被拆迁人优先取得补偿安置房屋的权利?

永登宏达公司向农行永登支行借款，连生公司用三处非住宅用房提供抵押担保。后因借款人未能按期还款，农行永登支行请求人民法院实现其抵押权。后发现，该房系连生公司作为房地产开发企业未办理房屋产权分割手续的建筑集体大产权证，且该房系应作为补偿安置房交付给狄某某。问，金融机构的抵押权是否能够对抗被拆迁人优先取得补偿安置房屋的权利?

分析：拆迁安置房因为《商品房买卖合同司法解释》第七条“拆迁人与被拆迁人按照所有权调换形式订立拆迁补偿安置协议，明确约定拆迁人以位置、用途特定的房屋对被拆迁人予以补偿安置，如果拆迁人将该补偿安置房屋另行出卖给第三人，被拆迁人请求优先取得补偿安置房屋的，应予支持”之规定，在抵押担保关系中是一种特殊的抵押物，这也是我们将该问题放置在抵押物一节进行讨论的原因。问题的本质是，在《商品房买卖合同司法解释》第七条一房二卖，甚至为第三人办理产权登记手续赋予被拆迁人优先权的情况下，拆迁安置房抵押权人所拥有的抵押权是否能够优先于被拆迁人的优先权?在甘肃高院就本案作出的（2015）甘民二终字第 74 号终审判决书中认为：（1）狄某某与连生公司签署的《旧城改造联建协议》在性质上可判定属拆迁补偿安置协议，本质上是为互易合同，实质是狄某某以其对原有房屋享有的所有权同连生公司对安置房屋享有的所有权的置换；（2）尽管房屋所有权登记在连生公司名下，但狄某某一直实际占有使用诉争房屋，农行永登支行的抵押权设定在狄某某占有使用期间内；（3）狄某某根据《商品房买卖合同司法解释》第七条所享有的拆迁安置优先权，实质上是对其已被拆迁房屋所有权保护的一种延伸。我们认为，在回答金融机构的抵押权是否能够对抗被拆迁人优先取得补偿安置房屋的权利的问题时，应当着重考虑该拆迁安置用房是否已经实际交付使用。如果是，那么就应当认定存在《物权法司法解释（一）》第二条“当事人有证据证明不动产登记簿的记载与真实权利状态不符、其为该不动产物权的真实权利人，请求确认其享有物权的，应予支持”中的，不动产登记簿的记载与真实权利状况不符的情形，应当保护被拆迁人的优先权。另外，甘肃高院在该案判决中还引入了过错思维，即“农行永登支行作为专业的金融机构，在接受房地产开发商这一特定主体资产作为抵押物时，应负有更加谨慎的审查义务。本案中因其疏于审查，接纳已拆迁安置房屋作为抵押物，存在一定过错，故其该项上诉理由本院不予支持”。

另外，最高人民法院在其就“贵州中烟工业有限责任公司、遵义大森房地产开发有限责任公司所有权确认纠纷再审案”所作出的（2017）最高人民法院民申2942号民事裁定书中认为，《商品房买卖合同司法解释》第七条规定“并未直接赋予当事人对房屋的所有权”。根据最高人民法院的观点，我们认为，被拆迁人仅仅具有“取得”的优先权，这里的“取得”应指产权登记，而不是被拆迁人直接拥有房屋所有权。如果拆迁人将房屋另行出卖给第三人，且已经办理了产权登记，被拆迁人无法举证第三人知晓拆迁事宜，或人民法院没有认定被第三人知晓拆迁事宜，那么应当保护第三人对房屋的所有权；同理，如果第三人没有经产权登记，而仅仅是拆迁人向其实际交付房屋，应当保护被拆迁人的“取得”的优先权。而且，我们认为，被拆迁人不选择获取拆迁安置房的，也应当对被拆迁人同样适用两倍赔偿的规则。上述结论对抵押权同样适用，在最高人民法院审理的上述再审案中，最高人民法院认为《商品房买卖合同司法解释》第七条“对于本案大森公司将案涉房屋向刘某某抵销债务、刘某某又将房屋向招行贵阳分行抵押担保之情形也不适用”，也即抵押权人在获得拆迁安置房屋抵押权时，并无过错，因此支持了原审法院“驳回中烟公司确认其为房屋所有权人的请求”的结论。

（五）正在建造的船舶、航空器抵押

1. 正在建造的船舶

《物权法》第一百八十条第（五）项有关正在建造的船舶可以抵押的规定是一项原则性规定，落实该规定的是交通运输部海事局印发的《船舶登记工作规程》。该规程第七十三条规定，建造中船舶申请办理船舶抵押权登记，应当提交下列材料：（1）船舶抵押合同及其主合同；（2）船舶所有权登记证书或者船舶建造合同，建造合同中对建造中船舶所有权归属约定不明确的，还应提交船舶建造合同各方共同签署的建造中船舶所有权归属证明文件；（3）抵押人和抵押权人共同对船舶现状及船舶价值确认的书面文件；（4）船舶检验机构出具的船舶建造阶段证明及其认可的5张以上从不同角度拍摄且能反映船舶已建成部分总体状况的照片；（5）抵押人出具的船舶未在其他登记机关办理过抵押权登记并且不存在法律、法规禁止船舶设置抵押权的声明；（6）共有船舶的，还应提交全体共同共有人或者三分之二以上份额或约定份额的按份共有人同意船舶抵押的证明文件。立法上，允许正在建造的船舶抵押的，其目的正如《山东省建造中船舶抵押融资试行办法》第一条所述系“为贯彻落实国家船舶工业产业政策，规范建造中船舶抵押融资行为，拓宽造船企业的融资渠道，促进全省船舶工业持续快速健康发展”；同时，为了避免抵押过程中出现的违法、违规情形，切实发挥抵押制度在促进我国航运事业的发展中的作用，诸如山东省上述办法

等一些沿海省区的规范性文件也对抵押权人和抵押人的资质、抵押的条件等相关事项给出了限制性的规定。

2. 正在建造的航空器

《物权法》第一百八十条第（五）项有关正在建造的航空器可以抵押的规定也是一项原则性规定，与正在建造的船舶抵押不同，我国的航空器，尤其是可流通的民用航空器制造尚在起步阶段，故无论是《民用航空法》、国务院《民用航空器权利登记条例》，还是民航总局《民用航空器权利登记条例实施办法》都未提及正在建造的民用航空器的抵押。但是，《物权法》的规定无疑为未来民用航空器的抵押在立法上做好了准备。值得注意的是，对于民用航空器的权利登记，《民用航空法》《民用航空器权利登记条例》规定了航空器所有权、优先权、占有权、抵押权登记四种可予登记的权利。其中，《民用航空法》第二十二条明确规定，“民用航空器优先权先于民用航空器抵押权受偿”，而根据第十八条的规定，民用航空器优先权，系指“债权人依照本法第十九条规定，向民用航空器所有人、承租人提出赔偿请求，对产生该赔偿请求的民用航空器具有优先受偿的权利”；另外，第三十三条规定，“民用航空器的融资租赁和租赁期限为六个月以上的其他租赁，承租人应当就其对民用航空器的占有权向国务院民用航空主管部门办理登记；未经登记的，不得对抗第三人”，该规定中的“占有权”登记的作用即是我国《合同法》中有关“买卖不破租赁”规则在民营航空器租赁业务中的具体适用。

（六）海域使用权与采矿权

1. 海域使用权

根据《海域使用权管理法》第二条、第三条之规定，我国法律上的海域使用权是指，单位和个人对中华人民共和国内水、领海的水面、水体、海床和底土的特定范围内的、三个月以上的排他性使用权利，在权利性质上属于用益物权。在取得海域使用权问题上，根据该法第十九条、第二十条、第三十三条的规定，海域使用权须经过国务院批准，由国家海洋局登记造册，或由地方政府批准并登记造册，或由招标或拍卖方式取得，而且须缴纳海域使用金后方能取得。同时，和我国国有建设用地使用权一样，该法第二十五条按照使用用途，规定了海域使用权的最高期限：（1）养殖用海十五年；（2）拆船用海二十年；（3）旅游、娱乐用海二十五年；（4）盐业、矿业用海三十年；（5）公益事业用海四十年；（6）港口、修造船厂等建设工程用海五十年。从上述规定可以看出，我国有关海域使用权所遵循的是与土地使用权相同的立法思路。

关于海域使用权抵押权，根据国家海洋局《海域使用权管理规定》第四十八条“未经登记擅自出租、抵押海域使用权，出租、抵押无效”的规定，即海域使用权抵押权是一项须登记有效的担保物权。根据该规定第四十一条第二款的规定，“海域使用权出租、抵押时，其固定附属用海设施随之出租、抵押，固定附属用海设施出租、抵押时，其使用范围内的海域使用权随之出租、抵押。法律法规另有规定的，从其规定”，这一点和建设用地使用权抵押时“房随地走”的原则一致。

2. 矿业权

2000年国土资源部《矿业权出让转让管理暂行规定》第三条将探矿权、采矿权统称为矿业权。《矿产资源法》第三条分别就国家矿产资源的勘察、开采规定了探矿权、采矿权，并明确规定必须依法获得批准，并办理登记。《最高人民法院关于审理矿业权纠纷案件适用法律若干问题的解释》也使用了“矿业权”的概念，故本书在这里使用“矿业权”的概念讨论该用益物权的抵押问题，该问题包括探矿权抵押权和采矿权抵押权两种类型的细分权利。

（1）《物权法》中有关矿业权抵押的规定

《物权法》第一百八十条并未明确规定矿业权系可供抵押的民事权利，在最高人民法院法官编撰的《审理矿业权纠纷司法解释理解与适用》一书中认为，“尽管矿业权（探矿权、采矿权）是否属于《物权法》第一百八十条第一项规定的‘其他土地附着物’的范畴尚存一定争议，但即便不属于‘其他土地附着物’，矿业权亦可基于该条第七项‘法律、行政法规未禁止抵押的其他财产’的规定，成为可以进行抵押的财产。因此，在矿业权上设定抵押权并没有法律层面的障碍”。[①] 我们认为，矿业权作为一种民事权利（用益物权），为了充分发挥其经济价值，可供抵押是制度上的必然选择，正如最高人民法院法官们的观点“矿业权抵押本身亦是矿业权作为一类财产权进入市场流转的必然产物”。[②]

（2）探矿权是否可予抵押

实践中，对采矿权进行抵押争议不大，矿产储量即是采矿权交换价值的定价依据。与之相对，探矿权抵押，矿产储量不确定，探矿权的价值就存在很大的不确定性，故其是否可以进行抵押存在一定的争议。最高人民法院的法官们对探矿权抵押持支持立场，原因大致有二：①实践中，“对于一些信用程度较高的矿山企业，金融机构往往也接受已经过详查的探矿权抵押”[③]，也即探矿权

---

① 杜万华主编，最高人民法院环境资源审判庭编著：《审理矿业权纠纷司法解释理解与适用》，中国法制出版社2017年版，第200—201页。

② 同上，第201页。

③ 杜万华主编，最高人民法院环境资源审判庭编著：《审理矿业权纠纷司法解释理解与适用》，中国法制出版社2017年版，第202页。

抵押是实践情况；②探矿权作为用益物权，具有财产属性，“关于抵押物价值的判断并非一个法律问题，抵押权人是否愿意接受一个风险较大的财产设立抵押，是抵押权人（债权人）自身价值判断的选择，应属于其意思自治的范畴，法律无须为其作出选择”。所以，在探矿权上设定抵押权符合司法机关的观点和立场，这也是最高人民法院在《关于审理矿业权纠纷案件适用法律若干问题的解释》第十四条中使用的是“矿业权”这个集合概念，而不是“采矿权”的原因。

我们认为，探矿权从字面理解，并不涉及对不动产长期、持续的使用，更无须建立稳定而持续的物权性质的物之利用关系；所以，探矿权从字面意义上讲不应为用益物权，更不能基于采掘性使用不动产而像采矿权那样享有物之使用收益。但是，我国社会实践中并未对采矿权、探矿权给予严格的区分，实践中很多人将探矿权当作采矿权来对待，这也是最高人民法院立足实践给出司法解释的原因。2016年国土资源部、中央编办、财政部、环境保护部、水利部、农业部、国家林业局以国土资发［2016］192号联合印发《自然资源统一确权登记办法（试行）》第三条前半句规定，“对水流、森林、山岭、草原、荒地、滩涂以及探明储量的矿产资源等自然资源的所有权统一进行确权登记”，这里涉及矿产资源的自然资源权利仅指探明储量的矿产资源，而不包括可能未探明储量的“探矿权”，也即该权利可能并不是一种物权。两个规定之所以会存在差异，是因为两者的出发点不同，最高人民法院的司法解释着眼点在于解决实践中已经存在的当事人之间的有关“探矿权”抵押的交易纠纷。

【问题36】未经审批的矿业权抵押合同是否有效？

分析：关于未经审批的矿业权抵押合同是否有效的问题，最高人民法院法官在《审理矿业权纠纷司法解释理解与适用》一书中有极为详尽的论述，即“由于我国现行法律、行政法规并未规定矿业权抵押合同须经国土资源主管部门批准或登记备案才能生效，是否经过国土资源主管部门批准、登记或备案均非抵押合同生效的法定要件。尽管存在《矿业权出让转让管理暂行规定》第三十六条第二款‘矿业权的出租、抵押，按照矿业权转让的条件和程序进行管理，由原发证机关审查批准’、第五十七条第一句‘矿业权设定抵押时，矿业权人应持抵押合同和矿业权许可证到原发证机关办理备案手续’的规定，但上述规定并未明确矿业权抵押合同须经批准、备案或登记后生效，未经批准、登记或备案则无效；且《矿业权出让转让管理暂行规定》本身也仅仅是国土资源主管部门颁发的规范性文件，并非人民法院认定合同效力的法定依据”，故该司法解释第十四条第二款明确规定，“当事人仅以未经主管部门批准或登记、备案为由请求确认抵押合同无效的，人民法院不予支持”。

在结论上，根据《关于审理矿业权纠纷案件适用法律若干问题的解释》第十四条的规定，矿业权（探矿权、采矿权）抵押合同自依法成立之日起生效，抵押合同的未审批、登记、备案不能够作为阻碍合同生效的事由。

当然，如果合同本身附有“附延缓条件”或“附延缓期限”的附款，或存在《合同法》第五十二条诸如“违反法律、行政法规的强制性效力规定”等情形，矿业权抵押合同会未生效或无效。

（3）矿业权抵押权的设立

在矿业权抵押权问题上，存在依据意思自治原则维护当事人之间的交易自由，和国家矿业主管对探矿、采矿的管理之间的矛盾，结合国土资源部的规范性文件和最高人民法院的上述司法解释，我们认为，国家是从“抵押权合同的效力”以及“抵押登记”两个方面入手解决这一矛盾的。在这一方案中，抵押合同建立当事人之间的债权关系，而抵押登记则建立当事人的物权关系，我国采用登记生效主义。在该立法模式情况下，实践中主要存在以下几个问题。

第一，为什么最高人民法院《矿业权纠纷司法解释》第十五条第二款规定“备案视为登记”？

实践中，国土资源主管部门对于抵押通常使用的是“备案”，如《矿业权出让转让管理暂行规定》第五十七条“矿业权设定抵押时，矿业权人应当持抵押合同和矿业权许可证到原发证机关办理备案手续”。在上述规定之后，甘肃、山东、安徽、内蒙古等全国各地省份都使用“备案”，而不是“登记”。因此最高人民法院根据《物权法》的规定，将登记作为原则情形，将备案视为与登记具有相同法律效果的公示行为。

第二，抵押合同签订后，国土资源主管部门不予办理抵押备案，应当如何处理？

这个问题实际上很简单，根据最高人民法院《矿业权纠纷司法解释》第十条的规定，即“国土资源主管部门不予批准矿业权转让申请致使矿业权转让合同被解除……”矿业权转让不予批准被作为履行不能来对待，当事人可以解除合同。这一结论也同样适用于矿业权抵押权的登记备案，即在当事人申请办理矿业权抵押权的抵押备案，而国土资源部门不予备案时，可视为抵押人履行办理抵押登记义务的履行不能，一方面抵押权未有效设立，另一方面抵押权人可以解除抵押合同。我们认为，国土资源主管部门在抵押备案时进行的审查，系其进行行业管理的行为，当然存在给予备案或不给予备案的风险。所以，无论是抵押权人和抵押人都应当认识到抵押备案不予办理的风险，利用抵押合同维护自己的权益。例如，抵押权人可以在抵押合同中约定再担保条款，在无法办理抵押备案时，由抵押人根据再担保条款承担原本应当由矿业权抵押权承担的担保责任。

第三，对于国土资源主管部门在备案过程中，因种种原因导致不符合《矿业权出让转让管理暂行规定》《关于并进一步完善采矿权登记管理有关问题的通知》中所述条件而办理备案手续的情形，应当如何认定矿业抵押备案的效力？

对于这一问题，最高人民法院法官们在《审理矿业权纠纷司法解释理解与适用》一书中认为，“若涉及不符合国土资源主管部门规定的备案条件而实际办理登记备案的情形，人民法院应当根据《物权法》以及本解释的规定依法认定矿业权抵押权的效力，矿业权抵押权是否符合备案条件系国土资源主管部门的职权范围，并不属于人民法院在矿业权纠纷案件中进行实质审查的事项……故矿业权抵押是否符合备案条件不影响人民法院对矿业权抵押合同和抵押权效力的认定。至于当事人对国土资源主管部门在备案过程中存在的问题，可通过其他合法途径解决”。[①] 从上面的观点可以看出，最高人民法院在审理矿业权抵押纠纷案件时，不会对抵押权是否符合备案条件的问题进行实质性审查，也即只要备案了，抵押权即告有效设立。

第四，根据《担保法司法解释》第五十九条的规定，即“当事人办理抵押登记手续时，因登记部门的原因致使其无法办理抵押登记，抵押人向抵押权人交付权利凭证的，可以认定债权人对该财产有优先受偿权。但是未办理抵押物登记的，不得对抗第三人”，在国土资源主管部门不予办理矿业权抵押备案时，抵押人将矿业权证书交付给抵押权人，抵押权人是否可以享有优先受偿权？

对于这一问题，最高人民法院法官们在《审理矿业权纠纷司法解释理解与适用》一书中认为，在抵押合同和抵押登记的关系上，《物权法》和《担保法》有很大的不同，前者将合同效力和不动产物权变动进行区分，在后者中，登记既导致抵押权的设立，也是抵押合同生效要件。所以，在诸多问题上，《担保法》的规定在《物权法》施行后，已经不能再加以适用；“《担保法司法解释》第五十九条作为依据已与物权法相冲突的担保法规定所作出的解释，至少在不动产抵押问题上与《物权法》的规定相悖，根据法律规则冲突处理原则及相关法理，

① 杜万华主编，最高人民法院环境资源审判庭编著：《审理矿业权纠纷司法解释理解与适用》，中国法制出版社2017年版，第218页。

《担保法司法解释》第五十九条不宜作为认定矿业权抵押权设立的法律依据，当事人据此主张将矿业权拍卖、变卖或者以矿业权抵债等方式优先受偿的，应不予支持”。[①] 我们赞同最高人民法院法官们的倾向性意见，矿业权主管部门不予办理抵押登记即是其进行行业管理的方式之一，当事人不能以“实际交付证书”的形式加以规避；在不办理登记不影响合同效力，抵押权人可以主张抵押合同上权利的情况下，法律规定已经充分地考虑到对抵押权人权益的保护，故抵押权人不能以收取权利证书的方式获得矿业权抵押权。所以，在结论上，抵押人仅向抵押权人交付矿业权权利凭证，无论是否存在主管部门不予办理抵押登记或备案的情形，抵押权人都不能获得抵押权，抵押权未有效设立。

（七）学校、幼儿园、医院等以公益为目的的事业单位、社会团体的教育设施、医疗卫生设施和其他公益设施设定抵押

《物权法》第一百八十四条第（三）项规定，“学校、幼儿园、医院等以公益为目的的事业单位、社会团体的教育设施、医疗卫生设施和其他社会公益设施”不得抵押。在实践中，争议较大的是私立学校、幼儿园和医院的教育或医疗设施是否可以设定抵押的问题。2009 年，全国人大常委会法制工作委员会在其对住房和城乡建设部的请示作出的《对关于私立学校、幼儿园、医院的教育设施、医疗卫生设施能否抵押的请示的意见》（法工办发〔2009〕231 号）中明确同意住建部第二种意见，即“私立学校、幼儿园、医院和公办学校、幼儿园、医院，只是投资渠道上的不同，其公益属性是一样的。私立学校、幼儿园、医院的教育设施、医疗卫生设施也属于社会公益设施，按照《物权法》第一百八十四条的规定，不得抵押”。结合《物权法》的规定和立法机关的意见，对于学校、幼儿园、医院等以公益为目的的事业单位，都可以以非教育、医疗卫生和其他社会公益设施进行抵押。

尽管学校、幼儿园等不得以教育、医疗卫生设施和其他社会公益设施提供抵押，但该等设施会产生持续性收益，则可以进行收费权等权利质押。例如，中国人民银行、教育部《关于进一步解决学生公寓等高等学校后勤服务设施建设资金问题的若干意见》（银发〔2002〕220 号）规定“商业银行要积极开展学生公寓收费权质押贷款业务，应与借款人签定书面质押合同。质押合同必须经省级教育行政部门审批和统一登记，自登记之日起生效”。

---

① 杜万华主编，最高人民法院环境资源审判庭编著：《审理矿业权纠纷司法解释理解与适用》，中国法制出版社 2017 年版，第 220 页。

（八）被依法查封、扣押、监管的财产

1. 人民法院依法查封、扣押、监管措施对抵押合同及抵押登记的效力

根据《担保法》第三十七条“依法被查封、扣押、监管的财产不得抵押”、《物权法》第一百八十四条“依法被查封、扣押、监管的财产不得抵押”之规定，当事人就已查封、扣押、监管的财产签订抵押合同，并办理抵押登记的，应当认定抵押合同有效，而抵押登记无效，抵押权未有效设立。之所以得出这一结论，理由有二：（1）无论是查封、扣押还是监管，都是人民法院的临时性执行措施，其效力仅仅是阻碍抵押登记所产生的物权变动的效力。根据《最高人民法院关于人民法院民事执行中查封、扣押、冻结财产的规定》第二十六条第一款的规定，即“被执行人就已经查封、扣押、冻结的财产所作的移转、设定权利负担或者其他有碍执行的行为，不得对抗申请执行人”，这里的设定权利负担，即包含在财产或财产权利上设定抵押权的情形。又根据最高人民法院、国土资源部、建设部《关于依法规范人民法院执行和国土资源房地产管理部门协助执行若干问题的通知》（法发〔2004〕5号）第二十一条的规定，即“已被人民法院查封、预查封并在国土资源、房地产管理部门办理了查封、预查封登记手续的土地使用权、房屋，被执行人隐瞒真实情况，到国土资源、房地产管理部门办理抵押、转让等手续的，人民法院应当依法确认其行为无效，并可视情节轻重，依法追究有关人员的法律责任。国土资源、房地产管理部门应当按照人民法院的生效法律文书撤销不合法的抵押、转让等登记，并注销所颁发的证照”，在不动产或不动产权利被查封、扣押、监管之后，设定抵押权的，该抵押权自始无效。（2）抵押合同系抵押权人和抵押人之间的债权合意，仅涉及两者之间的私法关系，故不应因人民法院的查封、扣押、监管措施而无效；而且，在财产已被人民法院查封、扣押、监管，无法办理抵押登记，或已经办理的抵押登记自始无效的情况下，抵押合同应视为自始履行不能，抵押权人可以参照抵押合同要求抵押人承担法律责任。相较于抵押合同无效的缔约过失责任，这样可以更好地保护抵押权人的合法权益。

实践中，对不动产的查封，有“活封”即人民法院向有关机关发送协助执行通知书并办理查封登记，以及“死封”即人民法院在不动产现场采取加贴封条或张贴公告的方法查封两种形式。根据《关于人民法院执行工作若干问题的规定（试行）》第四十一条第三款的规定“既未向有关管理机关发出协助执行通知书，也未采取加贴封条或张贴公告的办法查封的，不得对抗其他人民法院的查封”，似乎仅采用“活封”也可产生查封的法律效果。对于这一点，我们认为，根据前述《关于依法规范人民法院执行和国土资源房地产管理部门协助执行若干

问题的通知》第二十一条之规定，能够阻却被执行人已经办理的抵押登记的效力的只有人民法院在国土资源、房地产管理部门办理的查封、预查封登记手续；而“活封”只有配合人民法院向国土资源、房地产管理部门发出的协助执行通知书，而且是在查封财产未办理初始登记（如在建建筑物）的情况下才能产生阻却效力。

2. 人民法院或登记机关错误查封、扣押、监管情况下抵押权的效力

《最高人民法院关于人民法院民事执行中查封、扣押、冻结财产的规定》第二十六条第三款规定，“人民法院的查封、扣押、冻结没有公示的，其效力不得对抗善意第三人”，实践中存在尽管人民法院已经作出查封或预查封的裁定并向登记机关发出了协助执行通知书，但并未办理查封或预查封登记，或登记机关未正确办理查封或预查封登记的情况，此时该查封的效力不得对抗善意第三人。

【问题 37】登记机关查封登记错误，是否能阻却当事人就应查封的标的办理的抵押登记的效力？

1998 年 9 月 15 日，中行辽宁分行与融泰公司签订一份《进口信用证业务授信协议》，约定由中行辽宁分行为融泰公司提供 5300000 美元的授信额度，用于进出口业务。1998 年 10 月 29 日，中行辽宁分行与亨达公司、星山公司分别签订《国际结算融资业务抵押协议》，以自有的房地产为融泰公司作了抵押担保，并到有关部门办理了抵押登记。后因 2000 年 9 月 5 日，大连甘井子法院基于大连银行与前述抵押人星山公司的债务纠纷对已在开发区土地规划办查封的星山公司 30# 小区的土地、厂房及在建工程向大连开发区房产局下达了《协助执行通知书》，中行辽宁分行对此提出异议，由此产生纠纷。

该案经大连中院、辽宁高院以及最高人民法院提审多次开庭，查明上述所涉抵押物星山公司 30# 小区在为中行辽宁分行设定抵押前存在两次查封，根据原审法院查明的事实和其判决理由，依据大连中院（1996）大经初字第 874 号协助执行通知书，甘井子法院于 1998 年 3 月 24 日作出的（1997）甘执字第 806 号民事裁定书，以及送达至大连经济技术开发区土地办公室的协助执行通知书的记载，两级法院查封的均是星山公司 31＃小区的土地。对此，原审法院仅以大连经济技术开发区国土资源和房屋局，就法院函询出具的复函证明星山公司在大连经济技术开发区只有一宗土地，位于开发区 30＃小区，以及大连中院和甘井子法院在协助执行通知书和民事裁定书上所写查封 31＃小区土地是误写为由，径行认定大连中院和甘井子法院对星山公司在大连经济技术开发区 30＃小区的土地使用权已经进行了查封，后续为中行辽宁分行设定的抵押无效。请问，登记机关查封登记错误，是否能阻却当事人就应查封的标的办理的抵押登记的效力？

分析：对于上述情形和问题，最高人民法院在其就本案“中国银行股份有限公司辽宁省分行与大连银行股份有限公司等信用证垫款合同纠纷再审案”作出的（2012）民提字第69号民事判决书中认为，“原审法院以此为由驳回中行辽宁分行关于其与星山公司办理的抵押登记在前甘井子法院查封在后的再审理由不当。即使大连中院和甘井子法院查封时本意确实在于查封星山公司的30#小区的土地，但因误写导致查封落空，也不能以此为由否认星山公司与中行辽宁分行签订抵押协议及办理相关抵押登记时所涉房产上面并无被法院查封的事实。因此，原审法院以星山公司用以抵押的房产系法院查封财产为由，认定星山公司与中行辽宁分行签订的《国际结算融资业务抵押协议》无效，于法无据，本院依法予以纠正。即使星山公司在与中行辽宁分行签订抵押协议时可能知道法院意欲查封其30#小区，但大连银行并无充分证据证明中行辽宁分行对此明知，因此，大连银行关于中行辽宁分行与星山公司恶意串通损害其利益，抵押协议无效的答辩理由，本院不予采信”。我们认为，最高人民法院在该案中维护的是登记的公示效力，未经登记的查封措施，不能阻却后续抵押登记的效力，即“重点不在哪些财产是查封财产，而在于哪些财产被查封登记”，在无证据证明抵押权人在办理抵押登记时知晓法院查封措施的情况下，就应认定抵押登记有效，抵押权已有效设立。另外，即使当事人就已经查封的财产签订抵押合同，甚至当事人已经知晓抵押财产已经被查封，也不能认定抵押合同因此无效。

3. 人民法院依法查封、扣押、监管措施对已经办理抵押登记的抵押权的效力

如果在人民法院采取查封、扣押、监管时，被执行的标的财产已经办理设定了抵押权，则应当根据《担保法司法解释》第五十五条“已经设定抵押的财产被采取查封、扣押等财产保全或者执行措施的，不影响抵押权的效力”的规定，此即担保物权的优先效力。这里的“不影响抵押权的效力”的规定，最终在《最高人民法院关于人民法院执行工作若干问题的规定（试行）》第四十条“人民法院对被执行人所有的其他人享有抵押权、质押权或留置权的财产，可以采取查封、扣押措施。财产拍卖、变卖后所得价款，应当在抵押权人、质押权人或留置权人优先受偿后，其余额部分用于清偿申请执行人的债权”和第八十八条第二款“多个债权人的债权种类不同的，基于所有权和担保物权而享有的债权，优先于金钱债权受偿。有多个担保物权的，按照各担保物权成立的先后顺序清偿”中，得到落实。

实践中，人民法院在采取查封、扣押、监管措施后，进一步拍卖、变卖抵押财产，抵押权人有权参与到拍、变卖执行款项的分配中，并享有优先权。其间，人民法院将根据上述规定以及《民诉法司法解释》第五百一十一条的规定制作

财产分配方案；抵押权人对财产分配方案存有异议的，可根据《民诉法司法解释》第五百一十二条的规定书面提出异议，并有权根据该条提出分配方案异议之诉。

（九）法律行政法规规定不得设定抵押的其他财产

根据《物权法》第一百八十六条第（四）项的规定，即“法律、行政法规规定不得抵押的其他财产不得抵押”，也即法律不能完全列举不得抵押的财产类型，只能用这一“兜底条款”限制规定不得抵押的规范层级，即“法律、行政法规”。我们认为，财产抵押，首要条件是该财产须具备流通性，也即限制流通物和禁止流通物不得抵押。其中，限制流通物比较特殊，其抵押须经过审批。我们在这里仅列举两种常见的不得抵押的财产类型：（1）文物。根据《文物保护法》第二十四条第一句“国有不可移动文物不得转让、抵押”以及第二十五条第一款“非国有不可移动文物不得转让、抵押给外国人”的规定，国有不可移动文物系禁止流通物，不得抵押给任何人；非国有不可移动文物系限制流通物，不得抵押给外国人。而所谓“不可移动文物”，根据该法第三条的规定，系指“古文化遗址、古墓葬、古建筑、石窟寺、石刻、壁画、近代现代重要史迹和代表性建筑等文物”。（2）宗教活动场所。根据国务院《宗教事务条例》第三十二条“宗教活动场所用于宗教活动的房屋、构筑物及其附属的宗教教职人员生活用房不得转让、抵押或者作为实物投资”的规定，即宗教活动场所不得抵押。而所谓“宗教活动场所”，根据该法第十二条、第十三条的规定，系指由宗教团体向县级人民政府申请，经市级人民政府宗教事务部门审批的，用于“由宗教教职人员或者符合本宗教规定的其他人员主持，按照教义教规进行宗教活动的固定场所”，一般指寺院、宫观、清真寺、教堂等。

三、抵押登记

（一）抵押登记效力

我国《物权法》根据抵押财产的类型不同分别采取了抵押权登记生效主义和登记对抗主义两种立法模式。对于不动产抵押权，登记是其有效设立的必要条件，即为登记生效主义；对于动产抵押权，抵押登记仅仅产生对抗效力，即为登记对抗主义。现行法律中的具体规定如下：

1. 登记生效

根据《物权法》第一百八十七条的规定，以建筑物和其他土地附着物、建设用地使用权、以招标、拍卖、公开协商等方式取得的荒地等土地承包经营权，以及正在建造的建筑物抵押的，应当办理抵押登记，且抵押权自登记时设立。

2. 登记对抗

根据《物权法》第一百八十八条的规定，以生产设备、原材料、半成品、产品，正在建造的船舶、航空器，以及交通运输工具抵押的，抵押权自抵押合同生效时设立；未经登记，不得对抗善意第三人。第一百八十九条规定，企业、个体工商户、农业生产经营者将现有的以及将有的生产设备、原材料、半成品、产品抵押的，应当向抵押人住所地的工商行政管理部门办理登记。抵押权自抵押合同生效时设立；未经登记，不得对抗善意第三人。也就是说，抵押权登记的效力仅在于使抵押权获得对抗第三人的效力，阻止第三人善意取得抵押物。

【问题 38】抵押和质押的优先效力顺序如何？

在【问题 30】中，甲均未向债权人乙和金鑫典当行履行还本付息义务，两债权人就担保车辆优先受偿的顺序如何？

分析：依据《物权法》第一百八十八条后半段的规定，车辆抵押“未经登记，不得对抗善意第三人”；金鑫典当行的质权一方面完成了质押交付，另一方面办理了质押备案，从效力上应对抵押权人乙抵押权产生排他性和优先性，所以应优先于抵押权人乙就汽车受偿。如果乙和甲就汽车抵押在车辆登记机关做了抵押登记，那么一方面车辆登记机关不会再对同一车辆进行质押备案登记，另一方面抵押登记会使登记的抵押权优先于未经登记的车辆质权。

【问题 39】不同部门抵押登记的抵押权生效日期和抵押权顺位的确定？

甲公司向 A、B 两家银行贷款，并用自己的土地使用权和地上建筑物提供抵押担保。2 月 3 日，甲、A 银行在土地登记机关办理了一宗地块的建设用地使用权的抵押登记；同年 2 月 5 日，甲、B 银行在房产登记机关办理了上述地块的地上建筑物的抵押登记。问，上述两个银行的抵押权是否存在交叉，存在交叉的，两者的抵押权顺位如何？

分析：一般情况下是不会发生上述情形的，因为在房产抵押时，抵押登记申请人应当提供建设用地使用权证，否则无法办理抵押登记。但在这里为方便对法条的理解，还是需要回答上述问题。根据《物权法》第一百九十九条同一财产向两个以上债权人抵押的，拍卖、变卖抵押财产所得的价款依照下列规定清偿，所以，仅仅是在同一财产进行抵押时，才需要确定先后顺序。那么，问题是，A、B 两银行抵押的是同一标的吗？根据《物权法》第一百八十二条的规定，即

“以建筑物抵押的，该建筑物占用范围内的建设用地使用权一并抵押。以建设用地使用权抵押的，该土地上的建筑物一并抵押。抵押人未依照前款规定一并抵押的，未抵押的财产视为一并抵押”，这即是所谓“房随地走、地随房走”原则在抵押权制度中的体现。所以，A、B两银行分别就土地使用权和房产办理抵押登记，但两者在实质上的抵押标的仍然是同一物（土地和房产，除非建筑物系抵押后建设，导致在建建筑物抵押问题），故存在顺位问题。根据《物权法》第一百九十九条第（一）项的规定，即“抵押权已登记的，按照登记的先后顺序清偿”，根据两家银行的抵押登记时间，A银行对抵押的土地使用权和地上建筑物相对于B银行享有优先受偿权。

《物权法》第十四条规定，“不动产物权的设立、变更、转让和消灭，依照法律规定应当登记的，自记载于不动产登记簿时发生效力”。根据该条款，抵押权的设立时间依据记载于不动产登记簿上的时间为准，也因记载而发生物权效力，借此可准确确定担保物权之间的优先效力等。这一原则性规定，在抵押权部分系由第一百九十九条加以落实，即“如果同一财产向两个以上债权人抵押的，拍卖、变卖抵押财产所得价款按照下列规定清偿：（1）抵押权都已登记的，按照登记的先后顺序清偿；顺序相同的，按照债权比例清偿；（2）抵押权已登记的先于未登记的受偿；（3）抵押权未登记的，按照债权比例清偿”。

相对于上述规定，登记部门的规定稍有出入，《不动产登记暂行条例实施细则》第六十七条规定：“同一不动产上设立多个抵押权的，不动产登记机关应当按照受理时间的先后顺序依次办理登记，并记载于不动产登记簿。当事人对抵押权顺位另有约定的，从其规定办理登记。”之所以存在不同，是为了保障登记的公平性，即避免发生申请在先，登记却在后的问题。所以，在实践中看一个抵押财产上的抵押权的先后顺位，看的是登记机关受理或申请回执单的先后日期顺序，其对登记的先后顺序起到决定性作用。但这样一来，受理时是实质性审查，还是形式性审查，这一审查的尺度就很难把握，因为需要排除根本不符合登记条件的申请。《船舶登记条例》第二十四条规定，“同一船舶设定二个以上抵押权的，船舶登记机关应当按照抵押权登记申请日期的先后顺序进行登记，并在船舶登记簿上载明登记日期。登记申请日期为登记日期；同日登记的，登记日期相同”。《民用航空器权利登记条例》第十四条规定：“同一民用航空器设定两项以上抵押权的，国务院民用航空器主管部门应当按照抵押权登记申请日期的先后顺序进行登记。”与不动产和民用航空器的登记制度相比，《船舶登记条例》中的规定更加合理，登记申请日期和登记日期相同，避免后面两者在登记机关违法登记后，先申请或受理的当事人却无明确的法律依据确定其登记在先的顺位。但前者却需要面临申请日期与登记日期在客观上的不同。例如，张三不是船主，但其递交了抵押登记申请，后其成为船主，抵押登记完成，这时抵押权设立的时间就很难被确定为其并非船主的登记申请日期。

【问题 40】抵押权人在受让抵押财产成为所有权人的情况下，抵押权是否自动消灭？

乙向丙借款 50 万元，甲以自己的一栋价值 100 万元的房屋为该笔借款提供担保；后甲向丁借款 60 万元，用上述房产提供抵押担保。这样，丙是抵押房屋的第一顺位抵押权人，而丁是第二顺位抵押权人。后，丙受让甲的房产成为抵押财产的所有权人，但乙并未向丙按期履行还本付息义务。丁是否能就该房屋作为第一顺位抵押人实现债权？

分析：上述问题的答案，需要参见《担保法司法解释》第七十七条规定："同一财产向两个以上债权人抵押的，顺序在先的抵押权与该财产的所有权归属一人时，该财产的所有权人可以以其抵押权对抗顺序在后的抵押权。"对于上述例子，根据第七十七条的规定，尽管抵押权人和所有权人混同，导致抵押权看似已经消灭（根据《物权法》第一百七十七条之规定，抵押人和抵押权人混同并不是抵押权消灭的法定事由），但在丁实现其抵押权时，只能是在房屋拍变卖所获得价款扣除乙向丙的本息欠款之后的剩余款项中享有优先受偿权。即所有权人、原抵押权人丙可用自己的抵押权对抗顺序在后的丁的抵押权。这一规定，在《担保法司法解释》颁布后几乎没有适用空间，原因是：（1）我国登记机关在其后很长一段时间，并不受理抵押权人为一般民事主体的抵押登记申请，仅仅受理抵押权人为银行等金融机构的登记申请，包括依法成立的融资性担保公司在进行反担保抵押登记时都会遇到这一问题，至今一些地方的登记机关仍然坚持这一做法；（2）为了避免银行资金流入不动产交易市场，《商业银行法》规定，银行只能基于"自用"持有不动产产权，非自用的，或基于以物抵偿，或基于受让，一般情况下需在两年之内予以处置。这样导致很少有抵押权人能够成为抵押财产的所有权人情形；即使有，也是以物抵债的形式消灭主债权，所以上述第七十七条很少适用。但是在 2015 年《民间借贷司法解释》颁布后，近些年来，全国大部分地区的登记机关均向一般民事主体敞开抵押权登记，第七十七条的作用将会彰显出来。

【问题 41】抵押权人变更其抵押权顺位应当如何办理相关手续？

甲向乙、丙、丁分别借款 50 万元，用自己的一套价值 120 万元的房产提供抵押担保，并分别与三个债权人签订抵押合同，并先后办理抵押登记。这样，抵押权人的抵押权是按照登记时间先后顺序以乙、丙、丁的顺位排列。后，乙意欲将自己的抵押权顺位与丁的抵押权顺位进行变更。请问，应当如何办理变更抵押权顺位的相关手续？

分析：《物权法》第一百九十四条规定："抵押权人可以放弃抵押权或者抵押权的顺位。抵押权人与抵押人可以协议变更抵押权顺位以及被担保的债权数额等内容，但抵押权的变更，未经其他抵押权人书面同意，不得对其他抵押权人产生不利影响。"故，抵押权顺位变更就是该条款规定内容之一，而抵押权顺位的变更，其应当是抵押权人抵押权效力范围之内的事项。

首先，应当明确的一点是，放弃抵押权的顺位并不代表放弃抵押权，放弃抵押权顺位在法律效果上仅仅是将抵押权的顺位放在抵押顺位的最后。如果某一抵押权人声明放弃抵押权并办理抵押权注销登记手续，那么其抵押权将根据《物权法》第一百七十七条之规定消灭；如果该抵押权人仅仅是声明放弃抵押权顺位，那么登记机关则应当根据其申请将其抵押权顺位登记在抵押物的抵押顺位的最后。

其次，抵押权顺位是抵押权的权利内容之一，抵押权人应当拥有完全的处分权。从这个角度出发，《物权法》第一百九十四条规定变更抵押权顺位须抵押权人和抵押人协议变更顺位，存在不合理之处。我们认为，除了对后顺位抵押权人造成不利影响的情况之外，一般情况下，抵押权人均应有权单方向登记机关申请变更抵押顺位。当然，前顺位的抵押权人就顺位变更与后顺位的抵押权人达成交易，并订立变更协议也应有效，但在本质上还是前顺位的抵押权人对自己抵押权的一种处分方式。

最后，前顺位抵押权人根据《物权法》第一百九十四条变更抵押权顺位，其条件是：

（1）不得对后顺位的抵押权人造成不利影响，否则需要后顺位的抵押权人的书面同意。根据《不动产登记暂行条例实施细则》第六十八条之规定，当事人申请抵押权顺位变更的，应提交不动产权属证书、不动产登记证明、抵押权变更等必要材料；如果该抵押权的变更将对其他抵押权人产生不利影响的，还应当提交其他抵押权人书面同意的材料与身份证或者户口簿等材料。在上述问题中，乙和丁的抵押权是顺位进行变更，从乙、丙、丁变为丁、丙、乙，而乙和丁的债权数额一致，故该顺位变更并未对丙产生不利影响，故无须丙的同意。但是，如果丁的债权数额大于70万元，顺位变更后会导致丙的债权中有部分无法以抵押物优先受偿，此时即需要丙同意顺位变更的书面文件。

上述问题仅仅属于抵押权顺位变更的一般问题，较为简单。但是，如果前顺位的抵押权人就抵押权所担保的主债权还有其他第三人提供的其他担保（保证、抵押、质押担保，例如乙对甲的主债权还有其他如A提供的保证担保、B提供的抵押、质押担保等情形），此时问题就会变得极为复杂，因为其变更抵押权顺位的行为可能会导致主债权其他担保人（如前述A、B）的利益受损。此时，应当另行在乙对甲的主债权，和乙对债务人甲的抵押担保、对A的保证担保、对B的抵押、质押担保的担保关系中考虑期间的法律关系变化，并依据混合担保的相关规定认定变更的效力。由此也可以看出，我们在本书担保法总论中所讨论的混合担保关系的复杂性。

另外，还应当考虑到抵押权人乙的债权人如果对乙对甲的债权实施了查封、扣押等执行措施的情况。这就涉及人民法院执行机关根据民事诉讼法的规定实施执行措施的程度问题，即如果乙的债权人依据法院裁判文书等执行依据对乙对甲的债权实施执行措施，其是否需要向乙对甲的房屋的抵押权登记机关发送协助执行通知书，冻结该房屋的不动产变更登记。如果不可以，那么可能出现的情形是，乙和后顺位抵押权人变更抵押权顺位，导致乙的债权无法通过行使抵押权得以实现。从这个角度出发，《担保法》第三十五条之规定，即“抵押人所担保的债权不得超出其抵押物的价值”是具有合理性的，因为其至少可以保证无论抵押权人怎么变更抵押顺位，都不会影响抵押权人的债权人实现债权。此外，如果抵押权人变更抵押权顺位对其债权人形成不利影响的，其债权人还可以得到《合同法》第七十四条有关撤销权的规定的保护，当然其也应承担相应的举证责任。

（2）抵押权顺位变更实际上是抵押权变更的一种情形，因为变更系抵押权人处分自己抵押权的一种方式，所以在本质上抵押权顺位变更仅依抵押权人作出单方法律行为即可发生法律效力。我们认为，该行为是要式法律行为的一种类型，即必须经过不动产变更登记才能产生物权意义上的法律效果。如果抵押权人之间达成顺位变更的协议，而抵押权人未依法申请变更登记，该协议的债权人抵押人可以根据该协议要求负有申请变更登记义务的抵押人承担违约责任，而不能径行在未进行变更登记的情况下要求按协议约定的顺位行使抵押权。

（二）不动产抵押权的预告登记

1. 我国有关预告登记的法律规定

根据《物权法》第二十条之规定，即“当事人签订买卖房屋或者其他不动产物权的协议，为保障将来实现物权，按照约定可以向登记机关申请预告登记。

预告登记后，未经预告登记的权利人同意，处分该不动产的，不发生物权效力”，在我国物权法法律框架之内，当事人可以根据需要申请进行预告登记。《物权法》上述第二十条对预告登记有法律层面的规定，而《房屋登记办法》第三章第四节、《土地登记办法》第六十二条以及 2015 年 3 月 1 日颁布的《不动产登记暂行条例》第三条对预告登记都有落实层面的规定。其中，《不动产登记暂行条例》第三条更是规定了预告登记是不动产登记机关进行的“不动产首次登记、变更登记、转移登记、注销登记、更正登记、异议登记、预告登记、查封登记”八种登记类型当中的一种类型。根据《不动产登记暂行条例实施细则》第八十五条之规定，当事人可以申请商品房等不动产预售预告登记，不动产买卖、抵押预告登记，预售商品房抵押权预告登记三种一般类型的预告登记，其中预售商品房抵押权预告登记是实践中经常遇到的预告登记类型。

预告登记是权利人为保障将来实现物权而进行登记的法律制度，在法律性质上是权利人将债权协议，如抵押合同中的有关办理抵押登记的债权性质的权利通过预告登记予以公示，从而产生物权的对抗效力的行为，此即是“债权物权化”的过程。这是一种为满足我国商品房预售制度，在房屋因未建成，或未进行所有权首次登记，或存在其他不能办理抵押登记的情况下，为保障抵押权人的利益而作出的制度性安排，所以我们认为《不动产登记暂行条例实施细则》第八十五条中不动产买卖和抵押预告登记制度并无明显的实践意义。在预告登记中，预告登记的权利在本质上仍然属于债权，而不是物权。

2. 抵押权预告登记的效力

关于预告登记的效力，《物权法》第二十条第一款第二句中有明确的规定，即“预告登记后，未经预告登记的权利人同意，处分该不动产的，不发生物权效力”。《物权法司法解释（一）》第四条进一步对《物权法》第二十条“处分该不动产”中的处分类型进行解释，即“未经预告登记的权利人同意，转移不动产所有权，或者设定建设用地使用权、地役权、抵押权等其他物权的，应当依照《物权法》第二十条第一款的规定，认定其不发生物权效力”。具体而言，就是未经预告登记权利人同意，转移不动产，在不动产土地上设定建设用地使用权，在土地使用权上设定地役权以及在土地使用权或房屋所有权上设定抵押权的，均因认定不发生法律效力。为避免纠纷的发生，登记机关采取的方法是未经权利人同意的，不予登记；如《不动产登记暂行条例实施细则》第八十五条第二款规定“预告登记生效期间，未经预告登记的权利人书面同意，处分该不动产权利申请登记的，不动产登记机关应当不予办理”。

【问题42】预告登记期间，未经预告登记权利人同意设定的不动产抵押权是否有效？

红星房地产有限公司将其开发的红星小区的一套住房预售给张三，并按规定办理了商品房预售备案登记。后，红星公司以在建建筑物抵押的形式将上述房屋所在建筑物整体性抵押给银行，并办理了在建建筑物抵押权首次登记。问，银行的在建建筑物抵押权是否有效？

分析：根据《物权法》第二十条、《物权法司法解释（一）》第四条之规定，未经张三的书面同意，应当认定银行在张三预售的房屋上的抵押权未有效设定。这里有三个问题：（1）银行在张三预售房屋之外的房屋上设定的抵押权依然有效；（2）银行和红星公司之间抵押合同有关张三预售房屋的部分根据《不动产登记暂行条例实施细则》第八十五条的规定，无法办理抵押登记，应属履行不能，银行可以向红星公司要求承担违约责任；（3）如果张三出具书面同意文件，不动产机关就在建建筑物整体性地办理了抵押登记，那么张三未来房屋的所有权和银行的抵押权之间的关系应当如何处理？我们认为，张三基于房屋预售登记获得的虽然是取得房屋所有权的期待权，其并未真实取得房屋所有权，但其未来基于预售登记取得房屋所有权应当予以保护。在此情形下，应当比照第三人抵押的情形加以处理。即在房地产登记机关为张三办理房屋所有权之后，银行依然有权对该房屋行使抵押权，但房屋拍卖、变卖所得价款用于清偿银行债权的部分，张三有权向红星公司追偿。在这一过程中，张三的书面同意文件，实际上是其处分其房屋所有权期待权，或房屋所有权（在未办理所有权首次登记的情况下）的一种形式。这一方案的好处在于，张三在此过程中实际上享有了房屋的升值部分；当然，其也应当承担因房屋价格下降，或因拍卖、变卖所得价款不及其房屋价款的风险。

《不动产登记暂行条例实施细则》第七十五条第二款规定“当事人申请在建建筑物抵押权首次登记时，抵押财产不包括已经办理预告登记的预购商品房和已经办理预售备案的商品房”，也就是说，即使红星公司向登记机关提交了张三的书面同意文件，登记机关也可能依据上述条文将张三的预售房屋排除在在建建筑物抵押权的抵押物范围之外。

对于抵押权预告登记的效力，在威海市中级人民法院就“中国建设银行股份有限公司文登支行与山东凯威融资担保有限公司、杜某某等金融借款合同纠纷审判监督案”作出的（2014）威民再终字第24号民事判决书中，威海市文登区人民法院的观点极具代表意义，即“涉案房产虽然办理了预告商品房抵押权预告登记，但预告登记不同于抵押登记，其保护的是抵押权的登记顺序，即只保障预告登记权利人在能够进行不动产登记时优先于他人办理抵押登记”。在最高人民法院2014年第9期公报案例“中国光大银行股份有限公司上海青浦支行诉上海东鹤房地产有限公司、陈思绮保证合同纠纷案”中，上海市第二中级人民法院认为“系争房产上设定的抵押预告登记，与抵押权设立登记具有不同的法律性质和法律效力。……即抵押权预告登记所登记的并非现实的抵押权，而是将来发生抵押权变动的请求权，该请求权具有排他效力。因此，上诉人光大银行作为系争房屋抵押权预告登记的权利人，在未办理房屋抵押权设立登记之前，其享有的是当抵押登记条件成就或约定期限届满对系争房屋办理抵押权登记的请求权，并可排他性地对抗他人针对系争房屋的处分，但并非对系争房屋享有现实抵押权，一审判决对光大银行有权行使抵押权的认定有误，应予纠正”。也就是说，未将预告登记之抵押权经申请转为抵押权正式登记的，“抵押权人”无权行使抵押权。

3. 抵押权预告登记的效力期间

从本质上看，预告登记缘起当事人计划办理物权登记，但是客观条件或因为物尚未存在，或因为登记机关未具备登记条件（例如仅办理大产权，而未办理小产权），即当事人意欲通过物权登记取得并依靠物权效力保护自己，但在条件未允许的情况下，应当给予当事人以相应的保护。

预告登记阻却不动产权利人处置不动产权利存在期间限制，也即预告登记的效力期间。《物权法》第二十条第二款规定：“预告登记后，债权消灭或者自能够进行不动产登记之日起三个月内未申请登记的，预告登记失效。”《不动产登记暂行条例实施细则》第八十五条第三款规定：“预告登记后，债权未消灭且自能够进行相应的不动产登记之日起3个月内，当事人申请不动产登记的，不动产登记机关应当按照预告登记事项办理相应的登记。”对于抵押权预告登记而言，抵押权人应在3个月内申请进行抵押权首次登记，否则其将失去威海市文登区人民法院所述的“保障预告登记权利人在能够进行不动产登记时优先于他人办理抵押登记”的权利。

4. 关于抵押权预告登记效力的特殊问题

预告登记在实践中还会产生一些特殊问题：

（1）预告登记当事人对预告登记之权利是“自动”取得，还是“依申请”取得

《物权法》第二十条第一款“当事人签订买卖房屋或者其他不动产物权的协议，为保障将来实现物权”中“实现”物权的表述极为精到，其中暗藏着预告

登记的一个非常重要的关节。实践中，在预告登记时，权利人通常是没有取得物权的，因为物权的标的物还未出现。所以，预告登记的仅仅是债权合同中取得物权的权利，所以就会产生一个疑问：权利人是什么时候取得物权的？进而会产生另外一个疑问：权利人是在标的物出现后自动取得物权，还是必须在履行登记手续后方能取得物权？我们以下例进行说明。

红星房地产有限公司将其开发的红星小区的一套住房以按揭贷款的形式预售给张三，并按规定为张三办理了预售商品房预告登记；张三和银行签订抵押合同，并按规定办理了预购商品房抵押预告登记。后，房屋建成，不动产登记机关根据《不动产登记暂行条例实施细则》第二十条第二款之规定，即“除办理抵押权登记、地役权登记和预告登记、异议登记，向申请人核发不动产登记证明外，不动产登记机关应当依法向权利人核发不动产权属证书”向预告登记之权利人张三核发房屋所有权证书，但银行须根据《不动产登记暂行条例实施细则》第七十八条第二款之规定，即“预购商品房办理房屋所有权登记后，当事人应当申请将预购商品房抵押预告登记转为商品房抵押权首次登记”，向不动产登记机关申请将预购商品房抵押预告登记转为商品房抵押权首次登记。

我们认为，从登记机关的上述规定来看，在预购商品房问题上，《物权法》第二十条第二款“预告登记后，债权消灭或者自能够进行不动产登记之日起三个月内未申请登记的，预告登记失效”中的“三个月”的期限并不能约束预购商品房的购房人。也就是说，无论购房人是否在三个月内申请进行所有权登记，登记机关都应当为作为“权利人”的购房人核发房屋所有权证书，其是在房屋建成后经开发商实际交付房屋而自动取得房屋所有权。但预售商品房的抵押权人则不同，其应当在“三个月”内向登记机关申请商品房抵押权首次登记，否则基于权利人在三个月之后转让预购之商品房，或人民法院实施查封等执行措施，其将失去抵押权之优先受偿的效力。换句话说，抵押权人取得有效的抵押权是需申请取得，而不是自动取得。权利人在三个月之后的转让处分，或人民法院的查封措施都应被视为是阻却抵押权优先效力的因素。当然，在三个月之后，如不存在权利人转让预购之商品房，或不存在人民法院实施的查封等执行措施的，抵押权人也应有权申请商品房抵押权首次登记；至于此时是将抵押权人的申请视为预告登记“转”首次登记，还是仅申请进行首次登记，要视登记机关对《物权法》第二十条第二款中“预告登记失效”的理解而定，但在结果上并无二致。所以，前述《物权法》第二十条中的“实现”既包含了预购商品房的“权利人”自动取得房屋所有权，也包含了预购商品房抵押权预告登记的“申请人”在三个月内申请将预告登记转为抵押权首次登记的权利。

最高人民法院在其就“厦门明瑞达投资咨询有限公司与福建省晋江市苏厝强达鞋塑服装厂、苏某某等借款合同纠纷申请再审案”作出的（2015）民申字第766号民事裁定书中认为，“在建房屋抵押预告登记并不产生债务人不履行债务时从拍卖在建房屋的价款中优先受偿的法律后果，而只是对将来建成房屋所作的一种事先约束，以约束债务人以将来建成房屋作为抵押标的物。当房屋建成后，债务人有履行在建房屋抵押合同规定的义务和在建房屋抵押预告登记的责任，配合在建房屋抵押预告登记权利人向房屋登记机关提出变更登记，转变为房屋抵押登记，从而实现在债务人不能清偿债务时，以拍卖、变卖建成房屋的价款优先受偿。债务人不履行配合义务，抵押权人只能主张违约责任”。

（2）抵押权预告登记与人民法院查封措施之间的关系

在预售商品房问题上，我们得出的预告登记对购房人和抵押权人之间的效力差别，在预告登记与人民法院查封措施之间的关系上也可以得到印证。

最高人民法院、国土资源部、建设部《关于依法规范人民法院执行和国土资源房地产管理部门协助执行若干问题的通知》（法发〔2004〕5号）第十五条规定，“下列房屋虽未进行房屋所有权登记，人民法院也可以进行预查封：（一）作为被执行人的房地产开发企业，已办理了商品房预售许可证且尚未出售的房屋；（二）被执行人购买的已由房地产开发企业办理了房屋权属初始登记的房屋；（三）被执行人购买的办理了商品房预售合同登记备案手续或者商品房预告登记的房屋”。从上述第（三）项的规定可以看出，当执行人是预购商品房的购房人，并且办理了预告登记的情况下，人民法院可以将预购商品房作为被执行人的有效财产实施查封措施；而当被执行人是房地产开发企业时，购房人在办理了商品房预售预告登记后，该房产就不能作为房地产开发企业资产被查封。这即是前文所述，购房人在预售商品房预告登记后，在房屋建成后，自动取得房屋所有权。根据《最高人民法院关于人民法院办理执行异议和复议案件若干问题的规定》（法释〔2015〕10号）第二十七条之规定，即“申请执行人对执行标的依法享有对抗案外人的担保物权等优先受偿权，人民法院对案外人提出的排除执行异议不予支持，但法律、司法解释另有规定的除外”，人民法院在执行异议中仅支持享有担保物权的申请执行人，而未言及仅有预告登记手续的抵押权。比照上述规定，我们以下述案例说明抵押权预告登记与查封之间的关系：

在前述【问题 21】中，即唐某与叶某等民间借贷纠纷执行案中，无锡市房产管理局产监处在法院预查封期间办理正式抵押登记的手续，而崇安区人民法院认为该行为属于擅自处分法院查封财产的行为，并函告产监处要求其纠正，否则责令其承担相应的赔偿责任。产监处复函崇安区人民法院称：法律法规明确了预告登记的效力和范围，预购人有权以预购商品房设定抵押权。无锡市中级人民法院立案受理。对于此事项，经崇安区人民法院请示，无锡市中级人民法院合议庭作出（2013）锡执他字第 0001 号批复，同意崇安区人民法院第二种意见，认为“本案中，法院预查封的基础是房产的预告登记，预查封之时，法院已经可以预见到今后房产将会产生抵押权。产监处将抵押预告登记转为正式抵押登记的行为并未设定新的权利或权利负担，不属于擅自处分法院查封财产的行为。崇安区人民法院第一种意见［‘产监处的行为属擅自处分法院查封财产的行为。理由是：根据无锡市中级人民法院（2012）锡商他字第 0002 号批复，仅办理抵押预告登记的房产不具有优先受偿权，预购商品房抵押预告登记的权利人不享有与正式抵押相同的权利，涉案房产在预查封时不存在抵押权，现产监处在法院已预查封的情形下办理了抵押登记手续，致使房产被设定了抵押权，产监处的行为属擅自处分法院查封财产的行为。’］不符合预告登记制度和预查封制度的本意，不仅不利于商品房预售制度的发展，也不利于法院今后预查封工作的开展”。

上述人民法院和登记机关的不同观点显示出司法机关和行政管理机关对《物权法》第二十条中“实现”一词的不同理解，从而导致就预购商品房抵押预告登记转首次登记是“自动”进行，还是“依申请”产生分歧。我们认为，“自动”保障了抵押权人的利益，保障了房屋预售制度的顺利实施，但容易出现预告登记人滥用基于预告登记获得的优先权利的情形。在《不动产登记暂行条例实施细则》第七十八条第二款“预购商品房办理房屋所有权登记后，当事人应当申请将预购商品房抵押预告登记转为商品房抵押权首次登记”出台之后，上述问题已经非常明确，即“依申请”。但该案和相关规定也可以得出以下结论。

第一，在商品房或不动产转让的所有权预告登记和抵押权预告登记这两种我国现行法律中的预告登记类型中，前者具有阻却人民法院实施查封等执行措施的效力，这一点《关于依法规范人民法院执行和国土资源房地产管理部门协助执行若干问题的通知》第十五条，《关于人民法院办理执行异议和复议案件若干问题的规定》第二十八条、第二十九条、第三十条均有规定（注意：该等条款仅仅具有“停止处分”或“排除执行”的效力，执行异议人是否具有实体权利，还需在执行异议之诉中加以确认，执行异议和复议规定仅仅是对异议和复议案件进行初步解决的程序性规定）；后者不具有阻却人民法院实施查封等执行措施的效力，这一点在《关于人民法院办理执行异议和复议案件若干问题的规定》第二十七条中有明确的规定。

第二，登记机关不能自行将抵押权的原告登记转为商品房抵押权首次登记，这一点规定在《不动产登记暂行条例实施细则》第七十八条第二款中有所体现。

第三，正如法院在实践中的观点，即抵押权预告登记仅仅保障的是抵押权的登记顺位。如果当事人未在可以办理抵押权首次登记后三个月内申请办理抵押权预告登记转抵押权首次登记，那么预告登记失效，“抵押权人”将不能基于预告登记而获得优先受偿的登记顺位。也就是说，上述案件中，如果“抵押权人”是在叶某取得产权证三个月之后申请办理抵押权首次登记，那么其也不能基于预告登记优先于作为查封原因的债权而受偿。关于这一点，我们认为，《物权法》第二十条第二款中的“三个月”具有公示效力。当然，这需要登记机关通过对《不动产登记暂行条例实施细则》第七十八条第二款作进一步解释，将该条款中的当事人解释为“抵押权人”，即其单方可以申请将抵押权预告登记转为商品房抵押权首次登记，或将之直接归入《不动产登记暂行条例》第十四条第二款“可由当事人单方申请登记”的情形之中。否则，在抵押人不予配合办理，且无法就此举证的情况下，让其失去优先受偿顺位不符合“责任自负”的基本法律原则。

（3）抵押权预告登记和租赁之间的关系

根据《物权法》第一百九十条“订立抵押合同前抵押财产已出租的，原租赁关系不受该抵押权的影响。抵押权设立后抵押财产出租的，该租赁关系不得对抗已登记的抵押权”、《合同法》第二百二十九条“租赁物在租赁期间发生所有权变动的，不影响租赁合同的效力”以及《房屋租赁司法解释》第二十条的规定，承租人的租赁关系不受后设立的抵押权的影响，也即“买卖不破租赁”在抵押权问题上的具体适用。但是，在抵押权预告登记期间，抵押人将房屋出租的情况下，承租人是否还能够依据上述规定要求继续履行租赁合同即是法律没有规定的问题。因为上述条款中，抵押权人对抗承租人在时间上均是以抵押权设立为节点的，而预告登记时，抵押权并未有效设立。

对此，我们认为，《物权法》第二十条规定中的“为保障将来实现物权”，已经表述得非常清楚，即预告登记所保障未来实现的物权是一个在预告登记时权利状况下的物权，是一个没有租赁权负担的不动产，也即保障的是抵押权的登记顺位。该顺位不仅仅能够对抗查封等执行措施，而且能够对抗预告登记后签订的不动产租赁合同。所以，如果租赁关系成立于预告登记之后，在实现抵押权时，承租人不得援引“买卖不破租赁规则”要求继续履行租赁合同。

（三）抵押登记的部门

《担保法》在第四十二条、第四十三条中规定了抵押登记的部门：（1）以无地上定着物的土地使用权抵押的，为核发土地使用权证书的土地管理部门；（2）以城市房地产或者乡（镇）、村企业的厂房等建筑物抵押的，为县级以上地方人民政府规定的部门；（3）以林木抵押的，为县级以上林木主管部门；（4）以航空器、船舶、车辆抵押的，为运输工具的登记部门；（5）以企业的设备和其他动产抵押的，为财产所在地的工商行政管理部门；（6）当事人以其他财产抵押的，可以自愿办理抵押物登记，抵押合同自签订之日起生效。当事人未办理抵押物登记的，不得对抗第三人。当事人办理抵押物登记的，登记部门为抵押人所在地的公证部门。

2015 年 3 月 1 日开始施行的国务院《不动产登记条例》统一了我国不动产登记制度，不动产的抵押登记今后将由统一的不动产登记部门进行登记。不动产登记部门是为了解决长期以来房地分属登记在实践中造成的问题。

【问题 43】为什么要实施不动产统一登记制度？

2015 年国务院颁布的《不动产登记条例》统一了我国不动产登记，此举解决了长期不动产产权登记不统一的情况，极大地方便了不动产产权登记。

实例：长宁公司于 2001 年以出让方式从国家获得一块临湖土地的建设用地使用权。为补充建设资金，该公司将土地使用权抵押给银行，并至国土资源局办理了土地使用权抵押登记。至 2005 年，长宁公司在土地上建起一座度假村。这样，因为土地升值和地上建筑物的附加价值使得土地连同地上建筑物的现值远超过原来土地抵押贷款时的价值，所以长宁公司决定将房屋也抵押给银行以扩大银行贷款规模。但是，长宁公司和银行碰到了难以解决的问题：

首先，根据我国《担保法》和《物权法》的规定，土地抵押后的地上新增房屋不属于抵押担保财产，银行不能简单地扩大贷款规模就可以了，还需将新增房屋也一并进行抵押登记；

其次，长宁公司不能将新增房屋在土地局办理抵押登记，并简单地将该登记记录在原来土地抵押登记的记录上面，因为房产抵押登记机关是房屋管理局；

最后，虽然明确房屋抵押须在房地产管理局登记，但是房产抵押登记时，土地使用权是随着房产一并抵押的。在结果上，不能出现的情况是房产在房地局进行抵押登记，而同时房产所涉土地使用权却抵押登记在土地局。

分析：要完成土地 + 房屋的抵押登记，长宁公司和银行须先在土地局将当年设定的抵押权注销，也就是实践中通常所说的“解抵押”，然后在房地局办理房产抵押手续，将土地和房产一并抵押。但这样一来，土地解抵押和房产抵押登记期间就存在银行对长宁公司的贷款债权“脱保”的情形。虽然，长宁公司可以先清偿土地抵押所贷款项，但该公司当时没有足够的款项清偿该笔贷款来实现这一方案。最终，长宁公司支付一笔费用，请第三方公司提供阶段性保证担保置换土地使用权抵押担保，才完成相关解抵押和房产抵押的手续，着实费时、费力。上述例子仅仅是就房地产登记不统一的一个方面的问题进行说明，在房地产统一登记之后，长宁公司遇到的上述问题就会迎刃而解。

【问题44】债权人数众多的情况下，是否以及如何办理抵押登记？

在抵押担保关系中，因为物权法一物一权和物权特定原则，即使抵押人是因共有抵押物而为多数，也应当是具体而特定的个体，可以有效办理抵押登记。但是，在极端情况下，债权人系不确定的个体多数，此时应当如何办理抵押登记即是一个比较棘手的问题。

在前述担保法总论【问题12】中，我们借助《最高人民法院关于沈阳市信托投资公司是否应当承担担保责任问题的答复》讨论并得出的结论是：只要在担保权成立时，担保人和债务人是确定的，那么即使债权人是不确定的，甚至是未出现，担保权也得以有效成立并存续。最高人民法院在其就国土资源部办公厅《关于〈国土资源部办公厅关于征求为公司债券持有人办理国有土地使用权抵押登记意见函〉的答复》（〔2010〕民二他字第16号）中再一次表达了这一思路，即“基于公司债券持有人具有分散性、群体性、不易保护自身权利的特点，《公司债券发行试点办法》（以下简称《办法》）规定了公司债券受托管理人制度，以保护全体公司债券持有人的权益。基于此，《办法》第二十五条对公司债券受托管理人的法定职责进行了规定，同时允许当事人约定权利义务范围。根据《物权法》的规定，函中所述案例的抵押权人为全体公司债券持有人。抵押权的设定有利于保护全体公司债券持有人的利益。在公司债券持有人因其不确定性、群体性而无法申请办理抵押权登记的情形下，认定公司债券受托管理人可以代理办理抵押权登记手续，符合设立公司债券受托管理人制度的目的，也不违反《办法》第二十五条的规定。在法律没有禁止性规定以及当事人之间没有禁止代为办理抵押登记约定的情形下，应认定公司债券受托管理人可代理全体公司债券持有人申请办理土地抵押登记”。如果公司债券根据《公司债券发行与交易管理办法》等法律、法规转让的，即债券项下债权人主体发生变更，那么也可以考虑就此无须申请进行抵押权变更登记。这样，则会增加公司债券的流通性，促进公司债券市场的健康、有序发展。

应当注意的是，就公司发行的债券建立起的债权债务关系极为特殊，上述问题中的“债权人多数”的情形，并不宜扩大。

（四）抵押登记需要提交的法律文件

《担保法》第四十四条规定了办理抵押登记时，一般情况下应当向登记部门提供的法律文件：（1）主合同和抵押合同；（2）抵押物的所有权或者使用权证书。《房屋登记办法》规定得较为细致，其第四十三条规定，申请抵押权登记，当事人应当提交下列文件：（1）登记申请书；（2）申请人的身份证明；（3）房屋所有权证书或者房地产权证书；（4）抵押合同；（5）主债权合同；（6）其他必要材料。该办法第四十四条还对抵押登记的事项作出具体规定，即将下列事项记载于房屋登记簿：（1）抵押当事人、债务人的姓名或者名称；（2）被担保债权的数额；（3）登记时间的规定。相比之下，《不动产登记暂行条例实施细则》的规定则较为粗略，其第六十六条规定，申请办理抵押登记的，只需要提供不动产权属证书、抵押合同与主债权合同等必要材料。

（五）登记冲突

在抵押登记过程中，可能会出现登记上的冲突，法律也有详细规定：

1. 同一抵押物上不同时间抵押权的冲突规则

如果一个物上存在数个抵押权，处理冲突的一般规则是设立在先的优先于设立在后的受偿；对于同一时间设定的抵押权，《担保法司法解释》第五十八条规定，当事人同一天在不同的法定登记部门办理抵押物登记的，视为顺序相同。因登记部门的原因致使抵押物进行连续登记的，抵押物第一次登记的日期，视为抵押登记的日期，并依此确定抵押权的登记顺位。

2. 抵押合同与登记事项不一致的冲突规则

登记部门一般情况下均根据当事人提交的主债权合同、抵押合同进行登记，所以通常不会出现抵押合同与抵押登记的内容不一致的情况。实践中，如果出现两者不一致的情况，则应根据《担保法司法解释》第六十一条以登记记载的内容为准。此项规定，是出于对登记公示公信力以及维护交易安全的考虑。

3. 登记机关不予办理抵押登记

实践中，还可能存在的情形是，当事人向登记机关申请办理抵押登记，但登记机关不予办理，即发生登记申请人和登记机关之间的冲突。解决这一冲突的规则被最高人民法院规定在《担保法司法解释》第五十九条之中，即“当事人办理抵押物登记手续时，因登记部门的原因致使其无法办理抵押物登记，抵押人向债权人交付权利凭证的，可以认定债权人对该财产有优先受偿权。但是，未办理抵押物登记的，不得对抗第三人”。对于该条款的理解和适用，包括以下三个方面的问题：（1）什么是无法办理抵押登记的“因登记部门的原因”？（2）未经登记抵押权，不得对抗的第三人指的是谁？（3）登记机关不予办理抵押登记的，当事人应当依据什么思路采取变通方式解决问题？

（1）什么是无法办理抵押登记的“因登记部门的原因”？

实践中，登记机关不予办理抵押登记的原因各不相同，有的是基于地方政策原因，例如不予办理采矿权抵押登记等；有的是因为技术上的原因暂时无法办理。那么，这些原因是否均是第五十九条中的“因登记部门的原因”，我们以下例进行说明。

【问题45】怎么理解致使无法办理抵押物登记的“因登记部门的原因”？

《担保法司法解释》第五十九条的第一个麻烦是怎么理解“因登记部门的原因”？在这个问题上，最高人民法院就“马晶与东方集团财务有限责任公司、黑龙江省龙腾房地产综合开发有限公司借款合同纠纷案”作出的（2012）民四终字第12号民事终审判决具有重要的参考价值。

2005年至2007年，老龙腾公司与东方财务公司分别签订了20份借款合同，借款金额总计154307621.74元。2005年12月20日，老龙腾公司以其所有的土地使用权及全部已建和将建的地上建筑物为上述20份借款合同项下借款提供抵押担保，最高抵押额度为1.5亿元。但哈尔滨市土地管理部门认为案涉土地存在《哈尔滨市土地登记管理办法》第十一条第四款“依法限制土地权利的”情形而决定暂缓登记。老龙腾公司遂将案涉《土地使用权证》交付给东方财务公司持有。此种情况是不是《担保法司法解释》第五十九条所言“因登记部门的原因致使其无法办理抵押物登记”？

上述担保关系最终被诉至法院，最高人民法院在该案的终审判决中认为：“虽然双方也确曾到哈尔滨市土地管理部门办理过抵押登记的主合同变更手续，但哈尔滨市土地管理部门认为案涉土地存在《哈尔滨市土地登记管理办法》第十一条第四款‘依法限制土地权利的’情形而决定暂缓登记，该种情形应认定属于不符合登记条件的情形，而非属于‘因登记部门的原因致使其无法办理抵押物登记’的情形，且东方财务公司与老龙腾公司双方此后未再办理本案债权的抵押登记手续，故本案不符合第五十九条所规定的情形……故本案抵押权依法未有效设立。一审判决认定东方财务公司的债权，在老龙腾公司不能清偿时相对于没有设定抵押登记的老龙腾公司的其他债权而言，享有优先受偿权不当，依法应予纠正。”简言之，本案中的情况不是“因登记部门的原因致使其无法办理抵押物登记”的情形，故东方财务公司对抵押物不享有优先受偿权，更遑论对抗第三人的效力。

分析：关于什么是“因登记部门的原因”，最高人民法院法官曹士兵在其论著中认为，所谓因登记部门的原因主要是指，“登记部门不办理抵押登记业务，登记部门擅自规定登记期限和不合理的收费标准、登记条件过于苛刻等原因，导致当事人虽申请了抵押登记但始终无法办理的情形”。[①]按照上述判决和法官观点，“因登记部门的原因”并非指登记部门因为地方性规章、法规或其他规范性文件不予办理，而是指登记部门因为自身原因不予办理。那么，这一观点或结论是否正确？

我们认为，在这一问题上，还应从更深层次的角度进行讨论。

第一，《担保法司法解释》第五十九条的立法背景是《担保法》第四十一条所规定的“应当办理抵押物登记，抵押合同自登记之日起生效”这一基本规则。在金融借贷及担保关系中，债权人会根据一般情况判断登记部门是否予以办理抵押登记，并决定在办理抵押登记之前，或之后发放贷款。对于那些在抵押登记前发放贷款的债权人，在登记机关不予办理抵押登记时，抵押权人至少可以得到来自抵押合同的保护。

第二，根据我国物权法理论，抵押登记是一项事实行为，而非法律行为，故在决定是否给予登记时，只能做事实判断，而不能对是否应当给予，或登记行为本身是否符合法律进行价值判断。是否应当给予抵押登记，实际上被前置到对抵押合同效力的判断之上。也就是说，只要抵押合同符合法律规定，登记机关就无权拒绝登记，此时应当适用第五十九条承认抵押权有效。所以，我们认为最高人民法院在上述案件中的判决值得商榷，因为其实际上是承认地方性法规可以认定抵押合同无效。而且，我们进一步认为曹士兵法官就“因登记部门的原因”设定的范围过窄。

第三，登记机关不予办理抵押登记，原因可以分为三种情况：第一种情况，即存在抵押物为禁止流通物，或抵押人主体不适格等抵押合同无效的情形，此时当事人不能通过《担保法司法解释》第五十九条规避相应的强制性规定，抵

---

① 曹士兵：《中国担保诸问题的解决与展望——基于担保法及其司法解释》，中国法制出版社2015年版，第210页。

押合同和抵押权均无效；第二种情况，存在登记机关自身的原因，如未开展抵押登记等，此时应当认可抵押合同的效力，并认定当事人依据《担保法司法解释》第五十九条已经获得了抵押权；第三种情况，存在抵押登记所在地地方法规或政策的限制而未能登记。此时，应当从全国统一大市场的角度出发，将抵押合同的效力作为当事人是否能通过《担保法司法解释》第五十九条获得抵押权的判断依据，抵押合同有效的，抵押权也应当有效。上述三种情况中，第三种情况是最难以给予正确判断的情况，实践中分歧较大。

为了更好地理解上述观点，我们在这里将通过以下几个典型案例给予进一步的说明：

案例一：云南高院在其就“恒理叶金融借款合同纠纷申请再审案”作出的（2014）云高民申字第292号民事裁定书中认为：“2000年8月7日，双方再次签订《借款合同》及《抵押合同》，并以旺胜养殖场的土地使用权作为抵押，该土地于2003年5月7日取得福国（2003）字第39号《国有土地使用证》。另外，原审查明1998年底福贡县土地抵押登记业务才开始进行，1999年尚未进入正轨，2001年底房屋抵押登记业务才开始进行。故虽然本案抵押物担保未进行抵押物登记，但原审依据《最高人民法院院关于适用〈中华人民共和国担保法〉若干问题的解释》第五十九条的规定，认定福贡支行享有抵押权的主张成立，判决具有事实和法律依据。”未开展抵押登记业务，登记机关给予登记的客观条件不满足，抵押权人应当享有抵押权，但未经登记不得对抗第三人。

案例二：湖北高院在其就“孙某某与胡某某、饶某民间借贷纠纷再审复查与审判监督案”作出的（2015）鄂民申字第01759号民事裁定书中认为：“孙某某（债权人）申请再审认为，双方当事人系因抵押登记部门的原因无法办理抵押物登记，且胡某某、饶某已向其交付了房屋买卖合同作为权利凭证，故其应对讼争房屋享有优先受偿权。本院认为，……依据上述规定（即五十九条），因登记部门的原因致使无法办理抵押物登记时，只有在抵押人向债权人交付权利凭证的情形下，才可认定债权人对抵押财产享有优先受偿权。本案中，虽然交付了讼争房屋的房屋买卖合同，但房屋买卖合同仅为债权凭证……并非《中华人民共和国物权法》规定的物权凭证，不产生物权效力。……根据《中华人民共和国物权法》第一百八十七条之规定，不动产抵押自登记时设立，孙某某未对讼争房屋办理抵押登记，抵押权不能成立。”该案虽然未对登记机关具体基于什么原因致使无法办理抵押登记进行说明，但在实际上说清了《担保法司法解释》第五十九条将“交付权利凭证”作为抵押登记替代形式的意义，房屋买卖合同并非权利凭证，未交付房屋产权证明不能有效防止抵押人以转让或设定抵押权的方式处分抵押物。

案例三：最高人民法院在其就“中国建设银行股份有限公司韶关市分行与张掖凯航置业有限公司、佛山市金塘海贸易有限公司等金融借款合同纠纷申诉、申请案”作出的（2016）最高法民再416号民事判决书中认为：“根据该条规定，案涉两宗土地因未办理抵押登记，抵押权未能有效设立。因此，建行韶关分行对涉案两宗土地不享有抵押权。其中有政府调整土地规划导致需换领新证后才能办理抵押登记手续的原因，也有建行韶关分行过分依赖《最高额抵押合同》第十条关于违约责任的约定……在建行韶关分行提起本案诉讼并申请法院对两宗土地已经采取保全措施予以查封，且凯航公司仍愿意以该两宗土地为本案所涉债权提供担保的情况下，没有必要再要求当事人继续办理土地抵押登记手续。《最高人民法院关于适用〈中华人民共和国担保法〉若干问题的解释》第五十九条规定：‘当事人办理抵押物登记手续时，因登记部门的原因致使其无法办理抵押物登记，抵押人向债权人交付权利凭证的，可以认定债权人对该财产有优先受偿权。但是，未办理抵押物登记的，不得对抗第三人。’根据该规定，可以认定债权人建行韶关分行在6000万元的范围内对该两宗土地折价或拍卖、变卖的价款享有优先受偿权。”该案中，最高人民法院认为因当地政府原因未能办理抵押登记的，抵押人不承担违约责任，抵押权形同有效设立，实际上是认可了抵押权已经有效设立。

案例四：重庆高院在其就“中国民生银行股份有限公司重庆分行与贵州天泰能源开发有限公司，贵州天泰能源开发有限公司威宁县炉堆子煤矿借款合同纠纷案”作出的（2013）渝高法民初字第00007号一审判决中认为：“虽然各方当事人未能就采矿权办理抵押登记，但其未办理抵押登记的原因，系贵州省国土资源厅因政策限制未予办理。故根据《最高人民法院关于适用〈中华人民共和国担保法〉若干问题的解释》第五十九条的规定，民生银行重庆分行有权就上述抵押物优先受偿，但不得对抗对抵押物享有物权的第三人。”

重庆高院的判决与最高人民法院就“马晶与东方集团财务有限责任公司、黑龙江省龙腾房地产综合开发有限公司借款合同纠纷案”作出的（2012）民四终字第12号民事终审判决在内容上仅存在少许差异，一个是因地方法规、一个是因地方政策。我们认为，从全国统一适用法律的意义来看，地方性法规和政策不应作为抵押登记的障碍，均应当承认交付权利凭证之后，抵押权即有效设立，但未经登记不得对抗第三人。因为如果认定地方性法规可以作为抵押登记的障碍，并进一步否认抵押权人依据《担保法司法解释》第五十九条获得抵押权，那么就会出现无法调和的矛盾：一方面地方性法规并无否定抵押合同效力的法律效力，另一方面地方性法规却具有阻止抵押权人通过抵押登记设立抵押权，或依据《担保法司法解释》第五十九条变通取得抵押权的效力。但也应当看到，不动产抵押登记和司法审判均施行专属管辖，在存在地方性法规或政策限制的情况下，地方法院很难作出认定未办理抵押登记系“因登记部门的原因”，并认可抵押权有效的判决，因为该认定与地方性法规存在实质上的不一致性。

（2）未经登记抵押权，不得对抗的第三人指的是谁？

关于《担保法司法解释》第五十九条中“第三人”的含义，在《最高人民法院关于担保法司法解释第五十九条中的“第三人”范围问题的答复》（法函〔2006〕51号）中，答复“根据《中华人民共和国担保法》第四十一条、第四十三条第二款规定，应当办理抵押物登记而未经登记的，抵押权不成立；自愿办理抵押物登记而未办理的，抵押权不得对抗第三人。因登记部门的原因致使当事人无法办理抵押物登记是抵押未登记的特殊情形，如果抵押人向债权人交付了权利凭证，人民法院可以基于抵押当事人的真实意思认定该抵押合同对抵押权人和抵押人有效，但此种抵押对抵押当事人之外的第三人不具有法律效力”。最高人民法院的答复非常明确，以《担保法司法解释》第五十九条的变通方式设定的抵押权不能对抗任何第三人；该答复甚至都未从第三人是否知晓抵押事宜的角度考虑第三人的范围，这是对登记的公示公信效力的最大限度的肯定。

我们认为，最高人民法院的上述答复实际上否定了那些通过《担保法司法解释》第五十九条的变通方式设定的抵押权的实践意义，可以预见，《担保法司法解释》第五十九条在实践中适用的频次将会越来越少。

（3）登记机关不予办理抵押登记的，当事人应当依据什么思路采取变通方式解决问题？

实践中，当事人遇到登记机关不予办理抵押登记的，往往均是从控制抵押物在抵押期间不被处分的思路上寻找解决方案。我们以下例予以说明：

【问题46】登记机关不受理在建建筑物抵押登记，应当如何处理？

甲房地产开发公司向乙银行贷款，用正在开工建设的一宗土地的建设用地使用权及在建建筑物提供抵押担保。在办理抵押登记时被登记机关告知，当地从未办理过在建建筑物抵押，该抵押登记不予办理。乙银行担心房屋建成后被销售给购房人，最终会影响其抵押权，遂咨询丙律师。

丙律师的建议是：根据《物权法》第一百八十二条之规定，即“以建设用地使用权抵押的，该土地上的建筑物一并抵押”，乙银行已经就该建设用地使用权进行抵押，其地上在建工程自然列入担保物范围之内。另外，根据《担保法司法解释》第五十九条之规定，即“当事人办理抵押物登记手续时，因登记部门的原因致使其无法办理抵押物登记，抵押人向债权人交付权利凭证的，可以认定债权人对该财产有优先受偿权。但是，未办理抵押物登记的，不得对抗第三人”，建筑物上抵押权没有经过抵押登记，故可能会出现建筑物优先受偿权无法对抗善意的房屋买受人的法律风险。所以，丙律师最后建议，乙银行除了办理建设用地使用权他项权利证书之外，可以与甲公司协商代为保管《国有土地使用权证》《建设用地规划许可证》等相关证件，防止甲公司在不通知乙银行的情况下办理房屋预售证，并将房屋所有权转让给购房人。

分析：如前文所述，担保物权的核心内容是担保物权人对担保物交换价值的“控制”，丙律师的“土办法”建议正满足了抵押权人的“控制”需求。当然，丙律师的“土办法”须经过担保人的书面同意，且不能违反法律、行政法规的强制性规定。实践中，类似的“土办法”有很多，例如就4S店待销库存车辆设定抵押权的，抵押权人一般会采取扣押车辆合格证的“土办法”，应当从抵押财产的具体特征入手，思考如何合法帮助担保物权人实现有效“控制”的目的。

对于是否可以进行抵押登记存有疑问的抵押合同，抵押权人可以在抵押合同签订时，将抵押人交付抵押物权利凭证列为抵押人抵押合同的义务之一。同时在合同条款上作如下设计：（1）如果抵押物在登记机关顺利办理抵押登记的，抵押权人在抵押登记办理完成后归还抵押物权利凭证；（2）如果抵押物未能在登记机关顺利办理抵押登记的，抵押权人有权继续占有抵押物权利凭证；（3）抵押物因登记机关原因未能办理抵押登记而抵押权人又占有权利凭证时，抵押权人可要求抵押人或者自行通过登报、公告的方式告知潜在的交易对象，扩大对抵押物优先受偿权的对抗范围。

（六）抵押权的善意取得

本章理论部分有关抵押权善意取得的内容已经就抵押权善意取得做了较为详细的论述，这里仅就一些有关抵押权善意取得的特殊问题进行论述。

1. 对未经其他共有人同意设定的抵押权的善意取得以及抵押登记能否撤销的问题。

【问题47】对未经其他共有人同意设定的抵押权，且已经过抵押登记，该登记是否能被撤销?

甲、乙系夫妻，婚姻存续期间购房一套，但登记在甲名下。后，甲用该房就借款人丙向出借人丁的借款债务提供抵押担保，未经乙的同意，且抵押权人丁并不知情。在办理抵押登记后，乙知晓房屋抵押事宜。问，乙是否有权要求登记机关申请撤销抵押登记？

分析：上述例子是抵押权人善意取得抵押权的典型情形。对于其他共有人是否有权请求登记机关撤销抵押登记的问题，在《最高人民法院行政审判庭关于对其他财产共有人起诉期限计算以及对抵押权人是否适用善意取得制度的答复》（〔2011〕行他字第75号）中认为，“一方共有人未经其他共有人同意处分共有财产，行政机关作出产权变更登记，有证据证明其他共有人不知道该产权变更登记行为的，其他共有人自知道该变更登记内容之日起2年内，有权依法提起行政诉讼。抵押权的实现是物权变更的原因和方式之一，同样可以适用善意取得制度”。比照《最高人民法院关于审理房屋登记案件若干问题的规定》（法释〔2010〕15号）第十一条第三款之规定，即“被诉房屋登记行为违法，但判决撤销将给公共利益造成重大损失或者房屋已为第三人善意取得的，判决确认被诉行为违法，不撤销登记行为”，和上述答复第二句“抵押权的实现是物权变更的原因和方式之一，同样可以适用善意取得制度”的规定内容，可以得出这样的结论：（1）未经共有人同意进行抵押登记设立抵押权的，其他共有人有权提起行政诉讼提出撤销抵押登记的诉讼请求，但须在知道共有物物权变更登记内容之日起2年内提起。（2）法院受理起诉后，并不直接作出裁判撤销抵押登记，而是根据第十一条第三款的规定，结合物权法的相关规定审查是否存在对公共利益造成重大损失或善意取得的情形。（3）如果不存在上述情形，人民法院撤销抵押登记；如果存在，人民法院则不撤销登记行为。

2. 房屋抵押权设定后，抵押人受让房屋并取得房屋所有权的登记被撤销，房屋抵押权是否有效？

【问题48】房屋抵押权设定后，抵押人受让房屋并取得房屋所有权的登记被撤销，房屋抵押权是否有效？

恒生公司向广发行佛山分行贷款，用自己从清远金融市场预售取得的商铺一套提供抵押担保，并办理抵押登记，领取抵押登记证明书。后，经人行清远支行提起诉讼，广州天河法院和广州中院审理，广州中院作出（2006）穗中法行终字第87号终审行政判决确认，由于恒生公司在办理房地产转让登记过程中向广州市房管局提供的文件的真实性被否定，且欠缺必须提交的文件，广州市房管局将上述抵押商铺转让登记为恒生公司的行为无效。请问，转让登记被撤销，抵押人视为自始未能取得房屋所有权，抵押权是否有效？

最高人民法院在本案的再审裁判中认为："恒生公司将羊城国际商贸中心402号商铺向广发行佛山分行设定抵押时，广发行佛山分行经向房屋登记管理部门查询，获知当时抵押物登记在恒生公司名下，房屋类别为已付清款的预购商品房，且在本案抵押前，恒生公司曾于2001年12月3日将该抵押物依法抵押给中信实业银行东莞支行，并办理了抵押登记。2003年8月18日，广州市房管局为本案抵押权办理了抵押登记手续并核发了抵押登记证明书，其间并未有人提出异议。抵押设定后，广发行佛山分行依约向恒生公司发放了贷款，该项债权依法成立，应认定广发行佛山分行全面履行了约定义务。参照《物权法》第一百零六条关于善意取得他物权的规定以及《最高人民法院关于适用〈中华人民共和国担保法〉若干问题的解释》第四十七条关于'以依法获准尚未建造的或者正在建造中的房屋或者其他建筑物抵押的，当事人办理了抵押物登记，人民法院可以认定抵押有效'的规定，本案所涉抵押权符合《物权法》关于善意取得他物权的规定，且不违反法律法规的禁止性规定，应认定合法有效。"[①]

分析：我们认为，本案同样可以比照《最高人民法院关于审理房屋登记案件若干问题的规定》第11条第3款之规定，即"被诉房屋登记行为违法，但判决撤销将给公共利益造成重大损失或者房屋已为第三人善意取得的，判决确认被诉行为违法，不撤销登记行为"，虽然转让登记被确认无效，但抵押权预告登记因为涉及抵押权人已经善意取得预告登记，故可以确认转让登记行为无效，但不能撤销抵押预告登记。最高人民法院在对本案的判决中还认为："最高人民法院（2002）民一终字第34号民事判决终审解除省一建分公司与清远金融市场间的房地产预售契约，对于不动产的所有权登记而言，物权登记的原因行为被解除，不能因此影响设立在该房产上抵押权的效力。广州市中级人民法院（2006）穗中法行终字第87号行政判决终审认定广州市房管局的转让登记行为无效，也不能因此否定设立在该房产上他项权的效力，且行政判决也未否定广州市房管局就该抵押物办理的抵押登记行为的效力。"该案判决起到的效果是：（1）维护了物权登记的公示公信效力；（2）给实际物权人和登记机关更大的责任，避免发生登记错误的问题。

3. 车辆、船舶、航空器抵押的登记公示效力问题。

车辆、船舶、航空器抵押权的善意取得，主要看抵押登记时的登记状况。最

① 《商事审判指导》2011年第1辑（总第25辑），人民法院出版社2011年版，第209—210页。

高人民法院第一巡回法庭在其就“马尼托瓦克租赁有限公司与被申请人中信银行股份有限公司大连分行、大连兆峰机电安装工程有限公司、关某某第三人撤销之诉纠纷再审案”作出的（2015）民申字第1247号民事裁定书中认为，“本案中，如果以占有作为权利外观表彰，案涉车辆已经交付给兆峰机电公司实际使用，将兆峰机电公司当作所有权人应当是占有外观的自然判断结果。如果以登记作为判断案涉车辆所有权人的外观权利表彰，案涉车辆已经登记在兆峰机电公司名下，不管公安部门的车辆登记是不是所有权登记，由于《担保法》将公安部门规定为车辆抵押权的登记机关，中信银行大连分行只能信赖该登记，其因信赖所产生的交易利益应当得到保护。当然，推定出的事实是依据生活经验中的大数法则所得出的结果，该结果可以推翻，但应当由主张和推定事实相反事实的当事人承担举证责任。马尼租赁公司并未举证证明，中信银行大连分行明知案件车辆所有权属于马尼租赁公司，仍然与无权处分人兆峰机电公司进行设定抵押权的交易，所以本院只能推定中信银行大连分行在案涉抵押权交易中的主观心态为善意”。……“中国人民银行于2014年3月20日下发《关于使用融资租赁系统进行融资租赁交易查询的通知》，要求商业银行等机构在办理资产抵押、质押和受让时，登录融资平台查询相关标的物的权属状况。然而案涉交易发生在该通知之前，虽然该平台已经登记，但是无相关法律、法规要求金融机构登录平台查询，更无合同约定或其他依据，所以马尼租赁公司称中信银行大连分行存在过错，不能善意取得车辆抵押权的理由不成立，不予支持”。最高人民法院的上述观点，从车辆准不动产，物权变动并无登记的强制性要求的规定出发，从动产的占有推定以及不动产的登记公示两个方面论证抵押权人对抵押权的善意取得；而人民银行的通知对商业银行查询融资交易系统的要求，后于抵押权善意取得之时，故不影响中信银行善意取得抵押权。

【问题49】如何判断融资租赁第三人取得物权（所有权、抵押权、质押权）时是否具有善意？

甲公司向乙公司融资租赁大型工程车辆一台，但因为购买及出租过程中的特殊原因，该车辆在登记部门被登记在承租人甲公司名下；然而，融资租赁合同中明确约定车辆归出租人乙公司所有。后甲公司将车辆抵押给丙公司并办理了产权过户登记。问，车辆上如明确标有“乙融资租赁公司”标识，丙是否能善意取得抵押权？

分析：融资租赁是一种特殊的法律关系类型，出租人按承租人的意愿购买融资标的并出租给承租人；租期结束，如无另有约定，车辆所有权归承租人所有，但租赁期间所有权属于出租人。因为租赁标的长期由承租人占有，所以在融资租赁纠纷中，经常出现的问题就是善意取得问题，既包括所有权善意取得，也包括抵质押权善意取得。为此，在《最高人民法院关于审理融资租赁合同纠纷案件适用法律问题的解释》第九条中规定，在下列情况下，第三人不能善意取得租赁物所有权或取得租赁物抵、质押担保物权：（1）出租人已在租赁物的显著位置作出标识，第三人在与承租人交易时知道或者应当知道该物为租赁物的；（2）出租人授权承租人将租赁物抵押给出租人并在登记机关依法办理抵押权登记的；（3）第三人与承租人交易时，未按照法律、行政法规、行业或者地区主管部门的规定在相应机构进行融资租赁交易查询的；（4）出租人有证据证明第三人知道或者应当知道交易标的物为租赁物的其他情形。上述四项将第三人的善意情形范围部分客观化，有了明确的标准。也就是说，如果马尼租赁公司的案件发生在上述司法解释和人民银行的通知之后，马尼公司甚至都不用直接证明中信银行不具有善意，中信银行都不能善意取得抵押权。

第三节 抵押权的效力

抵押权是物权的一种，也具有物权的排他、优先，以及追及效力，本节的重点除了抵押权本身作为物权的上述三大效力之外，还应当注意法律为保障抵押权人“控制”抵押物交换价值而设定的具体规则。

理 论 部 分

抵押权是抵押权人对抵押物交换价值的排他性支配权利，抵押权的效力是指抵押权人行使抵押权所产生的法律效果。本节所称抵押权效力系指抵押权存续期间的效力，广义的抵押权的效力还包含抵押权实现时的效力。抵押权的效力主要体现在以下几个方面。

一、抵押权担保的债权范围

抵押权担保的债权范围，是指抵押权人有权从抵押物的变价中优先受偿的范围。在当事人就抵押担保的债权范围在抵押合同中有约定时，应当以当事人的约定确定抵押担保的债权范围；在当事人未约定或约定不明确时，根据《物权法》第一百七十三条之规定，抵押权担保的债权范围包括主债权及其利息、违约金、损害赔偿金以及实现担保物权的费用。

二、抵押权效力及于标的物的范围

抵押物范围是指抵押权及于标的物的范围。具体而言，是指实现抵押权时，抵押权人可以依法变价处分的标的物的范围。依照《物权法》和《担保法》，除了抵押设立时的抵押物之外，抵押权效力所及的抵押物范围还可能包括抵押物的从物、孳息物、附合物和代位物等。

（一）抵押权制度中的一物一权原则

抵押合同是否能够将抵押物的一部分（非从物）排除在抵押权的标的物范围之外，或仅在抵押物的部分之上设定抵押权?

抵押物的一部分不属于独立的物，根据一物一权原则，其在所有关系上归属于抵押物所有权。抵押人在以设立抵押权的方式处分抵押物时，必然涉及该部分的处分，故当事人不能通过约定将该部分排除在抵押权的标的物之外，或仅在抵押物的部分上设定抵押权。否则，该部分上设定的抵押权不能对未设定部分的所有权形成限制，必然出现两部分上所有权与抵押权在支配上的冲突。

（二）抵押物的从物

从物是指在两个以上必须相互配合才能发挥效能的独立的物中，处于从属地位，辅助和配合主物发挥经济效用的与另一物同属于一个主体的物。民法理论中，从物在原则上随同主物一起发生物权变动，所以除非当事人另有约定，否则应当认定该从物包含在抵押的标的物范围之内。《物权法》第一百一十五条规定："主物转让的，从物随主物转让，但当事人另有约定的除外。"

对于抵押权设定后新增的从物而言，因为涉及从物这一独立物设立抵押权的物权变动，该物权变动如果是继受取得，那么必须存在就该从物设定抵押权的抵押合同。事实上，双方当事人在为主物设定抵押权签署抵押合同时，作出的意思表示并不包含对新增从物的处分意思，所以不应当将新增从物包含在抵押的标的物范围之内。那么，是不是可以规定抵押权人原始取得新增从物的抵押权，从而得出抵押权自动及于新增从物的结论呢?显然不行，因为一方面并不存在这一物权原始取得方式，另一方面不经抵押人同意而允许抵押权人原始取得新增从物的抵押权，会打击抵押人以增加从物的方式增加主物经济价值的积极性，最终也不利于抵押权人。所以，对于抵押设定后新增从物而言，国内通说认为，抵押权不及于该从物，但在抵押权实现时应将新增从物连同主物一起拍卖，但抵押权人对于该从物的变价无优先受偿权。在这里应当特别注意从物与添附物之间的区别，前者是独立物，而后者不是独立物。

《最高人民法院关于人民法院民事执行中查封、扣押、冻结财产的规定》第二十二条规定，"查封、扣押的效力及于查封、扣押物的从物和天然孳息"。该条似乎并没有区分从物究竟是在抵押权设定之前，还是在抵押权设定之后成为从物的，其程序上的结果是不能再处分给第三人或者设定他项权利，仅仅如此。我们认为：（1）查封、扣押仅仅是控制性措施，所以上述条款并未言及从物的所有权或抵押权归属；（2）上述条款也没有说在拍变卖之后，从物部分的价款归属如何。基于前述原因，我们认为抵押权设立后的新增从物不应当列入抵押物范围，但应当同主物（即抵押物）一同拍卖，价款归属于不计入抵押物变价所得价款范围，抵押权人无权就此优先受偿。

另外需要提及的是从权利，我国作为不动产用益物权的从权利的只有地役权，对此，《物权法》第一百六十五条有明确的规定，即"地役权不得单独抵押。土地承包经营权、建设用地使用权等抵押的，在实现抵押权时，地役权一并转让"，如从物一样，在抵押权设定之后成立的地役权，在处置用益物权的时候一并处置，但抵押权人不得就该地役权所得的价款享有优先权。

【问题 50】抵押权是否能够及于其设立后抵押物增加的从物？

甲公司向乙银行贷款，用自己的一幢别墅所有权提供抵押担保。后双方就该别墅前放置的大石狮子是否为抵押担保的抵押物发生纠纷。该大石狮子作为别墅的从物是否是抵押物的一部分？

分析：大石狮子是辅助别墅发挥经济效用的独立物，故为别墅的从物。如果别墅抵押权设立时，大石狮子已经存在，除非甲、乙在抵押合同中有明确的相反约定，否则应当认定抵押权及于该大石狮子。如果大石狮子为别墅抵押权设立后的新增物，除非甲、乙在抵押合同中对未来新增抵押物有相反约定，否则抵押权不及于该大石狮子；但是，在实现别墅抵押权时，应将大石狮子随同别墅一同拍卖，乙作为抵押权人无权就大石狮子的拍卖价款优先受偿。

（三）抵押物的孳息物

孳息是基于原物产生的收益，而且是相对于原物的独立物。孳息分为天然孳息和法定孳息，前者包括果实与动物产下的小动物，后者包括利息、租金等依据法律关系产生的收益。

对于抵押权的效力是否及于抵押物的孳息问题，大多数国家均跟随《德国民法典》规定抵押权的效力仅仅及于抵押物被司法扣押之后所产生的孳息，我国也不例外。事实上，这一结论的得出同抵押权的权利特征有关。抵押权设定后，抵押人并未丧失对抵押物的占有、使用权能，而收取孳息即作为使用抵押物的结果。如果法律规定在抵押权设定后其效力即自然及于孳息，必然会打击抵押人使用抵押物的积极性，无法充分发挥抵押制度应有的制度功能。但是，在主债权到期等实现抵押权的情形出现，且人民法院依法扣押抵押财产的情况下，通过剥夺抵押人收取孳息的权利，让抵押权效力及于扣押之后的孳息，将使抵押人使用抵押物变得无经济利益，这有助于抵押人配合抵押权人和司法机关实现抵押权。这里的收取孳息并非指转移孳息所有权，而是将孳息归入抵押的标的物范围之内，抵押权人仅对所收取的孳息有优先受偿权。

所以，在结论上：第一，抵押权设立后，抵押物产生的孳息归属于抵押人所有，并不在抵押物范围之内，所以抵押人可以自由处分孳息，抵押权人无权就该孳息优先受偿；第二，抵押物在司法机关对抵押物实施司法扣押后产生的孳息仍然归抵押人所有，但该孳息在抵押物范围之内，抵押人无权自由处分该孳息，抵押权人有权就孳息的变价优先受偿。

【问题 51】实践中如何将抵押物的孳息收入抵押物范围之内？

在【问题 50】中，甲公司为乙银行在别墅所有权上有效设立抵押权后，将别墅出租给丙公司并收取租金。后贷款到期，甲公司无力向乙银行履行还本付息义务，乙银行向人民法院申请实现抵押权。

分析：在人民法院对不动产采取查封措施时，会根据实际情况采取所谓“死封”和“活封”两种不同的查封措施。具体而言，前者是通过贴封条，禁止使用不动产；后者是在不动产登记机关的不动产登记簿上采取查封措施，禁止后续对不动产进行变更登记，并不禁止继续使用不动产。上述问题中，因为抵押物还能持续产生收益，所以人民法院将会采取“活封”措施查封别墅；并向丙公司发出协助执行通知书，告知丙公司向人民法院支付应当向甲公司缴纳的别墅租金，该租金将成为租赁物的一部分，乙银行有权就该部分租金优先受偿。

（四）抵押物的添附物

添附物是指两个以上不同所有人的物结合在一起或一人的物经过他人加工劳动形成一个新物的事实。添附在民法理论上具体分为附合、混合和加工三种具体类型，该三种类型均可能引起物权变动。在抵押权的效力部分讨论抵押物的添附物实际上涉及两个问题：第一，在抵押物因添附发生物权变动而导致抵押物不再归属于抵押人的情况下，抵押权的效力如何？第二，在抵押物本身未因添附发生物权变动，但因附合、混合及加工而使抵押物的价值增加或降低的情况下，抵押权的效力如何？

对于抵押物因添附发生物权变动而导致抵押物不再归属于抵押人的情况，抵押人将根据添附的法律效果从获得抵押物所有权人处获得失去抵押物的赔偿或补偿，抵押权的效力将及于该部分赔偿或补偿，并就此优先受偿。对于抵押物本身未因添附发生物权变动，但因附合、混合及加工而使抵押物的价值增加或降低的情况，抵押权的效力将及于添附后的抵押物，以及抵押人因此获得的赔偿或补偿。

【问题 52】因加工使抵押人丧失抵押物时应当如何处理？

自然人甲向自然人乙借款，并用自己的一块未经雕琢的玉石提供抵押担保，后甲将该玉石借给丙观赏，丙对该玉石进行加工。丙如果将玉石加工成艺术作品，形态变化对于抵押权是否有影响？

分析：一般情况下，就动产设定担保物权并不以抵押形式，而是以质押形式，为方便理论说明，此处以动产玉石为例。根据传统民法中，有关添附引起所有权变动的理论，如果丙基于加工行为而给该玉石增加的价值很小，那么玉石仍然归甲所有，该玉石继续作为抵押物；如果丙基于加工行为而致使该玉石的价值下降，那么玉石仍然归甲所有，且甲有权要求丙就该减少部分承担侵权责任，那么抵押权的效力及于加工后的玉石，以及甲从丙处获得的赔偿金；如果丙基于加工行为而给该玉石增加的价值远远大于该玉石本身的价值，将会导致玉石的所有权发生变动，那么甲有权因失去玉石的所有权要求丙进行赔偿，抵押权的效力及于甲从丙处获得的赔偿金。

【问题 53】抵押权是否及于添附物？

自然人甲向乙银行借款，用自己拥有一套房屋的所有权提供抵押担保。后甲将房屋出租给丙，丙在租赁期间未经甲的同意为房屋地面铺设地板砖。问，乙银行的抵押权是否及于该地板砖？

分析：丙基于买卖获得地板砖的所有权，该所有权会基于丙的添附行为而发生物权变动，所有权会归属房屋所有权人甲。具体而言，在铺设后，该地板砖将因为与房屋发生混合而导致房屋所有权吸收地板砖的所有权，从而引发地板砖所有权物权变动至甲。所以，在铺设后，乙银行的抵押权将自然而然地及于该地板砖，此时的地板砖实际上和房屋是一个物。

（五）土地上新增建筑物

对于建设用地使用权设定抵押后，该抵押权是否及于土地上新增的建筑物的问题，不似不动产对添附物所有权的吸收，反而在物权法原理上类同于抵押权是否及于物之新增从物的问题。我们认为，其原因是动产添附不动产会失去所有权，而建筑物在我国添附土地不会失去所有权，所以一方面，新增建筑物并不依照罗马法中的“土地吸附原则”而自然归入建设用地使用权中，而是由建设用地使用权人建筑性使用土地之后原始取得建筑物所有权，从而使土地所有权之上出现了建筑物所有权与建设用地使用权两个法律上相对独立，且可供交易的权利。新增建筑物后，因其所有权价值较大，建设用地使用权抵押权设定时是以使用权的价值为基准确定能够抵押担保的债权范围，没有发挥建筑物的担保功能。另一方面，如果法律规定建设用地使用权抵押权自然及于地上新增建筑物，在第三人提供建设用地使用权设定抵押权的情况下，将打击第三人实施建设行为的积极性。从以上两个方面来看，我国法律规定建设用地使用权抵押权不及于地上新增建筑物具备合理性。但应当看到的是，在特殊情况下，如果抵押人将新增建筑物所有权出让给第三人，将可能会出现建设用地使用权抵押人和建筑物所有权人之间的权利冲突，这种冲突将会被不动产统一登记制度所缓解。

尽管地上新增建筑物不属于抵押财产，但是在该建设用地使用权实现抵押权时，应当将该土地上新增的建筑物与建设用地使用权一并处分，但抵押权人无权就新增建筑物所得的价款优先受偿。这一点和新增从物在法律效果上一致，因为虽然新增建筑物和土地紧密结合，看似建筑物添附土地之上，但在我国法律框架内，房屋是可以拥有自己的所有权的。

（六）抵押物的代位物

抵押物的代位物，是指在抵押权存续期间，抵押财产毁损、灭失而依法获得的、代替原抵押物以担保债务履行的财产。在我国，物权法规定的代位物包括：（1）保险金；（2）侵权损害赔偿金；（3）因征收、添附而获得补偿金三种情况。

通说认为，抵押权人同意抵押人以转让方式处分抵押财产包含了抵押权人自身对抵押物的支配和对抵押权的处分，故抵押人转让抵押财产所得的价款不能作为抵押物的代位物，而是须根据《物权法》的规定提前清偿债务或者提存，而提存和清偿一样都是《合同法》第九十一条规定的债务关系终止的一种方式。换句话说，经抵押权人同意转让抵押财产的，最终结果是主债务得到清偿。

【问题 54】抵押物的代位物是什么？

自然人甲向乙银行借款，自然人丙用自己拥有的一辆价值10万元的汽车提供抵押担保。一日，发生地震，丙的车辆毁损。保险公司就该车辆的毁损向丙支付5万元保险金，而该保险金即继续作为抵押物担保银行对甲的借款债权的实现。

分析：抵押权人支配的是抵押物的交换价值，只要抵押物还有交换价值，抵押权原则上就不会消灭。在上述问题中，乙银行作为汽车的抵押权人也承担了汽车因意外灭失而发生的损失风险，这也是抵押权人在抵押权设定前后均会要求抵押人就抵押物投保全额商业险的原因。上述例子中，抵押物的价值也从原来的10万元减至5万元，该5万元即为抵押物汽车的代位物；当然，抵押权人在车辆抵押时也可以要求抵押人就车辆投买全额10万元保险，以避免承担抵押物意外灭失的风险。

三、抵押权的一般物权效力

作为物权的一种类型，抵押权基于公示也会获得物权的一般效力，即物权优先效力、排他效力、追及效力以及物上请求权效力。因为抵押权不转移占有的权利特征，使得上述四项物权的一般效力仅仅是在抵押权实现时得以体现出来。实践中，除了抵押权优先于普通债权受偿、可追及抵押物占有人处实现抵押权等体现抵押权物权效力的一般情况外，抵押权的物权效力还着重体现在以下几个方面。

（一）抵押物重复抵押

重复抵押是指抵押人在抵押物上设定抵押权后，为了担保其他债权的实现，而在同一抵押物上再次设定抵押权。因为抵押权的有效设定不以转移抵押物的占有为条件，故在一个物上设定多个抵押权并不违反一物一权原则。因此，我国法律并未禁止进行重复抵押，只是要求在财产抵押后，该财产的价值大于所担保债权的余额部分，才可以再次进行抵押，且不得超出余额部分。实践中，是否进行重复抵押，以及被担保债权是否超出抵押后剩余价值部分，均由当事人根据实际情况自行决定；先设立的抵押权不具有阻却抵押人再次就抵押物设定抵押权的效力。在重复抵押的情况下，抵押权之间会存在优先效力问题。一般来讲，先登记的抵押权优先于后登记的抵押权，登记的抵押权优先于未登记的抵押权；均未登记的，相互之间不产生优先效力，各抵押权人按照债权比例受偿。

【问题 55】抵押物被重复抵押时该如何实现抵押权？

甲公司分别向乙银行、丙银行贷款人民币 500 万元、600 万元，用自己的价值 1000 万元的房产提供抵押担保，先后抵押给乙银行和丙银行，并均办理了抵押登记和强制执行公证。后，甲公司无力清偿先到期的丙银行的债务，丙银行鉴于乙银行的抵押权应当怎样实现自己的抵押权？

分析：根据物权法理论，抵押权之间也存在优先顺序，先抵押的抵押权优先于后抵押的受偿。本案中，在抵押权顺位上，丙银行后于乙银行。丙银行债权到期后，其会依据强制执行公证文书和执行证书向执行法院申请执行，而执行法院会在执行程序中将房产拍卖。对于拍卖所得价款，执行法院会将清偿乙银行债权的金额进行司法提存，并将剩余部分用于清偿丙银行债权。在此过程中，体现了乙银行的抵押权对丙银行的抵押权的优先效力。

【问题 56】抵押权和质权的先后顺序如何确定？

甲公司向乙银行贷款，用自己的机械设备提供抵押担保，并至工商机关办理了抵押登记。随后，甲公司向丙公司借款，用上述机械设备提供质押担保，并向丙公司交付该机械设备。后甲公司无力清偿乙银行的债务，执行法院拍卖机械设备，所得价款应当按照什么顺序在乙银行、丙公司之间进行分配？

分析：本案中，应当按照乙银行优先的顺序进行价款分配，之所以乙银行优先于丙公司受偿，是因为乙银行的抵押权通过抵押登记获得的公示对抗效力。其间，执行拍卖和次序清偿体现了抵押权的追及效力和优先效力。如果乙银行的抵押权未经抵押登记，在实现抵押权和质权时，就需要保护善意的第三人丙公司，让丙公司的质权优先于抵押权受偿。上述结论仅仅是就简单的例子所进行的分析，实践中的情况要更为复杂，须具体情况具体分析。

（二）抵押权与租赁权

《合同法》的立法者从世界各国加强对承租人保护，以及租赁权这种债权出现的物权趋势和我国的司法实践出发，使第二百二十九条从总体上确立了“买卖不破租赁”的基本规则，即“租赁物在租赁期间发生所有权变动的，不影响租赁合同的效力”。这一规则强调对承租人的保护，但是在抵押权法律关系领域也会产生影响。

应当看到，抵押权是一种价值处分权，抵押人在将抵押物的价值抵押给抵押权人用以担保债权实现的同时，因为不转移占有的权利特征，导致抵押人在抵押权设立之后还有权对抵押物的使用权进行处分，即自己使用或以租赁的形式让他人使用。《合同法》第二百二十九条中所说的租赁，其标的物不仅包括不动产，还包括动产。在动产之上，因为质权是以占有为要件的担保物权，其和租赁权不能共容（质权人出租质物的情形不在此列），所以一般在质权和租赁权之间不会出现问题。另外，抵押权是一种不转移占有的权利，所以在实践中抵押权人和承租人之间的矛盾一般发生在实现抵押权，对抵押物进行拍变卖时。

第一，抵押权设立之前出租的（即“先租赁、后抵押”），该租赁关系可以对抗已登记的抵押权。租赁合同对抵押权实现时受让抵押物的买受人具有约束力，买受人不得要求承租人返还租赁物，但可以作为租赁物所有权人收取租金。

第二，抵押权设立之后出租的（即“先抵押、后租赁”），该租赁关系不得对抗已登记的抵押权。租赁合同对抵押权实现时受让抵押物的买受人不具有约束力，买受人可以要求承租人返还租赁物；承租人返还租赁物的，可以根据合同法有关租赁合同的相关规定，要求解除合同，并要求出租人承担损失赔偿责任。

上述规则体现出了抵押权的优先效力以及追及至承租人处实现抵押权的追及效力，其间须注意以下三点：（1）“买卖不破租赁”规则的适用范围不仅包括不动产，而且还包括动产；（2）具有上述效力的抵押权必须是经过登记公示的抵押权，未经过登记公示的，原则上不具备优先效力等物权效力；（3）上述规则不排斥承租人基于租赁合同享有的优先购买权。

在先抵后租情形下的“买卖不破租赁”的法律规则中，关键的是抵押权成立的时间，即是以申请时间为准，还是以登记时间为准，相关的还有租赁合同如果是附期限或条件的租赁合同，那么两者是否还适用买卖不破租赁规则？《合同法》第二百二十九条中的租赁期间，应当是按照实际租赁关系期间，如果是附延缓期限的合同，那么在延缓期限届满后发生的抵押可以认定为先租后抵。买卖不破租赁规则在船舶方面也是适用的，而船舶登记日期为登记申请日。甲于2月1日申请船舶抵押登记，此时需要登记机关进行审查，2月2日将船舶出租给乙，乙将船开走，抵押登记于2月5日审批登记，但登记的日期却是2月1日，这时就是先抵后租，而不是先租后抵。另外，如果抵押人是在与抵押权人订立抵押合同之后，办理抵押登记前与承租人订立租赁合同，则是否能适用《物权法》第一百九十条？从法律关系的本质来看，抵押还是需要看抵押登记的时间，因为其会兼顾承租人的利益，会基于抵押登记的公示对承租人产生对抗效力。

《担保法》第四十八条规定，“抵押人将已出租的财产抵押的，应当书面告知承租人，原租赁合同继续有效”，该条款的意义颇令人怀疑。按照法工委的解释，该条款的作用是告知承租人将租金支付给抵押财产的受让人的。但是，在上述先租后抵的情况下，通不通知承租人，租赁合同都对实现抵押权时的抵押财产受让人继续有效。尽管为支付租金或满足承租人对租赁物的优先购买权而通知承租人是抵押人对受让人和承租人的法定义务，但履行时间上也应当是在转让合同签署前后，而不是在抵押时。在法律效果上，如果不告知承租人，承租人对原出租人（抵押人）给付租金的行为是一个有效行为。

【问题 57】实现抵押权时的抵押物买受人能否要求抵押物承租人返还原物？

甲公司向乙银行贷款，用自己A地块的建设用地使用权提供抵押担保，并办理了抵押登记，甲公司随后将该地块出租给丙公司。后，甲公司无力清偿乙银行贷款，法院经过拍卖程序将A地块的土地使用权拍卖给丁公司，而租赁合同期限此时尚未届满。问，丁公司能否要求丙公司返还土地？

分析：“先抵押、后租赁”，丁公司不受租赁合同效力的约束，有权要求丙公司返还该地块。因无法继续使用该地块，丙公司有权依据《合同法》第九十四条的规定，向甲公司提出解除租赁合同，并根据合同法第九十七条要求甲公司赔偿损失。

（三）抵押权与地役权

抵押权不转移占有的权利特征决定了其并不排斥占有、使用、收益为内容的用益物权，所以在一个抵押物上可以同时存在抵押权和用益物权。鉴于我国用益物权的标的物仅仅是土地，且物权法明确禁止在土地所有权上设定抵押权，故实践中的问题主要是出现在土地使用权之上同时存在抵押权与地役权的情况，在处理两者之间关系时，是否仍然遵循登记和设立在先两个标准？具体处理规则如下。

1. 抵押权与地役权均登记，且抵押登记在先的。抵押权的标的物为无地役权负担的土地使用权。所以，在实现抵押权时，无论抵押物为需役地的土地使用权还是供役地的土地使用权，原则上均作为无地役权负担的土地使用权进行处分。具体而言，如果是供役地，买受人无须受地役权约束；如果是需役地，买受人无须支付地役权对价。

2. 抵押权与地役权均登记，且地役权登记在先的。抵押权的标的物为有地役权负担的土地使用权。所以，在实现抵押权时，无论抵押物为需役地的土地使用权还是供役地的土地使用权，均作为有地役权负担的土地使用权进行处分。

具体而言，如果是供役地，买受人须受地役权约束；如果是需役地，买受人须支付地役权对价。

【问题 58】抵押权和地役权哪个优先？

甲公司向乙银行贷款，用自己A地块的建设用地使用权提供抵押担保，并办理了抵押登记。随后，甲公司与丙公司协议将上述A地块作为供役地为丙公司B地块（需役地）设定地役权，约定甲公司不得在A地块上建筑超过两层的房屋，双方办理了地役权登记，甲公司为此每年向丙公司收取土地使用费若干。后甲公司无力清偿乙银行贷款，法院经过拍卖程序将A地块的土地使用权拍卖给丁公司。丁公司受让的A地块的建设用地使用权是否应当受上诉地役权的限制？

分析：对于上述案件，《物权法》第一百六十五条给出了一个原则性的处理规则，即“地役权不得单独抵押。土地承包经营权、建设用地使用权等抵押的，在实现抵押权时，地役权一并转让”，但是该规则明显低估了实践中实际情况的复杂性。地役权是A地块土地使用权的限定物权，在A地块土地使用权设定抵押权时，该地块土地使用权之上并无地役权。所以，从法律上讲，地役权的设定在结果上会产生对抵押权标的物（建设用地使用权）在权利上进行限制的法律效果，该地役权不应当对先登记设立的抵押权形成限制；从经济利益的角度讲，这种限制可能会增加标的物的价值，也可能会降低标的物的价值。例如，上述案例中，甲公司从丙公司收取的土地使用费的数额远远大于建筑超过两层房屋时收获的经济利益，或者恰恰相反。

所以，鉴于抵押权的排他效力、优先效力，丁公司受让的A地块的土地使用权在原则上，不负有不得建筑超过两层楼房的地役权负担。当然，如果丁公司认为A地块设定地役权较为有利，也可以继续与丙公司商谈并设定地役权。另外，如果甲公司抵押给乙银行的A地块是需役地，甲公司有义务根据抵押权登记设立后缔结的地役权合同的约定，每年向丙公司支付土地使用费。那么，通过拍卖买受A地块的丁公司也同样原则上不受甲、丙之间支付土地使用费义务的约束，但其同样也不享有地役权。

【问题 59】地役权登记在先的应当如何处理？

甲公司与丙公司缔结地役权合同，约定将甲公司拥有的A地块作为供役地为丙公司B地块（需役地）设定地役权，约定甲公司不得在A地块上建筑超过两层的房屋，双方办理了地役权登记，甲公司为此每年向丙公司收取土地使用费若干。随后，甲公司向乙银行贷款，用上述A地块的建设用地使用权提供抵押担保，并办理了抵押登记。后甲公司无力清偿乙银行贷款，法院经过拍卖程序将A地块的土地使用权拍卖给丁公司。丁公司受让的A地块的建设用地使用权是否应当受上诉地役权的限制？

分析：因为抵押权登记设立在后，且丙公司拥有的是经过登记有公示对抗效力的地役权，故乙银行抵押权的标的物是A地块的已经设定地役权的建设用地使用权，所以丁公司拍卖受让的也是带有地役权负担的建设用地使用权。丁公司拍卖受让A地块土地使用权后，无权在地役权有效期内在A地块上建筑超过两层的楼房，但其有权从丙公司每年获得土地使用费。如果A地块是需役地，丁公司拍卖受让A地块土地使用权后，也同时获得地役权，并负有支付土地使用费的义务。

四、抵押权的特殊效力

抵押权除了作为物权而拥有物权的一般效力之外，还基于自身担保物权类型和不转移占有的权利特征，而拥有自己特有的法律效力。在抵押权存续期间，抵押权效力集中体现在抵押权人对抵押财产交换价值的“控制”性支配当中，其中包含两个层面：第一，在抵押人使用抵押物时进行控制，保持抵押物现有交换价值，即抵押物的保全；第二，在抵押人处分抵押物时进行控制，防止抵押人对抵押物的处分行为导致抵押权人的权益受损。

（一）抵押物的保全

在抵押权存续期间，如果抵押物价值下降，那么抵押权人（债权人）就有期满无法借助抵押权实现债权之虞。而抵押物价值下降，原因可能来自三个方面：第一，抵押物价值自然或因意外事件下降；第二，第三人侵害抵押物；第三，抵押人对抵押物使用，包括抵押人对抵押物的正常使用和非正常使用。对于第一点，抵押权人是抵押物的物权人，也应当承担抵押物价值自然下降的风险，无论是《担保法》还是《物权法》均未就此为抵押权人提供法律规范方面的特别保护，抵押权人只能通过保险、再担保等方式转移风险加以防范。对于第二点，在发生第三人侵害抵押物的情形下，抵押权人可以要求就第三人的赔偿金提前清偿债务或进行提存，也即是赔偿金成为抵押物的全部或部分的代位物。对于第三点，即是所谓抵押权人对抵押物的保全权。

所谓抵押物的保全，是指在抵押权存续期间，抵押物因抵押人而受到侵害时，抵押权人依法享有的、保全抵押物价值的权利。在抵押期间，抵押权人并不直接占有抵押物，在客观上无法对抵押物采取有效避免价值减损的措施。这里存在抵押权人保全抵押物价值和抵押人正常就抵押物占有、使用、收益之间的矛盾。为了妥善地处理这一矛盾，物权法规定，抵押权人一方面通过对抵押人对抵押物的使用权进行直接限制的方式保全抵押物的价值；另一方面通过要求抵押人另行提交抵押物或直接清偿主债务的方式间接保全抵押物的价值。

1. 停止侵害或消除危险请求权

抵押权人停止侵害或消除危险请求权，是指在抵押存续期间，抵押人的行为足以使抵押物价值减少的，抵押权人享有要求抵押人停止侵害、消除危险的权利。请注意，这里并未区分抵押物的正常使用还是非正常使用，但实践中一般仅针对抵押人对抵押物的非正常使用。抵押权人行使该权利的条件是：a. 必须是抵押人的行为；b. 抵押人的行为必须是足以造成抵押物价值减少的情况，具有行为程度的要求；c. 抵押权人原则上只能向抵押人请求停止侵害或消除危险，因为第三人对抵押物的侵害，其请求权往往由抵押人行使。

【问题 60】抵押人非正常使用抵押物时抵押权人如何进行救济?

自然人甲向乙借款，丙用自己的一辆小轿车提供抵押担保，各方分别签订借款合同并实际支付借款，签订抵押合同并进行抵押登记。抵押权存续期间，乙发现丙用抵押小轿车拉运重型货物，货物的重量超过该车的额定载重限额。抵押权人乙如何就此进行救济?

分析：丙用抵押小轿车拉运重型货物，可能会造成抵押物价值下降，导致抵押物变价款项数额减少，使得抵押权人通过实现抵押权无法实现债权。这时，抵押权人有权要求抵押人停止侵害，或另行提交抵押物用以置换抵押汽车。

2. 恢复原状或另行提供担保的请求权

抵押人恢复原状请求权，是指在抵押存续期间，因抵押人、第三人的行为致使抵押物的价值减少时，抵押权人有权请求抵押人或第三人恢复抵押物价值的权利。同时，抵押权人还有权径行请求抵押人另行提供担保，以补足抵押物价值减少部分的物权担保，所以另行提供的担保应当是物权担保。

3. 提前要求清偿债务的请求权

在抵押人、第三人的行为导致抵押物价值减少，抵押人未能恢复抵押物价值，也未能提供物权担保的情况下，抵押权人有权要求债务人提前清偿债务。此项为抵押权人的法定权利，当事人不能在主债权债务关系中预先排除该项权利。该项权利也意味着，抵押权人有权在请求债务人提前清偿债务的同时，提前就抵押物实现抵押权。如果抵押物系第三人提供，这意味着抵押权人有权因为第三人的原因要求债务人提前清偿债务，债务人不得以债务履行期限尚未届满为由拒绝履行债务。理论界和实务界有学者认为此项直接迫使债务人在没有任何准备的情况下丧失债务履行期限利益显然是不公平的，但笔者认为，这种观点忽视了债权人与债务人达成交易时的利益平衡，因为担保物权的有效存续，债权人才与债务人达成交易，而在担保物权无法有效存续，抵押人拒绝恢复抵押物价值，也不提供相应担保的情况下，债权人要求债务人提前终止交易是合情合理的，不应当对其间的公平性提出质疑。当然，抵押权人要求债务人提前清偿债务的，应当和无债务履行期限时一样，留一定合理的期限给债务人。

【问题 61】抵押权人在要求抵押人停止侵害、恢复原状或提供担保未果的情况下，如何进行救济？

甲公司向乙银行申请贷款，丙公司用其机械设备提供抵押担保。抵押权存续期间，丙公司将抵押的机械设备露天放置，风吹雨淋，乙银行请求丙公司采取防护措施未果。遂请求丙公司另行提供担保物，丙公司出具担保函称愿就甲公司的贷款提供连带责任保证担保，并自愿用此保证担保置换机械设备抵押。乙银行拒绝后请求甲公司提前还本付息，并主张就机械设备实现抵押权。乙银行的主张是否于法有据？

分析：乙银行作为抵押权人有权要求丙公司停止侵害抵押机械设备的行为，丙公司通过出具担保函提供的是连带责任保证担保，该担保会使乙银行从拥有优先权的物权担保权人变为无物权担保（机械设备价值减损部分）的一般债权人，乙银行当然有权拒绝丙公司提供的保证担保，并有权要求甲公司提前还本付息及就机械设备实现抵押权。

（二）限制抵押人处分抵押物的权利

抵押权是依法在抵押人所有物上设定的物上负担，抵押人对抵押物的所有权并不因为抵押权的设立而消灭。所以，抵押人在抵押权存续期间仍然拥有对抵押物的处分权，但鉴于抵押权的限定物权性质，抵押人的处分权须受到抵押权的限制。根据物权法的规定，抵押人在抵押权存续期间，转让抵押财产的，应当经过抵押权人同意。这里，切不可将“抵押权人同意”作绝对化理解，即未经抵押权人同意的，则认定转让行为一概无效。法律一直在保护抵押权人的利益和保证抵押物的自由流通之间寻找平衡。这一点从《担保法司法解释》第六十八条的规定，即“抵押物依法被继承或者赠与的，抵押权不受影响”和《物权法》第一百九十一条第二款的规定，即“抵押期间，抵押人未经抵押权人同意，不得转让抵押财产，但受让人代为清偿债务消灭抵押权的除外”就可以看出。

从抵押权作为一种价值支配权的角度来看，立法本意是让抵押权人在转让抵押物所有权时对是否能保障其就抵押物价值优先受偿的权利进行判断，并不是完全刚性地赋予抵押权的追及效力以绝对化的法律效力。这样，立法者实际上通过法律规范给出了完全面向实践的规则：

第一，无偿转让抵押物的，如赠与或继承，无须抵押权人同意，但抵押权人有权根据《担保法司法解释》第六十八条的规定追及继承人、受遗赠人、受赠人处行使抵押权，他们继承或受赠的是带有抵押权负担的抵押物，这里没有涉及需要保护继承人、受遗赠人、受赠人利益的问题。当然，继承人、受遗赠人、受赠人也可以以代为清偿的方式消灭抵押权，从而去除抵押物的抵押权负担。

【问题62】抵押物已经被继承了，抵押权人是否还能行使抵押权？

自然人甲向乙借款，丙用自己的一辆小轿车提供抵押担保，双方办理了抵押登记。抵押权存续期间，丙死亡，其法定继承人丁继承了抵押小轿车。问，抵押权人乙是否能够就小轿车行使抵押权？

分析：抵押权存续期间，抵押人死亡并不是抵押权消灭的法定事由，所以其法定继承人继承的是一辆负有抵押权负担的小轿车，故主债务期限届满或出现抵押权实现事由时，抵押权人乙有权就已经由丁法定继承的小轿车实现抵押权。实际上，即使丁系遗赠抚养协议的受赠人，也不影响抵押权人乙就小轿车实现抵押权。

第二，有偿转让抵押物的，根据《物权法》第一百九十一条第二款的规定，需要经过抵押权人同意，这里的“同意”存在保护抵押权人和受让人利益的双重含义。实践中，抵押权人是否同意抵押人以转让方式处分抵押物，一般会依据转让价款的高低而定。

如果转让价款高于抵押担保的债权，抵押权人一般会同意抵押人转让抵押物，但转让价款须向抵押权人提存或提前清偿，转让价款将作为抵押物的代位物存在，抵押权人无权追及受让人处行使抵押权。也就是说，受让人受让的是无抵押权负担的抵押物。

如果转让价款低于抵押担保的债权，则抵押权人有权拒绝抵押人转让抵押物。这里需要注意三点：第一，抵押权人不同意，不影响转让合同在抵押人和受让人之间发生效力，其是有效的法律行为，抵押权人不同意将导致抵押人履行不能，受让人有权依据转让合同主张违约责任或解除合同；第二，如果抵押物受让人代为清偿债务消灭抵押权的，转让抵押物则无须抵押权人同意，这即是所谓抵押权人的涤除权；第三，抵押权人不同意，如果是已登记的抵押权，登记部门不会予以办理抵押人和受让人之间的产权过户手续，即不会产生抵押物转让后，其上是否仍然有抵押权负担，以及该负担应当怎样去除的问题；如果是无须登记的抵押权，存在第三人依据《物权法》有关规定善意取得无抵押权负担抵押物的可能性。

最高人民法院在其就“新疆三山娱乐有限公司等与中国农业银行新疆维吾尔自治区分行营业部等金融借款合同纠纷上诉案”作出的（2012）民二终字第113号民事判决中认为，“抵押权系为确保债务清偿为目的，债权人对债务人或者第三人所有的特定财产所享有的直接支配和排他的权利。抵押权本质上是‘对物’的权利，而非‘对人’的权利。因此，一旦抵押权依法设定，债权人即对抵押财产享有了排他的优先受偿的权利，只要抵押权人未表示同意放弃抵押权的，抵押财产不论是基于抵押人的自由转让行为，还是基于司法执行行为等导致变动，抵押权人均可基于有效的抵押权追及抵押财产行使权利”。

（三）抵押权的期限

作为限定物权的一种类型，抵押权不可能是无期限物权，否则因其对抵押人权利（所有权、使用权）的限制也会变为无期限限制。关于抵押权的期限，《物权法》《担保法》及其司法解释的规定比较混乱。

首先，《担保法司法解释》第十二条第一款规定：“当事人约定的或者登记部门要求登记的担保期间，对担保物权的存续不具有法律约束力。”关于怎么理解这里规定的“担保期间”，可以参考保证法律关系中的保证期间，其对保证债权而言是一个不变的、特殊的消灭时效；一旦保证期间经过，而担保债权人未有效行使保证债权的，则该保证债权消灭，所以保证期间在本质上是一个债权请求权的消灭时效。考虑到担保物权的物权特征和公示效力，设定类似的消灭时效可能会损害利害关系人的权益，所以法律不允许设定担保期间，这也是物权法定原则在抵押权规则中的具体体现。在实践中，抵押登记部门往往在给抵押权人出具的抵押他项权利证书上注明担保期间，根据《担保法司法解释》的上述规定，应属无效。

其次，《担保法》第五十二条规定了抵押权存续期间的一般规则，即抵押权的存续期间是一个不确定期限，即“抵押权与其担保的债权同时存在，债权消灭的，抵押权也消灭”。

再次，《担保法司法解释》第十二条第二款规定了抵押权的行使期限，即“担保物权所担保的债权的诉讼时效结束后，担保权人在诉讼时效结束后的二年内行使担保物权的，人民法院应予以支持。”这条规则被《物权法》第二百零二条所取代，即“抵押权人应当在主债权诉讼时效期间行使抵押权；未行使的，人民法院不予保护”。这一立法上的变动原因在于，抵押权人实现抵押权后，抵押人可以因使用抵押物代偿担保债权而拥有向主债权债务人进行追偿的权利。此时，如果主债权已经过诉讼时效，且法律保护了抵押人对主债务人进行追偿的权利，那么主债权的诉讼时效在实际效果上被延长了两年。另外，抵押权是主债权的从权利，抵押人在理论上应当享有主权利，即主债务人对债权人享有的抗辩权，包括诉讼时效抗辩权，故而不应当赋予抵押权人在主债权诉讼时效经过后，行使抵押权的权利。

最后，怎么理解《物权法》第二百零二条中的“不予保护”？应当看到，诉讼时效经过之后，主债权虽然因债务人拥有诉讼时效抗辩权而失去胜诉权，但主债权依然作为自然之债而存在。如果此时抵押权被设定和主债权一样的规则，将会导致抵押权人虽然不能行使抵押权，但是抵押权根据《担保法》第五十二条所规定的抵押权存续期间的一般规则而继续存续。如果抵押权和主债权一样作为自然权利而存续的话，将会阻碍抵押物（权利）进行流转，不利于发挥抵押物的经济价值；而且在重复抵押的情况下，后顺位抵押权人在实现抵押权上面临是否需要为不予保护的顺位在先的抵押权保留清偿份额等一系列棘手问题。所以，我们认为，“不予保护”在法律效力上应当理解为抵押权消灭，而主债权的诉讼时效对于抵押权而言就应当是消灭时效，这符合抵押权作为物权，而不是债权的权利特征；但是，这个时效因为其所依据的诉讼时效本身是一个可变期间，导致其也是一个可变期间。

综上，抵押权的期间应当分为两个部分：第一，一般而言，抵押权因主债权的消灭而消灭；第二，主债权诉讼时效内，抵押权人未有效行使抵押权的，抵押权归于消灭。至于两部分之间的关系，前者是一般规则，而后者是抵押权消灭的特殊规则。

【问题63】抵押权是否受抵押登记机关规定或登记抵押期限的影响？

实践中，许多登记机关在抵押登记合法的他项权利证书上会注明登记的有效期，或他项权利证书的有效期，对这一问题的理解曾给各地人民法院的审判实践造成很大的困扰。最高人民法院研究室曾就该问题致函广东省高级人民法院，在其《关于抵押权不受抵押登记机关规定的抵押期限影响问题的函》（法（研）明传〔2000〕22号）中，最高人民法院认为“依照《中华人民共和国担保法》第五十二条的规定，抵押权与其担保的债权同时存在，办理抵押物登记的部门规定的抵押期限对抵押权的效力不发生影响”；也就是说，登记机关在他项权利证书上注明或部门规定的抵押期限对抵押权的效力不发生影响，即使按照登记机关的规定他项权利证书失效，抵押权依然有效。该函件的内容与《担保法司法解释》第十二条第一款的内容一致，之所以如此，是因为根据物权法定原则，他项权利证书因期限届满而失效并不是抵押权消灭的法定事由。

制度部分

一、抵押权担保的债权范围

《物权法》第一百七十三条规定，“担保物权的担保范围包括主债权及其利息、违约金、损害赔偿金、保管担保财产和实现担保物权的费用”，本条是抵押权担保债权范围的一般规定。如果当事人之间就担保范围另有约定，应当依照当事人的约定确定担保的债权范围。

《担保法》第三十五条规定抵押人所担保的债权不得超出其抵押物的价值。根据该项规定，我国禁止超额抵押，所以抵押登记部门须衡量抵押权的设定是否违反了该条规定，故《城市房地产抵押管理办法》第三十二条第六项就要求当事人提交可以证明抵押房地产价值的资料。因为抵押物的价值可能存在浮动，强行禁止超额抵押并不利于实现抵押物的交换价值，所以在实践中是否决定超额抵押，以及是否承担抵押物价值无法完全覆盖其所担保的债权范围的风险均由当事人自己决定。从《不动产登记暂行条例实施细则》第六十六条有关抵押登记申请材料的规定也可以看出，登记机关的态度转变为不再对抵押是否超额进行审查。

二、抵押权效力及于标的物的范围

（一）抵押物的从物

《担保法司法解释》第六十三条规定，“抵押权设定前为抵押物的从物的，抵押权的效力及于抵押物的从物”，抵押权有效设立前为抵押物从物的，抵押权效力自然及于从物，但上述规定并未提及当事人可以另有约定，这显然是出于保护交易安全目的的需要。实践中，如果当事人在抵押物合同中对从物另有约定，并且已通过登记加以公示，那么该从物不属于抵押权标的物的范围。此外，该规定的另一层含义是，抵押权的效力不及于新增从物。如果在抵押权设立时，主物和从物分属于不同的民事主体，那么在法律上二者当然不属于主从物关系，这也是第六十三条后半段规定的“抵押物与其从物为两个以上的人分别所有时，抵押权的效力不及于抵押物的从物”的含义，该规定原则上排除了抵押权人对属于第三人的“从物”的抵押权善意取得的可能性。

【问题 64】抵押物的“从物”系他人之物，抵押权人是否能就该从物行使抵押权？

甲公司向乙银行贷款，用自己的一幢别墅所有权提供抵押担保。后双方就该别墅前放置的大石狮子是否作为抵押担保的抵押物发生纠纷，遂诉至法院。后法院查明，该大石狮子属于丙租赁公司所有，系甲公司为了别墅风水向丙公司租赁的。该大石狮子是否在抵押物范围之内？

分析：大石狮子不属于抵押人甲公司，故并非别墅的从物，即使甲公司和乙银行在抵押合同中明确约定大石狮子包含在抵押物范围之内，且已经经过抵押登记。但大石狮子属于动产，根据《物权法》第一百零六条的规定动产善意取得须经交付，因为抵押权不转移占有的法律特征，乙银行也无法善意取得大石狮子的抵押权。所以，结论是大石狮子既不包含在抵押物范围之内，也不能与别墅一同拍卖。

（二）抵押物的孳息

《担保法》第四十七条第一款规定，“债务履行期届满，债务人不履行债务致使抵押物被人民法院依法扣押的，自扣押之日起抵押权人有权收取由抵押物分离的天然孳息以及抵押人就抵押物可以收取的法定孳息。抵押权人未将扣押抵押物的事实通知应当清偿法定孳息的义务人的，抵押权的效力不及于该孳息”；《物权法》第一百九十七条延续了《担保法》的规定，即“债务人不履行到期债务或者发生当事人约定的实现抵押权的情形，致使抵押财产被人民法院依法扣押的，自扣押之日起抵押权人有权收取该抵押财产的天然孳息或者法定孳息，但抵押权人未通知应当清偿法定孳息的义务人的除外”，上述规则规定抵押权有效设立后的孳息并不自然包含在抵押权标的物范围之内，只有在法院依法扣押后，抵押物的法定孳息和天然孳息才进入抵押物范围之内，但孳息应当先充抵收取孳息的费用。

【问题65】抵押物的租金归属于谁?

甲为了担保对乙的债务将房屋抵押给乙。办理抵押登记之后，甲将房屋出租给丙，并一次性收取五年的房租，丙经甲同意将房屋转租给丁，按月收取租金。债务到期后，甲未按期履行债务，导致抵押房屋被法院查封，问丁支付的房租是否在抵押物范围之内，或抵押权人是否有权收取房租?这个例子再翻过来，即转租之后成立抵押权，是否有不同?

先租后抵，承租人一次性支付给出租人的五年租金分为三个部分:（1）拍变卖之后的租金;（2）法院扣押和拍变卖期间的租金;（3）扣押之前的租金。扣押之前的租金，自然属于出租人（抵押人）;法院扣押和拍变卖期间的租金，因为已经由抵押人（出租人）收取，故在抵押物无法完全清偿债务的情况下，抵押权人可以要求抵押人（出租人）返还该部分（作为不当得利），另外，拍变卖、扣押的费用应当由该部分优先清偿，但是法院一般情况下是由拍变卖所得款项支付，这里就会产生问题;拍变卖之后的租金，应当归属抵押物的受让人，故受让人可以向抵押人要求返还不当得利。上述情况，在先抵后租的情况下，不同之处在于拍变卖之后产生的租金，因为在拍变卖后，受让人有权要求次承租人搬出，所以不会产生后续租金。对于次承租人而言，因合同履行不能而不用支付租金，承租人就该期间支付的租金，可以向出租人索回，并要求出租人（抵押人）承担租赁合同的违约责任。从上述分析可以看出，《物权法》第一百九十七条的规定过于简单，即法院可以在扣押之后收取孳息，该情形应当不包含上述特殊情形。

对于抵押物的法定孳息，如果要收取孳息，必须通知孳息义务人，否则孳息义务人向抵押人履行支付孳息义务的行为继续有效，发生支付孳息义务的清偿效力，抵押权人不得主张该清偿行为无效。

（三）抵押物的添附物

《担保法司法解释》第六十二条规定，“抵押物因附合、混合或者加工使抵押物的所有权为第三人所有的，抵押权的效力及于补偿金;抵押物所有人为附合物、混合物或者加工物的所有人的，抵押权的效力及于附合物、混合物或者加工物;第三人与抵押物所有人为附合物、混合物或者加工物的共有人的，抵押权的效力及于抵押人对共有物享有的份额”。从这一规定可知，只有当添附物归属或部分归属抵押物的所有人即抵押人时，抵押权的效力才及于附合物、混合物或者加工物等添附物或抵押人的份额；否则，抵押权的效力不及于添附物。

另，上述的补偿金是指在各方均无过错的情况下，但第三人恶意添附致使抵押权人丧失抵押物的情况下，抵押人有权获得的是损害赔偿金，而非补偿金。

【问题 66】房屋抵押权是否及于房屋内部的电梯？

甲公司向乙银行贷款，用自己所有的一幢大楼产权提供抵押担保。在签署抵押合同并进行抵押登记前，甲已经将该大楼的所有商铺出租给私人营业者。乙银行因为甲到期未能履行还本付息义务，申请人民法院查封该大楼。人民法院执行机关根据该申请作出裁定，对该大楼出租商铺采取活封方式进行查封（即仅在房屋登记机关的产权登记簿上进行查封，冻结该房产产权过户、抵押登记等权属变更登记），而对电梯采取死封方式，即贴上封条禁止任何人使用，从而引发租赁商户的强烈不满，人民法院的做法是否妥当？

分析：上例当中的问题，在本质上与当事人通过抵押合同中的约定将电梯排除在抵押权标的物范围之外的做法并无二致，均涉及对物的一部分的处分行为在效力上是否及于物的整体的问题。大楼内的电梯属于大楼的一部分，没有单独的所有权，故大楼所有权上设定的抵押权必然及于该电梯。如果当事人通过抵押合同中的约定将电梯排除在抵押权标的物范围之外，那么在第三方基于抵押权人实现抵押权时因拍卖而受让大楼后，因为该电梯并不在抵押物范围之内，即会出现第三方无法使用电梯的情况。所以，即使抵押关系当事人通过抵押合同将物的一部分排除在抵押物范围之外，该约定也属于无效约定。

再看租赁关系，甲将大楼出租给商户，除租赁合同明确约定商户不得使用大楼电梯，否则电梯作为每一商户单元的共用部分，租赁权的效力必然及于电梯。根据买卖不破租赁原则和《物权法》第一百九十条之规定，即“订立抵押合同前抵押财产已出租的，原租赁关系不受该抵押权的影响”，设定、实现抵押权的不能影响原租赁关系，不能阻止商户使用电梯，所以上例执行法院的做法完全是错误的，商户可以根据《民事诉讼法》对该执行行为提出执行异议。

在最高人民法院就“山东金龙地产有限公司与厦门金龙科技有限公司借款合同纠纷上诉案”作出的（2005）民二终字第 73 号民事终审判决书中，福建高院认为，“关于抵押后房产内电梯等设施是否属于抵押财产，根据《最高人民法院关于适用〈中华人民共和国担保法〉若干问题的解释》（以下简称担保法解释）第六十二条规定：‘抵押物因附合、混合或者加工使抵押物的所有权为第三人所有的，抵押权的效力及于补偿金；抵押物所有人为附合物、混合物或者加工物的所有人的，抵押权的效力及于附合物、混合物或者加工物；第三人与抵押物所有人为附合物、混合物或者加工物的共有人的，抵押权的效力及于抵押人对共有物享有的份额。'第六十三条规定：'抵押权设定前为抵押物的从物的，抵押权的效力及于抵押物的从物。但是，抵押物与其从物为两个以上的人分别所有时，抵押权的效力不及于抵押物的从物。'因此，山东金龙关于房产范围内新增的电梯等设施和设备，不在抵押物登记范围之内，不能纳入拍卖范围的抗辩理由不能成立。由于债务人厦门金龙不履行债务，债权人江头工行有权依照担保法的规定以拍卖或者变卖山东金龙提供抵押的财产的价款优先受偿"，最高人民法院支持了福建高院的观点并进一步认为，"鉴于抵押合同双方在合同中对电梯部分并未作出特别约定，同时，根据本院二审查明事实，可作为独立物存在的电梯，至今未作新的产权确定。虽然电梯可以作为独立的权利客体存在，但作为建筑物重要组成部分的电梯，一旦与建筑物本身脱离，其将失去独立存在的意义。因此，原审法院依据担保法解释第六十二条、第六十三条之规定，将在建项目中的电梯部分认定为抵押物金龙大厦的从物是正确的。虽然在抵押设定时，电梯并未安装，但至今上诉人也没有证据证明该电梯的所有权属于另外一个主体。因此，无论在抵押权设定前后，除非当事人之间有特别约定，电梯应当视为抵押房产的组成部分之一，即大厦的从物。故本案抵押物的财产范围应当包括电梯部分。上诉人山东金龙关于金龙大厦中的电梯部分不属于抵押范围的上诉理由没有法律依据，应当予以驳回"。我们认为：（1）安装好的电梯，应属添附物，而不是从物；（2）电梯不同于地上建筑物，后者即使添附于土地之上，在我国法律框架内也可以有独立的所有权，而前者一旦添附即失去所有权，不存在新增部分不列入抵押物范围的问题；（3）如果电梯不列入抵押物范围，那么就会出现签署租赁关系中的租赁权是否及于电梯的问题。

（四）土地上新增建筑物

土地使用权抵押之后，在该权利涉及的宗地之上增加的建筑物，应当不在抵押财产范围之内，对于新增建筑物的处理，我国相关法律多有涉及。《城市房地产管理法》第五十二条规定，"房地产抵押合同签订后，土地上新增的房屋不属于抵押财产。需要拍卖该抵押的房地产时，可以依法将土地上新增的房屋与抵押财产一同拍卖，但对拍卖新增房屋所得，抵押权人无权优先受偿"。《担保法》第五十五条第一款规定，"城市房地产抵押合同签订后，土地上新增的房屋不属于抵押物。需要拍卖该抵押的房地产时，可以依法将该土地上新增的房屋与抵押物一同拍卖，但对拍卖新增房屋所得，抵押权人无权优先受偿”。《物权法》第二百条规定，“建设用地使用权抵押后，该土地上新增的建筑物不属于抵押财产。该建设用地使用权实现抵押权时，应当将该土地上新增的建筑物与建设用地使用权一并处分，但新增建筑物所得的价款，抵押权人无权优先受偿”，根据该规定，新增建筑物不包含在抵押物范围之内，但是在实现抵押权时应当与抵押物一并处置，这一点和《城市房地产管理法》和《担保法》中表述的“可以”不同，这一改变，值得肯定。

（五）抵押物的代位物

《担保法》第五十八条规定，“抵押权因抵押物灭失而消灭。因灭失所得的赔偿金，应当作为抵押财产”。《担保法司法解释》第八十条规定，“在抵押物灭失、毁损或者被征用的情况下，抵押权人可以就该抵押物的保险金、赔偿金或者补偿金优先受偿。抵押物灭失、毁损或者被征用的情况下，抵押权所担保的债权未届清偿期的，抵押权人可以请求人民法院对保险金、赔偿金或补偿金等采取保全措施”。《物权法》第一百七十四条规定，“担保期间，担保财产毁损、灭失或者被征收等，担保物权人可以就获得的保险金、赔偿金或者补偿金等优先受偿”，这即是抵押物代位物的规则，抵押权的效力自然及于保险金、赔偿金或者补偿金等优先受偿。如果被担保债权的履行期尚未届满，那么当事人可以提存该保险金、赔偿金或者补偿金等。这一规则即是所谓的“担保提存”，这一提存类型并不能引起债务清偿的法律效果。

三、抵押权的一般物权效力

（一）物上请求权

作为物权的一种类型，抵押权人可以适用《物权法》第三十四条、第三十五条之规定，在具体情况下向侵害抵押权的抵押人和第三人行使返还原物、排除妨害、消除危险请求权，以维护自己的权益。

（二）侵权损害赔偿请求权

根据《物权法》第三十七条之规定，“侵害物权，造成权利人损害的，权利人可以请求损害赔偿，也可以请求承担其他民事责任”，担保物权在遭受不法侵害时，抵、质押人有权向侵害人要求承担侵权责任。担保物权也被列入《侵权责任法》第二条第二款侵权法保护的民事权益类型之中。这里所称的担保物权对抵押权人而言，显然系为了保证其基于担保物权所产生的利益而进行的保护。与《物权法》第一百七十四条有关代位物的规定进行比较，侵权损害赔偿请求权对象是抵押物侵权人，而代位物尤其是损害赔偿金作为替代物的请求权对象是抵押人。

（三）抵押权与租赁权

我国有关抵押权和租赁权的法律规定中，存在明确的问题。

1. 法律规定

我国现行法律中，或直接或间接与抵押权和租赁权关系有关的法律规定来自《物权法》《合同法》《担保法》以及《担保法司法解释》四个规范性文件中：（1）《物权法》第一百九十条规定："订立抵押合同前抵押财产已出租的，原租赁关系不受该抵押权的影响。抵押权设立后抵押财产出租的，该租赁关系不得对抗已登记的抵押权。"（2）《合同法》第二百二十九条规定："租赁物在租赁期间发生所有权变动的，不影响租赁合同的效力。"（3）《担保法》第四十八条规定："抵押人将已出租的财产抵押的，应当书面告知承租人，原租赁合同继续有效。"（4）《担保法司法解释》第六十六条规定："抵押人将已抵押的财产出租的，抵押权实现后，租赁合同对受让人不具有约束力。抵押人将已抵押的财产出租时，如果抵押人未书面告知承租人该财产已抵押的，抵押人对出租抵押物造成承租人的损失承担赔偿责任；如果抵押人已书面告知承租人该财产已抵押的，抵押权实现造成承租人的损失，由承租人自己承担。"另，《最高人民法院关于审理城镇房屋租赁合同纠纷案件具体应用法律若干问题的解释》第二十条规定："租赁房屋在租赁期间发生所有权变动，承租人请求房屋受让人继续履行原租赁合同的，人民法院应予支持。但租赁房屋具有下列情形或者当事人另有约定的除外：（一）房屋在出租前已设立抵押权，因抵押权人实现抵押权发生所有权变动的；（二）房屋在出租前已被人民法院依法查封的。"

2.《物权法》第一百九十条和《担保法司法解释》第六十六条之比较

比较《物权法》第一百九十条和《担保法司法解释》第六十六条的规定，就会发现，两者之间存在差异：（1）《物权法》第一百九十条仅仅涉及抵押权人和承租人之间的关系，抵押权人可以依据物权法的规定要求返还财产和恢复原状，而《担保法司法解释》第六十六条规定的是承租人与抵押财产的受让人之间的关系，两者用于规范的法律关系不同；（2）《物权法》第一百九十条第二句规定的是租赁关系不得对抗已经登记的抵押权，而可以对抗未经登记的抵押权。但是担保法没有明确区分已经登记的抵押权和未经登记的抵押权。这样，在未经登记的抵押权问题上，从法律规定的层面上看，在先抵后租的情况下，租赁权是否能够对抗抵押财产的买受人得不出确定的答案。这里还存在一种情况，即无须抵押登记就能生效的抵押权，是否能够对抗租赁权的问题，应当讲，如果承租人明知有抵押权，仍然与出租人订立租赁合同，在抵押权生效后，租赁权不得对抗未登记的抵押权。《物权法》第一百九十条中所谓“不得对抗已经登记的抵押权”意味着不能对抗抵押权实现的后果，即对抗抵押物的受让人，还是仅仅指不能对抗已经登记的抵押权本身。《担保法司法解释》第六十六条规定得很明确，抵押人将已抵押的财产出租的，抵押权实现后，租赁合同对受让人不具有约束力。这里的抵押既指已经登记的抵押权，也指无须登记且未登记的抵押权，在实现抵押权时，租赁权无法对抗受让人，承租人可以根据第六十六条第二款要求赔偿。

【问题 67】“先租后抵”的法律效果

甲公司有一栋楼房，3月1日出租给乙公司，租期十年。同年9月1日，甲公司将楼房抵押给丙银行贷款，并办理了抵押登记。10月1日，甲公司因欠丁公司货款未还，丁公司诉讼取得法院判决后申请执行，法院在执行程序中将房屋拍卖给戊，戊要求乙公司搬出，戊的要求是否于法有据?

分析：本案是“先租后抵”，戊的要求于法无据，因为甲、乙之间的租赁合同继续对戊有效，戊无权要求乙公司搬出。另，抵押房屋是因一般债权人丁申请执行而拍卖的，抵押权人丙的债权并未到期。根据《担保法司法解释》第五十五条的规定，即“已经设定抵押的财产被采取查封、扣押等财产保全或者执行措施的，不影响抵押权的效力”，执行法院可以采取拍卖抵押物的执行措施，但所得的价款应当就抵押权人丙的债权进行提存，保障其优先受偿，然后将剩余拍卖价款用于丁公司的债权。

【问题 68】“先抵后租”的法律效果

3月1日，甲公司向乙银行贷款，用自己的一套机械设备提供抵押担保，但未至工商机关办理抵押登记。4月1日，甲公司将机械设备出租给丙公司。在租赁期限内，甲公司因无力清偿对乙银行的还本付息义务，导致机械设备被法院拍卖给了丁公司。丁公司现要求丙公司返还机械设备，其主张是否于法有据?

分析：尽管本案的情况是“先抵后租”，但机械设备抵押权自抵押合同生效时设立，抵押登记仅产生对抗效力。根据《物权法》第一百九十条第二句“抵押权设立后抵押财产出租的，该租赁关系不得对抗已登记的抵押权”的规定的另一层含义，未经登记的抵押权不得对抗善意第三人丁公司，故丁公司的主张于法有据。丙公司可以以租赁合同继续履行不能为由解除合同，并有权要求甲公司就其损失承担赔偿责任。

四、抵押权的特殊效力

（一）抵押权的保全

《物权法》第一百九十三条规定，“抵押人的行为足以使抵押财产价值减少的，抵押权人有权要求抵押人停止其行为。抵押财产价值减少的，抵押权人有权要求恢复抵押财产的价值，或者提供与减少的价值相应的担保。抵押人不恢复抵押财产的价值也不提供担保的，抵押权人有权要求债务人提前清偿债务”，该条款规定了抵押权人对抵押物进行保全的一般规则：首先，抵押人的行为足以使抵押财产价值减少的，抵押权人有权要求抵押人停止其行为，此项为抵押权人要求停止侵害和消除危险的权利，其针对的是抵押人的行为，而非第三人的行为，后者系依据侵权法主张权利，且还有侵权损害赔偿金的代位物加以保障。其次，抵押财产价值减少的，抵押权人有权要求恢复抵押财产的价值，或者提供与减少的价值相应的担保，此项为抵押权人要求恢复原状和提供担保物的权利。最后，在抵押人不恢复抵押财产的价值也不提供担保的情况下，抵押权人有权要求债务人提前清偿债务。这里，抵押人的行为样态既可能是作为，也可能是不作为。在逻辑上，抵押物的价值出现损害的，下一步出现抵押权人要求抵押人恢复原状或增加担保请求权的条件就是抵押人违反保管和维持抵押物价值的义务，这一义务的违反与恢复原状和增加担保请求权之间呈现的是逻辑上的因果关系，而是否违反这一义务的标准应当采用善良管理人的注意义务标准。否则，就是对抵押人的要求过高，不符合经济原则。

应当注意，在《担保法》第五十一条第二款中，即“抵押人对抵押物价值减少无过错的，抵押权人只能在抵押人因损害而得到的赔偿范围内要求提供担保。抵押物价值未减少的部分，仍作为债权的担保”，法律规定如果抵押人对抵押物价值减少无过错的，抵押权人只能在抵押人因损害而得到的赔偿范围内要求提供担保。抵押物价值未减少的部分，仍作为债权的担保。此项规定是指，抵押权人应当承担非因抵押人过错造成抵押物损失的风险。所以，在第三人对抵押物的价值减损负有责任的情况下，抵押权人无权要求恢复原状，但可以要求：（1）在因损害而得到的赔偿范围内提供担保，即抵押人从第三人处获得的赔偿作为代位物；（2）根据《侵权责任法》要求第三人承担侵害担保物权的侵权责任。

如果对《担保法》第五十一条、《担保法司法解释》第七十条以及《物权法》第一百九十三条进行梳理，就会得出以下的结论：（1）抵押人的行为足以使抵押物价值减少的，抵押权人有权要求抵押人停止其行为。（2）抵押物价值减少的，抵押人无过错的，分为三种情形：第一，第三人侵权的，第三人的侵权损失赔偿金作为代位物纳入抵押物范围，抵押权人也可以选择抵押人因损害而得到的赔偿范围内要求提供担保；第二，第三人无侵权，但抵押物有保险的，保险赔偿金作为代位物纳入抵押物范围；第三，第三人无侵权、无保险，该损失由抵押人和抵押权人共同承担，即抵押物价值减少，抵押权人无权要求抵押人另行提供担保。（3）抵押物价值减少的，抵押人有过错的，这里的过错不是去考察抵押人的主管状况，而是看抵押人的行为是否是抵押物价值减少的原因，两者之间是否有其他因素介入。如果存在这种情形，则：第一，抵押权人要求抵押人恢复抵押财产的价值，或提供与减少的价值相应的担保；第二，抵押权人请求抵押人恢复原状或提供担保遭到拒绝时，抵押权人可以请求债务人履行债务，也可以请求提前行使抵押权。

尽管《物权法》第一百九十三条没有明确表示抵押财产的毁损或价值减少必须是因为抵押人的过错导致，但是有过错是必需的，因为抵押人本身就是抵押物的所有人，其依据抵押权的权利特征，有权占有并使用抵押物，但这里的使用必须是正常使用，例如房屋的出租和经营等，在这种情况下抵押权人无权干涉抵押人的使用，否则就是对抵押人所有权的不当干预。抵押人的行为可以是作为，也可以是不作为。例如，在台风来临之前，正常情况下，房屋所有权人均会对房屋进行加固处理，但抵押人怠于进行，导致房屋遭受台风毁坏，此情形即符合第一百九十三条的规定。这里增加的担保，既包括提供保证也包括用担保物提供抵、质押担保。

【问题 69】抵押物价值减少应当如何处理？

甲向乙借款，用自己的一辆价值 14 万元的汽车提供抵押担保。一日，甲驾车上路，与丙的车辆发生碰撞，导致车辆毁损，丙最后驾车逃逸无法查找。最终，交警部门认定该事故全部责任由丙承担，而保险公司依据保险合同向甲支付保险金 5 万元。乙除了主张该 5 万元保险金作为抵押物的代位物担保借款债权外，是否有权主张甲另行提供担保物？

分析：乙作为抵押权人也应当承担非因抵押人甲的过错导致的抵押物价值减少的风险，所以在交警部门认定抵押人无过错的情况下，乙无权主张甲另行在因损害得到的赔偿范围内要求提供担保物。本案中，抵押权人除了抵押物的代位物保险赔偿金5万元，无权再要求抵押人提供担保物，自然也无权要求提前清偿。

但是，如果交警部门认为该事故责任应当由甲承担，那么乙即有权要求甲另行提供担保物，甲不提供的，乙有权要求提前清偿。

（二）限制抵押人处分抵押物的权利

1. 抵押权不能单独转让，只能跟随所担保的债权一并转让

《物权法》第一百九十二条规定，“抵押权不得与债权分离而单独转让或者作为其他债权的担保。债权转让的，担保该债权的抵押权一并转让，但法律另有规定或者当事人另有约定的除外”，该条款在排除抵押权单独转让的合法性的同时，并不排除法律对抵押权不随债权转让的情况另有明确规定，也不禁止抵押人和抵押权人就抵押权不随债权转让另有约定。但应当看到，当事人在抵押合同中就抵押权不随债权转让所进行的约定并不具备公示效力；所以，在第三人提供抵押的情况下，主债权人转让主债权的，受让人是否同时成为抵押权人？这一问题，一方面，在实践中很少发生，因为一般债权人不会在抵押合同关系中接受这样的条款；另一方面，在主债权受让人不知情的情况下，我们认为应当保护其利益，视具体情况认定其亦继受取得了抵押权。

【问题70】在债权转让情况下，不办理抵押权变更登记手续，债权受让人是否享有抵押权？

绿兴源公司与农发行怀化分行签订《流动资金借款合同》，绿兴源公司向农发行怀化分行借款并用其不动产提供抵押担保，并办理抵押登记。后，债权人农发行怀化分行与城建投公司签订《债权转让协议》，将对绿兴源公司的借款债权转让给城建投公司，但未办理抵押权变更登记手续。请问，债权受让人城建投公司是否享有抵押权？

最高人民法院在其就本案“申请人湖南绿兴源糖业有限公司、丁某某与被申请人怀化市鹤城区城市建设投资有限公司、一审第三人庄某借款合同纠纷一案”作出的（2015）民申字第2040号民事裁定书中认为，“物权法第一百九十二条规定：‘抵押权不得与债权分离而单独转让或者作为其他债权的担保。债权转让的，担保该债权的抵押权一并转让，但法律另有规定或者当事人另有约定的除外。’本条系关于抵押权处分从属性的规定，抵押权作为从权利应随债权转让而转让。债权受让人取得的抵押权系基于法律的明确规定，并非基于新的抵押合同重新设定抵押权，故不因受让人未及时办理抵押权变更登记手续而消灭。本案中城建投公司受让农发行怀化分行对绿兴源公司享有的债权，依据法律规定有权受让与案涉债权相关的抵押权，一、二审法院据此判定抵押权继续有效，并无不当”。

分析：本案是典型的债权转让时，抵押权是否一并转让的案例。典型之处在于，债权受让人受让债权后，未办理抵押登记，此时仍因抵押权取得的法定性而取得抵押权。我们认为，抵押权是债权人的一项民事权利，在符合法律规定，即随主债权一并转让的情况下，债权人可以自由处置抵押权。实际上，逻辑非常简单，除非当事人（即债权人和抵押人）在抵押合同中另有约定，否则在抵押权问题上不能设置制度障碍，阻碍债权人转让债权。

2. 抵押财产的转让

（1）《民通意见》第一百一十五条规定，抵押物如由抵押人自己占有并负责保管，在抵押期间，非经债权人同意，抵押人将同一抵押物转让他人，或者就抵押物价值已设置抵押部分再作抵押的，其行为无效。该条款已经被《最高人民法院院关于废止2007年底以前发布的有关司法解释（第七批）》（法释〔2008〕15号）废止。

（2）《物权法》第一百九十一条第二款规定，“抵押期间，抵押人未经抵押权人同意，不得转让抵押财产，但受让人代为清偿债务消灭抵押权的除外”，通说认为，未经抵押权人同意而转让抵押物给第三人的转让合同不因此而无效。实践中，如果是已登记抵押权，未经抵押权人同意，登记机关一般不予办理转让过户登记手续；如果是无须登记且未登记的抵押权，未经抵押权人同意，第三人存在善意取得无负担抵押物的可能。但是，一些地方人民法院认为“经抵押权人同意”为效力性强制规定，依据《合同法》第五十二条判令合同无效，进而宣布转让无效。

在登记机关的规范性文件中，体现出了抵押权人对抵押财产转让的限制权利。其中，《房屋登记办法》第三十四条规定，“抵押期间，抵押人转让抵押房屋的所有权，申请房屋所有权转移登记的，除提供本办法第三十三条规定的材料外，还应当提供抵押权人的身份证明、抵押权人同意抵押房屋转让的书面文件、他项权利证书”，《土地登记办法》第四十三条第一款规定，“土地使用权抵押期间，土地使用权依法发生转让的，当事人应当持抵押权人同意转让的书面证明、转让合同及其他相关证明材料，申请土地使用权变更登记”。在抵押期间，转让抵押房产的，因为抵押权和上述法律规定的存在，无法办理房产过户登记手续，此时的受让人仅仅是抵押人交付房屋义务的债权权利人，并不对房屋有任何权利，抵押房产在抵押合同有效的情况下，也属于抵押人，而非受让人。从另一个层面来看，抵押人与第三人签署抵押房屋转移登记的行为并不会对抵押权形成事实上的、可基于侵权责任法而产生的损害赔偿权利。

问题是，如果抵押权人依据《房屋登记办法》向房屋登记机关提交了同意转让的书面证明，是否意味着其放弃抵押权，或意味着受让人已经通过涤除行为（向抵押权人支付债权数额的金钱）以清偿债务的方式消灭了抵押权？如果答案是否定的，那么在受让人登记成为房屋所有权人的情况下，抵押权并没有消灭；在实体上，抵押权人还可以就房屋行使优先受偿权等抵押权权能。这就形成了抵押权还存在，但是抵押物所有权人已经不再是抵押人的特殊情形。处理这一问题有两种思路：第一，变更抵押登记，将受让人登记为抵押人，这一思路因为缺乏受让人和抵押权人之间的抵押合同而很难实现；第二，在将受让人登记为房屋所有权人之前，明确规定必须注销之前的抵押登记，也即必须清偿之前的抵押担保债务。《不动产登记暂行条例实施细则》规定，申请预告登记的商品房已经办理在建建筑物抵押权首次登记的，当事人应当一并申请在建建筑物抵押权注销登记，并提交不动产权属转移材料、不动产登记证明。不动产登记机关应当先办理在建建筑物抵押权注销登记，再办理预告登记。显然，实施细则采用的是第二种思路，为受让人办理登记的，只能是无抵押权负担的所有权，或使用权（土地）登记。

《最高人民法院第八次民商事审判工作会议纪要（民事部分）》在“房地产纠纷案件的审理”部分的第2条规定：“物权法第一百九十一条第二款并非针对抵押财产转让合同的效力性强制性规定，当事人以转让抵押房地产未经抵押权人同意为由，请求确认转让合同无效的，不予支持。受让人因抵押登记未涂销无法办理物权转移登记而请求解除合同的，予以支持；受让人请求转让人承担相应民事责任的，应当综合考虑当事人过错程度等因素处理。”在审判实务上最高人民法院并未支持受让人获得有抵押负担的房屋所有权和土地使用权。最高人民法院在其就“东莞市利成电子实业有限公司、河源市源城区宝源房地产发展有限公司与东莞市晶隆实业发展有限公司、东莞市大岭山镇房地产开发公司、东莞市大岭山镇颜屋村村民委员会及麦某某、蔡某某项目转让合同再审案”作出的最高人民法院（2012）民提字第122号民事判决书中认为未经抵押权人同意的转让抵押财产的协议有效，并且《物权法》第一百九十一条第二款是管理性强制规范，而不是效力性强制规范。

《物权法》第一百九十一条第一款规定，“抵押期间，抵押人经抵押权人同意转让抵押财产的，应当将转让所得的价款向抵押权人提前清偿债务或者提存。

转让的价款超过债权数额的部分归抵押人所有，不足部分由债务人清偿”。这一条规定的是在抵押权人同意的情况下，转让抵押财产的法律效果，在实践中并无太多争议。

（三）优先受偿效力

有关抵押权的优先受偿效力，实践中的问题主要集中在抵押权人、建设工程的承包人以及房屋受让人之间的权利顺位。对此，在《最高人民法院关于建设工程价款优先受偿权问题的批复》（法释〔2002〕16号，以下简称《批复》）中给出了三项基本规则：第一，“人民法院在审理房地产纠纷案件和办理执行案件中，应当依照《中华人民共和国合同法》第二百八十六条的规定，认定建筑工程的承包人的优先受偿权优于抵押权和其他债权”；第二，“消费者交付购买商品房的全部或者大部分款项后，承包人就该商品房享有的工程价款优先受偿权不得对抗买受人”；第三，“建筑工程价款包括承包人为建设工程应当支付的工作人员报酬、材料款等实际支出的费用，不包括承包人因发包人违约所造成的损失”。

从三项规则所涉及的权利类型来看，抵押权是他物权，具有对抗效力；工程款是债权，《合同法》赋予其优先效力主要是考虑到保护庞大的农民工群体，其间承包人的建筑成果在实质上成为工程款债权的抵押物；而在购房人问题上，考虑到我国商品房交易的实际情况，即从购房人交付房款，到开发商实际交付房屋，再到办理购房人所有权首次登记须经历较长的时间。在交付房款和实际交付房屋后，在实践中通常认为购房人已经取得房屋所有权。上述三项规则在实践中主要存在以下问题：

1. 抵押权、工程款的优先权以及购房人权利性质不同

抵押权和工程款优先权均是抵押物价值优先权，抵押权人和承包人对抵押物和建设工程本身并无归属性权利。所以，在法院就案外债权对抵押物和建设工程进行拍卖时，抵押权人和承包人均无排除执行和停止执行处分的权利。在这一点上，“案外人李某某与原告盛京银行股份有限公司长春分行以及被告吉林省同晟投资集团有限公司、被告孙某某、被告陈某某案外人执行异议案”十分典型，吉林长春中院在其就该案作出的（2015）长执异字第147号执行裁定书中认为，“一、建设工程价款优先受偿权，系建设工程的承包人，在发包人逾期未支付价款时，就所建工程折价、拍卖所得价款优先受偿的权利。该权利虽优于抵押权等权利受偿，但该权利并非能够排除人民法院执行的实体性权利，该权利只是在人民法院处分标的物时，优先于抵押权等债权受偿的权利。故异议人主张的，因其对涉案标的具有建设工程价款优先受偿权而要求排除执行、解除查封的请求不能成立。二、关于本院查封是否存在超标的问题，因异议人李某某不是本案的当事人，其与本案诉讼标的不具有利害关系，故异议人无权提出本案存在查封超标的异议。三、关于异议人提出的要求赔偿因保全错误造成的损失的问题，因该问题不属于执行异议案件审查的范围，故本院对此不予审查”。

反观购房人的权利，最高人民法院《关于审理商品房买卖合同纠纷案件适用法律若干问题的解释》第十一条第一款规定“对房屋的转移占有，视为房屋的交付使用，但当事人另有约定的除外”，如果开发商已经向购房人交付房屋，购房人甚至应视为已经取得房屋所有权。如果未交付，根据最高人民法院《执行异议及复议规定》第二十九条规定，“金钱债权执行中，买受人对登记在被执行的房地产开发企业名下的商品房提出异议，符合下列情形且其权利能够排除执行的，人民法院应予支持：（一）在人民法院查封之前已签订合法有效的书面买卖合同；（二）所购商品房系用于居住且买受人名下无其他用于居住的房屋；（三）已支付的价款超过合同约定总价款的百分之五十”，即购房人只要交付百分之五十以上购房款或存在以上其他的两种情形的，均能够排除执行行为。当然，《执行异议和复议规定》仅仅是异议和复议阶段的程序性规定，购房人是否具有实体性权利，还须至执行异议之诉在审判程序中加以判断。我们认为，在没有产权登记的情况下，结合我国房地产预售制度，购房人是否具有实体性权利的判断标准，最高人民法院《关于人民法院民事执行中查封、扣押、冻结财产的规定》第十七条的规定较为准确；具体而言，即是：（1）购房人是否已经占有房屋；（2）购房人是否已经支付大部分或全部价款。鉴于抵押权人和承包人的优先权均系价值优先权，故我们倾向性地认为只要购房人已经支付全部价款或大部分价款，就应当支持购房人的权利优先于抵押权人和承包人，也即上述《批复》第二条中的“消费者交付购买商品房的全部或者大部分款项后，承包人就该商品房享有的工程价款优先受偿权不得对抗买受人”。在人民法院的司法实践中，这一类型的案例有很多，例如湖南益阳市赫山法院在其就“龚放鸣与谢江凤案外人执行异议之诉纠纷一案”作出的民事判决书中认为，“原告与锦鑫公司锦鑫花园项目部签订的《商品房买卖合同》系双方的真实意思表示，合法有效。原告已按合同交付了全部购房款及相关费用，并领取了房屋及配套车库、楼梯间大门钥匙，原告虽未办理房屋的过户登记手续，但已事实上善意占有本案诉争房屋，享有房屋所有权”。当然，这一规则仅适用于商品房，对于二手房买卖，还应从抵押登记公信力的角度来保护抵押权人的优先权。根据《不动产登记暂行条例实施细则》的规定，登记机关就在建工程进行抵押登记时，该登记的范围自然不包括已经预售的部分；相反，在进行预售登记前，必须注销在建建筑物抵押登记，这两项措施在很大程度上消除了在建建筑物抵押和购房人购房同时存在的情形。我们认为，在上述细则颁布后，人民法院在审判实践中会倾向于不保护未进行预告登记但实际交付房款的购房人，因为在制度上购房人可以选择预告登记。

2. 建设工程承包人、分包人、实际施工人的优先债权包含哪些内容？

基于政策性考量，我国虽然确认了承包人、分包人、实际施工人的债权相对于抵押权具有优先效力，但他们的哪些债权具有优先效力，在实践中颇有争议。

【问题 71】工程款优先权是否包含工程款的利息？

甲公司向乙银行借款，用自己的在建建筑物提供抵押担保，并办理了在建建筑物抵押登记。该在建建筑物作为委托方由丙集团公司作为总包方承建，部分工程由分包人丁公司完成。后，因甲公司无力清偿到期本息，乙银行诉至法院。最后，在获得判决后，乙银行申请法院对甲公司启动强制执行程序。在执行过程中，丁公司作为案外人提出执行异议。该案中，有哪些事项需要注意？

分析：该案是借款担保纠纷，在未进入执行阶段前，总包方丙公司、分包方丁公司均无权介入审判程序。这也是上述《批复》第一款一开始就申明“人民法院在审理房地产纠纷案件和办理执行案件中”这一纠纷类型和程序状态的原因。

（1）丁公司对在建工程是否有权享有建设工程优先受偿权？

《全国民事审判工作会议纪要（2011 年）》（法办〔2011〕442 号）第 29 条有明确意见：“因违法分包、转包等导致建设工程合同无效的，实际施工人请求依据合同法第二百八十六条规定对建设工程行使优先受偿权的，不予支持。”该意见发布后，就分包人、实际施工人是否享有优先受偿权，从最高人民法院到广东高院、安徽高院、浙江高院、江苏高院的意见不一而足，较为一致的意见是：建设工程承包及分包合同须有效；或在建设工程承包及分包合同无效的情况下：①工程已竣工验收或施工义务已完成；②工程质量合格；③违法分包人怠于主张权利，分包人、实际施工人的债权拥有相对于抵押权的优先效力。

故，丁公司就其承建的工程部分在发包人甲公司欠付的工程款范围内享有优先受偿权。实践中，鉴于分包人、实际施工人工程款可穿透工程承包人直接向发包人主张且具有优先效力，在建工程抵押贷款的债权人银行，或投资在建工程的私募基金，都会要求对承包人对外支付款项实施监管，甚至要求承包人对银行进行授权，由银行将承包人所借款项直接受托对外支付。其原因就是在建建筑物抵押权对保障银行借款债权实现存在巨大的风险，银行不得不采取进一步的审慎措施。这也是在制度上给予工程款优先效力的连锁反应之一。

另，在实践中，实际施工人是否拥有优先受偿权还应视具体工程类型加以确定。例如，根据广东高院《关于在审判工作中如何适用〈合同法〉第286条的指导意见》(粤高法发〔2004〕2号）第4条的规定，“承包人对于其参与建设的学校、幼儿园、医院等以公益为目的的事业单位、社会团体的教育设施、医疗设施和其他社会公益设施，不享有建设工程价款优先受偿权”。

（2）丁公司是否能够提出执行异议?

丁公司虽然有条件享有优先受偿权，但不具有排除执行或停止处分的实体性效力，所以其不能就建设工程发包人或承包人的债权人，或在建建筑物抵押人提出的执行申请提出排除执行异议或停止处分异议。但是，其如果对执行法院就在建工程拍卖所得价款的分配方案有异议的，例如分配方案未保障其优先受偿权，那么其可以向执行法院就分配方案提出异议；在人民法院驳回异议后，其可以根据民事诉讼法的规定提起异议之诉。

故，丁公司不能提出排除执行或停止处分的执行异议，而可以就分配方案提出异议。

（3）丙、丁工程款的利息部分是否可以优先受偿?

关于这一点，最高人民法院在其就“唐山爱德利尔塑料制品有限公司、中国工商银行股份有限公司唐山丰南支行与河北省汉沽农场建筑工程总公司建设工程施工合同纠纷申请再审案”作出的（2012）民再申字第16号民事裁定书中认为：“工行丰南支行还主张工程款优先权的受偿范围不应包括利润以及逾期支付产生的利息损失。该申请理由与《最高人民法院关于建设工程价款优先受偿问题的批复》第三条‘建筑工程价款包括承包人为建设工程应当支付的工作人员报酬、材料款等实际支出的费用，不包括承包人因发包人违约所造成的损失’的规定精神不相符。工程利润属于工程款的组成部分，应属于优先权的受偿范围，而利息属于法定孳息，系承包人实际支出费用而产生的孳息，与工程款本为一体，也应属于优先权的受偿范围”。也就是说，工程款利润和利息是包含在工程款优先权范围之内的债权类型。

另外，最高人民法院还在该裁定书中认为，“工程款优先权系法律为保护承包方的利益而作的规定。由于爱德利尔公司一直未对讼争工程组织竣工验收，导致工程款一直处于不确定状态，据此应认定汉沽建筑公司享有的工程款优先权未过6个月除斥期间，故爱德利尔公司和工行丰南支行关于工程款优先权已过除斥期间的申请理由均不能成立”。这一裁判内容是基于上述《批复》第四条，即“建设工程承包人行使优先权的期限为六个月，自建设工程竣工之日或者建设工程合同约定的竣工之日起计算”中，有关建设工程承包人、分包人、实际施工人主张优先权的时效的起算时间，是截至工程竣工验收之日起六个月内。我们认为，该时效所对应的期间应是类似于除斥期间的不变期间。

另，关于利息的计算，《最高人民法院关于审理建设工程施工合同纠纷案件适用法律问题的解释》第十八条规定："利息从应付工程价款之日计付。当事人对付款时间没有约定或者约定不明的，下列时间视为应付款时间：（一）建设工程已实际交付的，为交付之日；（二）建设工程没有交付的，为提交竣工结算文件之日；（三）建设工程未交付，工程价款也未结算的，为当事人起诉之日。"

（4）丁公司与丙公司分包合同中约定的"停工损失费及优质工程奖励款"债权是否具有优先效力？

这个问题还可以进一步引申为"丙公司与发包方甲公司的总包合同约定有停工损失费及优质工程奖励款，并且根据实际情况已经产生该费用，那么丁公司是否可以主张在该费用范围内就在建工程拍卖价款优先受偿？"参照建设部《建筑工程发包与承包计价管理办法》第五条的规定："招标标底和投标报价（工程价款）由成本（直接费、间接费）、利润、税金构成。直接费以人工、材料、机械的消耗量及其相应价格规定。间接费、利润、税金按照有关规定另行计算"，依据《最高人民法院关于建设工程价款优先受偿问题的批复》第三条的规定："建筑工程价款包括承包人为建设工程应当支付的工作人员报酬、材料款等实际支出的费用，不包括承包人因发包人违约所造成的损失"，停工损失费属于"因发包人违约所造成的损失"，优质工程奖励款不属于工程价款范围。最高人民法院在其就"大连渤海建筑工程总公司诉大连金世纪房屋开发有限公司等建设工程施工合同纠纷案"作出的（2007）民一终字第39号民事判决书中确认停工损失费和优质工程奖励款不属于工程价款范围，并不具有优先效力。

第四节　抵押权的实现与消灭

理论部分

一、抵押权实现的含义

抵押权的实现，是指抵押权人在满足法定或约定条件的情况下行使抵押权，就抵押物的价值优先受偿的法律现象。抵押权实现时行使抵押权与抵押权存续期间内行使抵押权在目的上有着明显的不同，后者行使的目的在于保全抵押物的交换价值，前者是为了实现抵押物的价值，就抵押物的价值优先受偿。

最高人民法院在其就“中国长城资产管理公司济南办事处诉中国重汽集团济南卡车股份有限公司等借款抵押合同纠纷案”作出的（2007）民二终字第25号民事终审判决书中认为，“抵押担保是物的担保，当抵押人不是主债务人的情况下，抵押权人对抵押人只能在抵押财产范围内实现债权。抵押权人可以请求拍卖、变卖抵押财产优先受偿，但不得请求抵押人直接承担主债务人的债务”，即抵押权的担保功能系由抵押权人行使抵押权、以拍卖、变卖或折价方式处置抵押物并就价款优先受偿的方式实现的，而不是以抵押人承担主债务的方式实现，债权人（抵押权人）无权要求抵押人承担或履行主债务。

二、抵押权实现的条件

抵押权实现应当满足以下法定或约定的条件：

（一）以抵押权有效设立并存续为前提

抵押权是一种对物权利，抵押权人就抵押物的价值优先受偿必须在抵押权有效设立并存续的前提下进行。实践中，如果抵押权未有效设立，或存在抵押权无效、被撤销的情形时，都不能够实现抵押权。

1. 抵押权未有效设立

抵押权未有效设立的情形主要是指抵押权因不符合有效设立的要件，而未能有效设立，例如不动产抵押未能进行抵押登记，动产抵押合同约定有生效延缓条件且条件未满足等情形。

2. 抵押权无效

我国物权法并不承认物权行为理论，抵押登记仅仅是一个事实行为，只能进行是否已经进行了抵押登记的事实判断，而并不能进行“有效”或“无效”的价值判断，所以抵押权无效的原因只能来自抵押合同。首先，抵押合同可能是因为主体不适格而无效，例如政府机关作为抵押人签订的抵押合同；其次，抵押合同可能因抵押物而无效，例如抵押物为禁止流通物；最后，抵押合同还可能存在《合同法》第五十二条所述之合同无效情形，例如抵押合同存在恶意串通损害第三人利益的情况，或抵押合同存在以合法形式掩盖非法目的的等情形。

3. 抵押权被撤销

抵押合同及抵押权设定均符合法律的规定，抵押权有效设立，也可能存在第三人行使撤销权撤销抵押权的情形，抵押权被撤销分为两种情况：

第一，抵押合同被撤销。除了因欺诈、胁迫等意思表示瑕疵等原因导致合同被撤销外，《合同法》第七十四条还规定了债权人的撤销权，即如果抵押人为逃避到期债务，而为其他无担保债权设定抵押担保，可能会导致其丧失对到期债权的偿债能力。此时，到期债权人可以请求人民法院撤销该抵押合同，从而产生抵押权被间接撤销的法律效果。这里的债务人如果本身就是抵押人，也可以适用《担保法司法解释》第六十九条之规定，即“债务人有多个普通债权人的，在清偿债务时，债务人与其中一个债权人恶意串通，将其全部或者部分财产抵押给该债权人，因此丧失了履行其他债务的能力，损害了其他债权人的合法权益，受损害的其他债权人可以请求人民法院撤销该抵押行为”。如果是第三人抵押，则不能适用《担保法司法解释》第六十九条之规定，而是适用《合同法》第七十四条的规定。当然，如果发生抵押人和其债权人恶意串通的情形，也可以适用《合同法》第五十二条有关合同因恶意串通损害第三人利益的情形而无效的规定。

第二，抵押权被撤销。根据《破产法》第三十一条第（三）项的规定，在破产企业为无担保的债权追加抵押担保的情形下，破产管理人有权向人民法院申请撤销已经有效设定的抵押权。这里，应当注意在上述两种情况中，撤销对象的不同之处。

【问题72】破产申请受理前一年内，债务人对没有财产担保的债务提供抵押担保而设立的，系可撤销之抵押权？

2014年10月28日，甲融资性担保公司向乙公司以转账方式转款人民币两千万元，有相应的转账凭证。2014年11月30日，甲、乙签订《借款合同》和《抵押合同》，除确认上述两千万元为借款之外，双方还约定，乙公司用其拥有的一宗土地的国有建设用地使用权作为上述借款的抵押物。随后，双方就该宗土地办理了抵押登记手续。2015年11月20日，乙公司所在地A县人民法院受理乙公司其他债权人的破产申请。乙公司破产管理人和债权人会议就甲公司对乙公司借款债权无异议，但认为有权就乙公司土地使用权上的抵押权行使《破产法》第三十一条第（三）项所述的撤销权。甲公司对此提出异议，称在2014年10月28日向乙公司转账打款时，其与乙公司即存在抵押的口头合意，抵押权不能撤销。经查，甲公司借钱给乙公司是为了乙公司向某商业银行进行借新还旧贷款，即乙公司向甲公司借款归还商业银行贷款，然后在商业银行重新向乙公司发放贷款后，再将所贷款项归还给甲公司，也就是所谓的“过桥资金”。请问，乙公司破产管理人和债权人会议有关撤销权的观点是否于法有据?

分析：在企业出现经营危机、濒临破产的情况下，常常会用追加担保的方式将自己的有效财产转移给特定的无担保债权人，从而损害其他无担保债权人的利益，《破产法》第三十一条第（三）项所述的撤销权正是为了避免这种情况的出现。这里，处理本案的关键是怎么理解该条规定的“提供财产担保”，应理解为签订抵押合同，还是办理抵押登记。我们认为，应当以办理抵押登记为准，因为抵押合同为双方相对法律关系，具有私密性，而抵押登记具有公示效果。如果认定丙公司无权撤销抵押权，那么将达不到《破产法》第三十一条保护善意无担保债权人的规范目的。举例说明，2014年1月，甲公司向乙公司借款，并就甲公司唯一有效财产（一宗土地的建设用地使用权）签订抵押合同，约定在2015年3月办理抵押登记；2015年1月，甲公司向丙公司借款，在查明上述土地使用权未办理抵押登记设定抵押权的情况下，丙公司同意无担保借款并支付借款款项。2015年3月甲公司为乙公司办理抵押登记。2016年2月，丙公司申请甲公司破产，应当有权撤销乙公司的抵押权。司法实践也证明了这一点，在从裁判文书网查明的全国所有有关案件中，有四个与本案相似，且法院均是以办理抵押登记作为提供财产担保的时间节点，而该节点在前一年内，均有权通过人民法院撤销抵押权。所以，结论是乙公司破产管理人和债权人会议有关撤销权的观点是符合法律规定的。请注意，上述结论并非没有问题，因为甲公司的借款债权人乙公司是在甲公司同意并签订抵押合同的情况下提供借款，所以提供借款义务和还本付息、提供抵押义务成为交换关系。从这个意义上讲，应当以抵押合同为准，这一点和《合同法》第七十五条所述的撤销权是一致的。

4. 抵押物灭失且无代位物

抵押权是物权的一种，其有效存续须以抵押物（或权利）存在为前提。如果抵押物灭失且无保险金、赔偿金、补偿金等代位物，抵押权自然归于消灭。

（二）债务已届清偿期且债务人未履行债务，或发生当事人约定的实现抵押权的情形

1. 债务已届清偿期且债务人未履行债务

债务已届清偿期是指债务人的债务履行期限已经届满，债权人有权请求债务人即时履行债务的情形。例如，借款合同已经到期，债务人应立即履行还本付息义务的情形。在双务合同中，债务已届清偿期还意味着，债务人对债权人履行义务的请求无有效抗辩权；否则，债务人行使有效抗辩权，抵押权人也无权实现抵押权。

【问题73】在债务人针对债务履行提出有效抗辩的情况下，抵押权人是否能够实现抵押权？

甲、乙订立买卖协议，甲用自己的一套房屋的所有权作为支付价款义务的抵押担保，并就此办理了抵押登记。在乙向甲交付标的物，且甲支付合同价款期限届满的情况下，如果甲未支付价款，乙可以就该抵押房屋所有权实现抵押权。但是，如果甲此时举证证明乙交付的标的物存在瑕疵，并以此为由行使抗辩权，乙是否能够行使并实现抵押权？

分析：抵押权是一项从权利，其实现也须视主债权能否行使，如果债务人对债务履行拥有有效抗辩权，抵押权人自然无权行使抵押权，须在就抗辩权进行认定并最终明确债权实际数额的情况下实现抵押权。这时，应当审查抗辩权是永久性抗辩权还是暂时性抗辩权。如果是后者，待暂时事项消灭后，仍然可以行使抵押权。上述问题中，如果乙将交付之房屋的瑕疵处理好，其能够行使抵押权。实践中，抵质押登记单位一般情况下不允许非银行等金融机构登记作为抵质押权人，所以抵质押所担保的债务一般都是单向性质的债务，合同都是借款等简单的合同类型，不会出现上述复杂的债务履行抗辩权问题。

2. 发生当事人约定的实现抵押权的情形

抵押权是一种意定物权，当事人当然可以对实现抵押权的情形进行约定。如果发生当事人约定的实现抵押权的情形，抵押人可以按照约定实现抵押权。当事人约定的实现抵押权的情形可能来自主债权债务法律关系，也可能来自抵押合同法律关系。前者例如，在银行贷款合同中，通常会约定贷款的使用用途，如流动资金借款、固定资产借款，并约定在借款人擅自改变借款的用途时，贷款人有权提前收回贷款；如无法收回贷款，抵押权人可以按照约定实现抵押权。这种情形主要是以主债权合同中约定的债务提前到期的条款，应当注意合同的相对性，当主债权合同中有关债务提前到期的条款没有在抵押合同中进行约定，并不能引起抵押权人相应地提前实现抵押权。后者例如，抵押权人和抵押人在抵押合同中约定，在抵押物价值客观降低或市场价值降低的情形下，可以提前实现抵押权，并将处置抵押物所得进行提存或提前清偿。

【问题74】在出现实现抵押权的约定情形时，抵押权人是否能够提前实现抵押权？

甲公司向乙银行贷款，并用自己的一处房产提供抵押担保，双方约定该笔贷款不能进入证券市场从事证券买卖，否则乙银行有权提前收回贷款。贷款发放后，甲公司使用该笔贷款从事股票投机交易，乙银行发现后，宣布贷款提前到期。此时，乙银行是否可以提前就该抵押房产实现抵押权？

分析：在上述问题中，抵押人和抵押权人就提前行使抵押权约定有明确的条件，该条件满足，抵押权人有权依据约定提前实现抵押权。应当注意的是，上述问题并不涉及第三方抵押担保。实践中，如果涉及第三方抵押担保，抵押权人应当将实现抵押权的条件也一并约定在与第三方抵押担保人签订的抵押合同之中，因为抵押权实现的条件实际上是抵押权人与抵押人自由协商的结果，而非抵押权人和债务人协商的结果。

三、抵押权实现的顺序

在债务人不履行到期债务，或发生当事人约定的实现抵押权的情形时，抵押权人应当按照以下顺序实现抵押权：

1. 债务人自己提供抵押担保的，债权人应当先就该抵押担保实现债权；债权人放弃债务人提供的抵押担保的，其他抵押人和担保人可以请求人民法院减轻或者免除相应的担保责任。

2. 第三人提供抵押担保的，债权人可以就抵押担保实现债权，也可以要求保证人承担保证责任。债权人就第三人提供的抵、质押担保或保证担保实现债权时，没有实现顺序上的要求。

上述是有关抵押权实现顺序的一般规则，当事人可以通过合同加以改变。例如，债权人与提供抵押担保的第三人在抵押合同中约定，在债务人也提供抵押担保的情况下，债权人可以直接就第三人提供的抵押担保实现抵押权。

四、抵押权实现的方式

在债务人不履行到期债务，或发生当事人约定的实现抵押权的情形时，抵押权人可以与抵押人协议以抵押财产折价的方式，或以变价或拍卖所得的价款优先受偿的方式实现抵押权，故抵押权实现有折价、变卖、拍卖三种方式。具体而言，拍卖，是指通过拍卖竞价程序出卖担保物，以所获价金供担保物权人受偿的担保物变价方式；变卖，是指通过普通的出卖方式出卖担保物，以所获价金供担保物权人受偿的担保物变价方式；折价，是指在对担保物评估作价的基础上，由担保物权人取得担保物的所有权，且根据评估作价多退少补的担保物变价方式。

在实现程序上，首先，抵押权人可以与抵押人协商以抵押物折价或拍卖、变卖的方式实现抵押权；其次，在双方无法就实现抵押权达成一致时，抵押权人可以向人民法院起诉，请求法院拍卖、变卖抵押物；最后，对于拍卖、变卖所得的价款，抵押权人有优先受偿权。其中，实践中较为常用的方式是拍卖。

五、抵押权实现的法律效果

实现抵押权有三个法律上的效果：（1）抵押权人首先有权就实现抵押权所得价款优先受偿，或以抵押物折价冲抵债权，导致债权依据《合同法》第九十一条因清偿而消灭。（2）抵押人对主债务人有权行使追偿权，这里分为两种情况：第一，在抵押人提供抵押担保时，抵押人和债务人之间存在委托担保等法律关系的，抵押人有权依据委托担保合同向债务人追偿；第二，抵押人和债务人之间不存在委托担保等法律关系的，抵押人用抵押物代偿主债务的行为使债务人因免于清偿主债务而获利，抵押人有权依据不当得利向主债务人进行追偿。（3）抵押人承担担保责任后，除有权向债务人追偿之外，也可以要求其他抵、质押担保人清偿其应当承担的份额。应当注意，抵押人虽然有权要求其他抵、质押担保人清偿其应当承担的份额，但无权行使债权人对其他抵、质押担保人享有的抵、质押权；而这里的应当承担的份额，可以是抵、质押担保人约定的份额；在没有约定的情况下，应当理解为均等份额，而不应当理解为担保物在总担保物价值中所占有的比例。

【问题 75】抵押人是否可以按照其与债务人的约定利率向债务人追偿？

红星公司向金鑫银行借款，红星公司与蓝星公司签署《委托担保合同》，蓝星公司有义务受托就该笔借款提供抵押担保；后蓝星公司依约与金鑫银行签订《抵押合同》，用自己的一宗土地的使用权提供抵押担保，并办理了抵押登记。在金鑫银行就土地使用权实现抵押权后，蓝星公司是否有权按照《委托担保合同》的约定，以该抵押权实现而清偿的主债权数额为基数，按照约定的年利率24%向红星公司进行追偿？

分析：在上述问题中，金鑫银行实现抵押权，也即蓝星公司用担保物变价款项代偿红星公司债务后，红星公司实际上在使用蓝星公司的代偿款项，它们之间的法律关系在本质上属于借款合同。对此，红星公司和蓝星公司当然可以在《委托担保合同》中对代偿款项的使用利率进行约定，即蓝星公司有权向红星公司进行追偿，并依据因抵押权实现而清偿的主债权本息数额计算追偿的本金，并按照约定的年利率24%向红星公司计收利息。如果红星公司和蓝星公司没有《委托担保合同》，那么蓝星公司除了追偿主债权本息外，还有权主张利息（不当得利的孳息），该利息一般情况下依中国人民银行同期贷款利率计算利息。

【问题76】第三人抵押的情况，抵押人在债权人实现抵押权后该如何进行追偿?

甲公司向乙银行借款，丙公司、丁公司分别用其所有的土地使用权提供抵押担保，戊公司提供连带保证担保。借款债务清偿期届满，甲公司未履行还本付息义务。乙银行就丙公司提供的土地使用权抵押实现了抵押权，清偿了甲公司的借款本息债务。现丙公司如何主张自己的权利?

分析：在上述问题中，丙公司首先有权向债务人甲公司进行追偿。除此之外，丙公司还有权要求丁公司、戊公司清偿其应当承担的份额。实践中，难以解决的问题是，如果甲公司根据《合同法》第一百零五条的规定免除保证人戊公司的保证责任，那么丙公司即无权要求戊公司分担担保责任；如果甲公司放弃丁公司所设定的抵押权，那么丙公司无权要求丁公司分担担保责任。即使不放弃抵押权，丙公司也无权就丁公司提供的抵押物行使优先受偿权，因为这里的抵押权已经因丙公司用抵押物清偿而终止，最终结果是，丙公司对于另一抵押人行使的是一种一般的法定债权，因为二者之间没有就债权的分担达成任何协议，丙公司对于丁公司的分担请求，完全是基于法律的规定而出现的。

六、抵押权的消灭

抵押权的消灭，是指因特定法律事实出现而使抵押权归于终止的法律现象。一般情况下，抵押权因以下法律事实消灭：

（一）因主债权的消灭而消灭

主债权消灭是抵押权消灭最为常见的原因。因为抵押权是担保主债权实现的从权利，所以抵押权随主债权的消灭而消灭。如果抵押权所担保的主债权系合同之债，那么除清偿外，《合同法》第九十一条还规定了其他合同权利义务终止的事由，如主债权因合同解除、抵销、免除、提存、债权人债务人混同等事项而终止时，抵押权也会随之消灭。

【问题 77】主债权合同被解除，抵押权人是否可以行使抵押权？应如何理解《担保法司法解释》第十条？

甲公司与乙公司签订《买卖合同》，并用自己一宗土地的使用权就货物交付义务提供抵押担保，双方为此签订《抵押合同》并办理了抵押登记。后乙公司因甲屡经催告仍然不交付货物而行使法定解除权解除了《买卖合同》，但此时甲公司已经接收乙公司交付的货款，故负有返还已交付货款的义务。在甲公司拒不返还货款的情况下，乙公司能够行使抵押权？

分析：在《合同法》第九十一条所列合同权利义务终止事由类型中，合同解除极为特殊，与其他合同权利义务终止事由不同的是，合同解除仅导致合同约定义务终止，但会在结果上根据解除情形产生合同的二级义务，即返还原物或赔偿损失义务。从这个角度理解《担保法司法解释》第十条之规定，即"主合同解除后，担保人对债务人应当承担的民事责任仍应承担担保责任"，合同解除后，担保人原先担保的合同约定义务，也即合同一级义务终止，其转而就主债务人的二级义务承担担保责任。

另外，从担保人履行担保责任的时间来看，所有担保均是违约性担保，即在债务人违约的情况下，替代违约人承担违约责任。请注意，《合同法》第一百零七条规定了继续履行、采取补救措施和赔偿损失三种违约责任；而担保人仅能承担替代赔偿损失的违约责任，而不能承担继续履行（例如劳务、交货等非金钱债务）的违约责任。所以，对于《担保法司法解释》第十条，我们有如下理解：（1）主债权因合同解除而归于终止，那么抵押权根据《物权法》第一百七十七条第（一）之规定将随主债权的消灭而消灭，故第十条所述承担担保责任系担保人用自己的一般责任财产承担担保责任，而非抵押物；抵押权人在解除合同后，并无对抵押物拥有优先受偿效力的抵押权；（2）担保人承担担保，并非就主债务人履行合同解除后的返还原物、恢复原状等非金钱之债，而是在主债务人不履行这些解除合同的法定义务的情况下应当承担赔偿责任。实践中，第十条主要用于借款合同法律关系中的下列情形：（1）借款人存在预期违约，债权人在还款期限届满之前解除合同；（2）在还款期限届满之前，出现债权人约定或法定解除权的情形。此时，债务人解除合同之返还所借款项义务和借款期限届满还本付息义务均为金钱之债，担保人在这两种情况下承担的担保责任并未超出其订立担保合同时的预期。

除了主合同解除之外，如果乙公司给甲公司发函，免除了甲公司交付货物的义务，或者乙公司和甲公司合并造成债务因混同而消灭，或者甲公司将货物提存至公证处做清偿提存，或者甲公司因其他对乙公司的债权而与乙公司协商进行债务抵销，也将导致抵押权因主债权消灭而归于消灭，这时乙公司都将无抵押权可供行使。

【问题 78】债务部分清偿时，是否可以要求解除抵押权？

甲公司向乙银行借款，丙公司用其所有的土地使用权提供抵押担保。借款期限届满，甲公司向乙银行履行了归还本金的义务，而未履行支付利息义务。此时，丙公司是否有权利要求乙银行解除抵押权？

分析：根据《担保法司法解释》第七十一条之规定，即“主债权未受全部清偿的，抵押权人可以就抵押物的全部行使其抵押权”，所以回答这一问题，要看抵押权所担保的具体债务是否均得到履行，如果抵押权担保的债务包括本金和利息，那么丙公司无权要求乙银行解除抵押权，此项即是抵押权的不可分性。

（二）抵押物灭失且无代位物

抵押权是物权的一种类型，其有效存续须以抵押物（或权利），或抵押物的替代物存在为前提。如果抵押物灭失且无保险金、赔偿金、补偿金等代位物，抵押权自然归于消灭。

（三）债权人放弃担保物权、担保物权实现或法律规定担保物权消灭的其他情形

如果出现债权人放弃担保物权、担保物权实现的情况，抵押权也归于消灭。而《物权法》第一百七十七条规定的担保物权消灭的其他情形是一个兜底性条款，例如第二百零二条规定抵押权人应当在主债权诉讼时效期间行使抵押权；未行使的，人民法院不予保护。

【问题 79】怎么理解“主债权已过诉讼时效，抵押权不予保护”？

甲公司向乙银行借款，并用一宗土地的土地使用权提供抵押担保，双方签订了抵押合同并办理了抵押登记。借款合同到期后，甲公司未履行还本付息义务，且乙银行也一直未向甲公司主张债权，导致该债权诉讼时效经过。甲公司的一般债权人丙持判决向法院申请执行，查封了该抵押土地使用权。问，如果此时甲、乙签署还款协议，恢复借款债权的诉讼时效，对于该土地使用权法院执行拍卖所得的价款，乙银行是否能以享有抵押权为由而优先受偿？

分析：根据《物权法》第二百零二条的规定，抵押权须在主债权诉讼时效期间行使，否则不予保护，所以上述问题在结论上是乙银行无权优先受偿。我

们认为，上述法律规定实际上所起到的是消灭时效的法律效果，即抵押权消灭。上述问题中，如果在执行期间，债务人甲公司向法院和债权人乙银行表示愿意履行债务，导致债务重新恢复诉讼时效，债权人此时是否能够优先受偿？我们认为，《物权法》第二百零二条中的“不予保护”也包含诉讼时效经过后又恢复的情形。也就是说，即使诉讼时效借助债务人同意履行而恢复，法院也不保护抵押权人的抵押权。这一结论除了保护债务人的一般债权人之外，还在第三人提供抵押担保时保护抵押人。例如，如果上述问题中的抵押权是由第三人丁公司提供，当甲公司、乙银行达成还款协议而恢复诉讼时效，乙银行也不得就丁提供的土地使用权行使抵押权。请注意，丁公司不是借款合同的当事人，无权撤销还款协议，也无权请求法院宣布该还款协议无效。为什么《物权法》第二百零二条不直接使用“消灭”，而是使用“不予保护”？我们认为：第一，抵押权所担保的债权未消灭，存在抵押人也同意抵押权人继续行使抵押权的可能性；第二，登记部门注销抵押登记，需要当事人申请，或债务、抵押权放弃或债务清偿的证明，或法院、仲裁机构裁判文书，而这些条件本案均不满足。

制度部分

一、抵押权的实现

（一）抵押权实现的条件

根据《物权法》第一百七十九条的规定，抵押权人在“债务人不履行到期债务或者发生当事人约定的实现抵押权的情形”下，有权就抵押财产优先受偿。

根据上述规定，抵押权的实现，即就抵押财产优先受偿有两种情形：第一，债务人到期不履行债务；第二，发生当事人约定的实现抵押权的情形。前者是法律规定的一般情形，如果抵押权人和抵押人在抵押合同中约定了抵押权实现的情形，则应当以当事人的约定为准。

（二）抵押权实现的顺序

根据《物权法》第一百七十六条之规定，即“被担保的债权既有物的担保又有人的担保的，债务人不履行到期债务或者发生当事人约定的实现担保物权的情形，债权人应当按照约定实现债权；没有约定或者约定不明确，债务人自己提供物的担保的，债权人应当先就该物的担保实现债权；第三人提供物的担保的，债权人可以就物的担保实现债权，也可以要求保证人承担保证责任”。此外，《担保法司法解释》第七十五条还规定，“同一债权有两个以上抵押人的，债权人放弃债务人提供的抵押担保的，其他抵押人可以请求人民法院减轻或者免除其应当承担的担保责任。同一债权有两个以上抵押人的，当事人对其提供的抵押财产所担保的债权份额或者顺序没有约定或者约定不明的，抵押权人可以就其中任一或者各个财产行使抵押权。抵押人承担担保责任后，可以向债务人追偿，也可以要求其他抵押人清偿其应当承担的份额”。

根据上述规定，在混合共同担保的情况下，且当事人没有其他约定，债务人自己提供物权担保的，债权人只能先就债务人提供的抵、质押担保实现债权，而不能径行就第三人提供的抵、质押担保，或保证担保实现债权。如果债权人全部或部分放弃了债务人提供的抵押担保的，其他抵押人可以请求人民法院减轻或者免除其应当承担的担保责任。如果没有保证担保，仅有债务人和第三人提供的抵、质押物权担保，那么债权人可以自由选择就债务人的物权担保，或就第三人的物权担保行使担保物权；关于这一点，我们在本书担保法总论混合共同担保部分就最高人民法院对“岳阳友协置业有限公司与交通银行股份有限公司佛山南海支行及吴某某、佛山市友协国际贸易公司、常某某、徐某某借款合同纠纷申请再审案”作出的（2012）民再申字212号民事裁定书的论述中有所涉及，这里不再赘言。

【问题80】抵押权人放弃债务人提供的担保物权，是否还能对第三人提供的担保物行使担保物权？

红星公司向金鑫银行借款，蓝星公司用其所有的土地使用权提供抵押担保。金鑫银行（甲方）和蓝星公司（乙方）在《抵押合同》中约定，“本合同项下的抵押权具有独立性，甲方在下列情形下可以直接实现本合同项下的抵押权：（1）甲方放弃债务人红星公司的抵押权或质权；（2）甲方放弃由其他非主债务人的第三方提供的主债务的抵、质押担保或保证担保；（3）甲方不主张债务人红星公司以及由其他非主债务人的第三方提供的主债务的抵、质押担保或保证担保。”上述约定是否有效？

分析：上述问题中抵押合同双方的约定中，对于第（1）项约定：根据《担保法司法解释》第七十五条的规定，即“同一债权有两个以上抵押人的，债权人放弃债务人提供的抵押担保的，其他抵押人可以请求人民法院减轻或者免除其应当承担的担保责任”，该条款规定并无“当事人另有约定的除外”的除外条款，所以我们认为，债权人放弃债务人提供的物的担保，提供抵押担保的第三人要求人民法院减轻或免除其担保责任的权利是一项法定权利，不能预先放弃，故第（1）项约定无效。

对于第（2）项约定：《担保法司法解释》第七十五条规定，“抵押人承担担保责任后，可以向债务人追偿，也可以要求其他抵押人清偿其应当承担的份额”。根据该条款，担保物权人放弃其他第三人提供的抵押权或质权的，是否影响其向其他担保人行使担保权，法律没有明文规定。但可以明确的是，即使担保物权人放弃其他担保人的担保权，承担责任的担保人仍然可以要求其他担保人清偿其应当承担的份额。

对于第（3）项约定：根据《物权法》第一百七十六条的规定，当事人可以约定实现抵押权的顺序，即可以约定实现第三人提供的抵押权不以债权人首先就债务人提供的抵、质押担保实现债权为条件，所以第（3）项约定毋庸置疑是有效的。但是，如果没有第（3）项约定，那么金鑫银行就须根据《物权法》第一百七十六条之规定先就债务人红星公司提供的抵、质押物实现抵押权，然后才能够就蓝星公司提供的抵押物实现抵押权。

（三）抵押权的实现方式和路径

《担保法》第三十三条、第六十三条和第八十二条规定了债权人（担保物权人）有权以拍卖、变卖抵押物、质押物和留置物的价款优先受偿。这里，本书对抵押权、质权、留置权的实现方式和路径，以抵押权为例进行统一论述，对质权、留置权不再赘述。

1. 实现抵押权的法律依据

《担保法》第五十三条规定，“债务履行期届满抵押权人未受清偿的，可以与抵押人协议以抵押物折价或者以拍卖、变卖该抵押物所得的价款受偿；协议不成的，抵押权人可以向人民法院提起诉讼。抵押物折价或者拍卖、变卖后，其价款超过债权数额的部分归抵押人所有，不足部分由债务人清偿”。

《物权法》第一百九十五条第一句规定，“债务人不履行到期债务或者发生当事人约定的实现抵押权的情形，抵押权人可以与抵押人协议以抵押财产折价或者以拍卖、变卖该抵押财产所得的价款优先受偿”。

2. 协议实现抵押权

抵押权人可以与抵押人达成协议，对抵押财产通过折价或者以拍卖、变卖的方式就抵押财产所得的价款优先受偿。对于协议可能会损害抵押人其他债权人利益的情形，例如以较低的价格处置抵押物导致抵押人一般责任财产不当减少，《物权法》以及我国司法实践一般采取两种措施加以避免：第一，协议折价处置一般应当在两次公开拍卖流拍后进行；第二，《物权法》第一百九十五条第二句，即“协议损害其他债权人利益的，其他债权人可以在知道或者应当知道撤销事由之日起一年内请求人民法院撤销该协议”赋予其他债权人向人民法院申请撤销该协议的权利。从表面上看，抵押人的其他债权人是依据《物权法》第一百九十五条撤销实现抵押权协议的，但实际上是依据《合同法》第七十四条的规定行使撤销权的。所以，在抵押人的其他债权人申请撤销该协议时，如果还在法院的执行程序中，应当向执行法院的执行机关申请撤销；如果执行程序已经完毕，则应当依据《合同法》以及合同法司法解释中有关撤销权的规定（尤其是有关管辖、诉讼费承担等相关规定）行使撤销权。

【问题 81】抵押人能否将国有土地使用权折价抵偿给抵押权人？

在抵押权的实现中，存在抵押人与抵押权人协商将抵押物折价抵偿给抵押权人的方式。实践中，抵押物的类型和权属一般不会成为以折价形式实现抵押权的障碍。在《最高人民法院关于能否将国有土地使用权折价抵偿给抵押权人问题的批复》（法释〔1998〕25 号）中，最高人民法院专门就国有土地使用权能否折价抵偿的问题做了批复，“在依法以国有土地使用权作抵押的担保纠纷案件中，债务履行期届满抵押权人未受清偿的，可以通过拍卖的方式将土地使用权变现。如果无法变现，债务人又没有其他可供清偿的财产时，应当对国有土地使用权依法评估。人民法院可以参考政府土地管理部门确认的地价评估结果将土地使用权折价，经抵押权人同意，将折价后的土地使用权抵偿给抵押权人，土地使用权由抵押权人享有”。从批复的内容来看，最高人民法院的态度相当谨慎，20 年过去，这一谨慎态度已经为当事人双方自由、审慎协商，案外人对折价协议撤销权的行使，以及土地使用权评估所取代，在实践中已经不再成为障碍。

3. 未达成抵押权实现协议时，抵押权人有权单方向人民法院申请实现抵押权

《担保法司法解释》第一百三十条规定，“在主合同纠纷案件中，对担保合同未经审判，人民法院不应当依据对主合同当事人所作出的判决或者裁定，直接执行担保人的财产”，这样规定的原因在于担保人可能持有的独立于主合同的有效抗辩权。所以，从我国人民法院的司法实践中可以看出，人民法院介入担保纠纷，对担保财产采取执行措施，仍需有效的执行依据（法院裁判、仲裁裁决，以及赋予强制执行效力的公证债权文书和执行证书）。

《民事诉讼法》第十五章第七节（第一百九十六条、第一百九十七条）规定了有关实现担保物权案件的特别程序，即担保物权人有权根据《物权法》第一百九十五条第二款的规定，在达不成抵押权实现协议，或即使达成协议但仍需人民法院拍卖、变卖抵押财产的情况下，抵押权人可以通过上述特别程序获得执行依据。结合上述规定，以及《民事诉讼法司法解释》第三百六十一条至第三百七十四条的规定，上述特别程序如下：

A. 程序申请人：根据《民诉法司法解释》第三百六十一条的规定，上述特别程序的申请人包括担保物权人（抵押权人、质权人、留置权人）和其他有权实现担保物权的人（抵押人、出质人、留置权债务人以及所有权人）。对于其他有权实现担保物权的人，以质权为例，《物权法》第二百二十条规定，出质人可以请求质权人在债务履行期届满后及时行使质权，故出质人也可以成为上述特别程序的申请人。至于所有权人成为申请人的情形，我们认为，这是因为在担保物权人基于无权处分善意取得担保物权时，担保物的所有人可以成为上述特别程序的申请人。

【问题 82】不经司法程序，抵押权人是否可以直接向人民法院申请实现抵押权？

红星公司向金鑫银行借款，蓝星公司用其所有的土地使用权提供抵押担保。借款合同期限届满，红星公司无力还本付息。问，金鑫银行是否可以径行向人民法院申请实现抵押权？

分析：根据《民诉法司法解释》第三百六十一条之规定，抵押权人金鑫银行可以直接依据法律规定向有管辖权的人民法院申请实现土地抵押权。

B. 管辖法院：《民诉法司法解释》第三百六十二条至第三百六十四条规定了上述特别程序的法院管辖规则，即实现票据、仓单、提单等有权利凭证的权利质权案件，可以由权利凭证持有人住所地人民法院管辖；无权利凭证的权利质权，由出质登记地人民法院管辖（第三百六十二条）；实现担保物权案件属于海事法院等专门人民法院管辖的，由专门人民法院管辖（第三百六十三条）；同一债权的担保物有多个且所在地不同，申请人分别向有管辖权的人民法院申请实现担保物权的，人民法院应当依法受理（第三百六十四条）。

C. 程序申请所需材料：根据《民诉法司法解释》第三百六十七条的规定，申请人申请实现担保物权的，应当提交下列材料：（1）申请书。申请书应当记明申请人、被申请人的姓名或者名称、联系方式等基本信息，具体的请求和事实、理由。（2）证明担保物权存在的材料，包括主合同、担保合同、抵押登记证明或者他项权利证书，权利质权的权利凭证或者质权出质登记证明等。（3）证明实现担保物权条件成就的材料。(4)担保财产现状的说明。(5)人民法院认为需要提交的其他材料。

D. 审判组织构成:《民诉法司法解释》第三百六十九条规定,实现担保物权案件可以由审判员一人独任审查。担保财产标的额超过基层人民法院管辖范围的,应当组成合议庭进行审查。

E. 审查及裁判内容:根据《民诉法司法解释》第三百七十一条之规定,人民法院应当就主合同的效力、期限、履行情况,担保物权是否有效设立、担保财产的范围、被担保的债权范围、被担保的债权是否已届清偿期等担保物权实现的条件,以及是否损害他人合法权益等内容进行审查。需要注意的是,上述审查并不是仅仅基于当事人、利害关系人的异议而进行,人民法院也有义务依职权进行主动审查。

人民法院在审查的基础上根据案件的实际情况,依据《民诉法司法解释》第三百七十二条之规定作出如下裁决:(1)当事人对实现担保物权无实质性争议且实现担保物权条件成就的,裁定准许拍卖、变卖担保财产;(2)当事人对实现担保物权有部分实质性争议的,可以就无争议部分裁定准许拍卖、变卖担保财产;(3)当事人对实现担保物权有实质性争议的,裁定驳回申请,并告知申请人向人民法院提起诉讼。

F. 救济程序:根据《民诉法司法解释》第三百七十四条规定,实现担保物权案件的当事人、利害关系人认为有错误的,可以向人民法院提出异议;人民法院经审查,异议成立或者部分成立的,作出新的判决、裁定撤销或者改变原判决、裁定;异议不成立的,裁定驳回。

(四)抵押权实现的法律效果

《担保法》第五十七条规定,为债务人抵押担保的第三人,在抵押权人实现抵押权后,有权向债务人追偿。《担保法司法解释》第七十五条第三款进一步赋予抵押人除向债务人追偿的权利之外,还有要求其他抵押人承担其应当承担的份额的权利,即"抵押人承担担保责任后,可以向债务人追偿,也可以要求其他抵押人清偿其应当承担的份额"。

《物权法》第一百七十六条规定,"提供担保的第三人承担担保责任后,有权向债务人追偿",所以提供担保的第三人,无论是抵、质押人,还是保证人均有权向债务人进行追偿。

根据上述规定,可以得出抵押权实现后的法律效果:(1)主债权基于清偿而归于终止;(2)抵押人可以向债务人追偿;(3)抵押人可以要求其他抵、质押人清偿其应当承担的份额。对于抵押人是否有权要求保证人清偿其应当承担的份额的问题,《担保法司法解释》第三十八条规定“当事人对保证担保的范围或者物的担保的范围没有约定或者约定不明的，承担了担保责任的担保人，可以向债务人追偿，也可以要求其他担保人清偿其应当分担的份额”，对于这一规定,《担保法司法解释》第七十五条第三款规定得明确而清晰，所以应当理解为只适用于保证担保，而不能推定适用于抵押担保，即抵押人不能要求保证人清偿其应当承担的份额。

二、抵押权的消灭

《物权法》第一百七十七条规定:“有下列情形之一的，担保物权消灭:(一)主债权消灭;(二)担保物权实现;(三)债权人放弃担保物权;(四)法律规定担保物权消灭的其他情形。”

根据上述规定，担保物权消灭，有以下几个原因:

(一)主债权消灭

一般情况下，主债权因清偿而消灭,《合同法》第九十一条还规定了其他合同权利义务终止的事由，例如提存、免除、混同、抵销等，但应当注意的是，这里的终止并不等于债权的消灭，在合同解除情况下，债权并未消灭，转化为《合同法》第九十七条规定的返还、补偿或赔偿债务。所以，其中应当特别注意法律规定的主债权合同解除后的法律效果。《担保法司法解释》第十条规定,“主合同解除后，担保人对债务人应当承担的民事责任仍应承担担保责任。但是，担保合同另有约定的除外”。

应当注意，上述《担保法司法解释》第十条中的担保人应当包括抵押人、质押人和保证人。根据《合同法》第九十七条的规定，合同解除后当事人根据合同的履行情况和合同的性质，负有恢复原状、采取其他补救措施和赔偿损失的义务，所以只有当债务人不履行上述义务才会产生《担保法司法解释》第十条规定的“民事责任”。此时，债权人才能够行使抵押权实现上述条款中规定的要求债务人承担的民事责任。所以，在合同未实际履行，各方亦未产生损失的情况下，抵押权会随着合同被解除而消灭。从理论上讲，在主债权因合同解除而归于终止的情况下，抵押人还需承担担保责任的规定是有待商榷的。

【问题83】主合同解除后，抵押人承担的担保责任的内容是什么？

甲公司与乙公司签订《买卖合同》，丙公司用自己一宗土地的使用权为甲公司支付价款的义务提供抵押担保，双方签订《抵押合同》，并办理了抵押登记。后因买受人甲公司拒不支付价款，乙公司面临两个选择：第一，解除合同，要求甲公司返还货物；第二，要求就丙公司抵押的土地使用权实现抵押权，以最终实现价款请求权。问，如果乙公司选择解除合同，丙公司承担的担保责任的内容是什么？

分析：如果甲公司已经将货物转售于第三人，而且无力就货物价值依据《合同法》第九十七条之规定向乙公司进行赔偿。同时，乙公司可以根据《担保法司法解释》第十条要求丙公司就甲公司的赔偿责任承担担保责任，丙公司对于该担保责任是以抵押的土地使用权承担，还是用其一般责任财产承担，法律并未给出明确的规定，但是这在结果上和不解除合同，乙公司直接行使抵押权实现价款支付请求权并无太大差别。

（二）抵押物灭失且无代位物

《担保法》第五十八条规定：抵押权因抵押物灭失而消灭。因灭失所得的赔偿金，应当作为抵押财产。如果抵押物灭失，且无赔偿金、补偿金及保险金等抵押物的代位物，那么抵押权消灭。

（三）债权人放弃担保物权、担保物权实现或法律规定担保物权消灭的其他情形

如果出现债权人放弃担保物权、担保物权实现的情况，抵押权也归于消灭。而《物权法》第一百七十七条规定的担保物权消灭的其他情形是一个兜底性条款。

第五节 特殊抵押权

本节的内容在于掌握最高额抵押、浮动抵押这两种特殊的抵押类型，它们在权利的特征，抵押权设立、存续、实现等程序上都有别于一般的抵押权：浮动抵押是浮动抵押权在设定时，抵押财产不确定；最高额抵押是抵押权设定时，抵押担保的债权范围不确定，两种类型均有各自鲜明的特征。在理解特殊抵押权

法律规定的过程中，应当注意从这两种特殊抵押权所满足的社会实际需要入手，理解它们特殊的制度规则，并思考如何将这两种特殊抵押权应用于具体的社会实践中。

理论部分

一、最高额抵押

（一）最高额抵押的概念

最高额抵押，是指为了担保债务的履行，债务人或者第三人对一定期间内将要连续发生的债权提供抵押担保，债务人不履行到期债务或者发生当事人约定的实现抵押权的情形的，抵押权人有权在最高债权额度内就该担保财产优先受偿。

最高额抵押的特征是在设定抵押权的时候，仅仅对抵押所担保的将来发生债权的最高数额进行限制，而不对抵押担保的具体债务和数额进行约定，满足了高频次发生债务的交易类型的需要，摆脱了烦琐的抵押登记、信贷审批等手续，在供应链融资、进出口信用证融资、保理、保函等业务上发挥了极为重要的作用。

实践中，对单一企业、银行等金融机构在提供借款时，一般会进行信用审查，而审查的结果往往是签署《授信合同》并借此无须在特定时间范围内在具体的借款业务上进行信用审查和审批，相应地，如果借款企业需要贷款的频次较高，往往也会设定最高额保证和抵、质押。

（二）最高额抵押的特征

作为一种特殊的抵押担保类型，最高额抵押有不同于一般抵押的如下特征：

1. 最高额抵押是限制抵押所担保的最高债权额的抵押类型。设定最高额抵押时，抵押人与抵押权人在最高额抵押合同中会约定抵押财产所担保的最高债权限额，无论将来实际发生的债权额为多少，抵押权人只能在最高限额范围内对抵押财产享有优先受偿的权利。

2. 最高额抵押是为一定期间内将要连续发生的债权提供的担保。在一般抵押关系中，抵押权作为主债权的从权利，都是在主债权发生后才有效设立，并且不能单独存在；与此不同，主债权在最高额抵押设定时可能并不存在，其有效设定并不以主债权存在为前提，是典型的担保将来发生的债权的抵押权。一方面，最高额抵押权担保的债权是一定时期内连续发生的债权，有"始期"和"终期"；另一方面，最高额抵押权担保的债权是将要发生的债权，是不特定的债权，不包括债务人尚未履行的已经确定下来的债权。尽管抵押关系双方当事人可以通过特别约定将始期之前的债权纳入最高额抵押所担保的债权范围之内，但一般情况下仍然应当是始期和终期之间发生的将来的债权。

3. 最高额抵押所担保的最高债权额是确定的，但实际发生额须至约定期日或法定事项发生时确定。实践中，确定最高额抵押担保债权的期日称为决算日或决算期，该期日确定最高额抵押最终担保的债权数额。具体而言，该期日前实际发生的债权总额小于最高债权额的，以实际发生的债权总额确定担保债权的数额；实际发生的债权总额大于最高债权额的，以最高债权额确定担保债权的数额。

4. 最高额抵押所担保的是一定期间内连续发生的多个债权，具有连续性和不确定性的特征，只要在最高额限度内，债权发生的频次和数量在所不论。

鉴于最高额抵押的上述特征，这一抵押担保的特殊类型被广泛地应用于对外贸易、销售、供应链等快节奏、高频次的融资交易领域中，极大地方便了外贸和生产企业的融资交易。

【问题 84】最高额抵押的本质特征是什么？

2015 年 4 月 20 日，甲外贸公司与乙银行签署《信用证授信、业务协议》，约定乙银行在 2015 月 5 月 1 日至 2015 年 12 月 31 日应甲公司外贸业务中具体对外付款需求，在总额不超过 1000 万美元的额度内向甲公司开具一份或数份信用证，甲公司使用乙银行开具的信用证向外国交易对手付款。同日，乙银行与丙公司签订《最高额抵押合同》，丙公司用一宗土地的建设用地使用权，就乙银行因为甲公司上述信用证垫款而发生的不超过 1000 万美元的债务关系提供抵押担保。丙公司提供的最高额抵押的本质特征是什么？

分析：上述问题中，《信用证授信、业务协议》实际上是乙银行在对甲公司的资产负债、经营状况进行审核之后达成的一个信用授予协议，其债权债务关系是乙银行应甲公司实际业务需求有义务开具信用证，并依据该信用证在外国银行提示付款时，因对外偿付垫款而形成的债权关系。在该关系中，未来垫款的数额因为信用证业务量、美元兑人民币汇率波动等因素并不确定，也即抵押权所担保的主债权数额不确定。为了得出一个相对明确的担保预期，抵押人丙公司和债权人乙银行需要在《最高额抵押合同》中对信用证发生的时间、债务发生的方式以及最高担保的数额加以限制。所以，最高额抵押的本质特征就是，在未来债务不明确的情况下，通过对债务发生的时间和总债务数额进行限制，得出相对明确的抵押权所担保的债权数额。

（三）最高额抵押合同及最高抵押权的设立

最高额抵押权由当事人双方自愿依抵押权设定的一般程序设立。最高额抵押合同在内容上与一般抵押权大致相同，不同之处在于：第一，最高额抵押存在对所担保的债权范围的约定，多数为债权类型或债权发生事由，以及抵押担保的最高债权额；第二，最高额抵押存在确定抵押权所担保债权的期间范围的约定，即在该期间的始期和终期之间发生的债权。抵押人和抵押权人也可以约定将始期前的特定债权纳入最高额抵押担保的债权范围之内。

（四）最高额抵押担保范围内的债权确定

在确定最高额抵押担保范围内的债权时，有两个口径：第一，应当是约定期限内，或债权确定法定事由发生前的、约定类型的债权；第二，约定最高担保额度内的债权。不符合上述两个口径的债权，不在最高额抵押担保的债权范围之内。

二、浮动抵押

（一）浮动抵押的概念

浮动抵押，是指权利人将现有的和将有的全部财产或者部分财产（一般情况下是动产）为其债务提供担保，债务人不履行到期债务或者发生当事人约定的或法律规定实现抵押权的情形的，债权人有权就实现抵押权时的动产优先受偿。浮动抵押最早出现在英国法律制度中，主要用于公司整体性的发行债券，作为债券到期兑付的担保，也就是说其担保的是抵押人自己的债务，而我国物权法中的浮动抵押制度是在吸收和借鉴英国浮动抵押制度之后设定的抵押制度，其中的创新就是扩大了浮动抵押制度可以适用的范围。《日本企业担保法》第一条第一款规定，股份公司的总资产，为担保公司发行的公司债，可以作为一个整体充任企业担保权的标的。其更是在抵押人的主体范围和浮动抵押担保的债务类型上进行了限制。

浮动抵押的基本原理是：浮动抵押权设定后，抵押人可以将抵押的原材料投入产品生产，也可以卖出抵押的财产，抵押财产并未特定。当发生债务履行期届满未清偿债务、抵押人被宣告破产或被撤销、当事人约定的实现抵押权的情形，或发生严重影响债权实现的情形时，企业现有的财产被确定为抵押财产，债权人（抵押权人）有权就该等财产优先受偿。

【问题85】浮动抵押的本质特征是什么？

甲公司向乙银行借款，用其现有的以及未来买进的机械设备、生产原料、库存产品等动产担保债务的履行。甲、乙双方在签订抵押合同并办理抵押登记后，甲公司因债权人提出的破产申请而被人民法院裁定进入破产清算程序。乙银行有权行使抵押权，就哪些财产优先受偿？

分析：与最高额抵押在抵押权有效设立时抵押担保的债权不确定不同，浮动抵押所担保债权虽然确定，但抵押的财产并不确定，因为抵押财产如生产原料等在抵押人生产中可能存在形态以及价值的变化。所以，浮动抵押在事实上已经突破了物权法一物一权原则，即抵押权始终被限制于一个特定物之上的限制。只有在浮动抵押权存续期间，债务履行期限届满或法定情形出现时，抵押财产才最终确定，抵押权人才能就确定下的抵押财产优先受偿。

（二）浮动抵押的特征

浮动抵押不同于一般的动产抵押，其有以下两个特征：

1. 浮动抵押的标的物仅限于动产，包括抵押人现有的动产，也包括其将来所有的动产。浮动抵押设立时和抵押期间，抵押财产因不断发生变化而未特定，直到约定或法定的事由发生，抵押财产才最终确定。

2. 浮动抵押的主体受到限制。在起草《物权法》时，一种观点认为应当设置在股份有限公司之上，另一种观点是不进行限制。《物权法》最终结合上述两种观点，将主体限制在企业、个体工商户和农业生产者之上。这种限制在实证角度上可以说是涵盖了所有的主体。包括企业法人如公司，也包括非法人企业，如合伙企业、中外合作企业、全民所有制企业等。个体工商户即公民以个人财产或家庭财产作为经营资本，依法经过核准登记，并在法定范围内从事非农业性经营活动的个人或家庭。农业生产承包者包括农村承包经营户和农业专门合作社。从上述主体表述来看，主要是从事生产经营的主体，所以浮动抵押在我国可以说是一种商事行为，一般的民事关系不适合进行浮动抵押，这说明该制度就是为了生产经营者解决资金和担保困难问题的。

3. 浮动抵押期间，抵押人处分抵押财产不必经过抵押权人的同意，抵押权人对抵押财产无追及的权利，只能就约定或者法定事由发生后确定的财产优先受偿（《物权法》第一百九十六条）。关于在抵押期间，抵押权人如何控制抵押财产，或者是采取哪些措施控制，《物权法》没有作以相应的规定，可以由当事人自行协商解决，例如债权人和抵押人约定抵押财产由债权人监管，或者债权人派驻监管人员至抵押人企业担任高管等。

（三）设立浮动抵押的条件

设立浮动抵押应当符合以下条件：

1. 浮动抵押的抵押人主体仅限于企业、个体工商户、农业生产经营者。

2. 设立浮动抵押的财产限于生产设备、原材料、半成品、产品等与生产有关的动产，除此之外的动产、不动产均不得设定浮动抵押。

3. 浮动抵押须达成书面的抵押合同，该协议一般包括担保债权的种类、数额、债务履行期间、抵押财产确定的情形或条件、抵押权实现等约定。

4. 实现抵押权的条件是不履行到期债务，或者发生当事人约定的实现抵押权的事由。

5. 债权人有权就实现抵押权时的动产优先受偿，该动产不同于设定浮动抵押时的动产。抵押期间，抵押财产处于不确定状态，抵押人可以自由处分抵押财产，只有约定或法定的事由或条件出现或成就时，抵押财产才确定。

（四）浮动抵押的有效设立

浮动抵押是动产抵押，抵押合同生效时抵押权即有效设立；未经登记，不得对抗善意第三人；浮动抵押登记机关一般为抵押人住所地的工商行政管理部门。在浮动抵押设立问题上，我国立法采取的是登记对抗主义立法模式。

（五）浮动抵押的效力

与一般的抵押权不同，浮动抵押权人对于设置抵押权时的动产无直接的、任意的支配权，登记的动产浮动抵押权，也不得对抗正常经营活动中已经支付合理价款并已获得抵押财产的买受人，此时的买受人之所以不可对抗，是因为其获得了抵押物的所有权。为什么这里抵押物的转让无须抵押权人的同意，在转让后抵押权也无追及效力？理论上对这一问题不一定有合理的解释或说辞，只能说是法律政策的选择，并不符合担保法的传统理论。

在逻辑上，可以对抗，意味着抵押物买受人尽管已经买受所有权，但其买受的是有抵押权负担的抵押物，债务人到期不清偿债务，或者满足行使抵押权的条件的，债权人可以追及至买受人处行使抵押权，并有权请求人民法院拍卖、变卖抵押物。其后，买受人只能向抵押人追究买卖合同的履约不能的违约责任，或者解除合同。

不得对抗正常交易的买受人使得浮动抵押的抵押权人对抵押物不能进行有效的控制，这一点也是《物权法》在起草过程中对是否设置浮动抵押制度争议较大的原因。

在上海发生的一起案件中，抵押人鼎企公司同意为主合同项下的债务提供动产浮动抵押担保，双方约定鼎企公司现有和将来新取得的钢材都成为抵押财产。上海一中院在（2014）沪一中民六（商）终字第185号民事终审判决书中认为："动产浮动抵押是不以特定的动产作为担保标的物，只有因担保人对担保权的行使、债务人违约等确定事由发生而转换为特定担保时，才以抵押人当时拥有的约定范围内的动产转化为确定的抵押物，抵押权人对于浮动抵押确定时属于抵押人的财产享有优先于其他债权人受偿的权利。本案中，上诉人与被上诉人鼎企公司签订《动产浮动抵押合同》并办理相关的登记手续，上诉人的抵押权已经成立。虽然上诉人在《动产浮动抵押合同》已就抵押财产确定的范围及行使抵押权的时间进行约定，但在实际要求行使抵押权时，由于抵押物的灭失，致原审法院根据现有证据无法证明抵押物的真实存在。"在浮动抵押纠纷案件中，抵押权人对确定抵押物的条件是否满足、确定抵押物的时间以及确定后的抵押物是哪些的事项负有举证责任。

制度部分

一、最高额抵押权

（一）最高额抵押权的法定概念和特征

《物权法》第二百零三条第一款规定了最高额抵押的法定概念，即"为担保债务的履行，债务人或者第三人对一定期间内将要连续发生的债权提供担保财产的，债务人不履行到期债务或者发生当事人约定的实现抵押权的情形，抵押权人有权在最高债权额限度内就该担保财产优先受偿"。

根据上述规定，最高额抵押设立时，其所担保的债权范围并不确定，债权范围是一定期间内的、连续发生的债权。尽管如此，合同当事人还是可以通过最高额抵押合同，在最高额抵押担保最高限额之外，对担保的债权范围进行限制，该等限制主要表现为：第一，债权的发生事由，例如借款、买卖、信用证垫款等事项；第二，单个债权的范围，即是否包括利息、违约金等事项。

【问题 86】当事人是否可以有效约定最高额抵押用于担保已经发生的债权？

《担保法》第五十九条规定，“本法所称最高额抵押，是指抵押人与抵押权人协议，在最高债权额限度内，以抵押物对一定期间内连续发生的债权作担保”，对最高额抵押有一个明确的界定，那么当事人是否可以有效约定最高额抵押用于担保已经发生的债权？

关于这个问题，最高人民法院在“中国农业银行湖北省潜江市支行与幸福集团电力公司、幸福集团铝材厂、湖北幸福实业股份有限公司等借款担保合同纠纷上诉案”中给予了明确的回答。该案中，原审湖北高院认为“根据《中华人民共和国担保法》第五十九条关于‘最高额抵押，是指抵押人与抵押权人协议，在最高债权额限度内，以抵押物对一定期间内连续发生的债权作担保’的规定，最高额抵押权所担保的是将来一定期间内连续发生的债权。原则上任何债权都可以设定抵押权，但并不是所有的债权都可以设定最高额抵押权，只有连续交易而签订的相同种类的合同所发生的将来的不特定债权，才可以设定最高额抵押。而在本案中，潜江支行在 1997 年 12 月 16 日分别与幸福集团、电力公司、股份公司、铝材厂签订四份《最高额抵押担保借款合同》时，所涉借款已经发放，潜江支行对幸福集团的债权早已形成。可见，在签订最高额抵押合同时，潜江支行的债权既不是将来发生的债权，也不是不特定的债权，不具备最高额抵押所必须具备的要件。因此，本案最高额抵押合同不发生效力。电力公司、股份公司、铝材厂不承担担保责任”。也就是说，原审法院认为在最高额抵押合同签订之前形成的债务，即使当事人有约定，也不能纳入最高额抵押所担保的债权范围之内。这种认识不能说完全错误，因为在抵押登记之时，一般并不会对抵押担保的债权进行公示，对于其他抵押人的第三债权人而言，其看到的是抵押登记所担保的债权的时间范围界限，而且《担保法》第五十九条明确规定担保的债务应当是未来的债务，但是这是所有抵押合同和抵押担保的问题，第三债权人应当在债务关系成立时对这一风险进行考量。最高人民法院在该案（2002）民二终字第 117 号民事终审判决书中认为，“最高额抵押所担保的债务既可以是已经发生的，也可以是没有发生的。最高额抵押的生效与被担保的债务是否发生无关。原审判决以本案《最高额抵押担保借款合同》所涉借款已经发放、不符合最高额抵押的法律特征为由判令该最高额抵押合同不发生法律效力属适用法律有误，本院予以纠正”。

实际上，上述案件发生后，理论界和实务界即达成共识，并在《物权法》中加以规定。根据《物权法》第二百零三条第二款的规定，当事人可以在最高额抵押合同中约定，将最高额抵押权设立前已经存在的债权转入最高额抵押担保的债权范围。但应当注意，这里的约定应当是明确而具体的约定，既可以是在《最高额抵押合同》中进行约定，也可以是在合同成立后，在该合同的补充协议中进行约定，该补充协议甚至可以在抵押登记办理之后。这实际上是一个合同约定问题，用合同法中的相关规定加以判断即可。最高人民法院在其颁布的第95号指导案例，即“中国工商银行股份有限公司宣城龙首支行诉宣城柏冠贸易有限公司、江苏凯盛置业有限公司等金融借款合同纠纷案”中认为，“本案中，工行宣城龙首支行和凯盛公司仅是通过另行达成补充协议的方式，将上述最高额抵押权设立前已经存在的债权转入该最高额抵押权所担保的债权范围内，转入的涉案债权数额仍在该最高额抵押担保的4000万元最高债权额限度内，该转入的确定债权并非最高抵押权设立登记的他项权利证书及房屋登记簿的必要记载事项，在不会对其他抵押权人产生不利影响的前提下，对于该意思自治行为，应当予以尊重。此外，根据商事交易规则，法无禁止即可为，即在法律规定不明确时，不应强加给市场交易主体准用严格交易规则的义务。况且，就涉案2012年4月20日借款合同项下的债权转入最高额抵押担保的债权范围，凯盛公司不仅形成了股东会决议，出具了房产抵押担保承诺函，且和工行宣城龙首支行达成了《补充协议》，明确将已经存在的涉案借款转入前述最高额抵押权所担保的最高额为4000万元的主债权范围内。现凯盛公司上诉认为该《补充协议》约定事项必须办理最高额抵押权变更登记才能设立抵押权，不仅缺乏法律依据，也有悖诚实信用原则。工行宣城龙首支行和凯盛公司达成《补充协议》，将涉案2012年4月20日借款合同项下的债权转入前述最高额抵押权所担保的主债权范围内，虽未办理最高额抵押权变更登记，但最高额抵押权的效力仍然及于被转入的涉案借款合同项下的债权”。

【问题87】最高额抵押担保的债权是否包含财产保全或者执行程序被查封后的债权？

根据《担保法司法解释》第八十一条之规定，即“最高额抵押权所担保的债权范围，不包括抵押物因财产保全或者执行程序被查封后或债务人、抵押人破产后发生的债权”，以及《物权法》第二百零六条第（四）项之规定，即“抵押财产被查封、扣押”，抵押权人的债权确定，也即抵押物的查封、扣押是债权确定的法定事由。问题是，在抵押物查封、扣押后，债权为予清偿而产生的利息是否是最高额抵押担保的范围之内的债权？

分析：我们认为，《担保法司法解释》第八十一条中的“债权”系指主债权，而不包含利息等从属性债权，故抵押物查封、扣押之前发生的债权，在查封、扣押后产生的利息也应当列入最高额抵押担保的债权范围之内。最高人民法院就“岳阳友协置业有限公司与交通银行股份有限公司佛山南海支行及吴荣华、佛山市友协国际贸易公司、常谦进、徐可明借款合同纠纷申请再审案”作出的（2012）民再申字第212号民事裁定书的内容也印证了这一点。最高人民法院在该裁定书中认为，“根据《物权法》第二百零六条第四项，抵押财产被查封、扣押的，抵押权人的债权确定。根据《担保法司法解释》第八十一条，最高额抵押权所担保的债权范围，不包括抵押物因财产保全或者执行程序被查封后或者债务人、抵押人破产后发生的债权。本院认为，上述规定旨在确定主债权范围，并未将主债权确定后至实际清偿期间产生的利息等排除在抵押担保范围之外，主债权确定后产生的利息等均系基于主债权产生，应属抵押担保范围，本案判决岳阳友协对于本案主债权及利息承担担保责任，适用法律并无不当，岳阳友协该项理由不能成立”。

（二）最高额抵押权的设定

1. 最高额抵押权的设立登记

与一般的抵押权相比，最高额抵押有两个特殊之处：（1）最高债权额的限定；（2）债权确定期间的约定。除此之外，登记机关和登记程序都与一般的抵押权并无二致。

在最高额抵押设立登记的时候，一般需要登记的事项也是上述两项，如《土地登记办法》第三十六条第三款规定，“申请登记的抵押为最高额抵押的，应当记载所担保的最高债权额、最高额抵押的期间等内容”；《房屋登记办法》第五十三条规定，“除本办法第四十四条所列事项外，登记机关还应当将最高债权额、债权确定的期间记载于房屋登记簿，并明确记载其为最高额抵押权”；根据《不动产登记暂行条例实施细则》第七十一条第一款的规定，当事人除不动产权属证书、最高额抵押合同之外，还应当提交于一定期间内将要连续发生的债权和合同或者其他登记原因证明等必要材料，可见登记机关是通过提交合同和登记原因事项来确定未来发生的债权类型。

当事人根据上述规定申请的是最高额抵押权首次登记，而且《不动产登记暂行条例实施细则》第七十一条第二款规定，“当事人申请最高额抵押权首次登记时，同意将最高额抵押权设立前已经存在的债权转入最高额抵押担保的债权范围的，还应当提交已存在债权的合同以及当事人同意将该债权纳入最高额抵押权担保范围的书面材料”。也就是说，当事人可以将抵押权设立前的债权转入最高额抵押担保的债权范围以内，与最高额抵押权一并办理首次登记。

2. 最高额抵押权的变更登记

根据《不动产登记暂行条例实施细则》第七十二条之规定，当事人在最高额抵押登记后，可以申请进行最高额抵押权的变更登记，变更登记的主要变更事项包括:（1）抵押人、抵押权人的姓名或者名称变更的;（2）债权范围变更的，如果当事人通过补充协议将最高额抵押权设立前的债权转入最高额抵押担保的债权范围之内，可以凭补充协议申请最高额抵押权变更登记;（3）最高债权额变更的;（4）债权确定的期间变更的;（5）抵押权顺位变更的;（6）法律、行政法规规定的其他情形。从上述规定可以看出，当事人可以申请的变更登记几乎涵盖了最高额抵押合同中有关最高额抵押的全部内容。例如，债权人与抵押人协商将主合同所涉罚息、违约金纳入担保的债权范围之内的，即可以申请最高额抵押权变更登记。

鉴于债务人抵押和第三人抵押的顺位问题，以及第三人抵押权人之间可能的追偿问题，债权人与提供抵押担保的债务人或第三人就最高额抵押达成补充协议并办理的变更登记可能会对其他抵押人，甚至其他担保人产生不利影响，故上述第七十二条的第二款规定“因最高债权额、债权范围、债务履行期限、债权确定的期间发生变更申请最高额抵押权变更登记时，如果该变更将对其他抵押权人产生不利影响的，当事人还应当提交其他抵押权人的书面同意文件与身份证或者户口簿等”。我们认为，该规定至少表明了登记机关的立场，即抵押权的变更登记仅与其他抵押人有关。这一立场值得商榷，举例说明。在债务存在债务人或第三人最高额抵押担保和第三人保证担保的情况下，抵押权人和债务人或第三人就缩小最高额抵押所担保的债权范围达成补充协议并办理最高额抵押权变更登记，在结果上无疑对保证人利益造成影响。这一问题一方面涉及《物权法》第一百七十六条中第三担保人之间是否有追偿权的问题；另一方面涉及登记机关的审查尺度问题，即形式审查还是实质审查，其很容易进行该债权是否还有其他抵押担保的审查，但该债权是否还有保证担保就无从审查了。所以，在结果上，我们认为，在存在第三人保证担保且没有保证人的书面同意文件的情况下，登记机关办理最高额抵押权变更登记将不应当直接认定登记存在错误或未履责的情形。而如果最高额抵押权变更登记损害保证人利益的，保证人可以在具体法律关系中行使自己的权利。

3. 最高额抵押权的确定登记

《不动产登记暂行条例实施细则》第七十三条规定了最高额抵押权的确定登

记，即“当发生导致最高额抵押权担保的债权被确定的事由，从而使最高额抵押权转变为一般抵押权时，当事人应当持不动产登记证明、最高额抵押权担保的债权已确定的材料等必要材料，申请办理确定最高额抵押权的登记”。在出现最高额抵押权确定事由的情况下，当事人可以向登记机关申请确定登记。

（三）主债权及最高额抵押权的转让

1. 主债权与最高额抵押权的可转让性

《担保法》第六十一条规定，“最高额抵押的主合同债权不得转让”。这一条款损害了债权人自由处分债权的权利。所以,《物权法》第二百零四条取代了《担保法》第六十一条，其规定，“最高额抵押担保的债权确定前，部分债权转让的，最高额抵押权不得转让，但当事人另有约定的除外”，即不限制主债权的转让，而是仅仅对主债权转让的，抵押权是否随同转让进行有条件限制。相应地,《不动产登记暂行条例实施细则》第七十四条第三款也规定：“最高额抵押权担保的债权确定前，债权人转让部分债权的，除当事人另有约定外，不动产登记机关不得办理最高额抵押权转移登记。”

【问题 88】最高额抵押的主债权是否能够转让？

关于最高额抵押权担保范围的债权是否可以转让的问题，江苏高院在其就“江苏皇珈置业有限公司与朱某某、常州市巨业建设发展有限公司等借款合同纠纷二审一案”作出的（2015）苏商终字第 00234 号民事判决书中认为，“就最高额抵押担保的债权能否转让的问题,《中华人民共和国担保法》第六十一条和《中华人民共和国物权法》第二百零四条作出了不同的规定，前者规定不能转让，后者并未规定不能转让，而是就债权确定前转让部分债权时抵押权是否一并转让作出了规定。故朱某某主张最高额抵押担保的债权不得转让，与《中华人民共和国物权法》的规定不符，没有法律依据，本院依法不予支持”。

在该案中，抵押人从债权人处受让债权。实践中，一个非常困难的问题是，抵押人转让的支付价款行为在法律性质上属于“担保责任承担行为”还是“支付债权转让价款行为”。对此，法院的立场是看当事人的约定，进而认定法律效果，江苏高院认为“广发银行常州分行将案涉债权转让给皇珈公司后，皇珈公司作为抵押人，同时也成为债权人、抵押权人，换言之，就案涉最高额抵押合同，出现了抵押权人和抵押人同归于一人的情形。根据《中华人民共和国合同法》第九十一条关于债权债务同归于一人，合同的权利义务终止的规定，案涉最高额抵押合同终止”。这一观点是否值得商榷，我们在前述【问题 40】中曾对受让债权的抵押人的抵押顺位问题进行了讨论，可予以参考。我们通过下文对最高额抵押的债权的可转让性进行说明。

2. 对《物权法》第二百零四条的理解

对《物权法》第二百零四条的理解，应当从以下四个层次入手：

第一个层次：如果最高额抵押的抵押权人（债权人）将主债权合同（债权未确定）、抵押合同概括性一并进行转让，转让后，主债权合同项下的债权人系主债权合同权益的受让人（其也是最高额抵押权人），而不是原最高额抵押权人。基于抵押权的从属性，抵押权随主债权一并转让。在这种情况下，当事人应当根据《不动产登记暂行条例实施细则》第六十九条的规定处理，申请办理抵押权转移登记。

第二个层次：如果最高额抵押担保的债权发生确定事项，导致担保的债权范围被确定下来，那么部分债权转让的，抵押权因为其从属性将随之一起转让。最高额抵押权担保的债权确定意味着抵押权从主债权不确定到确定，对抵押权从最高额抵押转变为一般抵押，抵押物上所担保的债权是已经确定下来的债权。早在2001年，最高人民法院即对当时主要的最高额抵押权人和债权人在相关业务中出现的转让抵押权的情形作出规定，即《最高人民法院关于审理涉及金融资产管理公司收购、管理、处置国有银行不良资产贷款形成的资产的案件适用法律若干问题的规定》第八条规定，“人民法院对最高额抵押所担保不确定债权确定后，原债权银行转让主债权的，可以认定转让债权的行为有效”，根据该规定最高额抵押权在债权范围确定后随着债权一并转让。这样，转让人和受让人一同成为抵押权人，转让和未转让的债权一并作为抵押权的担保债权。

第三个层次：如果在抵押权抵押担保的债权确定之前，因为债权尚未确定，处于变动，甚至是可能因发生《合同法》第九十一条所列事项而终止的情形，那么部分债权转让可以进行，但抵押权不随同转让。究其原因，最高额抵押权在债权确定下来之前，其系从属于整个债权关系，而不是债权关系中的某一个具体的债权，所以不能够转让。结合《不动产登记暂行条例实施细则》第七十四条第三款的规定，在债权确定之前部分债权转让的，不得办理最高额抵押权转移登记。

例如，甲向乙银行借款，并用房产提供最高额抵押担保，决算期为当年12月31日。10月1日，甲对乙的一笔借款到期，甲未清偿，乙将该笔借款债权转让给丙资产管理公司，根据《物权法》第二百零四条的规定该笔债权无抵押担保。至决算期届满，甲仍未向丙履行上述债权还本付息义务，不得将上述丙对甲之债权登记在抵押物登记簿上，作为该抵押物担保的债权之一。

第四个层次：《物权法》第二百零四条中的“但书”规定，对这一条款怎么理解，《物权法》并没有给出明确的答案，但是《不动产登记暂行条例实施细则》第七十四条第二款给出了当事人之间的可能约定：债权人转让部分债权，当事人约定最高额抵押权随同部分债权的转让而转移的，应当分别申请下列登记：“（一）当事人约定原抵押权人与受让人共同享有最高额抵押权的，应当申请最高额抵押权的转移登记；（二）当事人约定受让人享有一般抵押权、原抵押权人就扣减已转移的债权数额后继续享有最高额抵押权的，应当申请一般抵押权的首次登记以及最高额抵押权的变更登记；（三）当事人约定原抵押权人不再享有最高额抵押权的，应当一并申请最高额抵押权确定登记以及一般抵押权转移登记。”

根据《物权法》第二百零四条的规定内容，无论怎样都可以确定一点：在最高额抵押担保的债权确定前，部分债权转让的，在当事人有约定的情况下，最高额抵押权可以转让。明白了上述内容，我们认为，剩下的就是如何操作的问题，《不动产登记暂行条例实施细则》的上述规定给出了具体方案：

方案一：转让人和受让人约定共有最高额抵押权的，申请转移登记，结果是转让人和受让人在决算期内符合条件的债权都纳入债权范围之内。甲向乙银行借款，并用房产提供最高额抵押担保，决算期为当年 12 月 31 日。10 月 1 日，甲对乙的一笔借款到期，甲未清偿，乙将该笔借款债权转让给丙银行。乙、丙协商共同享有对甲的最高额抵押权的，应当办理抵押权转移登记，那么在 10 月 1 日至 12 月 31 日，符合最高额抵押合同约定的甲对丙的债务也应当计入最高额抵押担保的债权范围。至决算期，抵押物担保的债权范围包括，决算期内乙对甲的、未完全清偿的符合合同的债权 + 最高额抵押权转移登记日至决算期内丙对甲的符合合同的债权，但总额必须小于最高债权额，否则不在抵押担保的范围之内。

方案二：转让人和受让人约定受让人享有一般抵押权的，当事人持相关材料至不动产登记机关申请办理抵押权首次登记，登记内容：抵押担保的债权，即转让人转让给受让人的债权，是否包含利息、违约金等应根据最高额抵押合同确定，登记的是抵押权的首次登记，该登记在顺位上，当事人之间有约定的从约定，没有约定的应当列为落后于转让人；转让人持相关材料和抵押人一起申请办理最高额抵押权变更登记，将转让债权的债权额从最高债权额中扣除，并就扣除的最高债权额进行变更登记。在结果上，即使受让人的债权在首次登记后，在决算期前被债务人清偿，抵押权担保的最高债权额也不能恢复，因为最高额抵押权已经办理了担保的债权额的变更登记。

方案三：当事人约定原抵押权人不再享有最高额抵押权的，这种情况符合

《物权法》第二百零六条第三项规定的情形，所以应当先由抵押权人和抵押人办理最高额抵押权确定登记，抵押权担保的债权包含转让债权；然后，由一般抵押权人（即最高额抵押权人）和受让人共同办理已转让债权的抵押权的一般抵押权转移登记。

方案一意味着抵押权人和受让人就债务人发生的债务都将纳入最高额抵押担保的债权范围之内；方案二意味着原抵押权人的抵押担保的最高债权额应当包括受让人的债权，这时，最高债权额将扣减受让人受让的债权数额，其后原抵押权人继续就扣减后的最高债权额享有最高额抵押，而受让人就该抵押物的抵押担保进行首次登记；方案三意味着最高额抵押先变更为一般抵押，其后将转让债权连同担保该债权的抵押权一并转让。

（四）最高额抵押合同的变更

《物权法》第二百零五条规定："最高额抵押担保的债权确定前，抵押权人与抵押人可以通过协议变更债权确定的期间、债权范围以及最高债权额，但变更的内容不得对其他抵押权人产生不利影响。"

抵押权人和抵押人在债权确定前进行的变更实际上是对《最高额抵押合同》的变更，该变更会改变最终债权确定后抵押权的担保范围。因此，如果在最高额抵押担保的债权范围确定前，同一抵押物为第三人设定抵押权的，该变更不得损害其他抵押权人的利益。这种损害，在《物权法》第二百零五条的规定中被表述为三种类型：（1）债权确定的期间；（2）债权范围；（3）最高债权额。

1. 变更债权确定的期间

对债权确定期间的变更也就是对决算期的变更，将该期间的起点变更实际上是通过约定将抵押权设定前已经存续的债务纳入担保的债权范围之内的问题。而决算期，即抵押权人和抵押人约定的确定最高额抵押权担保的债权的时间节点。有两种情形，第一种是将决算期提前，例如将决算期从2017年12月31日提前至10月31日；第二种是将决算期推后，例如将决算期从2017年10月31日推迟至2017年12月31日。在后者情况下，即增加的决算期内产生债权的可能性，将会对抵押物的其他抵押权人，或抵押人的其他债权人产生不利影响。

2. 变更债权范围

这里所谓的债权范围即最高额抵押权担保的债权范围，在相同期间内，该范围既包括债权本金、利息、违约金，如抵押权人甲、抵押人乙在原最高额抵押合同中约定仅担保债权本金，后达成补充协议增加担保债权利息、违约金；也包括引起债权的类型，如甲、乙在原最高额抵押合同中约定就债务人因银行承兑汇票承兑垫款而产生的债权进行担保，后达成补充协议增加对债务人因银行借款、押汇而产生的债务也进行担保。上述两个例子均会增加最高额抵押权担保的债务数额，将会对抵押物的其他抵押权人，或抵押人的其他债权人产生不利影响。

3. 变更最高债权额

最高额抵押权担保的债权在数额上是被限制在抵押权人和抵押人在《最高额抵押合同》中约定的最高债权额之内，但合同当事人可以通过协议增加或减少最高债权额。例如，甲、乙在原最高额抵押合同中约定，最高债权额为1000万元，实际发生债权额为1500万元，那么根据《物权法》的规定，将有500万元债权不在抵押权担保的范围之内。有鉴于此，甲、乙在临近决算期时达成补充协议，将最高债权额提高至1500万元，该约定在甲、乙之间将产生抵押物用以担保债权数额变更至1500万元的法律效果，但是可能因此会对抵押物的其他抵押权人和抵押人的其他债权人产生不利影响。

《最高额抵押合同》在法律性质上属于债权合同，合同变更基于抵押权人和抵押人之间的契约自由发生，而且一般仅在当事人之间发生法律效力。如果该合同的变更影响到了其他抵押人，或者抵押人之债权人，那么除以恶意串通损害第三人利益可以向法院提出确认合同无效的诉讼请求之外，还可以提起撤销之诉。

4. 最高额抵押权变更登记

出现最高额抵押权变更的，应当依据《不动产登记暂行条例》第十六条和《不动产登记暂行条例实施细则》的规定，申请变更登记。

【问题89】在最高额抵押权担保的债权确定之后，抵押权人和抵押人是否可以变更最高额抵押权担保的债权范围？

甲公司与乙银行签订《最高额抵押合同》，约定2017年10月21日为决算期，担保债务人对乙银行借款债权本金。甲、乙于2017年10月30日达成协议，协议约定将决算期之间的债务利息纳入最高额抵押担保的债权范围，该协议是否有效，利息债权是否是最高额抵押担保额债权范围之内的债权？

分析：应当注意的是，《物权法》第二百零五条所规定的对抵押债权范围的变更是发生在最高额抵押担保的债权确定之前。如果是在债权确认之后，甲、乙之间的行为不能被认定为变更最高额抵押权担保的债权范围的行为，而是应当被认定为追加担保或放弃部分抵押权的行为。

例如，最高额抵押权担保的债权经决算期已经确定，抵押合同双方原本只约定担保债权本金，此时达成补充协议约定也担保债权利息，那么这一约定在债权确定之后，在性质上只能被看作双方当事人另行就利息部分的债权用同一抵押物追加的抵押担保。同理，在债权经决算期确定后，当事人双方增加最高债权额的，也可以认为是就增加的债权额追加的抵押担保。还应当注意的是，在债权确定之后，抵押权已经变为普通债权，如果双方当事人就上述事项达成一致，即必须另行进行抵押登记，否则该部分债权抵押权未有效设定。

【问题90】最高额抵押期间，当事人是否可以将抵押权设定前发生的债务纳入最高额抵押担保的债权范围之内？

在前述“中国农业银行湖北省潜江市支行与幸福集团电力公司、幸福集团铝材厂、湖北幸福实业股份有限公司等借款担保合同纠纷上诉案”的分析中，我们发现，如果最高额抵押期间，抵押合同当事人通过补充约定将最高额抵押设立之前已经存在的债权转入最高额抵押担保的债权范围，可能会侵害到抵押人的第三债权人的利益。

根据《物权法》第二百零三条第二款的规定，当事人可以在最高额抵押合同中约定，将最高额抵押权设立前已经存在的债权转入最高额抵押担保的债权范围。最高额抵押合同的当事人可以就上述事项达成补充协议，但根据第二百零五条的规定不得损害抵押物上的其他抵押权人的利益。《物权法》在这一规定中，并未对抵押人的其他债权人进行保护，而仅仅将保护范围放至其他抵押权人的范围之上。对于其他债权人而言，我们认为，可以通过《民事诉讼法》第五十六条第三款规定进行救济，即如果在抵押人的其他债权人的债权已经成立，最高额抵押合同的当事人在最高额抵押期间，通过协议以变更债权确定的期间、债权范围以及最高债权额方式，扩大抵押担保的债权范围，使得该部分债权优先于其他债权人的债权优先受偿的，其他债权人可以借助《合同法》第七十三条向人民法院提起撤销权诉讼，如果人民法院已经就最高额抵押作出判决，而其他债权人未参加诉讼的，可以根据《民事诉讼法》第五十六条的规定，即“前两款规定的第三人（有独立请求权第三人和无独立请求权第三人），因不能归责于本人的事由未参加诉讼，但有证据证明发生法律效力的判决、裁定、调解书的部分或者全部内容错误，损害其民事权益的，可以自知道或者应当知道其民事权益受到损害之日起六个月内，向作出该判决、裁定、调解书的人民法院提起诉讼。人民法院经审理，诉讼请求成立的，应当改变或者撤销原判决、裁定、调解书；诉讼请求不成立的，驳回诉讼请求”，提起第三人撤销之诉，从而有效地行使《合同法》第七十三条规定的撤销权。

《不动产登记暂行条例实施细则》第七十一条第二款规定，如果当事人申请最高额抵押权首次登记时，已经同意将最高额抵押权设立前已经存在的债权转入最高额抵押担保的债权范围的，还应当提交已存在债权的合同以及当事人同意将该债权纳入最高额抵押权担保范围的书面材料。

如果是在最高额抵押权设立之后，要将最高额抵押权设立前已经存在的债权转入最高额抵押担保的债权范围的，应当根据《不动产登记暂行条例实施细则》第七十二条第一款第（二）项申请变更登记，即“有下列情形之一的，当事人应当持不动产登记证明、最高额抵押权发生变更的材料等必要材料，申请最高额抵押权变更登记：（二）债权范围变更的”。如果在办理变更登记时，因最高债权额、债权范围、债务履行期限、债权确定的期间发生变更申请最高额抵押权变更登记时，如果该变更将对其他抵押权人产生不利影响的，当事人还应当根据《不动产登记暂行条例实施细则》第七十二条第二款提交其他抵押权人的书面同意文件与身份证或者户口簿等。

实践中，可能会发生两种情况：（1）当事人未申请变更登记的，无法进行确定登记；（2）进行变更登记了，其他抵押权人认为其受到侵害，那么就可以向登记机关提起异议登记，或撤销申请，不予受理的，可以向人民法院提起撤销之诉，这里其他债权人同理。

（五）确定最高额抵押债权的具体情形

1. 确定最高额抵押债权的具体情形

《物权法》第二百零六条规定了应当对最高额抵押所担保的债权范围进行确定的情形，具体包括：（1）约定的债权确定期间届满；（2）没有约定债权确定期间或者约定不明确，抵押权人或者抵押人自最高额抵押权设立之日起满二年后请求确定债权；（3）新的债权不可能发生；（4）抵押财产被查封、扣押；（5）债务人、抵押人被宣告破产或者被撤销；（6）法律规定债权确定的其他情形。上述情形发生的最高额抵押所担保的债权即是上述情形发生前所发生的债权余额或存量债权，即未清偿债权。如果实际发生的债权余额高于最高限额的，以最高限额为限，超过部分不具有优先受偿的效力；如果实际发生的债权余额低于最高限额的，以实际发生的债权余额为限对抵押物优先受偿。

（1）约定的债权确定期间届满。实践中，当事人也可能对债权确定期限没有约定，但是我国一些法律、法规，尤其是部门规章，在部门监管过程中，会对实际债权的期限有约定。例如《贷款通则》第十一条第二款、第三款规定，自营贷款期限最长一般不得超过10年，超过10年应当报中国人民银行备案。票据贴现的贴现期限最长不得超过6个月，贴现期限为从贴现日期起到票据到期日止，也即发生贴现垫款的时间最长不得超过6个月，这就限制了贴现借款发生的时间。

（2）没有约定债权确定期间或者约定不明确，抵押权人或者抵押人自最高额抵押权设立之日起满二年后请求确定债权。这条规定的立法初衷是保护第三抵押人，在其没有对债权确定期间进行约定或约定不明确的情况下，两年后赋予其法定权利要求确定债权。该期间是一个不变期间，不存在中止、中断或延长的问题。很多学者认为，这里两年的期间，不是传统民法中期间、期限体系中的任何一种，认为期间约定是一个债权约定，这里应当类推适用不定期债权的规定，即抵押权人或抵押人随时可以要求确定债权。但还有观点认为，上述观点没有给第三抵押人承担抵押担保责任的明确预期，如果适用不定期债权，那么也应当单独只赋予第三抵押人要求确定债权的权利。

（3）新的债权不可能发生。此项情况在实践中存在两种不同的情形：第一，债务人与债权人之间的债务关系的基础不复存在，例如银行对债务人的授信到期，但这种情况往往很难确定，很容易产生纠纷；第二，债权人根据最高额抵押合同的约定，宣布抵押合同提前到期，此后发生的债权自然不在最高额抵押权担保的债权范围之内。最高人民法院在其就“中国民生银行股份有限公司杭州分行与绍兴县经济技术担保有限公司、浙江玻璃股份有限公司等金融借款合同纠纷案”作出的（2013）民提字第141号民事判决书中认为，“民生银行依据主合同约定宣布贷款提前到期的行为导致了《最高额保证合同》被担保债权的确定。对于被担保债权确定的效力问题，《最高额保证合同》第9条明确约定被担保的债权确定时未清偿的主合同项下的债权，不论该债权履行期限是否已经届满或者是否附加有条件，均属于被担保的债权的范围。由此，在民生银行宣布本案贷款提前到期之时，未清偿的主合同项下的不特定债权已确定，均被纳入《最高额保证合同》约定的被担保债权范围”。

（4）抵押财产被查封、扣押。基于强制执行或者财产保全措施进行查封或扣押，是人民法院的程序性强制行为，为了既保障执行申请人或财产保全申请人的利益，又保障抵押权人的利益，根据《查扣冻规定》第二十七条第一款、第二款之规定，即“人民法院查封、扣押被执行人设定最高额抵押权的抵押物的，应当通知抵押权人。抵押权人受抵押担保的债权数额自收到人民法院通知时起不再增加。人民法院虽然没有通知抵押权人，但有证据证明抵押权人知道查封、扣押事实的，受抵押担保的债权数额从其知道该事实时起不再增加”，债权确定是以抵押权人接到人民法院的通知，或有证据证明抵押权人知道查封、扣押事实时为时间节点。至于人民法院对不动产采取的“活封”即仅仅在不动产登记簿上查封的情况是否属于有证据证明抵押权人知悉查封、扣押事实的情形，从《查扣冻规定》第二十七条没有加入“抵押权人应当知道”的表述来看，应当不能将查封已在不动产登记簿上公示为由推定抵押权人知晓查封事宜。

另，根据《执行工作规定》第四十条的规定，人民法院有权对被执行人提供抵押权、质权、留置权的担保财产采取查封措施；根据《担保法司法解释》第五十五条的规定，“已经设立抵押的财产被采取查封、扣押等财产保全或先于执行措施的，不影响抵押权的效力”。

（5）债务人、抵押人被宣告破产或者被撤销。根据《企业破产法》第一百零七条的规定，即“债务人被宣告破产后，债务人称为破产人，债务人财产称为破产财产，人民法院受理破产申请时对债务人享有的债权称为破产债权”，在债务人企业破产的情况下，最高额抵押担保的债权仍然计入抵押担保的债权范围的，可能会损害破产申请人的利益，故企业破产的，最高额抵押担保的债权确定。这里有一个程序上的问题，即债权人可能并不知晓抵押人破产的情形，我们认为应当对债权人（抵押权人）有一个通知的程序，即如《查扣冻规定》一样对抵押权人进行通知，或者由破产受理法院对企业破产发布公告，或在抵押权人应当知道时，最高额抵押担保的债权范围确定。

2. 最高额抵押担保的债权确定的法律效力

《担保法解释》第八十三条规定了两项债权确定的法律效果：

（1）根据第八十三条第一款之规定，即“最高额抵押权所担保的不特定债权，在特定后，债权已届清偿期的，最高额抵押权人可以根据普通抵押权的规定行使其抵押权”，即在债权确定后，最高额抵押成为一般抵押权，最高额抵押权人根据普通抵押权的规定行使其抵押权。在债权确定后，抵押权人和债务人发生的债务不在抵押权担保的范围之内，即使该债务在数额上并未使总债务超过最高债权额；同样，抵押权人可按照普通抵押权的情形将抵押权随同主债权一并转让，但其不能在对其他抵押人造成不利影响的情况下与抵押人协商变更抵押担保范围等事项。总之，债权确定后，最高额抵押权就成为普通抵押权。

（2）根据第八十三条第二款之规定，即“抵押权人实现最高额抵押权时，如果实际发生的债权余额高于最高限额的，以最高限额为限，超过部分不具有优先受偿的效力；如果实际发生的债权余额低于最高限额的，以实际发生的债权余额为限对抵押物优先受偿”，即如果在债权确认之前实际发生的债权数额超出最高债权额的，不在抵押权担保的债权范围之内，这里的债权包括利息、违约金、损害赔偿金，超出部分为无抵押担保的债权。

抵押权人实现最高额抵押权时，如果实际发生的债权余额高于最高限额的，以最高限额为限，超过部分不具有优先受偿的效力；如果实际发生的债权余额低于最高限额的，以实际发生的债权余额为限对抵押物优先受偿。最高额实际上既是为了保障抵押人的利益，也是为了在抵押物价值大于当事人设定的最高债权额时，让抵押人的债权人或抵押物的后顺位抵押权人有一个明确的预期。

3. 最高额抵押权的确定登记

在最高额抵押权确定时，应当向登记机关申请最高额抵押权确定登记，借助确定登记，确定抵押物担保的债权数额。根据《不动产登记暂行条例实施细则》第七十三条之规定，即“当发生导致最高额抵押权担保的债权被确定的事由，从而使最高额抵押权转变为一般抵押权时，当事人应当持不动产登记证明、最高额抵押权担保的债权已确定的材料等必要材料，申请办理确定最高额抵押权的登记”。

二、浮动抵押权

（一）浮动抵押权的法定概念

《物权法》第一百八十一条规定了浮动抵押权的法定概念，即“经当事人书面协议，企业、个体工商户、农业生产经营者可以将现有的以及将有的生产设备、原材料、半成品、产品抵押，债务人不履行到期债务或者发生当事人约定的实现抵押权的情形，债权人有权就实现抵押权时的动产优先受偿”。

（二）浮动抵押权的设立及效力

根据《物权法》第一百八十九条第一款的规定，设定浮动抵押的抵押人应当是企业、个体工商户、农业生产经营者；抵押权自抵押合同生效时设立，抵押登记在抵押人住所地的工商行政管理部门办理。未经登记，不得对抗善意第三人。该条规定采取的是登记对抗主义的立法模式。

根据《物权法》第一百八十九条第二款的规定，即“依照本法第一百八十一条规定抵押的，不得对抗正常经营活动中已支付合理价款并取得抵押财产的买受人”，因为浮动抵押的抵押财产在浮动抵押权设立时尚未确定，以有利生产和保护正常经营活动中的交易相对人的原则，抵押人可以出卖企业财产，抵押财产不得追及正常经营活动中已支付合理价款并取得抵押财产的买受人行使抵押权。应当注意的是，第二款的买受人没有“善意”的主观要求。上述买受人应当怎样进行判断：（1）必须是正常的经营活动。（2）必须是已经支付合理价款，支付的方式可以是以物易物当中的交付相对物，也可以是支付票据（如果是远期汇票是否可以？），还可以是支付金钱价款。从这一规定的潜台词，即未支付价款的买受人不予保护来看，法院对于票据会有不同的观点。（3）必须是已经取得抵押财产，鉴于浮动抵押涉及的都是动产，故应当依据《物权法》第二十三条项下进行认定，理论上交付的四种形式均可（占有改定值得考虑）。

（三）浮动抵押权抵押财产的确定

根据《物权法》第一百九十六条的规定，浮动抵押的抵押财产在下列情形之一发生时确定：（1）债务履行期届满，债权未实现；（2）抵押人被宣告破产或者被撤销；（3）当事人约定的实现抵押权的情形；（4）严重影响债权实现的其他情形。

在发生上述情形之一时，抵押人现有的所有用于生产的财产都将被确定为抵押财产，抵押权被特定至该等财产之上。结合《物权法》第一百八十九条第二款的规定，如果“正常经营活动中已支付合理价款并取得抵押财产的买受人”所买受的是上述抵押财产确定情形下的抵押财产，抵押权人是否有权至买受人处行使抵押权？对于这一点，《物权法》第一百八十九条第二款没有作出特定说明，本书认为，应当保护交易安全和交易秩序，保护买受人。理由有三：第一，买受人支付了价款。第二，价款和抵押物在价值上发生了交换，如果发生抵押物特定化，这部分价款即刻转化为抵押物的替代物，抵押权人得以就该部分价款优先受偿，而抵押权人设定抵押权的目的正是为了获取抵押物的交换价值用于担保和实现债权，所以保护买受人并无损于抵押权人，而且还免去了抵押权人拍变卖实现抵押权的麻烦。第三，上述确定抵押物的情形，有一些属于较为隐秘的，很难清楚判断买受人是否知晓抵押物已经确定。另外，在这种情况下是否还应当适用《物权法》第一百八十九条第二款的规定，不对买受人的主观状况进行限制，本书认为，鉴于上述三个理由，不应当加以限制。也就是说，即使买受人已经知晓（“明知”）抵押物确定的法律事实，只要符合《物权法》第一百八十九条第二款的规定，除非已经被司法机关采取查封等执行措施，就应当给予法律保护。

湖北省高院在其就“中央储备粮宜昌直属库诉湖北当阳农村商业银行借款合同纠纷案”作出的（2013）鄂民二终字第00041号终审民事判决书中认为，“因粮库通过用自己3号仓小麦与新亚公司1号仓小麦的置换行为是一种支付对价的交易行为，故该案中，虽然当阳农商行与新亚公司签订了浮动抵押合同，亦办理了抵押登记，但根据《物权法》关于浮动抵押对抗效力的特别规定，当阳农商行对1号仓小麦仍不能享有优先受偿权”，也就是说，获得1号仓小麦的粮库是浮动抵押中正常交易的买受人。在结果上，债权人当然不得以浮动抵押权对抗正常交易获得抵押物确定前的1号仓小麦；换句话说，浮动抵押的抵押权人当阳农商行的抵押权在抵押物确定之前，并不具体及于1号仓小麦。在抵押物确定前，抵押权并不及于具体的“物”，对于抵押权人具有巨大的风险，这也是在实践中浮动抵押很少被采用的原因。

与上述案件中的情形相反的例子是“英秀公司与平安银行、汇鸿福公司案外人执行异议之诉案”，该案中，浮动抵押人获得的生产原料系转让人通过转让合同的约定进行了所有权保留，这时就会产生该生产原料是否是抵押物的问题。因为，在所有权保留情况下，所有权人（转让人）并非抵押人，并无抵押的意思表示。广东高院在其就该案作出的（2013）粤高法民二终字第25号判决书中认为，“根据《物权法》关于‘动产物权的设立和转让，应当依照法律规定交付’的规定，涉案卷板已交付并由汇鸿福公司管理控制，平安银行有理由相信汇鸿福公司对包括上列不锈钢卷板在内的抵押物具有处分权。英秀公司虽与汇鸿福公司在《购销合同》中就所有权保留事项进行了约定，但该约定并不为合同之外的当事人所知悉，而仅在英秀公司与汇鸿福公司之间具有法律约束力。根据《物权法》第106条关于善意取得的规定，平安银行对涉案卷板享有抵押权，可就其处置所得价款优先受偿。英秀公司主张取回上列不锈钢卷板或对应款项，依据不足，本院不予支持”。

【经典案例解读】

一、中国建设银行股份有限公司满洲里分行与满洲里中欧化工有限公司、北京伊尔库科贸有限公司信用证纠纷案

（一）阅读提示

本案是最高人民法院在抵押权、抵押权合同方面最为重要的一个判例，是学习抵押权法律制度的必读案例之一。最高人民法院的法官们在二审判决及后续编纂的论著中对几个在司法实践中遇到的极为棘手的问题作出了回应，具体参见最高人民法院民事审判庭第二庭集体编写的《担保案件审判指导》一书。[①]

在司法实践中，当事人常常将抵押合同法律关系和抵押权法律关系混淆在

① 最高人民法院民事审判庭第二庭编写：《担保案件审判指导》，法律出版社2014年版，第230—237页。

一起，前者是抵押合同双方当事人基于签订抵押合同的法律事实成立的债权性质的法律关系，这种法律关系具有相对性，法律关系的标的是抵押人设定抵押权的行为，法律关系的主要内容是债权人要求债务人依据合同约定设定抵押权的请求权，以及债务人依据合同约定设定抵押权的义务。在标准的抵押合同中，如果债务人在有效设定抵押权之后，其主要合同义务就已经履行完毕，抵押合同的权利也基于《合同法》第九十一条第一项的规定（即清偿，债务已经按照约定履行）而归于终止，当事人的身份也随之转化为抵押权人和抵押人。所以，当抵押合同有效成立，债务人未按照合同约定办理抵押登记的，债权人只能要求债务人承担违约责任，而不能要求其承担担保责任，因为除非当事人另有约定，例如本案中建设银行在《最高额抵押合同》中设定的“再担保条款”，标准的抵押合同中并无担保义务的内容。后者，即抵押权法律关系是基于抵押登记的法律事实引起抵押权有效设立之后而产生的一种担保物权关系，抵押权人行使的是基于抵押合同的约定以及《物权法》有关抵押权的法律规范而产生的抵押权。在时间上，两个法律关系呈先后顺序，先有抵押合同即抵押合同法律关系，在债务人履行设定抵押权的义务之后，才会产生抵押权的担保物权法律关系。

（二）基本案情（节选）

原告：中国建设银行股份有限公司满洲里分行

被告一：满洲里中欧化工有限公司

被告二：北京伊尔库科贸有限公司

1. 一审内蒙古自治区高级人民法院查明事实

经审理查明：满洲里中欧化工有限公司（以下简称“中欧公司”）是中国建设银行股份有限公司满洲里分行（以下简称“满洲里建行”）的授信企业，双方于2008年7月15日签署了编号为NMMZED0815的《贸易融资额度合同》。2008年7月17日起，满洲里建行开始为中欧公司开具信用证，截至2008年10月24日，中欧公司共有16笔接受单据并承诺到期付款信用证，合计11781974.65美元。满洲里建行对上述信用证项下的汇票全部承兑，汇票到期后，满洲里建行必须无条件对外支付。截至2009年3月10日，满洲里建行对外支付了全部承兑信用证款11781974.65美元。满洲里建行向内蒙古自治区高级人民法院提起标的为53293874元人民币的诉讼之后，中欧公司和其他担保单位应满洲里建行的要求偿还了大部分信用证欠款，尚余两笔信用证垫款1256082.65美元没有偿还，该两笔信用证垫款共发生利息15090.12美元。按照2009年5月8日的美元和人民币汇率1∶6.8354计算，该两笔信用证垫款本金折算人民币为8585827.35元，垫款利息折算人民币为103147.01元。满洲里建行变更诉讼请求，请求中欧公司清偿上述款项。满洲里建行与中欧公司对该部分事实不存在争议。

北京伊尔库科贸有限公司（以下简称“伊尔库公司”）为担保中欧公司履行编号为NMMZED0815的《贸易融资额度合同》中还本付息义务，与满洲里建行签署了《最高额抵押合同》，将其位于北京市海淀区首体南路22号12D面积为257.81平方米的房产及其占用范围土地和位于北京市东城区东直门内北小街16号院6号楼2单元261号面积为213.4平方米的房产及其占用范围土地抵押给了满洲里建行，承诺为中欧公司在2008年7月18日至2009年7月16日根据《贸易融资额度合同》开立信用证等贸易融资提供最高额抵押担保。该《最高额抵押合同》签订后抵押的房产和土地未办理抵押登记。满洲里建行与伊尔库公司对该部分事实不持异议。

注：信用证是对外贸易中，国内对外贸易企业进行融资和支付的主要金融工具，国内金融企业应对外贸易企业请求签订信用证合同（即本案中的《贸易融资额度合同》）而成立的法律关系在本质上是借款合同关系。在国内金融企业开具并向对外贸易企业交付信用证后，后者则使用信用证对外履行付款义务。在上述法律关系中，国内金融企业依据信用证对外付款的行为即为向对外贸易企业支付借款的行为，其后，对外贸易企业则有义务按照约定履行还本付息义务。在本案中，满洲里建行是债权人（贷款人），中欧公司是债务人（借款人），而伊尔库公司则为担保人。本案的焦点在于，在伊尔库公司不履行抵押登记义务的情况下，债权人满洲里建行在诉讼中可以提出哪些有效的诉讼请求？

2. 一审法院处理意见

一审法院认为：因中欧公司对满洲里建行诉称的欠款事实及欠款数额予以认可，对满洲里建行向中欧公司主张清偿欠款及利息的请求应予支持。关于伊尔库公司的担保责任，因满洲里建行与伊尔库公司订立抵押合同后对抵押物房产及土地没有办理抵押物登记，根据《中华人民共和国担保法》（以下简称“《担保法》”）第四十一条“当事人以本法第四十二条规定的财产抵押的，应当办理抵押物登记，抵押合同自登记之日起生效”的规定，抵押合同未生效。因满洲里建行主张的抵押权尚未设定，伊尔库公司不应承担担保责任。

3. 一审法院判决

该院根据《合同法》第六十条、《民事诉讼法》第一百三十八条之规定，判决如下：

一、中欧公司偿还满洲里建行为其垫付的两笔信用证本金人民币8585827.35

元及利息人民币103147.01元，于判决生效后10日内付清。

二、驳回满洲里建行对伊尔库公司的诉讼请求。

三、一审案件受理费72623元，由中欧公司负担。

注:《物权法》第十五条，即“当事人之间订立有关设立、变更、转让和消灭不动产物权的合同，除法律另有规定或者合同另有约定外，自合同成立时生效；未办理物权登记的，不影响合同效力”作为一般性规则，将合同生效及物权设立两个法律效果或民事法律关系变动分别归因于合同成立和物权登记两个不同的法律事实，即所谓的“区分原则”。在结果上，对于不动产抵押合同而言，生效与否，除非当事人另有约定，否则与抵押登记并无关系。根据新法优于旧法的法律适用原则，《担保法》第四十一条的规定在不动产抵押权问题上已经失去法律效力。很显然，一审内蒙古自治区高级人民法院认定抵押合同未生效出现法律适用错误。

不动产抵押权系基于抵押登记的法律事实而有效设立。本案中，抵押人未办理抵押登记，抵押权有效设立的法律事实未出现，导致抵押权未能有效设立；但是，抵押合同因双方签字盖章却已经生效。那么，债权人满洲里建行在无法行使抵押权的情况下，可以依据抵押合同提出哪些主张以维护自己的合法权益?

4. 满洲里建行上诉及答辩意见

满洲里建行不服原审法院上述民事判决，向最高人民法院提起上诉称：

（1）《最高额抵押合同》应自成立时生效。《担保法》第四十一条关于“当事人以本法第四十二条规定的财产抵押的，应当办理抵押物登记，抵押合同自登记之日起生效”的规定与《物权法》第十五条关于“当事人之间订立有关设立、变更、转让和消灭不动产物权的合同，除法律另有规定或者合同另有约定外，自合同成立时生效；未办理物权登记的，不影响合同效力”以及第一百八十七条关于“抵押权自登记时设立”的规定冲突，《物权法》第一百七十八条也明确规定，《担保法》与《物权法》的规定不一致的，适用《物权法》，因此在《物权法》施行后，应适用《物权法》的相关规定。

（2）《最高额抵押合同》中的约定有效，应予支持。未办理抵押物登记的，只是抵押权未设立，抵押权人对抵押物没有优先受偿权而已。依据《最高额抵押合同》第十条第一款第（三）项“如果因甲方（伊尔库公司）原因导致抵押权未有效设立，或者导致抵押财产价值减少，或者导致乙方（满洲里建行）未及时或未充分实现抵押权，且甲方（伊尔库公司）与债务人不是同一人，乙方

（满洲里建行）有权要求甲方（伊尔库公司）在本合同约定的担保范围内对担保的债务与债务人承担连带责任”的约定，伊尔库公司应当承担担保责任。综上，请求撤销原判，支持其原审诉请。

注：上述满洲里建行与伊尔库公司《最高额抵押合同》第十条第一款第（三）中的约定不属于标准化抵押合同的约定，请仔细阅读最高人民法院对于该条款性质上的认定。

5. 最高人民法院查明事实

最高人民法院对原审法院查明的事实予以确认。

二审另查明，2008年10月6日，伊尔库公司与满洲里建行签署了《最高额抵押合同》。合同第三条约定：“双方应于本合同签订后7个工作日内到相应的登记部门办理抵押登记手续，甲方（伊尔库公司）应于抵押登记完成之日将抵押财产的他项权利证书、抵押登记文件正本原件及其他权利证书交乙方（满洲里建行）持有。”合同第十条第一款违约责任第（三）项约定：“如果因甲方（伊尔库公司）原因导致抵押权未有效设立，或者导致抵押财产价值减少，或者导致乙方（满洲里建行）未及时或者未充分实现抵押权，且甲方（伊尔库公司）与债务人不是同一人，乙方（满洲里建行）有权要求甲方在本合同约定的担保范围内对担保的债务与债务人承担连带责任。”

注：《最高额抵押合同》第三条的约定即为该合同的主合同义务。

6. 最高人民法院的主要观点及判决

最高人民法院认为，本案二审争议焦点：《最高额抵押合同》是否生效，伊尔库公司是否应当承担担保责任。故本案案由实为信用证垫款担保纠纷。

伊尔库公司于2008年10月6日与满洲里建行签署的《最高额抵押合同》，系在《物权法》2007年10月1日施行之后，根据《物权法》第一百七十八条“担保法与本法的规定不一致的，适用本法”之规定，本案应适用《物权法》的规定。由于《担保法》第四十一条“当事人以本法第四十二条规定的财产抵押的，应当办理抵押物登记，抵押合同自登记之日起生效”的规定与《物权法》第十五条“当事人之间订立有关设立、变更、转让和消灭不动产物权的合同，除法律另有规定或者合同另有约定外，自合同成立时生效；未办理物权登记的，不影响合同效力”的规定相冲突，原审法院适用《担保法》第四十一条处理本案不当，应予纠正。

本案中的《最高额抵押合同》是双方当事人真实意思表示，且不违反国家法律和行政法规的禁止性规定，虽然满洲里建行与伊尔库公司订立合同后，未对抵押物房产及土地办理抵押物登记，但根据《物权法》第十五条的规定，物权变动的原因行为独立于物权变动的结果行为，未办理抵押物登记不影响合同的效力，该抵押合同属有效合同。根据《合同法》第四十四条关于“依法成立的合同，自成立时生效”之规定，该合同于成立时生效。满洲里建行关于《最高额抵押合同》应自成立时生效的上诉理由，应予以支持。《最高额抵押合同》生效后即对合同双方产生拘束力，满洲里建行关于《最高额抵押合同》中的约定有效的上诉理由，亦应予以支持。

中欧公司关于因伊尔库公司与满洲里建行已经口头解除了抵押合同，所以才没有到房管部门办理房产抵押合同的抵押登记的答辩理由因其没有相关证据证明，不予支持。从双方在《最高额抵押合同》第三条的约定可见，办理抵押登记手续的主要义务应由抵押人伊尔库公司承担，由于伊尔库公司未办理抵押登记手续，导致抵押权未有效设立，按照合同第十条违约责任第（三）项的约定，并根据《合同法》第一百零七条“当事人一方不履行合同义务或者履行合同义务不符合约定的，应当承担继续履行、采取补救措施或者赔偿损失等违约责任”的规定，伊尔库公司应承担违约责任，即在按合同约定的担保范围内对担保的债务与债务人承担连带责任。

综上，原审判决认定事实基本清楚，但适用法律不当，应予纠正，最高人民法院依照《中华人民共和国民事诉讼法》第一百五十三条第一款第（一）项、第（二）项的规定，判决：

（1）维持内蒙古自治区高级人民法院（2008）内民二初字第17号民事判决的第一项；

（2）撤销内蒙古自治区高级人民法院（2008）内民二初字第17号民事判决的第二项；

（3）北京伊尔库科贸有限公司在其担保范围内承担连带责任；

（4）一审案件受理费72623元，由满洲里中欧化工有限公司负担，二审案件受理费72623元，由北京伊尔库科贸有限公司负担。

注：在本案中存在三个基本法律事实：第一，抵押合同有效；第二，抵押权未设立；第三，抵押人未办理抵押登记存在违约行为。根据上述三个法律事实可以得出以下结论和问题：第一，满洲里建行无抵押权可供行使，不能就约定的抵押房产行使抵押权并优先受偿；第二，满洲里建行根据《合同法》第一百零七条

的规定，可以选择性要求伊尔库公司以继续履行、采取补救措施或者赔偿损失的方式承担违约责任；第三，合同第十条违约责任第（三）项当中约定的条款是什么性质，对满洲里建行要求伊尔库公司承担的违约责任有什么影响？对于上述结论和问题，最高人民法院在判决中并未给出解释说明，需要作进一步的分析。

（三）对本案所涉相关问题的分析

本案争议的核心问题是当事人签订了抵押合同但未办理抵押登记，债务人伊尔库公司应当承担什么样的法律责任。

1. 满洲里建行能否要求伊尔库公司承担担保责任？

鉴于前述“区分原则”，抵押合同效力独立存在，一旦合同生效，债务人应当按照抵押合同的约定履行办理抵押登记以有效设立抵押权的义务。因为本案当中的抵押物是不动产，所以债权人只有在抵押权经登记而有效设立之后，才能作为抵押权人对抵押不动产行使抵押权，并享受优先受偿权。如果债务人违约未办理抵押登记，债权人不能行使抵押权，只能转而要求债务人承担违约责任。那么，满洲里建行能否要求伊尔库公司承担担保责任？回答这一问题应当从抵押合同的内容入手。根据《物权法》第一百八十五条之规定，即标准化的抵押合同一般包括以下条款：“（一）被担保债权的种类和数额；（二）债务人履行债务的期限；（三）抵押财产的名称、数量、质量、状况、所在地、所有权归属或者使用权归属；（四）担保的范围。”这些条款仅仅是对债务人所设定抵押权的权利内容的描述，只有在抵押登记完成，抵押权有效设立后，抵押权人才能够基于这些约定行使抵押权。所以，满洲里建行不能要求伊尔库公司承担担保责任，只能要求其承担违约责任。

2. 满洲里建行能够要求伊尔库公司承担什么样的违约责任？

根据《合同法》第一百零七条的规定，违约责任一般有继续履行、采取补救措施或者赔偿损失三种承担方式。因为采取补救措施一般情况下是针对瑕疵履行的救济方式，故满洲里建行不能要求采取补救措施，只能要求伊尔库公司以继续履行或赔偿损失的方式承担违约责任。

对于是否可以要求继续履行，即以抵押登记方式承担违约责任的问题，在司法实践中会遇到两个问题：第一，时间问题。在本案中，“因本案债权已到期，并且当事人对违约责任的承担方式已另有约定，故要伊尔库公司继续办理抵押登记已无必要”。[①] 如果伊尔库公司在抵押合同约定的期限内未办理抵押登记，

① 最高人民法院民事审判庭第二庭编写：《担保案件审判指导》，法律出版社2014年版，第236页。

而且债权未到期，那么满洲里建行是有权利要求伊尔库公司以继续履行抵押登记义务的方式承担违约责任的。第二，如果债务人不履行继续履行抵押登记义务时，存在是否可以强制进行抵押登记的问题。这个问题是一个关系到人民法院作出的判决是否拥有实际意义或是否最终能够强制执行的问题，因为如果人民法院判决债务人限期办理抵押登记，但在债务人拒不履行判决，人民法院又不宜强制执行的情况下，判决即缺乏应有的实际意义。在本案中，强制执行的标的是债务人办理抵押登记的行为，而不是交付动产或金钱，所以一般只能使用间接强制即罚金的执行方式。但如果债务人长期不履行判决，直至主债务履行期限到期，又会遇到办理抵押登记无必要的问题。故此，在出现债务人不履行办理抵押登记的合同义务时，人民法院应以作出债务人赔偿损失的判决为宜。

对于债务人赔偿损失的数额确定问题，即未办理抵押登记的违约债务人应承担的赔偿责任的范围问题，法律无明确规定，在实践中看法不一。“有观点认为，违约抵押人应直接赔偿损失。但在实务中，抵押人承担赔偿责任的情形较为复杂，赔偿金额的确定没有统一的标准，往往需依靠法官的自由裁量权，通过考量违约原因和违约方过错程度等，综合权衡各方面因素来确定赔偿金额。”[①]我们认为，还应当结合当事人在合同中约定的违约金作出判决。“另有观点认为，人民法院应直接判决抵押人对所担保的债务与债务人一起承担连带责任。”[②]这种观点是一种错误观点，极容易混淆合同责任和物权设立之后的担保责任。既然是违约责任，就包括违约行为造成的实际损失和预期利益损失。在当事人签署的是标准化抵押合同的情况下，债权人的预期利益为有效设立抵押权，并在主债权到期后能够有效行使抵押权以实现主债权。未办理抵押登记，使得债权人无法在主债权到期的情况下行使抵押权，那么其损失就应当是因不能行使抵押权而遭受的损失。这里存在两个问题：第一，损失形成的时间。如果主债权未到期，债权人的损失还未形成，所以债务人承担违约责任赔偿损失的时间应当是主债权到期。故而，上述第二个观点中，人民法院应当判令抵押合同债务人与主债权债务人一起承担连带责任的内容是正确的。第二，赔偿损失的范围。在这里，损失范围的确定有两个口径：第一，基于有效的抵押合同，故抵押合同债务人赔偿损失的范围应当依据其与债权人在合同中有关抵押担保的范围来承担

① 最高人民法院民事审判庭第二庭编写：《担保案件审判指导》，法律出版社2014年版，第236页。

② 同上。

损失。例如，主债权金额为1000万元，但是当事人约定的担保范围是500万元，那么债务人承担连带责任的范围就应当是500万元。故而，上述第二个观点中，未限定连带责任的范围是错误的。第二，抵押物的价值。如果抵押合同债务人履行办理抵押登记的义务，抵押权被有效设立，抵押权人行使抵押权就抵押物所得价金优先受偿；如果抵押合同债务人未办理抵押登记而给债权人造成的损失就应当是主债权到期时，抵押物的市场价值。该价值应当由法院委托评估机构通过资产评估加以确定。在上述两个口径中，应当以较小的口径确定抵押合同债务人应当承担连带责任的范围。

综上，抵押合同的债务人违反合同，未履行办理抵押登记的义务时，人民法院应当选择担保范围和抵押物市场价值中较小的范围判决债务人与主债权债务人一起承担连带责任。

3.《最高额抵押合同》第十条违约责任第（三）项的性质与其对判决的影响

"伊尔库公司与满洲里建行在《最高额抵押合同》第十条违约责任第（三）项的约定也可视为一个特殊的再担保关系。所谓再担保，是指在债权人行使先设定的担保权利仍然不能完全实现债权时，方可以实现的担保。在再担保中，涉及两个以上的担保关系，再担保人承诺的是，先设担保的实行不能满足债权时，才承担担保责任。再担保的关键在于，先设担保的存在，以及后设担保的实现条件。也就是说，仅在先设担保的实行未能满足主债权时，再担保人的担保责任才发生。本案的特殊之处在于担保人和再担保人为同一主体，本案中的先设担保为抵押，当抵押权没有设立，无法满足主债权时，后设担保责任发生。"[①] 我们同意最高人民法院法官们的上述观点。抵押权是意定物权，抵押合同是当事人意思自治的产物，当事人当然可以在约定办理抵押登记的合同义务之外，再行安排再担保条款，使得抵押合同成为抵押+保证的复合型合同。本案的再担保条款在担保类型上属于连带保证担保，在伊尔库公司不履行办理抵押登记的合同义务的情形下，其当然应当根据该再担保条款承担连带保证责任，该条款才是最高人民法院作出本案判决的真正的事实原因。

（四）延伸问题

甲（债权人、抵押权人）、乙（抵押人）签订抵押合同约定乙用其拥有的土地使用权为甲对丙的债权提供抵押担保，在合同最后甲、乙有下列约定，请分析并讨论这些约定是否有效，以及对抵押合同、抵押权的法律效果如何？

① 最高人民法院民事审判庭第二庭编写：《担保案件审判指导》，法律出版社2014年版，第236页。

1. 如主债权合同或/并本合同非因甲方原因而导致被确认(或判决)不成立、无效、被撤销、被解除或者被终止，且甲方有权要求丙承担民事等法律责任的情况下，乙方同意在丙应向甲方承担的民事等法律责任内与丙一起向甲方承担连带民事法律责任。甲、乙双方一致同意，本条具有独立性，在本合同无效的情况下，本条依然有效。

2. 如因乙方原因导致抵押权未有效设立，或者导致抵押财产价值减少，或者导致甲方未及时或者未充分实现抵押权，乙方同意，甲方有权要求乙方在本合同约定的担保范围内对丙向甲方承担的债务与丙一起承担连带责任。

3. 因抵押前对抵押物估价不足，或者抵押物市场价值下降，导致乙方提供之抵押物不足以清偿主合同丙对甲方之债务的，乙方确认并同意，乙方在本合同约定的担保范围内，对处置抵押物所得价款不足清偿的债务部分与丙一起承担连带责任。

适用法条:《物权法》第一百七十二条第一款:设立担保物权，应当依照本法和其他法律的规定订立担保合同。担保合同是主债权债务合同的从合同。主债权债务合同无效，担保合同无效，但法律另有规定的除外。《担保法》第五条第一款:担保合同是主合同的从合同，主合同无效，担保合同无效。担保合同另有约定的，按照约定。

分析:抵押物的价值减少、意外灭失，这些都是抵押物本身的风险事项，作为抵押权人应当承担这一风险。例如，甲向银行借款，提供的抵押物在签订抵押合同时市场评估价格为100万元，但在两年主债权合同到期后，该抵押物经拍卖只得到50万元，而50万元抵押物价值的减损就是这里所说的抵押物本身的风险。抵押权人承担抵押物风险仅仅是一般的风险承担规则，上述第2项、第3项条款实际上是风险负担的约定情况，即由抵押人承担该风险，在抵押物价值减少的情况下，抵押人就该减少部分承担保证责任。《物权法》和《担保法》并未规定抵押人不能就其提供的抵押物价值作出担保，也没有规定抵押权人必须承担上述风险，否则抵押权人就不能够通过保险的方式将抵押物意外灭失风险转移给保险公司。

二、山西羽硕房地产开发有限公司与山西智海房地产开发有限公司买卖合同纠纷再审案

(一)阅读提示

《物权法》第一百八十六条规定，抵押权人在债务履行期届满前，不得与抵押人约定债务人不履行到期债务时抵押财产归债权人所有。那么，在债务履行

期限届满后，抵押权人和抵押人是否能够约定将抵押财产折价归于抵押权人？

（二）基本案情（节选）[①]

智海公司与羽硕公司于2003年5月6日和2004年4月8日签订两份商品砼供应合同，由智海公司向羽硕公司供应商品砼，以实际供应的砼方量办理结算，并对付款方式和付款时间、违约金进行了约定。双方均认可羽硕公司尚欠砼款274.7578万元。在智海公司督促下，羽硕公司与工程建设方五峰公司于2004年7月10日为智海公司出具还款承诺，承诺如不按承诺付款，将以羽硕公司的写字楼以每平方米3000元作价折抵智海公司款项。羽硕公司届期未能付清款项。智海公司向山西省太原市中级人民法院起诉，请求：1. 判令羽硕公司以羽硕科技发展中心900.19平方米的房产折抵智海公司欠款174.7578万元。2. 判令羽硕公司支付原告违约金221.0753万元。3. 判令五峰公司承担连带责任。

（三）法院观点

1. 一审法院，山西省太原市中级人民法院经审理认为，智海公司与羽硕公司之间签订的商品砼买卖合同真实、合法，双方均应诚实履行，在庭审中，双方均认可欠款数额为274.7578万元。2004年7月10日的还款承诺仅是羽硕公司附条件的民事法律行为，并不是一种担保行为。因此，该折抵工程款的约定不违反法律规定，故智海公司要求以房抵款的诉请予以支持。因五峰公司在还款承诺上加盖有公章，可视为五峰公司自愿承担连带责任，此诉请予以采纳。依照《合同法》第四十四条、第一百零七条，《民法通则》第五十四条、第五十七条的规定，法院作出（2007）并民初字第229号判决：（1）羽硕公司于判决生效后10日内以羽硕写字楼900.19平方米的房产抵销欠智海公司274.7578万元的债务。（2）五峰公司对欠款274.7578万元承担连带清偿责任，如五峰公司承担清偿责任后，有权向羽硕公司追偿。（3）驳回智海公司的其他诉讼请求。案件受理费46467元、保全费5000元，共计51467元，由羽硕公司负担。

羽硕公司不服上述一审判决，向山西省高级人民法院提起上诉。山西省高级人民法院作出（2008）晋民终字第188号民事裁定书，裁定将案件发回重审。

2. 重审法院，山西省太原市中级人民法院经重新审理认为，智海公司与羽硕公司之间签订的商品砼买卖合同真实、合法，双方均认可欠款数额为274.7578万元，羽硕公司应当依据还款承诺以羽硕写字楼900.19平方米的房产作价折抵智海公司欠款274.7578万元。还款承诺是附条件的民事法律行为，并非担保行为，因此，该约定不违反法律规定，智海公司要求以房抵款的诉请合法有据，

① 摘自《人民司法》2014年第2期。

予以支持。因双方在还款承诺中没有约定违约金，现智海公司要求羽硕公司支付违约金，理由不足，不予支持。五峰公司在还款承诺上虽加盖了公章，但无担保内容，没有涉及五峰公司的权利义务，五峰公司不承担担保责任。

依照《合同法》第四十四条、第一百零七条，《民法通则》第五十四条、第五十七条的规定，太原市中级人民法院判决：（1）羽硕公司于判决生效后10日内以羽硕写字楼900.19平方米的房产抵销欠智海公司274.7578万元的债务。（2）驳回智海公司的其他诉讼请求。案件受理费46467元、保全费5000元共计51467元，由羽硕公司负担。羽硕公司不服上述重审一审判决，向山西省高级人民法院提起上诉。

3. 二审法院，山西省高级人民法院二审认为，本案争议的焦点是能否以房产折抵欠款。还款承诺是双方当事人真实意思表示，双方均认可欠款数额为274.7578万元，上诉人应当依据还款承诺履行。被上诉人以承诺主张权利，实现债权，予以支持。羽硕公司的上诉请求，不予支持。

4. 羽硕公司不服二审判决，向最高人民法院院申请再审称，二审适用法律错误。（1）双方签订的商品砼买卖合同系主合同，以房抵债的还款承诺是为了保证主合同货款支付作出的抵押担保行为。从形式上看先有买卖合同，后有抵押；从内容上看是为了保证债权的实现，符合抵押担保的构成要件。还款承诺第四条约定"若不能按上述约定支付款项"，将来发生与否羽硕公司主观可决定，不是附条件的民事法律行为。（2）还款承诺第四条以房抵债的约定属于流质条款，是无效条款。现羽硕公司写字楼每平方米将近9000元，楼层不同价格不同，原审法院并未判明以哪层楼房进行折抵，判决明显违背公平、等价有偿原则。综上，根据《民事诉讼法》第一百七十九条第一款第（六）项之规定申请再审，请求：撤销一审和二审民事判决；驳回智海公司诉讼请求。

5. 再审法院，最高人民法院经审查认为，羽硕公司于2004年7月10日向智海公司出具还款承诺，承诺书第四条载明："若不能按上述约定支付款项时，以羽硕房地产名下的羽硕写字楼，作价3000元/平方米折抵给贵公司。"该条款属于以房屋折价抵偿债务条款，并无抵押担保的意思表示，不属于抵押担保条款。不违反法律的禁止性规定，应认定有效。原判决认定还款承诺有效是正确的。至于羽硕公司提出智海公司乘人之危迫使其写下承诺、承诺显失公平的问题，其在本案中并未提供证据证实，且乘人之危或显失公平的民事行为属于可撤销的民事行为，并非无效民事行为，羽硕公司并未依法行使撤销权。原审法院判令羽硕公司履行承诺以房折抵欠款并无不当。最终，最高人民法院裁定：驳回羽硕公司的再审申请。

（四）案件评析

本案焦点在于还款协议中的房屋折价是羽硕公司的附条件买卖行为，还是抵押担保行为。如果是前者，则在条件成就时，发生房屋买卖关系，羽硕公司以房价抵偿债务；如果是后者，则违反流押条款禁令，应属无效。很明显，羽硕公司在还款协议中是以转让方式处分房屋所有权，该协议中并无抵押合同的一般条款，且无抵押的意思表示，故不是以设定抵押权的方式处分房屋所有权。对于流押条款禁令的两个功能，即保护抵押人和抵押人之其他债权人的两项功能，并无侵害抵押人羽硕公司之处。对于羽硕公司的其他债权人而言，尽管法院未将还款协议中的约定认定为流押条款，但是其还是可以借助合同有关撤销权的规定保护自己的利益。

三、天津房屋抵押借款纠纷案

[（2012）津和民三初字第1069号、（2013）津一中民二终字第0069号]

（一）案情简介

原告：王某

被告一：李某

被告二：民生银行

王某与李某原系夫妻关系。2009年5月8日，李某与民生银行签订个人购房借款合同，用于购买华亭佳园房产，并以该房产作为抵押物，借款金额为56万元。合同中写明抵押房产共有人为王某，李某及王某均在合同中签字。此后，上述个人购房借款合同中的欠款全部还清。2011年9月26日，李某与民生银行签订个人额度借款合同及最高额担保合同，提交了婚姻状况声明，签字确认如下内容：“截至本声明签署之日，本人的婚姻状况为无配偶。”借款金额为92万元。李某再次以华亭佳园房产作为抵押财产，并办理了他项权证。王某未在该合同中签字。民生银行当庭提交了李某办理贷款时证明自己无配偶的相关材料复印件，其中李某的户口页复印件中登记的婚姻状况为“离异”，户口登记日期为2007年4月15日。离婚证复印件中离婚登记的日期为2007年3月15日。离婚协议书的签署日期为2007年3月15日。李某当庭否认上述材料为其提供给被告民生银行，但未提交证据予以证实。

经法庭调查确认，王某与李某于1994年4月13日登记结婚，后因感情不和，于2012年3月12日在江苏省兴化市民政局办理了离婚手续。二人均确认：华亭佳园房产为婚姻存续期间的共同财产，离婚协议书中约定该房产系双方共有财产，离婚后各自拥有50%的所有权。产权证书中权利人登记为李某，未注明有共有人。2012年8月，王某以对2011年办理的贷款及抵押事实并不知情为由，向法院起诉，要求：1. 判令李某与民生银行签订的个人额度借款合同和最高额担保合同无效；2. 判令二被告撤销作为合同担保的房产在房管部门的抵押登记；3. 判令二被告为原告办理在该担保房产产权登记上增加原告为共有人的手续。

（二）法院观点

天津市和平区人民法院认为，二被告签订的个人额度借款合同及最高额担保合同系双方的真实意思表示，且并未违反法律、行政法规的强制性规定。王某提出的2009年办理房屋抵押贷款时作为共有人进行了签字的事实，不足以证实民生银行与李某在2011年签订合同时明知抵押房屋存在共有人的情况。王某提交的证据不能够证实二被告签订合同时存在恶意串通损害第三人利益的情形，故二被告签订的个人额度借款合同应确认为有效。签订借款合同及对夫妻共同财产设定抵押都是夫妻共同生活中对共同财产的重要处分行为，对此夫妻双方应在平等协商并取得一致意见的基础上方能有效行使。李某未经原告同意，属于擅自处分共同财产。但在本案中，民生银行在签订借款及抵押合同时，审核了房屋产权证等有关材料，已尽到足够的审查注意义务，其为善意，并有偿取得抵押权，且已办理抵押登记，其抵押权应予保护，抵押合同应当确认有效。因此，王某要求确认合同无效并撤销抵押登记的诉讼请求，不予支持。对王某的损害，应由擅自处分共有财产的李某承担责任。

2012年11月14日，天津市和平区人民法院判决驳回原告王某的全部诉讼请求。宣判后，王某不服一审判决，向天津市第一中级人民法院提起上诉。天津市第一中级人民法院经审理认为，原审判决认定事实清楚，处理结果并无不当，于2013年6月14日判决驳回上诉，维持原判。

（三）案件评析

本案的关键点在于民生银行是基于法律行为创设继受取得抵押权还是基于非法律行为原始善意取得抵押权。

本案中，因为案涉房产为原告与被告一在婚姻存续期间获得，所以，尽管产权登记是登记在被告一名下，但是婚姻存续期间取得的法律事实（房屋买卖合同+所有权登记）引起的物权变动结果仍然是原告和被告一对案涉房产处于共同共有关系。根据《物权法》第九十七条的规定，即“处分共有的不动产或者动产……应经全体共同共有人同意……”，被告一未经原告同意，将案涉房产抵押给被告二的处分行为属于无权处分行为。

根据《合同法》第五十一条的规定，被告一与被告二签署的涉及无权处分的抵押合同需要原告的追认。如果原告未追认，除将导致合同无效外，原告还有权依据《物权法》第一百零六条的规定，即“无处分权人将不动产或者动产转让给受让人的，所有权人有权追回”，凭借所有权的追及效力追回房产。因为原告否认抵押合同的效力，故被告二只能以非法律行为的事实行为原始取得抵押权，即依据《物权法》第一百零六条有关善意取得的规定取得抵押权，并以原始取得的抵押权对抗原告基于房产共有权对其进行的追及。

在设定抵押过程中，首先，原告未提交证据证实被告二在签订合同时明知被告一系处分夫妻共有房屋的行为，而被告二提供了其认定被告一有处分权的依据。因此，应当认定被告二在进行抵押权登记时是出于善意的（即在受让不动产时为善意）。其次，被告二已经履行了发放贷款的义务，应视为交付了相应的对价，并且价格合理。最后，被告二已经办理了抵押登记手续，履行不动产物权的公示，产生了公信效力。综上，被告二在本案中是以善意取得的非法律行为原始取得抵押权，应当认定抵押权有效设立，对原告要求撤销抵押的诉讼请求应予驳回。

第四章
质　　权

质权是民事主体就动产设定担保的一种担保物权类型。与抵押权不同，质权的有效设立需要转移担保物的占有，以达到担保权人控制担保物交换价值的目的。所以，本章的重点在于结合动产的物理属性、物权变动等法律特征，理解质权作为担保物权主要类型的必要性和重要性；并由此出发掌握质押法律关系中，出质人、质权人、债务人之间各方具体的权利义务，理解质权规则体系是如何解决出质人作为动产权利的权利人和作为限定物权的质权人、债权人之间就动产权利进行支配的矛盾。

第一节　质权概述

本节主要介绍质权的概念、特征、效力和基本分类，并借助这些内容掌握质权的基本制度框架。

理论部分

一、质权的概念

质权又称为质押权，是指债权人对于债务人或第三人转移占有的、作为履行债务担保的特定财产，在债务人到期不履行债务，或者发生当事人约定的实现质权的情形时，有权就该财产卖得的价值优先受偿的一种担保物权。

在质权法律关系中，提供质押财产设定质权的是出质人，占有质物并享有质权的债权人是质权人，转移占有并用于担保债务履行的担保财产或财产性权利被称为质物。

【问题 1】质权关系中，当事人的基本关系如何？

甲向乙借款，丙用其摩托车一辆提供质押担保。甲、乙签订借款合同，乙、丙签订质权合同，丙根据该合同将摩托车交付给乙。甲到期未履行还本付息义务，乙是否可以申请人民法院拍卖丙的摩托车？

分析：在甲、乙、丙三者之间的关系中，甲是债务人，乙是债权人，丙是出质人，摩托车是质物。乙作为质权人，其质权被设定在丙的摩托车所有权之上，出质人丙为债权人乙设定的摩托车质权所担保的债权是乙对甲所享有的借款债权。因为乙对丙的摩托车所有权享有质权，故其可以直接请求人民法院拍卖该摩托车的所有权并就获得的价款优先受偿。乙之所以可以就摩托车拍卖所得有优先受偿的权利，最为直接的原因在于乙对摩托车所有权拥有质权这一支配性物权。

二、质权的法律特征

质权作为一种担保物权，除了具有担保物权从属性、不可分性、物上代位性等一般特征外，还具有以下特征。

（一）质权是以动产或动产权利为客体的担保物权

质权的标的物即质物，既可以是动产，也可以是动产权利，而不能是不动产和不动产权利，这是质权和抵押权之间非常重要的一个区别，其着眼点在于动产物权和不动产物权的不同物理属性。

动产所有权或动产其他权利作为人类财产的表现形式，在具备可流通性的情况下，当然可以用来担保债务的履行。这样，民事主体可以选择通过使用动产获取该动产的使用价值，也可以通过质押动产使用动产的交换价值。在物权法物尽其用的终极目标下，质权满足了动产或动产权利的权利人在不转让动产所有权的情况下使用其交换价值的实际需要。

（二）质权是以出质人转移质物的占有为成立要件的担保物权

债务人或第三人为担保债务履行，而在其特定财产上为债权人设定质权时，必须将出质的标的物转移给债权人占有，质权才能够成立并生效。这一点是质权和抵押权之间最为显著的区别。

占有质物，控制质物权利人对质物权利的处分，是质权设定的核心要件。之所以要转移占有，目的是满足质权人控制动产交换价值的实际需要。如果不转移占有，在出质人转让并交付动产的情况下，第三人有可能因此获得动产的所有权，从而无法达到质押担保的制度目标。

甲为借款债权人乙就小轿车设定质权，必须将小轿车交付给乙占有。这样正契合了汽车作为动产以交付作为发生物权变动要件的法律规定。在质押期间，甲将小轿车出售给丙，只要不交付，则不发生小轿车所有权从甲变动至丙的物权变动，债权人乙也就没有因小轿车所有权发生变动而导致无法实现债权担保目标的法律风险。

（三）质权是一种基于质物权利人的处分而设定的担保物权

和抵押权一样，质权一般情况下只能创设性继受取得，即其有效设定需要法律行为和交付行为两个法律事实要件。满足法律行为要件，质权人和出质人需要签订质权合同；满足交付行为要件，出质人需要将质物交付给质权人实际占有。

三、质权合同

质权是限定物权，所以质权人的质权会对出质人的质物所有权或其他动产权利形成权利限制。因此，为有效调整质权和所有权或其他动产权利之间的关系，经质权人和出质人意思自治、友好协商而达成一致的质权合同，就成为规范和确定出质人和质权人之间权利义务关系的主要依据。

（一）质权合同的主要内容

一般情况下，质权合同应当具有以下主要内容。

1. 质押担保的主债权的债权人、债务人、债权类型、数额、期限，其功能在于确定质权所担保的具体债权，完成担保债权的特定化；结合质押担保的债权范围，质权合同双方就此达成一致的目的在于确定出质人以质物承担担保责任的风险大小和数额。

2. 质押财产的名称、数量、质量、状况，其功能在于完成质物或质押权利的特定化；质权合同双方就此达成一致的目的在于确定合同双方用于担保债权的具体质物或质押权利。

3. 质押担保的债权范围，既可以包括主债权的部分或全部，也可以包括主债权，从债权、利息以及违约金，其功能在于确定质押担保的债权范围。

4. 质押动产或质押权利的交付或设定方式、期限、违约责任，该交付既可能是动产的交付，即实际交付质权人占有，或交付给质权人委托的第三人占有；也可能是质押权利的交付，即可能是股权、应收账款债权或其他质押权利的登记，也可能是权利凭证的背书和实际交付。

从上述质权合同的主要内容可以看出，出质人和质权人通过质权合同主要确定两个方面的内容：第一，双方合意准备设定一个什么样的质权，回答质物和质物所担保的债权是什么的问题，上述第1、2、3项均有关于此；第二，双方合意通过什么样的方式设定该质权，即上述第4项。如果质权合同存在就上述内容没有约定或约定不明的情形，可以借助《合同法》第六十一条、第六十二条进行合同解释，以明确质权合同的有关事项。如果通过合同解释，仍不能确定质权合同的相关内容，质权合同即可能存在因缺乏合同的主要条款而不成立的情形。

【问题2】质物不确定，质权合同是否有效？

2014年5月1日，自然人甲向乙借款，双方签订《借款合同》。同日，乙与丙签订质权合同，约定在5月5日前，丙在自有的汽车、存款单以及高档组合音响当中选择一样交付给乙设定质权，用于担保乙对甲的借款债权。5月5日，丙并未实际向乙交付质押物品。5月6日，乙向甲要求交付高档组合音响，以设定质权，乙的要求是否于法有据？

分析：与抵押合同一样，质权合同在性质上也是债权合同，是合同当事人就设定质权和质权的有关事项所达成的债权合意，该合同的效力、履行及终止也应当受《合同法》有关条款的调整。在上述实例中，质权合同在表面上似乎存在质物未最终确定的问题，但实际上是一个选择之债；质权合同生效时质物未最终确定，并不影响质权合同的效力和履行。在丙未于5月5日前行使选择权确定质物的情况下，该选择权作为形成权的一种将因除斥期间经过而消灭；将会产生乙选择质物的选择权，故乙选择高档音响要求丙进行交付并借此设定质权于法有据。

需要注意的是，有关质押担保的法律规定和司法实践始终没有最终明确地确定一个非常重要的问题，即质权合同是成立之时起生效，还是交付质物之日起生效。上述问题中，如果质权合同系交付之日起生效，则不会产生所谓选择之债的问题，因为合同未生效，债还没有成立并生效。所以，上述分析，是以学术界和实务界的通行观点，即质权合同系成立之时起生效，交付质物与否与合同效力无关的观点为基准展开的；至于质权合同系成立时生效的诺成性合同，还是交付质物之时起生效的实践性合同，我们会在后文加以讨论。另外，《担保法》及其司法解释在法律术语上使用的是“质押合同”，而《物权法》使用的是“质权合同”。从该用语的变化上可以看出，立法者也倾向于认定质权合同在内容上就是对质权的表述，而不是担保。质权关系中，起到担保作用的是质权生效后质权人所拥有的质权，而不是质权合同本身。

（二）质权合同的形式

质权合同是要式合同，故须采用书面形式，其表现形式可以是以下几种：（1）主债权合同的质押条款；（2）出质人与质权人（债权人）签订的书面形式的质权合同，可以是数据电文形式的电子邮件，也可以是质权人在接收质物时开具给出质人的收据，也可以是出质人将有价证券交付给质权人前在该有价证券背后的“背书”。

至于是否可以如保证人出具保证函一样，以出质人单方向债权人出具质押担保函，且债权人无异议表示的方式成立质权合同，法律和司法解释并无明确规定。我们认为，如果该担保函的内容完全，而且也已经实际交付质物，则可以根据实际情况类推适用保证合同的规定。

在质权合同中，只要有：（1）被担保的债权；（2）有关质物的约定，就应当认为质权合同成立，质权合同双方没有明确约定的质权合同其他内容应根据《物权法》《担保法》《合同法》的规定加以确定。例如，双方当事人没有约定交付质物的时间，则质权人可以根据《合同法》第六十二条第（四）项的规定，即“履行期限不明确的，债务人可以随时履行，债权人也可以随时要求履行，但应当给对方必要的准备时间”，随时要求出质人交付质物。

【问题 3】当事人之间仅有接收质物的收据，质权是否有效设立？

2014 年 5 月 1 日，自然人甲向乙借款人民币 10 万元，第三人丙同意用自己的摩托车就该笔借款提供质押担保。5 月 2 日，丙将摩托车交付给乙，乙向丙开具“今收到丙用于质押担保甲向乙借款 10 万元的质物 ×× 品牌摩托车一辆”的收据。上述质押的质权合同是否有效，该质押的担保范围如何？

分析：质权合同是出质人和质权人就动产设定质权所达成的一致协议，在上述问题中，丙在乙出具收据的情况下向乙交付了质物，双方实际就收据内容形成了合意。所以，质权合同有效。尽管该收据中没有明确质权担保的债权范围约定，但依据《物权法》对此规定的一般担保范围，应当认定上述质权担保的债权范围包括借款本金、利息、违约金，以及实现质权的费用。

（三）质权合同的生效

根据《担保法》第六十四条第二款的规定，“质押合同自质物移交于质权人占有时生效”。根据该规定，质权合同在法学理论上被认为和自然人借款一样属于实践性合同（要物合同）。对于这一规定，实务界有判决认为其与《物权法》第十五条，即“当事人之间订立有关设立、变更、转让和消灭不动产物权的合同，除法律另有规定或者合同另有约定外，自合同成立时生效”所主张的区分原则（质权合同是诺成性合同，即自成立时生效，与是否交付质物无关）相冲突。但是应当看到《物权法》第十五条规定的是不动产物权的情形，并未明确涉及动产；而且《担保法》第六十四条第二款规定的质权合同生效时间和《物权法》第二十三条“动产物权的设立和转让，自交付时发生效力，但法律另有规定的除外”所规定的质权生效时间并无冲突。因此，尽管《担保法》第六十五条规定的质权合同内容中有质物移交时间，由此可以推断质权合同应当早于质物交付时生效；但我们认为，在没有明确的法律条文规定质权合同为诺成性合同（不要物合同）的情况下，应当依据《担保法》的规定将质权合同认定为实践性合同。

【问题 4】质权合同是诺成性合同，还是实践性合同?

分析：质权合同是诺成性合同，还是实践性合同？这个问题实际上是有关质权合同的生效要件是《合同法》第四十四条“依法成立的合同，自成立时生效”所述的合同依法生效，还是《担保法》第六十四条第二款“质押合同自质物移交于质权人占有时生效”所述的移交占有（股权、著作权等为登记）时生效的问题。在《物权法》第十五条，即“当事人之间订立有关设立、变更、转让和消灭不动产物权的合同，除法律另有规定或者合同另有约定外，自合同成立时生效；未办理物权登记的，不影响合同效力”，仅仅将分离合同生效和物权变动的区分原则贯彻到了不动产物权之上的情况下，上述问题在实务界造成了比较大的分歧。

山东高院在其就“祝某某与烟台胶东美术馆、吕某质押合同纠纷一案”作出的二审终审民事判决书中，推翻了一审法院依据《担保法》第六十四条第二款，即“质押合同自质物移交于质权人占有时生效”，所作出的认定质权合同因质物未交付而不生效的判决内容。该院认为，“质押合同的订立和质权的设定为不同的法律事实（即区分原则）。质押合同的订立在当事人之间创设有关质权设定的权利义务关系，为物权变动的原因行为，属于合同法的范畴。质权的设定，是合法有效的质押合同所产生的结果，属于物权变动的范畴。质押合同应自依法成立之日生效。本案中，双方对 2011 年 10 月 14 日签订质押合同没有异议，故原审法院认定质押合同不生效的认定属于适用法律错误，应予纠正”。从判决的表述来看，山东省高院采用区分原则，并未依据《担保法》第六十四条第二款认定质权合同为实践性合同。

最高人民法院在其就“郑某某与陈某、樱花（福建）包装文具有限公司民间借贷纠纷一案”作出的（2014）民四终字第42号民事判决书中认为，“《借款合同》中约定樱花公司以其拥有的可交易股票为案涉借款提供质押担保，但根据查明的事实，樱花公司名下的股票并未按照规定办理登记，亦未按照约定将股票注入郑某某股票交易账户，福建高院根据《中华人民共和国担保法》第七十八条、《中华人民共和国担保法》第六十四条的规定，认定《借款合同》约定的股票质权并未设定，质押合同未生效，并根据查明的案涉事实，认定对案涉借款未能及时收回所造成的损失，郑某某和担保人樱花公司均有过错，依照《最高人民法院关于适用〈中华人民共和国担保法〉若干问题的解释》第八十六条并参照《最高人民法院关于适用〈中华人民共和国担保法〉若干问题的解释》第七条的规定酌定樱花公司对案涉债务不能清偿部分承担二分之一的赔偿责任，均是正确的”。从判决的表述来看，最高人民法院依旧依据《担保法》第六十四条第二款认定质权合同自质权登记或质物交付之日起生效，即实践性合同。

我们认为，山东高院的判决和最高人民法院的判决在内容上相左，不仅是基于对法律规定的不同理解，更为重要的是基于个案中的实际情况。在最高人民法院的案件中：（1）高级法院已经作出质权合同未生效的判决；（2）未交付质押股票是既存事实，认定质权合同有效首先面对的问题是如何确定出质人未按合同约定设定质权而产生的损失，而认定质权合同无效相对简单，仅需根据《担保法司法解释》第七条的规定直接适用二分之一赔偿责任的结果即可，这一判决内容可能在结果上对质权人更加有利。例如，违约责任须以债权人的实际损失为限，而其实际损失有大致两个口径：（1）债务人未清偿部分；（2）质物的价值，认定时应遵循两者相较取其轻的原则。如果质物的价值较小，如200元，而债务人未清偿部分为600元，那么认定二分之一的合同无效责任更加有利于债权人。所以，从判决的现实意义来看，最高人民法院的判决内容可能并无问题。我们认为，在立法上，可以考虑扩大《担保法司法解释》第七条的适用情形至出质人不交付质物而质权合同有效的情形，将二分之一的赔偿责任作为法律默认规则，允许当事人另行约定具体赔偿数额。这样，就可以在坚持区分原则的同时，兼顾对债权人利益的保护。

质权合同是诺成性合同还是实践性合同，在实践中会产生不同的法律效果：前者，在出质人不履行质物交付义务时，应当根据质权合同承担《合同法》第一百零七条项下无过错的违约责任，尤其是根据质权合同中有关违约条款承担损失赔偿义务；后者，因为质权合同未生效，只能承担缔约过失责任，也即《担保法司法解释》第八十六条中规定的，债务人或者第三人未按质押合同约定的时间移交质物的，因此给质权人造成损失的，出质人应当根据其过错承担赔偿责任，主要是依据《担保法司法解释》第七条的规定。对两者进行比较，其差别在于：第一，前者为无过错责任；后者为过错责任，质权人须就出质人有过错承担举证责任。第二，前者，如果质权合同存在违约金条款，那么出质人须就违约金过高承担举证责任；后者，质权人须就出质人不交付质物所造成的损失承担举证责任。第三，前者，质物交付义务的履约风险由出质人承担；后者，质物交付义务的履约风险，除出质人过错之外，均由质权人承担，如质物在交付前因第三人原因灭失，或在权利质权中，质权因登记机关原因无法办理登记等。第四，前者，出质人应当就债务人未履行部分，并在担保范围和质物价值范围之内承担损失赔偿责任，是一种全额责任；后者，根据《担保法司法解释》第七条的规定，即"债权人、担保人有过错的，担保人承担民事责任的部分，不应超过债务人不能清偿部分的二分之一"，即在出质人有过错的情况下，其承担的责任相对于前者也发生"减半"。上述差别会在实践中影响当事人的行为，如在贷款合同中，银行会要求在借款合同中将出质人交付质物或进行质权登记约定为履行贷款发放义务的条件。

事实上，遵从区分原则，将质押合同归入诺成性合同更加符合理论上区分负担行为（债权行为）和处分行为（质物交付或质权登记）的要求，也是理论界早已达成的共识。但从我国现有的法律规定来看，立法和司法实践都未像不动产物权那样一步到位地采用区分原则，显得相对保守。究其原因，质权担保大多涉及普通的民事债权债务关系，基于质物的实际交付行为而产生担保关系更符合中国一般民众的认知，让无过错的出质人以违约责任的方式承担全部民事责任很难为一般民众所接受，尤其是第三人质押的情况下，也会遇到出质人交付质物，而质权人无正当理由拒不接受等问题，而这些问题因为质权合同的单务性而导致并不能用一般的合同法理论加以解决。

【问题 5】当事人约定质物交付时质权合同生效，该质权合同是否为附生效条件的合同？

自然人甲与丙签订质权合同，约定丙将自己的摩托车质押给甲，用以担保自然人乙向甲的人民币十万元借款；并约定该质权合同自甲将所借款项实际交付给乙时生效。该约定是否有效，其法律性质如何？

分析：在担保物权理论中，一般的抵押合同、质权合同均对主债权合同无生效上的从属性，即不以主债权合同生效和存续为生效的前提条件，应独立判断质权合同是否生效。根据《担保法》第六十四条第二款的规定，即"质押合同自质物移交于质权人占有时生效”。这一规定与甲、乙之间有关质权合同生效约定的条件一致，所以当事人约定的合同生效条件是法律规定的生效条件，故应视为未约定条件，质权合同自甲将所借款项实际交付给乙时生效。从这个例子也可以看出，将质权合同设定为实践性合同具备一定的合理性。我们认为，在立法上，可以考虑将质权合同以所担保的债权性质分为实践性合同和诺成性合同两种形式，如同借款关系中的自然人借款和公司法人借款关系，前者适用于自然人借款等民事关系，后者适用于贷款合同等商事合同。

（四）出质人未履行交付质物义务的法律后果

对于出质人未履行交付质物义务的法律后果，如果根据《担保法》第六十四条第二款的规定，认定质权合同是实践性合同，那么因为质权合同未生效，出质人应当承担缔约过失责任。而出质人承担缔约过失责任的要件是：（1）出质人对未交付质物存在过错；（2）质权人有损失；（3）未交付质物和质权人有损失之间存在因果关系。

如果按照区分原则，认定质权合同是诺成性合同，即合同自成立之时起生效，那么出质人未按照质权合同交付质物的，除当事人另有约定外，出质人应当承担违约责任。具体而言，出质人应当根据《合同法》第一百零七条的规定向质权人承担继续履行，即交付质物设定质权和（或）赔偿损失的违约责任。

【问题6】出质人未交付质物，应当承担什么责任？

自然人甲与丙签订质权合同，约定丙将自己的摩托车质押给甲，用以担保自然人乙向甲的人民币十万元借款债务。合同签订后，丙一直未向甲交付质押摩托车。后自然人乙未向甲履行借款合同的还本付息义务。问，甲是否有权就摩托车行使质权？如果不能，甲有哪些权利？

分析：在上述问题中，因出质人丙未向债权人甲交付摩托车，质权未有效设立，故甲无权行使质权。根据《担保法》第六十四条以及《担保法司法解释》第八十六条之规定，在丙对未交付摩托车存在过错的情况下，应当向质权人甲承担损失赔偿责任，即缔约过失责任。该责任可以参照《担保法司法解释》第七条的规定由丙就债务人乙不能清偿部分承担二分之一的赔偿责任。如果认为质权合同已经生效，那么出质人未交付质物的行为，则会引起出质人承担违约责任。从《担保法司法解释》第八十六条的规定可以看出，质权人实际上是承担了出质人无过错未交付质物而导致质权未有效设立的风险。

制度部分

一、质权的概念及特征

我国现行有关质权的法律规定主要见于《物权法》《担保法》以及《担保法司法解释》三个规范性文件中。《物权法》第二百零八条以规定质权设定方式、特征及质权法律效力的方式规定了质权的法定概念，即“为担保债务的履行，债务人或者第三人将其动产出质给债权人占有的，债务人不履行到期债务或者发生当事人约定的实现质权的情形，债权人有权就该动产优先受偿”。

【问题 7】质权人的优先受偿权如何体现？

自然人甲与丙签订质权合同，约定丙将自己持有的红星公司占比 20% 的股权质押给甲，用以担保自然人乙向甲的人民币十万元借款。合同签订后，丙、甲至工商登记机关办理了股权质押登记手续。后，丙的债权人丁请求法院执行机关依据有关判决在执行过程中查封了丙持有的红星公司 20% 的股权；但此时甲、乙之间的借款合同尚未到期。如果该质押股权经拍卖所得价款为十二万元，人民法院执行机构应当如何处理？

分析：甲、丙签署质权合同，且办理了股权质押手续，甲就丙所持有的红星公司的股权享有质权，甲有权就该股权拍卖所得价款优先于债权人丁受偿。故，人民法院执行机构应当将十二万元中对应甲、乙之间借款合同本息的金额进行司法提存，剩余部分用以实现债权人丁的债权。待甲、乙借款合同到期，乙未履行还本付息义务的情况下，使用该提存金额清偿甲的借款债权。

二、质权合同

《担保法》第六十四条至第六十八条、《物权法》第二百一十条、第二百一十一条规定了质权合同的有关问题。

首先，《担保法》第六十四条、《物权法》第二百一十条规定，质权合同是要式合同，即必须采用书面形式。根据《合同法》第十一条，该书面形式除当事人约定必须是合同书形式外，还可以是信件和数据电文（包括电报、电传、传真、电子数据交换和电子邮件）等可以有形地表现所载内容的形式。另外，质权合同即使未采取书面形式，也能根据《合同法》第三十六条成立，即“法律、行政法规规定或者当事人约定采用书面形式订立合同，当事人未采用书面形式但一方已经履行主要义务，对方接受的，该合同成立”。根据该规定，在双方有口头约定的情况下，出质人将质物交付给质权人占有，质权合同也溯及既往地成立。

【问题8】未有书面的质权合同，但已实际交付质物，质权是否生效？

甲向乙借款，丙与债权人乙达成口头协议约定用丙的摩托车就前述债权提供质押担保，并于第二天将摩托车交付给乙。后，甲到期未履行还本付息义务，乙欲就摩托车变价实现债权；但，丙称其与乙之间无书面的质权合同，质权未有效设立。出质人丙的说法是否于法有据？

分析：尽管《物权法》《担保法》均规定质权合同应当具备书面形式，但根据《合同法》第三十六条之规定，如果双方已经实际履行合同，那么也应当认为合同成立。在上述问题中，出质人将质物交付给质权人，所以尽管不符合书面形式的要求，但乙和丙之间的质权合同已经因出质人实际交付和质权人未提出异议而成立并已生效，质权有效设立，故丙的说法于法无据。

其次，《担保法》第六十五条、《物权法》第二百一十条规定了质权合同的主要条款：（1）被担保债权的种类和数额；（2）债务人履行债务的期限；（3）质押财产的名称、数量、质量、状况；（4）担保的范围；（5）质押财产交付的时间。在质权合同中，除法律规定的上述一般条款外，当事人还可以就质物的保全、占有及保管的方式、质物的使用以及孳息的收取等事项进行约定。例如，为了防范质物意外灭失的风险，质权人可以要求出质人就质物投保商业保险，也可以约定质物的具体保管方式等，总之当事人可以就质权设定、质物保管、质权实现等方方面面的问题在质权合同中达成一致协议。

如果质权合同在内容上存在不完全的情况，当事人可以根据《担保法》《物权法》的规定对质权合同进行解释。例如，在当事人未就质押担保的债权范围进行明确约定的情况下，《担保法》第六十七条规定了一般的质押担保范围，即“包括主债权及利息、违约金、损害赔偿金、质物保管费用和实现质权的费用”。除依据《担保法》《物权法》的规定对质权合同进行解释外，质权合同尚存在其他不明确的问题，当事人应当按照《合同法》第六十一条、第六十二条对合同条款进行解释。

最后，《担保法》第六十六条、《物权法》第二百一十一条规定质权合同当事人不得在质权合同中约定“流质条款”，即不得约定“债务人不履行到期债务时质押财产归债权人所有”。当事人不得在质权合同中约定流质条款，该规定属于法律的效力性强制规范，即使当事人或当时的质物评估报告证明质物的价值与债权价值相当，此类约定也属于无效约定。因为，流质条款最根本的问题在于排除了出质人要求就质物进行公开变价的权利。

【问题9】质权合同未对担保的债权范围进行约定，应当如何处理？

甲公司向乙银行借款，丙公司用定期存款单提供质押担保，三方就上述事宜签订了《贷款及担保协议》，但是该合同中没有约定质押担保的债权范围。合同签订后，丙公司在质押存单背书后将该存单交付给乙银行。事后，丙公司与乙银行就上述质押担保是否成立，以及担保的债权范围产生争议。

分析：在上述实例中，《贷款及担保协议》中的有关质押的条款即为质权合同，而丙公司存单背书及交付行为有效设定了质权。在丙公司和乙银行不能就担保的债权范围达成补充协议的情况下，双方应当根据《担保法》第六十七条确定质押担保的范围，即包括乙银行对甲公司借款债权的主债权及利息、违约金，以及实现质权的费用。

第二节 动产质权

因为动产质权和权利质权在质权设定、保全以及实现等方面均存在较大的差异，所以本章结构是围绕动产质权和权利质权两大类别进行论述。其中，本节的主要内容是动产质权的设立、保全以及实现，应当着重从动产的物理属性，以及法律给质押担保设定的制度价值入手，理解和掌握有关动产质权的理论和法律规定。

理论部分

一、动产质权的概念

动产质权，是指债权人对于债务人或第三人提供的用于担保债务履行的、转移占有的动产，在债务人不履行到期债务，或发生当事人约定的实现质权的情形时，就该动产变价所得优先受偿的权利。

动产质押所形成的是出质人和质权人之间的权利义务关系，在本质上质押的还是动产的所有权，出质人应当是对动产所有权享有处分权的民事主体，否则可能产生动产质权的善意取得问题。而动产质权的设定即应当理解为动产所有权人以在动产所有权上设定质权的方式处分动产所有权。所以，在讨论出质人基于质权合同处分质物所有权的内容时，应当讨论该所有权所涉及的范围，即是否包含从物、是否包含孳息等，以及该所有权所担保的债权范围，即是否仅包含本金，或也包含利息。

二、质物

（一）质物的特征

质权是出质人基于质物的交换价值，用其担保债权实现而设定的担保物权。所以，对于动产质物，质权制度有以下要求：第一，质物必须具备财产属性，即因稀缺性而拥有交换价值，不具备财产属性的物品，如身份证、学位证、结婚证等都不得作为质物。第二，质物必须具备流通性，即可变现。因为所有质权都存在质权人通过拍卖、折价、变卖质物而优先受偿的可能性，故质物不能是禁止流通物，否则不能予以质押。第三，质物必须是可交付的动产，不能现实交付的动产，无法有效设定质权。

【问题 10】就户外固定广告牌，设定的是抵押权，还是质权？

甲广告公司向乙银行借款，拟用自己在高速公路旁竖立的大型户外广告牌就该笔借款提供担保。但甲、乙不知如何就该广告牌设定物权担保。经向工商行政管理机关申请、协调，最终以在工商局登记的方式就该广告牌设立了抵押权。问，上述形式设定的担保物权是否有效？

分析：在上述问题中，甲、乙遇到的问题是抵、质押法律实务中经常遇到的难题，即抵、质押的选择，应当针对实际情况进行具体分析。围绕该广告牌，甲、乙的现状是：第一，广告牌具备财产属性，拥有交换价值，可以通过拍卖等手段变现；第二，广告牌不可移动，无法如一般动产一样完成交付，进而由质权人占有；第三，在担保期间，甲公司还在经营，即实际使用该广告牌，并持续产生归属于担保人甲公司的广告收入；第四，通过户外广告牌发行广告，都必须经过工商局广告管理部门的审核许可。鉴于以上四点，对于甲、乙而言，在广告牌不能转移占有的情况下，最佳的选择是设定抵押权，而不是设定质权。

从上述实例可以看出，抵、质押之间存在的区别体现在以下几个方面：

第一，抵押无须转移占有，而质押需要转移占有。

第二，抵押物一般可以为抵押人持续产生经营收益，转移占有会影响抵押人的经营收入，进而影响其偿债能力；而质物一般无法产生收益，故转移占有并不会影响出质人的经营收入。

第三，抵押物无须转移占有即可控制其交换价值；而质物必须转移占有，否则无法保障质权人的担保物权。

（二）以不能质押的质物设定质权的法律后果

实践中，动产是否能设定质押担保的障碍主要是动产是否可予流通。而以法律、行政法规禁止流通的动产或者不可转让的动产设定质权时，质权合同将因为《合同法》第五十二条第（五）项的规定而无效。例如，《文物保护法》第五十二条第三款规定“国家禁止出境的文物，不得转让、出租、质押给外国人”；再如，《刑法》第一百二十八条第二款规定非法出借枪支行为是一种刑事犯罪，根据最高检《关于将公务用枪作为借债质押的行为如何适用法律问题的批复》规定，对于接受枪支质押的人员构成犯罪的，应以非法持有枪支罪追究其刑事责任。

【问题 11】就身份证设定质权是否有效？

（1）自然人甲向乙借款，乙提出甲须提供担保物，甲遂将自己的身份证押给了乙，乙同意并接收。问，甲、乙之间有关身份证质押的约定和质权是否有效？

（2）甲房地产开发公司向乙银行借款，提出用自己从政府获得的建设用地批准证书作为担保物，乙银行同意并收取该证书，用于担保甲公司按期履行还本付息义务。问，该质押担保是否有效？

（3）甲汽车 4S 店向银行贷款，用自己店里库存的新车提供质押担保，但问题是车辆未进行初始产权登记，无法进行质押备案；而且，如果车辆一旦出售成功，也需向消费者交付车辆，所以不能直接由银行占有质押车辆。问，甲 4S 店应当怎样完成质押，设立质权？

分析：上述（1）、（2）两个问题中，身份证是自然人的身份证明，带有人身属性，所以从性质和客观价值上均不具备财产属性；建设用地批准证书，即房地产开发中常说的建设用地规划许可证，是政府就某一特定地块按照某些规划条件进行建设颁发的行政许可，也不具备财产属性。不同规划条件下，具体地块对应的土地使用权的价值是不同的，但规划条件增加的是地块使用权的价值，许可证本身并无任何价值可言。所以，身份证和行政许可证均系针对具体个人或特定土地使用权作出的，不具备单独的可转让的流通性，不能成为质物，所以上述所谓身份证、建设用地规划许可证的质押担保均属无效担保。但，债权人扣押债务人身份证和许可证是经债务人同意的行为，扣押行为会对债务人的出行和建设施工形成阻碍，应当视为债权人为担保自己债权实现而采取的特定措施。所以，实践中不能轻易否定上述行为，应当看扣押行为是否侵害了债务人的基本权利。综上，上述两项“质押担保”虽然均属无效担保，具体而言，债权人无权扣押身份证，应当予以返还，但可以扣押建设用地批准证书（应视具体情况适用保管的法律规定），以便促使债务人还本付息。实践中应当考虑的问题是，土地使用权人是否有权向债权人行使原物返还请求权，请求债权人返还建设用地规划许可证。

在上述第（3）个实例中，实践中，银行和债权人往往采取的方式是让债务人交付车辆合格证，并约定经债务人授权由债权人保管车辆合格证。事实上，车辆合格证是办理机动车注册登记、投保、注销等手续时必须提交的规定证明文件之一，具备唯一性。也就是说，缺少合格证，债务人 4S 店无法出售车辆，即使出售也无法申请产权登记和办理车辆行驶证照，从而导致车辆所有权在形式上发生变动。可见，通过交付合格证这种方式，银行能够有效地控制车辆的交换价值，能够实现质权设定的核心要求。所以，实践中普遍认为质押合格证就是质押机动车。

【问题 12】质物收益权是否可以质押?

甲广告公司向乙银行借款，拟用自己在高速公路旁竖立的大型户外广告牌就该笔借款提供担保。因质押交付或抵押登记存在障碍，所以甲、乙在质权合同中约定对该广告牌的收益权进行质押，该质押是否有效?

分析：甲公司对广告牌拥有所有权，广告牌的收益权仅仅是其所有权的一个权能，而不是一个独立的可予处分和流通的民事权利。换句话说，广告牌收益权是一个禁止流通物。所以，广告牌收益权并不能作为质押标的予以质押，甲、乙之间的质权合同因为质物，即合同标的不合法而无效。更进一步地说，如果甲、乙达成质权合同后，甲公司将广告牌的所有权转让给丙，那么乙就该广告牌的收益权质权将无法实现。本质上，甲公司广告牌的收益权因为没有收益对象，或赖以收益的法律关系而并未从广告牌所有权中分离出来，所以广告牌收益权质押关系应当理解为甲公司就未来收益进行的信用担保或广告牌所有权的质押。具体而言，即在未出现甲公司将广告牌转让于第三人的情况下，广告牌收益权质押就是广告牌所有权的抵、质押关系；在出现甲公司将广告牌让与第三人的情况下，甲公司应当根据《担保法司法解释》第七条、第八条的规定承担赔偿责任，这本质上是一种信用担保。

实践中，存在大量的当事人就不能予以质押的标的进行质押的乱用权利质押的情形。例如，甲公司在已经将房屋所有权抵押给第三人的情况下，将房屋收益权质押给乙，该质押所对应的质权合同也会因为质押标的不合法而无效。我们认为，对于上述问题的解决方案是，甲公司将房屋或广告牌出租给丙，此时房屋或广告牌的收益权就实实在在地变成对丙的应收账款债权，该债权所对应的标的物收益权即从所有权中分离出来，从而变成一种可予转让和流通的民事权利，其价值可以通过租赁合同的租金，以及甲公司是否已经收取租金等约定或行为中加以确定，而不像收益权那样因为缺乏收益对象而无法确定。此时，在上述房屋抵押和租赁，进而设定租金应收账款质押的关系中，也可以根据抵押和租赁的先后关系（买卖不破租赁）确定抵押和应收账款质押之间的关系。另外，上述问题中的实例对于实践中的收益权交易也有一定的启发作用，我们曾经遇到信托计划购买某商业大厦收益权的交易，而该大厦此时并无承租人，交易的双方即需要切实考虑收益权是否能予交易的问题。还有，实践中普遍存在的票据收益权转让关系，应当透过现象考察其本质意义上的法律关系，其本质上即是一种票据贴现，或票据质押借款的关系。

三、动产质权的取得

（一）动产质权的一般取得

动产质权的一般取得是指基于出质人和质权人之间有效的质权合同，出质人将动产占有转移给质权人或质权人的占有辅助人或占有委托人，为质权人设定动产质权的情形。

1. 动产质权设立是质权人创设性继受取得质权的过程

动产质权的一般取得是质权人创设性取得质权这一他物权的过程，是物权的继受取得。发生质权有效设定这一法律效果须有出质人与质权人的合意，即质权合同，以及质物交付这一发生质权设定物权变动的法律事实。

2. 动产质权的设立

动产质权的有效设立须满足两个要件：第一，出质人与质权人（债权人）签订质权合同；第二，出质人交付质物。而质权一般情况下自出质人交付质物时起有效设立。

【问题 13】质权何时有效设立？

2月1日，自然人甲与丙签订质权合同，约定丙于2月5日将自己的摩托车质押给甲，用以担保自然人乙向甲的人民币十万元借款。后，丙于3月5日将摩托车交付给甲。问，质权何时有效设立？

分析：在当事人没有其他约定的情况下，动产质权自出质人交付质物之时起有效设立。尽管质权合同约定丙应于2月5日交付质物，但其实际上系于3月5日交付质物，所以质权是在3月5日有效设立，而非2月5日。

3. 出质人交付质物的方式

《物权法》规定了动产交付的直接交付、简易交付、指示交付和占有改定四种形式。但鉴于担保物权有效设立的核心问题在于担保物权人能否设立有效控制担保物，即阻碍担保人有效转让担保物，所以出质人一般可以以直接交付、简易交付方式交付动产质物，从而有效设立质权。在指示交付情形中，质权自出质人向直接占有人送达质押通知时有效设立，这时应当视为成立两层占有媒介关系，即出质人（间接占有人）——质权人（间接占有人）——保管人/占有人（直接占有人），而质权人和保管人/占有人之间的占有媒介关系即有效地切断了出质人和保管人/占有人之间的占有媒介关系。在占有改定情形中，质权只有在出质人向质权人实际转移质物占有时有效设立。

【问题 14】以指示交付和占有改定的方式，是否能够交付质物以设定质权？

（1）自然人甲与丙签订质权合同，约定丙将自己借给丁的摩托车质押给甲，用以担保自然人乙向甲的人民币十万元借款。合同签订后，丙向丁发出通知，称该摩托车已经为甲设定质权。此时，摩托车质权是否有效设立？

（2）自然人甲与丙签订质权合同，约定丙将自己的摩托车质押给甲，用以担保自然人乙向甲的人民币十万元借款。在甲、丙的质权合同中，双方约定，出质人甲和丙达成借用合同，摩托车继续由出质人占有并使用。

在上述实例（1）中，丙通过指示交付的方式向甲交付了质物，故质权自丙向丁发出的通知到达丁处时有效设立。这里有一个隐含的条件，即须切断丙和丁之间的占有媒介关系，否则在出质人丙和质权人甲均向丁下达指令时，就会出现权利冲突的问题。例如，甲将自己在乙的仓库里的钢材质押给丙，甲通知乙之后，乙即不能再听甲的指令，否则等于未交付，甲未失去对钢材的占有，而丙也未获得对钢材的占有。如果此时乙听取甲的指令将钢材转交第三人，则乙应当向丙承担侵权责任。

在实例（2）中，占有改定的结果是，所有权人（出质人）必须和质权人签订建立占有媒介关系的合同，如借用、租赁，但质物的使用价值恰恰不是质权人享有的，而是由出质人以所有权人身份享有。因此，质权人以合同形式将其不享有的使用权赋予作为所有权人的出质人就会显得非常可笑。如果质权人和出质人之间的占有媒介关系仅仅是保管关系，即会遇到出质人是否实际向质权人交付质物而有效设立质权的疑问。结论是，占有改定情形下，质物必须交付并实际转移占有才能有效设定质权。这一结论的例外情况是，在质权转让时，转让人（债权人、原质权人）可以通过占有改定的方式向受让人（新债权人、新质权人）交付质物。例如，出质人甲将质物交付质权人乙，乙将主债权转让给受让人丙，丙同时也受让主债权的从权利质权；此时，乙、丙就质物达成保管协议，乙从质权人对质物的直接和自主占有，变更为基于保管协议受托直接和他主占有质物，丙从对质物的无占有变更为间接和自主占有，丙对质物的质权有效。

【问题15】为什么说出质人不能以占有改定方式向质权人交付质物？

2014年6月至9月，北大荒公司与峰宇公司签订五份《小麦采购储存合同》，北大荒公司委托峰宇公司收购小麦。随后，北大荒公司向峰宇公司拨付了收购小麦资金，峰宇公司为北大荒公司实际收购小麦4万吨，出库小麦1.6万吨，剩余小麦存储在峰宇公司仓库内。2014年11月25日，峰宇公司与孙某某签订质押合同，峰宇公司用仓库内小麦提供质押担保；同日，孙某某、正诚公司、峰宇公司三方签订了《动产质押监管业务合作协议》，正诚公司代孙某某占有质物，场地由峰宇公司免费提供，峰宇公司需协助正诚公司设立明显标志以示孙某某的占有。正诚公司负责质物的进出库操作，质物进出库须由孙某某指定人员在峰宇公司的进出库单上签字后，正诚公司方可进行进出库操作。在质物所有权归属于北大荒公司的情况下，孙某某能否善意取得质权？

最高人民法院在其就本案“孙某某、北大荒粮食集团有限公司济宁分公司与山东峰宇面粉有限公司所有权确认纠纷申诉、申请案”作出的（2017）民再147号民事判决书中认为，“峰宇公司与孙某某之间存在真实合法的借款关系和质押合同关系。根据原审查明事实，涉案小麦系北大荒公司所有，峰宇公司仅是涉案小麦的仓储方，其未经所有权人北大荒公司同意，即将涉案小麦作为其借款质押给孙某某，系无权处分行为。但根据上述善意取得的规定，峰宇公司虽对涉案小麦无权处分，但不必然导致孙某某对涉案小麦不享有质权。涉案小麦的质权是否有效设立，应当根据孙某某是否实际取得涉案小麦的占有以及孙某某取得涉案小麦时是否知道或者应当知道峰宇公司系无权处分人予以认定。一方面，孙某某实际取得了对涉案小麦的占有。根据峰宇公司与孙某某及监管人正诚公司动产质押监管协议约定，涉案小麦虽使用峰宇公司仓库进行存储，存储位置未发生变动，但涉案小麦此时实际由正诚公司根据质权人孙某某的指示予以监管，各方均同意未经孙某某许可，涉案小麦不得进行出入库操作，峰宇公司作为仓储场所的提供者负有保证涉案小麦品质、安全的协助义务，仅是对正诚公司监管的辅助，峰宇公司已丧失了对涉案小麦的控制权”。也就是说，尽管质物仍在无权处分人场地存放，但因为质权人采取特殊措施导致无权处分人失去对质物的控制权，就应当视为质物已经满足善意取得的交付要件。

分析：本案中，北大荒公司与峰宇公司之间系委托关系，峰宇公司在收购小麦后，其是以占有改定形式将小麦交付北大荒公司的，后者借此获得小麦所有权。此时，北大荒公司系小麦所有权人，而峰宇公司系小麦的保管人。如果孙某某与峰宇公司达成质权合同，并以占有改定方式交付质物，在结果上峰宇公司即作为北大荒公司的受托保管人保管小麦，也同时作为质权人孙某某的受托保管人保管质物，此时就会出现北大荒公司对小麦的所有权和孙某某对小麦的质权之间的权利冲突。两者相较，法院只能支持北大荒公司对小麦的所有权，因为孙某某的质权只起到担保作用，其债务尚由债务人承担（如果峰宇公司是第三担保人），而北大荒公司对小麦所有权的损失在这一层法律关系上却是确定性的。所幸，本案中，质物的保管人并非峰宇公司，而是第三方正诚公司，所以峰宇公司向孙某某交付质物的方式是直接交付，而非占有改定，孙某某是可以借此善意取得质权的。注意，本案中，质权合同双方就小麦所做的质权登记，即使是峰宇公司受孙某某委托占有质物，也应当视为以直接交付形式交付质物，因为此时需要保护质权登记的公示公信效力。

4. 质权合同内容的“实践性”

按照理论界的通说，质权合同自合同成立之时起生效，故质权合同属于诺成性合同，而不是实践性合同。如果出质人实际交付的质押财产与质权合同约定的质押财产不一致，且质权人接受并占有该财产，应当视为质权人和出质人对质权合同内容的变更，质物应当以实际交付占有的质物为准。

【问题 16】动产质权合同的实践性如何体现？

自然人甲向乙借款，并与乙约定将自己的摩托车质押给乙作为担保，双方就借款和摩托车质押签订了《借款及担保协议》。后在按约交付质物时，因丙将摩托车借走，甲欲另行将自己的高档音响交付给乙。问，乙是否能够拒绝，并要求甲承担违约责任？

分析：如果将质权合同理解为诺成性合同，成立时即生效，那么甲应当按照生效的质权合同交付约定的质物，未交付的，乙有权拒绝受领，并要求甲承担违约责任。当然，乙有权接受高档音响作为质物，这种情况应当视为甲、乙就质权合同中的质物约定以交付和受领行为加以变更。如果将质权合同理解为实践性合同，那么甲、乙之间的质权合同未生效，以最终甲向乙交付的标的物确定质物。

（二）动产质权的善意取得

一般情况下，质权的有效设立须满足质权合同和质物交付两个要件，这是质权继受取得的法律性质决定的；但是在特殊情况下，质权人还可能通过善意取得的方式原始取得质权，但须满足《物权法》第一百零六条善意取得的要件，即（1）出质人是无权以设立质权方式处分质物的无权处分人；（2）质物已交付；（3）交付质物时，质权人是善意的；（4）主债权有效存续。与出质人有权处分设立质权一样，质权人也不能以占有改定方式善意取得质权，须至质权人实际占有质物时，质权方可善意取得。

【问题 17】在质物共有，且共有人以质押方式无权处分质物的情况下，质权的善意取得如何发生？

自然人甲向乙借款，将自己与丙合买的摩托车质押给不知情的乙，并已实际交付。问，丙是否有权要求乙返还摩托车？

分析：在上述实例中，甲、丙是摩托车的共有人，丙的共有权及于摩托车的全部，其是否有权要求乙返还摩托车应视乙是否有权占有摩托车而定。甲是摩托车的共有人，其就其享有的共有份额为乙设立质权，无须经过丙的同意即为有权处分，但该质权是权利质权（质物为所有权份额），而不是这里所讨论的摩托车动产质权（摩托车的所有权），而且该质权无须交付摩托车。

作为共有人，甲也可以就摩托车设立质权，但这属于共有物的重大修缮和处分事宜，须经持三分之二以上共有份额的共有人同意。甲未经丙同意，不足三分之二以上共有份额，故甲就摩托车设立质权属于无权处分，乙可基于善意而取得摩托车质权。这里的无权处分不应理解为甲有权处分属于自己的那一部分所有权份额，仅仅是无权处分丙的那一部分所有权份额，因为甲无权处分的是摩托车的整体，其整个行为都属于无权处分。所以，在丙以共有人身份要求乙返还摩托车（原物返还请求权）时，乙可以以已经善意取得摩托车质权而进行抗辩。

【问题18】质权人是否能通过指示交付的方式善意取得质权？

自然人甲向乙借款，将自己从丙处租赁而来，但已经借给丁的摩托车质押给不知情的乙，并已书面通知丁实际交付。问，丙是否有权要求乙、丁返还摩托车。

分析：上述实例即是以指示交付方式交付，进而善意取得质权的情形。其中，出质人甲并非有权对摩托车进行质押处分的权利主体，其质押行为属于无权处分，而通知丁即告完成交付，满足善意取得的要件，故丁善意取得质权。应当注意的是，在没有甲善意取得质权的情况下，丙有权要求丁返还摩托车，因为丁是甲对摩托车间接占有的直接占有人，甲、丁之间存在占有媒介关系。但是一旦甲的质权设定通知到达丁，甲、丁之间的占有媒介关系即告切断。此时，只剩下乙、丁之间基于乙的质权而产生的占有媒介关系，即丁代乙直接占有摩托车，故丙无权要求丁返还摩托车。

四、动产质权的效力

动产质权的效力是指动产质权成立、生效后的法律效果，主要包括以下内容：动产质权所担保的债权范围；动产质权的效力所及的标的物的范围；质权人和出质人的权利、义务。

（一）动产质权所担保的债权范围

动产质权所担保的债权范围应当依据质权合同中的约定确定；当事人没有约定，或约定不明且无法通过《合同法》有关合同解释的第六十一条加以确定的，则应当根据《担保法》的规定，质权所担保的债权范围包括主债权、利息、违约金、损害赔偿金、保管质物的费用和实现质权的费用。

（二）动产质权效力所及的标的物范围

1. 动产质权效力及于动产交付时的主物和从物，从物未随主物交付的，从物的质权自从物交付时有效设立。

【问题19】未实际交付的从物是否在质物范围之内？

自然人甲向乙借款，并与乙签订质权合同将自己的一台电视机质押给乙。

在交付质物时，甲未将电视机遥控器一并交付给乙。问，此时，遥控器的质权是否已经有效设立？未有效设立的，乙有权提出哪些请求，为什么？

在上述实例中，因遥控器为独立物，故其质权的有效设立须独立考察。虽然质权合同中约定的质物是电视机，而未提及遥控器，但因为电视机和遥控器之间的主从关系和一般的交易习惯，应当视为双方当事人就遥控器设立质权存在有效约定。但因为遥控器未交付，故遥控器的质权未有效设立。这里，不能将从物视为随主物一并设立了质权，必须遵守一物一权分别设立质权的原则，在结果上根据主从物交付情况分别判断质权是否有效设立。鉴于出质人未依据质权合同交付质物，故乙有权依据质权合同和《合同法》第一百零七条的规定要求甲以继续履行交付电视机遥控器的义务的方式承担违约责任，并且有权依《合同法》第一百零七条的规定向甲要求对因迟延交付而造成的损失进行赔偿。

假设一：如果上述实例中，甲在与乙签订质权合同时，电视机并无遥控器；在签署质权合同后，甲为该电视机购买了一台遥控器，此时该实例的问题应当如何回答？

这个问题实际上需要考察的是质权合同中的质物范围约定是否包含遥控器。如果乙在签订质权合同时知晓电视机无遥控器，那么应当认为质权合同约定的质物范围并不包含遥控器，那么后期甲购买遥控器的，不应认定是应当交付的质押标的物。相反，如果乙在签订质权合同时不知道该电视机没有遥控器（原本或一般情况下是应当有遥控器的），且甲在合同签订后，合同履行（交付质物）前购买遥控器的，我们认为应当保护不知情的乙，认为质物范围包括遥控器，乙有权要求甲交付遥控器作为质物。

假设二：上述实例中，如果甲在交付电视机的同时，将属于邻居丙的遥控器一并交付给乙，应当如何处理？

因甲不具有遥控器的所有权，故其交付行为为无权处分，乙能够基于善意原始取得遥控器的质权（善意取得）。丙可就此产生的损失向甲主张侵权损害赔偿。

2. 在动产质权存续期间，因为质权人直接占有质物，所以质物所产生的孳息物都是由质权人收取。所以，除非当事人另有约定，质物产生的孳息物都应由质权人收取并归入质物范围，但该孳息物应当首先冲抵收取孳息物的费用，然后用于清偿质权所担保的债权。

【问题 20】孳息是否属于质物?

自然人甲向乙借款，并与乙签订质权合同将自己的一头怀孕的母牛质押给乙，质权合同还约定母牛所生的小牛不在质物范围之内。后，母牛生下小牛一头，问乙是否能就小牛行使质权？

分析：在孳息是否属于质物问题上，原则上是归入质物范围内，例外情况是当事人另有约定。在上述实例中，双方当事人就小牛不属于质物有明确的约定，故应当依据当事人的约定认定小牛不在质物的范围之内，甲有权要求乙返还小牛。

3. 在动产质权存续期间，因动产质物灭失而产生赔偿金、补偿金和保险金等代位物的，质权人有权就该代位物优先受偿。

（三）出质人的权利、义务

相对于所承担按照质权合同交付质物设立质权，以及在质权存续和实现时不侵犯质权的消极义务，出质人享有以下权利。

1. 就质物作出负担行为

出质人在质权设立后，并没有失去质物的所有权，其仍然有权利就质物作出负担行为，如与质权人之外的主体就质物签订买卖合同。需要注意的是，因为质物在质押期间始终由质权人占有，故法律没有如抵押权那样给出“出质人转让质物须经过质权人同意”的规定。因为即使其与第三人就动产质物签订买卖合同，不经质权人同意，也无法实际交付质物完成质物所有权转让的物权变动。

【问题 21】出质人是否能够将已经质押的质物让与第三人？

自然人甲向乙借款，与乙签订质权合同将自己的一台电视机质押给乙，并已实际交付。后，甲与丙签订买卖合同，将该电视转让给丙。问，甲与丙签订买卖合同的行为是否违反法律的规定？

分析：在上述实例中，虽然甲与丙签订买卖合同，但该行为仅仅是负担行为，而非处分行为，其并未就质物电视机进行处分从而侵害乙对质物的质权，所以买卖合同并未违反法律，合同有效。在这个问题上，应当坚持物权法的区分原则。对于上述实例，丙可以以甲未告知与订立合同内有重大关系的事项，而以欺诈为由要求人民法院撤销买卖合同，并要求甲就其信赖利益损失进行赔偿。如果丙知晓质物已经质押，其只能在买卖合同期限届满之时，要求甲交付质物，甲未能清偿债务取回质物进而交付质物的，丙可以根据《合同法》第九十四条解除合同。当然，此时应当看与买卖合同有关标的物交付的有关条款，以此确定因质押而不能交付质物的风险负担约定。

假设：借款合同期限届满，甲无力清偿，乙行使质权，该电视机被依法拍卖给丁。问，电视机的所有权归属如何？

因为甲始终未向丙交付电视机，故甲、丙之间并未发生物权变动，所以丙没有取得电视机所有权。又因为该电视机为特定物，且丁已因买卖合同和质物交付取得电视机所有权。故，丙根据《合同法》第一百一十条无权要求甲以继续履行交付电视机义务的方式承担违约责任，只能根据《合同法》第一百零七条要求甲以赔偿损失替代履行的方式向其承担违约责任。

2. 有条件的返还质物请求权

在质权存续期间，出质人无权要求质权人返还质物。但在质权人不能妥善保管质物有致使质物毁损、灭失的可能时，出质人有权请求质权人将质物提存，以避免对质物造成损害；或者要求以其他质物或担保提单现有的质权担保；或者请求提前清偿债务，从而在消灭债权后要求质权人返还质物。

3. 质物毁损、灭失的赔偿请求权

质权是担保物权，不是用益物权，故质权人无权在没有约定的情况下使用质物。对质权人擅自使用或处分质押财产，或因保管不善，从而导致质押财产毁损、灭失的，出质人有权要求质权人承担赔偿责任。这种损害赔偿责任在性质上属于违约或侵权损害赔偿责任。实际上，上述第 2 项返还质物请求权在实践中很难起到规范的预期效果；与此相对，第 3 项的要求质权人就质物毁损、灭失赔偿的权利，从结果出发具备对质权人使用质物、对质物保管不善而产生的纠纷进行处理的可操作性。

【问题 22】质权人未妥善保管质物时，出质人有什么权利？

自然人甲向乙借款，将自己的摩托车质押给乙，且已实际交付。在质权人乙占有摩托车期间，乙未经甲同意擅自使用摩托车很长时间，并在驾车外出时不慎将车撞在树上导致摩托车彻底损毁。问此时，甲可以向乙提出什么样的请求？

分析：乙虽然是质权人，但其并无使用质物的权利，故甲有权请求乙就其使用摩托车而返还不当得利，在上述实例中是占有使用费（按照租金据实计算）。另，乙在使用过程中导致车辆损毁，乙应当就此向甲承担违约责任或侵权责任。

请思考：在乙驾驶摩托车外出时，与丙的汽车碰撞，导致发生交通事故。交警部门认定丙对该起事故承担全部责任，乙不承担任何责任。问，甲是否能够要求乙就摩托车的毁损与丙一起承担赔偿责任？

在当事人无另行约定的情况下，乙不得违反不得使用质物的质权人法定义务。所以，我们认为，甲可以根据质权合同要求乙承担违约责任，在乙承担赔偿责任后，有权向丙进行追偿。如果乙被认定须承担交通事故的事故责任，其行为则可以另行按照一般的共同侵权承担连带责任。但较为棘手的问题是，承担违约责任的乙以及侵权责任的丙在司法实践中，是不是可以同时作为被告一案审理，在诉讼法理论中需要进一步讨论。

4. 请求质权人及时行使质权的权利

主债权届满之后，存在债权人既不行使主债权，也不行使质权的怠于行使权利的可能情况，对出质人而言，可能导致以下不利情形：

第一，质权人占有但不行使质权，可能会使债务人以外的出质人承担不必要的质物价值因自然损耗而下降，或质物的意外灭失而造成的损失，因为出质人向债务人进行追偿最终是以质物拍卖所得价款为准；

第二，质权人不行使主债权和质权，可能会因主债权利息增加而导致质押所担保的债权增加，尽管出质人可以向债务人追偿，但这也会增加债务人不能清偿的风险；

第三，质权人不行使主债权和质权，可能会使出质人无法在债务人资信状况良好的情况下及时行使出质人的追偿权，从而最大限度地维护出质人的合法权益。

上述三种可能情形再结合出质人在质押期间不能通过使用质物实现质物的使用价值的情形，则可能出现债权人不行使质权而给出质人造成不利益的情形，所以在主债权到期后，出质人有权要求质权人行使质权。

【问题 23】债务到期，质权人不行使债权和质权，出质人应有哪些权利？

自然人甲向乙借款，丙将自己的摩托车质押给乙用以担保其对甲的借款债权，且已实际交付。借款合同到期，甲无力还本付息，但乙并没有行使债权或对丙的摩托车的质权。问，丙是否有权要求乙行使质权？乙不行使，丙有哪些权利？

分析：在上述实例中，质押人丙在质权人乙不行使质权的情况下，有权要求乙行使并实现质权；如果乙不行使，丙有权要求法院拍卖、变卖质押财产，并将拍卖所得在担保范围内进行司法提存。之后，丙有权就司法提存的数额向债务人甲进行追偿。应当注意的是，丙的权利在客观上干涉了主债权人乙行使主债权的自由，究其原因，是因为质权人（债权人）不行使质权的行为在客观上影响到了出质人的民事权益，所以其行使主债权和质权的自由应当受到限制。

请思考：为什么法律在抵押权处没有此项规定？

分析：之所以抵押权部分在理论和立法上均无抵押人要求抵押权人行使抵押权的请求权，根本原因在于，抵押物一般情况下是不动产，由抵押人继续占有使用，抵押人一方面可以通过使用抵押物获得持续性收益，而且不动产抵押物为不可消耗物，价值变化不大；另一方面因为我国经济正处在上升通道之内，不动产价值的增幅超过债务利息的积累增幅，所以实践中抵押人并无要求抵押权人行使抵押权的必要。但我们认为，抵押物在客观上存在价值下降的可能性，所以应当在立法上给予抵押人要求抵押权人及时行使债权的权利。

（四）质权人的权利、义务

1. 占有质物的权利

质权是一种物权，质权人在债务到期前，支配质物交换价值的方式就是占有质物；所以，在质押期间，质权人有权占有质物，出质人不得要求质权人返还质物。质权人既可以自己占有质物，也可以与第三人建立占有媒介关系间接占有质物。在享有占有质物权利的同时，质权人也负有在质押期间妥善保管质物、在质权所担保债务清偿后返还质物的义务。

【问题 24】质权人间接占有质物的情况下，如何在质权随债权转让的情况下向受让人交付质物？

为担保对甲的借款，乙将存储于丙处的一批钢材为甲设立质权，甲、乙、丙签订《质押及监管协议》，仓储人丙依据该协议向质权人甲出具了《质物清单》。后，甲将其对乙的债权转让给丁，并向丁交付《质物清单》，但未通知丙，其间出质钢材始终存放于丙之仓库。问，此时，丁是否对该批钢材享有质权？

分析：上述实例涉及三个问题：（1）乙是否能够以签署监管协议的方式为甲设定质权；（2）甲是否能够以交付《质物清单》的方式，向丁交付质物；（3）未通知丙，是否影响丁成为质权人。

根据《担保法》第八十八条的规定，出质人以间接占有的财产出质的，质权合同自书面通知送达占有人时视为移交，这即是所谓的以指示交付形式设立质权。实践中，质权人往往与直接占有人（即丙）签署有相应的协议，以让直接占有人负有合同义务的方式增加对其所获得质权的保障。至此，尽管质物还是由出质人原先委托的仓储人丙直接占有，但因为出质人已经无法有效支配质物，其与仓储人丙就质物的占有媒介关系已经为质权关系所切断，故指示交付形式可以设立质权。

甲将债权转让给丁，质权作为从权利将一并转让给丁，故除非当事人对质权是否转让另有约定，否则无论是否交付《质物清单》，质权都一并转让；未通知丁的，亦同。之所以如此，是因为出质人与仓储人之间有关质物的占有媒介关系没有得到恢复，出质人无权直接处分质物。如果仓储人接受出质人的指令，将仓储之质物提取并交付给第三人，从而使第三人善意取得质物所有权的，那么仓储人或根据《质押及监管协议》应当承担违约责任，或在没有监管协议的情况下应当承担侵权责任。

2. 收取孳息的权利

在质押期间，除非当事人另有约定，否则质权人有权收取并将质物的孳息归入质押标的物范围的权利。但应当注意的是，质权人收取孳息并不意味着其会获得孳息的所有权，其因为法律规定直接获得孳息的质权，孳息获得的价值应当首先冲抵收取孳息的费用，然后用于清偿质权所担保的债权。

【问题 25】质权存续期间，孳息应当如何处理？

为担保对甲的借款，乙将自己出租给丙的摩托车质押给甲，并将质押通知送达承租人丙。问，丙应当将租金交付给甲还是乙？

分析：根据质物孳息的处理规则，一般情况下孳息应当归入质物范围之内，除非当事人另有约定。这里，有疑问的是，承租人丙接到质押通知后，应当如何交付租金。也即，在指示交付质物的情况下，质权人收取孳息的过程如何？要处理这一问题，应当看到承租人为质权合同外的第三人，并不会因质权合同导致其法律地位下降。所以，在随质押通知一起送达的还有转交租金的指令的情况下，如果不会增加承租人履约费用，那么其应当将租金交付给质权人；如果承租人不将租金交付给质权人，质权人并无对承租人的权利，而只能要求出质人（出租人）转交租金，因为质权人将租金作为动产质物的孳息进行收取，在本质上还是来自质权合同的相对性权利，并无向第三人行使的法律效力。

3. 保全质物的权利

质物的价值对质权人来讲至关重要，在动产质押期间，质物可能会出现毁损或价值减少的情形，可能会导致无法有效对债权进行担保。对此，质权人有权要求出质人另行提供担保物，出质人不提供的，质权人有权拍卖或变卖质物，并提前清偿债务或提存。这里需要注意的是，如果是第三人质押担保，是否提前清偿债务在有明确债务履行期限的情况下须经债务人同意，否则质权人和出质人只能提存质物价款。

【问题 26】质物出现毁损或价值减少的情形时，质权人如何保全质物？

红星贸易公司与蓝星贸易公司签订采购合同，将自己的一批钢材质押给蓝星贸易公司作为支付价款义务的担保。时值国内钢材市场不景气，钢材价格大幅度下降，导致质押钢材市场价值大幅低于质押担保的价款债权，而且钢材价格有继续下跌的趋势。问，蓝星贸易公司是否有权要求保全质物？

分析：在上述实例中，质物钢材价值下降，蓝星公司有权要求红星公司另行提供担保，红星公司不提供的，蓝星公司有权拍卖、变卖钢材，并与红星公司协商提前清偿，或径行提存。事实上，因为质物的价值毁损是客观情况，比较容易加以确定；但对未来质物价值的下降预期则是主观判断，很难进行公正的确定。实践中，就质物价值是否应当予以保全而产生纠纷的，人民法院一般会依据当事人在合同中有关质物保全的约定作出裁判。例如，当事人约定钢材价值下降百分之二十的，质权人有权请求人民法院拍卖钢材。但是当事人之间没有约定的，人民法院则很难在债务期限届满前裁判拍卖质物，一般均是要求当事人对是否拍卖以保全质物价值达成一致意见。所以，质权人在订立质权合同时应当注意尽可能细化质权存续期间，关于对质物价值进行保全的具体条件进行约定。

4. 处分质权的权利

质权是质权人拥有的一项民事权利，故质权人有权自由地处分该权利，包括：（1）放弃质物就部分债权进行担保的质权（缩小质权担保的债权范围）；（2）放弃收取孳息的权利而返还质物之孳息；（3）表示放弃质权并返还质物；（4）通过转让主债权的方式一并转让质权。上述处分行为原则上以通知方式作出，但是放弃质权原则上还须和设立质权一样以返还质物的方式完成。

【问题 27】质权人仅做声明放弃质权，而不返还质物，是否意味着其失去质权？

自然人甲向乙借款，丙将自己的摩托车质押给乙用以担保其对甲的借款债权，且已实际交付。后，乙明确向丙表示放弃摩托车的质权，但乙一直未实际向丙返还质物，也未与丙建立诸如借用等占有媒介关系。借款合同到期，债务人甲无力还本付息。问，乙是否有权就丙的摩托车行使并实现质权？

分析：在上述实例中，问题的核心是，质权是否因质权人乙向丙作出放弃质权的表示而消灭。我们认为应当比照抛弃所有权的方式，即放弃质权的行为和抛弃动产所有权一样是实践性法律行为，即只有完成返还质物的行为才意味着质权被放弃，故乙有权就丙的摩托车行使并实现质权。

5. 转质

转质是指质权人为了担保自己或他人的债务的履行，将质物的占有转移给自己或他人的债权人以设定新的质权的行为，新设立的质权被称为“转质权”。

【问题 28】在质权人转质的情况下，质押、转质中的各方当事人之间的关系如何？

自然人甲向乙借款一万元，丙将自己的摩托车质押给乙用以担保其对甲的借款债权。质押期间，经出质人丙同意，为担保自己对自然人丁的借款债务一万两千元，乙将摩托车质押给丁，并已实际交付。

以本实例为例，对转质在实践中存在的以下问题进行讨论：

问题一：丁的质权对所有权人的法律效力如何？

在上述实例中，假定：（1）丁已经取得质权；（2）两笔借款到期；（3）甲清偿了对乙的债务；（4）乙未清偿对丁的债务。结果：丙无权从丁处索回摩托车。可见，丁所享有的质权在客观上对出质人丙对质物的所有权具有约束效力。所以，在传统民法中，尽管在表面上再次设定质权，是质权人支配质物交换价值的表现，但质权人转质还是应当经过出质人同意。否则，如果未经出质人同意，但还要在法律上得出丁的质权对丙有上述限制结果，丁获得质权的方式只可能是以善意取得的方式。从转质须经出质人同意这一点来看，转质至少不能被完全看作质权人的一项民事权利，或其质权的一项权能。

问题二：乙所享有的质权和丁所享有的质权之间的关系如何？

在效力上，转质权人丁的质权相对于乙的质权享有优先效力。对于乙而言，质物无论担保自己对甲的债权，还是担保自己对丁的债务，都是对质物交换价值的使用。除非其与出质人丙另有约定，否则这种对质物交换价值的使用只能是单次的。又因为乙为丁设立的质权不能大于乙本身享有的质权，故丁经转质获得的质权所担保的债权范围不能超过一万元。例如，实例中的借款均到期，债务人均无力清偿，摩托车经拍卖获得价款三万元，其中一万元交与丁，剩下的两万元应当返还给出质人丙。

上述结论并不唯一，将因转质权人丁的情况而有所不同：（1）如果丁不知晓丙出质给乙，那么丁将善意取得担保债权数额为一万两千元的质权。所以，摩托车的三万元价款，其中一万两千元交与丁，剩下的一万八千元应当返还给出质人丙。对于超出乙质权的部分，即两千元部分，由丙以不当得利或者侵权责任为由要求乙返还或承担。(2)如果转质权人丁知晓乙就质物享有相对于丙的质权，那么：第一，丁不能善意取得质权；第二，如果丁定要取得质权，必须经过丙的同意，这就是承诺转质，质权担保的债权范围和存续期间不得超过丙为乙所设立的质权；超过部分，丁不得享有优先受偿权，即摩托车经拍卖获得价款三万元，其中一万元交与丁，剩下的两万元应当返还给出质人丙。

综上，在转质权人知情的情况下（即无法善意取得质权），让其有获得质权的可能性，即是转质概念、理论及其法律规定的意义。

问题三：转质情况下，出质人的"同意"是否能够超出原质权担保的债权范围？

转质情况下，出质人的"同意"如果超出原质权担保的债权范围，那么超出部分应当视为出质人对质物的处分，而不是质权人，因为质权人对超出部分并不享有价值支配权。例如，上述实例中，如果丙"同意"质权人乙将质物质押给丁，用以担保乙对丁的一万两千元债务；那么，在理论上丁的质权就应当视为乙（一万元部分）和丙对乙授权（两千元部分）进行质押的结果，丙应当受其同意的意思表示的约束。所以，在结果上，摩托车的三万元价款，其中一万两千元交与丁，剩下的一万八千元应当返还给出质人丙。

问题四：在问题三中，丙就质物价值损失一万两千元可以向谁主张追偿？

丙在质物价值上一万两千元所遭受损失的结果，一方面是转质权人丁就质物实现质权的结果，另一方面也是质权人乙就质物交换价值实现对甲的债权的结果。借此，债务人甲的债权得以清偿，乙无权再行要求甲清偿债务，丙就一万元有权向甲进行追偿；如果甲另行向乙清偿一万元债务，那么丙有权向乙要求返还不当得利。同时，就超出的两千元部分，丙也有权向乙追偿。

问题五：转质能够担保质权人之外的第三人的债务吗？

上述实例中，转质所担保的是质权人乙自己的债务。那么，转质是否能够担保质权人以外的第三人的债务，即乙将摩托车占有转移给丁，用于担保第三人戊对丁一万两千元的债务？我们认为，这种情况不存在理论障碍，只是在处理结果上较为复杂而已。如果转质权人戊就质押摩托车实现一万两千元的债权，在结果上：(1)乙有权向丁追偿一万两千元，因为乙是出质人，丙的同意使得乙有权以设定质权的方式处置质物；(2)乙无权再行要求甲清偿债务；(3)丙就一万元有权向甲进行追偿；(4)丙就超出的两千元部分有权向乙追偿。

问题五中分析得出的结论与《担保法司法解释》第九十四条所指的转质应当均系担保质权人自身的债务的规定不相符，请参阅制度部分对该条款的分析。

6. 优先受偿的权利

优先受偿权是指，质权人就质物变价所得的价款优先受偿的权利，是质权的基本效力，也是质权发挥担保物权功能的基本方式。这里需要特别注意的是，优先受偿仅限于质物变价所得价款，而不能就出质人的其他财产行使优先受偿权；从这个角度出发，质押对于提供担保的第三人而言实际上是一种有限责任。

【问题 29】质物意外灭失，质权人是否能要求出质人承担担保责任?

自然人甲向乙借款一万元，丙将自己的摩托车交付给乙提供质押担保。质权存续期间，当地发生地震，导致存放于乙处的摩托车毁损，且没有摩托车财产保险的保险金作为替代物。问，乙是否能够要求丙另行提供担保物？债务到期，债务人未履行还本付息义务，问乙是否能要求丙代甲清偿债务？

分析：乙是质权人，在当事人没有另行约定的情况下，乙作为质权人也应当承担质物意外灭失的风险，故乙不能要求丙另行提供担保物。当然，如果当事人在质权合同中约定质物意外灭失的，出质人应当另行提供质物，这样质权人就通过约定将质物意外灭失的风险几乎完全让出质人承担了。

债务到期，债务人未履行还本付息义务，乙无权要求丙代为清偿，因为丙是用摩托车这一特定财产提供担保的有限责任，而不是用其一般责任全部财产。所以，质物意外灭失的，乙无权要求丙代甲清偿债务。当然，当事人可以在质权中约定质物意外灭失的，出质人与债务人一起承担还本付息义务；不过，这实际上是一个附条件的保证合同条款，出质人因为该条款承担的是保证责任，而不是质押担保责任。

（五）质物监管人的责任

动产质物，在普通民事债权债务关系中，一般是由债权人占有质物并承担妥善保管等义务；但在商事交往过程中，因为质物数量巨大，债权人亦非专业的质物保管机关，尤其是银行等金融机构债权人，导致质物往往是由专业的质物监管人进行占有和保管。我们根据司法判例，在这里就质物监管人的责任加以专门讨论。

1. 质物监管人在借款担保纠纷中的诉讼主体资格

在债务担保纠纷中，当事人之间往往有债权债务合同、质权合同，而质物监管人参与签订的一般只有质物监管合同，其并非主债权合同和质权合同的当事人。所以，在司法实践中，质物监管人往往会就其并非债权关系和质权关系当事人提出被告主体资格和管辖权异议。

对此，最高人民法院在其就“中铁现代物流科技股份有限公司大连分公司、大连银行股份有限公司金融借款合同纠纷二审管辖权异议纠纷案”作出的（2017）最高法民辖终356号民事裁定书中认为，“关于中铁物流大连分公司认为本案为借款合同法律关系，其与大连银行之间的委托法律关系不应在一案中受理的问题。民事诉讼法第五十二条第一款规定：‘当事人一方或者双方为二人以上，其诉讼标的是共同的，或者诉讼标的是同一种类、人民法院认为可以合并审理并经当事人同意的，为共同诉讼。’本案中，案涉《动产监管协议》是由大连银行、库伦旗佐源公司、中铁物流大连分公司三方签订，该协议明确载明了合同目的是‘为保障大连银行与库伦旗佐源公司签署的《综合授信协议》及相关担保合同的履行’，并约定了质押权人、质押人、监管人三方在提供动产质押、保管、监督等方面的权利和义务。而且，案涉《动产监管协议》还约定‘中铁物流大连分公司签发的《监管物清单》构成大连银行与库伦旗佐源公司签订的质押担保合同项下的质物清单’，故该《动产监管协议》的履行直接关系到债权人享有质押权的实现。本院认为，《动产监管协议》的签订目的是保证案涉《最高额质押合同》的履行，以实现债权人大连银行的质权。虽然中铁物流大连分公司的诉请所依据的《动产监管协议》与《综合授信协议》分属不同的法律关系，但是《综合授信协议》与《最高额质押合同》在法律关系上存在主从关系，而《动产监管协议》与《最高额质押合同》亦在法律关系上存在紧密的牵连性。一审法院将案涉三个合同引起的纠纷合并审理并无不当，本院予以维持”。

另外，最高人民法院在其就“湖南全洲医药消费品供应链有限公司、中国工商银行股份有限公司湘潭湘江支行与湖南全洲医药消费品供应链有限公司、中国工商银行股份有限公司湘潭湘江支行等金融借款合同纠纷申请再审”作出的（2015）民申字第1816号民事裁定书中对质物监管人是否为债权人和债务人之间的借款担保纠纷的适格被告的问题作出认定，“本案全洲医药公司与工行湘江支行、港鑫公司签订的《商品融资质押监管协议》系为履行工行湘江支行、港鑫公司《商品融资合同》《质押合同》关于质押担保的约定而签订。全洲医药公司作为质物监管人，其是否正确履行监管义务，是否应予承担赔偿责任以及赔偿责任的范围，与工行湘江支行的债权能否实现具有直接关联。本案基于工行湘江支行的起诉主张，将本案主债权所涉《商品融资合同》《质押合同》《商品融资质押监管协议》《保证合同》等合并审理，有利于全面查明事实，一揽子解决纠纷，节约司法资源，且并未损害全洲医药公司的合法权益，并未影响本案正确裁判。本案判决引用《最高人民法院关于印发修改后的〈民事案件案由规定〉的通知》（法［2011］42号）相关内容，不构成适用法律错误，全洲医药公司关于其并非本案适格被告，本案判决适用法律错误的申请再审理由不能成立，本院不予采纳”。

结合最高人民法院两个司法判例可以看出，最高人民法院之所以认为应当将主债权协议、质权合同以及质物监管协议各方当事人，包括质物监管人放在一个诉讼程序中进行审理，主要理由有二：第一，三个协议存在紧密联系，质物监管协议的履行直接关系到质权人的质权是否有效设定和质权的实现，也关系到债权的实现；第二，将三个协议放在一个诉讼程序中，有利于全面查明案件事实，节约司法资源，也并未影响质物监管人的合法权益。我们认为，将质物监管人是否全面履行质物监管协议的问题，放在债务担保纠纷中一并审理，除了最高人民法院在上述判决中所述的理由之外，还有两个好处：第一，司法实践中，会就质物监管人的责任范围和责任承担方式作出判决，而这两个方面的问题均有待于人民法院对主债权合同和质权合同的审理结果。放在一个程序中，有利于质物监管人以正当程序就其应当承担的责任范围和责任承担方式进行救济。第二，在人民法院就质物监管人应当承担的责任范围和责任承担方式作出判决后，因为质物监管人所承担的责任本质上是对债务人所负债务的清偿责任，故人民法院可以在一个判决中对质物监管人对债务人的追偿权作出认定和判决。

司法实践中，地方法院还有对质物监管人的被告主体资格不予认可的情况，主要理由见下述司法判例。上海一中院在其就“中国民生银行股份有限公司上海分行诉上海鼎企商贸有限公司等金融借款合同纠纷一案”作出的（2014）沪一中民六（商）终字第185号二审民事判决书中认为，“上诉人与被上诉人鼎企公司签订的借款合同系借款法律关系，而上诉人与被上诉人中远公司签订的《动产质押监管协议》系委托法律关系，并非同一个法律关系，且上诉人诉请要求被上诉人中远公司承担责任的具体金额是依据被上诉人鼎企公司在本案金融借款合同执行终结后未支付的金额，该数额未能明确。因此，对于上诉人的该项诉讼请求，本院无法予以处理，上诉人可以在本案处理完毕后，就被上诉人中远公司的违约责任另行起诉”。亦即是说，人民法院即使不将借款担保关系和委托监管关系并案审理，也在判决中确认了两者之间的关系。

2. 专业的质物监管人介入债权及担保关系的方式和其应当承担的责任

质物监管人介入动产质押关系存在两种情形：第一，出质人本身即与监管人存在保管、仓储等占有媒介关系，后出质人、监管人、质权人达成监管协议，由监管人履行质物监管义务。第二，出质人与监管人就质物并无占有媒介关系。在设立质权时，出质人、监管人、质权人达成监管协议，出质人将质物交付质权人，由质权人在接受质物后交付监管人履行监管义务；或由出质人根据监管协议直接将质物交付监管人，由监管人履行监管义务。在上述两种情形下，监管人应当承担法律责任的情形主要出现在质权设立和质物保管两个环节之上，我们分别以以下两个司法判例加以说明。

【问题 30】质物自始不存在，质权未有效设立，质物监管人应如何承担法律责任？

俸旗公司与谷物公司存在债权债务关系，为担保债权实现，两者签署的《最高额动产质押合同》约定，大连谷物公司以其自有的玉米对上述借款本息提供质押担保，最高额担保金额为人民币 3 亿元。质押物为 145400 吨玉米，暂作价 3 亿元。同日，俸旗公司与谷物公司、储运公司签署《动产质押监管协议》，而储运公司于同日出具《收到质物通知书》，自此其作为质物监管人履行质物监管义务。事后，查明质物自始不存在，谷物公司亦不能履行债务，俸旗公司与谷物公司、储运公司遂产生纠纷诉至法院。纠纷审理过程中的一个核心焦点是，作为质物监管人的储运公司应承担何种法律责任？

最高人民法院在其就本案“大连俸旗投资管理有限公司与中国外运辽宁储运公司、大连港湾谷物有限公司企业借贷纠纷”作出的（2016）最高法民终 650 号二审民事判决书中，查明或认为：（1）质物不存在，质权即未有效设立。（2）储运公司于签订《动产质押监管协议》的同日开具《收到质物通知书》，鉴于质物玉米数量巨大，显然没有盘点、核对质物数量违反了监管协议中对入库过程进行监督的义务，而且储运公司监管员也承认其在明知无质物的情况下编造监管日志和明细分类账目。所以，储运公司应当承担质权未有效设立的法律责任，该责任被最高人民法院认定为以不超过 30% 为宜。（3）关于储运公司的责任性质和方式，最高人民法院认为储运公司违反合同义务，应承担违约责任。关于承担责任的方式，最高人民法院认为，“在债权债务及担保法律关系中，债务人是终局性义务人，担保人在替代债务人清偿债权后可以向债务人追偿，属于从义务人，二者依法或依约定而产生，都是债权人的直接义务人。相对于债务人与担保人而言，担保物监管人仅是帮助债权人实现债权的辅助人，而不是债权实现的直接义务人，其责任虽具有一定的独立性，但除因自身原因造成监管担保物灭失外，其责任需依附于债务人与担保人的直接责任，如果直接责任因清偿而消灭，由于债权人因获得清偿而不存在损失，则其监管责任也相应消灭。所以其只可能是前述直接义务人后的辅助性补充性义务人。实践中，在以下两种情况中更应如此。一是债权产生在先并已陷入不能清偿风险。由于这种情况中债权不能清偿风险已在先产生，而担保物监管在后出现，债权并不是因信任担保权的保障及担保物监管人的监管而产生，债权不能实现的首要原因是债务人不能清偿债权，与担保物监管人的后续进入并不存在直接因果关系。二是债权人、担保人对质权不能设立存在过错且过错在先。由于这种情况中债权不能实现的首要原因除债务人不能清偿债权外，主要是债权人、担保人的在先过错导致质权没有设立，所以担保物监管人的后续进入对质权实质上已无法设立并不能产生根本性影响。上述两种情况中，担保物监管人的责任都只应是辅助性的补充性的”。所以，“储运公司的责任应当排位在债务人谷物公司及相关担保人的直接责任之后，责任方式应认定为补充赔偿责任。俸旗公司债权损失的具体数额在人民法院强制执行债务人大连谷物公司及其他担保人之后方可确定，储运公司应对人民法院对谷物公司及其他担保人强制执行并穷尽一切执行措施后仍不能清偿部分，承担补充赔偿责任”。

分析：我们认为，在监管质物自始不存在导致质权自始即未有效设立的情形下，质物监管人的责任应当从责任大小和责任方式两个方面加以确定。关于损失赔偿责任大小：第一，质物监管人并非独立的第三方，其法律责任应当建立在质权人、出质人责任二分的基础之上，质权是否有效设立的风险始终是由质权人和出质人承担，不能因存在质物监管人而由其分担部分责任，质物监管人所承担的是监管协议的违约责任，承担责任的法律依据是《合同法》第一百零七条；第二，在不考虑质权人作为质物监管委托人的过错的情况下，质物监管人对质权未有效设立的法律后果所承担的责任，与担保人依据《担保法司法解释》第八十六条之规定，即“债务人或者第三人未按质押合同约定的时间移交质物的，因此给质权人造成损失的，出质人应当根据其过错承担赔偿责任”所承担的责任在责任大小上存在一致性；第三，无论质物监管人系收到质物和监管质物的监管，还是原本即占有质物而监管质物的监管，前者质物监管人向质权人承担“代收”质物义务，后者质物监管人仅仅是向质权人“确认”质物的存在，质物监管人出具的收到或确认质物的函件实际上是对质权有效设立的一种担保，单看其与质权人之间的委托监管关系，质物监管人应当根据《合同法》第一百零七条承担合同的全部责任。

综上，除非质物监管人能够证明质权人明确知晓质物不足，从而让质权人自行承担质物不足的风险和损失，也即认定质权人对质物监管人的监管委托实际上即是就不足的质物进行监管，在质权人和出质人之间则按照质权的质物交付实践性判断质物的数量，即质物监管协议监管的质物数量和质权合同中的质物数量均按照实际交付的质物数量加以认定，这一点可以从保管合同和质权合同均存在实践性的共同特质中寻找理论依据；否则，其应当就质物不足部分与出质人一起承担赔偿责任。本案中，单因质物数量庞大，验收质物时间较短推定质权人知晓质物不足，从而减免质物监管人的责任至百分之三十，我们认为理由并不充分，因为质物监管人并未在质押期间向质权人给予质物不足的提示。商事交往中，提供质物监管服务的往往是专业的仓储商事主体，只有让其严格地依据《合同法》第一百零七条承担合同责任，才能够真正规范其商事仓储行为，达到商事交易安全、便捷、高效的规范目的。其间，真正能够减免质物监管人责任的事由是质权人知晓质物不存在或不足，借此确认质物监管人受托监管的质物数量。

关于责任承担方式是连带责任还是违约责任的问题，我们赞同最高人民法院判令储运公司承担补充责任的判决内容，原因是：认定质物监管人责任承担方式的核心在于监管人出具收到质物的证明文件对债权关系成立的影响。本案中，大部分债权形成于质押担保之前，债权人并非基于对质押担保信任而与债务人形成债权债务关系。也即是说，质押担保之前，债权清偿的风险即已存在，质押担保仅仅是将债权实现风险的暴露时间向后推移，而债权实现风险向后推移的结果与储运公司承担补充责任是相互匹配的。换句话说，根据最高人民法院的观点，如果本案中债权债务关系和担保关系同时成立，债权人系基于对储运公司出具的收到质物的函件的信任而与债务人达成债权债务关系，那么储运公司则应当承担连带责任，而非补充赔偿责任。

关于最高人民法院就本案作出的判决，可比较的判决是最高人民法院就“广发银行股份有限公司哈尔滨长江路支行与中国物流有限公司、哈尔滨商德实业有限公司等金融借款合同纠纷”作出的（2016）最高法民终266号二审民事判决。该判决中，质物监管人承担的也是百分之三十的赔偿责任，可见此项是最高人民法院就此类案件作出判决的一般规则。但我们认为，这一判决内容最大的问题在于混淆了质物监管人承担的违约责任和担保人因担保未有效设立承担的责任。

【问题31】质物保管不当，致使质权无法实现，质物监管人应如何承担法律责任？

重庆银行西安分行与国盛公司于2014年5月28日签订《（最高额）授信业务总合同》《（最高额）授信业务项下流动资金贷款合同》《重庆银行最高额质押合同》，约定国盛公司自愿将其享有合法处分权的财产为案涉债权设立质押担保。同日，重庆银行西安分行、国盛公司、中外运西北分公司（经中外运空运发展股份有限公司合法授权）三方签订《质物监管协议》，质物3780元／吨大豆的质权有效设立。2014年12月27日，质物监管人中外运西北分公司向重庆银行西安分行发来《告知函》一份，告知质物已为不法人员哄抢。就此，各方产生民事纠纷，诉至法院。

最高人民法院在其就本案“重庆银行股份有限公司西安分行、中外运空运发展股份有限公司金融借款合同纠纷再审案”作出的（2017）最高法民再112号民事判决书中，查明或认为：“《质物监管协议》第3款约定，中外运西北分公司因违反约定或储存、监管不力造成重庆银行西安分行质权落空或质物数量不足的，承担相应的赔偿责任。……中外运西北分公司就案涉质物除履行一般监管职责外，还负有谨慎、妥善管理，并确保质物安全、完好的保管义务。中外运西北分公司主张案涉质物系被哄抢丢失，但除其报警记录、货物丢失后的照片等证据外，并未提交被哄抢时的影像记录、照片资料等证据佐证，也未进一步提交公安机关已就此立案侦查的相关依据，在此情况下，重庆银行西安分行根据以上约定向中外运西北分公司主张违约损害赔偿，具有事实和法律依据。”最终，最高人民法院判令“中外运空运发展股份有限公司、中外运空运发展股份有限公司西北分公司在775.0852万元范围内对履行不能部分承担赔偿责任”。

分析：本案的核心是认定质物监管人监管不利导致质物毁损的赔偿责任范围大小和责任方式。我们认为，质物监管协议的核心在于将原本应当由质权人承担的质物保管义务和风险转移至质物监管人。所以，质物监管人监管不利所造成的损失即应当由质物监管人承担，责任大小即应当为债务人不能够清偿的部分。另外，我们进一步认为，即使中外运西北公司提交了哄抢的影像记录、照片等证据，其也应当承担赔偿责任，因为其承担责任的核心原因是质物盗抢风险的转移，而该事项不能认定为不可抗力导致其不承担合同责任。得出这一结论的核心原因在于：第一，在合同法律制度上，质物监管人存在在合同中排除盗抢风险的可能性；第二，在保险制度上，质物监管人存在要求质权人、出质人办理质物盗抢保险的可能性。

五、动产质权的实现

动产质权的实现，是指质权人在债权履行期限届满而未获清偿时，对质物进行变价，且就变价优先受偿其债权的过程。根据我国《物权法》《担保法》的规定，实现质权的方式包括拍卖、折价、变价。如果所得价款高于质权人所担保的债权额，质权人须将余额返还出质人；所得价款低于质权所担保的债权额的，其差额部分的债权为无担保债权，质权人只能就此差额请求债务人以其一般责任财产清偿，而不能要求提供质押担保的第三人另行用自己的一般责任财产承担担保责任。

【问题 32】质权实现过程中，质权人、出质人和债务人之间的关系如何？

自然人甲向乙借款一万元，无利息约定；丙将自己的一辆价值三万元的摩托车质押给乙用以担保其对甲的借款债权，乙、丙就此签订质权合同，且已交付摩托车。后，在债务人甲未履行到期债务的情况下，乙与丙协商将摩托车转让给第三人丁，变价两万元用于清偿甲对乙的债务。

分析：在上述实例中，甲、乙之间的借款为自然人借款合同，无利息约定法律即推定为无利息支付义务。质权人可与出质人约定质权实现的方式，故摩托车变价处置有效，所得两万元价款中的一万元偿还质权所担保的甲对乙的一万元债务，剩余的一万元返还丙。

问题一：丙可以向债务人甲追偿一万元，还是两万元？如果是一万元，丙就摩托车的损失一万元由谁承担？

丙通过质物所清偿的甲的债务为一万元，故丙只能向甲追偿一万元。因为以较低的两万元变卖摩托车是经过丙同意的，故丙应自行承担摩托车的损失一万元。这也是法律规定：（1）流质条款无效；（2）质物折价须经与出质人协议，而拍卖、变卖须以公开的方式（主要是通过人民法院的执行程序）进行。如果是公开变价，导致丙以两万元价格出卖质物，该价格与实际价值之间的差价损失也应当由出质人承担，其不能向债务人追偿。

问题二：假设摩托车只变卖五千元，债权人乙是否能够要求出质人丙另行支付五千元补足质物价款不足的部分？

不能，在出质人并非债务人的情况下，因为出质人不是用自己的一般财产提供担保，而是用自己的特定财产提供质押担保，所以质物所得价款不足以清偿债务的，债权人不得要求出质人另行清偿。也即是说，质权人须承担质物价值下降的风险，这也是法律赋予质权人质物保全权利的原因。

六、动产质权的消灭

动产质权的消灭，是基于一定法律事实的出现而引起质权消灭的法律效果。该等法律事实即为质权消灭的事由，一般包括以下几种情况。

（一）主债权消灭

作为从权利的担保物权，会因主债权清偿、提存、抵销、抛弃等原因消灭而消灭，主债权的消灭应具体适用《合同法》第九十一条的规定。

【问题33】主债权履行后，出质人是否有权要求质权人返还质物？

自然人甲向乙借款一万元，丙将自己的摩托车质押给乙用以担保其对甲的借款债权，乙、丙就此签订质权合同，且已交付了摩托车。后，甲向乙履行还本付息义务。问，此时丙是否有权要求乙返还摩托车？

分析：甲向乙履行债务，主债权消灭，乙对摩托车的质权消灭。此时，乙对摩托车因此转变为无权占有，故摩托车所有权人丙有权要求乙返还摩托车。根据《合同法》第九十一条的规定，主债权消灭的事由有清偿、抵销、提存、免除、解除、混同；其中，除主合同解除后，担保人须就债务人承担的责任承担担保责任之外，其他的清偿事由均在主债权消灭的同时也会使质权消灭，出质人则有权要求质权人返还质物。

（二）质物灭失

质权是物权的一种，一般须以物的存在为前提：质物灭失的，质权消灭；在质物灭失，但灭失后有代位物的，质权就代位物而继续存在。在这里，质权人一般须承担质物意外灭失的风险，但当事人另有约定的除外。

（三）质权的实现

债务人到期不履行债务时，质权人有权以质押财产的变价优先受偿其债权，质权随质权的实现而消灭。

（四）质物占有的丧失

质权是一种占有性权利，须以质权人占有为有效存续的条件。所以，只要质权人将质物返还于出质人，无论其返还的目的如何，质权均归于消灭。在质权人因遗失、被盗等原因而丧失质物占有时，质权并不因此而消灭；质权人有权向质物的实际占有人，包括出质人，因不法占有而要求返还。

【问题34】质权人向出质人返还质物是否会导致质权消灭？

自然人甲向乙借款一万元，丙将自己的摩托车质押给乙用以担保其对甲的借款债权；乙、丙就此签订质权合同，且已交付了摩托车。后，丙因自己要使用摩托车，遂与乙协商暂借摩托车，乙同意并交还摩托车，最终丙也未再次向乙交付摩托车。问，在借款合同到期且甲无力还款的情况下，乙是否有权要求就该摩托车优先于丙的债权人丁受偿？

分析：质权人返还质物，是否意味着质权人放弃质权，这一问题在讨论上存在两面性：第一，在质权人这一方面，如果其带有放弃质权意思返还质物，质权消灭；如果质权人并不带有放弃质权的意思返还质物，须看是否有需要保护的第三人。第二，在第三人（主要是出质人的债权人）这一方面，如果没有第三人，或第三人知晓质权存在，那么质权继续有效存续，而且质权在效力上优先于第三人债权优先受偿；如果存在需保护的善意第三人债权，那么质权人的质权不得具有优先于第三债权人的效力。总之，仅有返还标的物的事实，而没有质权人作出放弃质权的意思表示的情况下，质权不会因为质物返还而消灭。

【问题35】出质人在向质权人交付质物后，通过不法手段取回质物交付给受让人的，质权是否消灭？

自然人甲向乙借款一万元，丙将自己的摩托车质押给乙用以担保其对甲的借款债权，乙、丙就此签订质权合同，且已交付了摩托车。后，丙拟将摩托车转让给不知情的丁，双方签订买卖合同。为向丁交付摩托车，丙趁乙不在家，将摩托车从乙家院子里推走并交付给丁。问，乙是否有权要求丁返还摩托车？

分析：在上述实例中，乙是否有权要求丁返还摩托车应视其是否拥有摩托车的质权而定。因丁不知情，故其按照物权法善意取得的规定取得无负担的摩托车所有权，乙则因丁的善意取得而丧失摩托车质权，所以乙无权要求丁返还摩托车。另，如果丁系知情者，那么其并未善意取得无质权负担的摩托车所有权，乙也未丧失质权，故乙作为质权人有权要求丁返还摩托车。

（五）质权人放弃质权

作为财产性民事权利，质权人拥有放弃质权的权利，质权自质权人放弃之时起消灭。质权人放弃质权的，应当以质权人向出质人返还质物占有作为质权消灭的时间。

（六）主债权诉讼时效经过，而质权人未行使质权

关于主债权诉讼时效经过，质权人（主债权人）是否还有权行使并实现质权，《担保法》《物权法》对此均无直接而明确的法律规定。那么，是不是可以认定

质权已经消灭，或者直接适用《物权法》第二百零二条的表述“人民法院不予保护”？主债权已经经过诉讼时效，将产生债务人对主债权人的诉讼时效抗辩权，但并不产生债权完全消灭的法律效果。所以，根据《担保法》第七十四条的规定，即“质权与其担保的债权同时存在，债权消灭的，质权也消灭”，质权仍然应当有效存续。这样的法律规定，在第三人质押担保的特殊情况下会产生问题，以下述实例进行说明。

【问题36】主债权诉讼时效经过，出质人是否有权要求质权人返还质物？

甲向乙借款一万元，丙与乙签署质权合同，用其摩托车提供质押担保，并已交付。问，在乙对甲的债权的诉讼时效已经经过的情况下，丙是否有权要求乙返还摩托车？

分析：在上述实例中，质权是主债权的从权利，丙作为出质人也享有主债务人的诉讼时效抗辩权，即使是在主债务人甲在诉讼时效经过后以同意履行的方式恢复诉讼时效的情况下，丙的抗辩权也不应当受到影响。至于丙是否有权要求乙返还摩托车，本质上即是质权是否消灭的问题，鉴于我国物权法律制度没有明确将主债权诉讼时效经过作为质权消灭的法定事由，我们认为：从该理论上讲，质权仍然有效存续，丙无权要求返还质物摩托车。但这样一来，质权法律关系就处在质权人因出质人的抗辩权无法行使质权，出质人也无权要求返还质物的尴尬境地。实践中，因为质权人占有质物，其可在债务履行期限届满后行使质权，且出质人有权要求质权人及时行使质权，所以上述实例在实践中极少出现。我们认为，在司法实践中，可以参照适用《物权法》第二百零二条之规定。如果出质人起诉要求质权人返还财产，人民法院可以根据该条款，认定质权不受保护，并判令质权人向出质人返还财产。

制度部分

一、质物的范围

（一）质物的范围

根据《物权法》第二百零九条之规定，可予质押的动产是法律、行政法规不禁止转让的动产。应当注意的是，这里的禁止动产转让的规范性文件的层级，必须是全国人大、人大常委会或国务院通过的狭义的法律和行政法规。

（二）金钱质押和准不动产质押

质押的动产必须满足稀缺性、可流通以及可交付三项特征，实践中绝大多数作为商品的动产均符合上述要求，但是金钱质押具有特殊性，我们在此予以单独讨论。金钱就是货币，是一个国家法律规定的用于满足商品交换的金融工具，其本质即是由国家信用保障的，用面值标定其能购买的商品价值的事物，在本质上可以理解为一种有价证券。在表现形式上，金钱既可以表现为纸币形式，也可以表现为银行户头的数字。

1. 金钱的法律特征

为了保障货币的流通性和交易安全，货币具有以下特征：第一，无记名性。和记名的有价证券不同，货币通常为无记名金钱，货币所有人不可通过公示催告程序恢复对货币的所有权。第二，货币在权利归属上遵循“占有即所有”的法律原则，即占有货币的人即是货币的所有人。储户将金钱存于金融机构，在其丧失对货币的占有的同时，货币所有权即归属于银行，而储户将获得对银行的债权。第三，占有人因占有获得货币所有权一般具有无因性。最高人民法院《关于银行、信用社扣划预付货款收贷应否退还问题的批复》第二条第一句之规定，即“预付款人将预付货款汇入对方当事人账户后，即丧失了该款项的所有权”即表现出货币的后两种特征。我国之所以推行存款保险制度，货币的上述三种特征即是一个核心原因，因为储户对其存储到银行的货币并不具有所有权，故其在银行破产时也只能以普通债权人的身份参与银行剩余资产分配，而不能以货币所有权的身份要求银行返还原物，即返还货币。

因为货币的上述三项特征，并不适合出质人将其作为质物提供质押担保，我们以下例予以说明：

张三和李四去红星游泳池游泳，租用游泳池的储物柜须支付一百元押金。张三支付一百元现金，泳池工作人员将该一百元和张三的游泳证别在一起放置；李四通过网银给泳池的账户转账一百元。这其间就存在担保关系，被担保的即是泳池要求两人返还储物柜钥匙的债权实现。其中，前者即是所谓的实物质押，在张三返还钥匙后，泳池工作人员会将张三交付的一百元连同游泳证返还给张三，即返还原物。后者实际上是债权质押，在李四返还储物柜钥匙后，泳池即可以直接交付一百元现金给李四，也可以根据约定直接转账回一百元，但无论如何不能认为返还的即是李四原先支付的那一百元实物。很明显，货币符合质物稀缺性、流通性、可交付的三个特征，但如何设定金钱质押，而不是上文所讲的债权质押，就成为一个现实法律问题。因为债权质押意味着出质人失去了质物的所有权，金钱因此归入债权人财产后，可能会面临债权人自己的债权人用该笔金钱清偿债务，而出质人无法实现质权的巨大风险。可以借用上述例子想象一下极端情形，如果张三、李四长期独占储物柜，一直未交回钥匙索回押金，而红星游泳池破产。在破产程序中，张三可以以原物所有人的身份要求返还原物一百元，因为其并未失去质押的一百元钱现金的所有权，而李四则只能以普通债权人身份参与破产财产分配。

2. 金钱质押的条件和方式

金钱得以作为动产质押，关键问题在于如何解决以下两个问题：第一，金钱的特定化；第二，转移债权人占有。根据《担保法司法解释》第八十五条之规定，即“债务人或者第三人将其金钱以特户、封金、保证金等形式特定化后，移交债权人占有作为债权的担保，债务人不履行债务时，债权人可以以该金钱优先受偿”，也即金钱只能以特户、封金、保证金的形式进行。但应当注意的是，上述三种形式不仅是在名称上的要求，而且在实质上必须符合特定化的要求。

（1）特户

特户是指特殊的用于质押的银行账户，特户是金钱质押的形式。我国有关银行的法律、法规中并没有对“特户”的专门性规定，根据最高人民法院《关于审理出口退税托管账户质押贷款案件有关问题的规定》第一条第二款“出口退税专用账户质押贷款，是指借款人将出口退税专用账户托管给贷款银行，并承诺以该账户中的退税款作为还款保证的贷款”，特户即是指有别于基本账户、一般账户的专门用于某一特定用途的银行账户，这种账户不能用于日常结算，且账户内的资金是权利人专项管理和专门使用的资金。因为对特户很难界定，所以实践中当事人均不会采取特户方式担保债务履行。

（2）封金

所谓封金是指特别标记的，不会与其他金钱发生混同的质押方式，如前述与游泳证别在一起单独放置，可辨识的一百元钱即是封金。实践中，封金仅用作短暂的担保关系，并不显见于民事活动之中。

（3）保证金

保证金系指一方当事人交付给另一方当事人的特定资金，双方约定在符合约定时可以扣划该笔资金用于清偿债务的金钱。实践中，保证金是民事交往，尤其是在招投标、银行保函、银行信贷、信用证等商事交往当中最为常见的金钱担保方式。

3. 保证金质押的构成要件

根据《担保法司法解释》第八十五条之规定，保证金质押需要满足两个要件：第一，金钱特定化；第二，转移债权人占有。关于这两个实质性要件，我们以以下司法判例加以说明。

最高人民法院在其就“抚顺市艳丰建材有限公司、郑某某与大连银行股份有限公司沈阳分行案外人执行异议之诉审判监督案”作出的（2015）民提字第175号民事判决书中认为，“金钱质押作为特殊的动产质押，依照《最高人民法院关于适用〈中华人民共和国担保法〉若干问题的解释》第八十五条规定，生效条件包括金钱特定化和移交债权人占有两个方面”。关于特定化，“保证金特定化的实质意义在于使特定数额金钱从出质人财产中划分出来，成为一种独立的存在，使其不与出质人其他财产相混同，同时使转移占有后的金钱也能独立于质权人的财产，避免特定数额的金钱因占有即所有的特征混同于质权人和出质人的一般财产中”。而具体到该案保证金账户的特定化，案涉资金存入保证金专用账户，而且该账户有别于出质人的一般结算账户，则该账户资金独立于出质人的其他财产。关于占有，“大连银行沈阳分行能够对该保证金专用账户进行实际控制和管理，实现了移交占有。本案中，案涉保证金专用账户开立于大连银行沈阳分行的下属支行，艳丰公司在按照《汇票承兑合同》约定存入保证金之后，大连银行沈阳分行对该账户进行了冻结，使得艳丰公司作为保证金专户内资金的所有权人，不能自由使用账户资金，实质上丧失了对保证金账户的控制权和管理权。而大连银行沈阳分行依据《汇票承兑合同》第五条第5.7款规定，在艳丰公司未能在汇票到期日前足额交付全部汇票金额的情况下，有权将保证金账户中的款项直接用于支付到期汇票或者偿还大连银行沈阳分行对持票人的垫款，即大连银行沈阳分行有权直接扣划保证金专用账户内的资金。据此应当认定，大连银行沈阳分行实质上取得了案涉保证金专用账户的控制权，此种控制权移交符合动产交付占有的本质要求”。从最高人民法院就本案作出的判决可以看出，在保证金质押设立的有效要件中，特定化是通过特定的保证金账户完成的，且该账户不同于出质人的其他账户和财产；而移交债权人占有则是通过在债权人银行开立账户，出质人失去对账户的控制权完成的。

【问题37】出质人不是通过特殊的保证金账户设立保证金质权，质权人是否享有质权？

中行东城支行按照与华乘荣威公司签订的保证金质押协议，在一般账户中对700万元款项冻结。债权人城东支行认为：（1）“债权人已经对700万元款项进行冻结，自冻结之日起，该700万元款项与该账户内超出700万元的款项相分离，已属于特定物，已经实现特定化，在一般账户中予以冻结同样实现了与设立专门账户特定化的效果”；（2）“本案质押形式尽管称保证金质押，但更符合封金的特性，即该账户内700万元封存的现金”；（3）“自中行东城支行对该账户内的700万元款项冻结之日起，华乘荣威公司就丧失了支配权。700万元款项由中行东城支行实际控制。当华乘荣威公司不能按期偿还借款时，中行东城支行有权直接扣划，既有移交占有的意思表示，又有移交占有的事实，完全符合移交债权人占有的法律要件，中行东城支行享有质权”。问题是，东城支行对700万元“保证金”的质权是否有效设立？

分析：东城支行对700万元“保证金”的质权是否有效设立，应视该质押是否具备了《担保法司法解释》第八十五条规定的特定化和转移占有两个法定要件。最高人民法院在其就本案“中国银行股份有限公司东营东城支行与东营市华乘荣威汽车销售服务有限公司、张某某、薄某、巴某某金融借款合同纠纷申请再审案”作出的（2013）民申字第2060号民事裁定书中认为，“银行作为具有存款业务的金融机构，将出质人交付的金钱作为质押财产，应当依法将质押金钱放置于专门的账户，并且对任何第三人均能显示出设立质押的外观，否则难以区分该金钱是出质人交付的普通存款还是质押财产。本案中，中行东城支行与华乘荣威公司在《流动资金借款合同》第7条第1款约定，华乘荣威公司在中行东城支行开立的223407818347账户作为借款发放账户，借款的发放和支付应通过该账户办理，该账户系专户，只能用作借款资金的发放和支付，不得用于其他款项支付。……虽然《流动资金借款合同》约定223407818347账户为专户，但约定的是作为贷款发放和支付的专户，仍然属于一般账户的性质。尽管华乘荣威公司将700万元存入该账户，但因该账户不属专门的保证金账户，不能达到质押财产特定化的要求。事实上，直至人民法院因另案采取保全措施时，该账户内的700万元仍未显示出质押状态或者被采取冻结措施，中行东城支行的质权并未设立，不能对抗第三人”。我们认为，本案涉及保证金账户质押担保的一个核心难题，即如何通过保证金账户的公示使质押担保产生对世效力。假设银行就贷款企业的保证金账户内资金设定质押担保，而贷款企业的普通交易对手在和该企业产生债权债务关系时并无相关手段和渠道知悉该企业部分资金已经通过保证金质押设定担保。在此情况下，让银行就保证金账户内资金，和其对经抵押登记的不动产抵押物一样享有优先权，实际上并不符合法律上的正当性要求，因为债务人的其他交易对手不能像查询抵押登记那样查询保证金质押情况。这也是我国法律一开始仅仅承认银行承兑汇票保证金质押具有程序性法律效力的原因，其主要目的不是对承兑汇票业务中的银行债权人进行保护，而是推广和开展银行承兑汇票业务。

在“张某、中国建设银行股份有限公司达拉特旗支行执行异议之诉案”一案中，一审法院认为：（1）保证金应当依法放置于专门的账户，并对任何第三人均能显示出设立质押的外观，否则难以区分该金钱是出质人交付的普通存款还是质押财产；（2）存放保证金的账户为“对公活期存款账户明细账”，且账户内资金并未显示出质押状态或者被采取冻结措施，该账户因不符合质押设定的公示性要求，达旗建行的质权并未设立。就此，最高人民法院在审判监督程序中就本案作出的民事裁定书（2017）最高法民申1829号中认为：（1）保证金质押的账户名称是专门的保证金账户还是出质人自己的账户不影响质权的成立；（2）在质权人处开户并存入保证金即完成了该特定化金钱的交付，而享有对该账户内保证金的控制权的约定则是质权人完成对该特定化的金钱实际控制并占有的条件；（3）保证金质权的成立并不以查封、冻结、登记、特别标记等为前提。

合肥中院在其就“中国建设银行股份有限公司肥西支行与刘敏学、刘勇等动产质权纠纷案”作出的（2014）合民一终字第01689号二审民事判决书中认为，“因建行肥西支行2008年9月28日至2010年9月28日期间向购买文沁园小区项目所属房产的购房人发放个人住房贷款，宏伟房地产公司自愿为在此期间形成的一系列的债权提供最高额保证，宏伟房地产公司应在合同生效后五个工作日内在建行肥西支行开立专项保证金账户。但此后，宏伟房地产公司并未按照合同约定在该行设立保证金账户，亦未在合同中明确34×××30账户系保证金账户。从34×××30账户资金明细看，该账户内既有收入银行发放的购房人贷款，又有支出的工程款、税金等其他款项，账户内的资金数额不断变化，亦不符合《最高人民法院关于适用〈中华人民共和国担保法〉若干问题的解释》第八十五条关于质押标的特定化的要求。本案中，建行肥西支行提供的证据不足以证明该行对宏伟房地产公司名下34×××30账户内资金享有优先受偿权，原审判决驳回建行肥西支行的诉讼，符合法律规定，应予维持”。

结合以上最高人民法院和地方法院的三个司法判例可以看出，保证金质押的核心要件是：（1）存放在质权人开立的账户，一般应当是非基本或日常结算账户，从而满足特定化要件；（2）出质人无法支配和控制账户内资金，从而满足占有转移要件。至于账户名称是否是保证金专户，是否冻结或进行特殊标记，需要由法官在实际案件中根据不同案件的具体情况加以判断。对于债权人银行，我们的建议是：（1）设立保证金专户，仅用于存放出质人交付的保证金，资金进入保证金账户的时间应严格依照保证金质押合同；（2）冻结账户资金，一方面严格杜绝出质人对账户内资金进行有效支配；另一方面在约定的还款期限届满时，银行应当及时按照保证金质押合同中的约定和授权扣划偿债资金。

【问题38】保证金账户内的租金处于变动之中，是否意味着保证金未完成特定化，保证金质权未有效设立？

中行青岛浮山所支行与金挚联担保公司签订《零售贷款担保合作协议》，约定浮山所支行开展消费贷款业务，金挚联公司就该业务中的消费贷款提供连带保证担保；同时，金挚联公司在浮山所支行开设保证金账户，在本协议合作期内，乙方就甲方零售贷款所提供的保证担保的本金总余额不超过1000万元（后变更为2000万元，最后变更为2500万元）。车某为金挚联公司的债权人和执行申请人，浮山所支行就车某对金挚联公司保证金账户的执行提出异议，从而引发执行异议之诉。执行申请人车某认为，“被上诉人主张对涉案财产享有质权，不符合物权客体特定原则。本案中涉案财产并不符合特定性之要求，该账户随着不同客户贷款合同履行情况的不同，账户内资金处于不断的增减、变化之中，债务人不能确定、保证金数额亦不能确定”。所以，本案中的一个核心问题是，保证金账户内的资金是不断变化的，这是否符合保证金质押的要件？

分析：对于上述问题，淄博中院在其就本案“车飞、中国银行股份有限公司青岛浮山所支行等案外人执行异议之诉案”作出的（2015）淄商终字第232号民事判决书中认为，“特定化不是资金数额的固定化，金挚联青岛公司开展新的贷款担保业务时，需要按照约定存入一定比例的保证金，必然导致账户资金的增加。在其担保的贷款到期未获清偿时，扣划保证金账户内资金，必然导致账户资金的减少”。最高人民法院在“中国农业发展银行安徽省分行诉张大标、安徽长江融资担保集团有限公司执行异议之诉纠纷案”（最高人民法院第54号指导案例）的判决中认为，“关于账户资金浮动是否影响金钱特定化的问题。保证金以专门账户形式特定化并不等于固定化。案涉账户在使用过程中，随着担保业务的开展，保证金账户的资金余额是浮动的。担保公司开展新的贷款担保业务时，需要按照约定存入一定比例的保证金，必然导致账户资金的增加；在担保公司担保的贷款到期未获清偿时，扣划保证金账户内的资金，必然导致账户资金的减少。虽然账户内资金根据业务发生情况处于浮动状态，但均与保证金业务相对应，除缴存的保证金外，支出的款项均用于保证金的退还和扣划，未用于非保证金业务的日常结算。即农发行安徽分行可以控制该账户，长江担保公司对该账户内的资金使用受到限制，故该账户资金浮动仍符合金钱作为质权的特定化和移交占有的要求，不影响该金钱质权的设立”。可见，保证金账户质押，在最高人民法院看来核心是保证金的控制权。

保证金浮动的问题，也经常会出现在一般的动产质押当中，如出质人将质物监管人监管的大批钢材质押给债权人，在质押期间，出质人可能基于经营需要对仓库内被监管的钢材实施出入库操作。最终，在债权实现时，仓库内的钢材已经不是质押设定时的钢材了。对于这种浮动钢材、浮动小麦、浮动大豆、浮动车辆等质押，我们认为也应当认定为有效。

4. 保证金质押担保的程序性效力

对于符合保证金质押构成要件的保证金质押担保，也会产生程序上的法律效力，该等法律效力得到现行程序法上的法律、法规和司法解释的确认，主要体现在执行程序当中。

（1）承兑汇票保证金

《中国人民银行关于银行承兑汇票保证金冻结、扣划问题的复函》（银条法〔2000〕第9号）第二条规定，若承兑银行已兑付了该银行承兑汇票且出票人未能履行最后付款责任，承兑银行有权以该银行承兑汇票的保证金优先受偿。若人民法院已冻结此保证金，承兑银行可以依据最高人民法院《关于人民法院执行工作若干问题的规定（试行）》第九十三条的规定，向人民法院提出以被冻结保证金优先受偿的申请。

对最高人民法院、中国人民银行《关于依法规范人民法院执行和金融机构协助执行的通知》（法发〔2000〕21号）第九条的适用，即“人民法院依法可以对银行承兑汇票保证金采取冻结措施，但不得扣划。如果金融机构已对汇票承兑或者已对外付款，根据金融机构的申请，人民法院应当解除对银行承兑汇票保证金相应部分的冻结措施。银行承兑汇票保证金已丧失保证金功能时，人民法院可以依法采取扣划措施”。

上述两个规范性文件是金融管理机关和司法机关鉴于银行承兑汇票保证金的特殊性，为了保障银行承兑汇票业务的顺利开展而指定的具体规则，其在实体法理论上，还是遵循担保优先的具体规则：（1）金融机构对承兑汇票保证金享有担保权，有权就保证金优先受偿；（2）人民法院可以依法依据保全、执行申请人的申请对承兑汇票保证金采取冻结措施，或者说，只能采取控制性执行措施，而不能采取执行性执行措施；（3）人民法院是否能够扣划承兑汇票保证金，最终应视银行是否已经承兑，进而会因垫付承兑款项而产生债权债务关系，或是否已经对外垫付承兑款项而定。

（2）非承兑汇票保证金

在司法机关就银行承兑汇票实施特殊的程序性规定后，司法机关逐渐通过对《担保法司法解释》第八十五条在具体案件中的适用，扩大了承兑汇票保证金执行规定适用范围，如最高人民法院在其就“中国银行股份有限公司东营东城支行与东营市华乘荣威汽车销售服务有限公司、张某某、薄某、巴某某金融借款合同纠纷申请再审案”作出的（2013）民申字第2060号民事裁定书中，即对案涉保证金是否符合保证金质押的条件进行了审查，而该案即为一般借款纠纷案件，而非承兑汇票借款纠纷；而最高人民法院在其就“中国农业发展银行安徽省分行诉张某某、安徽长江融资担保集团有限公司执行异议之诉纠纷案”作出的民事判决（最高人民法院第54号指导案例）中，更是支持了银行就担保公司因担保合作业务而交付的保证金享有优先权。

根据《民诉法司法解释》第三百一十二条第一款第（一）项之规定，即“对案外人提起的执行异议之诉，人民法院经审理，按照下列情形分别处理：（一）案外人就执行标的享有足以排除强制执行的民事权益的，判决不得执行该执行标的”，一般情况下，作为保证金质权的权利人，均是在执行异议或执行异议之诉中主张对保证金的优先权，从而排除对保证金的执行。事实上，因为保证金质押通常采取保证金账户质押的形式，实践中也一般只有银行才有条件设定保证金质权；所以，银行应格外注意有关保证金的相关法律、法规和司法解释的理解和适用。

二、动产质权的取得

（一）动产质权设立的条件

根据《物权法》第二百一十条的规定，即“设立质权，当事人应当采取书面形式订立质权合同”，以及《物权法》第二百一十二条的规定，即“质权自出质人交付质押财产时设立”，动产质权的设立须满足质权合同及质物的交付两个要件。

（二）动产质物的交付形式

《物权法》《担保法》并未就动产质物的直接交付、简易交付直接进行相应的规定，所以应当适用《物权法》第二十三条、第二十五条的一般规定。对于动产质物交付的占有改定形式，因为我国现有法律并未进行规定，所以根据物权法定原则，当事人不得以占有改定形式设定动产质权。如果当事人约定以占有改定形式设定质权的，那么该质权应当自出质人向质权人转移质物占有时方有效设定。

《担保法司法解释》第八十八条就动产质物的指示交付作了相应的规定，即“出质人以间接占有的财产出质的，质权合同自书面通知送达占有人时视为移交。占有人收到出质通知后，仍接受出质人的指示处分出质财产的，该行为无效”，此即为动产质物的指示交付形式；但《物权法司法解释（一）》第十八条第二款第二句的规定，即“当事人以物权法第二十六条规定的方式交付动产的，转让人与受让人之间有关转让返还原物请求权的协议生效时为动产交付之时”，使得两个司法解释的规定在特殊情形下出现相互矛盾的问题。

【问题39】在指示交付质物和指示交付买卖标的物（质物）同时发生时，质物应如何处理？

自然人甲与丙签订质权合同，约定丙将自己借给丁的摩托车质押给甲，用以担保自然人乙向甲的人民币一万元借款。合同签订后，丙向丁发出通知，称该摩托车已经为甲设定质权。之后，丙与戊就摩托车达成买卖合同，以指示交付形式向戊交付该摩托车，并通知丁向戊返还摩托车。问，摩托车此时的权属状况如何？

分析：根据《担保法司法解释》第八十八条的规定，丁在接到丙设立质权的通知后，质权即有效设立。但根据《物权法》第二十六条，即动产指示交付的规定，动产物权设立和转让前，第三人依法占有该动产的，负有交付义务的人可以通过转让请求第三人返还原物的权利代替交付；以及《物权法司法解释（一）》第十八条第二款第二句的规定，即“当事人以物权法第二十六条规定的方式交付动产的，转让人与受让人之间有关转让返还原物请求权的协议生效时为动产交付之时”，动产所有权人丙转让动产所有权，只需通知直接占有人丁即可，无须经过丁同意。此时，摩托车的权属状况到底如何？

我们认为，上述情形属于实践当中极为特殊的情形，在解决上述难题前先看一下《德国民法典》第一千二百零五条第二款的规定，“交付为所有权人间接占有的物，可以由所有权人将间接占有转移于质权人和将设定通知占有人代替”，即在出质通知的同时去除出质人和直接占有人之间的占有媒介关系；这样，出质人就不再是直接占有人的间接占有人，也就无法以指示交付完成买卖合同中的指示交付。比较该条款，《担保法司法解释》第八十八条“占有人收到出质通知后，仍接受出质人的指示处分出质财产的，该行为无效”的规定就应当被理解为出质人再行就质物的处分（包括转让）向直接占有人作出的指令无效，这符合司法解释以解决问题和指导裁判作出为导向的“解释习惯”。

《物权法》和《物权法司法解释（一）》无疑在法律适用上具有优先性，但我们认为，其产生的法律效果应当视受让人戊是否知晓摩托车已经被有效设定质权而区别对待：

第一，如果戊在与丙签订买卖合同时不知晓摩托车已经被有效设定质权，应当依据《物权法》和《物权法司法解释（一）》保护戊，其善意取得无质权负担的摩托车所有权；甲无权就该摩托车行使质权。其结果是，甲或依质权合同要求丙承担违约责任，或依法要求丙承担侵害质权的侵权损害赔偿责任。

第二，如果戊在与丙签订买卖合同时知晓摩托车已经被有效设定质权，其以指示交付形式受让摩托车所有权即带有质权负担，甲有权追及戊处行使质权，戊也可以通过代偿行为涤除该质权。戊可依买卖合同要求丙承担违约责任，或解除该合同。

第三，在不同时发生上述以指示交付设定质权和转让质物所有权的情况下，应当分别适用《担保法司法解释》第八十八条，以及《物权法》第二十六条和《物权法司法解释（一）》第十八条第二款第二句的规定。

（三）质物交付的“实践性”

根据《担保法司法解释》第八十九条之规定，即“质押合同中对质押的财产约定不明，或者约定的出质财产与实际移交的财产不一致的，以实际交付占有的财产为准”，质物是以最终出质人交付的且质权人受领的质物为准。这里，应当理解为当事人通过实际交付和实际接受的一致行为，改变了当事人在质权合同中有关质物的约定。

（四）质物瑕疵损害赔偿责任

根据《担保法司法解释》第九十条之规定，即“质物有隐蔽瑕疵造成质权人其他财产损害的，应由出质人承担赔偿责任。但是，质权人在质物移交时明知质物有瑕疵而予以接受的除外”，和买卖合同中的加害给付一样，上述规定中的赔偿责任在性质上属于侵权损害赔偿责任或违反质权合同的违约责任，由质权人在主张权利时根据具体情况加以确定。

（五）质物范围

在质物范围问题上，法律就从物是否为质物作出原则性规定，《担保法司法解释》第九十一条规定，“动产质权的效力及于质物的从物。但是，从物未随同质物移交质权人占有的，质权的效力不及于从物”。这一规定，是鉴于质权人对质物从物的占有公示效力，确定从物是否属于质物；但在质权合同层面上，除非当事人有相反的约定，否则从物应当包含在双方当事人约定的质物范围之内。

三、动产质权的效力

（一）质权人的权利义务

1. 妥善保管质物的作为义务

《担保法》第六十九条、《物权法》第二百一十五条规定了质权人的质物保管义务，因保管不善致使质物灭失或者毁损的，质权人应当承担民事责任。如果质权人不能妥善保管质物可能致使其灭失或者毁损的，出质人可以要求质权人将质物提存，或者要求提前清偿债权而返还质物。如果将质物做提存处理，质权人应当根据《担保法司法解释》第九十二条承担提存费用；如果提前清偿债权的，出质人无权在质权人不同意的情况下要求清偿未到期部分的利息，因为质权人有期限利益，而且在制度上存在提存这一可选择的清偿方式。

2. 不得使用、处分质物的不作为义务

《物权法》第二百一十四条、《担保法司法解释》第九十三条规定了质权人不得使用、处分质物的不作为义务，即“质权人在质权存续期间，未经出质人同意，擅自使用、处分质押财产，给出质人造成损害的，应当承担赔偿责任”。

上述规定中的“不得使用”，既包括质权人自己不得使用，也包括其不得允许他人使用；而“不得处分”则是指转让质物或就质物设定质权，否则转让和设定质权的处分行为应当属于无权处分。

3. 质物的保全权

我国法律对于质权人的质物保全权规定在《担保法》和《物权法》当中，这两部法律中的规定略有不同。

《担保法》第七十条规定，“质物有损坏或者价值明显减少的可能，足以危害质权人权利的，质权人可以要求出质人提供相应的担保。出质人不提供的，质权人可以拍卖或者变卖质物，并与出质人协议将拍卖或者变卖所得的价款用于提前清偿所担保的债权或者向与出质人约定的第三人提存”。

《物权法》第二百一十六条规定，“因不能归责于质权人的事由可能使质押财产毁损或者价值明显减少，足以危害质权人权利的，质权人有权要求出质人提供相应的担保；出质人不提供的，质权人可以拍卖、变卖质押财产，并与出质

人通过协议将拍卖、变卖所得的价款提前清偿债务或者提存”。

相较《担保法》第七十条的规定，《物权法》第二百一十六条的规定更加明确，即只有在可能致使质押财产毁损或者价值明显减少的原因不可归责于质权人的情况下，质权人才能够提出对质物进行保全。

4. 收取孳息的权利

《担保法》第六十八条、《物权法》第二百一十三条规定，“质权人有权收取质押财产的孳息，但合同另有约定的除外。前款规定的孳息应当先充抵收取孳息的费用”，这里的收取孳息是指将孳息归入质押财产范围之内的权利。

5. 质权的转让

（1）质权是否具有可转让性？

根据《担保法》第五十条，以及《物权法》第一百九十二条之规定，即“抵押权不得与债权分离而单独转让或者作为其他债权的担保。债权转让的，担保该债权的抵押权一并转让，但法律另有规定或者当事人另有约定的除外”，法律对抵押权转让有明确的规定。相比之下，无论是《担保法》《物权法》均未就质权的转让进行规定。究其原因，我们认为是因为质权是主债权的从权利，而《合同法》第八十一条规定，“债权人转让权利的，受让人取得与债权有关的从权利”，该从权利当然包括，所以质权随主权利转让不言自明。而抵押权不同，在设立抵押权须登记的情况下，抵押权虽然已经随主债权转移给债权受让人，但登记的抵押权人依旧是原抵押权人，为定分止争，所以给出抵押权情况下的明确规定，而质权处则无须进行规定。

（2）质权转让时，质物如何交付？

主债权转让，质权随之一同转让，实践中的问题往往出现在质物交付和占有之上，借下例加以说明：为担保对甲的借款，乙以一台机器出质，并将机器现实交付于甲占有。后甲将其对乙的债权转让给丙，但未向丙交付该机器。

这个例子，存在以下问题：（1）甲未向受让人丙交付质押机器，甲是否违反法定或约定义务，违反什么义务，进而应当承担什么样的责任？（2）甲不再是主债权权利人，也因此不得享有质权，甲此时是否是无权占有人，乙是否有权要求甲返还原物，或者乙是否有权以转让对甲的返还请求权的方式转让质物所有权？（3）未交付质物，丙是否当然为质权人；如果是，在丙实现质权时，人民法院执行机关是否有权至甲处强制执行？（4）如果甲与乙的质权合同中有质权不得转移或者类似的约定，丙是否能够获得质权？

要回答上面的问题，首先应当明确的是并无质权消灭的事由出现，故质权仍然存在。债权转让后，质权也一并转让，丙当然成为质权人。在甲和丙之间，鉴于质权的移转，也会建立起法定的占有媒介关系，而甲向丙在质物的交付方式上则为占有改定。所以：（1）如果甲、丙在债权转让协议中明确约定丙不再享有质权，那么质权视为不在协议转让的标的权利范围之内，转让的债权视为无该质押担保的债权，结果上可以借此并依据《物权法》《担保法》中的有关规定，处理该债权还有其他担保方式的情形。此时，丙不能成为质权人，质权因质权人抛弃质权而消灭。（2）无上述约定的，甲未交付质物的，不违反任何义务，即使丙不知晓质权存在的，也当然成为质权人，甲、丙之间成立法定占有媒介关系，丙当然也可以结束占有媒介关系要求甲立即交付质物。（3）甲、丙在债权转让协议中明确约定甲应当转移质物占有的，甲未转移则为违反合同义务的违约行为。（4）甲可以依据与丙之间存在法定占有媒介关系对抗出质人乙的返还请求权；在丙向人民法院申请实现质权时，人民法院执行机关有权至甲处强制执行，就质物实现质权。（5）如果甲与乙的质权合同中有质权不得转移或者类似的约定，但甲未在与丙的债权转让协议中约定丙不得经债权转让进而享有质权，那么甲向乙承担违约责任。（6）债权转让完成前，如果甲将质物质押给第三人，第三人善意取得质权，或者向出质人乙返还质物，则应当认为是债权转让协议部分嗣前履行不能的情形，应当向丙承担违约责任，或由丙依欺诈而撤销债权转让合同；债权转让完成后，如果甲将质物质押给第三人，第三人善意取得质权，或者向出质人乙返还质物，则应当承担侵权责任或违约责任。

6. 放弃质权的权利及其法律效果

《物权法》第二百一十八条第一句规定了质权人可以放弃质权，但是并未规定质权人放弃质权的方式。实际上，鉴于动产质权、权利质权占有的方式呈多样化特征，法律并无必要在规范上规定质权的放弃方式。一般情况下，放弃动产质权，须作出放弃的意思表示，并返还质物；放弃由质物监管人监管的质权，应将放弃质权的通知送达质物监管人，通知送达时为质权的放弃时间；放弃权利质权的，如果是存单、提单质押，除了作出放弃质权的意思表示外，还应当涂销存单、提单的质押背书并签章；如果是股权、应收账款等在第三方登记的质权，除了放弃质权的意思表示外，还应当注销股权质押登记、应收账款质押登记。

《物权法》第二百一十八条第二句规定了质权人放弃债务人提供的质押担保对其他担保人的影响，即如果质权人放弃的是设定在债务人自己财产之上的质权，那么其他担保人在质权人丧失优先受偿权益的范围内免除担保责任，但其他担保人承诺仍然提供担保的除外。

【问题40】质权人放弃质权，是否应当减免第三担保人的担保责任?

自然人甲向乙借款一百万元，用自己一张五十万元定额银行存单提供质押担保；同时，自然人丙用自己一辆价值五十万元的小轿车提供质押担保。借款到期前，债权人乙通知债务人甲放弃存单质权，涂销存单质押的背书并签章，并向甲返还存单。问，丙的小轿车担保的债权范围如何?

分析：在上述实例中，质权人放弃的不仅是五十万元的存单质权，还包括五十万元至借款到期之日所产生的利息，两者的总和才等于质权人所丧失的优先受偿权的范围。例如，五十万元存单至借款到期日产生的利息为5万元，那么小轿车担保的范围即是四十五万元。这个问题在动产质押的情况下并不突出，如果质押财产价值是质押期间变动较大的权利质押，如股权质押，就会成为一个非常突出的问题，这时需要确定质押股权的实际价值，来确定其他担保人的担保责任的减免数额。另外，《物权法》第二百一十八条第二句仅仅规定了债权人放弃债务人提供的质押担保时，应减免其他第三担保人的担保责任，并未述及债权人放弃第三人提供的质押担保。显然，立法者在这里并未对第三担保人之间是否可以相互追偿的问题给出明确的答案。

7. 转质

《担保法司法解释》第九十四条之规定，即“质权人在质权存续期间，为担保自己的债务，经出质人同意，以其所占有的质物为第三人设定质权的，应当在原质权所担保的债权范围之内，超过的部分不具有优先受偿的效力。转质权的效力优于原质权”，仅就质权人为担保自己对第三人的债务的转质进行了规定，并未涉及为第三人的债务而进行的转质，但从《物权法》第二百一十七条的表述来看，即“质权人在质权存续期间，未经出质人同意转质，造成质押财产毁损、灭失的，应当向出质人承担赔偿责任”，转质应当包含质权人为担保第三人的债务而提供其占有的质物设定的质权。

《担保法司法解释》第九十四条第二款规定未经出质人同意设定的转质无效，该规定并未排除善意取得质权的可能性；所以，在质权人未经出质人同意设定质权的情况下，应具体依据《物权法》第一百零六条的规定具体判断转质权是否已经善意取得。

【问题41】未经出质人同意，质权人擅自将质押车辆出质于第三人，第三人是否能善意取得车辆质权?

自然人甲向乙借款，用自己所有的小轿车一辆提供质押担保，双方签订质权合同并且交付了质押车辆。后，债权人乙为担保朋友丁对戊的债务，未经甲同意，而用甲的小轿车提供质押担保，并向戊交付小轿车。问，戊是否能够取得对小轿车的质权？

分析：在上述实例中，乙作为质权人并无在质物上设定质权的权利，故未经车辆所有权人甲的同意或事后追认，其行为为无权处分；所以，戊并无权按照一般质权设定的规则继受取得质权。这样，其只能基于善意原始取得车辆质权，因车辆行驶证上证载权利人是甲，故戊因无法满足善意取得的要件而不能取得质权。

8. 返还质物的义务

《物权法》第二百一十九条规定，债务人履行债务或者出质人提前清偿所担保的债权的，质权人应当返还质押财产。债务关系因清偿终止，作为从权利的质权也因主债权消灭而消灭，所以出质人作为所有权人有权要求质权人返还质物；相应地，质权人也负有返还质物的义务。

需要注意的是，根据《民法总则》第一百九十六条第（二）项之规定，即“下列请求权不适用诉讼时效的规定：（二）不动产物权和登记的动产物权的权利人请求返还财产”，在动产质权消灭后，出质人要求质权人返还质物的权利受到诉讼时效的限制。即出质人在诉讼时效内，未要求质权人返还质物的，则质权人将产生对出质人原物返还请求权的诉讼时效抗辩权，可以拒绝向出质人返还质物。

【问题 42】诉讼时效经过，出质人未要求质权人返还质物的，质权人是否有权拒绝返还质物？

自然人甲向乙借款，用自己所有的小轿车一辆提供质押担保，双方签订质权合同并且交付了质押车辆。后，甲在向乙清偿所有借款本息之后，一直未要求质权人乙返还质物。诉讼时效期间届满，出质人甲是否有权要求质权人乙返还质物？

分析：债务清偿后，出质人有权要求质权人返还质物。但在诉讼时效经过后，质权人将依据《民法总则》第一百九十二条之规定，即“诉讼时效期间届满的，义务人可以提出不履行义务的抗辩”，行使诉讼时效抗辩权拒绝返还质物。《民法总则》颁布之前，理论界和实务界普遍认为，原物返还请求权不适用诉讼时效，此时出质人虽然不能有效行使来自质权合同的、要求质权人返还质物的法定或约定的债权性的合同权利，但是可以作为质物所有人行使来自其对质物的所有权的原物返还请求权。鉴于合同法上的返还质物的债权请求权，和物权法上的原物返还请求权的不一致性在司法实践中导致的“同案不同判”的问题，《民法总则》第一百九十六条第（二）项排除了对不登记的质押动产行使原物返还请求权的有效性。这样，对于不登记的质物，在诉讼时效期间届满之后，出质人无论是行使质权合同的返还质物的债权请求权，还是行使质物所有权的返还原物的物权请求权，都存在面对出质人的诉讼时效抗辩问题。立法者的目的很简单，即动产权利人享有物权性的原物返还请求权的情况下，也通过诉讼时效制度促使其积极行使权利，以维护及稳定物之支配秩序。所以，上述实例的结论也很简单，出质人甲可以要求质权人返还质物，但质权人可以通过行使诉讼时效抗辩权拒绝返还。

我们认为，《民法总则》第一百九十六条第（二）项不是没有问题的，该条款仅仅使质权人享有诉讼时效抗辩，并不能产生其获得质物所有权的法律效果，除非立法者另行出台有关消灭时效的法律规定；否则就一直会存在质物所有人无权要求质权人返还质物，而质权人并不拥有物之所有权的尴尬的权利状况。而且，如果质权人在拒绝返还质物之后，通过转让或质押方式处置质物的，其相对人仅有善意取得一条路可以获得质物所有权或质权。

（二）出质人的权利义务

1. 要求质权人及时行使质权的权利

根据《物权法》第二百二十条之规定，出质人可以请求质权人在债务履行期届满后及时行使质权；质权人怠于行使质权的，出质人可以单方请求人民法院拍卖、变卖质押财产。对于质权人怠于行使质权造成出质人损失的情形，《担保法司法解释》第九十五条第二款仅规定了怠于行使质权致使价格下降的情形，而《物权法》第二百二十条第二款并未依此例，而是泛指损害。鉴于此，质权人怠于行使质权向出质人承担赔偿责任的要件是：第一，出质人须已对质权人提出“及时行使质权”的请求；第二，须给出质人造成损害；第三，损害与未及时行使质权的行为之间存在因果关系。其间，出质人是否单方请求人民法院拍卖、变卖质押财产，与质权人是否以及在什么程度上承担上述赔偿责任无关。

【问题43】在质权人不行使质权，引发质物价值降低风险的情况下，出质人应如何进行救济?

甲公司向乙公司借款，并用自己所有的数吨冷冻牛肉提供质押担保。借款合同到期，甲公司未履行还本付息义务，乙公司也未行使质权以实现借款债权。

鉴于冷冻牛肉食品保质期临近，甲公司数次催促乙公司行使质权，拍卖牛肉以实现债权，但乙公司无动于衷，导致所有冷冻牛肉过期变质。问，甲公司可以怎样维护自己的合法权益？

分析：质权人乙公司怠于行使质权的行为导致牛肉过期变价，使甲公司遭受损失，甲公司有权要求乙公司就此进行赔偿，并在确定赔偿数额后，自主决定是否以借款债权进行法定抵销。

2. 向债务人追偿的权利

根据《担保法》第七十二条之规定，为债务人质押担保的第三人，在质权人实现质权后，有权向债务人追偿。根据《担保法司法解释》第三十八条第一款的规定，出质人在向债务人追偿的同时，也可以要求其他担保人清偿其应当分担的份额。

【问题 44】第三质权人承担担保责任后，是否有权向保证人追偿？

2013 年 10 月 10 日，小微促进会与民生银行西安分行签订《小微企业互助合作基金业务合作协议》《最高额质押合同》，约定小微促进会以自己的名义将基金设定最高额质押，用以担保基金会员在民生银行西安分行的债务，及承担担保责任。王某与西安分行签订《最高额担保合同》，王某对梁某某、亚马逊公司与民生银行西安分行签订的《综合授信合同》项下的全部债务承担连带责任保证。2014 年 7 月 14 日，梁某某根据《综合授信合同》向西安分行提交《借款支用申请书》，申请借款金额 2400000 元整。该行发放贷款后，梁某某无力清偿，小微促进会承担了担保责任。问题是，小微促进会作为承担责任的质权人是否有权向保证人追偿？

在西安中院就本案“西安市小微企业民生金融促进会与陕西亚马逊户外文化运动有限责任公司、王某等追偿权纠纷案”作出的（2017）陕 01 民终 7328 号二审民事判决书中，一审法院认为“关于小微促进会要求王某承担还款责任的请求，王某仅是对梁某某向民生银行西安分行的借款承担保证责任，王某与小微促进会之间并无协议，无证据证明王某应对原告的追偿权承担连带责任，故该院对小微促进会的该项诉请亦不予支持”，也即小微促进会作为担保人，在承担担保责任后无权向其他担保人追偿。二审西安中院认为，“小微促进会与王某作为原借款担保关系之共同担保人属实，在小微促进会履行担保责任后，其依法自然享有对借款人及其他担保人的追偿权”，并最终判决“王某在上述债务之二分之一范围内向小微促进会承担连带给付责任”，该院是从共同担保的角度确定质权人在承担担保责任后有权向保证人追偿的。

分析：如本书在担保总论部分就混合担保的论述所述，对第三物权担保人承担担保责任后是否能向其他担保人追偿，《担保法》和《物权法》的态度不一致，司法实践中没有统一的标准。但我们认为，本案中，质权人可以向其他担保人追偿的一个核心事实理由是：小微促进会系行业促进机构，其签订质权合同时一定是在知晓债务尚有其他具体的担保的基础上进行的，所以在判决上排除其向其他担保人行使追偿权，则意味着原本真正的、应当承担担保责任的担保人不承担担保责任。

四、动产质权的实现

根据《担保法》第七十一条第二款之规定，即“债务履行期届满质权人未受清偿的，可以与出质人协议以质物折价，也可以依法拍卖、变卖质物”，债务履行期限届满，债务人未清偿或未完全清偿债务的，质权人可以要求拍卖、变卖质物，也可以与出质人协商折价处置质物。

对于质物处置的结果，《担保法》第七十一条第三款、《物权法》第二百二十一条均规定，质押财产折价或者拍卖、变卖后，其价款超过债权数额的部分归出质人所有，不足部分由债务人清偿。

五、典当与动产质押之间的关系

典当经营者与当事人依据《典当管理办法》形成的“典”“当”关系实际上是一种非典型性的借款担保关系，尤其是实践中大量存在的“当”和动产质押具有诸多相似之处，故我们在此予以专门讨论。

（一）典当的一般规则

根据《典当管理办法》第三条之规定，典当是指当户将其动产、财产权利作为当物质押或者将其房地产作为当物抵押给典当行，交付一定比例的费用，取得当金，并在约定期限内支付当金利息、偿还当金、赎回当物的行为。

在我国传统法律中，典权是针对不动产设置的一种用益物权，房屋权利人通过典也获得了房屋典价，典权人通过典获得了不动产在典期内的使用权，后者是这个法律关系的重点；而当，一般仅适用于动产，即是动产所有人将动产当给典当经营者，约定期限赎回，不赎回的，是为绝当，当物所有权归属于权利人。

（二）现行法律体系中的典当关系

2005年公安部、商务部颁布的《典当管理办法》，已经根据现代法律，尤其是物权法律制度对我国传统典当制度进行改造，典当已经成为一种特殊的融资手段和渠道，主要表现在以下几个方面。

1.《典当管理办法》通过第二十五条、第二十六条规范了典当经营者的业务范畴：首先是可以开展的业务范畴，最重要的是前四种：（1）动产质押典当，即动产质押借款；（2）财产权利质押典当，即权利质押借款；（3）房地产（外省、自治区、直辖市的房地产或者未取得商品房预售许可证的在建工程除外）抵押典当业务，即房地产抵押借款；（4）当物变卖，即对绝当的当物加以处置，以清偿债务。与此相对，第二十六条规定了典当经营者不能开展的业务类型，主要是：（1）信用贷款业务（包括无担保借款，或有保证担保借款）；（2）不得向不特定人群或公众吸收或变相吸收存款（即禁止非法集资）；（3）不得进行动产抵押业务（在这里，动产抵押实际上被看作信用借款）等。可以看出，《典当管理办法》中“典”“当”已经是一种借款担保制度，典当经营者已经成为用自有资产对外开展物权担保借款的经营主体。

2.《典当管理办法》规定的典当关系中，已经没有传统法律中的典权关系。传统法律中的典权是一种用益物权，以不动产使用为制度核心。而在《典当管理办法》规定的不动产典当业务中，不动产须办理不动产抵押登记，典当权利人不占有不动产，无用益使用的可能性；而且，根据《典当管理办法》第四十一条第一款之规定，即“典当行在当期内不得出租、质押、抵押和使用当物”，即典当法律关系中典当经营者根本不能对当物（动产、不动产）进行使用。

3.《典当管理办法》根据担保法中的“流质禁令”对绝当制度加以改造。首先，根据《典当管理办法》第四十条第一款典当期限或者续当期限届满后，当户应当在5日内赎当或者续当。逾期不赎当也不续当的，为绝当，这一点与传统法律中的“当”基本相同。其次，根据《典当管理办法》第四十三条，动产当物按估价被分为三万元以下和三万元以上两个部分并分别加以规范：三万元以上的当物一般须委托拍卖，三万元以下的当物由典当经营者自行变卖或折价处理，损益自负。最后，在现行典当制度中，尚不能得出绝当的法律后果是当物的所有权归属典当行的结论，尤其是对于价值3万元以上的当物而言。

【问题45】典当借款关系中保证人应承担连带清偿责任，还是补充清偿责任？

创元典当公司与铁塔公司签订《典当借款合同》《典当借款质押合同》，并与新荣久公司签订《典当借款保证合同》，后因铁塔公司未还本付息，创元公司请求保证人新荣久公司承担连带保证责任。对此，二审法院认为保证人应当承担“补充担保责任”，二审法院的判决是否有误？

分析：典当借款关系中，也会存在担保关系，如保证合同关系，围绕当物质押和典当的不动产抵押担保，但是围绕当物设定的抵、质押不能做一般的抵、质押理解，因为当物特定是典当关系得以建立的前提条件。所以，典当关系当中担保的特殊之处反映在混合担保中的问题即是，保证人承担连带责任还是补充清偿责任。

最高人民法院在其就“安徽创元典当有限责任公司、安徽新荣久农业科技有限公司典当纠纷再审审查与审判监督案”作出的（2016）最高法民申3191号民事裁定书中认为，“《典当管理办法》第四十三条的规定实际上是基于公平原则以及典当的担保属性而对传统典当制度作出的符合现代担保目的的一种改造。但同时，不能据此即得出典当已经不再具有传统意义上的任何特点，而纯粹演化为现代物权法意义上的抵押或质押的结论。上述改造实质上是在尊重典当固有特点的基础上进行的改造，其基本精神应理解为在债务逾期未清偿时，虽然不再以转移当物所有权来直接抵偿债务本息，但应以公开拍卖当物所得价款来优先清偿债务，超出的部分应当退还给出当人，这实际上就是以当物的价值优先冲抵债务。因此，对于典当关系中又同时存在第三人保证的，对第三人保证责任的范围的认定，应有别于《物权法》规定的混合共同担保责任的认定规则，而是应建立在尊重典当固有特点的基础之上，即当事人的约定不应与典当的固有特点相悖，在债务已届清偿期而未获清偿时，应当先以当物的价值清偿债务，保证人对于拍卖当物后不能清偿的债务承担连带保证责任。据此，具体到本案，二审的认定和处理符合典当制度的基本特征，不违反国家关于典当制度的规定，并无不当”。

最高人民法院的上述判决，核心内容是基于典当行为成立的借款担保关系中的混合担保关系不同于一般的混合担保关系，必须顾及典当固有的特点，即一般社会观念中对于典当借款的首要担保即是当物担保的认识，并借此得出除当物形成的物权担保之外的其他担保方式均为当物担保的补充担保。对此，我们赞同最高人民法院的判决内容并认为，典当关系是商事关系，典当经营者系从事专门的典当经营，法律应当对典当经营者承担的基于当物形成的担保的实现风险相较于以贷款为目的的银行信贷业务要求更为严苛。在就当物实现债权出现风险时，典当经营者不能如同银行等金融机构一样，简单地将债权实现的风险转移到当物担保之外的担保之上，但当物担保人提供的非当物的其他物权担保（当物担保人一般为典当借款的债务人）除外。所以，除当物担保人之外的担保人提供的保证担保或抵、质押物权担保均承担的是补充担保责任。对于这一结论，立法上应当给予制度供给，在典当法律制度中给出有别于《物权法》《担保法》的法律规则，尤其是针对当事人在典当借款合同中明确约定典当经营者可以不经当物担保而直接要求第三担保人承担担保责任的情形。具体而言，一方面明确规定典当经营者只能先就当物担保实现债权，而后才能要求第三担保人承担担保责任；另一方面，应当由法律或行政法规规定当事人之间有关典当经营者有权直接要求第三担保人承担担保责任的约定无效。这样，可以使典当经营者回归本位，即围绕当物展开典当经营。

第三节 权利质权

本节的主要内容是就可转让的财产性权利设立权利质权、权利质权的公示方式、实现方式等理论和规定内容进行讨论。因为权利质权涉及票据、股权、基金份额、专利权等知识产权等特殊权利类型，所以司法实践中应格外注意物权法、担保法与这些权利类型相关的专业法律规范的冲突和协调，如《公司法》《票据法》《证券投资基金法》《专利法》等以及与上述权利质押登记相关的法律规范，如《专利权质押登记办法》《应收账款质押登记办法》等，应注重从上述每种权利的本质特征入手理解与质权有关的法律规定。

理论部分

一、权利质权的概念

权利质权是指出质人用依法可转让的财产权利作为客体而设立的质权，该财产权利的权利人即为出质人。与动产质权关系一般仅涉及质权人和出质人不同，权利质权关系不仅涉及质权人和出质人，而且在更大的范围上涉及质押的财产权利所对应的义务人或其他利害关系人，如承兑汇票质押涉及承兑汇票开具行、委托收款行、兑付行。所以，权利质押相比较一般的动产质押更为复杂，尤其是涉及较多当事人或利害关系人，或涉及较为特殊的权利设定质权是否有效等问题。

依据传统民法理论和我国物权法的规定，并非所有的财产权利都可以设定质权，作为质权客体，质押权利须具备以下条件：第一，须为财产权利，除应当具有财产属性之外，人身权不得作为质权的客体；第二，须为可转让的财产权利，法律规定或依权利性质不得转让的权利不得设定质权。至于在《合同法》第七十九条规定的法定不得转让的权利之外，当事人约定不得转让的财产权利是否可以设定质权，须看该约定是否具备对抗第三人的效力。例如，在借款合同中，双方约定借款债权不得转让、不得质押，但是债权人将该笔债权以应收账款质押形式设定质权。

【问题 46】对社保基金理事会的养老金请求权是否可以设定质权？

甲向乙借款，用自己向全国社保基金理事会的养老金请求权提供质押担保，该质权是否有效？

分析：在上述实例中，养老金请求权系具有人身专属性质的权利，故该权利属于《合同法》第七十九条规定的不可转让的权利，因此不能作为客体设定质权；因为即使设定了质权，也会因为无法拍卖、折价以实现质权，所以就该权利设定的质权就像动产质押中就禁止流通物设定质权一样无效。相同的情况也存在于《合同法司法解释（一）》第十二条所规定的专属于出质人自身的债权，如扶养关系、抚养关系、赡养关系、继承关系产生的给付请求权和劳动报酬、退休金、养老金、抚恤金、安置费、人寿保险、人身伤害赔偿请求权等权利。这里需要注意的是安置费，通常是指用于基本生活的费用，而不是所谓的一般额度较大的拆迁安置赔偿款。为了尽可能地避免当事人在实践中就不可转让的债权设定质权，《物权法》第二百二十八条用“应收账款”标明可质押的债权类型，其一般情况应是具备单务性（或债权人已经履行了相对义务）和可转让性特征的债权。

二、权利质权的公示方法

（一）权利质权公示的意义

依据传统民法理论和我国《物权法》等法律规定，物权基于公示而产生法律上的对世公信力。与所有权及用益物权公示仅产生对抗效力不同（如不动产初始登记），对于支配权利交换价值的权利质权而言，公示直接关系到质权是否能够有效设立，因为不能产生对世效力就意味着无法面对出质人的其他债权人及利害关系人直接支配质押权利，并进而获得优先受偿权。例如，在保证金质押所引起的司法判决中，理论和实务界争议的一个非常重要的问题即是保证金质押如何通过公示，获得质权作为物权应当具备的对抗效力。

（二）权利质权公示的方法

权利质权的公示方法应首先着眼于有效阻碍出质人再次处置或实现质押权利（如未经质权人同意兑付质押的承兑汇票），从而增强质权人对质押权利的独占性、支配性，其次才是是否产生对抗效力的问题。权利质权公示的方法通常有以下两种。

1. 交付及“背书”

对于具有文义性、流通性、无因性、要式且可支配性等法律特征的票据，须通过交付阻碍票据出质人使用票据进行支付，或持票向票据债务人主张票据权利，进而实现票据权利。所以，对于可流通票据，如汇票、支票、本票等，须以交付作为公示方法和质权设立的充分必要要件；而票据“背书”将产生票据质权的对抗效力。在这一点上，《物权法》和《票据法》稍有不同：

【问题 47】票据质押，《物权法》《票据法》的规定有何不同之处?

《物权法》第二百二十四条规定，“以汇票、支票、本票、债券、存款单、仓单、提单出质的，当事人应当订立书面合同。质权自权利凭证交付质权人时设立；没有权利凭证的，质权自有关部门办理出质登记时设立”。《担保法司法解释》第九十八条规定，“以汇票、支票、本票出质，出质人与质权人没有背书记载‘质押’字样，以票据出质对抗善意第三人的，人民法院不予支持”。

《票据法》第三十五条第二款规定，“汇票可以设定质押；质押时应当以背书记载‘质押’字样。被背书人依法实现其质权时，可以行使汇票权利”，而本票、支票依据该法第八十条、第九十三条适用汇票规定中的第三十五条第二款。《票据法司法解释》第五十五条规定，“依照票据法第三十五条第二款的规定，以汇票设定质押时，出质人在汇票上只记载了‘质押’字样未在票据上签章的，或者出质人未在汇票、粘单上记载‘质押’字样而另行签订质押合同、质押条款的，不构成票据质押”。

在上述法律规定中，《物权法》规定票据质押以票据的实际交付为质权设立的生效要件，《担保法司法解释》规定“背书”产生对抗效力，而《票据法》强调票据质押的形式要件，规定只有“背书”人才能够在实现质权时行使票据权利，《票据法司法解释》则进一步规定未正确背书的，不构成票据质押。《物权法》《担保法司法解释》和《票据法》《票据法司法解释》之间是否存在矛盾之处?

分析：从上面的法律规定可以看出，《物权法》《票据法》关注的焦点不同，前者关注物权的公示效力，重点在于确定票据质权是否是一项具有对抗效力的对世性权利；而后者则是根据票据法实践，确定如何就票据设定质权不会引发不必要的纠纷，旨在降低票据质押在质权设定，和纠纷处理过程中的不确定性，因而更加具有可操作性。在分析两者之间的不同之处时，应明确以下两个问题。

（1）票据质权设立的要件为何?

根据《物权法》第二百二十四条，即票据质权自票据交付质权人时设立的规定，票据质权的设立以交付票据为生效要件。而《票据法》第三十五条第二款规定，“汇票可以设定质押；质押时应当以背书记载‘质押’字样”，《票据法司法解释》第五十五条规定，“……出质人未在汇票、粘单上记载‘质押’字样而另行签订质押合同、质押条款的，不构成票据质押”。对《物权法》和《票据法》两个规则体系，理论界认为存在矛盾之处，即按《物权法》规定只要交付票据，即使未在票据上背书“质押”字样，也可以有效设立票据质权，但是按《票据法》规定则不能构成票据质押，当然也就无所谓票据质权。那么，票据质权设立的要件到底为何?

对于上述问题，我们认为，应当区分质权的内部关系和外部关系，即质权人和出质人之间的质押内部关系和质权设定对第三人的质押外部关系。在这一区分的基础上，按照《物权法》和《担保法司法解释》的思路，未进行“质押”背书就票据设定质权的，仅产生质权人和出质人之间的质权关系；但对于质权人和出质人之外的第三人而言，则根据《票据法司法解释》第五十五条的规定因为没有“质押”背书，视为质权人未取得质押权利。从这个角度出发，《票据法司法解释》更适合于处理第三人与票据当事人之间的民事纠纷。

（2）“质押”背书的效力如何?

上述结论仅是在字面意义上对现行法律进行分析，但将该结论用于实践必须结合票据的文义性和无因性进一步分析“质押”背书的实际法律效力。

根据《票据法》第三十五条第二款之规定，在票据质押的情况下，被背书人（即质权人）依法实现其质权时，可以行使汇票权利。那么，只交付未背书的质权人是否可以行使汇票权利呢? 根据《票据法》第五十七条之规定，即“付款人及其代理付款人付款时，应当审查汇票背书的连续”，也即是说，对于未“背书”的质权人，因其不在背书记载的内容当中，其根本无法以自己的名义向票据债务人主张权利（即提示付款或行使追索权），从而实现票据权利，使自己的债权得以清偿。此时，质权人只能请求出质人提示付款或进行追索（即行使票据权利），再将所得款项转交给自己，而一旦出质人不予协助，必将导致诉讼。

在实践中，还存在未背书而转让、处分票据的情况，根据《票据法》第三十一条后半句的规定，即“非经背书转让，而以其他合法方式取得汇票的，依法举证，证明其汇票权利”，质权人在未背书的情况下须就自己享有票据质权而承担举证责任。但根据《票据法司法解释》第五十五条的规定，即“出质人未在汇票、粘单上记载‘质押’字样而另行签订质押合同、质押条款的，不构成票据质押”，即使是在提交质权合同的情况下，质权人也无法举证自己享有质权，结果是其当然无法行使票据质权。

综上，《票据法》和《票据法司法解释》并未从根本上否认未进行质押“背书”，而是仅仅基于交付设立票据质权的法律效果；但为了保护其他持票人、票据债务人，为了保障票据的流通性，上述两部规范性文件用自己的规定将《担保法司法解释》第九十八条“以票据出质对抗善意第三人的”中的对抗效力的善意标准降低，即无论第三人是否知晓票据质押事实，只要未见到“质押”背书，均可对票据质押不予理睬。在结果上，对于质权人而言，未背书、仅以票据交付设立的质权根本无法获得质权的优先效力，其只能起到阻止出质人向票据债务人行使票据权利，或处置质押票据的权利的实际效果；或者说，只能起到质权人合法占有，或在公示催告程序中对抗出质人的效果。

2. 登记

对于须通过变更登记完成权利转让的权利，如债券、基金份额、股权、上市公司股份、专利权等知识产权等，须通过质权登记阻碍出质人再次处置质押权利，所以权利登记即成为权利质权设立的有效要件。

【问题 48】发明专利怎样设定质权?

甲公司向乙银行借款，用自己的一项发明专利提供质押担保，需要办理哪些手续以设定专利权质权?

分析：甲公司须根据国家知识产权局颁布的《专利权质押登记办法》所规定的有关办理专利权质押的要求，提供相关的资料和质权合同申请进行质权登记，质权自国家知识产权局质押登记时设立。所以，发明专利设定质权，需要签署质权合同，并至知识产权管理机关进行质押登记，方可有效设立质权。

这里需要注意的是，在上市公司股票、专利权、商标权等权利设定质权时，登记为质权设立的有效要件，理解和掌握时应注意按照相关法律、法规，特别是登记机关出台的管理规定进行权利登记，如《证券公司股票质押贷款管理办法》《工商行政管理机关股权登记办法》《专利权质押登记办法》《注册商标专用权质权登记办法》《著作权质权登记办法》《应收账款质押登记办法》《个人、单位定期存单质押贷款管理规定》等。

三、权利质权的类型及设立

根据《物权法》《担保法》的规定，依据质押权利的类型以及质权有效设立的方式不同，可以将权利质权主要分为以下几种类型。

（一）有价证券质权

1. 可质押的有价证券

可转让的有价证券可以作为客体设定质权，这些有价证券包括汇票、支票、本票、债券、存款单、仓单、提单。根据《票据法》第十九条的规定，汇票是出票人签发的，委托付款人在见票时或者在指定日期无条件支付确定的金额给收款人或者持票人的票据。根据汇票付款人的不同，汇票分为银行汇票和商业汇票。根据《票据法》第七十三条的规定，本票是出票人签发的，承诺自己在见票时无条件支付确定的金额给收款人或者持票人的票据。实践中，本票一般是指银行本票。根据《票据法》第八十二条的规定，支票是出票人签发的，委托办理支票存款业务的银行或者其他金融机构在见票时无条件支付确定的金额给收款人或者持票人的票据。

债券是政府、金融机构、公司企业等直接向社会借债筹措资金时，向投资者发行，同时承诺按一定利率支付利息并按约定条件偿还本金的债权债务凭证。债券所表明的本质上是一种债权债务关系，债券发行人是债务人，购买债券的投资者是债权人。债券根据发行人的不同，分为政府债券、金融机构债权以及公司债券。其中，政府债券是指中央或地方政府发行的，承诺在一定时期支付利息和到期偿还本金的债权债务凭证，如记账式国债。金融机构债券，以银行间债券市场的金融债券为例，根据中国人民银行发布的《全国银行间债券市场金融债券发行管理办法》第二条的规定，本办法所称金融债券，是指依法在中华人民共和国境内设立的金融机构法人在全国银行间债券市场发行的、按约定还本付息的有价证券。本办法所称金融机构法人，包括政策性银行、商业银行、企业集团财务公司及其他金融机构。根据《公司法》第一百五十三条规定，公司债券是指公司依照法定程序发行、约定在一定期限还本付息的有价证券。

根据国务院颁布的《储蓄管理条例》第二条的规定，存款单是表明单位或个人与储蓄机构的储蓄关系，储户用以请求储蓄机构支取存款本金和利息的有价证券。根据《合同法》第三百八十七条的规定，仓单是提取仓储物的凭证。存货人或者仓单持有人在仓单上背书并经保管人签字或者盖章的，可以转让提取仓储物的权利。根据《海商法》第七十一条的规定，提单是指用以证明海上货物运输合同和货物已经由承运人接收或者装船，以及承运人保证据以交付货物的单证。提单中载明的向记名人交付货物，或者按照指示人的指示交付货物，或者向提单持有人交付货物的条款，构成承运人据以交付货物的保证。

上述有价证券，除仓单、提单具有债权和物权凭证双重特质之外，其他有价证券在本质上表明的都是一种债权债务关系，是有价证券权利人要求义务人给付一定金钱或货物的凭证。这种债权关系通过证券的单证化而具备流通性，从而能够进行质押，质权的客体即是这些证券载明的债权权利。

2. 有价证券质权的设立

有价证券设立质权的，分为以下两种情况：

第一，有权利凭证的，质权自权利凭证交付债权人时设立，如汇票、支票、本票等，而背书产生对抗第三人的对世效力。因为权利凭证（即票据）的流通性和无因性，使得权利发生、转移、行使均须依据权利凭证才能进行，故一般以交付为质权有效设立的要件。

第二，没有权利凭证，或即使有凭证，但因为须在单证上记载权利人的名称（虽然实践中也有记名的债券和提单，但为数不多），而仅具有相对流通性，质权自有关机关和主体办理出质登记时设立。例如，记账式国债债券须到中央国债登记结算中心办理出质登记，在证券交易所上市交易的公司债券须到证券登记结算机构办理出质登记。

【问题 49】承兑汇票未进行"背书"，质押是否有效？

自然人甲向乙借款20万元，并在借款合同中约定甲用一张20万元的以甲自己为收款人的银行承兑汇票提供质押担保，并向乙交付了该汇票，但未在票据备注栏中进行"质押"背书。后，乙用该汇票向丙支付货款。借款到期后，甲未向乙履行还本付息义务，乙请求就此汇票所载的款项优先受偿，其请求是否于法有据？

分析：在上述实例中，虽然出质人甲将票据交付于乙，质权根据《物权法》已经有效设立，但只要丙根据《票据法》第三十一条后半句的规定，即"非经背书转让，而以其他合法方式取得汇票的，依法举证，证明其汇票权利"证明自己系基于买卖合同获得上述汇票，其就能够取得票据权利，并可以作为持票人向票据义务人提示付款，以实现票据权利。所以，乙请求就此汇票所载的款项优先受偿，其请求于法无据。但在实践中，丙主张票据权利，承兑或主张追索权，会因为没有连续的背书而很难自行主张权利，只能通过公示催告或诉讼程序主张自己对票据享有权利。

对于甲而言，如果丙通过司法程序实现票据权利，其可以基于《物权法》第二百二十九条、《担保法》第八十一条之规定，即“权利质押除适用本节规定外，适用本章第一节的规定”，适用《物权法》第二百一十四条、《担保法司法解释》第九十三条之规定，即“质权人在质权存续期间，未经出质人同意，擅自使用、处分质押财产，给出质人造成损害的，应当承担赔偿责任”，要求乙承担赔偿责任。

（二）基金份额、股权、专利权等知识产权

1. 基金份额

基金以发行的要求、程序和发行对象的范围作为区分标准分为私募基金和公募基金。

私募基金以其组织结构为标准分为公司式基金、有限合伙式基金和契约式基金。其中，公司式私募基金中的公司一般是指有限责任公司，而基金份额实际上就是公司的股权，应当参照有限责任公司股权质押的相关规定办理质押手续设立质权。对于有限合伙式私募基金，基金份额实际就是合伙人在合伙企业中的财产份额，应当参照《合伙企业法》中有关合伙份额质押的规定设立质权。对于契约式基金，权利人所享有的基金份额在本质上是其以契约收取投资收益的权利，因契约式基金对应的财产不具备完全的独立性，所以收取收益的权利实际上是一种债权，故应当按照债权质押的规定设立质权。

公募基金以基金募集资金的用途分为投资股票等证券的证券投资基金和投资其他非证券项目的其他基金，前者由《证券投资基金法》加以规范，质权自基金份额登记机构办理出质登记时设立；对于其他基金类型，我国目前尚未有明确而具体的法律规定。

2. 股权

股权作为质权的客体，主要是指我国《公司法》中规定的有限责任公司的股权，以及股份公司的股份。就股份公司股份设立质权的，应当进一步区分为上市公司股份质押和非上市公司股份质押两种情况。对于上市公司的股份，股份质权自证券登记结算机构办理出质登记时设立；对于非上市公司股份以及有限责任公司股权质押，质权自工商行政管理部门办理出质登记时设立。

这里需要特别注意的是，因为股权设定质权的，在实现质权时，设定质权的股权均有潜在的以拍卖、折价、变卖的方式进行处分的可能性。所以，在股

权设定质权时，对于仅具有相对流通性的股权需要按照股权转让的程序和方式设定质权：第一，除质权人为公司其他股东的情况之外，有限责任公司的股权一般需要向登记机关提交同意股权设定质权的股东大会决议，或按照《公司法》的规定征求其他股东的书面同意；违背上述规定，签订质权合同，或设定质权的，该质权无效。第二，对于股份有限公司的股份，设定质权不得违背《公司法》中有关发起人股东，或董、监、高股东限制股份转让的法律规定，如发起人持有的本公司股份，自公司成立之日起一年内不得转让。违背上述规定，签订质权合同，或设定质权的，质权合同和质权均无效。

另外，对于特殊公司法人股权设定质权，法律可能会有特别限制和程序性要求，如对外贸易经济合作部、国家工商行政管理局颁布的《关于外商投资企业投资者股权变更的若干规定》第六条第一款规定，“经企业其他投资者同意，缴付出资的投资者可以依据《担保法》的有关规定，通过签订质押合同并经审批机关批准将其已缴付出资部分形成的股权质押给质权人。投资者不得质押未缴付出资部分的股权。投资者不得将其股权质押给本企业”。可见，对于外资企业，股权设定质权尚须经审批机关批准，并向原登记机关办理备案。

3. 知识产权

发明、实用新型、外观设计专利，以及注册商标专用权、著作权等知识产权中具备流通性特征的权利内容也可以设定质权，质权自上述权利在管理机关办理出质登记时有效设立。其中，发明、实用新型、外观设计专利在专利局办理出质登记，注册商标专用权在工商行政管理部门办理出质登记，著作权在版权局办理出质登记。

（三）应收账款

关于应收账款，我国《担保法》《物权法》均未给出法定概念。中国人民银行颁布的《应收账款质押登记办法》第二条明确规定，应收账款即指“权利人因提供一定的货物、服务或设施而获得的要求义务人付款的权利以及依法享有的其他付款请求权，包括现有的和未来的金钱债权，但不包括因票据或其他有价证券而产生的付款请求权”。根据上述规定，应收账款既包括现有的，也包括未来的金钱债权，同时还包括非金钱债权的其他收益；该办法第二条还以不完全列举的方式列举了通常情况下的应收账款：（1）销售、出租产生的债权，包括销售货物，供应水、电、气、暖，知识产权的许可使用，出租动产或不动产等；（2）提供医疗、教育、旅游等服务或劳务产生的债权；（3）能源、交通运输、水利、环境保护、市政工程等基础设施和公用事业项目收益权；（4）提供贷款或其他信用活动产生的债权；（5）其他以合同为基础的具有金钱给付内容的债权。实践中，争议较大的是上述权利质权设定及实现过程中的两个问题。

第一，权利质权的合法性和设定方式问题

实践中，一些质押的权利涉及公共利益，故设定质权是否合法，争议较大。根据《担保法》第三十七条的规定，“下列财产不得抵押：……（三）学校、幼儿园、医院等以公益为目的的事业单位、社会团体的教育设施、医疗卫生设施和其他社会公益设施；……”，《担保法司法解释》第五十三条规定，“学校、幼儿园、医院等以公益为目的的事业单位、社会团体，以其教育设施、医疗卫生设施和其他社会公益设施以外的财产为自身债务设定抵押的，人民法院可以认定抵押有效”，就高校学生公寓的收费权设定质权是否违背上述规定，存在疑问。根据《中国人民银行、教育部关于进一步解决学生公寓等高等学校后勤服务设施建设资金问题的若干意见》第一条的规定，“商业银行要积极开展学生公寓收费权质押贷款业务，应与借款人签定书面质押合同。质押合同必须经省级教育行政部门审批和统一登记，自登记之日起生效”。从上述规定可以看出，我国有关权利质权的规定，完全是以实用为导向，即质权设定是否能够解决特定主体的融资担保问题。这里，行政机关的审批和登记有两个作用：（1）因公寓收费是经行政机关行政许可的收费事项，故须行政机关审批以保障收费及许可目的实现；（2）公寓收费权质押经审批和登记，实际上是质权的公示方式之一，提供和保障质权对抗第三人的对世效力。

所以，在审查某种权利是否能够设定权利质权时，应着重审查国家有关部门是否出台了相关的规定，以及是否规定了相应的出质登记主体和程序。例如，《国务院关于收费公路项目贷款担保问题的批复》规定，公路收费权质押由省级人民政府批准，地市级以上交通主管部门为登记部门；《国务院办公厅关于农村电网建设与改造工程贷款担保和贷款偿还期限问题的复函》规定，电费收益权质押由省级物价部门批准，地市级以上电力主管部门作为电费收益权质押的登记部门。如果国家有关部门没有出台相关的管理规定，那么一般情况下是由该收费权的行政管理机关审批和登记。

第二，权利质权实现时的实现方式问题

《应收账款质押登记办法》第二条规定的可予质押的应收账款很多涉及特殊行业，如公用水、电、气等，这些行业的收益是以专业、有效运营为前提。如果按照传统质权拍卖、折价、变卖的方式实现质权，有可能会使该应收账款因受让主体不专业而导致不能进行有效运营，最终导致无法取得收益。所以，最高人民法院指导案例53号“福建海峡银行股份有限公司福州五一支行诉长乐亚新污水处理有限公司、福州市政工程有限公司金融借款合同纠纷案”所涉案件的审理法院，放弃传统的实现质权的方式，转而判决质押收益权所涉项目仍然由出质人经营，而质权人仅就该项目未来产生的实际收益享有优先受偿权，这一针对案件实际情况作出的判决非常具有可操作性。

制度部分

我国有关权利质权的法律条文被规定在《物权法》《担保法》以及《担保法司法解释》这三个有关担保的一般性规范性文件，以及《公司法》《票据法》《海商法》等专业性法律规范当中。

一、可予质押的权利

《物权法》第二百二十三条用不完全列举的方式规定了可予设定质权的财产性权利：（1）汇票、支票、本票；（2）债券、存款单；（3）仓单、提单；（4）可以转让的基金份额、股权；（5）可以转让的注册商标专用权、专利权、著作权等知识产权中的财产权；（6）应收账款；（7）法律、行政法规规定可以出质的其他财产权利。相较《担保法》第七十五条的规定，有两个方面的变化：第一，增加了应收账款，即债权质押；第二，明确了可以规定权利质押的法源，即法律、行政法规。

二、权利质权设立

（一）汇票、支票、本票、债券、存款单、仓单、提单质权的设立

1. 质权设立

《担保法》第七十六条规定，“以汇票、支票、本票、债券、存款单、仓单、提单出质的，应当在合同约定的期限内将权利凭证交付质权人。质押合同自权利凭证交付之日起生效”。《物权法》第二百二十四条规定，“以汇票、支票、本票、债券、存款单、仓单、提单出质的，当事人应当订立书面合同。质权自权利凭证交付质权人时设立；没有权利凭证的，质权自有关部门办理出质登记时设立”。《票据法》第三十五条第二款规定，“汇票可以设定质押；质押时应当以背书记载

‘质押’字样。被背书人依法实现其质权时，可以行使汇票权利”。

在上述法律规范中，《担保法》《物权法》均以汇票、本票等权利凭证的交付作为质权有效设立的必要充分条件，但《票据法》的规定还另外提出了质押应当进行“质押背书”的要求。所以，在上述票据权利设立质权时，应当在进行“质押背书”后，交付权利凭证。

【问题50】在银行对承兑汇票承兑后，兑付垫款前，保证金被保全冻结，银行对保证金是否享有优先权？

2011年12月6日，艳丰公司与郑某某签订《借款合同》，借款8000万元。同日，艳丰公司与大连银行沈阳分行签订《汇票承兑合同》，沈阳分行开具承兑汇票共计8张，全部汇票金额合计为8000万元，出票人均为艳丰公司，收款人均为首创公司，出票日期均为2011年12月6日，汇票到期日均为2012年6月6日，艳丰公司于汇票承兑前，在沈阳分行开立针对本合同项下汇票的保证金专用账户（账户为10×××23）并存入汇票金额100%的保证金，保证金金额为8000万元整。同日，艳丰公司存入8000万元，沈阳分行开具8张银行承兑汇票，该等汇票正面“本汇票已经承兑，到期日由本行付款”处加盖了汇票专用章，之后将该8张汇票交付给出票人艳丰公司。汇票上未填写承兑日期。2012年5月23日、2012年5月25日，中国邮政储蓄银行有限责任公司辽宁省分行、中国民生银行股份有限公司深圳分行分别以委托收款形式对前述8张银行承兑汇票进行收款。2012年5月28日，廊坊市中级人民法院裁定冻结了艳丰公司在大连银行沈阳分行文艺路支行开立的账户10×××23中的保证金8000万元。2012年6月6日，大连银行沈阳分行文艺路支行对上述8张汇票总计金额8000万元进行了付款。本案中，争议的核心焦点问题是：（1）沈阳分行是否对8000万元享有质权；（2）8000万元的质权是否系沈阳分行在保全冻结后对外付款而产生的债权关系的担保。

分析：本案中，核心的法律适用问题是对最高人民法院、中国人民银行《关于依法规范人民法院执行和金融机构协助执行的通知》（法发〔2000〕21号）第九条的适用，即“人民法院依法可以对银行承兑汇票保证金采取冻结措施，但不得扣划；如果金融机构已对汇票承兑或者已对外付款，根据金融机构的申请，人民法院应当解除对银行承兑汇票保证金相应部分的冻结措施。银行承兑汇票保证金已丧失保证金功能时，人民法院可以依法采取扣划措施”。即如果银行已经对外承兑或付款，其可以申请解除法院对8000万元的保全冻结，并优先受偿；如果没有，则无权就该保证金优先受偿。本案中，在一、二审法院判令沈阳分行对保证金不享有优先受偿权的诸项理由中，有两点需要关注：（1）在艳丰公司向沈阳分行申请银行承兑汇票并签订8000万元《汇票承兑合同》之际，合同约定的出票人艳丰公司与收款人首创公司之间并不存在真实的交易关系和债权债务关系；（2）在法院已经采取冻结措施的情况下，沈阳分行不考虑此款项交易存在的风险，无视法院的冻结措施，仍对外继续承兑，继续付款，存在重大过错。

最高人民法院在其就本案“抚顺市艳丰建材有限公司、郑某某与大连银行股份有限公司沈阳分行案外人执行异议之诉审判监督案”作出的（2015）民提字第175号民事判决书中认为：（1）沈阳分行对案涉资金的质权有效，享有优先受偿权，这一问题的论述详见前文金钱质押部分有关保证金的论述；（2）艳丰公司与首创公司之间的基础交易关系，属于票据取得的原因关系，而票据作为要式证券，文义性、无因性是其重要特征，票据关系一经成立，即与票据取得的原因关系相脱离，无论其原因关系是否存在及是否有效，均不影响票据本身的效力。所以，债权人沈阳分行，对案涉保证金享有优先受偿权，可以排除保全法院对保证金账户的冻结措施。

我们认为，在承兑汇票问题上，银行和债务人之间实质意义上的借款关系产生于银行就承兑汇票对外付款行为，在保证金存在敞口的情况下，敞口部分借款利息也系自银行对外垫款付款时起算。但是，银行自承兑，持票人提示付款，到对外付款的整个过程中，如何处理保全或执行法院对保证金的保全或执行措施就极为棘手。因为银行在正式对外付款之前，付款对银行而言仅仅是一个或有债务，实践中存在汇票到期，并无持票人要求承兑付款的情形。在此情形下，保证金质押担保的债权并未最终产生，保证金即告失去担保功能，这也是《关于依法规范人民法院执行和金融机构协助执行的通知》第九条最后规定“银行承兑汇票保证金已丧失保证金功能时，人民法院可以依法采取扣划措施”的原因。最高人民法院在判决中认为“沈阳分行在出票的同时已经在汇票正面‘本汇票已经承兑，到期日由本行付款’处加盖了汇票专用章，即进行了承兑。大连银行沈阳分行一经承兑，则负有汇票到期无条件交付票款的责任，且已经实际履行该付款责任”，实际上是在用这种方式确保票据的流通性，保证其能够作为一种流通手段。

【问题51】跟单信用证法律关系中，提单是否起到质押的作用？

建行荔湾支行与蓝粤能源签订《贸易融资额度合同》后，又分别与粤东电力、蓝海海运、蓝某某签订《最高额保证合同》。后，荔湾支行为蓝粤能源开出跟单信用证，并与蓝某某签订《最高额股权质押合同》，蓝粤能源将该信用证作为支付手段购买了煤炭164998吨。最终，荔湾支行就该信用证发生垫款，蓝粤能源在款项到期后未能足额清偿欠款，构成违约。该案件审理过程中，与提单有关的焦点是：第一，荔湾支行是否对煤炭享有所有权；第二，荔湾支行是否对煤炭享有优先权。

案件审理过程中，人民法院查明以下事实：（1）蓝粤能源将煤炭提单交付荔湾支行，但双方约定中并无以煤炭抵偿欠款的约定（注：即使有，该约定亦有流质嫌疑）；（2）煤炭进口港场地集团以拖欠煤炭堆放费为由申请诉前财产保全查封标的煤炭。

分析：最高人民法院在其就本案“中国建设银行股份有限公司广州荔湾支行与广东蓝粤能源发展有限公司、惠来粤东电力燃料有限公司等信用证开证纠纷申请再审案”作出的（2015）民提字第126号民事判决书中对跟单信用证项下各方的权利义务有极为详细的论述，具有极强的参考意义。

在该判决中，对于荔湾支行认为提单是所有权凭证，故其为案涉煤炭的所有权人的观点，最高人民法院法官不予支持，具体理由是：（1）“《最高人民法院关于审理无正本提单交付货物案件适用法律若干问题的规定》第三条第一款规定：‘承运人因无正本提单交付货物造成正本提单持有人损失的，正本提单持有人可以要求承运人承担违约责任，或者承担侵权责任。’提单持有人之所以可以要求承运人承担违约责任，是基于提单的债权凭证属性，其系享有提单所载权利的债权人；而提单持有人之所以可以要求承运人承担侵权责任，是基于提单的所有权凭证属性，其系提单项下货物的所有权人或基于所有权所设定的他物权人。显然，该司法解释亦认可了提单具有所有权凭证和债权凭证的双重属性”。（2）尽管对于承运人而言，“提单是承运人决定放货与否的唯一凭证和依据，见单就可以放货，且见单就应该放货。至于提单持有人有无法律上的原因或依据，以及基于何种法律上的原因或依据而持有提单，均无须审查、无须过问。但是，对于提单持有人而言，其依法正当地向承运人行使提单权利，应具有法律上的原因或依据，亦即以一定的法律关系存在为前提。同样是交付提单，既可能是基于委托保管提单关系，亦可能是基于货物买卖关系，还可能是基于设立提单权利质押或提单项下货物动产质押关系，等等。基于不同的法律关系，提单持有人享有不同的权利。如果仅仅是基于委托保管提单的法律关系，提单持有人固然可凭单要求承运人交付货物，但如其主张对货物享有所有权或他物权，则显然不具有合法性和正当性；在基于货物买卖关系的情况下，交付提单，就是转让提单所表征的债权请求权及物权请求权，构成《中华人民共和国物权法》第二十六条所规定的指示交付，产生提单项下货物所有权转移的法律效果；在基于设立提单权利质押关系的情况下，交付提单，产生提单权利质押设立的法律效果。也就是说，虽然提单的交付可以与提单项下货物的交付一样产生提单项下货物物权变动的法律效果，但提单持有人是否就因受领提单的交付而取得物权以及取得何种类型的物权，均取决于其所依据的合同如何约定。其中的道理与动产交付一样，动产占有人受领动产的交付，究竟是享有所有权、动产质权，还是基于合同关系的占有，均取决于当事人之间的合同如何约定”。简单地讲，荔湾支行是否有提单项下所有权，须看荔湾支行系基于什么法律关系获得提单，该法律关系可能是保管、担保，更可能是基于荔湾支行与蓝粤能源之间的买卖合同而受让提单。(3)“建行荔湾支行与蓝粤能源于2011年12月5日签订的《贸易融资额度合同》及《关于开立信用证的特别约定》，均没有关于在蓝粤能源不能付款赎单情况下建行荔湾支行对提单项下货物享有所有权的任何约定。2012年11月2日蓝粤能源向建行荔湾支行出具的《信托收据》载明，一旦建行荔湾支行向蓝粤能源交付或者同意蓝粤能源使用信用证项下的货物或该货物的权利凭证、单据等文件，自该收据出具之日起建行荔湾支行取得信用证项下所涉单据和货物的所有权。根据《信托收据》的上述记载，建行荔湾支行虽持有提单，但并非当然对提单项下货物享有所有权，只有在建行荔湾支行将提单或提单项下货物交由蓝粤能源处置的情况下，蓝粤能源才让与其提单项下货物的所有权。事实上，建行荔湾支行并未将案涉提单或提单项下货物交由蓝粤能源处置，《信托收据》当然亦不能作为其取得提单项下货物所有权的合同依据。因此，建行荔湾支行关于‘提单是所有权凭证，其合法持有提单，就享有提单项下货物所有权’的主张，缺乏事实与法律依据，本院不予支持”。“在没有合同依据又没有法律依据的情况下，如果既认定建行荔湾支行对提单项下货物享有所有权，又认定蓝粤能源承担信用证项下全部款项的偿付义务，将导致双重受偿的后果”。

对于荔湾支行是否就提单项下货物享有质权，最高人民法院法官认为，“综合合同约定以及案件事实，可以认为其指的就是提单权利质押，理由如下：其一，跟单信用证的基本机制和惯例就是开证行持有提单，开证申请人付款赎单，开证申请人不付款，开证行就不放单，可见，开证行持有提单的目的是担保其债权的实现。如前所述，开证行对提单项下货物并不享有所有权，如果不认定其对提单或提单项下货物享有担保物权，这将完全背离跟单信用证制度关于付款赎单的交易习惯及基本机制，亦完全背离跟单信用证双方当事人以提单等信用证项下的单据担保开证行债权实现的交易目的。其二，《关于开立信用证的特别约定》第九条第二款除约定了上述第四项、第五项内容外，还约定了第三项，即一旦蓝粤能源违约或发生《贸易融资额度合同》中约定的可能危及建行荔湾支行债权的情形之一的，建行荔湾支行有权‘处分信用证项下单据及／或货物’。该约定表明，建行荔湾支行有权以自己的意思处分提单及／或提单项下货物，处分当然包括设定提单质押”。

我们认为，最高人民法院的判决是在债权人荔湾支行既要求对提单项下货物享有所有权，又要求对其行使质权的情况下，依照当事人的约定，和跟单信用证法律关系的本质特征作出的判决。如果当事人在相关协议中约定债权人可选择就提单项下货物行使质权，或选择接受提单让与，并用以抵偿欠款，而且在债权到期后与债务人就提单项下货物抵偿债务达成一致，并不再主张其他担保权利和履行通知承运人义务，那么本案在结果上将会出现荔湾支行获得提单所有权的判决内容。关于处理荔湾支行对提单的质权和进口港场地对提单项下货物的留置权之间的关系，最高人民法院认为“由于提单具有物权凭证属性，建行荔湾支行行使提单质权的方式与行使提单项下动产质权的方式相同，即对提单项下货物折价、变卖、拍卖后所得的价款享有优先受偿权。根据本院查明的事实，提单项下货物已被其他法院所查封，且有关法院已依据生效判决采取执行措施。对此，建行荔湾支行虽然提出了案外人异议，但这不影响本院继续审理本案，并认定建行荔湾支行享有提单质权。建行荔湾支行可以依据本判决向执行法院请求参加执行分配，其提单质权如果与其他债权人对提单项下货物所可能享有的留置权、动产质权等权利产生冲突的，可在执行分配程序中依法予以解决”。对此，我们认为，根据担保法的相关规定，场地集团因堆放费债权而就提单项下货物的留置权应优先于荔湾支行的质权得以实现。

2. 票据无因性对票据质权有效性的关系

《票据法》第十二条规定：以欺诈、偷盗或者胁迫等手段取得票据的，或者明知有前列情形，出于恶意取得票据的，不得享有票据权利。持票人因重大过失取得不符合本法规定的票据的，也不得享有票据权利。由该规定可见，尽管票据具有无因性，但对于该条规定的取得票据情形，《票据法》并不认可持票人合法持票人身份，持票人不能享有票据权利。因此，票据具有无因性并非表明人民法院不应审理持票人取得票据的手段是否合法的事实。

【问题 52】质押票据系出质人非法所得，是否影响质权人行使票据质权？

浦发保俶支行与宏昌公司签订《流动资金借款合同》，约定由浦发保俶支行向宏昌公司发放流动资金贷款。为担保还本付息，浦发保俶支行与宏昌公司同日签订《权利最高额质押合同》，约定宏昌公司以一张带有编码的电子商业承兑汇票出质，出票人（承兑人）为中铁公司，收票人为宏昌公司。同日，宏昌公司通过中国人民银行商业汇票管理系统向浦发银行保俶支行交付汇票，浦发保储支行通过该系统签收。上述电子商业承兑汇票到期，浦发保储支行通过中国人民银行商业汇票管理系统向中铁公司提示付款（委托收款）遭拒付。

商业汇票承兑人中铁公司认为其不应当承担本案票据责任，主要理由之一是质押行为无效，因为案涉汇票系宏昌公司欺诈所得，中铁公司与宏昌公司并无票据项下的真实交易。对此，浙江高院在其就本案作出的（2016）浙民终945号民事判决书中认为，“根据票据行为独立性原则，在基本票据行为有效的情况下，不管上诉人主张的宏昌公司欺诈取得票据事由能否成立，均不影响作为附属票据行为的本案票据质押行为的效力。《中华人民共和国票据法》第十三条第一款规定：‘票据债务人不得以自己与出票人或者与持票人的前手之间的抗辩事由，对抗持票人。但是，持票人明知存在抗辩事由而取得票据的除外。’具体到本案，根据票据无因性原则，中铁公司与宏昌公司之间无论是否存在真实的交易，均不影响持票人浦发保储支行行使票据权利”。

分析：根据中国人民银行《电子商业汇票业务管理办法》第五十一条之规定，“电子商业汇票的质押，是指电子商业汇票持票人为了给债权提供担保，在票据到期日前在电子商业汇票系统中进行登记，以该票据为债权人设立质权的票据行为”，宏昌公司通过中国人民银行商业汇票管理系统向浦发银行保储支行交付汇票，票据质权即有效设立。至于出质人获取汇票是否违法，则根据票据无因性和独立性的特征，不影响质权人对票据享有质权优先权。因此，根据《票据法》第十三条第一款之规定，除非浦发保储支行知晓中铁公司的抗辩事由，否则其有权持票向中铁公司主张权利。那么，何为抗辩事由？例如，甲向乙开具商业汇票用于支付货款，但乙向甲交付的货物存在质量瑕疵，甲作为出票人根据合同法第一百一十条的规定有权要求降低价款，并借此对乙持票兑付的请求提出抗辩。此时，如果乙将甲交付的汇票质押给第三人丙，那么在丙知晓甲的抗辩事由的情况下，其就无法持票足额向出票人、承兑人甲主张票据权利。

（二）基金份额、股权、知识产权质权

1. 基金份额质权

关于私募基金的份额设定质权，如果是有限责任公司制私募基金，参见下文有关公司股权设定质权的规定。如果是有限合伙制私募基金，实际上就是合伙份额设定质权，应当分为普通合伙份额和有限合伙份额。普通合伙份额设定质权的，根据《合伙企业法》第二十五条之规定，即“合伙人以其在合伙企业中的财产份额出质的，须经其他合伙人一致同意；未经其他合伙人一致同意，其行为无效，由此给善意第三人造成损失的，由行为人依法承担赔偿责任”，需要

经过其他合伙人的同意，否则质权合同有效，但质权无效。有限合伙份额设定质权的，根据《合伙企业法》第七十二条之规定，即“有限合伙人可以将其在有限合伙企业中的财产份额出质；但是，合伙协议另有约定的除外”，这一规定与上述第二十五条的规定不同。实践中，有观点认为应将其理解为应当将有限合伙份额类比参照有限公司的股权，不需要像普通合伙份额那样须有其他合伙人的一致同意。另外，《合伙企业法》未提及合伙份额设定质权的程序和公示方法，实践中一般参照股权质押的相关规定，即合伙企业财产份额质押应当到工商行政管理部门办理出质登记。

关于公募基金，《证券投资基金法》第一百零三条规定，证券投资基金基金份额登记机构以电子介质登记的数据，是基金份额持有人权利归属的根据。基金份额持有人以基金份额出质的，质权自基金份额登记机构办理出质登记时设立。

2. 股权质权

《物权法》第二百二十六条统一规定了基金份额、股权质权的设立，即“当事人应当订立书面合同。以基金份额、证券登记结算机构登记的股权出质的，质权自证券登记结算机构办理出质登记时设立；以其他股权出质的，质权自工商行政管理部门办理出质登记时设立”。根据上述规定，就股权设定质权的，如果是以证券登记结算机构登记的股权出质的，质权自证券登记结算机构办理出质登记时设立；以其他股权出质的，质权自工商行政管理部门办理出质登记时设立。

需要注意的是，对于股份有限公司和有限责任公司股权质押，《担保法》第七十八条和《担保法司法解释》第一百零三条分别要求适用《中华人民共和国公司法》有关股份和股权转让的有关规定。实践中，工商行政管理部门办理出质登记时均要求当事人根据现行《公司法》有关股权转让的条件、程序办理股权质押，并提交相应的出质登记资料。

3. 知识产权质权

根据《担保法》第七十九条的规定，以依法可以转让的商标专用权、专利权、著作权中的财产权出质的，出质人与质权人应当订立书面合同，并向其管理部门办理出质登记。质押合同自登记之日起生效。

根据《物权法》第二百二十七条的规定，以注册商标专用权、专利权、著作权等知识产权中的财产权出质的，当事人应当订立书面合同。质权自有关主管部门办理出质登记时设立。

上述规定是《担保法》《物权法》规定的一般事项，具体在办理知识产权质押时，还应当依据有关部门颁布的具体办法进行。例如，专利权质押，根据国家知识产权局颁布的《专利权质押登记办法》第十二条之规定，即“专利权质押登记申请经审查合格的，国家知识产权局在专利登记簿上予以登记，并向当事人发送《专利权质押登记通知书》。质权自国家知识产权局登记时设立”，如果当事人根据该办法规定程序和条件申请办理专利权出质登记，那么该专利权自国家知识产权局登记时设立。

（三）应收账款质权

根据《物权法》第二百二十八条之规定，以应收账款出质的，当事人应当订立书面合同。质权自信贷征信机构办理出质登记时设立。在《应收账款质押登记办法》第二条中，中国人民银行将其征信中心作为法定的应收账款质押的登记机构，而征信中心建立的应收账款质押登记公示系统则作为登记所用的信息化平台，当事人和利害关系人可以通过该系统查询应收账款质押情况。

三、权利质权的效力及保全

（一）汇票、支票、本票、债券、存款单、仓单、提单质权的效力及保全

因为汇票、支票、本票、债券、存款单、仓单、提单等票据的文义性、流通性和无因性，应当格外注意上述票据质押时“背书”的效力。《担保法司法解释》第九十八条、第九十九条规定，以汇票、支票、本票、公司债券出质的，出质人与质权人没有背书记载“质押”字样，以票据出质对抗善意第三人的，人民法院不予支持。结合该解释第一百零一条的规定，即“以票据、债券、存款单、仓单、提单出质的，质权人再转让或者质押的无效”，善意第三人可以善意取得票据权利，如质权人在买卖合同法律关系中，用未“背书”的支票向善意买受人支付合同价款的情形。此外，最高人民法院《关于审理票据纠纷案件若干问题的规定》第四十七条还规定，“因票据质权人以质押票据再行背书质押或者背书转让引起纠纷而提起诉讼的，人民法院应当认定背书行为无效”。

（二）基金份额、股权、知识产权以及应收账款质权的效力及保全

1. 出质人转让质押权利的限制

根据《物权法》第二百二十六条第二款第一句、第二百二十七条第二款第

一句、第二百二十八条第二款第一句的规定，基金份额、股权、知识产权中的财产权、应收账款出质后，不得转让，但经出质人与质权人协商同意的除外。

【问题53】权利质权对出质人转让质押权利有何限制?

甲公司将其所有的某公司的股权出质给乙之后，欲将该股权转让给丙公司。问，甲公司向丙公司转让股权是否需要经过乙公司的同意？如果乙公司不同意，甲公司应当如何处理？

分析：根据《物权法》第二百二十六条第二款的规定，出质人转让质押股权的，应当经过质权人的同意。如果乙公司不同意，丙公司可以清偿乙公司的债权，然后即无须乙公司的同意。

2. 质权效力范围

质押权利在质权存续期间可能会产生收益，该收益应当如何处理？《担保法司法解释》第一百零四条给出相应的法律规定，即将股权、股票的收益（如分红、股息等）作为质物的孳息纳入质物范围之内。法律虽然没有明确规定，我们认为，这个规则应当同样适用于基金份额。

对于转让股权、知识产权、应收账款所得的价款，或许可他人使用知识产权所得许可费，根据《物权法》第二百二十六条第二款第二句、第二百二十七条第二款第二句、第二百二十八条第二款第二句的规定，出质人应当向质权人提前清偿所担保的债权或者向与质权人约定的第三人提存。

四、权利质权的实现

（一）汇票、支票、本票、债券、存款单、仓单、提单等权利质权的实现

根据《物权法》第二百二十五条之规定，即“汇票、支票、本票、债券、存款单、仓单、提单的兑现日期或者提货日期先于主债权到期的，质权人可以兑现或者提货，并与出质人协议将兑现的价款或者提取的货物提前清偿债务或者提存”，《物权法》只是笼统地规定票据质权人可以行使票据权利，如汇票质权人行使汇票的承兑、追索权，仓单、提单质权人向仓储人、运输人行使提取货物的权利；这一点和《票据法》第三十五条第二款第二句的规定一致，即“被背书人依法实现其质权时，可以行使汇票权利”。

相比而言，《担保法》第七十七条、《担保法司法解释》第一百零二条根据票据权利期限和债务履行期限的关系，将票据质权实现分为两种情形:《担保法》第七十七条规定，票据权利日期先于债务履行期的，质权人可以在债务履行期届满前兑现或者提货，并与出质人协议将兑现的价款或者提取的货物用于提前清偿所担保的债权或者向与出质人约定的第三人提存;《担保法司法解释》第一百零二条规定，票据权利日期后于债务履行期的，质权人只能在兑现或者提货日期届满时兑现款项或者提取货物。

【问题 54】债务人不履行债务，质权人如何实现票据质权?

自然人甲向乙借款 20 万元，并在借款合同中约定甲用一张 20 万元的以甲自己为收款人的银行承兑汇票提供质押担保，并向乙交付了该汇票，并在票据备注栏中背书“质押”字样。问，该汇票上是否设定质押，质权人将如何实现其质权?

分析:与一般的动产质押不同，票据质押关系除了出质人和质权人双方当事人之外，还涉及票据债务人，所以票据质权的实现方式也有别于一般的动产质押。根据《票据法》第三十五条第二款之规定，即“汇票可以设定质押;质押时应当以背书记载‘质押’字样。被背书人依法实现其质权时，可以行使汇票权利”，在质权人票据质权实现时，因为票据债务人存在，质权人可以通过行使汇票权利以实现质权，即向汇票债务人提示付款，或在被拒绝后向背书的前手进行追索，即通过承兑和追索两种方式实现质权。简单来讲，质权人可以像持票人一样，向背书人、出票人以及汇票的其他债务人行使追索权，汇票的出票人、背书人、承兑人对持票人承担连带责任。

《票据法》及《票据法司法解释》针对票据规定了一系列特殊规定，如汇票质权人不是通过折价、变价、拍卖的方式实现质权，而是通过行使票据权利的方式。

(二)基金份额、股权、知识产权，以及应收账款等权利质权的实现

《担保法》《物权法》均未对基金份额、股权、知识产权，以及应收账款等权利质权的实现给予特殊规定，所以一般情况下，这些权利质权的实现依照传统的质权实现方式，即拍卖、折价、变卖的方式实现。需要特别注意的是，在应收账款质权所涉质押权利是特殊行业的收益权时，实现质权时所针对的仅仅是收益，而不涉及产生收益的基础性权利，如学生公寓收益权质押。

【经典案例解读】

一、金钱质押的特定化——中国农业发展银行安徽省分行诉张大标、安徽长江融资担保集团有限公司执行异议之诉案

（最高人民法院审判委员会讨论通过　2015年11月19日发布，指导案例第54号）

（一）阅读提示

本案是最高人民法院在金钱质押方面最为重要的一个判例，因为被最高人民法院审判委员会作为指导案例下发进而成为审判实践的法律依据，所以是学习金钱质押法律制度的必读案例之一，也是学习区分动产质押和权利质押的最佳的教学案例。

裁判要点：当事人依约为出质的金钱开立保证金专门账户，且质权人取得对该专门账户的占有控制权，符合金钱特定化和移交占有的要求，即使该账户内资金余额发生浮动，也不影响该金钱质权的设立。

相关法条：《物权法》第二百一十二条

（二）基本案情：［节选自安徽省高级人民法院（2013）皖民二终字第00261号民事判决书］

原告：中国农业发展银行安徽省分行（以下简称“农发行”）

被告：张大标

第三人：安徽长江融资担保集团有限公司（以下简称“长江担保”）

1. 一审法院合肥市中级人民法院经审理查明以下事实

（1）2009年4月7日，农发行与第三人长江担保签订一份《贷款担保业务合作协议》。其中第三条“担保方式及担保责任”约定：甲方（长江担保）向乙方（农发行）提供的保证担保为连带责任保证；保证担保的范围包括主债权及利息、复息、罚息、违约金、损害赔偿金和实现债权的费用。第四条“担保保证金（担保存款）”约定：甲方在乙方开立担保保证金专户，担保保证金专户行为农发行营业部，账号为2033×××××××××××××××9511；甲方需将具体担保业务约定的保证金在保证合同签订前存入担保保证金专户，甲方需缴存的保证金不低于担保业务中借款人贷款总额度的10%；未经乙方同意，甲方不得动用担保保证金专户内的资金。第八条“违约责任”约定：甲方在乙方处开立的担保专户的余额无论因何原因而小于约定的额度时，甲方应在接到乙方通知后三个工作日内补足，补足前乙方可以中止本协议项下业务。上述协议还就合作范围与内容、合作条件与担保程序、贷款的催收、展期及担保责任的承担等事项作出约定。2009年10月30日、2010年10月30日，农发行与长江担保还分别签

订与上述合作协议内容相似的两份《信贷担保业务合作协议》。

注：本案中的10%为质押资金与所担保债权总额之间的比率，即所谓的保证金比率，这符合银监会等七部委联合发布的《融资性担保公司管理暂行办法》第二十八条，即“融资性担保公司的融资性担保责任余额不得超过其净资产的10倍”中担保放大比率的最低要求，即杠杆率要求。对于该杠杆率的理解，如果某担保公司净资产为1亿元，其最大可担保的债权额为10亿元。

（2）2009年4月7日《贷款担保业务合作协议》签订后，原告农发行同第三人长江担保就贷款担保业务进行合作，长江担保在农发行处开立担保保证金账户，账号为2033×××××××××××××××9511。长江担保按照协议约定缴存规定比例的担保保证金，并据此为相应额度的贷款提供了连带保证责任担保。自2009年7月至2012年12月，上述账号发生一百余笔业务，有的为贷方业务，有的为借方业务。

（3）2011年12月19日，安徽省合肥市中级人民法院在审理张大标诉安徽省六本食品有限责任公司、长江担保等民间借贷纠纷一案过程中，根据张大标的申请，对长江担保上述保证金账户内的资金1495.7852万元进行保全。该案判决生效后，安徽省合肥市中级人民法院将上述保证金账户内的资金1338.313257万元划至该院账户。农发行作为案外人提出执行异议，该院于2012年11月2日裁定驳回异议，并告知农发行有权自裁定书送达之日起十五日内向法院提起诉讼。2012年11月，农发行提起本案诉讼。

注：根据《民事诉讼法》第二百二十七条之规定，执行过程（包括诉前、诉讼保全以及法院判决、仲裁裁决，以及公证债权文书的执行）中，案外人对执行标的提出书面异议的，人民法院应当自收到书面异议之日起十五日内审查，理由成立的，裁定中止对该标的的执行；理由不成立的，裁定驳回。案外人、当事人对裁定不服，认为原判决、裁定错误的，依照审判监督程序办理；与原判决、裁定无关的，可以自裁定送达之日起十五日内向人民法院提起诉讼。

本案中，张大标与长江担保等的民间借贷纠纷一案中的诉讼财产保全及判决执行过程中，人民法院对长江担保在农发行开设的银行账户采取冻结、扣划措施即为执行行为。而农发行认为自己对该账户内的资金享有独立的权利（质权），即提起执行异议，最终农发行提出执行异议之诉。在该诉中，法院审理的是案外人农发行对账户内资金是否享有质权的实体问题，所以在程序上不同于

张大标对长江担保的诉讼，所以与原判决、裁定的正确与否无关，只能向人民法院提起执行异议诉讼，故产生此案。

2. 合肥市中级人民法院一审观点

（1）本案一审的争议焦点为：第三人长江担保就账号2033××××××××××××××9511中的资金对原告农发行是否构成质押担保。

注：如果农发行就账户内资金享有质权，那么该质权即系长江担保在日常的担保业务中，除连带保证担保之外，就具体担保业务中借款人（债务人）向农发行借款所形成债务的一项担保措施，农发行在借款人不履行借款的还本付息义务的情况下，就该账户内的资金享有优先受偿的权利。一般情况下，对于出质人自己账户内的担保资金，银行会取得出质人划款（或扣款）的授权，即在合同中出质人授权银行在行使质权时直接从该账户内扣划资金。

（2）根据《担保法》第六十三条、第六十四条及《担保法司法解释》第八十五条的规定，质权合同成立并生效须符合两个条件：第一，签订书面的质权合同；第二，完成质押物的交付。而金钱作为特殊的动产质押须具备以下要件：一是双方当事人要签订质权合同，有将金钱作为质押的意思表示；二是要对质押物的金钱进行特定化，并移交债权人占有。本案中：

首先，第三人长江担保与原告农发行签订的是合作协议，并非质权合同，且约定的保证方式为连带责任保证，整个合同行文中没有质押条款，由此表明双方并无将金钱作为质押的意思表示。

其次，合作协议中虽然约定长江担保向约定账户存入一定数额的保证金，但没有约定农发行就保证金在债务人不清偿到期债务时享有优先受偿权的相关内容。

再次，保证金账户虽然由长江担保开立在农发行，但账户持有人是长江担保，而不是农发行；所以，在形式上不符合法定的"移交债权人占有"，不符合动产质押的交付要件。

最后，涉案保证金账户多次存有进出账的情形，账户内的资金的数额不断浮动，不符合法律规定的特定化的要件。

注：这里担保的金钱数额不断浮动，而且所担保的主债务因有借有还也不确定；所以，根据物权法一物一权、物权特定的要求，哪些资金担保的是哪些债权

就成为本案中质权是否成立的两个基本问题。

上述事实表明，长江担保并无以账号为2033×××××××××××××××9511中的资金提供质押担保的意思表示。农发行主张其与长江担保存在质押担保法律关系，对账号为2033×××××××××××××××9511中的资金享有优先受偿权的理由不能成立，对其诉讼请求不予支持。

3. 当事人的上诉理由及答辩

农发行不服一审判决，向安徽省高级人民法院提起上诉称：（1）一审判决认定农发行与长江担保之间无将金钱作为质押的意思表示与事实不符，长江担保所缴存的保证金是为其自身可能需要承担的代偿责任提供质押担保；（2）案涉《贷款担保业务合作协议》约定未经农发行同意，长江担保不得动用保证金专户内的资金，表明该保证金的占有权实际上已经完成转移；（3）案涉保证金账户内的金额浮动属正常情形，原审判决认定不符合特定化要求没有依据。

被上诉人张大标辩称：案涉《贷款担保业务合作协议》约定原审第三人长江担保不得动用保证金专户内的资金一节，只是说明长江担保对资金的处分受到了一定的限制，并不能说明占有权已经发生了转移。另依据《中国人民银行结算账户管理办法》的规定，该账户所用的科目是“40196其他单位存款”，不是“保证金”科目，也印证了案涉账户不是特户。

4. 二审法院查明以下情况

（1）案涉《贷款担保业务合作协议》第六条“贷款的催收、展期及担保责任的承担”约定：借款人逾期未能足额还款的，甲方在接到乙方书面通知后五日内按照第三条约定向乙方承担担保责任，并将相应款项划入乙方指定账户。第八条“违约责任”约定：甲方违反本协议第六条的约定，没有按时履行保证责任的，乙方有权从甲方在其开立的担保基金专户或其他任一账户中扣划相应的款项。

（2）农发行会计科目中，设置有“405保证金存款”一级科目及“40501结算保证金、40502企业经营风险保证金、40566外汇保证金、40599其他保证金”二级科目。案涉保证金在“40196其他单位存款”科目项下进行核算。

5. 二审法院观点

（1）《担保法司法解释》第八十五条规定，债务人或者第三人将其金钱以特户、封金、保证金等形式特定化后，移交债权人占有作为债权的担保，债务人不履行债务时，债权人可以以该金钱优先受偿。依照该规定，金钱作为一种特殊的动产，具备一定形式要件后，可以用于质押。本案中，上诉人农发行主张其对案涉账户内的资金享有质权，应当从农发行与原审第三人长江担保之间是否存在质押合意以及质权是否设立两个方面进行审查。

（2）上诉人农发行与原审第三人长江担保之间是否存在有关质权的约定

案涉《贷款担保业务合作协议》约定，上诉人农发行与原审第三人长江担保之间合作开展面向中小企业的担保贷款业务。从长江担保提供担保的方式来看，依据协议第三条“担保方式及担保责任”的约定，长江担保为借款企业借款向农发行提供保证担保方式，对此双方当事人均无争议。双方存在争议的是长江担保是否向农发行提供了质押担保。

经审查，依据该协议第四条“担保保证金”及第八条“违约责任”约定的内容，农发行与长江担保之间协商一致，对以下事项达成合意：长江担保为担保业务所缴存的保证金设立担保保证金专户，长江担保按照贷款额度的一定比例缴存保证金；农发行作为开户行对长江担保存入该账户的保证金取得控制权，长江担保不能自由使用该账户内的资金；如长江担保未履行保证责任，农发行有权从该账户中扣划相应的款项优先受偿。

所以，该合意具备质权合同的一般要件，一审判决关于双方当事人之间无将金钱作为质押的意思表示及协议中没有优先受偿权内容的认定不当。

（3）金钱质权是否已经有效设立

依照《物权法》第二百一十二条“质权自出质人交付质押财产时设立”的规定，交付行为应被视为设立动产质权的生效条件。金钱质押作为特殊的动产质押，不同于不动产抵押和权利质押，依照《担保法司法解释》第八十五条规定，金钱质押生效的条件包括金钱特定化和移交债权人占有两个方面。

原审第三人长江担保于2009年4月3日在上诉人农发行开户，设立的账号为2033×××××××××××××××9511，与案涉《贷款担保业务合作协议》约定的账号一致，即双方当事人已经按照协议约定为出质金钱开立了担保保证金专用账户。

保证金专户开立后，长江担保按照每次担保贷款额度的一定比例向该账户缴存保证金，该账户亦未作日常结算使用，故符合《担保法司法解释》第八十五条规定的金钱以特户形式特定化的要求。另外，占有是指对物进行控制和管理的事实状态，因案涉账户开立在上诉人农发行，农发行作为质权人，取得对该账户的控制权，实际控制和管理该账户，符合出质金钱移交债权人占有的要求。故案涉质权依法设立。

至于“405保证金存款”与“40196其他单位存款”会计科目同属于银行内部的会计核算方式，《担保法司法解释》第八十五条对特户的外在形式也未作出规定，故不应当以此作为质权生效的条件。

（4）关于账户资金浮动是否影响质押资金特定化，进而影响质权的有效设立

保证金以专户形式特定化并不等于固定化。案涉账户在使用过程中，账户内的资金根据业务发生情况虽处于浮动状态，但均与保证金业务相对应，除缴存的保证金外，支出的款项均用于保证金的退还和扣划，未用于非保证金业务的日常结算，即上诉人农发行可以控制该账户，原审第三人长江担保对该账户内的资金使用受到限制，故该账户资金的浮动仍符合金钱作为质权的特定化和移交占有的要求。

注：在本案中，长江担保虽然作为质押资金所在账户的账户持有人，但其并无账户内资金的自由支配权，资金的数额始终受到质权人农发行的控制，因此应当认定为账户内资金作为动产质物已经转移占有。

被上诉人张大标辩解称2011年12月26日从该账户转出6151562.76元，表明长江担保对该账户资金享有处置权。因该笔款项是农发行在贷款逾期未还时予以扣划用以清偿债务的款项，故应当属于实现质权的情形。

农发行与长江担保之间虽约定按贷款额度的一定比例缴存保证金，但长江担保所缴存的保证金并非为具体某一笔借款提供质押担保，农发行对进入该账户内的资金均依法享有质权。故不能理解为农发行在长江担保未履行担保责任时只能按缴存的保证金数额扣划，否则协议关于担保专户余额小于约定额度时，长江担保应予补足的约定即没有实际意义。据此，张大标的此辩解理由不能成立。

注：质押资金并不针对具体某一笔借款债权，即质物与所担保的债权并无明确的一一对应关系，可以说这是本案中两级法院的观点存在差异的根本所在，因为很难说质押资金本身，已经与债权一道彻底完成了特定化。如果完全依照法律，那么一个特定账户及账户内特定数额的资金就应当对应一笔具体的借款债权，以实现质物及质押担保的债权的特定化；但是如果这样，担保公司无法开立众多账户，且这些账户始终存在管理问题，开立、注销、结息等一系列问题无疑会使担保成本上升，不符合实践需要。

最终，安徽省高级人民法院判决农发行对长江担保账户内的资金享有质权。

（三）对本案所涉相关问题分析

1. 农发行与长江担保是否存在质押关系

《物权法》第二百一十条规定："设立质权，当事人应当采取书面形式订立质权合同。质权合同一般包括下列条款：（一）被担保债权的种类和数额；（二）债务人履行债务的期限；（三）质押财产的名称、数量、质量、状况；（四）担保的范围；（五）质押财产交付的时间。"本案中，农发行与长江担保之间虽没有单独订立带有"质押"字样的合同，但依据该协议第四条、第六条、第八条约定的条款内容，农发行与长江担保之间协商一致，对以下事项达成合意：长江担保为担保业务所缴存的保证金设立担保保证金专户，长江担保按照贷款额度的一定比例缴存保证金；农发行作为开户行对长江担保存入该账户的保证金取得控制权，未经同意，长江担保不能自由使用该账户内的资金；长江担保未履行保证责任，农发行有权从该账户中扣划相应的款项。该合意明确约定了所担保债权的种类和数量、债务履行期限、质物数量和移交时间、担保范围、质权行使条件，具备《物权法》第二百一十条规定的质权合同的一般条款，故应认定农发行与长江担保之间订立了书面质权合同。

2. 案涉质权是否设立

《物权法》第二百一十二条规定："质权自出质人交付质押财产时设立。"《担保法司法解释》第八十五条规定："债务人或者第三人将其金钱以特户、封金、保证金等形式特定化后，移交债权人占有作为债权的担保，债务人不履行债务时，债权人可以以该金钱优先受偿。"依照上述法律和司法解释规定，金钱作为一种特殊的动产，可以用于质押。金钱质押作为特殊的动产质押，不同于不动产抵押和权利质押，还应当符合金钱特定化和移交债权人占有两个要件，以使金钱既不与出质人其他财产相混同，又能独立于质权人的财产。

本案中，首先，金钱以保证金形式特定化。长江担保于2009年4月3日在农发行开户，且与《贷款担保业务合作协议》约定的账号一致，即双方当事人已经按照协议约定为出质金钱开立了担保保证金专户。保证金专户开立后，账户内转入的资金为长江担保根据每次担保贷款额度的一定比例向该账户缴存保证金；账户内转出的资金为农发行对保证金的退还和扣划，该账户未作日常结算使用，故符合《担保法司法解释》第八十五条规定的金钱以特户等形式特定化的要求。其次，特定化金钱已移交债权人占有。占有是指对物进行控制和管理的事实状态。案涉保证金账户开立在农发行，长江担保作为担保保证金专户内资金的所有权人，本应享有自由支取的权利，但《贷款担保业务合作协议》约定未经农发行同意，长江担保不得动用担保保证金专户内的资金。同时,《贷款担保业务合作协议》约定在担保的贷款到期未获清偿时，农发行有权直接扣划担保保证金专户内的资金，农发行作为债权人取得了案涉保证金账户的控制权，实际控制和管理该账户，此种控制权移交符合出质金钱移交债权人占有的要求。据此，应当认定双方当事人已就案涉保证金账户内的资金设立质权。

关于账户资金浮动是否影响金钱特定化的问题。保证金以专门账户形式特定化并不等于固定化。案涉账户在使用过程中，随着担保业务的开展，保证金账户的资金余额是浮动的。担保公司开展新的贷款担保业务时，需要按照约定存入一定比例的保证金，必然导致账户资金的增加;在担保公司担保的贷款到期未获清偿时，扣划保证金账户内的资金，必然导致账户资金的减少。虽然账户内资金根据业务发生情况处于浮动状态，但均与保证金业务相对应，除缴存的保证金外，支出的款项均用于保证金的退还和扣划，未用于非保证金业务的日常结算。即农发行可以控制该账户，长江担保对该账户内的资金使用受到限制，故该账户资金浮动仍符合金钱作为质权的特定化和移交占有的要求，不影响该金钱质权的设立。

二、应收账款质押——福建海峡银行股份有限公司福州五一支行诉长乐亚新污水处理有限公司、福州市政工程有限公司金融借款合同纠纷案

（最高人民法院审判委员会讨论通过 2015 年 11 月 19 日发布，指导案例第 53 号）

（一）阅读提示

本案是最高人民法院在应收账款质押方面最为重要的一个判例，因为被最高人民法院审判委员会作为指导案例下发进而成为审判实践的法律依据，所以是学习应收账款质押法律制度，尤其是在经营权需要专业技能，而不能如一般债权通过拍卖、折价、变卖处置质押经营权时，应当如何处置该经营权的问题的必读案例。

裁判要点:（1）特许经营权的收益权可以质押，并可作为应收账款进行出质登记;（2）特许经营权的收益权依其性质不宜折价、拍卖或变卖，质权人主张优先受偿权的，人民法院可以判令出质债权的债务人将收益权的应收账款优先支付质权人。

相关法条:《物权法》第二百零八条、第二百二十三条、第二百二十八条第一款

（二）基本案情（节选自指导案例 53 号）

原告福建海峡银行股份有限公司福州五一支行（以下简称海峡银行五一支

行）诉称：原告与被告长乐亚新污水处理有限公司（以下简称长乐亚新公司）签订单位借款合同后向被告贷款3000万元。被告福州市政工程有限公司（以下简称福州市政公司）为上述借款提供连带责任保证。原告海峡银行五一支行、被告长乐亚新公司、福州市政公司、案外人长乐市建设局四方签订了《特许经营权质押担保协议》，福州市政公司以长乐市污水处理项目的特许经营权提供质押担保。因长乐亚新公司未能按期偿还贷款本金和利息，故诉请法院判令：长乐亚新公司偿还原告借款本金和利息；确认《特许经营权质押担保协议》合法有效，拍卖、变卖该协议项下的质物，原告有优先受偿权；将长乐市建设局支付给两被告的污水处理服务费优先用于清偿应偿还原告的所有款项；福州市政公司承担连带清偿责任。

被告长乐亚新公司和福州市政公司辩称：长乐市城区污水处理厂特许经营权，并非法定的可以质押的权利，且该特许经营权并未办理质押登记，故原告诉请拍卖、变卖长乐市城区污水处理厂特许经营权，于法无据。

注：污水处理项目的特许经营权是否能够成为质权的客体在这里存在三个问题：第一，该权利是否属于《物权法》第二百二十三条中所说的可予质押的权利，尤其是第（六）项的应收账款。根据中国人民银行《应收账款质押登记办法》第二条第二款第（一）项的规定，销售、出租产生的债权，包括销售货物，供应水、电、气、暖，知识产权的许可使用，出租动产或不动产等可以作为权利设定质权。第二，该权利很明显是一个未来的可收益的权利，收益还未发生，是否可以作为质权的客体。第三，该权利涉及污水处理等专业资质和专业能力，在实现质权时，如果通过公开拍卖将该权利转让给无专业能力的主体时，怎么保障这一涉及公共利益的专业性权利不违反和侵害公共利益，尤其是在权利还是经过专业性行政审查和许可的权利的情况下。

（三）法院经审理查明（节选自指导案例53号）

2003年，长乐市建设局为让与方、福州市政公司为受让方、长乐市财政局为见证方，三方签订《长乐市城区污水处理厂特许建设经营合同》，约定：长乐市建设局授予福州市政公司负责投资、建设、运营和维护长乐市城区污水处理厂项目及其附属设施的特许权，并就合同双方权利义务进行了详细约定。2004年10月22日，长乐亚新公司成立。该公司系福州市政公司为履行《长乐市城区污水处理厂特许建设经营合同》而设立的项目公司。

2005年3月24日，福州市商业银行五一支行与长乐亚新公司签订《单位借款合同》，约定：长乐亚新公司向福州市商业银行五一支行借款3000万元；借款用途为长乐市城区污水处理厂BOT项目；借款期限为13年，自2005年3月25日至2018年3月25日；还就利息及逾期罚息的计算方式作了明确约定。福州市政公司为长乐亚新公司的上述借款承担连带责任保证。

同日，福州市商业银行五一支行与长乐亚新公司、福州市政公司、长乐市建设局共同签订《特许经营权质押担保协议》，约定：福州市政公司以《长乐市城区污水处理厂特许建设经营协议》授予的特许经营权为长乐亚新公司向福州市商业银行五一支行的借款提供质押担保，长乐市建设局同意该担保；福州市政公司同意将特许经营权收益优先用于清偿借款合同项下的长乐亚新公司的债务，长乐市建设局和福州市政公司同意将污水处理费优先用于清偿借款合同项下的长乐亚新公司的债务；福州市商业银行五一支行未受清偿的，有权依法通过拍卖等方式实现质押权利等。

注：在特许经营权设定质权时，一个比较突出的问题是，设定质权是否需要该特许经营（行政许可）的授权单位的同意。我们认为，在设定质权时，需要原审批单位的同意，因为行政许可是一个涉及公共利益的行政行为，为了保障公共利益的事项，在设定质权时也应当履行向原审批机关的报批手续。所幸，本案中，污水处理项目的特许经营权设定质权时，审批单位长乐市建设局是《特许经营权质押担保协议》的签署主体。

上述合同签订后，福州市商业银行五一支行依约向长乐亚新公司发放贷款3000万元。长乐亚新公司于2007年10月21日起未依约按期足额还本付息。另查明，福州市商业银行五一支行于2007年4月28日名称变更为福州市商业银行股份有限公司五一支行；2009年12月1日其名称再次变更为福建海峡银行股份有限公司五一支行。

（四）裁判结果

福建省福州市中级人民法院于2013年5月16日作出（2012）榕民初字第661号民事判决：

1. 长乐亚新污水处理有限公司应于本判决生效之日起十日内向福建海峡银行股份有限公司福州五一支行偿还借款本金28714764.43元及利息（暂计至2012年8月21日为2142597.6元，此后利息按《单位借款合同》的约定计至借款本息还清之日止）；

2. 长乐亚新污水处理有限公司应于本判决生效之日起十日内向福建海峡银行股份有限公司福州五一支行支付律师代理费人民币123640元；

3. 福建海峡银行股份有限公司福州五一支行于本判决生效之日起有权直接向长乐市建设局收取应由长乐市建设局支付给长乐亚新污水处理有限公司、福州市政工程有限公司的污水处理服务费，并对该污水处理服务费就本判决第一、二项所确定的债务行使优先受偿权；

4. 福州市政工程有限公司对本判决第一、二项确定的债务承担连带清偿责任；

5. 驳回福建海峡银行股份有限公司福州五一支行的其他诉讼请求。

宣判后，两被告均提起上诉。福建省高级人民法院于2013年9月17日作出福建省高级人民法院（2013）闽民终字第870号民事判决，驳回上诉，维持原判。

（五）裁判理由

法院生效裁判认为：被告长乐亚新公司未依约偿还原告借款本金及利息，已构成违约，应向原告偿还借款本金，并支付利息及实现债权的费用。福州市政公司作为连带责任保证人，应对讼争债务承担连带清偿责任。本案争议焦点主要涉及污水处理项目特许经营权质押是否有效以及该质权如何实现的问题。

1. 关于污水处理项目特许经营权能否出质问题

污水处理项目特许经营权是对污水处理厂进行运营和维护，并获得相应收益的权利。污水处理厂的运营和维护，属于经营者的义务，而其收益权，则属于经营者的权利。由于对污水处理厂的运营和维护，并不属于可转让的财产权利，故讼争的污水处理项目特许经营权质押，实质上系污水处理项目收益权的质押。

关于污水处理项目等特许经营的收益权能否出质问题，应当考虑以下几个方面：其一，本案讼争污水处理项目《特许经营权质押担保协议》签订于2005年，尽管当时法律、行政法规及相关司法解释并未规定污水处理项目收益权可质押，但污水处理项目收益权与公路收益权性质上相类似。《担保法司法解释》第九十七条规定，“以公路桥梁、公路隧道或者公路渡口等不动产收益权出质的，按照担保法第七十五条第（四）项的规定处理”，明确公路收益权属于依法可质押的其他权利，与其类似的污水处理收益权亦应允许出质。其二，国务院办公厅2001年9月29日转发的《国务院西部开发办〈关于西部大开发若干政策措施的实施意见〉》（国办发〔2001〕73号）中提出，“对具有一定还贷能力的水利开发项目和城市环保项目（如城市污水处理和垃圾处理等），探索逐步开办以项目收益权或收费权为质押发放贷款的业务”，首次明确可试行将污水处理项目的收益权进行质押。其三，污水处理项目收益权虽系将来金钱债权，但其行使期间及收益金额均可确定，其属于确定的财产权利。其四，在《物权法》颁布实施后，因污水处理项目收益权系基于提供污水处理服务而产生的将来金钱债权，依其性质亦可纳入依法可出质的“应收账款”的范畴。因此，讼争污水处理项目收益权作为特定化的财产权利，可以允许其出质。

注：上述裁判理由明确了以下两个问题：

第一，污水处理项目收益权是一项可转让的权利，其专业性对其本身具有的流通性不构成实质性障碍；

第二，污水处理项目收益权系基于提供污水处理服务而产生的将来金钱债权，这种有关未来收益的应收账款也属于可质押的民事权利。

2. 关于污水处理项目收益权质权的公示问题

对于污水处理项目收益权的质权公示问题，在《物权法》自2007年10月1日起施行后，因收益权已纳入该法第二百二十三条第（六）项的“应收账款”范畴，故应当在中国人民银行征信中心的应收账款质押登记公示系统进行出质登记，质权才能依法成立。由于本案的质押担保协议签订于2005年，在《物权法》施行之前，故不适用《物权法》关于应收账款的统一登记制度。因当时并未有统一的登记公示的规定，故参照当时公路收费权质押登记的规定，由其主管部门进行备案登记，有关利害关系人可通过其主管部门了解该收益权是否存在质押之情况，该权利即具备物权公示的效果。

注：质押权利的公示是质权设立的必要条件，因为这里需要保护出质人的其他债权人的利益，尤其是质权设定后的债权人。

本案中，长乐市建设局在《特许经营权质押担保协议》上盖章，且协议第七条明确约定“长乐市建设局同意为原告和福州市政公司办理质押登记出质登记手续”，故可认定讼争污水处理项目的主管部门已知晓并认可该权利质押情况，有关利害关系人亦可通过长乐市建设局查询了解讼争污水处理厂的有关权利质押的情况。因此，本案讼争的权利质押已具备公示之要件，质权已设立。

3. 关于污水处理项目收益权的质权实现方式问题

我国担保法和物权法均未具体规定权利质权的具体实现方式，仅就质权的实现作出一般性的规定，即质权人在行使质权时，可与出质人协议以质押财产折价，或就拍卖、变卖质押财产所得的价款优先受偿。但污水处理项目收益权属于将来金钱债权，质权人可请求法院判令其直接向出质人的债务人收取金钱并对该金钱行使优先受偿权，故无须采取折价或拍卖、变卖之方式。况且收益权均附有一定之负担，且其经营主体具有特定性，故依其性质亦不宜拍卖、变卖。因此，原告请求将《特许经营权质押担保协议》项下的质物予以拍卖、变卖并行使优先受偿权，不予支持。

根据协议约定，原告海峡银行五一支行有权直接向长乐市建设局收取污水处理服务费，并对所收取的污水处理服务费行使优先受偿权。由于被告仍应依约对污水处理厂进行正常运营和维护，若无法正常运营，将影响到长乐市城区污水的处理，亦将影响原告对污水处理费的收取，故原告在向长乐市建设局收取污水处理服务费时，应当合理行使权利，为被告预留经营污水处理厂的必要合理费用。

注：本案判决为包含特殊专业能力的收益权质权，就质权的实现，探索出一条新路，即与通常情况下的以拍卖、折价、变卖方式实现质权不同，本案法院判决仍然让出质人实际控制、运营以及最终实现该质押收益权获得实际经营收益，只是质权人就该收益权享有优先受偿的权利。

第五章
留置权

留置权制度起源于罗马法上的恶意抗辩及欺诈抗辩的拒绝给付权，是权利人用于阻却债务人提出的给付请求，合法扣留应交付给债务人的动产的权利，在法源上属于一种抗辩权。这一规则，在法国、德国、日本渐渐演进为一种担保物权，我国在立法上将留置权在权利性质上归于担保物权的范畴。在理解、掌握、适用留置权的理论和法律规定时，一方面要关注留置权的担保物权特征，理解该权利和抵押权、质权等意定担保物权的区别，重点掌握留置权的成立要件；另一方面也应注意基于留置权的抗辩效力这一暂时性权利特性。

第一节　留置权概述

本节主要是对留置权作简要的介绍，包括留置权的概念、特征、功能以及留置权与相似权利的区别，以期对留置权有一个大致的认识。

理论部分

一、留置权的概念

留置权是指，债权人合法占有债务人的动产，在债务人逾期不履行债务时，有留置该动产，并就该动产优先受偿的权利。

留置权是一种具有二次法定效力的担保物权：（1）留置权人在其债权未受清偿前得以留置标的物：对物，其作为他物权人可以继续占有留置物，其占有视为合法占有，形成对抗留置物所有权的支配秩序，据此对债务人所为的债权性质给付请求权或者物权性质的原物或占有返还请求权进行抗辩，这即是留置权的一次效力，即留置权的抗辩效力。（2）当债务履行期限届满，且经过法定或约定的宽限期，债务人仍不履行债务时，留置权人有权就留置物折价、拍卖或变卖所得的价款优先受偿，这即是留置权的二次效力，即留置权的优先受偿效力。对于留置权的上述两项效力，我们以下例进行说明。

张某将自己发生故障的电脑交付电器修理部修理，约好一周后取回。一周后，张某至修理部，但在支付修理费时，张某认为修理费过高拒绝支付。但修理部坚持不支付修理费就不返还电脑。在这个例子中，修理部对于张某有修理费给付请求的债权，修理部拒绝返还电脑即是其行使留置权的一次效力。如果在法定期间内，张某仍然拒绝支付修理费，那么修理部则有权就该电脑的价值优先受偿，这即是留置权的二次效力。

二、留置权的特征

留置权是限定物权或他物权的一种类型，同样具备对世性、排他性、物上代位性、从属性等一般他物权应有的法律特征，但该权利也有自身的法律特征。

（一）留置权是一种法定权利

留置权是一种法定权利，即是法律在特殊情形下，赋予特定债权人留置标的物，并最终帮助其就该标的物实现债权的权利。留置权并非基于当事人之间的约定而产生，这一点是留置权与其他担保物权（如抵押权、质权）的最大区别。在留置权关系中，留置权的成立要件、所担保的债权范围、实现留置权的条件和方式均直接由法律规定。可以说，留置权最为鲜明的法律特征即是法定性，即通过法律的强制性规定，平衡当事人之间的利益，进而促进交易的顺利进行，帮助债权人实现债权。鉴于此，实践中，正确解决留置权纠纷的前提即是正确理解与留置权有关的法律规定，尤其是有关留置权的成立、效力和实现的法律规定。

（二）留置权是一种法定的动产担保物权

留置权不仅是一种法定权利，而且是一种法定担保物权，其所担保的一般情况下是与权利人留置标的物在同一法律关系当中的债权关系。一般情况下，留置权都产生于普通的民事交往，面对债务人不履行债务的情况，留置权人留置标的物是一种极为简便、经济的债权实现方式。从这个角度出发，留置权除了带有抗辩权的特质之外，还是一种债权人进行有效自力救济的特殊方式。法律之所以允许债权人留置债务人的标的物，去除债权人对债务人标的物所有权的侵权行为的违法性，原因在于产生留置权的法律关系一般情况下均有利于标的物本身。如前述示例当中，法律之所以允许修理部留置电脑，深层次的原因在于修理部的修理行为本身也有利于电脑的价值增加，有利于债务人的民事权益，这也使得留置符合社会民众的一般认同。这也是法律不仅赋予债权人留置标的物的权利，而且在法律效力上留置权的效力高于抵押权、质权的一项主要原因，因为其也同时有利于抵押权人、质权人所拥有的担保物权。关于这一点，我们以下例予以说明：

甲向乙借款，用自己的电脑提供质押担保。质权人乙未遵守法律有关质权人不得使用质物的规定，长期使用甲质押的电脑，导致电脑出现故障。随后，乙将电脑交付修理部修理，但因其不支付修理费而导致修理部留置该电脑。后，借款债权的期限和留置权的法定期限均到期，修理部则在电脑拍卖所得的价款上优先于质权人乙受偿。当然，出质人甲可以因质权人乙擅自使用电脑造成损失，而要求乙承担侵权损害赔偿责任。

（三）留置权是一种以合法占有为前提的法定动产担保物权

留置权不仅是法定担保物权，而且是以债权人合法占有为前提的担保物权。这一特征来自留置权中自力救济特质所必须满足的合法性要求。如果留置权人对留置物占有为非法，则失去了法律保护其民事权益的正当性。对此，我们以下例进行说明：

甲将自己出现故障的摩托车交给镇上修理部修理，在取回摩托车的时候，甲称回家取回修理费予以支付，但从此一去不复返。后，修理部趁甲不注意，将停放在甲家院内的摩托车推回。第二天在甲报警车辆丢失，民警寻至修理部时，修理部称其系根据物权法的规定留置摩托车。这一示例中，修理部的行为明显是违法行为，法律不可能在此情况下保护其“留置权”。所以，留置权是一种以合法占有为前提的法定担保物权。

三、留置的分类

（一）民事留置和商事留置

实践中，民事交往和商事交往的价值取向各不相同，民事交往要求公平、正义，在特定情况下可以部分牺牲效率、安全，而商事交往则要求高效、安全，在特定情况下可以部分牺牲公平、正义。因此，在留置权的成立问题上，可以将留置分为民事留置和商事留置，设置不同的留置权成立要件，以符合民事交往和商事交往各自的价值取向。

1. 民事留置

民事留置权成立的核心要件在于债权和留置物之间的牵连关系，主要是因为民事留置关注的是民事主体在单次民事交往中的利益平衡关系，其功能在于使债权人能够通过留置权“就事论事”地解决债权实现问题，纠正单次民事交往活动中出现的利益失衡格局。因此，民事留置权规范的权利义务格局被局限在单次民事交往关系当中。如前述示例中，债务人委托修理部修理电脑和摩托车。在债务人和修理部各自漫长的民事生活中，两者发生利益交集的也仅仅局限于对电脑和摩托车的委托劳务关系。在此情况下，突破动产占有和债权发生之间的牵连关系的樊篱，无疑会扩大债权人和债务人的纠纷范围。这一方面实无必要，当事人均会在民事交往中自行解决债务实现问题，设置牵连关系限制有促使当事人自行解决纠纷的作用；另一方面突破牵连关系会打破一般民事主体在具体债权关系中围绕诚实信用建立起来的社会关系，有违民众的一般社会认知。从留置权的功能来看，民事留置制度的核心主要在于不交付或返还留置物的“抗辩”，并不过多关注债权的实现问题，因为当事人往往不会等到留置权实现的阶段即会协商解决债务关系。

2. 商事留置

与民事留置相比，世界各国如德国、日本等国家在商事留置制度中缺乏或放松对牵连性的要求，德国法更是将在民事关系中仅具有抗辩权效力的留置，差异性地在商事关系中赋予了物权和优先效力。究其原因，是商事留置注重保护商事主体在多次商事交往中形成的利益平衡关系，而不是单次的债权债务关系；其关注的是商事活动的高效、安全，不仅在于债权人债权的实现，而且在于债权实现的效率，其发力点在于围绕诚实信用原则建立起的整体性交易秩序，而不是单次交往中的法律关系。

相较民事留置，商事留置侧重于债权人债权实现的成本和效率，在制度设计上就有了打破牵连性、同一性樊篱的冲动和需求。同时，通过商事留置，可以有效促使商事主体在商事交往中注重诚实信用的一惯性。所以，商事留置不再秉持“就事论事”的行为准则，而是转向将“不是不报，时候未到”的整体性因果逻辑嵌入一个商事主体应具一惯性的商事行为当中，整体性增加其违约成本，间接性地促进优胜劣汰。对于债权人而言，突破牵连性、同一性的限制，意味着在商事留置制度下可予留置物的范围更广、选择更多。这种在留置物范围上的扩张，强化了商事留置作为合同关系的外部制度对于债务人的威慑力，增加了债权人督促债务人履行债务的筹码，也降低了债权实现成本。对于债务人而言，商事留置制度可促使其按照诚实信用原则趋向或达到“有约必履”的理想状态。我们以下例说明民事留置和商事留置之间的区别。

甲企业为自然人乙和丙企业运输货物，货到之后，委托人均未支付运费，即使如此甲也分别交付了货物。后，甲企业二次为乙、丙运货，乙、丙支付该次运输的费用。法律在处理甲是否能因第一次运输的运输费请求权留置乙、丙第二次运输的货物的问题上，处理结果是不同的：简单来讲，甲可以留置丙企业的货物，因为《物权法》第二百三十一条规定企业之间的留置不必遵守法律关系须具同一性的原则，而不能留置自然人乙的货物，因为他们之间的法律关系还停留在民事留置层面。

（二）一般留置和特别留置

根据债权人留置的是否应当是债务人的动产，留置应分为一般留置和特别留置。前者，即一般留置，是指根据《担保法》《物权法》，债权人只能留置已经合法占有的债务人动产的一般留置情形。一般留置系留置权发生的一般情形，不涉及非债务人的第三方的动产。后者，即特别留置，系指在保管、仓储或特殊承揽合同类型中，为了保护保管人、受托人的利益，法律特别规定其可以留置债务人交付的动产，而不论该动产是否系债务人所有。至于债务人与留置物所有人之间的纠纷，应依据他们之间的法律关系进行具体处理，不影响债权人行使留置权。一般留置中，尽管《担保法司法解释》规定债权人占有债务人交付的动产时，在不知债务人无权处分该动产的情况下也可以留置非债务人的动产，但这是按照善意取得的思路得出的结论，留置应满足“善意”不知情的要件。与此相对，特别留置则没有这一要求，也即是说，在特别留置中可以不必审查债权人在留置非债务人动产时，是否满足“善意”不知情的要件。

四、留置权与相似权利的区别

（一）留置权与同时履行抗辩权的区别

在从罗马法向现代民事法律演进的过程中，留置权从一种抗辩性权利转变为一种担保物权，有其特有的发展历史。法国法基本沿袭了罗马法，认为留置权不是物权，而仅仅是双务合同中的一种抗辩权。在德国法上，民事留置的规定被立法者放在民法典债法第二百七十三、二百七十四条两个债编总则条文当中，没有明确承认其担保物权性质，在实践中留置权成为一个较为广义的、包含同时履行抗辩权在内的概念，其后以营业质这种法定质权作为补充。其后的日本和瑞士所采取的立法模式则出现分野，瑞士法将留置权归入完全意义上的担保物权，而日本法仅仅认为权利人有留置的权利，而无优先受偿的权利。虽然在一些国家如德国的商事法律制度中，留置呈现一种较为激进的立法模式，即放松对牵连性、同一性的要求，甚至赋予物权和优先效力。但不可否认的是，各国传统的法律理论，都承认留置权脱胎于同时履行抗辩权，或者说，留置权和同时履行抗辩权具有亲属关系，在制度上存在重合的地方。鉴于此，有必要就留置权和同时履行抗辩权在我国民事法律上的区别加以讨论，以明确当事人在具体场合下如何具体适用两项权利。

1. 两者的性质不同。留置权是担保物权，而同时履行抗辩权是抗辩权，两者属于不同性质的权利类型。从此出发，抗辩权只能针对债权请求权，但其不仅可以对抗物之给付请求权，而且可以对抗劳务的给付请求权；与此相对，留置权虽然只能针对物之给付或返还请求权，但其既可以对抗物之给付的债权请求权，也可以对抗物之返还的物权请求权。鉴于同时履行抗辩权是一种双务合同中债权请求权在特定情况下的伴生性权利，所以只能适用于同一法律关系的对待给付关系；而留置权是一种担保物权，对其可以通过“法定”做更为灵活的法律技术处理，让其脱离牵连性、同一性的羁绊，在非同一法律关系中产生促使债务人履行债务的法律效果。

2. 两者的适用范围不同。同时履行抗辩权一般仅能适用于双务合同，且一般须无先后履行顺序；而留置权不仅能适用于合同关系，而且能够适用于非合同关系。例如，根据《物权法》第一百一十二条之规定，即“权利人领取遗失物时，应当向拾得人或者有关部门支付保管遗失物等支出的必要费用”，当权利人要求拾得人返还遗失物时，不支付必要费用的，拾得人可以留置遗失物；根据《民法总则》第一百二十一条之规定，即“没有法定的或者约定的义务，为避免他人利益受损失而进行管理的人，有权请求受益人偿还由此支出的必要费用”，即在无因管理关系中，受益人不支付必要费用的，管理人有权留置因无因管理占有的应交付给受益人的动产。

3. 两者的成立要件不同。留置权和同时履行抗辩权虽然都给予当事人对抗相对方给付标的物请求权的法律效力，但是两者成立的要件不相同。留置权的行使须符合牵连性、同一性（商事留置例外）、债权到期、合法占有、须在合理限度内行使等要件；而同时履行抗辩权作为抗辩权仅仅适用于同一法律关系中，须受合同双务性质的羁绊。

4. 两者的法律效力不同。留置权拥有物权的支配效力、排他效力和优先效力，除拥有对抗债务人给付请求权的抗辩效力之外，还有后续实现留置权时的优先受偿效力；但留置权仅能对抗与债权相当的给付请求权，只能就债权价值相当的留置物行使留置权。与此相对，同时履行抗辩权虽然仅有对抗请求权的效力，但一般情况下可以对抗相对方给付请求权的全部。对两者在效力上的区别，我们以下例进行说明：

甲向乙借款，用自己的电脑提供质押担保。质权人乙未遵守法律有关质权人不得使用质物的规定，长期使用甲质押的电脑，导致电脑出现故障。随后，乙将电脑交付修理部修理，但因其不支付修理费而导致修理部留置该电脑。后，如果电脑所有权人甲向修理部以所有权人身份主张返还，且修理部不主张自己有留置权，仅主张和乙有“一手交钱、一手交货”的约定，那么其无权对抗甲的返还请求。之所以如此，是因为同时履行抗辩权仅仅对抗合同相对方的给付请求，该权利的效力并未直接到达标的物之上，从而产生针对合同相对方之外的第三方的对抗效力。由此，我们也能看到，同时履行抗辩权在效力上的不足之处，以及设置留置权制度的必要性。

同时履行抗辩权与留置权除了两者之间的差异之外，还存在许多相似之处，如它们的对抗效力均是暂时性的，都必须合法占有以及债权都必须到期等。另外，根据两项权利各自的特点和功效，两项权利还是一种共生且相互补充的关系，在不同的场合下，它们都起到了促进交易的作用。关于在具体场合下，留置权和同时履行抗辩权是否发生竞合的问题，我们认为，应当从功利和实用的角度保护权利人，即在实现权利人债权的目标下，允许权利人自由选择，甚至同时选择行使留置权和同时履行抗辩权；仅仅是在实现留置权时，将留置权实现的范围限制在其所担保的债权数额之内。关于留置权和同时履行抗辩权之间的相互补充性，我们以下例进行说明：

甲公司委托乙运输公司运送货物，货物价值10万元，运费1万元，双方在合同中并未约定交付货物义务和支付运费义务的履行先后顺序。乙公司将货物运抵目的地后，面临两种可能的情况：（1）因甲公司失去联系，导致乙公司无法交货；（2）甲公司拒绝支付价款，乙公司担心交货后无法及时讨要运费。对于第（1）种情形，符合《合同法》第一百零一条所规定的法定提存的条件（债权人下落不明，导致债务人无法履行债务），乙公司可以以公证机关提存货物的形式清偿债务寻求救济，也可以在运输费债务履行期限届满的情况下就与运输费相当的货物行使留置权。对于第（2）种情形，因为没有约定给付义务的先后履行顺序，那么乙公司有权行使同时履行抗辩权拒绝向甲公司交付全部货物，也可以留置与运费价值相当的货物，皆不构成侵权和违约行为。但如果乙公司拟以货物拍卖所得价款清偿运输费债务，那么就只能拍卖与运费债务相当的货物；也即是说抗辩权不能填补损失，而留置权则有以标的物拍卖优先受偿填补损失的机能。

（二）留置权与质权的区别

与质权这种意定担保物权相比，留置权与其存在许多相似之处，诸如均为担保物权、担保物系动产、须以占有为前提以及拥有支配、排他、优先受偿等相关法律特征和法律效力，甚至《担保法司法解释》第一百一十四条明确规定该解释质权部分的第六十四条、第八十条等有关担保物孳息、物上代位、质权消灭、从物质押以及质物保全等条款适用于留置。《德国民法典》在第一千二百五十七条中有法定质权的规定，即将意定质权的规定适用于以法律规定而发生的质权之上，赋予占有对方交付的动产，并在对方不履行其义务时就质押的动产优先受偿的权利，该规定实际上就是我国法律之中的留置权。

尽管留置权与质权存在诸多相似之处，但也应看到两者之间的区别：（1）留置权系法定担保物权，无须当事人的约定；而质权系意定担保物权，需要当事人就质物、担保的债权范围等问题进行约定。（2）留置权一般须牵连关系，而质权无须牵连关系。（3）留置物的价值应当与担保的债权相当，否则无法去除未按约定或法律履行给付或返还留置物义务的违法性；质权关系中，设立质权本质上系质物权利人对质物的一种处分形式，所以质物的价值在存有合意的情况下可以远远大于其所担保的债权价值。（4）《担保法》《物权法》中规定有留置权人丧失对留置物的占有即导致留置权消灭，却没有质权人丧失占有即告质权消灭的规定。可见，留置权本质上是法律为协调当事人之间关系而给出的解决方案，留置也因此须符合法律要件；而在质权关系中，法律则尊重当事人在质权合同中的合意。（5）从留置权人丧失占有，留置权即告消灭的规定来看，留置权不具备追及效力，而质权拥有物权的追及效力。

五、留置权的意义

在一些特殊的如承揽、委托、运输等法律关系当中，受托人会基于履行合同义务而占有相对方的标的物，而且占有标的物还系受托人履行合同义务的成果。此时，受托人面临一项权利和一项义务，权利是要求合同相对方履行对待给付义务的权利，义务是向相对方给付标的物的义务。在此情况下，受托人即会面临相对方就受托人已经履行的合同义务进行恶意抗辩的风险，这就需要法律赋予其有效的防御性权利或手段。当然，受托人也可以采取通过谈判将标的物给付义务在时间顺序上安排在相对方履行对待给付义务之后，或让相对方的对待给付义务提供履约担保两个备选方案。

就以第一个备选方案而言，无疑将增加受托人的协商成本，这对于类似法律关系中大部分情况下处于弱势地位的受托人而言，非常难以实现；对于第二个备选方案而言，另行提供担保，费时费力，交易的时间是否允许担保权的设立，担保物是否可予有效控制，担保物权的序位、担保权利实现的难易程度以及担保物实际价值是否与其担保的相对方对待给付义务相匹配等问题均会在实践中造成困难。反观留置权，一方面，基于留置权的法定性，受托人在类似的法律关系成立时，可以根本不用考虑相对方是否会如约履行合同的问题，留置权基于法律规定被刚性地附加在类似法律关系之中，无须就此支付任何谈判成本；另一方面，受托人在履行合同义务过程中合法占有相对方的标的物，基于对标的物的熟悉程度，在留置物的保管、避免超额担保以及留置物的处置变现等方面，其行使留置权均有相对于行使其他担保权利的优势。所以，在运输、承揽等交易的法律实践中，相对于同时履行抗辩权、质权等担保物权而言，留置权不仅可以降低谈判成本，而且能够对抗相对方的给付请求权，并就留置物变价以清偿债务，其优越的制度设计使得留置权制度极大地促进了交易的顺利达成和进行。

制度部分

一、留置权的法定概念

《担保法》第八十二条给出了留置的法定概念，即“本法所称留置，是指依照本法第八十四条的规定，债权人按照合同约定占有债务人的动产，债务人不按照合同约定的期限履行债务的，债权人有权依照本法规定留置该财产，以该财产折价或者以拍卖、变卖该财产的价款优先受偿”。这一规定在其援引的第八十四条中，强调了动产留置只能在保管、运输和加工承揽合同中进行；而《担保法司法解释》第一百零九条虽然抛弃了动产留置的合同类型管制，但却提出了牵连性要求。

《物权法》在第二百三十条规定了债权人留置动产的权利，即“债务人不履行到期债务，债权人可以留置已经合法占有的债务人的动产，并有权就该动产优先受偿”，并在随后的第二百三十一条中，《物权法》给出了“同一性”的要求。这一规定虽然改变了《担保法司法解释》第一百零九条中的“牵连性”要求，但通过“但企业之间留置的除外”的“但书”规定确立了商事留置制度。

二、留置的分类

（一）民事留置和商事留置

民事留置和商事留置的区别，在我国立法上直接体现在我国《物权法》第二百三十一条之中，即企业之间相互留置的，可以不必遵循民事留置关系中同一法律关系的要求。所以，企业之间在交往过程中，可以留置非同一法律关系中的标的物。

【问题1】企业之间相互留置是否需要满足牵连或同一关系？

明通公司与锅炉公司存有委托运输关系。2009年1月锅炉公司委托明通公司将一台锅炉及相关配件运输至汕头市。明通公司收取货物后，以锅炉公司尚欠其运输费用80多万元为由，将承运的货物扣押至今。锅炉公司无奈之下诉至法院，要求明通公司赔偿不能按时交货给第三方光华化学厂有限公司而给锅炉公司造成损失7.57万元。一审法院认为，“明通公司接收被上诉人托运的货物后，以锅炉公司欠运费为由予以留置的行为，因明通公司尚欠的运费并非其运输占有的货物所产生，故明通公司占有货物的行为与其债权的发生不具有牵连关系，因此，明通公司适用留置权不当，其行为侵犯了锅炉公司的合法权益”。关于明通公司提出的运费及留置权的反诉请求，一审法院认为“明通公司提出的反诉，因被上诉人、明通公司的交易习惯是分别对每笔运输业务的运费进行结算，故双方之间是基于各笔运输业务产生独立的运输合同关系，现明通公司提起反诉所涉的运输合同关系并非本案调处所涉运输合同关系的范围内，故对明通公司的反诉不予调处，其可另案主张权利”。问，明通公司是否能够留置锅炉公司的货物？

分析：广州中院在其就本案“广州市明通运输有限公司与广州锅炉有限公司留置权纠纷上诉案”作出的（2010）穗中法民二终字第1296号民事裁定书中认为，“《中华人民共和国物权法》第二百三十条规定，‘债务人不履行到期债务，债权人可以留置已经合法占有的债务人的动产，并有权就该动产优先受偿’；第二百三十一条规定，‘债权人留置的动产，应当与债权属于同一法律关系，但企业之间留置的除外’。本案的双方当事人均为公司企业，也没有排除留置权行使的其他约定，上诉人留置被上诉人的锅炉并不需要与其所主张的债权属于同一法律关系，故对于上诉人在一审提出的被上诉人拖欠其运费的有关事实及主张，原审法院应查明事实作出处理。本案中，原审法院没有对上诉人提出的反诉查明调处，属于认定事实不清”。本案是为数不多的企业之间跨法律关系留置的案例之一，具有典型性，其解决的是当事人在长期经济交往中形成的商事性债权关系。所以，为了快速高效实现债权，明通公司根据法律规定可以跨法律关系留置。但也应当看到，这种跨法律关系留置的做法并非有益无害的“仙丹”，本案中第三方光华化学厂有限公司尽管可以向锅炉公司主张违约责任，但既有的、可预期的履行秩序被跨法律关系的留置制度所打破，其利益明显没有得到很好的维护。这还仅仅是在同一类法律关系中，如果按照一些观点认为企业之间留置没有任何牵连或同一的限制，那么留置权在经济交往中是否能最终起到积极意义还很难说。

（二）一般留置和特别留置

债权人享有留置权的情形，依据法律是否有明确的须留置债务人动产的要求，分为一般留置和特别留置。

1. 一般留置

一般留置，是指根据《担保法》第八十二条、《物权法》第二百三十条之规定，应留置已经合法占有的债务人动产的一般留置情形。一般留置系留置权发生的一般情形，不涉及非债务人的第三方的动产。如果债权人留置非债务人的动产，须依据《担保法司法解释》第一百零八条之规定，在合法占有债务人交付的动产时，不知债务人无处分该动产的权利。也即是说，在一般留置中，解决留置非第三人动产的问题只能通过类似于善意取得的思路加以解决。

2. 特别留置

尽管可以根据《担保法》第八十二条、第八十四条的规定，将留置物须为债务人之动产的要件适用于运输、保管当中，但《合同法》第三百一十五条“托运人或者收货人不支付运费、保管费以及其他运输费用的，承运人对相应的运输货物享有留置权，但当事人另有约定的除外”，第三百八十条“寄存人未按照约定支付保管费以及其他费用的，保管人对保管物享有留置权，但当事人另有约定的除外”（该条也依据第三百九十五条适用于仓储合同）；《信托法》第五十七条“信托终止后，受托人依照本法规定行使请求给付报酬、从信托财产中获得补偿的权利时，可以留置信托财产或者对信托财产的权利归属人提出请求”；《海商法》第二十五条第二款“前款所称船舶留置权，是指造船人、修船人在合同另一方未履行合同时，可以留置所占有的船舶，以保证造船费用或者修船费用得以偿还的权利。船舶留置权在造船人、修船人不再占有所造或者所修的船舶时消灭”，第八十七条“应当向承运人支付的运费、共同海损分摊、滞期费和承运人为货物垫付的必要费用以及应当向承运人支付的其他费用没有付清，又没有提供适当担保的，承运人可以在合理的限度内留置其货物”，第一百六十一条“被拖方未按照约定支付拖航费和其他合理费用的，承拖方对被拖物有留置权”，并没有明确规定债权人只能留置属于债务人的保管物、仓储物、运输物、信托财产、建造及维修的船舶，以及实施拖船作业所拖的物。而且，从《海商法》第一百四十一条“承租人未向出租人支付租金或者合同约定的其他款项的，出租人对船上属于承租人的货物和财产以及转租船舶的收入有留置权”的规定看，船舶出租人的留置权就没有逾越“债务人动产”这一限制。鉴于《信托法》《海商法》的专业性以及《合同法》后于《担保法》出台，我们认为，上述规定与《担保法》的规定属于特别法（新法）和一般法（旧法）的关系，应优先于《担保法》适用。也就是说，在根据上述规定对债权人留置权进行合法性审查时，无须满足债权人“不知债务人无处分该动产的权利”的要件即可留置。

【问题2】船舶修船人是否只能留置属于合同相对人的船舶？

天津新港船厂修船分厂作为修船人，依据其与英国伦敦尤恩开尔公司订立的修船合同，对俄罗斯籍“东方之岸”轮进行修理。后因尤恩开尔公司未支付合同约定的修船费用，新港船厂留置该船舶。问，新港船厂是否有权对该船舶行使留置权？

分析：本案中，俄罗斯籍船舶“东方之岸”属于东方航运公司所有，但该公司并非修船合同的当事人；而修船合同当事人尤恩开尔公司并非船舶所有人，但其是支付修理费的债务人。对于债权人是否可以留置非债务人所有的委托修理的船舶的问题，最高人民法院在2001年8月17日就天津高院《关于能否对连带责任保证人所有的船舶行使留置权的请示》（津高法〔2001〕13号）给出的《最高人民法院关于能否对连带责任保证人所有的船舶行使留置权的请示的复函》

（最高人民法院〔2001〕民四他字第5号）中认为，“船舶留置权是设定于船舶之上的法定担保物权。根据《中华人民共和国海商法》第二十五条第二款的规定，当修船合同的委托方未履行合同时，修船人基于修船合同为保证修船费用得以实现，可以留置所占有的船舶，而不论该船舶是否为修船合同的委托方所有。但修船人不得基于连带责任保证对连带责任保证人所有的船舶行使留置权。天津新港船厂修船分厂作为修船人，依据其与英国伦敦尤恩开尔公司订立的修船合同，对俄罗斯籍‘东方之岸’轮进行修理后未取得合同约定的修船费用，有权留置该轮。‘东方之岸’轮的所有人东方航运公司虽不是本案修船合同的当事人，但不影响该留置权的成立。据此，同意你院关于天津新港船厂修船分厂对‘东方之岸’轮的留置行为合法有效，并可以基于留置权先于抵押权人受偿的处理意见”。该《复函》中，最高人民法院并未适用《担保法》的规定，可见《海商法》与《担保法》在留置权问题上是特别法和一般法的法律适用关系。

与上述复函相类似，在《最高人民法院关于国内水路货物运输纠纷案件法律问题的指导意见》（法发〔2012〕28号）中认为，“国内水路货物运输合同履行完毕，托运人或者收货人没有按照约定支付运费、保管费或者其他运输费用，依照合同法第三百一十五条的规定，承运人对相应的运输货物享有留置权。人民法院在审查承运人的留置权时，应当重点审查承运人留置货物的数量是否在合理的限度之内，以及承运人留置的货物是否是其合法占有的货物。债务人对留置货物是否具有所有权并不必然影响承运人留置权的行使，除非运输合同当事人对承运人的留置权另有特殊约定”，即在国内水路运输关系中，承运人可以留置非债务人所有的运输货物，只是须受合法占有和合理限度两个要件的限制。可见，国内水路运输也不必遵循《担保法》有关留置物须为债务人所有的限制，《合同法》在这里优先于《担保法》适用。我们认为，在国内水路运输合同中，人民法院都不必对运输货物是否系债务人所有及债权人占有运输货物时是否不知债务人对该货物无处分权进行审查。

第二节　留置权的成立要件

留置权的成立要件系指留置权成立时应当满足的法定要件，从理论上讲，主要包括：（1）合法占有债务人之动产；（2）债务关系和动产占有之间存在牵连关系；（3）债务履行期限已经届满；（4）在合理的限度内留置动产。

理论部分

一、合法占有债务人之动产

留置权本意在于合法占有债务人的动产而促使债务人履行债务。在“合法占有债务人之动产”这一要件之中，存在三个问题，即“为什么可留置的财产只能是动产？”“何为合法占有？”以及“是否可以留置非债务人的动产？”。

（一）为什么可予留置的财产只能是动产？

我国法律虽然没有明确规定动产占有的公示推定效力，但从善意取得以及有关占有的规定，可以看出我国法律实际上是承认动产占有的公示推定效力的。与此相对，无论是我国还是世界其他国家，均未承认不动产占有具有公示推定效力，并借此推导出不动产留置权。

实践中，有观点根据《合同法》第二百八十七条之规定，即“本章没有规定的，适用承揽合同的有关规定”，第二百六十四条之规定“定作人未向承揽人支付报酬或者材料费等价款的，承揽人对完成的工作成果享有留置权，但当事人另有约定的除外”，认为承包人对建设工程享有留置权。对此，我们和国内理论和实务界的通说一致，持相反意见，原因是：（1）《合同法》并非物权法律制度，在其对建设工程是否可予留置没有明确的规定的情况下，还是应当依据《担保法》《物权法》等物权性法律制度加以判断。（2）不动产以登记公示为原则，而登记公示效力在一般情况下强于占有的公示效力，留置权作为担保物权效力可能导致信赖公示登记的第三方必须在涤除留置权债务后才能获得无负担的不动产物权，不符合物权登记效力最强的原则。（3）建设工程一般价值较大，承包人的工程款债权数额相对较小，因为担保物的不可分性，极可能因为较小的债权，导致较大的工程成果因为承包人的“留置”而无法投入使用，不符合司法处理在结果上的经济原则。（4）《合同法》第二百八十六条有关实际施工人优先权的规定，即“发包人未按照约定支付价款的，承包人可以催告发包人在合理期限内支付价款。发包人逾期不支付的，除按照建设工程的性质不宜折价、拍卖的以外，承包人可以与发包人协议将该工程折价，也可以申请人民法院将该工程依法拍卖。建设工程的价款就该工程折价或者拍卖的价款优先受偿”，这实际上已经给出了救济实际施工人的方案，而且在实践中该方案已经取得不错的实践效果，无须另行寻求其他的解决途径。（5）结合企业间商事留置可予突破同一性的特征，上述问题在实践中造成的问题极有可能被扩大。例如，甲公司作为施工企业，长期承揽开发商乙公司在全国范围内的建设工程。甲公司受托在西安建设工程已经交付，但乙公司未支付工程款。于是，甲公司在结束乙公司在长沙的建设工程且已经获得该工程的工程款后，如果允许其因西安的工程款债权留置长沙的工程不予交付，则可能给全国的房地产开发市场造成混乱。基于上述原因，我们认为，原则上不能突破留置权须成立在动产之上的法律规则，将留置权适用于不动产。当然，在法律上应当允许施工人通过同时履行抗辩权和工程款优先权维护自己的权益。

（二）何为合法占有？

合法占有系指留置权人基于合法的关系和手段占有留置物。如果受托人已经将委托人修理的电脑返还委托人，又从委托人处强行取回电脑就不属于合法占有。对于占有的方式，留置权人既可以是直接占有，也可以是借助占有辅助人占有，抑或与第三方建立占有媒介关系通过第三方实施占有。例如，修理厂将委托人长期不取的维修车辆，通过委托第三方停车场保管停放的方式占有。另外，留置权人对留置物的占有也可以是共同占有，如与债务人共同委托停车场停放留置车辆，约定停车场不得基于留置权人或债务人任何一方单方的指示交付车辆。在合法占有中，留置权人只能是他主占有，而不能是自主占有，即必须是以他人所有的主观状况占有留置物，否则留置关系将转化为侵权法律关系。

（三）是否可以留置非债务人的动产？

《担保法》第八十二条、《物权法》第二百三十条给出的留置范围是“债务人的动产”。在此规定之下，即会产生留置权人是否可以留置债务人交付的他人之动产的问题。我们以下例进行说明：

> 甲向乙借用录像机，在使用过程中不慎损坏。于是，甲将录像机交给红星修理部修理，后因甲拒付修理费，修理部扣留该录像机。此时，修理费债权人“留置”的并非债务人之动产，其留置是否于法有据？

对于这一现实中经常出现的问题，有一个基本的出发点，即必须保护具有牵连关系的善意债权人。我们甚至认为，即使债务人并非基于占有委托（存在占有媒介关系），而是基于占有脱离的事实（债务人盗抢留置物）占有留置物的，也应优先保护善意债权人。因为一方面，新生的具有牵连关系的债权债务关系比既存的物之所有关系更值得保护，留置关系是建立在已经产生占有脱离的事实之上的，而且符合一般的社会观念；另一方面，牵连关系下的债权债务关系一般都会增加留置物的价值，保护债权人更有利于物之改善和利用。我们以下例进行说明：

甲从乙处偷窃录像机，在使用过程中不慎损坏。于是，甲将录像机交给红星修理部修理，后因甲拒付修理费，修理部扣留该录像机。此时，公安部门抓获甲，并根据甲的供述至修理部要求归还赃物，而修理部主张其系留置权人，应以录像机就修理费债权优先受偿，其主张是否于法有据？

应当看到，甲对乙实施的偷盗行为是一个违法犯罪行为，但修理部的修理行为却是一个合法行为。从民事法律的角度出发，甲是录像机的非法占有人，但因为有合法的修理委托关系，修理部留置、占有录像机却是合法的关系及行为。当乙作为所有权人主张返还时，其返还请求权是无法对抗合法建立起来的留置权这一他物权的。此时，就会发现，这一问题又回到留置权是否可以建立在非债务人所有的物之上。

1. 留置非债务人动产的两个规则

留置债务人动产，我国法律给出了两个规则：第一，对《担保法》《物权法》所规定的“债务人的动产”作扩张解释，即解释为“债务人交付的动产”。我国台湾地区“民法典”先前在第九百二十八条也明确规定留置的只能是“债务人之动产”，但在“民法典”2007年物权编修订后，该条款被修改为只要符合牵连关系要件，也可以留置他人之动产，但“占有之始明知或因重大过失而不知该动产非为债务人所有的”债权人不能留置。《物权法》第二百三十四条规定，留置权人“因保管不善致使留置财产毁损、灭失的，应当承担赔偿责任”，对此，立法机关的解释是向债务人赔偿，原因即是留置财产在留置权消灭前属于债务人所有。由此可以看出，《物权法》的立法是不允许将留置物的范围扩展到非债务人所有的物上的。所以，学者们才会将《合同法》第三百一十五条、第三百八十条的承运人、保管人留置权、《海商法》第二十五条第二款的船舶留置权等留置权称为特别留置权，以有别于《物权法》须以债务人动产为留置标的的一般留置权。也即是说，在特别留置场合下，即使债权人知晓标的物系第三人所有，其也可以留置。第二，严格遵守《物权法》留置物应系债务人所有之动产的规定，但允许债权人“善意取得”留置权，即在一般留置场合下，留置权人在占有留置物时存有善意，也即《担保法司法解释》在第一百零八条中规定的“不知债务人无处分该动产的权利”。这个方案存在的问题是，留置权并非处分行为设立，遑论将留置权的设立视为债务人对留置物的无权处分。所以，这一方案只能说是一种非基于法律行为的善意取得。上述两个方案共同组成了我国留置权制度中，有关债权人留置非债务人动产的基本规则。

2. 留置权“善意取得”规则中的问题

关于留置非债务人动产时“善意取得”留置权，理论和实务上存在两个主要问题:（1）是否可以留置占有脱离物，如盗赃物？（2）如何判断债权人的善意？

（1）占有脱离物是否可予留置？

在讨论这个问题之前，先来看一个例子：甲偷盗乙的电脑，自己使用过程中电脑发生故障，遂将电脑交由不知情的丙修理。后因甲不支付修理费，丙是否能够留置电脑？从《物权法》第一百零六条对遗失物善意取得采否定的立法态度看，善意取得不适用于遗失物、盗赃物。我们认为，应当肯定丙对乙的电脑的留置权，原因如下：第一，丙的修理行为有利于乙的电脑；第二，甲对乙实施了犯罪行为，丙对此并不知情，不允许丙通过留置电脑实现修理费债权，那么形同于丙被“犯罪”了，而甲的犯罪行为并未施加于丙；同时，让丙遭受甲施加于乙的犯罪行为的损失，不符合法律来自责任自负原则的正当性，应当将犯罪行为的结果归结于乙，而不是扩散至正常经营、营业的丙之上。如果法律要将占有脱离物的留置权排除在可予善意取得的范围之外，那么也应当将排除的范围限制在债权人正常经营、营业行为之外。

（2）如何判断债权人的善意？

对于债权人善意的判断，《物权法》第一百零六条的判断时点是标的物交付时，我们赞同在留置权善意取得问题上采取这一认定标准。对于善意的实质性要件，我们认为应当将其设定在较低的水平之上，并且不能给债权人安排所谓的审慎审查义务。也就是说，只有在明显缺乏善意的情况下，才可认定债权人主观非善意。例如，甲将从神州租车公司租来的车交由修理厂修理，该车上明确印有“神州租车”的标志。另外，在举证规则上，不能将“善意”的举证责任分配给债权人，也不能通过对债权人是否尽到审慎审查义务的审查将“善意”的举证责任实质性地分配给债权人。

二、债务关系和动产占有之间存在牵连关系

一般认为，留置权应当满足牵连关系要件，世界各国对此有两种认识：（1）债权和债权的牵连，是指债权人的债权与债务人的物之返还请求权之间是否存在牵连关系，即两个请求权系来源于同一法律关系即可。之所以如此，是满足留

置权的"抗辩权"特征，即在债权没有实现的情况下，债权人可以以此为由对物之返还请求权进行抗辩。从这个角度讲，商事留置突破牵连关系、跨越法律关系可以说是债权效力的扩张。（2）债权和物之占有的牵连，是指留置权所担保的债权与债权人对留置物的占有之间存在牵连关系。两种认识相较，即会发现前者很难产生留置权的担保物权特性，只能产生抗辩特征；而后者，物之占有获得了来自法律的支持，会很顺利地催生出动产担保物权来。很简单，当债权和物之占有在同一法律关系之中，结合动产占有的公示推定效力，在制度上给债权人安排留置权，即会因原本即已存在的物之占有，自然而然地产生担保物权。我国《担保法司法解释》持有的即是第二种认识。

《物权法》第二百三十一条采用了新的规定内容，即"同一法律关系"，这里的"同一"是指"同一个"还是"同一类"存在争议。如果理解为"同一个"，那么在一般民事多次同类债务关系中就很难满足留置权要件。例如，甲先后委托乙两次修理电器，第一次修理未支付修理费，第二次修理支付了修理费，乙是否能够因第一次欠付的修理费留置第二次的修理物。如果理解为"同一类"，虽然满足了上例中债权人要求支付修理费的需求，但这仅仅是现实中的偶然情况，依个案突破牵连性限制的理由并不充分；而且，从该条后文但书"企业之间留置的除外"来看，失去"同一类"限制，企业之间的留置就失去了任何限制，未必会在实践中收到好的效果。所以，在规范层面上设定留置权的牵连性尺度并不容易。我们认为，鉴于一般民事关系中，相同民事主体的同类型民事关系的偶发性，可以将民事留置的牵连关系设定为"同一类"，即占有留置物和债权均产生于同一类法律关系当中，而不必是同一个法律关系。在商事关系中，采纳德国营业质的思路，即不在同一性问题上进行限制，而仅仅要求占有标的物和债权均产生于营业行为。这样，一方面满足商事留置的商事行为和关系的性质要求，满足商事高效、便捷的追求目标；另一方面也可以克服突破牵连性后的不良反应。对此，我们以下例进行说明。

【问题3】留置权关系中，动产占有和债权发生为什么必须具备牵连关系？

甲公司的分公司、乙公司因贸易合同形成债务人甲公司对乙公司的贷款债务若干。因无力清偿债务，甲公司将分公司撤销，并将分公司的设备交付乙公司，没有就此达成以物抵债协议、保管协议或质权协议，只是说甲公司什么时候完全清偿债务，即什么时候取回设备。后，甲公司的第三方债权人丙公司向人民法院申请强制执行，人民法院依申请查封上述机械设备。乙公司拟就该执行提出执行异议，可选的方案是：（1）甲公司已经以设备抵偿对乙公司的债务，故乙公司已经是设备的所有权人，借此可以排除丙公司对设备的强制执行。(2)甲公司向乙公司交付机械设备时，双方曾口头达成用该等设备担保甲对乙的债务，即形成《担保法》规定的质权关系；又因为《合同法》第三十六条的规定，即法定需要书面形式的合同，当事人履行合同主要义务，对方接受的，合同成立。所以，应当认定双方存在有效的质权合同关系和质权担保关系，乙作为质权人有权就查封的机械设备优先受偿。(3)因乙公司对甲公司享有债权，又合法占有甲公司的设备，故乙公司对甲公司的设备享有留置权。问，上述方案是否均可行？如果是，哪一种更优？

分析：在方案（1）中，以物抵债须双方当事人明确的意思表示，须就此形成以物抵债协议。甲、乙双方没有就此达成协议，如果甲、乙倒签以物抵债协议，则该协议即会涉嫌恶意串通而无效。在方案（2）中，乙公司会面临缺乏书面质权合同的问题。虽然《合同法》第三十六条规定可以以实际履行补正没有书面协议的瑕疵，但质权合同是《担保法》中规定的特殊合同类型，《合同法》的上述规定是否可以用于质权合同尚未可知。上述的方案（3）是我们在这里重点讨论的问题，即占有并留置动产的行为须与债权债务系同一法律关系，这就是留置权成立的同一性问题。虽然，《物权法》第二百三十一条的但书规定企业之间的留置无须满足同一性要件，但本案中留置设备并非产生于货物的买卖关系中，两者之间是否属于《物权法》第二百三十一条但书规定中的“非同一关系”。如果是，因为甲、乙均非自然人，符合上述条款中商事主体（企业之间）的要求，那么乙公司有权留置甲公司的设备，并就该设备优先受偿；如果不是，则乙公司无权留置，也无权在执行程序中优先受偿。在这里，我们举一个例子回答这个问题，甲公司与乙公司存在买卖和仓储关系，甲公司向乙公司购买A货物，未支付价款，但乙已经将货物交付；同时，甲公司将B货物置于乙公司经营的仓库仓储，已经支付仓储费。当甲公司至乙公司提取B货物时，乙公司因货款债权留置B货物。这个例子中的情形和上述案件中的例子类似，均非同一法律关系；不同之处在于案件中乙公司留置机械并非其经营行为，而例子中的乙公司留置B货物系经营行为。根据我国《物权法》第二百三十一条的规定，看不出上述案例和例子之间的区别。

我们认为，在这一点上，可以参考《德国民法典》第一千二百五十七条规定的法定质权，即将意定质权的规定适用在法律规定的特殊情形之下。例如，《德国民法典》第六百四十七条规定“承揽人所制作或修缮的定作人的动产，在制作时被承揽人占有，或以修缮为目的而被承揽人占有的，就因合同而发生的承揽人债权，承揽人享有该动产上的质权”；第七百零四条规定“就旅店主人对居住和其他为满足客人的需要而向客人提供的给付的债权，包括对垫付款的债权，旅店主人享有客人的携入物上的质权”。也即，允许债权人留置因经营行为（商事行为）而占有的债务人的动产。相类似的立法模式，我国台湾地区“民法”第九百二十九条规定“商人在营业期间发生的债权，和营业关系期间占有的标的物，可判定和上款规定有牵连关系”。这样，将留置权制度放松对企业之间商事行为的“同一法律关系”要求之后，将其在更大范围上限制在正常经营行为之上，用“营业质”或“营业留置”的方式保护法律所鼓励开展的各种商事行为。

对于上述案例，在结果上，乙作为债权人不能因货物债权留置非经营行为占有的甲的机械设备。这一结论，在保护债权人和保护执行申请人，即甲的其他债权人之间划出了一条清晰的界限。当然，如果乙能够证明与债务人甲之间存在有偿的保管关系，那么也能够就保管费债权留置机械设备。

【问题 4】指示交付情形下，合法占有人是否对指示交付的标的物享有留置权？

金发冶炼厂与泰嘉公司补签了《购货合同书》一份，合同约定由金发冶炼厂向泰嘉公司购买铟氧化锌粉 220 吨，泰嘉公司向金发冶炼厂交付的铟氧化锌粉系其委托东泉锌品厂加工含铟氧化锌粉成品。因泰嘉公司欠付东泉锌品厂加工费，东泉锌品厂一直未向泰嘉公司或金发冶炼厂交付铟氧化锌粉。经查，上述三方曾经签署“交货清单”。后，金发冶炼厂将东泉锌品厂诉至法院，要求交付铟氧化锌粉，并赔偿侵权损失。问，金发冶炼厂的主张是否于法有据？

分析：本案的关键在于泰嘉公司是否已经向金发冶炼厂交付铟氧化锌粉，即铟氧化锌粉是属于泰嘉公司所有，还是属于金发冶炼厂所有。如果是前者，金发冶炼厂无权向东泉锌品厂主张交付铟氧化锌粉，亦无须审查东泉锌品厂是否以欠缴加工费而享有留置权；如果是后者，金发冶炼厂有权要求东泉锌品厂交付铟氧化锌粉，也无须审查东泉锌品厂是否享有留置权。只有在铟氧化锌粉属于加工费债务人泰嘉公司，且泰嘉公司要求加工费债权人东泉锌品厂交付时，东泉锌品厂才有权主张留置权。最高人民法院在其就本案“南丹县金发冶炼厂、陈某与柳城县东泉锌品厂、卢某物权保护纠纷申请再审案”作出的（2015）民申字第 1046 号民事裁定书中确认，因“交货清单”上交货清单的字样是金发冶炼厂事后添加，“不足以令人确信其是泰嘉公司向金发冶炼厂交付货物的凭证”，最终驳回了金发冶炼厂的再审申请，并认为“二审判决中关于‘即使涉案氧化锌粉所有权归金发冶炼厂所有，只要涉案氧化锌粉的加工费未清偿完毕，金发冶炼厂请求对涉案氧化锌粉行使物权，包括返还原物、赔偿损失的请求就不能得到支持’的意见，并非本案裁判的主要理由，其所表达的意思是否毫无争议，并不影响本案的最终结论”。

最高人民法院的观点直击要害，没有问题。但本案值得进一步思考，就本案的《购货合同书》而言，动产交付方式是典型的“指示交付”，即作为买卖合同标的物实际占有人的东泉锌品厂接受动产所有人泰嘉公司的指示向金发冶炼厂交付标的物。所以，真正困难的是，在本案中金发冶炼厂能够证明泰嘉公司曾经向东泉锌品厂作出有效的转让标的物所有权的“指示”的情况下，怎么处理东泉锌品厂的留置权问题。根据《物权法》第二十六条，即“动产物权设立和转让前，第三人依法占有该动产的，负有交付义务的人可以通过转让请求第三人返还原物的权利代替交付”，如果买受人金发冶炼厂系通过指示交付，即以受让泰嘉公司对东泉锌品厂的返还原物的请求权的方式受让标的物；那么，在标的物所有权依“指示”而发生变动的情况下，受让人金发冶炼厂手中拥有的也是泰嘉公司对金发冶炼厂的返还原物的请求权。而此时，东泉锌品厂的留置权作为他物权恰好可以用于限制这一请求权发挥效力。例如，甲公司从乙公司以交付仓单的方式受让动产标的物，如果甲公司对仓储人尚有未结清的该仓单项下货物的仓储费，毫无疑问，仓储人有权留置仓单项下的货物。如果再进一步改变条件，如转让人甲公司未结清的仓储费并非转让的仓单项下的货物，而是甲公司在仓储人处仓储的其他货物的仓储费，仓储人是否有权留置甲公司转让给乙公司的仓单项下的货物呢？这即是《物权法》第二百三十一条所述的商事留置，即“债权人留置的动产，应当与债权属于同一法律关系，但企业之间留置的除外”所引致的巨大隐患。因为在此情形下，仓单、提单的安全性将会大大降低，甚至会存在转让人和仓储人恶意向受让人转嫁仓储费风险的可能性。

我们认为，本案中，如果“交货清单”属实，并且东泉锌品厂在清单进行有效签章，其作出的即在“交货”意思下是放弃留置权的意思表示。结论上，标的物所有权在“交货清单”签署后即归属于金发冶炼厂，东泉锌品厂无权主张留置权，因为其并无对金发冶炼厂的债权。如果泰嘉公司曾经就向金发冶炼厂转让标的物所有权向东泉锌品厂作出有效“指示”，此时应认为东泉锌品厂无权留置价值超出加工费债权的标的物，否则应承担赔偿责任，因为泰嘉公司对超出部分享有完全的处分权，该部分没有留置权负担。这里，在法律上还和标的物是否是可分物有关，因为留置权人仅能留置与债务相当的可分物。

三、债务履行期限已经届满

1. 一般债务的履行期限

留置权成立，须其所担保的债务履行期限已经届满。这一要件除了债务履行期限之外，还包含债务履行条件已经成就，法律设置这一要件的主要原因是：（1）留置权首先表现出来的效力是一种抗辩效力，即以留置权人的债权未得到实现的情形抗辩相对方的标的物给付请求权；债务履行期限尚未届满，债权人当然不能借助标的物留置权对抗相对方的标的物给付请求权。（2）如果债务履行期限尚未届满，或债务履行条件尚未成就，法律即规定债权人可以留置标的物，就会使当事人在合同中约定的合同履行期限、条件以及安排的债务履行先后顺序都形同虚设，在此情况下行使留置权也会构成违约行为。理论和实践上，在就一般债务行使留置权时，既包含约定或法定的债务履行期限到期或条件成就，也应包含预期违约、单方宣布债务提前到期、解除合同等特殊情形。

【问题 5】债权履行期限尚未届满，是否能够行使留置权？

2013 年 9 月 30 日，天奇公司与中特公司签订《运输协议》约定，中特公司负责将天奇公司的锥形主轴铸件 2 件从德阳市送至杭州市萧山区，交货时间为 2013 年 10 月 3 日，运价及支付方式为 8300 元（含税），货物到后经验收合格，由天奇公司 5 个工作日内付清运费全款。特别约定：铸件价值 198000 元。后，双方产生纠纷诉至法院。天奇公司诉称，中特公司承运天奇公司货物后，并未按协议约定于 2013 年 10 月 3 日将货物交收货单位东方电气公司，致使天奇公司客户流失且承担迟延交货的巨额解约及违约赔偿，要求赔偿损失共计 298000 元。对此，中特公司反诉称，因车辆故障导致到货晚一天，收货方拒绝收货，遂将货运回放置于自己的物流部，至今产生大量保管费和搬运费，故要求天奇公司支付运费 8300 元，保管费、搬运费 20000 元。

一审法院认为，“中特公司应按协议约定将货物安全、及时运至约定地点交付收货人。现中特公司抗辩已依约将承运货物运至约定地点，由于收货人拒收导致未能交货，但中特公司并未提供收货人拒收的相关证明，也未提供其与天奇公司处理货物被拒收而形成的相关证据，同时，如货物被拒收，责任并不在中特公司，中特公司则应将货物提存，或者返运给货物的所有权人即天奇公司，现中特公司仍实际控制着货物，收货方同时出具函件证明货物系因中特公司原因导致不能收货”。也即，中特公司未能证明未按时交货系同处运输合同中债权一方的收货方的原因，也未采取提存或及时返还的措施，故构成违约，应当予以赔偿。因中特公司与东方电气公司合同已解除，且货物为异形精密构件，所以应当赔偿全部货物的全部货值。

在中特公司的上诉理由中，其提出“未收取运费之前，有权依法行使留置权”。二审德阳中院在其就本案“上诉人成都中特货运有限公司与被上诉人四川天奇永大机械制造有限公司运输合同纠纷案”作出的（2015）德民三终字第89号民事终审判决认为，“天奇公司与中特公司在《运输协议》中约定，交货日期为2013年10月3日。至今为止，中特公司仍未交付货物。虽然中特公司辩称，未交付货物是由于收货人拒收货物导致，但是未提交相关证据予以证明。本院认为，根据《中华人民共和国合同法》第三百一十六条‘收货人不明或者收货人无正当理由拒绝受领货物的，承运人可以提存货物’的规定，如果收货人拒不收货，中特公司可以将该货物提存，但是中特公司既未提存货物，也未退还给托运人天奇公司，仍实际控制该货物。中特公司辩称，控制该货物是行使留置权。本院认为，依据《中华人民共和国物权法》第二百三十条第二款‘债务人不履行到期债务，债权人可以留置已经合法占有的债务人的动产，并有权就该动产优先受偿’的规定，留置权的成立应符合三项基本要件：1. 须债权人占有债务人之动产；2. 债权已届清偿期；3. 动产之占有与债权属同一法律关系。本案中，双方当事人在《运输协议》第五条中约定，货物运到东气公司后，经验收合格，由天奇公司5个工作日内付清全款。可知中特公司交付货物的义务在前，天奇公司支付运费的义务在后。中特公司要求天奇公司支付运费的条件不成就，中特公司无权对货物行使留置权。其长期无正当理由占有天奇公司的货物的行为已构成违约，其应当承担违约责任。被上诉人天奇公司作为托运人，按照合同约定，其应承担给付运费的义务。但是，依据运输协议约定，其履行该义务以中特公司已将货物交付收货人为前提，因中特公司提交的证据不能证明其已按约履行合同义务，故其要求天奇公司支付运费的请求不予支持”。

分析：本案需要关注两个事项：（1）提存。作为《合同法》第九十一条明确规定的合同的权利义务终止的法定事由之一，提存拥有特殊的保护债务人的功能，但常常为实践中的债务方所忽视。收货方拒收，在制度上，运输人中特公司有返还货物和提存两个救济方式可供选择，借此可降低损失或清偿债务，但其仍然自行占有货物。我们认为，在没有相反证据的情况下，判令中特公司承担赔偿责任有理有据。如果中特公司选择提存货物，不仅可以借此履行运输交货义务，而且也满足了其要求托运人天奇公司履行运费支付义务的条件。（2）留置。留置权是从同时履行抗辩权演化而来的，在债务履行期限尚未届满或条件尚未成就时，债权人尚无可供行使的债权，当然不得对抗相对方标的物给付请求权，更不得作为未返还货物或未以提存方式清偿债务的理由。所以，中特公司无权留置货物，其应当承担违约责任。我们认为，本案判决内容上值得商榷的地方是：中特公司违约，而相对方天奇公司是否作出努力以减少损失，即向中特公司索要货物并尽力协调东方电气公司收取已经迟延交付的货物，而不是解除合同；或者说，在东方电气公司解除合同问题上，天奇公司是积极努力避免还是放任发生，导致整个货物无法被使用而形成损失。如果存在天奇公司未及时避免损失发生的情形，则应当根据《合同法》第一百一十九条之规定，即“当事人一方违约后，对方应当采取适当措施防止损失的扩大；没有采取适当措施致使损失扩大的，不得就扩大的损失要求赔偿”，减少中特公司向天奇公司赔偿的数额。

2. 法定之债（法定、解除或无效情况下的债务）的履行期限

自《担保法司法解释》第一百零九条突破《担保法》第八十二条、第八十四条设定的留置权只能用于合同之债的限制之后，留置权既可被用于无因管理、侵权行为等法定债权类型之中，也当然地可以用于合同法上的如合同解除、终止之后，甚至是合同无效后的返还义务。此时，确定债务是否已届清偿期就应当以上述债务的法定到期日为准。根据《合同法》第五十八条、第九十七条之规定，合同解除、终止，以及合同无效后的返还义务的履行期限应自合同解除，或因到期、清偿、提存后合同终止日为起点。

【问题6】留置权可以担保合同解除后的返还义务以及判决债务吗？

曾某某于2012年11月4日与我佳租车公司订立汽车租赁合同，曾某某一次性向租赁公司支付保证金80000万元及服务费。2013年10月29日，曾某某至租赁公司营业点办理了退车的书面手续，但租赁公司明确表示保证金不能退还。曾某某诉至法院，请求确认曾某某在租赁公司还清保证金后对租赁的车辆享有留置权，并享有优先受偿权。经查，曾某某曾就此诉至法院，法院经审理出具民事调解书，确认租赁公司向曾某某返还保证金，该案的保证金判决部分正在由人民法院强制执行，尚未执行完毕。问，此时，曾某某是否可以留置汽车？

对于本案，一审法院认为，在已经就租车关系出具民事调解书的情况下，曾某某的起诉违反了民事诉讼一事不再理的原则，最终驳回了曾某某的一审诉讼请求。二审武汉中院在其就本案“曾某某与武汉我佳汽车租赁有限公司留置权纠纷”作出的（2016）鄂01民终3997号民事裁定中认为，曾某某起诉的案件在性质上属于留置权纠纷，而不是租赁合同纠纷，故不违反一事不再理的法律原则，应当予以审理。

分析：上述问题也可以理解为在合同解除和法院已经作出判决的场合下，债权人是否可以留置标的物？从两次诉讼，曾某某在诉讼中主张的权利性质来看，前次为确认其要求租赁公司返还保证金的债权，二次提起的诉讼系要求法院确认其对租赁车辆享有留置权，是两个不同性质的案件，故一审法院判决错误。从本案可以看到：（1）返还保证金系双方协议解除合同的情况下租赁公司承担的合同解除之法定债务，返还义务人不履行返还义务的，相对人可以对其应当返还标的物实施留置，返还保证金和返还车辆应为同时履行之对待给付义务；（2）返还保证金是法院民事调解书中的义务，是法院生效法律文书项下的债务，就此类债务也可以成立留置权予以担保；（3）曾某某返还汽车也是法院生效文书项下的债务，如果曾某某不在法律上确认其有留置权，那么也会面临承担法律责任的问题。当然，本案的解决方案还可以是法院执行机关对尚在曾某某处的汽车实施强制执行措施，但问题是曾某某不主张留置权则无法享有优先受偿的权利。

四、在合理的限度内留置动产

在抵押权、质权意定担保中，对同一担保物，当事人自行决定其所担保的债权大小，担保物的价值在实践中一般大于其所担保的债权数额，但这是以担保人通过担保合同和登记或交付，对担保物的自由处分为基础。而留置权系基于法律和当事人之间法律关系的内容而成立的担保物权，当事人没有就担保物和其担保的债权数额进行约定的空间。因此，为了平衡债权人和债务人之间的关系，法律在赋予债权人留置权的同时，也将留置物的范围锁定在合理的、能够担保债务的动产之上，从而减少法定留置权对债务人造成的损害。债权人超出债权限额留置的，即会构成对合同交付标的物义务的违反，或对留置物所有权人所有权的侵害，因为超额部分无法因合法的留置权去除其违法性。

【问题7】留置权人超债权额留置须承担哪些责任？

腾捷公司将七台车辆的办证事宜委托钟某某办理，并将车辆放置于钟某某指定的停车场并将车辆钥匙交给钟某某管理。2016年3月，腾捷公司要求钟某某返还车辆，钟某某拒绝返还。腾捷公司诉至法院要求钟某某赔偿占用费，一审法院以“没有证据证明钟某某故意占有使用案涉汽车”，仅判决钟某某返还车辆，而驳回腾捷公司的其他诉讼请求。问，腾捷公司的诉讼请求是否于法有据？

分析：二审审理中，腾捷公司提交新证据，证明案涉车辆中的一台系其向广州东风南方汽车销售服务公司租赁而来，租金每月4000元。最终，二审广州中院在认定钟某某就车辆的管理费为12万元的基础上，就本案“广州市腾捷汽车租赁有限公司、钟某某留置权纠纷案”作出的（2017）粤01民终10278号二审民事判决书中认为，“根据《担保法》第八十五条的规定：‘留置的财产为可分物的，留置物的价值应当相当于债务的金额’。根据腾捷公司提供的涉案车辆的发票等证据显示，涉案车辆的价格达到140余万，而腾捷公司从2016年3月底要求钟某某返还涉案车辆，钟某某主张至2016年7月止，腾捷公司拖欠的管理费亦仅为12万多元。钟某某虽主张涉案车辆发票价格虚高，但未能提供充分的证据予以反证，本院难以采纳。因此，钟某某虽系合法占有并留置涉案车辆，但留置车辆的价值与管理费的实际金额，差距甚大，故本院认定，钟某某在留置权的具体行使方式和范围上，确有不妥。基于上述分析，钟某某应对腾捷公司因涉案车辆被留置而产生的损失承担一定赔偿责任”。从本案中可以看出，超额留置会构成违约或对债务人对留置物所有权的侵害，造成损失的，须承担赔偿责任，腾捷公司可以要求钟某某承担违约责任或侵权责任。

制度部分

一、留置权的适用范围

（一）留置权法定适用范围的制度演化

我国留置权制度的适用范围有一个逐步扩大的过程，即从《担保法》《担保法司法解释》到《物权法》在逐步扩大。

1.《担保法》第八十二条将留置物的范围限定在了因合同占有的动产之上，也即将留置权的适用范围限定在合同之债，第八十四条进一步将适用范围具体到保管合同、运输合同和加工承揽合同三种具体的合同类型之中，加上第八十四条第二款和《合同法》第三百九十五条、第四百二十二条将该范围扩大至仓储合同和行纪合同，留置权在2000年《担保法司法解释》实施之前，仅能适用于保管、运输、加工、仓储以及行纪合同关系之中。

2.《担保法司法解释》第一百零九条之规定，即“债权人的债权已届清偿期，债权人对动产的占有与其债权的发生有牵连关系，债权人可以留置其所占有的动产”，使得留置权的适用范围不再被限制在特定合同关系中。这样，立法上就给实践中将留置权制度适用于其他合同关系、无因管理、侵权关系，甚至是合同无效、解除后的法律关系留出了制度空间。

3.《物权法》第二百三十条之规定，即“债务人不履行到期债务，债权人可以留置已经合法占有的债务人的动产，并有权就该动产优先受偿”，在立法上对《担保法司法解释》对留置权适用范围的管制的放松予以确认。这次不仅是从法律关系的类型上放松管制，而且在第二百三十一条中对债务关系和动产占有的牵连性上放松管制，即在企业之间不再要求同一性。

（二）留置权在特殊债务类型上的适用

除保管、运输等典型可予适用留置权制度的合同类型之外，在租赁、委托、居间、行纪等合同关系中，也可以适用留置权制度。例如，在“北京嘉隆瑞泰商贸有限公司诉北京大河印务有限责任公司留置权纠纷一案”［（2015）昌民（商）初字第10991号］中，嘉隆瑞泰公司将房屋租赁给大河印务公司，因后者拖欠租金，导致前者解除合同并留置后者放置在租赁房屋内的机械设备。同样地，在委托合同关系中，受托人可以因委托费留置在处理委托事务中占有的动产，不予履行向委托人交付委托成果的义务；在行纪或居间关系中，受托人也可以在满足留置权其他要件的情况下留置其在居间、行纪行为中占有的动产。

除合同关系外，在特殊情况下，留置权也可以适用于侵权关系和无因管理关系，用于担保侵权损害赔偿责任和无因管理之管理费的履行和给付义务。例如，甲在醉酒驾车并将乙家围墙撞毁后弃车逃逸，那么在甲向乙承担侵权损害赔偿责任之前，乙有权留置甲的事故车辆。

【问题8】在无因管理关系中，是否可以适用留置权制度？

王某某系“鄂宜都货双亚”号的所有权人，其将船光船租赁给继林公司。后该船在航运中发生翻覆沉没，展宏图公司基于重庆海事局的要求展开打捞工作。事后，展宏图公司在向王某某要求支付打捞费未果的情况下，诉至法院，要求支付打捞费、确认其对案涉船舶享有留置权，并从司法拍卖中优先受偿。经查，《水上交通事故调查结论书》认定案涉船舶的海事事故系由重庆建设港务有限公司和船舶承租人继林公司混合过错造成，两公司应当承担责任，包括但不限于打捞救助费。

武汉海事法院在其就本案“重庆市展宏图救助打捞有限责任公司与王亚平、王亚林无因管理纠纷一案”作出的（2014）武海法商字第01017号民事判决书中认为，“‘鄂宜都货双亚号’船沉没后，因沉没地点在长江段重庆通航水域，影响航行安全，重庆海事局要求原告开展打捞工作。虽然原、被告之间未签订书面的打捞合同，但是被打捞标的物即该船舶的所有权人是被告，被告因原告的打捞行为而获益，既排除了影响航行安全的隐患，又将在支付打捞费后重新取得船舶，原、被告之间形成了无因管理法律关系"，并且"我国《物权法》第二百三十条规定，债务人不履行到期债务，债权人可以留置已经合法占有的债务人的动产，并有权就该动产优先受偿。因被告拒绝支付打捞费，原告可以留置已经合法占有的'鄂宜都货双亚'号船，并有权就该船折价或者拍卖、变卖的价款优先受偿"。最终，武汉海事法院判令王某某支付打捞费；展宏图公司享有留置权，并有权就该船折价或者拍卖、变卖的价款优先受偿。

分析：根据《民法总则》第一百二十一条之规定，即"没有法定的或者约定的义务，为避免他人利益受损失而进行管理的人，有权请求受益人偿还由此支出的必要费用"，无因管理行为可能产生无因管理之债。如果管理人在基于实施无因管理行为而合法占有被管理人的动产的，管理人有权根据《物权法》第二百三十条之规定，对该占有的动产享有留置权。实际上，在无因管理关系中适用留置权制度是十分必要的，可以有效保护管理人的利益，实现其管理费债权，借此鼓励管理人为他人之利益而合法实施的无因管理行为。本案中，王某某称其并非船舶实际使用人，也并非海事事故系的责任人，该事项并不能对抗对其所有的船舶进行管理的管理人。在王某某应无因管理关系承担打捞费的返还义务，或其船舶因留置权人行使留置权而拍卖所得的价款用于清偿打捞费债务后，其可以以违约为由要求继林公司承担违约责任，也可以向重庆建设港务有限公司、继林公司主张侵权责任，要求二者赔偿打捞费。

二、留置的财产范围

关于留置财产的范围，《担保法》第八十二条、第八十五条，《担保法司法解释》第一百零八条、第一百零九条，《物权法》第二百三十条、第二百三十一条、第二百三十二条、第二百三十三条给出了明确的规定，主要表现在以下几个方面。

（一）留置的财产必须是动产

《担保法》第八十二条、《担保法司法解释》第一百零九条、《物权法》第二百三十条都规定，债权人只能留置债务人交付的动产，而且对留置物为可分物情形下的留置有明确的规定，所以我们认为我国留置权制度内可予留置的标的只能是动产，而不能是不动产。

（二）留置的应为债务人或他人动产

《担保法》第八十二条、《物权法》第二百三十条规定，留置的财产只能是债务人的动产。《担保法司法解释》第一百零八条规定，在债权人占有动产时不知债务人无处分权的，可以留置非债务人的财产。在立法上，上述第一百零八条显然是参照善意取得制度将可留置的财产扩展到了“他人之物”之上。这样做的好处是，人民法院在审理留置权纠纷时，不必援引《物权法》中有关善意取得的条款即可作出判决。奇怪的是，为什么在《物权法》中不直接将留置物扩张至“他人之物”？我们认为，真正的问题在于就他人之物进行留置在实践中的问题比较多，利弊难以确定。关于这一点，我们以下例予以说明。

【问题9】债权人是否可以留置非债务人所有的动产？

海洋公司将标的集装箱（36个）交港盛物流公司保管。后者根据其与泛达公司的协议，将标的集装箱交给泛达公司。后海洋公司向人民法院提起诉讼，要求泛达公司返还标的集装箱。泛达公司称其系基于与泛亚公司之间的《航线管理协议》占有、使用标的集装箱。在本案审理过程中，海洋公司曾称其已将集装箱租赁给山东远东海运集团使用，而山东远东集团、泛达公司、泛亚海运之间系关联公司。泛达公司拒绝向海洋公司返还标的集装箱，是否于法有据？

最高人民法院在其就本案“青岛泛达国际船舶代理有限公司与通用海运集装箱有限公司船舶属具和海运集装箱租赁、保管合同纠纷申请再审案”作出的（2014）民申字第688号民事裁定中认为，“鉴于海洋集装箱公司既没有充分证据证明泛达船代公司在占有涉案36个集装箱时知道泛亚国际海运公司对涉案集装箱没有所有权，也无法说明这些集装箱的完整流转过程，更没有向法院提交有效证据否认泛亚国际海运公司与泛达船代公司之间的债权债务关系，根据《最高人民法院关于适用〈中华人民共和国担保法〉若干问题的解释》第一百零八条关于债权人合法占有债务人交付的动产时，不知债务人无处分该动产的权利，债权人可以按照担保法第八十二条的规定行使留置权的规定，原审判决认定泛达船代公司依据《航线管理协议》取得涉案36个集装箱的占有权、使用权，并无不当。海洋集装箱公司关于原审判决错误认定泛达船代公司对涉案36个集装箱享有留置权的主张，缺乏事实和法律依据”。最终，最高人民法院驳回了海洋公司的再审申请。

分析：仅从二审和再审判决来看，对于债权人泛达公司而言，债务人是泛亚公司，但其留置的是第三人海洋公司所拥有的集装箱，所以本案中债权人留置的并非债务人所有的动产。本案仅驳回海洋公司要求泛达公司返还集装箱的诉讼请求；而对于作为所有权人的海洋公司有什么权利，什么时候可以取回集装箱，是否可以要求泛亚公司行使留置权拍卖集装箱等问题，最高人民法院的裁判都没有给出答案。另外，法院也没有就泛亚公司是否有权支配标的集装箱，债权人泛达公司对泛亚公司的债权数额，以及该债权是否到期也没有给予认定。也即是说，判决是在对债权人对债务人的债务是否存在，债务数额以及债务是否到期这样的留置权成立要件没有给出结论的基础上，认定泛达公司享有留置权。在结果上这样的判决仅仅是维持现状，显然是“夹生饭”，即无法认定所有权人海洋公司何时可以取回留置物，泛达公司作为留置权人何时可以就集装箱实现留置权。

最高人民法院通过司法判决确认了《担保法司法解释》第一百零八条的内容，即在特定情况下，债权人留置非债务人的财产的，留置权有效。但是上述案件和判决也暴露出留置第三人之物情形下的一些非常棘手的问题。

第一，最高人民法院通过司法判决确认了《担保法司法解释》第一百零八条的内容，也以“鉴于海洋集装箱公司既没有充分证据证明泛达船代公司在占有涉案36个集装箱时知道泛亚国际海运公司对涉案集装箱没有所有权”作为第一百零八条中“不知债务人无处分该动产的权利”的审查结果。但对再审申请人海洋公司提出的“山东远东海运集团有限公司（以下简称远东海运公司）、泛亚国际海运公司及泛达船代公司内档资料，证明三公司之间存在集团关联关系”的主张却没有给出审查结果。我们认为，第一百零八条是动产物权善意取得制度在留置权制度中的体现，这种情况仅发生在债权人留置非债务人的动产情形下，除了如上所述对债权人的善意要件进行审查之外，还应当审查债权人的债权是否与占有留置物具有牵连关系。

第二，在最高人民法院的上述裁判中可以看到，最高人民法院认为“泛达船代公司依据《航线管理协议》取得涉案36个集装箱的占有权、使用权，并无不当”，对泛达公司和泛亚公司之间的债权关系未做任何描述，但显然不是维修关系、运输关系。我们在这里做几种可能的推想：（1）泛达公司和泛亚公司之间系租赁关系，且泛达公司已经支付租金（如果尚未支付租金，那么应当立即向所有权人返还，此种情况下不存在债权人的需要留置权担保的债权），所有权人要求其返还集装箱的，其可以要求泛亚公司返还多余支付的租金，并借此留置集装箱。在债务人泛亚公司已经申请注销的情况下，很明显，留置将原本应当由债务人承担的风险转嫁到了留置物所有人身上。（2）泛达公司和泛亚公司之间存在其他的债权债务关系，可以根据《物权法》第二百三十一条，即“债权人留置的动产，应当与债权属于同一法律关系，但企业之间留置的除外”，也即跨法律关系留置。例如，泛达公司因泛亚公司欠付货款而留置集装箱。我们认为，这样很容易侵害留置物所有人的权益。在债务人破产、注销的情况下，债权人没有向债务人主张权利，那么留置物所有人是否可以申报债权也会成为实践中的棘手问题。

第三，根据《物权法》第二百三十七条之规定，留置权人应当在约定或法定的留置期内行使留置权，留置权人不行使的，债务人可以请求人民法院处置留置物。该条规定中，没有言及在债权人留置第三人之物的情况下，第三人是否可以要求人民法院处置留置物的问题。

我们认为，在债权人留置第三人之物的情况下，应当注意：（1）区分一般留置和特别留置。后者场合下，如保管、运输、船舶建造、修理、拖船等法律关系中，法律并未规定留置的必须是债务人的动产，所以实践中无须审查留置权人在占有债务人交付的动产时是否知晓该动产是否是债务人所有；一般留置，即除特别留置以外的其他留置关系，则需要审查留置权人占有债务人交付的动产时是否存在“善意”不知情的情形。（2）严格审查“善意”要件。例如，在“北京嘉隆瑞泰商贸有限公司诉北京大河印务有限责任公司留置权纠纷一案”中，嘉隆瑞泰公司将房屋租赁给大河印务公司，后者未支付租金，导致前者留置后者放置在租赁房屋内的机械设备。后即使案外人天水新华印刷厂称其是留置的机械设备的所有权人，也不应影响留置权人行使留置权。北京昌平法院在其就该案作出的（2015）昌民（商）初字第10991号民事判决中认为，“大河印务不履行生效文书确定的债务，故嘉隆瑞泰公司享有留置权。虽然上述机械设备的所有权仍有争议，但嘉隆瑞泰公司在占有该机械设备时，并不知晓机械设备的所有权存在争议，质言之，嘉隆瑞泰公司为善意第三人，故该机械设备的所有权归属对于该公司的留置权的行使并不构成任何冲突”。（3）无论是一般留置还是特别留置，都须严格审查“牵连性”要件，涉及第三人所有的留置物时，将留置权限制在牵连关系中；如果留置权担保的债务的双方当事人系企业，也须在突破牵连或同一关系时审查留置物的行为是否是企业的营业行为，因为留置权之所以能突破牵连关系，其目的在于保护商事关系的高效和便捷。另外，需要注意的是，湖北高院在“武汉裕祥兴运输有限公司与武汉长海国际船舶代理有限公司、武汉长海集装箱航运有限公司留置权纠纷案”[（2016）鄂民终1131号终审民事判决]中的观点认为，涉及第三人动产的，该动产留置权所担保的债权应当被限制在与第三人有牵连关系的范围之内，即债权人不能用其留置的第三人的留置物，清偿债务人对债权人的非因第三人留置物而产生的债权。

【问题 10】海商法上船舶出租人是否有权留置非承租人的货物?

新闽航公司与良翔公司签订航次租船合同，租赁后者的船舶开展航运经营。纬泰公司委托新闽航公司运输涉案集装箱货物，因新闽航公司在运输中突然停止经营，良翔公司扣留了纬泰公司的货物，称其有权依据《合同法》《物权法》就新闽航公司欠付的运费行使留置权，也可以基于无因管理行使留置权。问，在本案中，出租人良翔是否有权留置非债务人的财产?

分析：最高人民法院在其就本案“厦门良翔海运有限公司、江苏纬泰物流有限公司非法留置船舶、船载货物、船用燃油、船用物料损害责任再审审查与审判监督案”作出的（2017）最高法民申 1698 号民事裁定书中认为，“根据《海商法》第一百四十一条的规定，承租人未向出租人支付租金或合同约定的其他款项的，出租人对于船上属于承租人的货物和财产有留置权。涉案货物系纬泰公司托运的货物，而不属于新闽航公司所有。良翔公司明知新闽航公司租用‘良翔 2’轮用于经营海上货物运输，也应当知道该轮所运货物很可能并非新闽航公司所有。《海商法》第一百四十一条系关于定期租船出租人留置权的特别规定，良翔公司根据《合同法》《物权法》的规定主张留置权，不符合特别法优先于一般法适用的原则，二审判决认定良翔公司无权因新闽航公司欠付租金留置纬泰公司托运的货物并无不当”，也即是说，在船舶租赁法律关系中，出租人只能留置租赁船只上属于承租人的货物和财产，不能留置其他人的财务，《海商法》的规定是特别法，应当依据特别法优于一般法适用原则，而不能适用新法优于旧法的原则。结合《海商法》第二十五条第二款“前款所称船舶留置权，是指造船人、修船人在合同另一方未履行合同时，可以留置所占有的船舶，以保证造船费用或者修船费用得以偿还的权利。船舶留置权在造船人、修船人不再占有所造或者所修的船舶时消灭”的规定可知，《海商法》允许当事人在特殊情况下留置第三人的动产，而且在这种情况下并不需要善意取得理论的支持。从这一点，我们认为，最高人民法院根本不必对良翔公司知晓纬泰公司运输的系第三人的货物进行解释，因为第一百四十一条的规定，其目的正是保障航运业务的交易安全。在这种交易中，航运安全要比债权人的租金债权更加值得保护；允许船舶出租人留置非承租人的第三人的货物，会导致第三人作为水路运输的运输人的风险大大增加。这就会迫使第三人在选择承运人时审查船舶是否为承运人所有，最终结果会使光船租赁业务遭受毁灭性的打击，遭受损失的也最终是整个航运事业。这也是《物权法》中不直接将债权人留置的动产范围扩展到“他人之物”上的原因，因为任意扩展到“他人之物”上，会整体性、系统性地增加社会的交易风险。如果是这样，留置权制度即不再是一项有益的制度。

另外，最高人民法院还在本案中澄清了定期租船合同与航次租船合同的主要区别，即“根据《海商法》第一百二十九条的规定，定期租船合同，是指船舶出租人向承租人提供约定的由出租人配备船员的船舶，由承租人在约定的期间内按照约定的用途使用，并支付租金的合同。定期租船合同与航次租船合同的主要区别在于：前者的承租人有按约定用途使用船舶即营运调度的权利，而后者的承租人则无该权利；前者的出租人获得的报酬是租金，一般以使用船舶的时间（一定日历月、日或者完成约定航次的时间等）计算，后者的出租人获得的报酬为运费，一般以货物的数量（件数、重量或者体积等）或者价格等计算”，上述判决内容，分清了两者的本质区别。

（三）留置的应为合法占有的债务人交付的动产

债权人留置债务人交付的动产，必须基于合同或其他合法的事实获得留置物的占有。留置权是一种效力很强的他物权类型，其优先受偿的权利效力存在侵害债务人其他债权人的可能性。所以，《物权法》第二百三十条规定债权人只能留置“已经合法占有的债务人的动产”，借此一方面通过动产占有的公示推定效果确立留置权成立的合法性，另一方面在保护债权人和保护债务人、其他债务人之间划出了一道清晰的界限，从而确定法律应当保护的留置权。

【问题 11】为什么留置的必须系合法占有动产？

卓盛隆公司与西姆莱斯公司之间存在租赁合同关系。2014 年 10 月 9 日，西姆莱斯公司被法院裁定受理破产。2014 年 12 月 31 日，卓盛隆公司赶走西姆莱斯公司看管人员，留置该公司的财物。根据《破产法》第十八条的规定，“人民法院受理破产申请后，管理人对破产申请受理前成立而债务人和对方当事人均未履行完毕的合同有权决定解除或者继续履行，并通知对方当事人。管理人自破产申请受理之日起二个月内未通知对方当事人，或者自收到对方当事人催告之日起三十日内未答复的，视为解除合同”，在两个月内，卓盛隆公司未接到西姆莱斯公司破产管理人的通知，应视为租赁合同已经被解除。经查，2014 年 12 月 12 日，受案法院根据西姆莱斯公司管理人的申请裁定查封了存放于案涉仓库的西姆莱斯公司所有的货物。问，卓盛隆公司的留置是否于法有据？

分析：从破产受理的时间来看，2014 年 12 月 9 日租赁合同即因《破产法》第十八条而被视为解除。但其后，西姆莱斯公司的人员一直使用该仓库，也就是说，承租人并未归还仓库。最高人民法院在其就本案“无锡市卓盛隆国际货运代理有限公司、无锡西姆莱斯石油专用管制造有限公司排除妨害纠纷、返还原物纠纷再审案”作出的（2017）最高法民申1227号民事裁定书中认为，“由于卓盛隆公司并未合法占有西姆莱斯公司所有的存放于案涉仓库中的货物，其对该货物并不享有留置权”。最高人民法院的观点直击要害，本案中，债务人已经进入破产程序，而被人民法院封存在案涉租赁房屋中的财产已经转为破产财产，为全体债权人的共益财产。如果认可债权人的留置权，无疑将侵害其他债权人的利益；案件中，债权人驱赶仓库管理人员，主张留置权的目的正是改变其本身的租金债权人，系破产企业一般债权人的权利状况。我们甚至认为，如果破产管理人要求卓盛隆公司返还占有的动产，后者不予返还的，其行为都构成侵权行为。本案也充分说明法律强调留置的必须系合法占有债务人动产的原因，因为只有在合法占有的情况下，成立的留置权才能获得法律上的正当性。本案的衍生问题是，如果2014年12月10日，也即是租赁合同因《破产法》第十八条所述被法定解除的第二天，卓盛隆公司通知破产管理人留置案涉房屋内属于西姆莱斯公司的财务，该留置是否合法？这一问题和本案的区别在于人民法院并未采取查封措施。对此，我们认为，卓盛隆公司也不能行使留置权，因为法律不会鼓励或保护以这种方式使自己从一般债权人变更为有物权担保的债权人。

（四）留置的应为牵连关系或同一关系中的动产

从《担保法》《担保法司法解释》一直到《物权法》，留置权的成立要件中都有牵连性或同一性的要求，也即留置的须为牵连关系或同一关系中的动产。究其原因，突破牵连性或同一性限制，会导致留置权不恰当地出现在某一法律关系当中，最终导致交易风险的增加和扰乱当事人之间的法律关系。

【问题12】企业之间留置是否可以完全不顾忌“同一法律关系”的限制？

同岳公司为英茂公司承运白糖。双龙公司与同岳公司签订的《货物运输合同》约定，由双龙公司为同岳公司运输白糖的车辆垫付运输费用。也即，同岳公司作为承运人，向实际运输人支付的运费是由双龙公司垫付的。后因同岳公司未向双龙公司支付运费及劳务费，双龙公司法定代表人将属于英茂公司的部分白糖扣留并处分给案外人，其称此为依法留置和处分留置物的行为。双龙公司的主张是否于法有据？

分析：云南高院在其就本案“云南西双版纳英茂糖业有限公司与汤某某、

云南同岳物流有限责任公司等侵权责任纠纷案”作出的（2016）云民申893号民事裁定书中认为，双龙公司和同岳公司签订的是垫付运输费的合同，而不是运输合同，不符合担保法留置权的规定，更谈不上行使留置权。这里，因为双龙公司和同岳公司均是企业法人，所以可能出现的疑问是，是否可以适用《物权法》第二百三十一条的规定，即“债权人留置的动产，应当与债权属于同一法律关系，但企业之间留置的除外”。我们认为，第二百三十一条虽然在商事关系中，即双方均为企业的情况下，弱化了牵连性或同一性要件，但是权利人必须依据合法法律关系占有留置物的要求依然未变。本案中，垫付款合同除了代为付款行为的合同部分外，垫付部分在本质上就已经是借款合同了，从代位垫付的劳务到借款合同，在法律关系上债权人都无须占有标的物，故双龙公司作为垫付款债权人无权行使留置权。如果运输人同岳公司将白糖交给双龙公司，用于担保按时向后者支付垫付款及劳务费，那就变成了动产质权，也谈不上留置。

虽然《物权法》第二百三十一条但书规定中规定企业之间留置是“债权人占有动产须与债权产生存于同一法律关系”的例外，但这并不意味着企业之间留置可以完全不顾忌“同一法律关系”的限制。我们认为，企业之间的留置在“同一性”问题上存在两个限制：（1）如果企业之间的留置所担保的债权是合同之债，那么如前文所述，企业留置动产所依据的法律关系与发生债权的法律关系原则上还是应当属于“同一类”法律关系，不能毫无顾忌地突破这一限制。（2）企业留置须基于其正常的经营行为，即沿着德国法上营业质的思路，从留置权只有在保护留置权人商事行为情况下才能突破“同一法律关系”的限制的角度进行解释。注意，因为《物权法》第二百三十一条的“同一法律关系”存在多种解释可能，人民法院在实践中也会借此进行个案平衡，但我们认为，如果在特殊情况需要认可企业之间跨不同法律关系类型的留置，也应当受到其留置行为须为营业行为的限制。如甲、乙公司间存在买卖合同和保管合同，那么债权人甲是否可以因买卖合同中的价款债权留置保管合同中的保管物，即是上述第二百三十一条在实践中的难题。所幸，就我们观察到的情况而言，人民法院在企业之间突破“同一法律关系”问题上相当谨慎。

（五）留置的应为与债权数额相当的动产

《担保法》第八十五条规定“留置的财产为可分物的，留置物的价值应当相当于债务的金额”；《物权法》第二百三十三条规定“留置财产为可分物的，留置财产的价值应当相当于债务的金额”，即债权人留置的动产应相当于债权数额，否则会构成违约或侵权。应当注意的是，上述限定是针对留置物为可分物的情形。如果留置物本身是不可分物，则即使留置物动产的价值远大于债权数额，债权人也可以留置该动产。

【问题 13】留置权人超额留置应当承担赔偿责任吗?

裕祥兴公司委托南青公司沿长江航线船运货物，长海集运公司作为实际承运人运输。货物抵港后，裕祥兴公司欲提取货物，被长海集运公司通知称南青公司未支付相关运输费，该公司留置该批货物。迫于无奈，裕祥兴公司向长海集运公司支付“提箱费”82500 元之后提走货物。经查，该批货物的实际运输费为 11657 元。问，裕祥兴公司如何对多支付的费用进行救济，其是否有权要求债权人就超额留置给予赔偿?

在湖北高院就本案“武汉裕祥兴运输有限公司与武汉长海国际船舶代理有限公司、武汉长海集装箱航运有限公司留置权纠纷案”作出的（2016）鄂民终 1131 号终审民事判决中可以看到，一审武汉海事法院认为，“我国合同法规定，托运人或者收货人不支付运费、保管费以及其他运输费用的，承运人对相应的运输货物享有留置权，但当事人另有约定的除外。由此可见，通海水域货物运输的承运人对货物行使留置权时，并不需要判断货物所有权的归属，也不需要判断货物所有权人是否与其签订了正式运输合同，除非另有明确约定，只要托运人、收货人或者其他关系方不向其支付相关合理费用，承运人就在运输义务完成后，对控制的货物行使留置权，这是保护承运人收取运费合法权利的一种法律制度”，故尽管长海集运公司与裕祥兴公司并无任何合同关系，但为了保护长海集运公司这一实际的承运人，法律也允许其留置非债务人裕祥兴公司的货物。最终，一审法院认定，长海集运公司和裕祥兴公司有关“提箱费”的口头协议属于裕祥兴公司在处于急于提货的不对等地位的情况下做出的有违其真实意愿的意思表示，应当经申请而撤销。据此，长海集运公司应当就超额留置收取的“提箱费”向裕祥兴公司承担返还和支付利息的法律责任。二审湖北高院维持了这一判决内容。

分析：本案中留置纠纷涉及实践中经常出现的超额留置，以及跨法律关系留置问题。因为承运人的留置是一种特别留置，所以运输合同中的留置不需要遵守留置的须为债务人动产的规则。但应当看到，留置权在本质上是债权人维护自己合法权益的自力救济行为，该行为不能超过债权人所拥有的债权，否则该等自力救济即会失去阻却侵权行为违法性的合法性来源，所以超额留置在本质上是一种违约或侵权行为。尽管运输代理人南青公司欠付长海集运公司大量的运输费，但该等运输费并非产生自案涉运输行为，所以并不是留置权所担保的债权。关于这一点，武汉海事法院认为，“留置权是一种法定担保物权，承运人行使货物留置权实现债权也是有条件的，一是不得明显超过本次运输费用金额，留置本案货物所有权人的全部货物；二是通过留置权的行使，只能实现承运本案所涉集装箱货物而产生的运输费用”，所以债权人长海集运公司应当就其超额留置造成的损失承担赔偿责任。本案中，因运输委托人裕祥兴公司并未举证超额留置行为造成的具体损失，所以法院仅仅要求债权人赔偿超额收取的金额的利息。

湖北高院的判决涉及一个非常重要的问题，即企业之间留置在突破“同一法律关系”之后，是否需要对留置权担保的债权进行限制。我们认为应当依据留置的是债务人的动产，还是第三人的动产进行区分。例如，甲是仓储企业，乙公司在一段时间内分别与甲先后达成三份仓储合同，第一次、第二次未付仓储费，而第三次付了仓储费。根据《物权法》的规定，甲有权留置第三次仓储的货物用于担保第一次、第二次的仓储费债权。那么，假如乙三次仓储的货物分别属于A、B、C三个公司，甲是否还能留置C公司的货物，用于担保第一次、第二次的仓储费债权？如果可以，那么仓储委托人C公司的风险就会大大增加；在结果上，表面上好像是维护了仓储人甲公司的利益，但实际上还是从整体上有害于整个仓储行业。按照湖北高院判决中的观点，留置第三次仓储的货物，只能担保第三次仓储的仓储费债权，这一观点无疑是正确的。我们认为，在企业之间留置突破“同一性”后，可以跨同类、营业性质的法律关系留置，但如果动产为第三人之动产则例外，否则第三人的合法权益就无法得到有效保障。

（六）留置的不得为当事人约定不得留置的动产

留置权是一种法定担保物权，从该权利的成立、保全，到该权利的实现，均由法律直接进行规定，当事人对上述事项一般均无约定。一方面，存有约定即可能构成非留置权的质权等其他民事权利；另一方面，因为留置权是法律刚性附加在特殊法律关系当中的，故当事人也无进行约定的时间和空间。有鉴于此，在整个《担保法》《物权法》有关留置权的规定之中，《担保法》第八十四条第三款的规定即显得极为特殊，即“当事人可以在合同中约定不得留置的物”，也即当事人可以通过约定排除债权人行使留置权。我们认为，即使没有上述规定允许通过约定排除留置权，当事人也可能鉴于留置的风险而通过其他方式在实质上排除留置权。例如，当事人约定将履行返还或交付留置物义务作为履行对待给付义务的条件，如委托人和承运人在合同中约定，委托人支付运费是以承运人交付运输标的物为条件的。

三、留置权的行使必须债务履行期限届满

《担保法》第八十二条、《物权法》第二百三十条规定，债务已届清偿期是行使留置权的条件；而《担保法司法解释》第一百一十二条“债权人的债权未届清偿期，其交付占有标的物的义务已届履行期的，不能行使留置权。但是，债权人能够证明债务人无支付能力的除外”的规定更加明确，即债务未届清偿期的，债权人必须履行交付占有标的物的义务，因为法律不会赋予已陷入违约的债权人以留置权，用留置权去担保其清偿期尚未届满的债权。在债务已届清偿期的问题上，我们认为存在以下两个问题：

第一，负有先履行交付占有标的物义务的债权人，在其享有的债权也到期的情况下是否可以行使留置权？对于这个问题，我们举一个例子，即甲公司委托乙公司运输，双方约定5月1日乙公司向甲公司交付运输标的物，甲公司于5月5日向乙公司支付运费。货到之后，甲公司未交付标的物，乙公司于5月6日催促甲公司交付标的物。此时，甲公司是否能够留置标的物即是上述问题。从这种情况下甲公司是否能够行使同时履行抗辩权的争议来看，甲公司是否可以行使留置权也会存在争议。我们认为，这种情况下原则上应否定甲公司的留置权，在需要保护甲公司的特殊情况下也可以肯定其留置权。因为纠纷产生，人民法院在实践中审理案件是以解决纠纷为导向，所以在肯定留置权有利于解决当事人纠纷的情况下，可以例外性地肯定债权人行使留置权。但这样一来，案件审理就不可避免地会使法官通过实质性审查进行自由裁量。所以，我们建议当事人在设计交易模式时，应将对待给付义务相互履行设置为条件关系，而不是先后关系，避免案件审理进入实质性审查。

第二，当事人就债务履行期限上的约定一般呈现为具体的期日或期间，这时比较容易判断债务是否已届清偿期。但在特殊情况下，尤其是债务无法履行的情况下，是否能够行使留置权的问题就容易产生纠纷。例如，在约定的履行期限届满之前，是否可以根据债务的性质和履行情况，在案件审理中认定债务履行期限已经先于约定期限届满。关于这一点，我们认为，最高人民法院审理的“朱某某与烟台华河机械有限公司、李某某等海上、通海水域打捞合同纠纷

申请再审案”具有典型意义。下面我们借助对该案的讨论说明应当如何理解行使留置权的法定条件“债务已届清偿期”。

【问题14】如何理解行使留置权的法定条件“债务已届清偿期”？

李某某自华河公司购买挖掘机一台，约定李某某付清全款前，华河公司所有权保留。后，该挖掘机在海边作业时落入水中。李某某与朱某某达成打捞和修理合同，由朱某某完成打捞和修理工作。后因李某某无力清偿买卖合同价款，华河公司诉至法院，法院判令李某某向华河公司返还挖掘机；最终，人民法院经华河公司申请依据该判决自朱某某处执行案涉的，已经由朱某某打捞、维修并正在使用的挖掘机。经查，朱某某在打捞、维修涉案挖掘机后继续占有涉案挖掘机，并非为了使其债权获得清偿而拒绝将涉案机器返还债务人，并非意图通过变卖涉案挖掘机就其变卖价款优先受偿，而是为了履行其与李某某之间的约定，通过继续经营使用涉案机器而获得收益，用于冲抵相应打捞和维修费用，完成债务抵销。朱某某因为华河公司执行扣押而诉至法院，要求支付打捞费和修理。问，朱某某是否对案涉挖掘机享有留置权，可以就挖掘机优先受偿？

最高人民法院在其就本案“朱某某与烟台华河机械有限公司、李某某等海上、通海水域打捞合同纠纷申请再审案”作出的（2015）民申字第3368号民事裁定中认为，“留置权属于担保物权而非用益物权，朱某某继续占有涉案机器是为了用于经营，并非为了通过留置涉案挖掘机剥夺李某某对涉案挖掘机的利用权而迫使李某某清偿其债务。因此，朱某某的相关意思表示与行为无关留置权的成立与行使”，并认为“从债务履行期限是否届满的角度来看，朱某某与李某某之间达成的以经营收益冲抵打捞费和维修费之合意，表明朱某某同意不通过变卖涉案挖掘机并就变卖价款优先受偿的方式清偿其债务，意味着朱某某同意延缓债务人李某某的债务清偿期，将其债务清偿期延缓至未来相关收益与涉案债务相抵销之时，朱某某陈述称‘事发当时李某某就是说没有钱，让朱某某看着办’，也进一步印证了朱某某同意延缓债务人债务清偿期的事实。因此，作为留置权行使法定要件之一的‘债务已届清偿期’之要件已不再具备”。也即是说，最高人民法院是基于“非以留置之目的占有标的物”以及“清偿期限尚未届满”两个理由驳回再审申请的。

分析：我们认为，最高人民法院审查留置权行使的要件之一，即债务是否已届清偿期本身没有问题。但是具体到本案中，最高人民法院的观点就值得商榷。债权人与债务人协商延缓履行期限后，在华河公司取回标的物的情况下，应当认为债务延缓协议因无法履行而终止，债务实际上已届清偿期。这里和债权人出于什么目的占有留置物没有关系，只要占有期间的收益用于清偿债务即应认定其占有的合法性。从本质上讲，留置占有并最终行使留置权以实现债权，和经营占有通过债务抵销实现债权本身在目的上即具有一致性，应认定所有权人华河公司虽然已经从朱某某处取回留置物，但朱某某也有权行使留置权就打捞费和维修费债权优先受偿。客观上来讲，债权人朱某某的打捞和修理行为维护了华河公司对案涉挖掘机的所有权；而且，人民法院也已经另做判决确认了打捞费、修理费的具体数额。在结论上，我们认为更加妥当的判决是债权人朱某某可以就华河公司取回的案涉挖掘机优先受偿。当然，本案在结论上的存疑和债权人的诉讼主张有关，其仅请求打捞费和维修费，而未请求通过行使留置权优先受偿权。

第三节 留置权的效力

留置权的效力包括留置权担保的债权范围与标的物范围，以及留置权人和留置物所有权人的权利和义务两个讨论内容。其中，在理论上需要关注的是非债务人的留置物所有人的权利和义务。

理论部分

一、留置权担保的债权范围与留置物的范围

留置权作为法定担保物权，当事人无法就留置权担保的债权范围进行约定，所以只能按照法律规定确认留置权的担保范围，即主债权、利息、违约金、损害赔偿金、保管留置物以及实现留置权的费用。如果当事人之间存在有关留置权担保范围的约定，那么留置权即可能已经转变为质权。

留置物的范围，是指留置权人合法占有债务人交付的动产，包括留置物本身以及留置物的从物、孳息和代位物。如果留置权人在留置期间交付或返还部分留置物，或失去部分留置物的占有，则应当认为留置物的范围发生变化，返还或失去占有的留置物所对应的留置权已经因法定事由而消灭。

二、留置权人的权利和义务

（一）留置权人的权利

1. 占有留置物的权利

在留置权担保的债权未全部清偿前，留置权人有权占有留置物，该占有将因为留置权而去除违约和侵权的违法性。在担保物权不可分性问题上，留置权与抵、质押权稍有不同：如果留置物为可分物，则留置权人只能留置与债务金额相当的动产。也即是说，在留置期间内，如果债务人清偿部分债务，且留置物为可分物的，留置权人应当相应地交付或返还部分留置物，这一点在留置物非债务人所有的场合下尤为重要。留置权人基于留置权对留置物的占有不仅可以对抗债务人，而且可以对抗非债务人的留置物所有人、抵押权人、质权人。这体现了留置权的物权效力，其和上述留置物范围应受债务金额的限制一起有效地平衡了留置权人和非债务人留置物所有人之间的利益关系。

2. 保管费请求权、收取孳息的权利、实现留置权的权利

占有留置物，留置权人负有妥善保管留置物的义务，但就保管支出的必要费用，留置权人有权请求债务人返还，该项请求权为留置权担保范围内之债权。留置期间内，债权人有权收取留置物孳息，将其归入留置物范围之内，但留置物孳息应先充抵收取孳息的费用。最后，在符合法定要件的情况下，留置权人有权将留置物变价并就所得的价款优先受偿。

（二）留置权人的义务

1. 妥善保管留置物的义务

留置权人虽然有占有留置物的权利，但其在占有期间，也负有妥善保管留置物的法定义务。按照通说，留置权人应按善良管理人的标准履行妥善保管义务；否则，导致留置财产毁损、灭失的，则应当承担赔偿责任。我们认为，该赔偿责任应为侵权责任，应当根据侵权责任构成要件中的损失、过错、因果关系以及违法性的要件加以认定。另外，因留置权系担保物权，而非用益物权，所以未经留置物所有人同意，留置权人不得擅自使用留置物，更不得出租、转让或以设定质权的方式处分留置物。留置权人擅自使用留置物的，留置物所有人有权要求留置权人就此返还不当得利。

2. 交付或返还留置物的义务

留置权是法定担保物权，会因其所担保的债务得到清偿、债权人接受债务

人另行提供担保物等事由而消灭；其后，留置权人即会负有交付或返还留置物的义务。与此相对，在留置权消灭后，债务人有权要求留置权人给付留置物，留置物所有权人有权请求留置权人返还原物；留置权人拒绝返还的，应当承担违约或侵权赔偿责任。

三、留置物所有人的权利和义务

留置物所有人的权利和义务应当根据其是债务人或非债务人而有所区分。如果留置物所有人并非债务人，其在以下情形下享有相应的权利：（1）当留置权人擅自使用留置物的，留置物所有人有权要求其停止侵害，不得使用留置物；（2）当留置权人未尽留置物的妥善保管义务，导致留置物毁损、灭失的，留置物所有人有权要求留置权人承担侵权损害赔偿责任；（3）当留置权消灭，留置物所有人有权要求留置权人返还原物。与此不同，如果留置物所有人是债务人，则其在上述权利之外，还会基于其与留置权人之间的合同关系享有合同上的诸项权利，如要求交付标的物、要求承担违约责任等权利。当然，如果留置物所有人是债务人，其还应向留置权人支付留置物保管费，以及承担因留置物物理瑕疵造成留置权人损失的侵权赔偿责任。

制度部分

我国《担保法》《担保法司法解释》以及《物权法》均有有关留置权效力的相关规定，并且形成了有效的规则体系。

一、留置权担保的债权范围与留置物的范围

《担保法》第八十三条规定了留置权担保的法定范围，即包括“主债权及利息、违约金、损害赔偿金、留置物保管费用和实现留置权的费用”。关于留置物的范围，《物权法》第二百三十五条规定，“留置权人有权收取留置财产的孳息”，这里的“收取”应当理解为将孳息收取为留置物；根据该条第二款规定，孳息应当先充抵收取孳息的费用。另外，根据《担保法司法解释》第一百一十四条援引的该解释第八十条、第九十一条之规定，留置物还包括留置物的从物和代位物。

二、留置权人、留置物所有人的权利和义务

《担保法》对留置关系双方当事人权利义务的规定极为简单，仅仅在第八十六条规定了留置权人的妥善保管留置物的义务。从该条第二句，即“因保管不善致使留置物灭失或者毁损的，留置权人应当承担民事责任”的内容来看，该民事责任要么是一种无过错的合同责任，要么是客观归责的侵权责任。《物权法》第二百三十四条延续了《担保法》的规定，只是将民事责任具体到了赔偿责任之上。

三、对质权规定的适用

留置权和质权同样是动产担保物权，故质权的一些规定也可以适用于留置权。《担保法司法解释》第一百一十四条规定，“本解释第六十四条、第八十条、第八十七条、第九十一条、第九十三条的规定，适用于留置”。其中，《担保法司法解释》第六十四条，即“债务履行期届满，债务人不履行债务致使抵押物被人民法院依法扣押的，自扣押之日起抵押权人收取的由抵押物分离的天然孳息和法定孳息，按照下列顺序清偿：（一）收取孳息的费用；（二）主债权的利息；（三）主债权”的规定已经部分被《物权法》第二百三十五条所取代。《担保法司法解释》第八十条、第九十一条是留置物范围包含代位物、从物的规定：第八十七条是规定留置权人返还留置物，留置权拥有追及效力的规定，但是这些规定已经被《物权法》第二百四十条，即“留置权人对留置财产丧失占有或者留置权人接受债务人另行提供担保的，留置权消灭”所取代；第九十三条的规定内容是，留置权人应参照质权人在留置期间内履行不作为义务，即未经出质人同意，不得擅自使用、出租、处分留置物，否则给留置物所有人造成损失的，留置权人应当承担赔偿责任。

第四节　留置权的实现与消灭

留置权是法定担保物权，留置权人通过留置权实现其债权的要件、方法和程序也应当符合法律的规定，本节需要关注的是法律给债务人履行债务消灭留置权，或给债权人行使留置权实现债权的宽限期。

理论部分

一、留置权实现的条件

1. 宽限期

只有当留置权所担保的主债权的履行期限届满，留置权人才能行使留置权留置动产，这并不意味着其可以像抵、质押权一样直接请求人民法院通过对留置物的拍卖、折价或变卖实现留置权。因为，此时仅仅发生留置权的一次抗辩效力。实践中债务不履行经常是因为债务人无意或疏忽所致，法律必须给债务人或留置物所有人纠正债务不履行导致动产被留置的错误的时间和机会。因此，留置权人应根据法律给债务人设置一定的债务履行宽限期。宽限期届满，债务人仍未履行债务或未提供其他担保的，债权人再行通过拍卖、变卖或折价的方式实现留置权，导致留置物所有人失去留置物所有权就满足了法律的正当性。

当事人可以在主债权合同中约定留置权发生后，宽限期的长短，但为在最低限度上保护债务人的民事权益，法律会设置宽限期的最短期限。而且宽限期的最低期限会在一些特殊动产上存在特殊规定，如生鲜冷冻的食物，宽限期过长会导致留置物很难处置。如果债权人未遵守法律的规定，或当事人的约定，在宽限期届满前将留置物拍卖或变卖，导致债务人或留置物所有人遭受损失的，应当承担赔偿责任。

2. 宽限期的起算

宽限期的起算，应当从债权人行使留置权时起算。我们认为，宽限期起算应当满足以下几个条件：（1）留置权人的债权已届清偿期，此项属于留置权产生的实体要件；（2）留置权人通知债务人其已经行使留置物权留置了本应交付的动产。该通知应当属于准法律行为中的观念通知，在理论上应自到达债务人时生效。该通知的作用是：（1）留置权成立，标志着留置权人系开始以留置权人的身份占有留置物，和之前非以行使留置权之观念占有留置物的状态存在区别；（2）留置权成立，而该成立是否符合留置权的法定要件则以该时点双方的权利状况为依据；（3）留置权成立，法律给予债务人、留置物所有人纠正债务不履行导致留置物被留置的错误的宽限期也开始起算。也即是说，宽限期应自留置权行使通知到达债务人时开始起算。因为宽限期在本质上是给债务人自行纠正违约行为的机会，故只有通知到达债务人时，才能起算宽限期。反之，如果债权人始终未通知债务人，那么宽限期即没有开始计算，债权人即没有就“留置物”的价值优先受偿的权利。

我国现行的有关宽限期的法律规定有以下问题：第一，没有明确债权人通知的具体内容和对应的法律后果，因为准法律行为发生法律效力必须由法律直接规定，否则会产生纠纷。第二，如果留置物并非债务人所有，债权人是否需要通知留置物所有权人？对这一问题，我们认为，法律不能将义务强行施加在留置权人之上，此项会增加留置权人的不确定风险，而留置权作为一种排除侵权或违约违法性的权利，也排除了留置权人处置留置物时的违法性。如果因留置物所有人不知留置物被留置而遭受损失，其可以根据自己和债务人之间的法律关系要求债务人承担违约或侵权责任。第三，如果债权人无法通知债务人时，应当通过法律规定允许债权人以公告方式进行通知；必要时，法律可以给公告期设置最低时限。

二、留置权的实现方法和程序

和其他担保物权一样，留置权作为担保物权，其实现方式也包括拍卖、变卖和折价三种方式。实践中，是否允许债权人自行拍卖、变卖留置物是一个比较受争议的问题。在程序上，债权人可以向人民法院提起诉讼要求确认留置权，并就留置物拍卖、变卖所得的价款优先受偿；也可以按照实现担保物权的特别民事诉讼程序实现留置权。

在留置权的优先效力问题上，留置权不仅可以对抗动产抵押权、动产质权，而且可以优先于抵押权、质权受偿。在留置物所有人破产的情况下，留置权人和其他担保物权人一样，能够优先于普通债权人就留置物受偿。

【问题 15】留置权是否能相对于质权优先受偿?

甲向乙借款，用自己的汽车提供质押担保。债务存续期间，在质权人乙私自使用质押汽车时，车辆发生故障。乙遂将质押车辆交修理厂修理，而修理厂因乙拒付车费而留置该质押车辆。后，因甲未按期还本付息，乙未支付修理费，两人如何就案涉车辆实现自己的债权?

分析：本案涉及质权和留置权两项担保物权，如果案涉车辆通过拍卖得到价款，则应首先清偿修理厂的修理费债权，剩余部分用于清偿甲对乙的借款债务。当然，其间存在以车辆价值清偿乙的修理费债务与乙对甲的借款债权之间的抵销关系；而且如果甲向乙履行了到期还本付息的义务，则乙应根据质权的相关规定就不能向甲返还车辆而向甲承担赔偿责任。

三、留置权的消灭

留置权一般会因为以下事项而消灭：（1）主债权终止，主要是债务清偿，如果是合同之债还会涉及解除、提存、混同、免除、抵销等合同权利义务终止的事项；（2）留置权的实现；（3）债权人放弃留置权并返还留置物；（4）留置物灭失且无代位物。

制度部分

一、留置权实现的条件

《担保法》第八十七条是担保法有关留置权实现的法律条文。其中，第一款是关于留置权实现的条件，即自通知债务人之日起的不少于两个月的宽限期，宽限期届满，债务人仍未履行债务的，留置权人方有权实现留置权。我们认为，《担保法》的上述规定属于法律的效力性强制规范；如果当事人的约定违反该条款则无效，如约定宽限期少于两个月，应按两个月计算债务人履行债务的宽限期。《担保法司法解释》第一百一十三条第一句规定了留置权人未遵守宽限期的规定，径行变价处置留置物，且给债务人或留置物所有人造成损失的，应当就该损失承担赔偿责任。此外，该条第二句的规定将宽限期分为法定和约定两种情形：在法定情形下，留置权人须通知债务人在不少于两个月的宽限期内履行该债务；而在约定情形下，留置权人则无须通知债务人，其有权在债务履行期限届满，且不少于两个月的约定宽限期也届满的情况下，直接行使并实现留置权。《物权法》第二百三十六条在法定或约定宽限期的基础上，给出了宽限期的例外情况，即“鲜活易腐等不易保管的动产除外”。

《海商法》第八十八条规定了海商法上承运人实现留置权的特殊规定，即“承运人根据本法第八十七条规定留置的货物，自船舶抵达卸货港的次日起满六十日无人提取的，承运人可以申请法院裁定拍卖；货物易腐烂变质或者货物的保管费用可能超过其价值的，可以申请提前拍卖”，此项规定目的是保障留置物的处置效率，以满足承运人快速处理留置物的要求。

二、留置权的实现方法和程序

《担保法》第八十七条第二、三款规定了留置权实现的程序和方法：（1）债务人在宽限期内仍不履行债务的，债权人可以与债务人协议以留置物折价，也可以依法拍卖、变卖留置物；（2）留置物折价或者拍卖、变卖后，其价款超过债权数额的部分归债务人所有，不足部分由债务人清偿。

《物权法》第二百三十六条在法定或约定宽限期的基础上，规定了鲜活易腐等不易保管的动产作为两个月法定宽限期的例外情况。宽限期经过，债务人未履行债务的，留置权人可以根据第二百三十六条与债务人协议以留置财产折价，也可以就拍卖、变卖留置财产所得的价款优先受偿。该条第二款对留置权人折价或变卖留置物提出了要求，即应当参照市场价格。如果对留置物的处置违反了该要求，则可能侵害留置物所有人（在变卖场合下）或留置物所有人的其他债权人（在折价场合下），留置物所有人或其他债权人有权向人民法院主张撤销该变卖或折价处置行为。

和出质人一样，债务人可能也会面临，在满足留置物处置的条件下，留置权人不处置留置物的问题。对此，《物权法》第二百三十七条规定，“债务人可以请求留置权人在债务履行期届满后行使留置权；留置权人不行使的，债务人可以请求人民法院拍卖、变卖留置财产”。最后，根据《物权法》第二百三十九条之规定，同一动产上既有抵押权、质权，又有留置权的，留置权优先。

三、留置权的消灭

《担保法》第八十八条规定，留置权因下列原因消灭：（1）债权消灭的；（2）债务人另行提供担保并被债权人接受的。《物权法》第二百四十条规定，留置权人对留置财产丧失占有或者留置权人接受债务人另行提供担保的，留置权消灭。综合上述规定和担保物权消灭的一般规则，留置权消灭的原因应当包括：（1）债权消灭（包括清偿、免除、提存等）；（2）留置物灭失且无代位物；（3）留置权人放弃留置权并返还留置物；（4）留置权人丧失留置物的占有，或接受债务人另行提供的担保。在留置权因债务清偿等原因而消灭后，留置权人即负有向债务人或留置物所有人履行交付或返还留置物的义务。这里需要注意的是《民法总则》第一百九十六条的规定，即不登记的动产物权的权利人请求返还财产的应当适用诉讼时效。自留置权消灭后，如果债务人或留置物所有人未及时请求留置权人交付或返还留置物的，可能会面临诉讼时效届满，留置权人拥有诉讼时效抗辩权的风险。

第六章

定　金

在现代民商法律制度中，定金担保在理论和实践上都有其非常独特的一面。理论和规范层面上，定金是一种极为特殊的担保方式：首先，定金担保具有双向担保性，既作用于交付定金的一方，也作用于收受定金的一方；其次，定金的担保功能与《合同法》上的违约金、法定损失赔偿金的赔偿功能存在重合的地方，将定金理解为当事人作出某种决策的代价更为适宜；最后，定金合同基于当事人合意成立，但也具有实践性等法律特性。实践上，定金担保规则是一个一般民事主体既熟悉又陌生的担保方式，熟悉之处在于定金罚则尽人皆知，陌生之处在于一般民事主体并不清楚定金制度是如何通过“罚”起到其应有的制度功能的。因此，我们在本章一方面会介绍定金的一般理论和法律规定，另一方面会从实践的角度借助人民法院的司法判例讨论定金的制度功能。

第一节　定金概述

本节主要介绍定金的概念、特征以及类型，并借助这些内容从总体上对定金进行系统性的全面介绍。

理论部分

一、定金的概念和功能

（一）定金的概念

定金关系是一种极为特殊的法律关系，当事人设立定金的主要目的并不是担保债务的履行，而是明确合同当事人在合同订立、履行、解除等环节上行使相应权利，或作出相应行为时应当付出的代价，这一点和担保债务履行的保证、抵押、质押等担保方式具有明显的区别。例如，最早将定金写入民事法典的《法国民法典》第一千五百九十条即规定，“如果采用定金预约买卖之时，缔结合同的双方当事人需要以下列方式解除合同约定：接受定金一方，加倍返还定金。交付定金的一方失去本方所给付的定金”，定金在这里很明显成了双方解除预约合同，即不订立正式的买卖合同的代价，也即立约定金。从这个基本认识出发，在合同订立、履行和解除的所有环节几乎都可以适用定金规则，所以各国法律制度在《法国民法典》立约定金的基础上也渐次发展出成约定金、证约定金、违约定金和解约定金等具有担保功能或不具有担保功能的定金类型。

鉴于本书主要讨论带有担保功能的定金，故除非明确指出定金为非担保性质的定金，在本章内容中的定金均系担保定金。而具有担保功能的定金，其概念即应当是，当事人约定在合同订立、履行和解除等各个环节中，一方行使相应权利、作出相应行为时所失去或双倍返还的一定数额的金钱。

（二）定金的功能（以违约定金为例）

《担保法》第八十九条在内容上将失去或双返定金作为一方不履行约定的后果，表面上是债务的担保，但实际上定金起到的并不是典型意义上担保的作用。首先应当明确的是，定金应当具备自己独立的、有别于其他制度的制度功能和制度价值，应当有别于规范违约结果的违约金（法定损失赔偿金）、保证及抵押、质押担保等以填补守约方损失、平衡违约状态下各方利益关系为要旨的其他法律制度，否则，直接规定违约金即可，将定金规定为保证金（担保）或预付款即可，法律规定定金制度和定金罚则即完全是画蛇添足、自取烦恼。那么，定金制度的制度功能和价值到底是什么？我们认为，定金制度的功能并非定位于对守约方损失的填补，而是定位于通过明确的“代价”，借助当事人“损失厌恶”的心理规范合同双方当事人自觉履约的行为。所以，适用定金罚则，让当事人付出代价（失去或双返定金），无须顾忌违约造成的损失。这正是定金制度独特的制度功能，和其作为一种独立的法律制度得以存在的必要性。

明确定金的“代价”性质，再看《买卖合同司法解释》第二十八条规定，就很容易理解该条的规定内容。该条规定中，如果定金罚则产生的罚则数额（失去或双返）不足以弥补违约损失的，当事人只能在要求适用定金罚则外，要求赔偿损失，定金罚则在这里明显是被独立适用的。相反，没有法律规定定金数额高于实际损失的，违约方可以要求降低定金，可见定金罚则适用的结果与违约方实际损失没有关系。这也是《担保法》用直接的法律规定限制定金数额的原因。所以，在理论和实践中，都不能简单地将定金认为是一种典型意义上的担保。

【问题1】定金如何实现其制度功能？

甲欲将其一套房屋出卖给乙，双方签订房屋买卖合同，合同约定，乙向甲支付定金50万元，并在房产过户后支付剩余的房屋价款。在合同履行过程中，甲将房屋转让给了丙，且已办理相应过户登记手续。乙以甲违约为由将甲诉至法院，要求甲双倍返还定金100万元。问，乙的诉请是否于法有据？

分析：根据《担保法》第八十九条之规定，甲未将约定的房产通过过户登记交付给乙，其应当向乙双倍返还定金，所以乙的诉请应当得到法院的支持，这即是定金罚则。在甲、乙的交易关系中，定金起到的作用是使甲、乙双方明确知晓甲不按照合同约定交付房屋的代价。甲知晓这一点，即会在与丙达成交易并将房产过户之前衡量其所获收益是否超过双返的定金数额；乙知晓这一点，其在订立合同后，即会知晓如果甲不按约交付房屋其所能获得的赔偿数额，也会知晓房产过户后，在其不按约支付房屋价款时应当承担的在房屋价款之外需付出的代价。定金即是按照这种让当事人知晓行为代价的模式进行制度设计的，在这一点上，定金和金钱质押这种纯粹意义上的担保不一致。客观地讲，很难说，知晓行为代价是促进了交易中的诚信建设，还是起到了相反作用，因为定金代价往往会在心理上成为当事人不履行合同约定的理由或安慰。

二、定金的特征

定金是一种特殊的担保形式，与抵押、质押、留置等有诸多不同，有其独特的适用规则与表现形式。具体表现如下：

（一）定金并不“担保”债务履行

定金担保是一种意定担保，所以定金担保的内容由交付和接受定金的双方当事人通过定金合同加以确定，在意定特征上和抵、质押担保并无二致。但除了违约定金外，定金并不担保债务履行。即使在违约定金中，当事人也是根据定金合同承担失去或双倍返还定金的法律后果，与当事人违约造成的实际损失无关。这一点和抵、质押人承担担保责任前须查明债务人违约程度与违约给债权人造成的损失，并借此确定抵、质押人应当承担担保责任的情形存在很大的区别。

（二）定金的成立具有实践性

定金虽然是一种意定担保方式，实践中如果当事人交付的定金与约定的定金数额不一致，可以视为当事人对定金合同的变更，这即是定金在成立上所具有的实践性；而当事人未交付定金的，定金担保未有效设立。关于定金担保成立上的实践性，我们以下例说明：

【问题2】双方在主合同中约定定金条款，但定金未完成交付，定金担保是否有效设立？

甲欲将其一套房屋出卖给乙，双方签订房屋买卖合同，合同中约定，乙向甲支付定金50万元。在合同履行过程中，甲将房屋转让给了丙，且已办理相应手续。乙以甲违约为由将甲诉至法院，要求甲双倍返还定金100万元。甲在诉讼中主张乙一直未向其支付合同中约定的定金，双方关于定金的合同并不生效。问，甲的主张是否合法？

分析：根据《担保法》第九十条之规定，即“定金合同从实际交付定金之日起生效”，应认定定金合同系实践性合同。对此，根据《担保法司法解释》第一百一十九条的规定，即“实际交付的定金数额多于或者少于约定数额，视为变更定金合同”，对《担保法》第九十条的规定进一步细化，形成了和自然人之间借款合同一样的规则，即：（1）定金合同从实际交付定金之日起生效；（2）实际交付的定金和约定的定金不一致的，以实际交付的定金为准；（3）收受定金一方提出异议并拒绝接受定金的，定金合同不生效。

（三）定金具有预先支付性

如前文所述，定金是双方约定的，在订约、履行以及解约等合同环节中，行使权利和作出相应行为的代价。为了保障该代价承担得以实现，所以各国法律均规定定金应预先给付，即在定金所担保的权利行使和相应合同行为出现前给付；而预先交付定金的方式在实践中不一定以现实的直接交付为必要，简易交付、指示交付等方式均可。实践中，定金的预先支付也会起到帮助实现定金罚则的功效，交付定金的一方在违约情况下丧失的定金即是其违约的沉没成本，比较容易接受；收受定金的一方，违约时看似双倍返还定金，但其实一半是当初收取的定金。在无须适用定金罚则的情况下，定金一般即会转为合同的预付款。

（四）定金具有双向担保性

定金作为合同双方行使权利和作出合同行为的代价，其作用方向既向交付定金的一方，也向收受定金的一方，即定金具有双向担保性。例如，在违约定金中，交付定金的一方不履行债务，则丧失定金；而收受定金的一方不履行债务，则应当双倍返还定金。我们以下例说明定金具有双向担保性及其相应功能。

【问题3】定金的双向担保性特征如何体现？

甲公司委托乙市场调研公司就期货市场交易的某一品类提供市场调研服务。因为甲公司就该品类开展交易活动具有很大的不确定性，随时可能指令乙公司终止调研活动，根据《合同法》第四百一十条“委托人或者受托人可以随时解除委托合同”的规定，乙公司担心甲公司随时解约造成其损失。虽然《合同法》赋予解约相对方要求赔偿的权利，但是市场调研工作的大部分工作是在前期问卷、调研等环节上，而不在后期数据的整理和分析上，工作强度和困难程度分布不均衡使得解约损失难以计算。相对地，甲公司也担心在其解约后陷入与乙公司之间的合同纠纷当中。对此，比较好的解决方案是什么？

分析：我国有关委托合同的规定给予委托人和受托人以任意解除权，双方均面临相对方解约造成损失，而且损失难以计算的风险。为了确定该风险，使双方能够在明确解约代价的情况下，根据自己的实际情况随时解约终止合同的履行，从而终止对双方来说可能均无意义的合同，避免双方及社会资源的浪费，可以采取交付定金的方法。也就是说，如果甲公司向乙公司交付定金，且在合同履行过程中解约，其无权向乙公司主张返还定金，而如果是乙公司在合同履行过程中解约的，其应当承担向甲公司双倍返还定金的义务。交付定金的方法很好地打消了双方的顾虑，促进了交易的顺利进行。原先委托合同中的任意解除权，也相应转变为失去或双返定金的有条件解约。另外，如果双方履行了合同义务，甲公司给付乙公司的定金也可以转为合同咨询费。从这个角度来看，定金有着和保证、抵押、质押等担保方式完全不同的制度功能，在实践中不能将定金理解为一种担保方式加以利用。

三、定金的类型

现代民事法律制度，在解约定金的基础上，根据市场交易的实际需要逐渐发展出证约定金、立约定金、成约定金、违约定金等新的定金类型。我国在《担保法》第八十九条确立了违约定金制度之后，又在随后出台的《担保法司法解释》第一百一十五条至第一百一十七条中先后规定了立约定金、成约定金和解约定金。至此，比较全面的定金制度在我国得以确立。

（一）立约定金

立约定金也被称为订约定金，是合同双方当事人为保证合同的订立而设立的。在立约定金关系中，立约定金合同早于交易合同成立并且生效，其系独立发生法律效力。在效果上，立约定金成为合同磋商的双方不订立合同的代价，交付定金的一方拒绝订立合同的，失去定金；收受定金的一方拒绝订立合同的，则须双倍返还定金。对于立约定金，我们以下例进行说明：

甲在古玩市场看上了乙售卖的一件古董，但没有考虑清楚是否购买，于是向乙交付总价款5%的定金。甲、乙双方约定保留古董三日，三日之内甲没有找乙签订买卖合同，乙即有权出卖给其他人，并没收定金；与此相对，如果三日内乙将古董售于他人，或拒绝与甲订立买卖合同，则要向甲双倍返还定金。这样，在甲、乙之间的合同磋商关系中，失去或双倍返还的定金即成为甲、乙在三日内拒绝订立合同的代价。

（二）成约定金

成约定金，是指以定金的交付作为主合同成立或生效要件的定金，即如果交付定金是合同成立要件，那么合同成立的要件即为“合意+定金”，交付定金相当于合同双方约定的合同形式；如果定金是合同生效要件，那么交付定金即成为合同双方约定的延缓生效条件，而且是随意条件，即由当事人一方决定合同是否生效。从这一法律效果来看，立约定金不具备任何担保功能，而且在交付定金后，根据当事人之间的约定，该定金要么转化为预付款，要么转化为违约定金或解约定金。实践中，合同双方约定了成约定金但没有实际交付，如果一方已经履行合同的主要义务，对方接受的，应当根据《合同法》第三十七条认定合同成立并生效。我们用上述立约定金的例子加以说明：

甲在古玩市场看上了乙售卖的一件古董，但没有考虑清楚是否购买。在谈好价格后，双方订立书面协议约定，合同自甲向乙交付5%的定金后成立并且生效。随后，分为两种情况：第一，甲向乙交付定金，甲、乙之间买卖合同成立并且生效；第二，甲未向乙交付定金，或者甲向乙交付定金时，乙拒绝接受，则甲、乙之间买卖合同不成立。

应当注意的是，交付或不交付、接受或不接受定金都是双方在草签合同之后仍然有权自行决定不使合同成立并生效的结果，甲、乙双方之间的合同仍然停留在合同磋商阶段。而且我们认为，甲、乙双方的合同订立在效力上弱于法定或约定应具备合同书的情况下，一方拒绝签署合同书所应当承担的法律责任，具体表现在：一般的合同在草签之后最终因未签署合同书而未成立且生效的，应当承担缔约过失责任，如赔偿为签订合同书的差旅费等；而上述例子中的甲、乙最终因未交付或未收受定金导致合同未成立并且生效的，无须承担缔约过失责任，因为双方都知晓对方保留了拒绝使合同生效的权利。从上述例子可以看出，成约定金并不具备任何担保功能。

（三）证约定金

证约定金，是指以定金交付事实作为当事人之间存在合同关系的证明，是民法理论中对定金所分的一种具体类型。我国法律虽然没有对证约定金给予明确规定，但是根据当事人的约定和定金的证据效力，实际上可以达到证明合同成立的法律效果。在功能上，证约定金不是合同成立的必备要件，这一点和成约定金不同；也不担保合同的成立，这一点有别于立约定金合同。实践中，当事人可以约定证约定金，而且司法实践认可交付定金的书面证明（如收据、转账凭证）为合同业已成立的证据，但这也仅仅是在合同成立或生效的证明过程中进行的，并不需要单独就定金进行证明。事实上，“证约”是一般定金都具有的共性，如立约定金、违约定金、解约定金等都具备“证约”的功能。我们接着用上述立约定金的例子加以说明：

甲在古玩市场看上了乙售卖的一件古董，但没有考虑清楚是否购买，于是向乙交付5%的定金。甲、乙双方约定保留古董三日，三日之内甲没有找乙签订买卖合同，乙则有权出卖给其他人，并没收定金；与此相对，如果三日内乙将古董售于他人，或拒绝与甲订立买卖合同，则要向甲双倍返还定金。后，甲向乙交付了定金，乙向甲出具了收到定金的收据称“今收到甲交付的购买×古董的5%的定金××元”。在双方的所有约定均为口头的情况下，定金收条就可以起到证明甲、乙之间存在买卖合同的作用。实践中，立约定金、解约定金、成约定金等都可以用于证明合同的有效成立。从上述例子可以看出，证约定金并不具备任何担保功能。

（四）违约定金

违约定金，是指交付定金后，交付定金的一方如不履行合同义务，则收受定金的一方得没收其定金而不予返还；而收受定金的一方不履行合同义务时应当双倍返还定金。它是合同履行的担保，目的主要在于防范债务不履行，甚至制裁债务不履行，均以对违约行为科以罚则作为主要内容，是定金罚则适用的最常见形态。根据《担保法》第八十九条、《合同法》第一百一十五条之规定，可推知违约定金是我国法律所明确的一般定金类型。

【问题 4】如何认定违约定金？

万昌公司、周某某与湘安公司就建设留仙岭小区的商品住宅楼项目签订《建设工程施工合同》约定，湘安公司向万昌公司支付定金 300 万元，万昌公司法定代表人周某某摘牌受让涉案工程项目土地的使用权，交由湘安公司建设。合同签订后，湘安公司向万昌公司支付了定金。后，因周某某未能摘牌，导致合同无法履行。湘安公司诉至法院，要求双倍返还定金。问，湘安公司的诉讼请求是否于法有据？

分析：本案中，合同双方约定"如甲方因其他原因造成合同中止，甲方应按乙方打入的合同定金违约金叁佰万元的双倍金额补偿给乙方的经济损失"符合违约定金的要件，应当认定为违约定金。湖南高院在其就本案"郴州市湘安建筑工程有限公司与郴州市万昌房地产开发有限公司、周某某建设工程合同纠纷一案"作出的（2015）湘高法民一终字第 425 号民事判决书中认为，"双方在《建设工程施工合同》中约定 300 万元为'定金'，且在违约责任条款中约定如万昌公司因其他原因造成合同终止，应按照乙方打入金额的双倍偿付湘安公司经济损失。该约定符合《中华人民共和国担保法》第八十九条'当事人可以约定一方向对方给付定金作为债权的担保。债务人履行债务后，定金应当抵作价款或者收回。给付定金的一方不履行约定的债务的，无权要求返还定金；收受定金的一方不履行约定的债务的，应当双倍返还定金'的规定，且该定金性质系违约定金，不以合同解除为前提条件。万昌公司现未履行合同义务，导致合同不能履行，应承担双倍返还定金的义务"。

（五）解约定金

解约定金是指合同双方当事人在行使合同解除权时，解约人系交付定金的一方，其无权要求相对方返还定金；相对地，解约人系收受定金的一方，则相对方有权要求解约人双倍返还定金。在合同关系中，解约定金即是合同双方当事人解除合同的代价。相应地，实践中当事人会在合同中安排双方均享有合同的任意解除权的条款，配合解约定金一起使用。

【问题 5】如何区分解约定金和违约定金？

富锋公司（甲方）与悦达新能源公司、悦达新材料公司（乙方）签订《委托加工合同》，该合同第十一条第（三）项约定，"如乙方（悦达新能源公司、悦达新材料公司）单方面终止合同，需要提前一个月书面通知甲方（富锋公司），甲方不退还合同保证金人民币100万元；如甲方单方面终止合同，需要提前一个月书面通知乙方，甲方需退还人民币100万元保证金给乙方，并向乙方支付违约金100万元”。后，合同双方产生纠纷，诉至法院。审理中，上述约定的性质成为案件的争议焦点之一。问，上述约定是否能够理解为解约定金？

分析：最高人民法院在其就本案“江苏悦达卡特新能源有限公司、江苏悦达卡特新材料科技有限公司与富锋生物能源（泰兴）有限公司承揽合同纠纷再审案”作出的（2016）最高法民申994号民事裁定书中认为，“从《委托加工合同》第十一条第（三）项的约定看，该100万元是针对单方解除合同情形而非是针对合同履行中的违约情形所作的规定，且包含定金罚则的主要内容，故其性质应认定为解约定金。二审法院认定为履约定金不当，本院予以纠正”。也即最高人民法院认为，本案中当事人的约定符合《担保法解释》第一百一十七条规定的解约定金。我们认为，最高人民法院在本案中的观点说明了违约定金和解约定金的区别，即定金合同的约定是“针对单方解除合同情形而非是针对合同履行中的违约情形所作的规定”。

制度部分

一、定金的一般规定

在我国立法上，定金首先为《担保法》第八十九条规定的为履约担保，即违约定金，以债务“不履行”为适用定金罚则的要件。其后颁布的《合同法》在第一百一十五条中，再次确认了上述第八十九条的规定，作为违约救济的方法之一。最后，《担保法司法解释》中的第一百一十五条到第一百一十七条先后规定了立约定金、成约定金、解约定金三种不同于《担保法》第八十九条违约定金的定金类型。至此，我国定金制度基本得以确定。其中，前两项规定是我国定金制度的基本制度。

1.《担保法》第八十九条规定，“当事人可以约定一方向对方给付定金作为债权的担保。债务人履行债务后，定金应当抵作价款或者收回。给付定金的一方不履行约定的债务的，无权要求返还定金；收受定金的一方不履行约定的债务的，应当双倍返还定金”。

2.《合同法》第一百一十五条规定，“当事人可以按照《中华人民共和国担保法》约定一方向对方给付定金作为债权的担保。债务人履行债务后，定金应当抵作价款或者收回。给付定金的一方不履行约定的债务的，无权要求返还定金；收受定金的一方不履行约定的债务的，应当双倍返还定金”。

这两条法律规定的立法着眼之处在于债务是否履行，若未履行，则适用定金罚则，这充分说明我国定金的基本性质是违约定金。

二、定金的类型

除《担保法》《合同法》规定的违约定金之外，《担保法司法解释》中的第一百一十五条到第一百一十七条先后规定了立约定金、成约定金、解约定金三种定金类型。所以，我国法律明确认可的定金类型有违约定金、立约定金、成约定金和解约定金四种类型，实践中，上述四种类型兼或根据当事人的约定而具有证约定金的性质。

【问题 6】定金可以同时兼具几种定金类型的性质吗?

洪源公司、天麒公司、新国达公司与贵友公司签订《兴隆木棉花酒店项目转让合同》，洪源公司、天麒公司作为转让方，通过转让新国达公司股权的方式转让兴隆木棉花酒店项目给贵友公司。该转让合同第四条第一款明确约定，2000万元定金系贵友公司履行本合同以及贵友公司与洪源公司、天麒公司签订和履行本合同附件二《股权转让协议》的担保。问，本案中定金的性质到底为何?

最高人民法院在其就本案“三亚洪源投资有限公司、海南洋浦天麒进出口贸易有限公司等与三亚洪源投资有限公司、海南洋浦天麒进出口贸易有限公司等项目转让合同纠纷申请再审”作出的（2016）最高法民申920号民事裁定书中认为，“洪源公司、天麒公司与贵友公司系以转让新国达公司股权的方式实现木棉花酒店项目转让的合同目的。转让合同第四条第一款明确约定，‘2000万元定金系作为贵友公司履行本合同以及贵友公司与洪源公司、天麒公司签订和履行本合同附件二《股权转让协议》的担保’。由此可见，该定金具有复合定金的特征，既是转让合同和《股权转让协议》的违约定金，也是《股权转让协议》的立约定金；既担保转让合同也担保《股权转让协议》”。

分析：我们认为，合同当事人可以在定金合同中对一方交付的定金同时赋予几种定金类型的不同性质，本案极为典型，定金兼具立约定金和违约定金的性质。所以，在转让合同的立约阶段，一方不签订股权转让协议的，可以适用定金罚则；在合同的履行阶段，一方不履行股权转让协议的，也可以适用定金罚则。在这个问题上，我们不赞同最高人民法院在该案裁定中的后续认定，即“故若仅因转让合同违约即适用案涉具有复合定金性质的定金罚则，有失妥当”，原因是法院不能在当事人的约定之外擅自减损定金的效力。实践中，当事人可以视合同的具体情况约定复合定金，并在相应的场合下分别适用定金罚则。

1. 违约定金

《担保法司法解释》第一百二十条规定：“因当事人一方迟延履行或者其他违约行为，致使合同目的不能实现，可以适用定金罚则。但法律另有规定或者当事人另有约定的除外。当事人一方不完全履行合同的，应当按照未履行部分所占合同约定内容的比例，适用定金罚则。”该规定是有关违约定金的一般规定，是司法解释对《担保法》第八十九条在实践中如何应用作出的具体规定。应当注意的是，该规定中的“致使合同目的不能实现”实际上是根本违约的表述。也即是说，在法律的默认规则上，《担保法》第八十九条规定的违约定金被《担保法司法解释》第一百二十条进行了限缩适用。我们认为，更进一步讲，如果当事人在实际合同履行中，出现违约事项，而违约定金合同约定的适用定金罚则的情形存在不明；又或者存在与有过失（与有过失是侵权法理论上的概念，为方便分析双方都有违约行为的情形，我们在这里予以借用）的情形，那么人民法院会在审理中审查一方之违约是否达到了致使合同目的不能实现的程度。如未达到，法院有权根据第一百二十条之规定拒绝适用定金罚则。

【问题7】在合同双方当事人均有违约行为的“与有过失”情形下，是否适用定金罚则？

在前述洪源公司、天麒公司、新国达公司与贵友公司签订《兴隆木棉花酒店项目转让合同》案中，贵友公司按照转让合同第四条第一款的约定，向洪源公司、天麒公司、新国达公司支付了2000万元作为定金。后在合同履行中，贵友公司仅支付2400万元价款后即终止继续付款，并诉至法院。问，是否应当就贵友公司未完全履行价款支付义务适用定金罚则？

本案审理中，股权转让方洪源公司、天麒公司提起反诉称贵友公司未按约支付价款，应当适用转让合同第七条第五款，即“如贵友公司发生任何违约行为，洪源公司及天麒公司有权选择不予退还乙方已支付的定金”，判令转让方可以没收定金。与此相对，股权受让方贵友公司称，转让方未履行“将土地使用权转移过户至新国达公司名下”的合同义务，贵友公司享有同时履行抗辩权，有权中止付款；未履行交付“符合质量标准”的项目工程的合同义务，贵友公司亦享有同时履行抗辩权；该酒店项目工程的100多个横梁存在严重的贯通性垂直裂缝且洪源等三公司又拒不修复，贵友公司依法享有不安抗辩权。

最高人民法院在其就本案作出的（2016）最高法民申920号民事裁定书中认为，“根据《担保法司法解释》第一百二十条第一款规定：‘因当事人一方迟延履行或者其他违约行为，致使合同目的不能实现，可以适用定金罚则’，本案能否适用定金罚则的关键在于，案涉定金的性质，以及贵友公司逾期付款600万元的违约行为是否‘致使合同目的不能实现’，是否构成根本违约”。“综合考虑本案履约过程，不能得出贵友公司600万元逾期付款的违约行为导致合同目的落空构成根本违约的结论，故本案不应适用定金罚则，原判决不适用定金罚则并无不当。”

分析：我们认为，与有过失情形是实践中违约定金适用定金罚则的最大障碍。作为违约代价的违约定金罚则，因为其担保的双向性，导致在实践中存在与有过失的情况下很难得以适用。因为在审查中，一方的违约系对方造成，让该方当事人承担失去或双返定金的代价即缺乏足够的理由，或者讲在实践中，法院应当严格审查违约方是否存在其拥有同时履行、先履行或不安抗辩权而排除违约方违约责任的情形。如果不存在违约方拥有上述抗辩权的情形，但违约方的违约情形不构成根本违约的，应当适用《担保法司法解释》第一百二十条第二款的规定，即“当事人一方不完全履行合同的，应当按照未履行部分所占合同约定内容的比例，适用定金罚则”。本案中，结合转让合同签订后三年都未履行完毕的事实，双方当事人之间的合同应当被解除没有太大争议。综合最高人民法院民事裁定书中的内容，我们甚至认为，如果转让方未转移土地使用权给项目公司新国达公司，转让方的行为更加符合根本违约的特征，导致受让方受让项目公司的目的不达，应当适用定金罚则。

2. 立约定金

《担保法司法解释》第一百一十五条规定，“当事人约定以交付定金作为订立主合同担保的，给付定金的一方拒绝订立主合同的，无权要求返还定金；收受定金的一方拒绝订立主合同的，应当双倍返还定金”。该规定是有关立约定金的一般规定，其明确当事人可以依意思自治设立立约定金，该定金并不是合同成立的条件，亦不是合同履行的担保，而是为了保证当事人双方签订正式的合同，即让当事人知晓不签订合同而应当付出的代价。我们认为，在实践中适用立约定金罚则，最大问题来自当事人所要签订的合同是否是达成立约定金合同时双方认可的合同。如果达成立约定金合同时，双方拟签订的合同要素不齐全，当事人尚须进一步就合同进行磋商的，适用立约定金罚则的可能性就比较小。对此，我们以下例进行说明：

甲、乙拟签订买卖合同，甲作为买受人向乙交付了定金用于担保未来和乙签订买卖合同。后，甲、乙就买卖合同中的合同履行、司法管辖等条款不能达成合意，导致合同最终未能签订。此时，适用定金罚则允许乙没收甲的定金即不符合立约定金的本意。实践中，在有关立约定金的案件中，法院审查的重点也在这一点之上，这里存在合同的解释问题。我们认为，为了避免纠纷，当事人在交付定金时应当锁定未来所要签订合同的文本。例如，在房地产开发企业收取购房者的立约定金时，应当向购房者展示商品房买卖合同的文本，并在收取定金的单据上注明购房者已经详细地阅读了该合同。

3. 成约定金

《担保法司法解释》第一百一十六条规定，“当事人约定以交付定金作为主合同成立或者生效要件的，给付定金的一方未支付定金，但主合同已履行或已经履行主要部分的，不影响主合同的成立或者生效”。该条是有关成约定金的一般规定，即只有交付定金，主合同才能成立或生效，而一方履行合同的主要义务，另一方接受的情形下合同成立是成约定金的例外情况。

4. 解约定金

《担保法司法解释》第一百一十七条规定，“定金交付后，交付定金的一方可以按照合同的约定以丧失定金为代价而解除主合同，收受定金的一方可以按照双倍返还定金为代价而解除主合同。对解除主合同后责任的处理，适用《中华人民共和国合同法》的规定”。该条款是有关解约定金的一般规定，失去或双倍返还定金成为双方解除合同的代价。福建高院在其就“孙某某、蓝某房屋买卖合同纠纷再审案”作出的（2017）闽民申2287号民事裁定书中认为，“该条规定的法律后果是，当事人得以通过适用定金罚则而享有行使单方解除合同的权利。通常认为，该条司法解释明确规定了享有单方解除权的前提是‘按照合同的约定’，亦即只有在合同明确约定具备解约定金的效力时，当事人才可具体享有单方解除权”。可见，福建高院的观点是，当事人在约定解约定金的同时，法律也给双方安排任意解除权。我们认为，实践中不应通过当事人“解约定金”的约定当然地认为当事人在合同中安排了单方任意解除权。在我们看来，因为解约定金合同的内容在原则上还是在于明确双方解除合同的代价，单方任意解除权还需当事人有明确的约定。而且不能排除当事人在约定解除权的情况下安排解约定金，也即解约定金不能因为第一百一十七条的规定失去灵活性。另外，如果同时存在解约定金和主合同文本最后存在“本合同必须协商一致方可变更或解除”之类的约定，应当以双方约定不清为由认定定金约定无效。

第二节　定金担保的设立

定金的有效设立需要两个要件：第一，定金合同；第二，定金的实际交付。本节就该两个要件进行讨论，重点在于明确定金合同的有效要件和定金交付对定金合同的影响；并在明确定金合同内容的基础上，就定金和相似概念的区别作一辨析。

理论部分

一、定金合同

（一）定金合同的概念

定金合同是合同当事人在合同磋商和拟定时，为明确合同当事人在合同订立、履行、解除等环节上行使相应权利，或作出相应行为时应当付出失去一定金钱或双倍返还一定金钱的代价而为的合同。定金合同的当事人应当与主合同的当事人一致，这一点不同于抵、质押合同。定金担保关系仅仅限定在合同双方当事人之间，一般不涉及债权债务之外的第三人。

（二）定金合同的特征

定金合同是一种特殊的合同，它的特殊性表现在以下几个方面：

1. 定金合同具有相对独立性

按照一般的观点，定金是一种担保方式，因此具有对所担保的主合同的从属性，而定金合同即属于从合同的一种。例如，在违约定金中，如果主合同无效，那么定金合同也会无效。实际上，从属性仅仅是定金合同的一个方面，更为重要的是定金合同的相对独立性，在立约定金、成约定金、证约定金合同中这种独立性表现得十分明显。即使在违约定金合同中，当事人一方在违约的情况下适用定金罚则，在结果上也无须关注违约实际造成的损失。从《买卖合同司法解释》第二十八条有关定金不足以弥补损失，当事人可以在定金罚则外要求赔偿损失的规定来看，定金罚则是独立适用的，与违约造成实际损失无关。从这一点来看，定金合同关系更类似于我们在本书第七章中介绍的独立保函关系。

【问题8】主合同消灭，违约定金合同是否继续有效存续？

杨某某与孙某某于2011年5月30日签订《股权（土地使用权）转让意向书》，约定杨某某将其持有的愉景公司35%的股权转让给孙某某，孙某某向杨某某支付3000万元定金。2011年11月3日，杨某某与孙某某签订了《投资入股协议书》，约定孙某某通过增资入股方式取得愉景公司35%的股权。问，孙某某是否有权要求转让方返还定金？

最高院在其就本案“杨某某、孙某某公司增资纠纷二审案”作出的（2015）民二终字第191号民事判决书中认为，该定金条款为《股权（土地使用权）转让意向书》的从合同，目的在于保障意向书的履行，类型上属于违约定金，具有担保性、从属性。2011年11月3日，杨某某与孙某某签订了《投资入股协议书》，约定孙某某通过增资入股方式取得愉景公司35%的股权。作为股权取得的两种方式，股权转让与增资入股具有根本差异。股权转让属于股权的继受取得；增资入股则是通过向公司出资，认购公司增加的注册资本而成为股东，属于股权的原始取得。杨某某与孙某某签订《投资入股协议书》后，孙某某取得愉景公司35%股权的方式就由先前的股权转让变更为增资入股，《股权（土地使用权）转让意向书》亦被《投资入股协议书》代替而归于消灭。据此，最高院最终认定“根据定金的从属性特征，《股权（土地使用权）转让意向书》消灭后，前述定金合同亦相应消灭，孙某某有权要求杨某某返还已经支付的定金”。

分析：在分析本案之前，我们要特别强调的是，从属性仅仅是违约定金和解约定金所拥有的特征之一，其他定金类型并不具有这一特征。本案中，孙某某支付定金为违约定金，担保的是其向杨某某支付股权转让款的义务履行，而在《投资入股协议书》签订后，孙某某支付款项的对象已经变更为愉景公司。也即是说，即使孙某某不履行支付款项的义务，有权要求其承担违约责任的也是愉景公司，而不是杨某某。所以，本案不能适用定金罚则。实际上，本案也可以从另一个角度加以解释，即将定金理解为立约定金，定金用于担保签订和意向书内容一致的合同，而后续签订的《投资入股协议书》与意向书的内容不一致，则不能适用定金罚则。

2. 定金合同是实践性合同

定金合同是民法理论中的实践性合同。从《担保法》第九十条和《担保法司法解释》第一百一十九条（实际交付的定金数额多于或者少于约定数额，视为变更定金合同；收受定金一方提出异议并拒绝接受定金的，定金合同不生效）的规定可以看出，定金合同的生效必须有交付和收受定金双方当事人在收受定金时的合意。

3. 定金合同的要式合同

根据《担保法》第九十条的规定，即“定金应当以书面形式约定”，定金合同具有要式合同的特征。根据《合同法》第十一条的规定，即“书面形式是指合同书、信件和数据电文（包括电报、电传、传真、电子数据交换和电子邮件）等可以有形地表现所载内容的形式”，定金不仅仅是以合同书的形式出现。我们认为，实践中，定金合同除了合同书形式外，还可以是定金收据、手机短信，甚至可以是双方当事人在微信、QQ 等社交平台上单线进行的信息交流。

4. 定金合同只能适用于双务合同

因为定金的双向担保性，使得定金合同只能适用于双务合同。如果在单务合同中约定有定金，我们认为，其性质将不再是定金，而是保证金或其他的担保方式。例如，自然人甲、乙之间订有借款合同，借款人甲向出借人乙交付定金，用于担保未来按时还本付息。我们认为，此时的定金即是保证金担保，而不是定金担保。

（三）定金合同的内容、成立与生效

1. 定金合同的内容

在立约定金、违约定金、解约定金关系中，定金合同是一种特殊的担保合同，我们认为，该类型的定金合同应当包含以下内容：（1）定金数额；（2）定金罚则；（3）定金所担保的具体事项。其中，第（2）项表明定金的性质，使其能够有效地区别于保证金合同或其他的担保合同；第（3）项系指合同当事人必须明确约定定金罚则的适用条件，如果该项约定不明确，则可能导致人民法院在审理案件过程中作出不予适用定金罚则的判决。

【问题 9】当事人未明确约定为“定金”的，是否存在被认定为定金合同的可能性？

在前述最高人民法院审理的“江苏悦达卡特新能源有限公司、江苏悦达卡特新材料科技有限公司与富锋生物能源（泰兴）有限公司承揽合同纠纷再审案”一案中，最高人民法院即认为当事人在《委托加工合同》第十一条第（三）项中的约定，即“如乙方（悦达新能源公司、悦达新材料公司）单方面终止合同，需要提前一个月书面通知甲方（富锋公司），甲方不退还合同保证金 100 万元人民币；如甲方单方面终止合同，需要提前一个月书面通知乙方，甲方需退还 100 万元人民币保证金给乙方，并向乙方支付违约金 100 万元”是双方有关解约定

金的约定。在该条款中，并无“定金”字样，故可以看出，司法机关在审判案件中关注的还是双方当事人在合同中的约定是否符合定金的特征，如果符合，那么无论合同中是否载有“定金”字样，也应当认定为定金合同。这也是最高人民法院一直强调的，在审判实践中应当予以坚持的“实质大于形式”的审查原则。我们认为，确认当事人之间的约定系定金合同的核心要件是“定金罚则”，而且是收受定金的一方在满足定金合同约定的条件下应当双倍返还定金的约定。只有如此，定金才不会被确认为保证金合同或其他的担保合同。

对于上述第（3）项，我们认为，当事人应当根据定金的性质清楚地约定定金适用的条件：（1）立约定金中，双方明确定金所担保的双方拟签订的合同的主要条款。实践中，如果最后双方因争议而签订的合同与签订定金合同时双方确定的合同不一致的，原则上不应当适用定金罚则。所以，应当尽可能全面地在签订定金合同时确定其所担保的拟订立的合同条款，或者直接将拟签订主合同作为定金合同的附件。（2）在违约定金中，双方应当明确约定定金所担保的违约事项，该事项可以是主合同违约情形的一项或几项；并且在主合同中最好将双方义务的履行确定为条件关系，而非先后履行关系，并且明确约定存在与有过失的情况下亦适用定金罚则。（3）在解约定金中，双方应当明确约定定金所担保的当事人解约的权利是否是任意解除权，以及明确约定何种情形下当事人可以解除合同。

另外，我们认为，对于解约定金的适用条件，双方是否应当约定均适用统一规则的问题，我们认为无此必要。例如，在上例中，甲方解约的条件是提前一个月通知，而乙方则可以随时解除，双方因此存在解约条件不一致的情形，此时也应当认定其为解约定金，因为解约定金的规则在于明确双方在某种情况下做出某一行为的代价，双方做出这一行为的条件是否一致，应当在所不论。

2. 定金合同成立及生效

《担保法》第九十条规定，“定金应当以书面形式约定。当事人在定金合同中应当约定交付定金的期限。定金合同从实际交付定金之日起生效”。因此，定金合同普遍被认为是实践性合同，应当从实际交付定金时生效。理论上，合同有成立和生效之分。但是我们认为，这种区分在定金合同中并无太大意义，因为定金合同的一项主要内容是定金的金钱支付义务，不存在合同成立，当事人一方即为合同履行进行准备的情形。但上述问题还是引发了对《担保法司法解释》第一百一十九条，即“实际交付的定金数额多于或者少于约定数额，视为变更定金合同；收受定金一方提出异议并拒绝接受定金的，定金合同不生效”的理解问题。对此，我们认为实际交付的定金数额和约定定金数额不一致的情况是对成立的定金合同的变更，还是对已经生效的定金合同的变更，这一区分在实践中也没有太大意义。

二、定金设立的实践性

基于前述对定金合同为实践性合同的性质认定，定金合同最终有关定金数额的确定，则应当根据担保法和司法解释的规定以当事人实际交付，且相对方收受的定金为准。例如，当事人约定定金为十万元，但实际交付时，交付定金的一方称其一时之间没有十万元，并仅支付五万元，称日后补齐剩余的五万元定金。对方当事人同意并收受该五万元，此时应当如何认定定金的数额？我们认为，应当严格遵守法律的规定，认定定金数额为五万元。此外，定金合同实践中还存在一个问题，即定金是由第三方支付的，是否应当认定为定金。根据《担保法》第八十九条之规定，即“当事人可以约定一方向对方给付定金作为债权的担保”，我们认为，无论是交付定金的一方委托第三方支付，形成所谓第三人代为履行，还是第三方根据三方协议交付定金的，都应当认定为负有定金交付义务的当事人交付的定金。当然，第三方可以根据自己与交付定金义务人之间的法律关系，或以不当得利另行处理其与交付定金义务人之间的权利义务。

【问题 10】一方实际交付定金数额与约定不一致，定金数额应当如何认定？

锦源公司与精科公司签订《合同书》购买后者的房地产，合同书第三条“乙方付款时间和方式”约定：“本合同乙方共计向甲方支付履约定金人民币一亿元。……上述一亿元履约定金在甲方取得首张预售许可证后直接转为乙方向甲方的购房款。如乙方不能按上述约定按时足额支付履约定金的构成违约。……甲方已收取的乙方支付的全部款项不再退还乙方……”合同签订后，锦源公司在向精科公司支付 4348 万元定金后发现，在《合同书》签订之前，精科公司的现任独资股东星海公司已与精科公司原股东精细化工公司签订《土地合作开发合同》，对案涉部分房屋进行了处分，遂终止付款。双方产生纠纷，就定金数额产生分歧。问，本案定金合同的定金数额是多少？

分析：最高院对“湖南精科置业有限公司、益阳市锦源房地产开发有限公司合同纠纷再审案”所作的（2017）最高法民申 1865 号民事裁定书中认为：根据合同书第三条的规定，“双方约定的‘履约定金’实为担保法第八十九条规定的违约定金，即给付定金的一方不履行约定的债务的，无权要求返还定金；收受定金的一方不履行约定的债务的，应当双倍返还定金。担保法第九十条规定，定金合同从实际交付定金之日起生效。从定金合同的实际履行情况看，锦源公司2013年12月26日至2014年1月20日期间共向精科公司交付了4348万元定金，与《补充协议一》的约定并不相符。一方面，合同履行过程中，锦源公司未完全依《补充协议一》约定的时间及数额交付定金，精科公司未明确表示异议且予以接受；另一方面，在锦源公司以其行为表示不继续交付定金且向人民法院起诉要求解除合同情况下，原判决依照《最高人民法院关于适用〈中华人民共和国担保法〉若干问题的解释》第一百一十九条之规定，认定视为变更了定金合同并无不当”。也就是说，最高人民法院系按照实际交付的定金数额确认最终的定金数额，即实际交付与约定不符，但收受定金的一方未明确表示异议且予以接受的，应当以实际交付的定金数额为准。

三、定金与相关概念的辨析

在实践中，民事主体对定金的用语并不完全规范，经常会导致定金与其相似概念间的混淆，增加司法机关在认定定金性质时的困难程度。

（一）定金与预付款

预付款是当事人在合同履行之前为履行合同约定的付款义务而预先支付给对方的一部分价款，属于债务的履行范畴。预付款与定金的相同点在于在合同履行之前预先支付给对方当事人，而预付款与定金的区别之处主要表现在以下方面：（1）预付款一般属于义务履行，一方不交付预付款的，构成违约；定金相对于主合同具有独立性，未交付定金，不构成违约。（2）预付款在性质上无惩罚性和双向担保功能，最终仅能发生合同部分义务的清偿效果；定金通过适用定金罚则产生惩罚效果，而且拥有双向担保功能。（3）预付款是一种合同支付方式，因此只有在支付价款或者存在金钱的合同中才得以使用；而定金在违约定金法律关系中明显是一种合同担保方式，因此定金合同不仅适用于金钱债务的主合同，同样适用于其他的双务合同类型。

【问题11】如何区分预付款与定金?

永生公司与江北公司《买卖合同》约定，江北公司分批次从永生公司采购产品，并且双方约定将2011年3月18日共同签署的《买卖合同》中剩余的预付款2756146.3元作为本合同的定金，同时约定每批次货款抵扣定金。后因江北公司未从永生公司下单采购，永生公司以不采购造成其材料损失为由提起诉讼。问，本案中预付款是否应当认定为定金，并进而适用定金罚则？

最高院在其就本案“襄阳永生金属制品有限公司、襄阳晶和新材料有限公司与湖北三江航天江北机械工程有限公司定金合同纠纷一案”作出的（2015）民申字第469号民事裁定书中认定，“永生公司与江北公司在2012年5月18日签订的《买卖合同》中约定，双方于2011年3月18日共同签署的《买卖合同》所剩余的预付款2756146.3元作为本合同的定金，同时约定每批次货款抵扣定金。此外，双方还明确约定了违约责任，但并未约定适用定金罚则。因此，上述款项虽名为‘定金’，但其不属于定金担保，其法律特性实为预付款”。最高院认定该笔款项不属于定金的主要理由是双方当事人并未约定定金罚则，而且双方约定了明确的违约责任，所以本案中是名为定金，实为预付款的情形。

分析：预付款在功能上明显区别于定金，本案之所以认定为预付款，而不是定金，我们认为核心理由是：（1）当事人未明确约定不采购即适用定金罚则；（2）即使本案约定不采购应当适用定金罚则，当事人也没有约定如何适用，不采购以多长时间为限；同时，当事人也未约定定金的反向担保罚则，即采购后，未及时交货是否应当适用双倍返还的罚则；（3）当事人明确约定了不采购应当承担的违约责任。这样，一方面有明确的违约条款，另一方面没有如何适用定金罚则的约定，当然结果是只能适用违约责任，而不能适用定金罚则。

（二）定金与保证金

我国现行法律没有关于保证金明确的直接规定，保证金合同应根据保证金的支配方式确定为金钱质权合同（动产质押）或债权质权合同。其中，前一种情形是指保证金放置于共管或监管的保证金账户中，成为金钱质押；后一种情形是指保证金交至债权人账户，从而构成债权质押。在处理定金和保证金的关系上，我国《担保法司法解释》第一百一十八条给出了较为简单的规则，即“当事人交付留置金、担保金、保证金、订约金、押金或者订金等，但没有约定定金性质的，当事人主张定金权利的，人民法院不予支持”。

在实践中，保证金的类型多样，包括备用金类型的保证金、预付款类型的保证金、租赁保证金、装修保证金、履约保证金、投标保证金等。如果当事人约定保证金担保违约或解约，并且除约定失去保证金的法律效果之外，还约定了收受定金的一方在违约或解约情形下双倍返还保证金的，也应当采用“实质大于形式的原则”认定该保证金系定金性质。如果当事人约定保证金仅担保当事人一方履行义务，未约定担保的双向性以及双倍返还的法律效果，则不应当认定为定金性质。上述认定规则同样适用于与保证金极为相似的押金，只不过押金系特定化了的由债权人占有的金钱。

（三）定金与违约金

违约金是指合同双方当事人约定的，一方不履行或不完全履行合同时，应当向守约方支付的金钱。定金的诸项类型中，违约定金与违约金适用都是以存在违约行为为前提，具有一定的相似性。但相较于两者的相似性，两者之间的差异则更为显著，主要表现在：（1）违约定金是应预先交付的，定金合同设立是一种实践性合同，以实际交付定金为有效要件；相对地，违约金并不需要事先交付，并不存在单独的违约金合同类型，仅在合同中存有约定即可。（2）违约金的支付以违约行为以及违约行为造成的损失为导向，违约金过分高于实际损失或过分低于实际损失的，当事人有权请求人民法院在审理中予以调整。而违约定金相对独立性较强，法律没有规定定金罚则适用后的结果过分高于实际损失的，当事人享有请求人民法院降低的权利；相对地，如果定金罚则适用后的结果过分低于实际损失，《买卖合同司法解释》第二十八条规定当事人可以要求另行科以实际损失的赔偿。（3）违约金在功能上虽然也有惩罚效果，但是更加偏重补偿功能；而违约定金更多的是担保合同当事履行合同义务。根据《合同法》第一百一十六条的规定，当事人既约定违约金，又约定定金的，一方违约时，对方可以选择适用违约金或者定金条款。该规定是个二选一的规定，守约方拥有选择权。如果当事人既请求适用定金罚则，又请求适用违约金条款的，人民法院应当在审判中向当事人释明第一百一十六条的规定内容，根据当事人的选择作出判决。

制度部分

一、定金的法定概念

《担保法》第九十条规定：“定金应当以书面形式约定。当事人在定金合同中应当约定交付定金的期限。定金合同从实际交付定金之日起生效。”根据该条规定，定金合同具有要式合同和实践性合同的特征，实践中应当根据《合同法》第十一条的规定，正确认定定金是否符合书面形式的要求。

二、定金性质的认定

《担保法司法解释》第一百一十八条规定:“当事人交付留置金、担保金、保证金、订约金、押金或者订金等,但没有约定定金性质的,当事人主张定金权利的,人民法院不予支持。”实践中,当事人常常会有这样的误解,即只要没有在合同中写“定金”,就不能够被认定为定金。对此,应当注意的是上述第一百一十八条中“没有约定定金性质”的规定,并不是规定“没有采用‘定金’字样”。我们认为,在实践中,应当从《担保法》第八十九条第三句的规定,即“给付定金的一方不履行约定的债务的,无权要求返还定金;收受定金的一方不履行约定的债务的,应当双倍返还定金”。正确理解第一百一十八条中“没有约定定金性质”的规定,也就是说,即使当事人没有在合同中使用“定金”字样,也不能完全否定当事人所交收的金钱不具备定金性质。这一点上,前述最高人民法院审理的“江苏悦达卡特新能源有限公司、江苏悦达卡特新材料科技有限公司与富锋生物能源(泰兴)有限公司承揽合同纠纷再审案”中对定金的认定即是最好的例证。

【问题12】当事人并未明确约定保证金为定金性质,在诉讼中主张定金权利可否支持?

2011年8月8日,中富公司申请参加承德国土局土地使用权挂牌出让活动,并于同日交纳了2000万元的竞买保证金。中富鼎泰公司竞买成功后于2011年8月11日与交易中心签订了《成交确认书》。《成交确认书》中约定竞得人不缴纳土地款的,视为违约,挂牌人可取消其竞得人资格,竞买保证金不予退还。后因中富公司未缴纳土地款,土地交易中心通知中富公司取消竞买人资格,竞买保证金不予退还。就此,双方产生纠纷,诉至法院。在该案的二审判决[(2015)民一终字第410号]、再审裁定[(2016)最高法民申3203号]中,最高人民法院都对2000万元保证金是否是定金进行了认定。

最高人民法院认为“双方在《成交确认书》中并无保证金转变为定金的表述,也没有交易中心违约、则由交易中心双倍返还保证金的约定。因此,双方在《成交确认书》中对保证金为定金性质并未有明确约定。《招标拍卖挂牌出让国有建设用地使用权规定》(第二十条‘以招标、拍卖或者挂牌方式确定中标人、竞得人后,中标人、竞得人支付的投标、竞买保证金,转作受让地块的定金。出让人应当向中标人发出中标通知书或者与竞得人签订成交确认书’)是国土资源部颁布的部门规章,并不是强制性法律规范,当事人可以对保证金性质作出与之不一致的约定。因此，原审判决认定案涉保证金在确认成交后并未转变为定金，适用法律并无不当”。

分析：最高人民法院裁判中的上述观点实际上即是借助《担保法》第八十九条第三句的内容认定定金性质，其中认定定金的因素有：（1）有无“定金”的表述；（2）是否具备双向担保性；（3）是否存在收受一方双倍返还的约定。我们认为，其中双向担保性是最为核心的因素，因为在违约定金和解约定金中，定金起到的作用是规范双方的行为，而非一方。如果规范的仅仅是一方的行为，那么在制度上完全可以采用金钱质押、保证金等方式。但是一旦采取金钱质押或保证金形式，其担保就不再具有定金的相对独立性，其适用即须完全根据当事人的违约程度和实际损失判断当事人的担保责任。这里，可能会对《担保法司法解释》第一百二十条第二款“当事人一方不完全履行合同的，应当按照未履行部分所占合同约定内容的比例，适用定金罚则”产生疑问。我们认为，该条款虽然规定适用定金罚则是根据当事人的违约程度，但需注意的是，该条并未规定须根据该违约造成的损失适用定金罚则。究其原因，法律有关定金的规定，还是旨在让当事人知晓违约的代价，并不是如违约责任、其他担保形式的担保责任那样旨在赔偿因违约造成的损失。从这个角度来看，适用定金罚则不能算是承担法律责任，而只能算是当事人根据定金合同履行该合同项下的具体义务而已。

另外，最高人民法院的上述判决内容提及《招标拍卖挂牌出让国有建设用地使用权规定》第二十条中保证金转定金的规定。从民法理论上讲，法律无权在民事合同关系中，安排这样或那样的义务，或构建具体的法律关系类型，所以这样的规定只能是管理性规定，即要求各地土地管理部门在土地招拍挂后将保证金转定金的条款安排在《国有土地使用权出让合同》等法律文件当中。如果当事人与土地管理部门在出让合同等法律文件中，对保证金转定金有其他的约定，应当确认该约定有效。

三、定金数额的限制

因为法律并未规定，定金罚则适用结果过分高于违约实际损失的情况下，当事人享有降低的权利，为了防止违约方遭受较大损失，《担保法》第九十一条限制性地规定了当事人约定定金的最高限额，即“定金的数额由当事人约定，但不得超过主合同标的额的百分之二十”。该条规定属于法律的效力性强制规范，违反的，应当认为超过部分的定金约定无效。所以，最高人民法院在《担保法司法解释》第一百二十一条中规定“当事人约定的定金数额超过主合同标的的额百分之二十的，超过的部分，人民法院不予支持”。

【问题 13】双方约定的定金数额“较高”时，如何适用定金罚则？

中坤公司与居梦莱公司订立床护垫订购合同一份，约定由居梦莱公司为中坤公司制作床护垫 1 万条，单价 49 元，总金额为 49 万元；付款方式之一是中坤公司向居梦莱公司支付货款的 30% 计 147000 元作为定金。合同签订后，中坤公司按约支付定金。后发现居梦莱公司提供的货品存在质量瑕疵，中坤公司要求居梦莱公司双倍返还定金。问，两公司之间的定金数额应当如何认定？

分析：根据《担保法》第九十一条“定金的数额由当事人约定，但不得超过主合同标的额的百分之二十”，《担保法司法解释》第一百二十一条“当事人约定的定金数额超过主合同标的额百分之二十的，超过的部分，人民法院不予支持”的规定，当事人之间约定 30% 的货款为违约金显然超过了担保法规定的 20% 的限额。江苏高院在其就本案“深圳市中坤酒店用品有限公司与南通居梦莱家用纺织品有限公司定作合同纠纷再审”作出的（2014）苏审二商申字第 00509 号民事裁定书中认为，“本案合同标的额为 49 万元，中坤公司交付的 147000 元中定金数额应认定为 98000 元，余款应作为货款，现中坤公司要求居梦莱公司双倍返还 294000 元显然不能成立”。

第三节　定金罚则

定金罚则是定金制度展现其制度功能的法律规则，能否正确适用定金罚则决定了定金制度是否能发挥其应有的制度功能。在理解和适用定金罚则时，应当格外注意定金罚则的适用条件，并注意定金罚则和违约金制度的区别适用。

理论部分

一、定金罚则的含义及性质

（一）定金罚则的含义

定金罚则，即合同一方当事人向另一方给付定金，如交付方有违约行为，则另一方没收定金；如收受定金方违约则应当双倍返还定金。定金罚则的主要作用与目的是通过法律预设的失去或双返定金的法律效果，让合同当事人知晓在合同订立、履约、解除等环节上行使一定权利、做出一定行为的代价，从而规范当事人的具体行为，既促进合同得以顺利订立、履行，也促使无意义之合同不被订立或通过合同解除顺利得以消灭。所以，在理解定金罚则的时候，从“代价”的角度，而不是“罚”的角度去理解更能契合定金制度的内涵。

（二）定金罚则的性质（以违约定金为例）

定金罚则是一种复合性规则，既包含当事人的约定，即定金数额和适用定金罚则的条件也包含法律上的限制，即（1）失去及双返规则；（2）不超20%的规则；（3）按违约情况比例适用规则。前者是当事人自行调整自己所在法律关系的方式，与社会公益无涉，应允许自由约定；后者是法律规范当事人自由约定的定金关系，其中第（1）项主要用于认定定金关系，而第（2）、（3）项规则和这里讨论的定金罚则的性质有关。

定金是合同双方意思自治的结果，性质上应当是当事人就其行为所承担的失去或双返定金的代价；所以，定金罚则，即是当事人获取或付出定金代价的规则，对定金罚则的适用则是代价的实现过程。理论上讲，对定金罚则的适用结果进行减少或增加的调整只能依据当事人在定金合同中的约定，或在当事人无约定的情况下适用法律的默认规则。《担保法司法解释》第一百二十条第二款规定的“按违约情况比例适用规则”即是法律规定的默认规则，当事人的违约情况具有客观性，法官在此仅有按违约部分占总合同部分的客观比例适用定金罚则的权利，并不能从定金的数额，或适用的结果反向确定应当适用的比例。法律没有给予法官就定金罚则的适用结果进行自由裁量的权利，所以定金罚则的适用结果有可能致使违约方出现重大损失。鉴于此，《担保法》在第九十一条中用直接的法律规定限制了定金的数额比例不超过总合同金额的百分之二十，这进一步证明了法官在适用定金罚则时，并无以适用结果造成违约方承担过大损失为由而酌减定金的权利。

二、定金罚则的适用

（一）定金罚则适用的条件

在立约定金、成约定金、证约定金、违约定金、解约定金五种类型中，涉及适用定金罚则的是立约定金、违约定金和解约定金，适用时均须满足适用定金罚则的条件。

1. 定金合同须成立并生效

在立约定金合同中，须存在书面定金合同以及明确的定金担保的主合同内容；在违约定金和解约定金合同中，须存在有效的书面定金合同和明确的定金所担保的违约事项和解约情形，否则很难适用定金罚则。因为如果立约定金担保签订的主合同内容在定金合同中不明确，主合同部分内容尚须经磋商达成一致，那么让当事人一方承担拒绝订立合同的失去或双返定金的法律后果，有违责任自负的法律原则。违约定金和解约定金亦存在这种情况。我们认为，如果立约定金中未明确定金担保的主合同内容，违约定金合同和解约定金合同未明确定金担保的违约事项和解约情形，通过补充协议和合同解释也无法补正上述内容的，应当认为定金合同不成立，不能适用定金罚则。另外，因定金合同的从属性特征，在适用违约定金和解约定金罚则时，还要求必须存在有效的主合同；如果主合同无效，或被撤销，则定金合同亦无效，不能适用定金罚则。

【问题 14】一方因尚有需要磋商之合同事项而拒绝签署合同，是否可以适用立约定金罚则？

2004 年 4 月 18 日，戴某某与华新公司签订商品房订购协议，支付 5 万元定金，订购协议为“乙方（戴某某）若在甲方（华新公司）通知的签约日前选择放弃已取得的物业购买权，或者到期不签约，5 万元定金不退还”。后，华新公司通知戴某某于 4 月 25 日至华新公司处签订正式商品房预售合同。5 月 7 日，戴某某向华新公司提交书面意见称：“本人于 2004 年 5 月 7 日与华新公司签约时，要求所购房屋的装修标准与样板房一致，删除合同附件二中‘样板房仅供参考，华新公司保留最终解释权’字样，华新公司不能给予明确答复，需另择日签约。”华新公司销售部副经理廖某在该书面意见上注明：“该客户意见已收到。”5 月 9 日，华新公司通知戴某某，因其未按约于 4 月 25 日到华新公司签订商品房预售合同，已违反订购协议之约定，特将原协议项下的定金没收。戴某某遂诉至法院要求返还定金，其要求是否于法有据？

本案经审理，苏州中院依据《商品房买卖合同司法解释》第四条有关预约合同规定，认为合同未能订立系双方未能就合同内容磋商一致造成的，故不能在此情况下认为买受人拒绝购买房屋而适用定金罚则，最终判令华新公司向戴某某返还定金。

分析：立约定金是为了确保双方能够订立合同，但是双方未予订立的合同是否系定金所担保的合同即是在立约定金中适用定金罚则的最大的问题。我们认为，在这一问题上，存在两种情况：（1）在无法查明双方订立定金合同时，双方拟签订的合同内容，则只有在非常极端的特殊情况下方可适用定金罚则。因为，让合同的任何一方付出失去或双返定金的代价，都必须建立在拟定的合同和将签订的合同一致的基础之上。（2）查明双方在定金合同时预定的合同，或主要的合同条款，即可以参考有关合同实质性变更的思路解决问题。如果双方最终要签订的合同与订立立约定金合同时双方计划签订的合同存在实质性变更的，可以认为系一方不签订合同的意思表示，则可以适用定金罚则。就我们对实践的观察，在商品房买卖一级市场上，几乎所有的房地产开发企业在收受购房人立约定金时，都未将商品房买卖合同的文本作为立约定金合同的附件。其结果是，只要购房人指明不接受长达几十页的商品房买卖合同中的哪怕一个条款，在出售方不愿变更该条款的情况下导致合同无法签订的，几乎都无法最终就立约定金适用定金罚则。

2. 须存在不签订主合同，或违约事项，或解约情形

在适用定金罚则时，应当根据定金合同条款判断是否已经触发适用定金罚则的条件。三种定金类型中，较为复杂的是违约定金，因为违约分为不履行、部分履行、迟延履行以及瑕疵履行等多种情形，是否在所有情形下均适用定金罚则是《担保法》《担保法司法解释》所关注的主要问题。

3. 定金罚则的适用不以“过错”为条件

定金罚则的适用是否须要求一方当事人存有过错，这一点在理论上存在争议。我们认为，定金罚则名为“罚”，但如果将定金看作一种特殊的合同类型就会发现，定金合同实际是在将失去或双返定金的风险分配给当事人。因此，我们认为，定金罚则适用的结果仅仅是当事人履行定金合同的结果，不能以“过错”作为适用定金罚则的条件，而应当依据或参照《合同法》第一百零七条的规定将适用定金罚则让当事人承担失去或双返定金的定金责任认定为无过错责任。

（二）立约定金罚则的适用

立约定金是指磋商阶段的当事人为保障未来能够顺利签署合同而交付的定金。实践中，立约定金的主要问题是“此合同非彼合同”的问题，即交付定金时拟定的主合同和后来准备签署的主合同不一致，导致一方拒绝签署合同的情形。

在双方当事人达成立约定金合同时，为使立约定金真正发挥担保合同订立的功效，都应当将未来要订立的合同文本作为立约定金合同的附件。只有如此，定金合同的内容才完备，即达到定金所担保的要签订的合同是清楚无分歧的标准。此时，让拒绝签订合同的一方承担失去或双返定金的不利法律后果，才因责任自负原则符合法律上的正当性要求。

【问题 15】双方共同过错造成合同未能订立，此时可否适用定金罚则？

汪某拟租用豪淋公司位于重庆市长寿区晏家工业园区内的工业厂房。因双方商定租赁事宜时该厂房尚未建成，故双方约定待厂房建成后再签订正式租赁合同，为此，汪某向豪淋公司支付了定金 150000 元。后双方未能签订正式的租赁合同，并就此产生纠纷，诉至法院。法院审理中，汪某称，"厂房建成后，豪淋公司既不通知汪某厂房建成的事实也不通知签订正式租赁合同。2013 年 10 月，豪淋公司为规避法律责任才向汪某发出《签订合同及入住通知书》。因豪淋公司超过合理期间才通知其签订正式租赁合同，该行为已构成根本违约且导致其投资项目无法实施，合同目的完全落空"；豪淋公司称，"自租赁房屋竣工以来，由于汪某在合理期限既不明确表态是否签约，又不主动提出签约或拒绝签约，导致豪淋公司为其预留的厂房一直空置不能另行出租，现汪某要求解除预约合同，拒绝订立正式租赁合同"。问，此时是否能够适用定金罚则？

重庆一中院在其就本案"重庆濠淋机械制造有限公司与汪某定金合同纠纷"作出的（2014）渝一中法民终字第 06200 号民事判决书中认为，"本案的争议焦点在于双方自签订《承诺》、收取立约定金后，长达两年多未能签订租赁合同是因哪一方的过错造成。因《承诺》中未就通知签约的义务、时间及具体履行方式等作出约定，现双方在审理中均称其曾口头通知或催告对方要求签订租赁合同，但均不能提交证据证明，一审法院认定双方在《签订合同及入住通知书》之前均有怠于签订租赁合同的情形，基于本案现有证据，该认定并无不当。……一审法院综合本案现有证据，依据公平原则，判令豪淋公司将收取的定金返还汪某，符合本案双方履行实际情况，应予维持"。重庆高院在其就本案作出的（2014）渝高法民申字第 01468 号民事裁定书中维持了上述判决内容。

分析：本案是有关立约定金在适用过程中经常遇到的另外一个难题，即合同最终未签署，无法就哪一方拒绝订立合同做出清楚的判断，从而将失去或双返定金的代价归咎于哪一方。实践中，我们认为：（1）不可以谁对无法签订合同有过错作为标准，而应当根据实际情况认定到底是哪一方在拒绝签订合同，借此具体适用立约定金罚则；（2）如无法查明具体是哪一方在通过行为或表示拒绝签署合同，则不能适用立约定金罚则。

（三）违约定金罚则的适用

1. 根本违约

当事人不履行或不完全履行的违约行为，具体包括不履行、部分履行、迟延履行和瑕疵履行四种情形，该四种情形并非都能适用定金罚则。对此，一方面应当看当事人在定金合同中的约定，另一方面应当注意法律给予的限制。根据《担保法司法解释》第一百二十条的规定，即“因当事人一方迟延履行或者其他违约行为，致使合同目的不能实现，可以适用定金罚则”，即只有当一方的违约造成合同的根本违约时才能够适用定金罚则。究其原因，从《合同法》第一百零七条所给出的违约责任的继续履行、采取补救措施和损失赔偿三种违约责任的承担方式来看，继续履行和采取补救措施从结果上来看，实际都是在原合同基础上履行合同义务，此时执行定金罚则的结果可能是守约方获得双倍利益，即履行利益和定金利益，这一点不符合定金作为根本违约“代价”的制度设计基本思路。所以，定金罚则的适用一般不能和继续履行及采取补救措施的诉讼请求一并提出，损害赔偿替代履行亦同于继续履行。只有在根本违约，且当事人解除合同的场合下，违约方无须继续履行合同义务，相对于守约方无法获得履行利益，违约方才应当付出违约代价，即适用定金罚则。在此情形下，守约方基于解约而提出的损害赔偿请求和适用定金罚则请求之间存在法律进行规范和协调的需要。我们认为，基于解约无法实现履行利益，守约方仅有要求适用定金罚则的权利；只有在违约方承担定金责任付出代价后仍不能弥补违约损失的情形下，守约方才能够补偿性地提出损失赔偿请求。但应当注意，在此场合下不能同时要求违约金和适用定金罚则，因为违约金是双方当事人约定的另一种违约代价。

在违约定金中，“与有过失”情形，即双方都有违约行为的情形是适用定金罚则的最大障碍。在双方都违约的情况下，将定金罚则适用于双方的违约情形就会成为非常困难的事情，方案有两个：（1）分别适用，就分别适用的结果进行冲抵；（2）不适用定金罚则。在结果上，两种情况得出的结果大致相同，因此定金罚则的适用即为两可的情形。有鉴于此，最高人民法院在《担保法司法解释》第一百二十条第一款的规定为《担保法》第八十九条规定的违约定金做出补充，提高了违约定金适用的条件，即“因当事人一方迟延履行或者其他违约行为，致使合同目的不能实现，可以适用定金罚则”，也即只有一方的违约导致合同目的不达的，才能够适用定金罚则。我们赞同《担保法司法解释》对违约定金限缩适用的做法，因为其更加符合违约定金违约代价的性质。即便如此，最高人民法院也未在该条款中将“话”说满，用“可以”的表述给予各级法院法官在司法实践中自由裁量的空间。这里也可以看出，合同在“与有过失”情形下的具体走向：（1）与有过失，合同能够继续履行的，当事人要求继续履行的，判令继续履行，不适用定金罚则，违约定金继续完成其使命。（2）与有过失，合同无法继续履行，或当事人要求损害赔偿替代履行的，只剩下解除合同一途；则在解除合同后，适用定金罚则，然后根据双方的违约情形就定金罚则的适用结果进行冲抵。另外，我们认为，根据《合同法》第九十四条第三项的规定，一方不履行主要义务，经催告后，在合理的期限内仍然不履行的，可以解除合同，推定合同目的不达，应当属于《担保法司法解释》第一百二十条中“致使合同目的不能实现”的情形，应当在该情形下适用定金罚则。

【问题 16】不满足根本违约的，是否可以适用定金罚则？

杨某某与马某签订《房产买卖合同》约定，任何一方不履行合同约定义务，导致交易无法完成的，应向对方承担违约责任；如买方违约，卖方有权解除合同没收定金或要求买方支付房产转让价 20% 的违约金；如卖方违约，买方有权解除合同并要求卖方双倍返还定金或要求卖方支付房产转让价 20% 的违约金。合同签订后，买方马某向卖方杨某某支付定金 10 万元。后，因马某迟于合同约定的日期两日，将买卖收期款存入资金监管账户，杨某某借此解除合同，双方就此产生纠纷，诉至法院。问，此时是否应适用定金罚则？

深圳中院在其就本案“杨某某与马某房屋买卖合同纠纷二审民事判决书”作出的（2016）粤 03 民终 16567 号民事判决书中认为，“马某在超过合同约定期限的短期内即转入首期监管资金，属于轻微违约，并未‘导致交易无法完成’，故杨某某亦不能以该条款约定为依据行使合同解除权。因此，杨某某以马某迟延转入首期监管资金为由即在未给予对方合理宽限期的情况下单方解除合同，不符合合同约定和法律规定的行使合同解除权的条件，杨某某无权据此要求解除合同，杨某某的解约要求在未经得马某同意确认的情况下不发生效力，马某有权要求杨某某继续履行合同。相应地，对杨某某反诉要求确认合同解除以及解除合同的情况下要求没收定金的请求，该院不予支持，因马某迟延支付首期款的行为而可能导致的杨某某损失，杨某某可另行主张权利”。

分析：本案即是最高人民法院在设计《担保法司法解释》第一百二十条以下条款中的违约定金罚则适用规则时首先遇到的问题，即在什么情况下适用定金罚则；或者说，当事人是否可以同时提出适用定金罚则和继续履行（采取补救措施）的诉讼请求。我们认为，适用违约定金罚则，让当事人付出的违约代价应当是终局性的，即以失去或双返定金换取不再履行合同义务，这样才符合“代价”的本意。所以，《担保法司法解释》才将适用定金罚则的条件设定为根本违约，因为在此情况下，当事人即会要求解除合同，以定金罚则的适用为代价了结合同关系。因此，一般情况下，不会出现一方面判决当事人承担继续履行的违约责任，另一方面适用定金罚则判令当事人失去或双返定金的情形。

2. 部分履行

违约定金是当事人用于规范履行行为，促使合同顺利得以履行的手段。当事人不履行合同义务的，自应当科以定金罚则。在定金合同没有其他约定的情况下，违约定金系整体性地规范当事人的履约行为。所以，在当事人部分履行时，如果部分不履行造成整个合同根本违约，则应当整体上适用定金罚则；如果不会造成合同整体性根本违约，则应当依据《担保法司法解释》第一百二十条第二款按比例适用定金罚则。这里的部分履行，既包含当事人仅履行部分合同义务，也包含当事人的履行部分出现瑕疵，导致合同部分目的不达两种不同的情形。实践中，应当严格区分合同整体性目的不达和部分目的不达，因为在一些合同中往往出现的情况是当事人的部分违约行为导致整个合同的根本违约。

【问题 17】瑕疵履行致使合同目的部分不能实现，如何适用定金罚则？

中坤公司与居梦莱公司订立床护垫订购合同一份，约定由居梦莱公司为中坤公司制作床护垫 1 万条，单价 49 元，总金额为 49 万元；付款方式之一是中坤公司向居梦莱公司支付货款的 30% 计 147000 元作为定金。合同签订后，中坤公司按约支付定金。合同履行中，中坤公司发现居梦莱公司交付的货物中存在瑕疵商品，遂诉至法院要求双倍返还定金。庭审中，法院查明，居梦莱公司共计交付 722 条瑕疵须退回的床护垫。问，本案中是否能够要求返还定金，以及如何返还？

分析：本案即是违约定金合同关系中，违约方部分违约的情形。根据《担保法》第一百二十条第二款之规定“当事人一方不完全履行合同的，应当按照未履行部分所占合同约定内容的比例，适用定金罚则”，本案亦即存在部分适用定金罚则的问题。江苏高院在其就本案“深圳市中坤酒店用品有限公司与南通居梦莱家用纺织品有限公司定作合同纠纷再审”作出的（2014）苏审二商申字第 00509 号民事裁定书中认为，“合同中对适用定金罚则并未约定，则应当按照法律规定处理。现居梦莱公司已按合同约定履行了交付标的物的义务，仅是部分标的物存在瑕疵，该瑕疵履行没有导致中坤公司合同目的全部不能实现；根据合同约定对不符合同规定的货物居梦莱公司应无条件包退、包换，现中坤公司对瑕疵产品不同意使用，对一审法院认定不合格的722条床护垫，中坤公司不能实现合同目的，根据比例计算，居梦莱公司双倍返还定金为14112元”。因此，本案属于合同部分存在根本违约，应按该部分在合同中的比例计算违约金。故，本案的计算分为四步：（1）因约定定金数额为30%，超出法定限额，故定金数额应为490000×20%=98000元；（2）722条瑕疵床护垫所占合同比例，即722÷10000=0.0722；（3）瑕疵床护垫对应的定金数额，即98000×0.0722=7075.6元；（4）双倍返还定金，即7075.6×2=14151.2元，与上述判决数字大致相当。

3. 第三人导致的根本违约

根据《担保法司法解释》第一百二十二条第二句“因合同关系以外第三人的过错，致使主合同不能履行的，适用定金罚则”的规定，因合同关系之外的第三人原因导致合同义务无法履行的，仍然应当适用定金罚则。定金罚则适用后，当事人可以依据该条第三句向第三人追偿。在这一点上，《担保法》违约定金和《合同法》违约责任对“违约”的认定存在逻辑上的一致性，即将第三人致使违约的风险归于合同双方当事人。所以，在一方违约并适用定金罚则的过程中，审判机关应当坚持《合同法》第一百零七条所确立的无过错归责原则；在第三人导致违约的场合下，审判机关还应当坚持合同的相对性原则，在认定合同一方应承担违约责任的基础上适用定金罚则。

【问题18】因第三人原因导致合同一方当事人根本违约，能否适用定金罚则？

杨某与合浦县国土资源局签订《建设用地使用权出让合同》，受让国土局出让的地块，并交纳定金人民币26万元。后因出让土地为案外人占有土地，导致土地无法交付。杨某诉至法院要求国土局双倍返还定金。问，杨某的主张是否于法有据？

一审法院经审理认为，因第三人占有出让的土地，导致被告无法将土地交付给原告杨某，且原告杨某也明知出让的土地在挂牌出让前已被他人占有，对合同目的无法实现，是因第三人的行为所致。因此，原、被告签订的《国有建设用地使用权出让合同》解除后，被告只须退还原告杨某已交付的出让金40万元（含定金26万元），即不适用定金罚则。

北海中院在其就“杨某与合浦县国土资源局建设用地使用权出让合同纠纷案”作出的（2014）北民一终字第71号民事判决书中认为，“依照《中华人民共和国合同法》第一百一十五条，以及第一百二十一条的规定‘当事人一方因第三人的原因违约的，应当向对方承担违约责任。当事人一方和第三人之间的纠纷，依照法律或者按照约定解决’，被上诉人履行合同违约应当承担违约责任，出让土地为案外人占有而造成被上诉人违约的事实不能成为被上诉人免责的依据，故应对被上诉人适用定金罚则。依照《中华人民共和国担保法》第九十一条的规定‘定金的数额由当事人约定，但不得超过主合同标的额的百分之二十’，上诉人与被上诉人双方签订的《国有建设用地使用权出让合同》的合同标的额为40万元，约定的定金数额为26万元，约定的定金数额超过了主合同标的额百分之二十，超过的18万元定金无效，故应对未超过主合同标的额百分之二十的8万元定金支持上诉人双倍返还定金的请求，对超过主合同标的额百分之二十的18万元定金不予支持其双倍返还定金的请求”。

分析：本案有两个问题需要关注：第一，即使定金数额超过20%的部分，不能适用定金罚则，但是交付定金的一方有权要求返还；第二，《担保法》第一百二十一条所规定的第三人原因造成违约的情形，第三人原因不能成为免除定金责任的理由。定金合同在这里起到强化合同履行风险分配的作用，即将土地因第三人占有而无法交付的风险由转让方承担，如果出现该风险，在结果上转让方应当双倍返还定金给受让方。北海中院的判决就违约责任的认定坚持了无过错原则，也符合违约定金的内在本质要求。

实践中，第三人导致的根本违约还常常表现为一种在当事人原因之外的不确定因素，如果该因素导致合同无法履行的，也应认定为第三方原因致使主合同不能履行的情形，并适用定金罚则。具体实践中，要特别注意区分《担保法司法解释》第一百二十二条中不适用定金罚则的不可抗力和意外事件情形与第三人导致主合同不能履行情形之间的区别。我们认为，只要合同不能履行可归责于某一具体的第三人，无论该主体的性质为何，都应当适用定金罚则。这一点和当事人根据《合同法》第一百一十七条因不可抗力而免除违约责任的规定是一致的，只是我们认为《担保法司法解释》擅自将违约责任免责事由从“不可抗力”扩大至“不可抗力、意外事件”有越权立法之嫌，会造成实践中就意外事件是否应判令违约责任和适用定金罚则的混乱。

【问题19】因不确定之风险导致合同无法履行，是否应当适用定金罚则？

前述万昌公司、周某某与湘安公司建设工程合同纠纷案中，双方当事人顺利履行《建设工程施工合同》的前提条件是，万昌公司法定代表人周某某摘牌受让涉案工程项目土地的使用权，该事项因为土地使用权挂牌出让的公开性而存在极大的不确定性。后，收受定金的万昌公司未能受让案涉工程土地使用权，合同无法履行。此时，万昌公司能否以此为由拒绝适用双倍返还定金的定金罚则？

案件审理过程中，万昌公司诉称，"其法定代表人未履行土地摘牌义务导致《建设工程施工合同》无法履行系因不可抗力影响，不应承担违约责任"。对此，湖南高院在其就本案"郴州市湘安建筑工程有限公司与郴州市万昌房地产开发有限公司、周某某建设工程合同纠纷一案"作出的（2015）湘高法民一终字第425号民事判决书中认为，"根据《中华人民共和国合同法》第一百一十七条之规定，所谓不可抗力，是指不能预见、不能避免并不能克服的客观情况。本案中，万昌公司取得涉案工程项目土地的使用权是履行《建设工程施工合同》的前置条件，其法定代表人参与土地竞拍活动能否顺利摘牌具有不确定性，万昌公司应能够预见该不确定性，故关于万昌公司称其法定代表人未履行土地摘牌义务系因不可抗力影响的理由不能成立。且即便周某某顺利将土地摘牌，该土地需过户至万昌公司，土地能否顺利过户至万昌公司仍具有不确定性，万昌公司最终因未取得该土地的使用权，导致《建设工程施工合同》无法履行，应承担违约责任。故关于万昌公司诉称其不应承担违约责任的上诉请求，本院不予支持"。最终，湖南高院维持了一审法院适用定金罚则，要求万昌公司双倍返还定金的判决内容。

分析：本案审理的核心是土地竞拍的不确定性能否作为不承担违约责任的抗辩事由或免责事由。我们以本案为例的目的在于说明，定金合同约定的风险负担和损失分配规则是对主合同中相应规则的一种强化，或者是再分配。本案中，万昌公司在明知土地竞拍存在不确定性的情况下，还要收取湘安公司的定金，其意在完全承担土地竞拍不成功的不确定风险。如果本案没有定金合同，且在建设施工合同中仅约定了一般违约责任，那么就可以认为双方共同承担了竞拍不成功的风险，在计算损失分担上就应当以双方共同承担为原则，以万昌公司承担较大损失为结果。本案中之所以得出万昌公司应当双倍返还定金的结果，核心原因归结起来即"万昌公司在明知道竞拍具有不确定性的情况下，还要收受定金"。我们进一步认为，在约定违约定金的情况下，除了要看主合同内双方的义务和违约条款，还应当关注定金合同本身对义务、风险、责任划分或分配所起到的作用。

4. 约定免责事由下的"违约"不应适用定金罚则

因为违约定金的定金罚则适用规则与守约方要求违约方承担违约责任的规则，在责任认定上存在逻辑上的一致性，所以当当事人因为约定的免责事由而不承担违约责任时，也不能就此要求适用违约定金罚则。

【问题 20】出现当事人约定的免责事由时，是否可以免除定金责任？

2003 年 10 月 28 日，天铁集团与恒远公司、恒利集团签订《建立长期供应铁精矿粉合作关系协议书》约定：恒远公司同意作为天铁集团的铁精矿粉生产加工基地，建立长期合作关系，合作期限为 15 年，天铁集团向恒远公司交付定金 5000 万元。协议第九条“违约责任”第四款约定：如遇地震、洪水、行政强制停产和突发性井下水灾等不可抗力的原因，免除第九条第一款、第二款的责任等内容。自 2004 年 11 月 20 日发生沙河矿难后，河北省政府指令矿山企业一律停产整顿，协议自无法如期履行。请问，此时是否可以就供货方无法交货的行为适用定金罚则？

最高人民法院在其就本案“天津天铁冶金集团有限公司与沙河市恒远矿业有限公司、河北恒利集团有限公司定金合同纠纷案”作出的（2014）民二终字第 197 号终审判决中认为，“关于恒远公司是否存在‘行政强制停产’的免责事由及是否应当免除恒远公司双倍返还定金责任的问题。本院认为，恒远公司具有‘行政强制停产’的免责事由，应当免除恒远公司双倍返还定金的责任。首先，《合作协议》第三条约定‘甲方作为乙方铁精矿粉的生产加工基地，每年向乙方供应所产全部铁精矿粉’，结合在《合作协议》签订之前几年间双方铁精矿粉买卖的实际情况，《合作协议》约定的买卖标的物特指恒远公司所在地王窑矿区生产的铁精矿粉。其次，《合作协议》第九条第四款中约定‘如遇地震、洪水、行政强制停产和突发性井下水灾等不可抗力的原因，免除第九条第一款、第二款的责任’，这是双方对于铁精矿粉买卖能否及时供货、足额供货的交易风险约定。王窑矿区被河北省政府强制停产整顿，导致恒远公司难以再对天铁集团继续供应铁精矿粉，符合《合作协议》约定的‘行政强制停产’的免责事由，应免除恒远公司的违约责任，包括免除双倍返还定金的责任。最后，在 2005 年 7 月、2009 年 4 月、2011 年 5 月签订的《补充协议》及天铁集团 2013 年发给恒远公司的《补充协议》《企业询证函》中，天铁集团也没有要求恒远公司双倍返还定金的意思，而是仍希望在恒远公司所在地的矿山企业恢复生产后继续进行铁精矿粉买卖合作并从货款中按约定比例逐渐扣回定金，恒远公司也愿意继续履行《合作协议》和《补充协议》。综上，由于恒远公司在本案中因客观原因未能继续向天铁集团供应铁精矿粉，其供货不足并无主观过错，故本案不应适用《中华人民共和国合同法》第一百一十五条规定的定金罚则对恒远公司进行惩罚”。

分析：本案好的一点是，双方当事人就无法履行的原因约定了免责事由。我们的疑虑是，如果双方当事人没有将政府“行政强制停产”约定为免责事由，是否应当适用定金罚则？我们认为，应当将这种假设和前述“万昌公司、周某某与湘安公司建设工程合同纠纷案”放在一起比较，两者均是合同当事人之外的原因导致合同无法履行，但后者的风险是明显的，必然存在不确定性，合同无法履行并不出人意料；而前者鉴于恒远公司本身具有采矿等合法资质，以及合同的长期性，这种风险属于无法预知的、出人意料的风险。所以，我们认为，本案中，即使双方当事人未将“行政强制停产”作为免责事由，对恒远公司也不宜适用定金罚则。当然，如本案当事人在合同中明确约定在行政强制停产的情况下依然适用定金罚则的，属于对风险明确、有效的分配，则应当适用定金罚则。

（四）解约定金中适用定金罚则的情形

在解约定金关系中，实践中存在的主要问题是当事人是否通过“一方可以以双倍返还定金为代价而解除主合同”就解约定金进行约定。除上述约定要求外，我们认为，双方当事人可以约定不同的解约条件，并适用定金罚则。

【问题 21】当事人在合同中如何约定解约定金？

杨某某与马某签订《房产买卖合同》，由买方马某向卖方杨某某支付定金 10 万元。后，杨某某向马某发出解除函称马某违约且合同已经被解除，双方就此产生纠纷。在法院认定马某仅为轻微违约，合同不应就此解除，并驳回杨某某诉讼请求的情况下，杨某某上诉称其应当适用《担保法司法解释》第一百一十七条之规定，即解约定金的规定。问，其主张是否于法有据？

分析：针对杨某某的上述上诉主张，深圳中院在其就本案“杨某某与马某房屋买卖合同纠纷二审民事判决书”作出的（2016）粤 03 民终 16567 号民事判决书中认为，《担保法司法解释》第一百一十七条“适用的前提是‘依照合同的约定’，而本案双方并未有‘收取定金的一方可以双倍返还定金为代价而解除合同’的约定，杨某某的该主张缺乏合同和法律依据，本院对此不予支持”。从深圳中院的上述判决中可以看到，解约定金须满足合同中有“解除合同须双倍返定金为代价的约定”。

（五）合同无效时，定金罚则的适用

违约、解约定金合同具有对主合同的从属性，也应当遵循主合同无效，从合同无效的法律原则，这一点和我们将要在下一章讨论的独立保函有明显的区别。

例如，甲、乙签署买卖合同，买受人乙向出卖人甲交付合同定金。后该合同或因标的物为禁止流通物而无效，或因甲对乙实施了欺诈，而乙通过撤销权之诉撤销合同使合同自始无效。此时，不应当适用违约或解约定金罚则，因该定金合同因主合同无效而无效。但在买卖合同关系中，实践中存在大量的出卖人无权处分，而权利人不予追认使合同无效的情形。我们认为，在这种情形下，应当注意适用《买卖合同司法解释》第三条第一款的规定，即“当事人一方以出卖人在缔约时对标的物没有所有权或者处分权为由主张合同无效的，人民法院不予支持”，也即是说买卖合同在出卖人和买受人之间是有效的，那么定金合同也应当有效，应当就出卖人无法交付标的物对出卖人适用违约定金罚则。

【问题22】合同无效时，定金条款是否可以适用？

李某与杨某某等四人合伙共同开发位于张家口市尚义县滨河小区建设工程。2013年6月27日，谢某与李某签订了《土地及地上建筑物、附着物转让协议》，并约定转让金额1000万元，同时谢某支付李某定金100万元，合同签订后谢某又支付李某205万元，由于李某无权处置合同的标的物，导致双方签订的合同无法履行。后，李某的其他合伙人认为李某在合伙关系存续期间擅自处分共有财产，在事后亦没有得到其他共有人追认的情况下，李某与谢某签订的转让协议无效。各方就此产生纠纷，诉至法院。问，此时是否应当适用违约定金罚则？

内蒙古高院在其就本案“李某与谢某、杨某某、张某、刘某某、王某某合同纠纷再审民事判决书”作出的（2016）内民再30号民事裁定中认为，《土地及地上建筑物、附着物转让协议》的签署，李某也没有其他证据证明征得了合伙人同意，杨某某等人对其转让行为明确表示反对，因此李某的主张不能成立，其与谢某签订转让协议转让合伙工程的行为属于无权处分，在其他合伙人未予追认该合同的情况下，合同无效。关于李某是否应当双倍返还定金的问题，内蒙古高院认为，“根据《中华人民共和国合同法》第五十六条的规定，无效的合同或者被撤销的合同自始没有法律约束力。因此李某与谢某签订的《土地及地上建筑物、附着物转让协议》自始无效。尽管合同无效并不影响合同中独立存在的有关解决争议方法的条款的效力，但定金条款不属于解决争议方法条款，而是违约责任条款，合同无效，定金条款也相应无效。因此李某不应再承担双倍返还定金的责任”。也即，在主合同无效的场合下，不应适用定金罚则。

分析：我们认为，本案属于《买卖合同司法解释》第三条第一款的情形，即《土地及地上建筑物、附着物转让协议》尽管因其他权利人拒绝追认而无效，但该无效的法律效果仅出现在协议双方和权利人之间；而在协议双方当事人李某和谢某之间，该协议仍然有效，但李某因无权处分，导致其无法向谢某交付标的物，发生根本违约，故应当对李某的违约行为适用违约定金罚则，判令李某向谢某双倍返还定金。我们得出的这一结论与《买卖合同司法解释》第三条第二款“出卖人因未取得所有权或者处分权致使标的物所有权不能转移，买受人要求出卖人承担违约责任或者要求解除合同并主张损害赔偿的，人民法院应予支持”的规定是一致的，即尽管存在无权处分，以及合同对外无效，但谢某仍然可以要求李某承担违约责任，当然也包括对本案中双方约定的违约定金适用定金罚则。

（六）不可抗力与意外事件

根据《担保法司法解释》第一百二十二条第一句之规定，即“因不可抗力、意外事件致使主合同不能履行的，不适用定金罚则”，不可抗力、意外事件成为定金责任的免除事由。其中，不可抗力根据《合同法》第一百一十七条第二款是指“不能预见、不能避免并不能克服的客观情况”，而就不可抗力免除定金责任符合合同法的基本理论；但意外事件作为适用定金罚则的例外事项则是《担保法司法解释》的特殊规定，在适用时需要注意和第三人过错导致的主合同不能履行情形的区别。

制度部分

一、定金罚则的一般规定

《担保法》在第八十九条第三句中具体规定了定金罚则，即“给付定金的一方不履行约定的债务的，无权要求返还定金；收受定金的一方不履行约定的债务的，应当双倍返还定金”。该规定的重点在于：（1）定金的双向担保性；（2）罚则为失去或双倍返还定金；（3）适用罚则的条件是“不履行约定的债务的”。我们认为，第（3）项中约定的债务存在两个尺度：第一，系主合同范围内的债务；第二，系定金合同约定的主合同范围内的债务。当两个尺度在主合同和定金合同中约定不一致的，应当以定金合同中的约定为准适用定金罚则。

二、定金罚则的适用

定金罚则的适用应当分为：（1）立约定金的适用；（2）违约定金的适用；

（3）解约定金的适用。

1. 立约定金的适用

根据《担保法司法解释》第一百一十五条之规定，即“当事人约定以交付定金作为订立主合同担保的，给付定金的一方拒绝订立主合同的，无权要求返还定金；收受定金的一方拒绝订立合同的，应当双倍返还定金”，只要合同一方拒绝签订定金合同成立时双方拟签订的主合同，即可以适用立约定金罚则。

2. 违约定金的适用

（1）适用条件——根本违约

根据《担保法司法解释》第一百二十条之规定，即“因当事人一方迟延履行或者其他违约行为，致使合同目的不能实现，可以适用定金罚则。但法律另有规定或者当事人另有约定的除外。当事人一方不完全履行合同的，应当按照未履行部分所占合同约定内容的比例，适用定金罚则”，违约定金的适用条件是违约行为导致合同目的不能实现。因此，在适用违约定金罚则时：（1）区分部分合同根本违约，还是全部合同根本违约，并借此确定全部或部分适用定金罚则；（2）对于瑕疵履行、迟延履行等不完全履约情形，当事人如果提出继续履行、采取补救措施等诉讼请求的，不应当适用定金罚则；仅应当裁判继续履行、采取补救措施并处赔偿损失。当事人违约造成合同部分根本违约的，应当根据第一百二十条之规定，按照违约部分所占合同约定内容的比例，适用定金罚则。

（2）第三人造成根本违约的，适用定金罚则

根据《担保法司法解释》第一百二十二条之规定，因合同关系以外第三人的过错，致使主合同不能履行的，适用定金罚则。受定金处罚的一方当事人，可以依法向第三人追偿。如果合同的根本违约是由第三人造成的，当事人不免除定金责任，但其享有对第三人的追偿权。

（3）不适用定金罚则的情形——不可抗力、意外事件、当事人约定的免责事由

根据《担保法司法解释》第一百二十二条之规定，即“因不可抗力、意外事件致使主合同不能履行的，不适用定金罚则”，不可抗力、意外事件不适用定金罚则。其中，《合同法》第一百一十七条第二款给出了不可抗力的法定定义，即“不能预见、不能避免并不能克服的客观情况”，而意外事件并无法律规定，应当避免就意外事件免除定金责任。在适用定金罚则时，应当注意违约定金的适用和合同违约责任的认定在责任认定上具有一致性，所以在当事人因约定的免责事由而不再承担违约责任时，一般也不能适用定金罚则。

3. 解约定金的适用

根据《担保法司法解释》第一百一十七条之规定，即“定金交付后，交付定金的一方可以按照合同的约定以丧失定金为代价而解除主合同，收受定金的一方可以双倍返还定金为代价而解除主合同”，一般认为当事人在约定解约定金时也会安排双方拥有合同的任意解除权。对此，我们认为，应当具体情况具体分析，不能一概而论：当事人在无其他约定的情况下，应当认定当事人拥有任意解除权；但是一旦当事人之间存有其他约定，即使该约定赋予当事人解除合同的条件不一致，也应当以当事人的约定为准，具体判断当事人是否拥有解除权，以及当事人行使解除权解除合同时是否应当适用定金罚则。实践中，还应当注意解约定金的认定标准，即双方约定“收受定金的一方可以双倍返还定金为代价而解除合同”，应当依据该标准正确认定和适用解约定金罚则。

三、定金罚则与违约金、损害赔偿等的适用

（一）定金罚则与违约金不能同时适用

《合同法》第一百一十五条规定，“当事人可以依照《中华人民共和国担保法》约定一方向对方给付定金作为债权的担保。债务人履行债务后，定金应当抵作价款或者收回。给付定金的一方不履行约定的债务的，无权要求返还定金；收受定金的一方不履行约定的债务的，应当双倍返还定金”；第一百一十六条规定，“当事人既约定违约金，又约定定金的，一方违约时，对方可以选择适用违约金或者定金条款”，违约定金中，当事人可以选择主张：（1）适用定金罚则，或违约金；（2）适用定金罚则的，应当满足定金罚则的适用条件，并且在结果上不再适用违约金条款；（3）适用违约金条款的，可以要求人民法院调整违约金，但不再适用定金罚则，收受定金的一方应当返还定金。如果既符合定金罚则的适用条件，也符合违约金条款，那么对于守约方而言，适用定金还是违约金即成为一个单纯的算账问题。

【问题 23】既有违约金，又有定金的约定，应当如何适用？

周某与王某某签订《二手房买卖合同》，以 258 万元的价格购买位于深圳宝安的一套住房，周某委托第三方向王某某支付定金 10 万元。后，因标的房产为法院查封，导致王某某无法向周某交付房产。周某诉至法院，要求王某某返还定金，并支付违约金 51.6 万元。问，房屋买受人周某提出的诉讼请求是否于法

有据?

分析:本案是实践中最为常见的使用定金促成交易的交易类型,即二手房买卖。卖方违约后,买方面临两个选择:(1)要求处以违约金,并要求返还定金;(2)要求双倍返还定金,不足以弥补损失的,还可以继续要求损失赔偿。如果定金低于违约金数额或计算结果,则较优的选择是要求违约金,因为违约金会使实际损失的举证责任产生倒置的法律效果。原告积极履行合同义务,没有过错,主张解除合同,返还定金,支付违约金,法院予以支持。深圳宝安法院在其就本案“周某与王某某房屋买卖合同纠纷案”作出的(2016)粤0306民初6501号一审判决中认为,“关于违约金的数额,合同对违约金的计算标准已作明确约定,被告没有证据证明违约金过分高于原告的实际损失,主张51.6万元违约金过高,不予认定”。

(二)适用定金罚则不足以弥补损失的,可以并处损失赔偿

根据《买卖合同司法解释》第二十八条之规定,即“买卖合同约定的定金不足以弥补一方违约造成的损失,对方请求赔偿超过定金部分的损失的,人民法院可以并处,但定金和损失赔偿的数额总和不应高于因违约造成的损失”,在买卖合同纠纷中,当事人可以:(1)在定金罚则之外要求进行损失赔偿;(2)定金+损失赔偿的数额不得超过违约造成的损失。

第七章
独立保函

金融保函，是指银行等金融机构应某一基础交易合同一方当事人（保函申请人）的申请，为担保该合同项下的某种义务履行或责任承担，以其自身的信用向基础交易合同的另一方当事人出具的一种具有一定担保金额、一定担保期限、一定担保条件的担保法律文书。保函在实践中，主要被分为有条件保函和独立保函两种形式。我国担保法律制度中，有条件保函系以保证合同的相关规定加以规范，而对独立保函是否有效以及是否应当适用保证合同相关规定的问题一直存在很大争议。

2016 年 12 月 1 日起开始施行的《最高人民法院关于审理独立保函纠纷案件若干问题的规定》（以下简称《独立保函规定》），共计 26 条，涉及独立保函的方方面面。该解释第三条第二款“当事人以独立保函记载了对应的基础交易为由，主张该保函性质为一般保证或连带保证的，人民法院不予支持”明确规定独立保函关系非保证关系的特质。另外，最高人民法院民四庭庭长在该司法解释的发布会上也明确指出独立保函虽然具有担保债权实现的功能，但不属于我国担保法规定的法定担保方式，不适用我国担保法关于保证的规定。故，我们在本书的最后，单辟一章对独立保函这一特殊的担保类型给予介绍和讨论。

第一节　独立保函的基本理论

一、独立保函的概念

（一）独立保函的概念

独立保函是指保函开立人与基础交易合同的债权人（保函受益人）约定的、效力不依附于基础交易合同的，作为担保人承担担保责任唯一根据的，并且其不享有基础交易合同债务人之抗辩权的担保法律文书。独立保函项下，开立和承担付款义务的是开立人，享有保函权利的是受益人，其也是基础交易合同当中的债权人；而向开立人申请开立保函的是保函申请人，也即基础交易合同的债务人。

（二）独立保函的发展现状

从保函的发展历史来看，保函最初被应用于国际贸易的货物买卖和建设工程等合同当中，在大陆法系国家中，如德、法等国家被称为保函，而在美国等国家则是以备用信用证的形式出现。例如，在国际货物买卖合同当中，进口商所在国的银行等金融机构或者专业信用担保机构接受进口商的委托，向出口商出具保证支付货款的保函以承担担保责任，这是一种以担保方式对进口商的信用进行增级的行为，其最终目的是保障国际贸易的顺利进行。对此，一些国际性组织针对保函制定了一系列的法律文件，用于规范保函业务中各方的法律关系，如联合国于1995年12月11日以5048号决议通过，并于2000年1月1日生效的《联合国独立担保和备用信用证公约》；1978年国际商会制定的《合同担保统一规则》；1992年国际商会制定的《见索即付担保统一规则》等。总的来说，保函作为一种较为成熟的信用增级和担保工具被广泛应用于国际经济交往之中。为了更好地融入国际市场，适应国际市场的统一规则，实现我国企业"走出去"的发展战略，我国必须制定有关独立保函的法律制度，而2016年12月1日起施行的《独立保函规定》即是我国司法机关在独立保函问题上给出的回应。

二、独立保函合法性的争议

（一）保函中"独立"条款合法性的争议

尽管开具独立保函已经成为国内商业银行开展的一种常见的中间业务（投标保函、履约保函等），但是在《独立保函规定》出台之前，独立保函的立法和法律适用无论在理论还是在实务层面上都存在较大的争议，而争议的焦点首先是保函中的"独立"条款是否在担保法保证合同制度的框架内具有合法性。

根据我国《担保法》第五条第一款的规定，即"担保合同是主合同的从合同，主合同无效，担保合同无效。担保合同另有约定的，按照约定"。该条款在立法上确定了保证法律关系在原则上具有从属于主合同（基础交易合同）的法律特征，保证担保独立性并没有得到该法的认可。如果从从属性这一一般性特征出发，那么在依据保函成立的保证法律关系中，担保人在保函项下所应承担的担保责任会因为基础交易合同的无效而无效，并且担保人还享有基础交易合同债务人所享有的所有抗辩权，这完全与独立保函的特质和内容向左。但是《担保法》第五条第一款中的“但书”规定（“担保合同另有约定的，按照约定”）给独立保函合法性留下了法律空间。客观地讲，无论是保证担保还是保函担保都是一种债权关系，都应当由法律关系的当事人自由约定其内容。所以，《担保法》的这一“后门”既体现了合同关系意思自治的立法原则，也充分地反映了实践当中的具体需要，符合民事法律规范应当反映现实民事生活，而不是束缚民事活动不断发展的立法原则。据此，债权人和担保人完全可以在保函中自由约定依据保函成立的担保法律关系相对于基础交易合同具有独立性，并且保函担保人可以并不享有主债务人基于基础交易合同而享有的对抗债权人的诸项抗辩权。事实上，《担保法》第五条第一款但书规定的“后门”在现实中主要针对的是最高额担保在债权确定前在效力上独立于主合同，即该规定在立法目的上并不是针对独立保函问题。在司法实践中，最高人民法院也屡次以判决形式否定独立保函在国内经济活动中的有效性。如最高人民法院在其就“湖南机械进出口公司、海南国际租赁公司与宁波东方投资公司代理进口合同案”作出的民事判决中认为，“担保合同中虽然有‘本担保函不因委托人的原因导致代理进口协议书无效而失去担保责任’的约定，但在国内民事活动中不应采取此种独立担保方式，因此该约定无效”。也就是说，国内在司法审判中倾向于不承认保函的独立性，还是按照保证合同的规定，规范“独立保函”项下当事人之间的法律关系。

有关独立保函的争议不仅是围绕保函与基础交易关系之间效力上的从属性这个问题，更为重要的是受益人在保函项下的权利是否独立，或其主张保函开立人承担担保责任付款的条件受基础交易关系影响的程度，或保函开立人是否享有基础交易关系中保函申请人抗辩权等问题。在《独立保函规定》颁布前，最高人民法院已经在审判实务中认识到了独立保函的特殊性，在“中国建筑第五工程局有限公司与和记黄埔地产（成都）温江有限公司不当得利纠纷申请再审”中，最高人民法院即认为“二审判决认定中行湖南省分行为中建五局提供的担保属于独立担保关系，案涉银行保函是不可撤销的、见索即付保函的独立保函。我国有关担保的相关法律虽未对独立保函作出专项规定，但根据《中华人民共和国担保法》第五条第一款‘担保合同是主合同的从合同，主合同无效，担保合同无效。担保合同另有约定的，按照约定’的规定，双方约定的独立担保关系成立并生效，和记黄埔温江公司取得独立保函项下钱款具有合同依据”，即认为“见索即付”等独立条款即是第五条第一款“担保合同另有约定的，按照约定”的另有约定，而且该“另有约定”系有效约定。

（二）独立保函和保证合同的关系

有关独立保函“独立性”的争论，实际就是如何处理独立保函和保证合同之间关系的问题。按照传统的担保法理论，保证人担保的是主合同债务人在主合同法律关系中债务履行的违约情形。亦即是说，保证人承担担保责任前，须严格审查债务人主合同项下的违约情形，据以承担保证责任的从属性。所以，独立保函只有在脱离现有立法框架下有关保证担保的规定范畴，才有可能得到立法的支持。

最高人民法院民四庭庭长张勇健法官在《独立保函规定》发布会上明确指出，“独立保函是开立人出具的附单据条件的付款承诺，在受益人提交符合独立保函要求的单据时，开立人即需独立承担付款义务，受益人无须证明债务人在基础交易中的违约事实，开立人不享有传统保证所具有的主债务人抗辩权以及先诉抗辩权。因此，独立保函的性质和运作机理与商业跟单信用证基本相同。《独立保函规定》亦参照信用证司法解释的基本思路进行制定，其进一步明确，独立保函虽然具有担保债权实现的功能，但不属于我国担保法规定的法定担保方式，故不适用我国担保法关于保证的规定。《独立保函规定》通过第一条和第三条的规定，明确界定了独立保函与我国担保法规定的保证两者之间的区分标准，有效澄清了司法误区”。

根据《独立保函规定》的规定和张庭长的观点，独立保函不属于我国担保法规定的任何一种担保类型，其是一种新的为司法机关认可的、基于开立人和受益人之间约定而形成的、近似于保证关系的债权债务关系，或者说是一种新的合同关系类型。独立保函关系不同于保证合同关系之处，主要体现在以下两个方面：（1）保证合同中的保证人系基于主债权合同当事人的违约情形而承担保证责任。鉴于保证人一般不能替代履行非金钱债务，故保证人担保的实际上是债务人应当承担的责任，而不是一种义务。反观独立保函关系中的开立人，其是独立根据独立保函承担付款义务，所以从严格意义上讲，开立人履行的是独立保函项下的义务或债务，而不是承担责任。（2）保证人承担的保证责任在大小和程度上（担保权实现的费用除外）应当和主债务人应承担的违约责任一致，所以在保证人承担保证责任前应审查主债务人的违约程度，后者是前者的前提，所以保证人享有债务人在主债权合同中的抗辩权。而独立保函的开立人履行保函项下的义务只根据保函约定，独立于基础交易合同。在独立保函欺诈案件中，虽然也将债务人不负有付款或赔偿义务作为保函欺诈认定的标准，但相较于保证合同和主债权合同之间较强的从属关系，独立保函案件中独立保函和基础交易合同之间的关系只能算是一种弱连接。《独立保函规定》第十二条第（三）项用“没有”确定了这种弱连接关系，独立保函在这一意义上都不能算是一种担保方式。我们以下面的例子对这种关系加以说明：

甲公司作为投标方参与竞投乙公司作为发标方的工程标段，丙银行向乙公司开立订约独立保函。后乙公司向甲公司送达中标通知书，但甲公司称乙公司投标文件中条件和建设工程施工合同中的条件不一致，遂拒绝签订建设工程施工合同。问，乙公司是否能够向丙公司支付订约保函项下的款项？

分析：根据《招投标法》第四十六条第一款第一句的规定，即“招标人和中标人应当自中标通知书发出之日起三十日内，按照招标文件和中标人的投标文件订立书面合同”，甲公司是否有权拒绝签订建设工程施工合同要取决于乙公司提供的合同是否系按照招标文件和中标人的投标文件拟订的书面合同。而甲公司声称的“不一致”存在两种情况：第一，合同的主要合同义务部分不一致，形成所谓的合同实质性变更；第二，仅仅是次要合同部分不一致，甚至是一些合同中无足轻重的部分不一致，根本不影响招标的最终价格和条件。对此，独立保函的开立人无从知晓，也无法作出判断，须经司法机关进行裁判。此时，是等待裁判结果，并根据裁判结果承担保函项下付款义务，还是无须等待裁判结果即履行保函项下付款义务，即体现出独立保函和保证合同之间的区别。依保证合同关系，因为存在较强的从属性，须在确认债务人是否承担责任以及承担责任的大小和程度后，再据以确定保证责任，其在程序上还是秉持后端解决思路，即先解决纠纷，后实施救济；而依独立保函关系，则意味着只要甲公司不签约，就属于“符点”情形，丙银行就应当履行付款义务，这是一种先付款后纠纷的纠纷解决思路。当然，甲公司也可以在丙银行付款前向法院或仲裁机构申请支付，后通过请求人民法院确认乙公司存在保函欺诈行为进行救济。

三、独立保函的法律特征

独立保函是一种具有独立性的担保法律关系，尽管独立保函的付款责任在事实上是因为基础交易合同而产生，但担保人的付款义务和受益人的付款请求权都由独立保函的内容，而不是由基础交易合同决定。为了区分独立保函和保证，法国最高法院确定独立保函具备以下两个条件：第一，对于受益人提出的索赔请求，担保人有义务立即支付；第二，担保人必须明确表示不行使基础交易合同中的各种抗辩权。

最高人民法院在“东方置业房地产有限公司、安徽省外经建设（集团）有限公司信用证欺诈纠纷再审案”的判决中也有类似的观点，即“人民法院在审理独立保函及与独立保函相关的反担保案件时，对基础交易的审查，应当坚持有限原则和必要原则，审查的范围应当限于受益人是否明知基础合同的相对人并不存在基础合同项下的违约事实或者不存在其他导致独立保函付款的事实。否则，对基础合同的审查将会动摇独立保函‘见索即付’的制度价值”。我们认为，“不存在”系指没有，根本没有对“不存在”的程度和可能性进行审查的空间。例如，该案中，只要受益人提供施工人外经中美洲公司（债务人）存在违约的依据，无论该违约事实的大小如何，都应当认定为满足开立人承担保函项下付款义务的要求。从这个角度讲，最高人民法院《独立保函规定》第一条将独立保函项下的付款义务视为一种承诺义务，而不是典型意义上担保责任的定位是非常准确的。

（一）独立保函内容上的独立性

独立保函一旦开立，其受益人以及开立人之间的权利和义务完全以保函所载内容为准，不再受基础交易合同内容的约束。也即是说，独立保函脱离了基础交易合同而独立存在（这一点完全不同于一般的保证法律关系，保证合同是主债权合同的从合同，不构成独立契约，保证债权一般情况下亦不能独立存在），从而成为一个独立的契约。根据保函这一独立的合同，受益人只要提交了与保函条款相符的单据，开立人即必须履行付款义务。因此，开立人不再如保证人那样是基础交易合同中补充（一般保证）或连带债务人，而仅仅是依据保函成立的债权债务法律关系中的债务人，其所履行的也是保函项下的付款义务。

（二）独立保函效力上的无因性

在独立保函法律关系中，独立保函的效力与基础交易合同无关，基础交易合同无效或被撤销并不影响开立人向受益人（债权人）承担担保责任。同时，基础交易合同的修改，以及债权人放弃基于基础交易合同而拥有的对债务人的某些权利（如抵押权）或对其他担保人的权利（如抵、质押权）等行为，或者基础交易合同的解除或终止均不影响保函项下独立担保的效力，开立人仍应依独立保函的约定承担担保责任，除非受益人同意修改或放弃源自保函的付款请求权。这一点与一般的保证法律关系不同，在保证法律关系中，主合同无效、被修改，以及债权人放弃其对主合同债务人的某些权利或解除其他担保人的担保责任，都将成为保证人不承担或减轻担保责任的法定事由。

（三）独立保函项下担保责任的无条件性和不可撤销性

在保证合同中，债权人要求保证人承诺担保责任时必须证明主债务人违约事实；而在独立保函法律关系中，只要保函受益人提供的文件在形式上符合保函的要求，那么开立人就要履行付款义务，一般不能以保函以外的事由对抗受益人的付款请求，这即是所谓保函担保责任的无条件性。实际上，因为独立保函中“无条件”或“见索即付”的表述，导致受益人要求开立人履行付款义务时豁免了就基础交易合同债务人违约等事项的举证责任，只需要向开立人交付保函要求的单据。此外，独立保函还具有不可撤销性，即在保函有效期内，开立人不得单方解除其担保责任，除非受益人退回保函正本或书面同意免除开立人的付款义务。

按照独立保函的国际惯例，存在无条件见索即付的例外情况，即证明受益人的索偿存在欺诈或权利滥用的情况。实践中，各国均对此规定了非常严苛的证明责任：（1）须由法院判决或仲裁裁决证明；（2）须证明基础交易合同中的债务人完全没有付款或赔偿责任。例如，在基础交易合同的债务人已经向受益人完全履行了合同义务，而受益人仍然持保函要求开立人履行独立保函项下的付款义务。

（四）独立保函担保人不享有债务人的抗辩权

在独立保函法律关系中，开立人不得像保证合同中的保证人那样援引主债务人基于主合同而拥有的对债权人的各种抗辩权，其只能行使来自保函自身的抗辩权。这种法律关系满足了作为担保人的银行不欲介入债权人和债务人之间合同纠纷的需求，因为银行仅仅是专业的信用经营机构，没有过多的精力参与一般的民事纠纷，也符合经济交往快速便捷的需要。

事实上，独立保函的开立人并不是基础交易合同债务人的连带债务人，其仅仅是保函所成立的付款法律关系的债务人，开立人履行付款义务并不意味着基础交易合同中的债务人放弃源自基础交易合同的诸项抗辩权。如果债务人能够证明受益人索偿无据，那么其可以在开立人付款后请求受益人返还不当得利，司法实践中还存在的可能性是因独立保函欺诈而构成的侵权赔偿。应当注意，按照国际惯例，在受益人是否索偿无据问题上，开立人并无证明义务，即使其依据保函履行付款义务，但事实证明付款错误，一般也不影响开立人依据出具保函协议书向保函申请人（债务人）追偿的权利。从这个层面上来看，独立保函已经不再是大陆法系传统法律关系中的担保法律关系，而最高人民法院《独立保函规定》的内容也充分证明了这一点。

【问题1】独立保函申请人是否可以以受益人在基础交易合同中存在违约事实在先为由要求开立人中止履行独立保函项下的付款义务？

高科公司与18有限公司订有采购合同。高科公司作为保函申请人，辽宁建行作为开立人向作为受益人的18有限公司开立独立履约保函。后，高科公司认为18有限公司存在保函欺诈，并因此提起诉讼称：（1）"现有证据可以证明高科公司完全履行了基础合同义务，第一批货物和第二批货物的履行情况符合基础合同约定，需要对违约事件发生的因果关系进行认定才能对本案作出正确判断"；（2）"18有限公司存在延误付款、在设计上的阻碍行为导致高科公司无法按时提交图纸以及拒不为高科公司的工作人员办理工作签证等行为，上述行为导致高科公司基础合同项下工程的巨大延误"，故18公司的付款申请行为构成保函欺诈。问，高科公司的主张是否于法有据？

分析：高科公司作为保函申请人，其诉请理由的核心是其违约系相对人，即保函受益人18有限公司的在先违约行为造成，该行为与高科公司的违约行为成立因果关系，故18有限公司构成保函欺诈。我们借本案进行讨论的目的是，解决开立人是否，或申请人是否可以以基础交易合同中受益人的违约行为为由请求拒绝履行保函项下的付款义务的问题。最高人民法院在其就"辽宁高科能源集团有限公司、工业园18有限公司信用证欺诈纠纷再审案"作出的（2017）民申5067号民事裁定中认为，"独立保函独立于委托人和受益人之间的基础交易，担保行的付款义务不受委托人与受益人之间基础交易项下抗辩权的影响。18有限公司作为受益人，其自身在基础合同履行中存在的违约情形，并不必然构成独立保函项下的欺诈索款。高科公司主张18有限公司存在《最高人民法院关于审理独立保函纠纷案件若干问题的规定》第十二条规定的欺诈情形，但其所举证据均为证明18有限公司在基础交易中存在违约行为，并不能证明18有限公司在向保函开立人索款过程中存在欺诈。《最高人民法院关于审理独立保函纠纷案件若干问题的规定》第十四条第二款规定：'止付申请人以受益人在基础交易中违约为由请求止付的，人民法院不予支持。'因此，是否对基础合同项下违约事件发生的因果关系进行认定不影响18有限公司保函权利的实现。高科公司主张18有限公司存在基础合同项下的在先违约行为，并据此提出止付独立保函项下款项的主张没有法律依据。二审判决认定18有限公司的保函索赔行为不构成独立保函欺诈并无不当"。从最高人民法院作出的裁定内容来看，在保函欺诈案件中，保函申请人仅仅称受益人在基础交易合同中存在违约行为，并不能认定受益人申请付款的行为构成保函欺诈，不能阻止开立人向保函受益人履行独立保函项下的付款义务。也即是说，保函受益人是否存在违约行为，该违约行为与申请人的违约行为之间的关系，均不是保函欺诈案件的审理内容。

第二节 《独立保函规定》的解读和应用

一、《独立保函规定》出台的背景

随着改革开放的不断深入，我国对外经济贸易往来愈加频繁，我国国内经济交往中对独立保函的应用也越来越广泛，近年来诉至法院的独立保函纠纷案件逐年增多。相比较国际经济交往层面上成熟的独立保函（信用证）规则，国内法院往往会在审判实务中因无对应的法律规定而判令独立保函的“独立”条款无效，这就在制度上将国内、国外市场分割为两个部分。所以，在国际上的成熟规则在国内适用缺乏国内法依据的情况下，各地法院对制定独立保函纠纷裁判规则的需求即显得十分迫切。对此，无论是最高人民法院，还是银监会、银行业协会等开立人的主要监管机构均认为应当尽快出台独立保函司法解释，为我国独立保函业务的全球化发展提供健全完善的法治保障。《独立保函规定》即是在这一背景下，于2016年7月11日由最高人民法院审判委员会第1688次会议通过，自2016年12月1日起开始施行的。

二、《独立保函规定》要解决的几个主要问题

参考国际上通行的有关独立保函的理论和规则，以及我国有关独立保函的审判实践，我们认为，《独立保函规定》应当解决以下几个方面的问题：其一，独立保函的有效性，包含：（1）独立保函的认定，即保函应当具备哪些内容才能够被认为是独立保函，而不是保证合同，应以容易区分和方便适用为立法原则；（2）确定独立保函是否需要具备必要的，如书面形式等法律所要求的形式；（3）独立保函的生效条件；（4）独立保函的有效期限。其二，开立人履行保函付款义务的条件，包含：（1）独立保函的付款条件；（2）开立人付款前的审慎审查义务。其三，独立保函欺诈的认定标准和认定程序。为防止受益人滥用独立保函项下的权利，《独立保函规定》应当包含：（1）独立保函欺诈的具体情形；

（2）保函申请人申请止付独立保函的要件；（3）独立保函欺诈纠纷的程序性规定；（4）开立人向独立保函申请人的追偿以及追偿纠纷的程序性规定。

三、《独立保函规定》的解读

（一）独立保函的法定概念

《独立保函规定》第一条第一款给出了独立保函的法定概念，即“本规定所称的独立保函，是指银行或非银行金融机构作为开立人，以书面形式向受益人出具的，同意在受益人请求付款并提交符合保函要求的单据时，向其支付特定款项或在保函最高金额内付款的承诺”。通过该条对独立保函的释义，独立保函关系中的以下事项得到明确。

1. 独立保函关系的商事关系性质

独立保函是市场主体在从事经济交往的过程中，解决信息不对称问题的一种信用担保方式，是典型的商事行为。所以，第一条第一款从一开始即从独立保函开立人主体资格范围的角度对该商事行为进行限制，即“银行或非银行金融机构”。该条存在的问题是，在我国法律框架内，非银行金融机构的范围比较宽泛，根据《中国银监会非银行金融机构行政许可事项实施办法》第二条之规定，该办法下的非银行金融机构，包括经银监会批准设立的金融资产管理公司、企业集团财务公司、金融租赁公司、汽车金融公司、货币经纪公司、消费金融公司、境外非银行金融机构驻华代表处等机构，该办法 2007 年的版本中非银行金融机构还包括信托公司。除上述由银监会监管的机构之外，保险公司、证券公司等非由银监会监管的金融机构，应当也可以开立独立保函，但尚需司法实践的验证。与此相对，一些准金融实体，如小贷公司、融资性担保公司、基金管理公司，我们认为应当不属于可以开立保函的“非银行金融机构”。事实上，金融机构开立独立保函一般都需要保函申请人在其分支机构存入保证金，这一事实要件也会将上述一些存有疑问的主体排除在可以开立独立保函的主体范围之外。

如果独立保函开立人不是银行或非银行金融机构，或者在规范上不符合《独立保函规定》第一条之规定的，独立保函成立的债权合同的效力如何？回答这一问题，可以参照《独立保函规定》第三条第三款之规定，即“当事人主张独立保函适用担保法关于一般保证或连带保证规定的，人民法院不予支持”。相反，如果独立保函开立人不属于第一条第一款规定的银行或非银行金融机构，那么该保函应当认定为一般的保证合同，应当根据《担保法》有关保证合同的规定处理该保函产生的纠纷。受益人也会因第一条的明确规定而承担“独立保函”被确认为保证合同关系的不利法律后果。当然，该保函载明的“见索即付”“不可撤销”等“独立”条款也将很大程度上面临无效的法律后果。

2. 独立保函属于承诺，不适用担保法中保证的相关规定

《独立保函规定》第一条第一款明确将独立保函的性质确定为“承诺”，如前文所述，其和保证合同项下的债权债务存在很大的区别，所以不能适用有关保证的法律规定。准确地说，开立人是跳出基础交易合同关系独立就独立保函项下的义务承担责任的，其履行的是独立保函项下的义务，而非代债务人承担主合同项下的法律责任。

（二）独立保函的有效要件

独立保函关系与其他的债权债务关系一样，需有效成立，《独立保函规定》分别从以下几个方面对此予以规范。

1. 独立保函的形式要件

根据《独立保函规定》第一条第一款规定，独立保函必须具备书面形式。这里的“书面形式”，应当依据《合同法》第十一条“书面形式是指合同书、信件和数据电文（包括电报、电传、传真、电子数据交换和电子邮件）等可以有形地表现所载内容的形式”加以认定。实践中，保函往往会使用SWIFT信息系统进行传递，通过该系统传递的独立保函应当被认为符合第一条第一款规定的书面形式。安徽高院在“东方置业房地产有限公司、安徽省外经建设（集团）有限公司信用证欺诈纠纷案”中甚至认定了SWIFT信息系统所传递的信息的有效性，即“环球同业银行金融电讯协会（以下简称SWIFT）是银行间非营利性的国际合作组织，其目的是为银行和其他金融机构通过电文交换完成金融交易提供快捷、安全的服务，我国各大商业银行及世界多数国家的银行已加入该组织，成为该组织的成员行。SWIFT电文具有真实性、有效性、可监控性和权威性，成员行的交易数据一旦进入SWIFT系统，各银行及其总行都能通过该系统进行查询调取。尽管该组织总部及数据交换中心位于我国境外，但外经集团公司和建行安徽省分行提交的SWIFT电文均来源于境内计算机，而非来自域外，因此无须通过外交途径进行认证”。除此之外，我们认为，口头送达开具独立保函的意思表示，并在其后履行保函项下付款义务的开立人，不得依据《合同法》第三十六条之规定，即“法律、行政法规规定或者当事人约定采用书面形式订立合同，当事人未采用书面形式但一方已经履行主要义务，对方接受的，该合同成立”，要求人民法院认定其与债权人之间的关系为独立保函关系。

2. 独立保函的内容要件

（1）“见索即付”

《独立保函规定》第三条第一款规定了独立保函的内容要件，即保函应当包含哪些内容才能被认定为独立保函。该规定是一个列举式的、三选一的条款，即（一）保函载明见索即付；（二）保函载明适用国际商会《见索即付保函统一规则》等独立保函交易示范规则；（三）根据保函文本内容，开立人的付款义务独立于基础交易关系及保函申请法律关系，其仅承担相符交单的付款责任。实践中，当事人惯常采用的保函内容是“见索即付”。

第三条第一款第（一）项规定的“见索即付”并非指受益人只要索款开立人即应履行付款义务，根据第一条中“受益人请求付款并提交符合保函要求的单据”的规定，应当理解为“索＋单即付”，而不是简单的“见索即付”。结合第（三）项中“仅承担相符交单的付款责任”的规定，需要解决的问题是，如果保函中没有载明受益人申请付款时应当提交的单据名称及内容，是否意味着不构成独立保函？我们认为，“见索即付”是独立保函的国际惯用语，即使保函中没有载明单据的名称及内容，也应当根据独立保函所对应的基础交易合同的性质判断受益人索款时应提交的证据。所以，保函中即使未能载明应提交的单据名称及内容，只要有“见索即付”的表述，就应当将保函的性质确定为独立保函。例如，在“东方置业房地产有限公司、安徽省外经建设（集团）有限公司信用证欺诈纠纷案”中，最高人民法院认为受益人提交保函申请人违约的初步证据即可要求开立人付款。与此相对，第（三）项中的情况不同，没有“见索即付”标明保函的性质，所以只能通过提交的单据证明该保函有自己独立于基础交易合同的付款条件。结论是，如果保函在内容上“见索即付”或载明适用《见索即付保函统一规则》的，无须标明索款时应提交的单据即可认定为独立保函；而没有上述情形的，除载明保函项下付款义务独立于基础交易关系和保函开立委托关系外，还应当载明索款时应当提交的具体单据。

（2）单据

《独立保函规定》第一条第二款对受益人申请付款时应当提交的单据以不完全列举的形式进行解释，是指“受益人应提交的付款请求书、违约声明、第三方签发的文件、法院判决、仲裁裁决、汇票、发票等表明发生付款到期事件的书面文件”。

（3）付款金额限制

根据第一条第一款之规定，即“特定款项或在保函最高金额内付款”，开立人应当在保函中载明付款义务项下的具体金额或最高金额，这是开立人控制保函风险的一种方式。至于在具体独立保函中采取固定金额还是最高金额，须视基础交易合同承担的债务类型和债务履行的持续时间而定，一般情况下劳务性质、工程性质的合同类型都会采取最高额方式，因为无法预估债务人违约的具体损失；与此相对的是买卖或其他贸易类型，仅需载明未交货情况下的付款义务的具体金额即可。

如果独立保函中未载明特定款项的金额或最高额，根据第三条的规定，即使载明“见索即付”也不能被认定为独立保函。我们认为，不仅如此，而且也应当认为其为无效保函。如果发生未载明特定款项的金额或最高额的情形，我们认为，因为独立保函的单方承诺性质和基础交易合同之间的独立关系，开立人也无须就此给受益人造成的损失承担缔约过失责任，即不能参照适用《担保法》《担保法司法解释》中有关合同无效的法律后果的相关规定。

3. 独立保函的生效要件

《独立保函规定》第一条、第四条规定了独立保函的生效要件。其中，第一条第一款规定独立保函必须“向受益人出具”，这是开立保函行为在性质上作为单方的、须领受意思表示的法律特征之一。但《独立保函规定》在独立保函生效时间上的规定，没有采取传统民法理论中的“到达主义”，即以独立保函到达受益人时生效。该解释第四条规定，除独立保函载明生效日期或事件外，独立保函一经开立即生效，而开立时间被进一步解释为开立人发出独立保函的时间。也即是说，独立保函制度在独立保函的生效问题上采取了英美法上的“发出主义”。这一规定更加符合国际惯例，满足国内经济交往与世界接轨的需求。同时，采取“发出主义”在逻辑上，使得独立保函就必然只存在撤销问题，而不存在撤回问题。第四条第三款规定，“独立保函未载明可撤销，当事人主张独立保函开立后不可撤销的，人民法院应予支持”。也即是说，《独立保函规定》的默认规则即是“不可撤销”；从这一点来看，受益人在内容上要求开立人在保函中具明“不可撤销”完全没有必要。

甲、乙公司拟签订建设工程施工合同，委托人担心甲公司的工程质量未来可能出现问题，遂要求甲公司先提交独立履约保函，后方可签约。丙银行接受甲公司的委托，向受益人乙公司开立不可撤销、见索即付的保函，但在保函中载明该保函自甲、乙公司正式签订建设施工合同后方有效。问，丙银行在保函中载明的保函生效条件是否有效？

分析：根据《独立保函规定》第四条第二款之规定，开立人可以在独立保函中为独立保函设定生效条件或期限，故丙银行在保函中载明的保函生效条件有效。我们认为，丙银行甚至还可以在保函中添加独立保函的有效期限，即“本保函自甲公司、乙公司签订书面的建设施工合同时生效，如上述两公司在三个月内未签订书面合同的，本保函自动失效”。从司法解释的规定也可以看出独立保函促进交易的功能。一般情况下，担保合同相对于主债权合同具有生效上的从属性，即担保合同一般都会在主债权合同生效后签订。尽管司法判例已经普遍认可先于主债权合同签订的担保合同的有效性，但是“先主后保”已经成为一般民事主体的固有观念，债权人面临担保人悔约导致债权脱保的巨大风险。所以，独立保函作为一种新型的担保方式，在国内经济交往中将会起到极大的促进作用。

（三）独立保函的法律适用

《独立保函规定》颁布后，独立保函纠纷即毫无疑问应当适用该司法解释，但保函载明应适用《见索即付统一规则》等独立保函交易示范规则时应当如何处理，是应当直接适用该规则，还是将该规则视为独立保函的组成部分？

《见索即付统一规则》仅仅是国际商会的一个出版物，是一套国际通行的交易示范规范，从该规则的性质来看，既不是国内法律也不是国际条约。所以，在独立保函明确载明适用该规则的情况下，只能将该规则视为开立人在独立保函中未予明确说明的条款。如果该规则和《独立保函规定》存在矛盾之处，则应以后者为准；如果该规则和独立保函的内容相冲突，应当以保函内容为准。实践中，当事人在很多情况下是纠纷产生后，甚至是在诉至法院后协议将《见索即付统一规则》并入独立保函的，这种情况应当认定为对既存保函关系的变更。

（四）独立保函的类型

独立保函在类型上可以分为直开保函和转开保函。直开保函，就是独立保函关系的一般情况，是指保函开立人依据保函申请人的申请直接开立给受益人，不需要通过其他银行转开保函。与此相对，转开保函即指保函的开立人并不直接开立保函给受益人，而是通过向转开人开立反保函，并请转开人基于该反保函向受益人开立保函。

转开保函一般情况下只是出现在国际经济交往之中，是为了解决外国银行不信任保函申请人的问题，经国内金融机构转开独立保函可以有效降低独立保函的磋商成本。但实践中，开立人须向转开人开立独立反担保函，所以总体而言，申请直开保函的成本要小于转开保函的成本。在最高人民法院审理的“东方置业房地产有限公司、安徽省外经建设（集团）有限公司信用证欺诈纠纷案”中，开立人即是建设银行安徽分行，而转开人是哥斯达黎加银行。在转开保函关系中，存在保函申请人和开立人，开立人和转开人两层委托法律关系，故处理保函申请人、开立人、转开人之间的法律关系应当遵循合同相对性原则。实践中，存在转开人应向开立人承担审慎审单义务，而开立人就转开人的审单风险向申请人承担法律责任的情形。对此，《独立保函规定》特别在第十三条有关保函止付纠纷问题上规定开立人作为保函开立的指示人有权向人民法院提起止付申请。

（五）独立保函的纠纷类型

最高人民法院借助《独立保函规定》第二条的规定，给出了一个新的人民法院的受案类型，即“本规定所称的独立保函纠纷，是指在独立保函的开立、撤销、修改、转让、付款、追偿等环节产生的纠纷”。这些环节中的纠纷主要分为以下三大类。

1. 受益人和开立人之间的付款纠纷

受益人向开立人申请付款，可能存在两种情形：第一，开立人认为受益人提交的单据“不符点”，遂拒绝付款，受益人起诉要求开立人付款的纠纷，主要下辖《独立保函规定》第六、七、八条三个条款；第二，申请人、开立人、指示人发现受益人申请付款的单据存在“不符点”或保函欺诈情形的，可能存在尚未付款或已经付款两种不同的情形。在尚未付款情形下，保函申请人、开立人、指示人可以请求人民法院止付，即所谓“止付纠纷”，主要下辖第十一、十三、十四、十五、十六、十七、十八条。在已经付款的情形下，保函申请人、开立人、指示人可以向人民法院确认受益人的付款申请存在保函欺诈，即所谓“保函欺诈纠纷”，主要下辖第十二、十九、二十条。因为保函止付程序仅仅是暂时性程序，所以在向人民法院申请止付保函后，保函申请人、开立人、指示人应当及时提起诉讼，请求人民法院确认受益人的付款请求存在保函欺诈。

2. 开立人和保函申请人的追偿权纠纷

开立人依据保函向受益人履行付款义务后，可以向保函申请人行使追偿权，即所谓独立保函的“追偿权纠纷”，该纠纷主要下辖第九条和第十四条第三款。

3. 独立保函关系中的其他纠纷

除上述付款纠纷和追偿权纠纷之外，独立保函关系中还涉及其他小的纠纷类型，包括：（1）保函的撤销和修改。其中，独立保函的撤销，是指保函开立人将已经出具给受益人的独立保函予以撤销，不继续承担付款义务的行为；独立保函的修改，是指保函开立人对保函的内容，包括但不限于保函金额、有效期、基础关系、付款单据、索赔条件、减额、转让条件、适用法律和争议管辖的内容的修改。该类纠纷实际上是关于撤销和修改后，保函的有效性问题。（2）保函权益的转让，主要对应《独立保函规定》第十条的规定，其不适用合同法有关债权转让无须债务人同意的规定。上述两项独立保函中小的纠纷类型往往出现在独立保函当事人之间的付款和追偿纠纷之中，我们将在后文加以介绍。

【问题2】债务人是否可以以开立人支付履约独立保函项下款项高于违约损失为由，要求受益人返还不当得利？

中建五局承揽和记黄埔温江公司光华大道项目工程，招商银行湖南分行向温江公司开立《履约保证书》约定："如果总承包方违约时，担保人需向发包方赔偿因此而蒙受的损失，直至赔偿额达到人民币1889万元……"在中建五局与和记黄埔温江公司签订了《解除合同协议》后，和记黄埔温江公司依据《履约保证书》取得中行湖南省分行支付的1889万元。中建五局认为温江公司取得金额属于不当得利，主张应当予以返还，并诉至法院，其主张是否于法有据？

分析：根据《民法总则》第一百二十二条之规定，因他人没有法律根据，取得不当利益，受损失的人有权请求其返还不当利益。本案中，中建五局是否有权要求温江公司返还不当得利，须看温江公司获得1889万元是否有法律根据。本案系最高人民法院《独立保函规定》颁布之前审理，鉴于该司法解释已经颁布，故我们在这里以该司法解释为法律依据进行分析。

中建五局诉请的核心事实依据是开立人支付给温江公司的1889万元大于其违约给温江公司造成的实际损失，其在诉讼策略上有两个选择：第一，侵权之诉，即温江公司作为受益人向开立人申请付款造成中建五局损失；第二，不当得利，即开立人支付的款项大于温江公司因违约的实际损失。两者相比，前者需要满足"过错"要件，这样中建五局不可避免地须证明存在保函欺诈。因为《独立保函规定》第十二条第（三）项的规定，只有在中建五局对温江公司没有违约赔偿责任的情况下才能认定温江公司的付款请求存在保函欺诈；否则，只要违约行为给温江公司造成损失，就很难证明温江公司申请开立人支付1889万元的行为具有过错。况且，如果中建五局存在违约行为，在无法以保函欺诈为由合法止付时，那么温江公司要求支付1889万元的行为都是保函项下的有效行为，均系受到法律保护的有效行为，根本谈不上获取利益的过错性和违法性。结论是，保函申请人主张受益人的申请付款行为侵权的，必须证明存在保函欺诈。与前者相比，后者无须证明"过错"，但在无法证明存在保函欺诈的情况下，受益人向开立人申请并得到开立人所付款项明显具有"有效保函项下的有效付款请求"

这一合法依据，不符合《民法总则》第一百二十二条规定的“没有法律根据”构成不当得利的要件。所以，在结论上，在开立人向受益人履行独立保函项下付款义务这一节上，如果不存在保函欺诈，则结论是无论款项的数额是多少都既不存在侵权，也不存在不当得利。但开立人支付的款项多于保函申请人应当支付给受益人的款项时应当如何处理呢？

最高人民法院系在再审审查程序中就本案“中国建筑第五工程局有限公司与和记黄埔地产（成都）温江有限公司不当得利纠纷再审案”作出（2014）民申字第418号民事裁定书，最终驳回了中国建筑第五工程局有限公司的再审申请。我们认为，本案的审理值得深入讨论：本案中，保函申请人中建五局作为债务人，开立人作为第三人，开立人履行独立保函付款义务支付款项的行为在本质上是第三人的代为履行行为，所支付的还是基础交易合同项下中建五局应当支付给温江公司的款项。所以，温江公司作为受益人从开立人处获得独立保函项下的款项，此节如果不存在保函欺诈，则无论款项大小都不存在不当得利问题。但这不代表在温江公司从开立人所获得的款项，大于中建五局实际应付款项的部分，在温江公司和中建五局基础交易合同层面上就不是不当得利。我们认为，此为典型的“非债清偿”不当得利，但仅局限在温江公司和中建五局的基础交易合同层面，而不涉及温江公司与开立人之间的独立保函关系，这是由独立保函的独立性特质决定的。本案是中建五局提起，以温江公司为被告，以开立人为第三人的不当得利纠纷。按照《独立保函规定》，如果审理的重点不在开立人是否因保函欺诈而错误付款，而是开立人所付的款项是否多于保函申请人基于基础交易合同应当付给受益人的款项数额，那么该纠纷就已经不再是独立保函纠纷。所以，在案件审理中，法院应当询问双方是否对开立人履行独立保函付款义务存有异议，有异议的，进一步询问是否提出保函欺诈的主张和请求，并根据询问结果判断案件所涉纠纷在类型上是否属于保函欺诈纠纷。如果双方对开立人履行独立保函付款义务并无异议，那么开立人即无须作为第三人，审理的重点应当是保函申请人基于基础交易合同应当承担的向受益人付款义务的数额，最终比照开立人付款数额得出是否存在不当得利的结论。最高人民法院之所以在本案中驳回中建五局的再审申请，我们认为原因有二：（1）诉讼各方均在审理过程中过分纠缠于开立人履行独立保函付款义务是否正确的问题之上，所以在审理的方向上是按照保函欺诈进行的，所以本案的纠纷类型应当是保函欺诈，而不是不当得利（案件再审裁定时，《独立保函规定》并未出台，并未确立独立保函欺诈纠纷的纠纷类型）；（2）最高人民法院审理本案是再审审查，就二审判决是否正确进行审理，二审作出温江公司从开立人处取得款项是合法有效的，并非不当得利的结论并无错误。实际上，最高人民法院在裁定最后也认识到了上述问题，其认为“本案的实质是双方未能及时对各自违约责任及损失协商一致而形成的纠纷。双方可对各自责任及损失继续梳理，然后与本案保函项下已经支付的担保数额一并清算，在实体上也不会存在和记黄埔温江公司不当得利的情形”，但我们不敢苟同最高人民法院最后的结论，即“在实体上也不会存在和记黄埔温江公司不当得利的情形”，因为双方毕竟没有做最后结算。我们不禁要问，最高人民法院在裁定中得出这样的结论，中建五局在最终结算后如何向温江公司索回多支付的款项？从此也可以看出，独立保函纠纷作为一种独立的纠纷和案由类型的必要性。

（六）受益人与开立人之间的付款纠纷

鉴于《独立保函规定》的司法解释性质，该解释并未规定开立人如何向受益人履行付款义务，而是通过第三条第二、三款，第六、七、八条对受益人和开立人产生付款纠纷时，人民法院应当如何处理的问题进行规范。这些规范都有一个相同的基本出发点，即独立保函的独立性。

1. 独立保函独立性的表现

在《独立保函规定》通过第三条第一款之规定确定独立保函的有效性之后，最高人民法院在其后的第二、三款着力解决实践中将独立保函认定为一般的保证关系的问题，即：第一，不得以“独立保函记载了对应的基础交易为由，主张该保函性质为一般保证或连带保证”；第二，不得主张“适用担保法关于一般保证或连带保证规定”。亦即是说，保函中带有独立保函特征的条款具有绝对的优先效力，不得因为该保函中载明基础交易合同内容而要求适用担保法中有关保证担保的相关规定。实践中，银行等保函开立人应尽可能减少在保函中对基础交易合同的描述，将保函项下支付单据尽可能单证化，确保独立保函不会产生纠纷。

为方便从独立保函和保证担保的区别上理解独立保函关系的内容，我们在这里大致列举一下，在无当事人另有约定的情况下，独立保函开立人、申请人不得适用一般保证和连带保证相关规定的情形：（1）开立人无一般保证人的先诉抗辩权；（2）开立人无权主张受益人应优先就债务人（保函申请人）所提供的物的担保实现债权；（3）开立人履行独立保函项下付款义务后，无权向其他第三担保人追偿，独立保函有独立反担保函的除外；（4）基础交易合同的第三担保人承担担保责任后，无权向开立人追偿；（5）受益人放弃债务人履行债务的保证担保和抵、质押担保的，开立人无权主张减免独立保函项下的付款义务；

（6）受益人放弃独立保函项下付款请求权的，基础交易合同的第三担保人无权要求减免担保责任，其他独立保函开立人无权要求减免付款义务；（7）独立保函可以设定有效期，但独立保函没有保证期间，受益人未在保函有效期持单索款的，保函开立人不再承担付款责任；（8）受益人持单索款只能在独立保函有效期内，无诉讼时效问题；（9）开立人在受益人的付款请求上，不享有债务人的抗辩权，不享有债务人的诉讼时效抗辩权；（10）基础交易合同发生变更，无论是增加还是减轻债务人的债务，除非受益人不再享有债务人的任何请求付款和承担责任的权利，否则开立人独立保函项下的付款义务不变；（11）债务人借新还旧的，开立人承担的是"借新"项下的付款义务的，不得要求免除付款义务；（12）基础交易合同中债务人的合同义务终止的，开立人有权向法院或保函约定的仲裁机构要求止付，法院作出止付裁定前，开立人的付款义务继续有效；（13）基础交易合同终止的，开立人付款义务不一定会消灭，应视独立保函所担保的具体付款或赔偿事项而定。

传统意义上的保证担保等担保形式，其功能在于担保主债务的履行，当主债务得不到履行时，债权人可以通过实现担保权利获得救济。因此担保天然地与主债权债务关系密切，所以担保以从属性为原则。从属性担保的赔付往往需要首先对基础关系项下的违约情况进行争议，这经常会耽搁债权的实现。但是随着商业交易的发展和迅捷化要求，具有"先赔付，再争议"特点的独立保函即拥有极大的制度优势：独立保函项下的付款义务，原则上不考虑基础关系项下的争议，这即是独立保函的制度价值。

2. 开立人依独立保函对付款申请的审查

根据《独立保函规定》第八条，即"开立人有独立审查单据的权利与义务，有权自行决定单据与独立保函条款之间、单据与单据之间是否表面相符，并自行决定接受或拒绝接受不符点"，面对受益人的付款申请，开立人有两个选择：第一，符点付款；第二，不符点拒付。

（1）开立人审单的权利和义务。《独立保函规定》第八条一开始的规定十分令人费解，开立人对单据的审查既是一项权利，又是一项义务？原因是，在开立人和保函申请人之间的委托关系中，开立人不仅受托开立独立保函，而且应尽受托人审慎义务审查受益人提交的单据；在开立人和受益人之间的担保关系中，开立人有权审查其承担付款责任是否符合双方约定的付款条件，即审查单据。

（2）开立人的独立审单。在对单据的审查过程中，开立人有权不受干扰地进行审查，主要表现在：第一，根据第八条第二款的规定，开立人向受益人明确表示接受不符点的，人民法院应当支持受益人的付款请求。这一规定的潜台词是，即使在法院的审理过程中，保函申请人明确对开立人的“接受不符点”提出异议，也不能当然阻止人民法院判令开立人履行付款义务的判决。在结果上，人民法院在开立人和受益人之间的付款纠纷中，对于开立人和保函申请人之间在符点付款的问题上的分歧根本不予审查，人民法院就保函付款纠纷启动的审判程序根本不是两者“说理”的地方，因为独立保函关系既独立于基础交易合同，也独立于申请人与开立人之间的开立独立保函的委托合同。其后，保函申请人可以在开立人向其提出的追偿权纠纷中，依据第九条，以不符点为由拒绝向开立人承担最终责任。我们认为，除了上述合同相对性和一事一审的原则之外，《独立保函规定》之所以如此规定的原因是：（1）鉴于保函开立人的专业性，必须优先保障保函的信用和高效付款，而且开立人一旦认可即不得撤销，开立人的“接受”类似于承兑汇票关系中的“承兑”；（2）鉴于独立保函的独立性，开立人是独立履行保函项下的付款义务，人民法院不应受保函申请人的影响；（3）实践中，在是否符点存疑的情况下，存在一些开立人为了保障自身的组织信用而付款的情形，人民法院无权因案外人即保函申请人的原因而强令开立人不得付款。第二，根据第八条第三款的规定，开立人拒绝接受不符点的，即使保函申请人接受不符点单据的，人民法院也不能判令开立人承担付款责任，其理由也是基于上述独立保函的独立性。

3. 人民法院依独立保函对付款申请的审查

《独立保函规定》第六条规定了人民法院应当判令开立人履行付款义务的要件，即只要“受益人提交的单据与独立保函条款之间、单据与单据之间表面相符，受益人请求开立人依据独立保函承担付款责任的，人民法院应予支持”。这里需要注意的是：（1）“表面相符”；（2）“人民法院应当予以支持”。

第（1）项印证了第一条中独立保函的法定定义和第三条中的“见索即付”，结合第十三条申请人、开立人、指示人的“申请止付的规定”，该条款将彻底改变当事人程序性权利的格局：（1）受益人仅需提交独立保函载明的单据即可，对债务人是否存在付款或赔偿责任的事实，无须承担进一步的举证责任；（2）该条款降低了开立人错误付款的风险，只要表面相符，即使存在保函欺诈和错误付款，开立人也系善意付款，将得到第十四条第三款的保护，也即将受益人保函欺诈风险（尤其是在保函项下款项与实际违约损失不相符的情况下）的绝大部分分配给了保函申请人；（3）在保函欺诈案件中，司法解释将存在保函欺诈，或开立人不应付款的举证责任分配给了保函申请人和开立人，这一点和一般的担保纠纷完全不同；（4）在一般的纠纷当中，受益人作为权利人，为维护自己的合法权益，须提起诉前财产保全申请，但独立保函免去了受益人提起诉前保全和提供保全担保的痛苦。

第（2）项框定了人民法院在审理独立保函项下付款纠纷时的审查尺度，即做形式审查。《独立保函规定》第七条就人民法院的审查进一步作出规定：（1）人民法院审查的依据并非基础交易合同的履行情况，不受债务人履行情况的约束；（2）人民法院应依据独立保函载明的审单标准进行审查，如果独立保函没有审单标准的，则可以参照适用国际商会确定的相关审单标准进行审查。

在参照适用国际商会确定的相关审单标准问题上，我们认为《独立保函规定》第五条已然作出了“独立保函载明适用《见索即付保函统一规则》等独立保函交易示范规则，或开立人和受益人在一审法庭辩论终结前一致援引的，人民法院应当认定交易示范规则的内容构成独立保函条款的组成部分”的规定，就应当在审单标准上援引上述的条款。如果开立人在独立保函中没有明确规定适用的具体规范名称，也没有具体的审单标准，那么在适用最高人民法院在审单标准上规定的“参照适用国际商会确定的相关审单标准”时，就须从独立保函的具体类型入手确定应当参照的审单标准。国际商会公布的有关独立保函、跟单信用证、备用信用证的规范较多，如《见索即付保函统一规则》（URDG758）、《跟单信用证统一惯例》（UCP600）、《国际备用信用证惯例》（ISP98），还可以参照适用《对 UCP600 中关于电子交单的补充规定》（eUCPv1.1）、《银行付款义务统一规则》（URBPO），所以在审判实务中应当首先认定独立保函的性质，再行确定审单应具体参照的规则。

为方便对审单规则的理解，我们在这里仅列举国际商会《见索即付保函统一规则》（URDG758）第 19 条规定的“见索即付”保函的审单规则，即“a. 担保人应仅基于交单本身确定其是否表面上构成相符交单。b. 保函所要求的单据的内容应结合该单据本身、保函和本规则进行审核。单据的内容无须与该单据的其他内容、其他要求的单据或保函中的内容等同一致，但不得矛盾。c. 如果保函要求提交一项单据，但没有约定该单据是否需要签署、由谁出具或签署以及其内容，则：ⅰ. 担保人将接受所提交的该单据，只要其内容看上去满足保函所要求单据的功能并在其他方面与第 19 条 b 款相符，并且ⅱ. 如果该单据已经签署，则任何签字都是可接受的，也没有必要表明签字人的名字或者职位。d. 如果提交了保函并未要求或者本规则并未提及的单据，则该单据将不予置理，并可退还交单人。e. 担保人无须对受益人根据保函中列明或引用的公式进行的计算进行重新计算。f. 保函对单据有需履行法定手续、签证、认证或其他类似要求的，则表面上满足该要求的任何签字、标记、印戳或标签等应被担保人视为已满足”。

《独立保函规定》第七条第二款进一步对表面相符的认定标准进行弱化处理，即“单据与独立保函条款之间、单据与单据之间表面上不完全一致，但并不导致相互之间产生歧义的，人民法院应当认定构成表面相符”。在结果上，人民法院在审理付款纠纷时，首先，还是应当根据第六条、第七条审查独立保函付款申请是否“表面相符”，因为该事项不宜在后续的开立人和申请人的追偿纠纷中予以审查。其次，在得出保函付款申请“符点”的结论后，应判令开立人承担付款责任。最后，在得出保函付款申请“不符点”结论的情况下，视开立人的意愿作出判决：如开立人接受不符点的，人民法院应判令开立人承担付款责任；如开立人不接受不符点的，人民法院应驳回受益人的付款请求。结合第六、七、八条的具体规定可以看出，最高人民法院还是遵循尽可能“先付款”“再纠纷”的思路，基本上不会给开立人“不符点拒付”的可能性。

（七）独立保函止付的申请程序

1. 止付请求的提出

面对受益人的付款请求，独立保函的申请人、开立人或指示人发现受益人的付款请求存在保函欺诈的，根据《独立保函规定》第十三条之规定，“可以在提起诉讼或申请仲裁前，向开立人住所地或其他对独立保函欺诈纠纷案件具有管辖权的人民法院申请中止支付独立保函项下的款项，也可以在诉讼或仲裁过程中提出申请”，这即是独立保函的止付程序。该程序是一个暂时性救济程序，止付申请可以在诉讼或仲裁前，也可以在诉讼或仲裁程序中，但是必须在司法程序中提起，其目的是保障独立保函的效力。

2. 人民法院对止付申请的审查

止付程序类似于一般程序中的诉前财产保全，也须提供担保，并满足紧急状况的要求。《独立保函规定》第十四条第一款规定了人民法院作出止付裁定的条件，即：（1）止付申请人提交的证据材料证明本规定第十二条情形的存在具有高度可能性；（2）情况紧急，不立即采取止付措施，将给止付申请人的合法权益造成难以弥补的损害；（3）止付申请人提供了足以弥补被申请人因止付可能遭受损失的担保。应当注意的是，《独立保函规定》给出的止付裁定的条件相当苛刻，即必须同时满足上述三项要件所规定的情形，核心即是按照第十二条的规定判断支付申请是否构成保函欺诈。

另外，《独立保函规定》在第十四条第二款中再次重申了独立保函的独立性，则即使受益人在基础交易合同关系中存在相对违约的情形，止付申请人也不得请求人民法院止付，也即是说，人民法院在作出止付裁定时，根本不予考虑基础交易合同中所存在的"与有过失""同时履行抗辩权"等情形。借此，独立保函的效力将被大大提升。不仅如此，《独立保函规定》为了保护独立保函指示人的合法权益，在转开人已经善意付款的情况下，即使此时发现受益人的付款请求存在保函欺诈，人民法院也不得作出止付裁定，从而阻止指示人向转开人承担独立反担保函项下的付款义务。对此，我们以最高人民法院再审审理的"东方置业房地产有限公司、安徽省外经建设（集团）有限公司信用证欺诈纠纷再审案"为例，加入新的案件假定事实进行说明。

【问题3】独立保函转开人付款后发现存在保函欺诈的，人民法院是否能裁定止付，阻止指示人向转款人承担独立反担保函项下的付款义务？

在"东方置业房地产有限公司、安徽省外经建设（集团）有限公司信用证欺诈纠纷再审案"中，安徽建行作为指示人向作为保函转开人的哥斯达黎加银行开立独立反担保函，哥斯达黎加银行按照指示向受益人东方置业公司开立独立保函。假设，在哥斯达黎加银行向受益人东方置业公司承担了独立保函项下的付款责任后，保函申请人外经集团公司发现其对受益人根本不存在违约赔偿责任，即受益人的付款请求存在保函欺诈情形，申请人外经集团公司是否能在安徽建行所在地人民法院申请止付？

分析：在上述案件中，存在两个独立保函关系，哥斯达黎加开立保函形成的保函关系和安徽建行开立保函形成的保函关系。在上述假设之下，保函开立人哥斯达黎加银行已经付款，尽管发现保函欺诈情形，为了保障开立人向安徽建行的追偿利益，人民法院不能作出止付裁定阻止安徽建行向哥斯达黎加银行付款。这一规定的原因是：（1）哥斯达黎加银行已经付款，在其向安徽建行追偿时，安徽建行只能根据独立反担保函承担付款责任，能够成为止付原因的只能是哥斯达黎加银行存在保函欺诈的情形，故第十四条第三款规定只有开立人的"非善意"付款才能成为止付原因。（2）如果受益人存在保函欺诈情形，那也仅仅是对哥斯达黎加银行实施的保函欺诈行为，其并未对安徽建行实施，所以只能由哥斯达黎加银行所在地法院才能管辖该保函的付款纠纷和保函欺诈纠纷。对此，安徽建行所在地法院并无权管辖。如果在指示人所在地法院就哥斯达黎加银行向受益人付款问题上是否存在保函欺诈，即可能会出现两地法院出现矛盾判决的问题。实践中，保函申请人如发现受益人付款请求存在保函欺诈的，应及时向指示人所在地人民法院申请止付。此时，存在两种情况：（1）开立人已经付款的，人民法院不能裁定止付，申请人只能根据《独立保函规定》第二十一条至开立人所在地法院就独立保函欺诈纠纷提起诉讼，而不能在指示人所在地提起诉讼。本案中，外经集团公司应当至哥斯达黎加银行所在地法院提起诉讼，而不能在指示人安徽建行所在地提起诉讼。（2）开立人尚未付款的，申请人可以在指示人安徽建行所在地申请止付，并在裁定作出后立刻指示开立人哥斯达黎加银行止付。但这仅仅是止付，在其之后，申请人应当在法律规定的时间内向哥斯达黎加银行所在地法院就独立保函欺诈提起诉讼，否则人民法院将在法定期间届满后解除止付裁定。

3. 错误止付申请的处理

根据《独立保函规定》第十五条之规定，如果止付申请错误且给当事人造成损失的，当事人有权就损失请求人民法院判令申请人给予赔偿。注意，这里请求赔偿的权利主体是“当事人”，即是说，不仅受益人可以要求赔偿，开立人、指示人均可请求赔偿。当事人请求赔偿的，须满足损失、止付违法以及因果关系等要件。

4. 止付的程序性规定

《独立保函规定》第十六条规定了申请人申请止付的程序，即：（1）作出止付裁定的时限，即“人民法院受理止付申请后，应当在四十八小时内作出书面裁定”；（2）止付裁定的内容，即“裁定应当列明申请人、被申请人和第三人，并包括初步查明的事实和是否准许止付申请的理由”；（3）止付裁定的效力，即“裁定中止支付的，应当立即执行”；（4）止付裁定的时限，即止付申请人在止付裁定作出后三十日内，应依法提起独立保函欺诈纠纷诉讼或申请仲裁，否则人民法院应当解除止付裁定。

《独立保函规定》第十七条规定了就止付裁定对保函申请人的救济，即“当事人对人民法院就止付申请作出的裁定有异议的，可以在裁定书送达之日起十日内向作出裁定的人民法院申请复议”，而人民法院应当在收到复议申请后十日内审查，询问当事人，并根据实际情况作出驳回复议申请或撤销止付的裁定。

（八）保函欺诈的认定和处理

1. 构成保函欺诈的情形

面对受益人的付款请求，申请人、开立人或指示人既可以在向法院申请止付后，认定受益人的付款请求构成独立保函欺诈，也可以不经申请止付直接向法院申请确认独立保函欺诈。《独立保函规定》第十二条规定了构成独立保函欺诈的情形：（1）受益人与保函申请人或其他人串通，虚构基础交易的；（2）受益人提交的第三方单据系伪造或内容虚假的；（3）法院判决或仲裁裁决认定基础交易债务人没有付款或赔偿责任的；（4）受益人确认基础交易债务已得到完全履行或者确认独立保函载明的付款到期事件并未发生的；（5）受益人明知其没有付款请求权仍滥用该权利的其他情形。

我们认为，上述情形中，第（1）、（2）、（4）项相对比较好理解，比较困难的是第（3）、（5）项。我们认为，后者是对前者的补充，即在转开情况下，方便国内法院作出保函欺诈判决。例如，“东方置业房地产有限公司、安徽省外经建设（集团）有限公司信用证欺诈纠纷再审案”中，如果保函开立人哥斯达黎加银行（转开人）所在地哥斯达黎加法院（合同履行地、签订地、被告所在地）未确认保函申请人对受益人没有付款或赔偿责任，且哥斯达黎加银行对受益人的付款请求未向当地法院提起保函欺诈诉讼的，保函申请人可以在国内于保函指示人所在地法院以受益人为被告提起诉讼，并依据第十二条第（五）项的规定认定存在保函欺诈。对此，《独立保函规定》第十九条，即“保函申请人在独立保函欺诈诉讼中仅起诉受益人的，独立保函的开立人、指示人可以作为第三人申请参加，或由人民法院通知其参加”做了程序性安排。我们认为，第（5）项是一把“双刃剑”，一方面让中国法院对外国银行经中国银行转开开立的保函有了管辖权，通过向中国银行（指示人）下达止付裁定，并最终确认保函欺诈的方式防止在国外从事贸易活动的中国企业遭受损失；另一方面，实践中如果存在中国企业滥用该条和第十三条保函止付的规定，恶意阻止保函开立人或指示人向外国受益人或外国保函开立人付款的情形，则会降低中国金融机构对外开立的独立保函的信誉。

第十二条第（五）项除了上述功能之外，还针对的可能的情形是，保函申请人或基础交易合同涉及的其他方采取措施纠正债务人在基础交易合同项下的违约事项，导致债务人不再负有付款义务或承担违约赔偿责任。而此时，如果受益人向开立人申请付款，则构成了付款请求权滥用的情形。就此，最高人民法院审理的“中机新能源开发有限公司、华西能源工业股份有限公司保证合同纠纷再审”具有典型意义，我们以该案为例进行说明。

【问题4】在基础交易合同中的债务人的违约情形已经被纠正的情况下，开立人是否还负有独立保函的付款义务？

中机公司与华西公司签订分包合同，建行自贡分行向中机公司开立独立保函。后，合同履行中出现履行纠纷，受益人中机公司向开立人请求付款。华西公司认为，业主JEG介入合同履行，华西公司已经向业主履行该义务，华西公司即不负有基础交易合同项下向承包人应当履行的义务。就此，华西公司以建行自贡分行为被告，以中机公司为第三人提起诉讼，请求法院确认受益人的付款申请存在保函欺诈。其主张是否于法有据?

分析:最高人民法院在其就“中机新能源开发有限公司、华西能源工业股份有限公司保证合同纠纷再审案”所作的(2017)最高法民申4879号民事裁定中认为,“原审业已查明,业主JEG、承包商中机公司、分包商华西能源公司签订的《分包商承诺协议》中约定,按照EPC合同如承包商违约造成业主终止EPC合同,包括但不限于在分包合同下,承包商重大违约造成分包商终止合同,则业主有权介入分包合同代替承包商和转让分包合同;一旦发出介入通知,分包商应全力执行,应对业主或其指定人负责以替代对承包商负责。故中机公司要求华西能源公司应审查并排除业主的介入,与合同约定‘分包商应全力执行’明显不符。中机公司系《分包商承诺协议》的缔约主体,也明知业主方已经发出了介入通知介入,华西能源公司依约直接向业主履行义务,其保函项下对应的基础权利已不存在,但仍然向银行请求付款,属滥用付款请求权,原审法院适用《独立保函规定》第十二条第五项之规定认定其构成独立保函欺诈,适用法律正确”。

在裁定书中,针对中机公司再审申请中“二审法院违反最高院的规定,将‘审查’基础交易相关事实变为了‘审理’基础交易相关事实”的主张,最高人民法院认为,“为审慎认定构成独立保函欺诈,第十二条第三项、第四项所规定的情形必须有关于基础交易的法院判决或仲裁裁决以及受益人确认,但并不意味着第十二条第五项所规定的情形也必须以法院判决、仲裁裁决、受益人确认为依据。原审法院通过审查基础交易的相关事实,认定中机公司明知其没有付款请求权仍行使该权利,符合第十二条第五项规定的情形,构成独立保函欺诈,该认定并无不当”。我们认为,最高人民法院的观点说明了第十二条第五项的功能,但在本案中,仅结合判决内容(我们仅就判决内容进行判断)不无疑虑:(1)本案当事人为保函申请人华西公司(债务人、分包人)、受益人中机公司(承包人)以及开立人建行自贡分行,而不包括业主JEG,故本案判决不应对JEG的民事权利造成不利影响,JEG仍然可以向承包人中机公司要求承担违约责任。(2)如果在另案案件中,中机公司应向业主JEG承担违约责任,而该违约责任部分是由分包人华西公司造成的,本案判决能否排除因华西公司造成的中机公司对业主JEG的违约责任。(3)本案中的疑虑在于判决称华西公司直接向业主履行了义务,既没有依据第十二条第三款对华西公司对中机公司应承担违约责任给予否定性结论,也没有就中机公司对华西公司的付款请求权或违约赔偿请求权给予肯定性评价。

2. 独立保函止付、欺诈纠纷中人民法院审查的范围和尺度

《独立保函规定》第十八条、第二十条分别规定了人民法院审理保函欺诈案

件时的审查范围和尺度。根据第十八条的规定，人民法院审理独立保函欺诈纠纷案件或处理止付申请时，审查的范围有两个：（1）可以就当事人主张的本规定第十二条的具体情形，即当事人的诉讼请求和理由，这是案件审理范围的基本框架；（2）鉴于独立保函的特殊性，在独立保函欺诈和止付案件中，人民法院还可以审查认定基础交易的相关事实。应当注意的是，我们认为，第十四条第二款"止付申请人以受益人在基础交易中违约为由请求止付的，人民法院不予支持"应当作为上述第（2）项的排除事项，即即使人民法院根据第十八条对基础交易的相关事实进行审查，也不能因受益人在基础交易合同中的违约行为而认定受益人的付款申请存在保函欺诈。这一结论已经为最高人民法院就"辽宁高科能源集团有限公司、工业园 18 有限公司信用证欺诈纠纷再审案"作出的（2017）民申 5067 号民事裁定书所确认。《独立保函规定》第二十条确定了人民法院的审查尺度，即"人民法院经审理独立保函欺诈纠纷案件，能够排除合理怀疑地认定构成独立保函欺诈，并且不存在本规定第十四条第三款情形的，应当判决开立人终止支付独立保函项下被请求的款项"。

3. 保函欺诈纠纷中各方的诉讼主体资格

保函欺诈纠纷是最高人民法院通过《独立保函规定》确立的新的纠纷类型，该纠纷除了根据《独立保函规定》第二十一条确定管辖外，应当根据第十九条确定各方当事人的诉讼主体地位，即"保函申请人在独立保函欺诈诉讼中仅起诉受益人的，独立保函的开立人、指示人可以作为第三人申请参加，或由人民法院通知其参加"。

（九）独立保函权益的转让

独立保函项下的付款请求权是一项独立的民事权利，可予以转让。尽管付款请求权存在因基础交易债务人没有付款或赔偿责任等情形而无法实现的风险，但《独立保函规定》在第十条中还是允许独立保函权益的转让。根据该条规定，独立保函的转让须在该保函上载明"可转让和据以确定新受益人的单据"，否则必须经过开立人的同意。实践中，独立保函收益权转让时，保函的付款请求的权利并不转让，均由受益人在请求付款时告知开立人，由开立人遵照受益人的指令将款项支付至第三人账户。

（十）开立人的追偿

《独立保函规定》第九条规定了开立人承担独立保函付款义务后的追偿权，即"开立人依据独立保函付款后向保函申请人追偿的，人民法院应予支持，但受益人提交的单据存在不符点的除外”。开立人系基于开立独立保函委托合同向受益人开立独立保函的，规定第九条实际上是赋予了开立人向保函申请人进行追偿的法定权利，即即使委托合同中没有约定开立人可以向申请人追偿，其也可以根据第九条向申请人追偿。我们认为，第九条的法定追偿权仅仅是框架性质的权利，如果委托合同中有具体规定，那么追偿权应当按照委托合同的具体规定行使。

在第九条的最后，规定给出了追偿的例外情况，即“不符点”，也即开立人错误地履行了独立保函的付款义务。对于“不符点”，应当在开立人和保函申请人之间的追偿纠纷的诉讼或仲裁程序（由独立保函开立委托合同中的司法管辖条款决定）中，由法院或仲裁机构予以确认。

实践中，在保函申请人不是债务人的情况下，开立人是否有权向基础交易的债务人进行追偿存在争议。对此我们认为，无论开立保函委托合同还是独立保函均是独立的法律关系，开立人的独立保函付款行为对于基础交易合同而言符合第三人代为履行的情形。而该情形分为两种情况：第一，保函申请人是基础交易合同的债务人，此时开立人是受托代为履行。根据开立人的付款中是否存在不符点的情形，分为以下两种情况：（1）符点，开立人完全履行开立保函委托合同，应当判令满足开立人的追偿权。此时，如果存在开立人向受益人所付款项超出债务人实际应付款项或应承担的责任的，债务人可以向基础交易合同的相对方要求返还不当得利，属于不当得利中的“非债清偿”情形。（2）不符点，或开立人开立的保函不符合开立保函委托合同导致虽然开立人相对于受益人的付款符点，但开立人相对于保函申请人“不符点”的，应当判令部分支持开立人的追偿权。此时，如果开立人向受益人所付款项超出债务人实际应付款项或应承担的责任的，未超出部分则是前述应当支持的开立人的追偿权部分；超出部分，由开立人自行向基础交易合同的相对人主张返还不当得利，该部分即是前述不应当支持的开立人的追偿权部分。第二，保函申请人并非基础交易合同的债务人。在此情况下，开立人不符点付款的，其应当完全承担错误付款的不利法律后果，不能向保函申请人进行追偿，但是其完全可以依据不当得利的法律规定向基础交易合同中因错误付款而受益的债务人或债权人请求返还不当得利。从上述的讨论内容来看，规定第九条中“不符点”即不得追偿的刚性规定更加符合保函申请人并非基础交易合同债务人的情形。

（十一）独立保函关系的终止

因为独立保函的独立习惯，所以独立保函关系的终止不依赖于基础交易合同的存续,《独立保函规定》第十一条规定了当事人主张的情况下，人民法院认定独立保函关系终止的判断标准，即:（1）独立保函载明的到期日或到期事件届至，受益人未提交符合独立保函要求的单据;（2）独立保函项下的应付款项已经全部支付;（3）独立保函的金额已减额至零;（4）开立人收到受益人出具的免除独立保函项下付款义务的文件;（5）法律规定或者当事人约定终止的其他情形。在上述情形下，即使当事人未申请独立保函关系终止，人民法院也不能判令支持受益人的付款请求。可见，对独立保函关系是否终止的审查并不是一个依申请的审查事项，而是一个依职权的审查事项。

（十二）独立保函纠纷的司法管辖和法律适用

1. 独立保函纠纷的管辖

保函法律关系是独立于基础交易合同之外的法律关系，所以基础交易合同中的管辖法院或仲裁条款对独立保函相关纠纷管辖权的确定不具法律约束力。在这一基本认识之上,《独立保函规定》对独立保函纠纷的司法管辖给出了相应的规则，即在第二十一条规定了独立保函纠纷的司法管辖规则，分为以下三种情形:

（1）受益人和开立人之间因独立保函而产生的纠纷案件，即是保函的付款纠纷，实际上是开立人承担担保责任的纠纷，由开立人住所地或被告住所地人民法院管辖，即由独立保函关系双方当事人所在地管辖。另外，根据独立保函的独立担保合同性质，保函开立人可以在独立保函中载明由其他法院管辖或提交仲裁管辖，这一点和保证合同中，担保书中载明选择管辖法院或仲裁的情形并无二致。当然，对于保函中的管辖条款，收益人亦可不予接受，指令保函申请人委托开立人另行出具。根据上述有关管辖规定，或保函中载明的管辖条款确定的管辖法院，或管辖仲裁机构，当事人主张根据基础交易合同争议解决条款确定管辖法院或提交仲裁的，人民法院不予支持。

应当注意，在受益人、开立人之间的付款纠纷，可能存在两种情形:（1）开立人自身认为受益人付款请求不符合付款条件而拒绝承担全部或部分付款责任的情形;（2）申请人、指示人指令或通过法院或仲裁机构支付的情形。前者纠纷仅涉及开立人和受益人，后者纠纷则涉及申请人、指示人、开立人和受益人，所以《独立保函规定》第二十一条第一款在当事人没有约定的情况下，强制性地将管辖法院确定在开立人住所地或被告所在地。

（2）在受益人向开立人主张开立人承担担保责任付款的场合下，可能发生独立保函欺诈纠纷案件，该类型案件可能出现两种情形：第一，保函开立人尚未向受益人付款，保函申请人等起诉要求法院中止或终止开立人支付独立保函项下款项。这一情形实际上是受益人以开立人为被告提起诉讼，被规定在《独立保函规定》第二十一条第二款当中，即由被请求止付的独立保函的开立人住所地或被告住所地人民法院管辖，当事人书面协议由其他法院管辖或提交仲裁的除外。当事人主张根据基础交易合同或独立保函的争议解决条款确定管辖法院或提交仲裁的，人民法院不予支持。此时，综合第二十一条的两款就可以看出，如果受益人基于独立保函关系主张开立人付款，而申请人基于开立独立保函的委托关系主张开立人止付的，两者的管辖地是一致的，即开立人所在地。之所以如此，和保函开立人"见索即付"的独立保函担保责任承担规则有关。第二，保函开立人已经向受益人付款，已经给保函申请人造成损失，其以受益人为被告起诉独立保函欺诈侵权纠纷的，由人民法院根据有关民事侵权纠纷的管辖条款加以确定，即侵权行为地、结果发生地和被告所在地。

我们认为独立保函欺诈纠纷在第二种情形下是侵权纠纷的一种特殊类型，而《独立保函规定》即是对这种特殊类型的管辖规则，故应当优先适用，也即即使保函申请人以侵权为由起诉受益人，那么也应以保函开立人或被告住所地法院为管辖法院。

（3）对于开立人付款后向保函申请人的追偿纠纷，实际上是开立人基于其和申请人之间的委托合同关系而产生的追偿权纠纷，仅与独立保函关系具有间接关系，故依据委托合同即可确定。所以，《独立保函规定》第二十一条并未对此进行规范。

【问题 5】基础关系合同中的管辖或仲裁条款是否影响独立保函纠纷的司法管辖？

上海贝尔股份有限公司（以下简称贝尔公司）因与乌兹特拉斯加斯股份有限公司（以下简称乌斯公司）订有基础交易合同，并在该合同中约定了争议解决方式是仲裁。贝尔公司委托中国进出口银行上海分行（以下简称口行上海分行）向乌斯公司开立独立保函。后，口行上海分行向乌斯公司履行了保函项下的付款义务后，向贝尔公司追偿。最终，贝尔公司认为乌斯公司的保函欺诈行为导致其损失，故以其为被告向上海一中院提起诉讼，而乌斯公司提出了管辖权异议。

分析：上述案件的审理，首先涉及的即是管辖权问题，该问题也是独立保函纠纷中的一个常见问题，即基础交易合同中的管辖权选择条款或仲裁条款是否会影响到独立保函纠纷的司法管辖。本案系在《独立保函规定》颁布前审理的，故除依据民事诉讼法外，还可以参照国际上有关独立保函的一般规则。《见索即付保函统一规则》URDG458 第二条 b 第一句规定，“保函从性质上是独立于其可能基于之合同或投标条件的交易，即使保函中包含对合同或投标条件的援引，担保人与这类合同或投标条件亦无任何关系，也不受其约束”，依此规定，独立保函交易和基础交易是两个独立的交易。二审上海高院认为，“本案保函法律关系是独立于基础合同之外的法律关系，基础合同仲裁条款对本案管辖权确定不具有约束力”。最高人民法院在其就本案“乌兹特拉斯加斯股份有限公司、上海贝尔股份有限公司、中国进出口银行上海分行独立保函纠纷管辖权异议再审案”作出的（2014）民申字第 64 号民事裁定书中认为，“独立保函虽然因基础合同而开立，但开立后则成为独立于基础合同的独立担保合同。基础合同的仲裁条款不能约束独立保函纠纷，包括受益人和担保人之间在独立保函法律关系下的合同纠纷以及担保人、受益人与保函申请人之间在独立保函法律关系下的侵权纠纷”。

我们认为，不能依据基础交易合同中的管辖条款确定独立保函纠纷司法管辖的更为重要的原因是，独立保函纠纷大部分情况下涉及第三方，即开立人的利益。本案中，口行上海分行作为第三人参加诉讼，如果其在承担保函项下付款义务时存在未审慎审单而错误付款的情形，一方面保函欺诈在结果上可能涉及给开立人安排法律责任的问题；另一方面开立人并非基础交易合同当事人，并未参与该合同管辖选择，依据基础交易合同确定保函纠纷的司法管辖将会侵害开立人的程序性权益。最高人民法院在本案裁定中的内容也印证了我们的观点，即“讼争仲裁条款约定的仲裁事项为乌兹特拉斯加斯公司和贝尔公司两方当事人因基础合同产生的争议，而本案系乌兹特拉斯加斯公司、进出口银行和贝尔公司三方当事人之间围绕独立保函欺诈而产生的侵权争议，两个争议的法律关系性质和当事人均不相同，故本案争议不属于基础合同仲裁条款约定的仲裁事项，不应受该仲裁条款的约束”。

在确立本案应当由侵权结果发生地法院管辖之后，还应当从反向分析如果未按照基础交易合同约定的争议解决方式或管辖处理案件，是否会导致案件在结果上失去正当性，即最高人民法院在本案中提出的问题：“关于本案纠纷的审理是否会侵犯仲裁庭对基础合同纠纷的管辖权问题。”关于这一点，最高人民法院认为，“独立保函的独立性原则是维系独立保函‘先付款，后争议’运作机制稳定性的根基，以保函欺诈否定独立保函的独立性属于特殊的例外情形。因此，即使为判断保函欺诈之例外情形是否成立的需要，人民法院在必要时可以审查基础合同的部分事实，此种审查的范围亦是十分有限的，并不是对基础合同纠纷的全面审理。故人民法院对本案纠纷行使管辖权，不影响仲裁庭依据仲裁条款对基础合同纠纷享有的管辖权，且本案纠纷的审理亦无须等待仲裁庭对基础合同纠纷的审理结果。乌兹特拉斯加斯公司关于本案纠纷实质为基础合同违约纠纷并侵犯仲裁庭管辖权的申请再审理由不能成立，本院不予支持”。按照这一观点，人民法院在审理时关注的，一方面是受益人请求开立人承担担保责任付款时递交开立人的单据是否属实，另一方面是该单据是否符合开立人付款的条件，即是否符点。

2. 独立保函纠纷的法律适用

《独立保函规定》第二十二条规定了涉外独立保函纠纷案件的法律适用问题，分为以下几种情况：(1) 纠纷案件属于独立保函的付款纠纷，则根据第一款规定，“涉外独立保函未载明适用法律，开立人和受益人在一审法庭辩论终结前亦未就适用法律达成一致的，开立人和受益人之间因涉外独立保函而产生的纠纷适用开立人经常居所地法律；独立保函由金融机构依法登记设立的分支机构开立的，适用分支机构登记地法律”，即原则上适用开立人所在地法律。如最高人民法院审理的“东方置业房地产有限公司、安徽省外经建设（集团）有限公司信用证欺诈纠纷再审案”，如果是受益人东方置业公司诉开立人哥斯达黎加银行，则应适用哥斯达黎加法律；如果是哥斯达黎加银行持安徽建行开立的独立反担保函起诉，则适用中国法律。(2) 纠纷案件属于独立保函欺诈案件的，则根据第二款规定，“涉外独立保函欺诈纠纷，当事人就适用法律不能达成一致的，适用被请求止付的独立保函的开立人经常居所地法律；独立保函由金融机构依法登记设立的分支机构开立的，适用分支机构登记地法律；当事人有共同经常居所地的，适用共同经常居所地法律”，即原则上也会适用开立人所在地法律，因为保函欺诈纠纷和付款纠纷在实质上即是一个硬币的两面。与独立保函欺诈、付款纠纷应适用与独立保函关系有关的实体法律相对，涉外独立保函的止付程序属于程序性法律规定，不允许当事人选择，所以第二十二条第三款规定只能适用中国法律。

（十三）独立保函关系中的保证金

一般情况下，开立人均会要求独立保函申请人提供保证金。为了保障开立人的合法权益和促进国内金融机构开展独立保函业务，打消其后顾之忧，《独立保函规定》第二十四条也规定，“对于按照特户管理并移交开立人占有的独立保函开立保证金，人民法院可以采取冻结措施，但不得扣划。保证金账户内的款项丧失开立保证金的功能时，人民法院可以依法采取扣划措施”，即只能查控、不能扣划，这一点和国内银行承兑汇票保证金的规定一样，我们不再赘述。

【经典案例解读】

东方置业房地产有限公司、安徽省外经建设（集团）有限公司信用证欺诈纠纷再审案

最高人民法院民事判决书编号：（2017）最高法民再134号

一、阅读提示

本案是最高人民法院在出台《独立保函规定》前审理的一个非常典型的案件，极具借鉴意义，之所以得出这一结论的原因是：第一，该案涉及的当事人众多，而且具有涉外因素。受益人东方置业公司系一家在域外哥斯达黎加有效设立的房地产开发企业，保函申请人安徽省外经建设集团（以下简称外经集团公司）有限公司是一家中国公司，保函开立人系委托开具，即由转开行哥斯达黎加银行开立，建行安徽分行向哥斯达黎加银行开立反担保保函，而与东方置业公司发生基础交易合同关系的是外经集团公司（承包方）、外经中美洲公司（施工方）。第二，最高人民法院在再审判决中对本案如果适用《独立保函规定》的后果作出专门说明，对理解和适用《独立保函规定》的相关规定具有非常重要的借鉴意义。

本案中应当重点关注，在受益人就基础交易关系中存在违约情形的情况下，可否据此确定受益人要求保函开立人承担担保责任付款的行为属于独立保函欺诈行为，即是否构成侵权，注意最高人民法院借助本案对《独立保函规定》第十二条第（三）、（四）、（五）项的说明，理解和掌握确定保函欺诈情形的规定。

二、一审法院查明情况及法院观点［节选，均来自（2017）最法民再134号民事判决书］

（一）合肥中院查明情况

2010年1月16日，东方置业公司作为开发方，与作为承包方的外经集团公司、作为施工方的外经建中美洲公司在哥斯达黎加共和国圣何塞市签订了《哥斯达黎加湖畔华府项目施工合同》（以下简称《施工合同》），约定承包方的施工范围为：三栋各十四层综合商住楼，三层地下室，总面积大约35516.8平方米，其中地下结构9909平方米，地上结构25607.8平方米以及雨水管道改向。合同签订后，外经集团公司于2010年5月26日向建行安徽省分行提出申请，并以哥斯达黎加银行作为转开行，向作为受益人的东方置业公司开立履约保函，保证事项为哥斯达黎加湖畔华府项目。2010年5月28日，哥斯达黎加银行开立编

号为G051225的履约保函，担保人为建行安徽省分行，委托人为外经集团公司，受益人为东方置业公司，担保金额为2008000美元，有效期至2011年10月12日，后延期至2012年2月12日。建行安徽省分行同时向哥斯达黎加银行开具编号为34147020000289的反担保函，承诺自收到哥斯达黎加银行通知后二十日内支付保函项下的款项。

2012年2月7日，外经中美洲公司以东方置业公司为被申请人向哥斯达黎加建筑师和工程师联合协会争议解决中心提交仲裁请求，请求仲裁庭裁决解除合同并裁决东方置业公司赔偿其损失共计1213487.3美元，理由是东方置业公司拖欠应支付之已施工完成量的工程款及相应利息，构成严重违约。2月10日，哥斯达黎加银行向建行安徽省分行发出电文，称东方置业公司提出索赔，要求支付G051225号银行保函项下2008000美元的款项，哥斯达黎加银行因而要求建行安徽省分行须于2012年2月16日前支付上述款项。2月12日，应外经中美洲公司申请，哥斯达黎加行政诉讼法院第二法庭下达临时保护措施禁令，裁定哥斯达黎加银行暂停执行G051225号履约保函。

2012年2月23日，外经集团公司向一审法院提起保函欺诈纠纷诉讼，同时申请中止支付G051225号保函、34147020000289号保函项下款项，一审法院于2月27日作出（2012）合民四初字第00005-1号裁定，裁定中止支付G051225号保函及34147020000289号保函项下款项，并于2月28日向建行安徽省分行送达了上述裁定。2月29日，建行安徽省分行向哥斯达黎加银行发送电文告知了一审法院已作出的裁定事由，并于当日向哥斯达黎加银行寄送了上述裁定书的复印件，哥斯达黎加银行于3月5日收到上述裁定书复印件。

2012年3月6日，哥斯达黎加行政诉讼法院第二法庭判决外经中美洲公司申请预防性措施败诉，解除了临时保护措施禁令。3月16日，哥斯达黎加银行向建行安徽省分行发出电文，表示决定中止支付G051225号保函项下款项直到纠纷解决，且明确表述“一旦中国法院告知你方，该纠纷解决了，我们将按照中国法院的解决方法来实施”，并以此要求建行安徽省分行延长34147020000289号保函的期限直至纠纷被中国法院解决。3月20日，建行安徽省分行延长了34147020000289号保函的有效期，并承诺“一旦中国法院要求我们支付保函34147020000289，我们将立即支付此笔款项至哥斯达黎加银行”。3月21日，哥斯达黎加银行向东方置业公司支付了G051225号保函项下款项。

2013年7月9日，哥斯达黎加建筑师和工程师联合协会裁决认定东方置业公司在履行合同过程中严重违约，并裁决东方置业公司向外经中美洲公司支付1号至18号工程进度款共计800058.45美元及利息。外经集团公司认为东方置业公司违反了诚实信用原则，是对保函独立性原则的滥用，构成欺诈。

（二）合肥中院观点

1. 管辖权

一审合肥中院认为，“本案的保函法律关系涉及四方主体，外经集团公司作为外经中美洲公司在国内的母公司，是涉案保函的开立申请人，其申请建行安徽省分行向哥斯达黎加银行开立见索即付的反担保保函，由哥斯达黎加银行向受益人东方置业公司转开履约保函。本案案由是保函欺诈纠纷，保函欺诈属于侵权纠纷，应按侵权纠纷案件的管辖规定，由被告住所地或侵权行为地法院管辖，而侵权行为地包括侵权行为实施地和侵权结果发生地，本案保函的反担保人建行安徽省分行以及申请人外经集团公司均位于中华人民共和国境内，外经集团公司主张的保函欺诈的侵权结果亦发生在我国境内，故外经集团公司有权在我国提起本案诉讼”。

分析：在《独立保函规定》施行之前，独立保函欺诈一般是以侵权纠纷的类型立案并确定管辖的。最高人民法院在其就“乌兹特拉斯加斯股份有限公司、上海贝尔股份有限公司、中国进出口银行上海分行独立保函纠纷管辖权异议再审案”作出的（2014）民申字第64号民事裁定书中认为，“根据贝尔公司确定的主张，其是以乌兹特拉斯加斯公司保函欺诈致其受损为由而提起的诉讼，故纠纷的性质为独立保函侵权纠纷。独立保函虽然因基础合同而开立，但开立后则成为独立于基础合同的独立担保合同。基础合同的仲裁条款不能约束独立保函纠纷，包括受益人和担保人之间在独立保函法律关系下的合同纠纷以及担保人、受益人与保函申请人之间在独立保函法律关系下的侵权纠纷”，而根据侵权纠纷的管辖，即以被告所在地、侵权行为地和结果发生地，故本案由合肥中院，即侵权结果发生地法院管辖在本案审理之时并无疑问。

但在《独立保函规定》施行后，建行安徽分行诉请侵权就必须以确定受益人东方置业公司存在保函欺诈为前提，因为侵权的逻辑是东方置业公司无权向开立人哥斯达黎加银行请求付款，此项即是《独立保函规定》第十二条所述的保函欺诈。而根据第二十一条第二款第一句的规定，即“独立保函欺诈纠纷案件由被请求止付的独立保函的开立人住所地或被告住所地人民法院管辖，当事人书面协议由其他法院管辖或提交仲裁的除外”，本案应当由保函开立人哥斯达黎加银行所在地法院管辖，而中国法院并无管辖权，除非哥斯达黎加银行在向独立反担保函开立人建行安徽分行申请支付独立反担保函的请求权存在保函欺诈情形。

2. 是否构成独立保函欺诈以及法律后果

关于受益人东方置业公司在主张独立保函项下的担保权利时是否存在欺诈情形的问题上，一审合肥中院认为，“国际惯例以及国际公约在承认独立保函独立性的同时，根据诚实信用原则，将欺诈性的索赔作为担保人在单据表面相符的情况下拒绝付款的重要抗辩理由，即欺诈例外抗辩。国际公约规定了欺诈例外的几种情形，其中包括‘从担保的类型和目的可断定受益人的索赔要求无任何依据，则担保人可根据诚实信用原则，行使欺诈例外抗辩权，拒绝向受益人付款’这一情形。故法院在审理保函欺诈纠纷时，应对基础合同的履行情况进行必要的审查，尤其是当基础合同已经境外法院或仲裁机构作出生效裁决的，境外机构裁决所查明的事实可以作为认定基础合同履行情况的证据。根据哥斯达黎加建筑师和工程师联合协会争议解决中心的仲裁裁决所认定的事实，东方置业公司在履行合同过程中已严重违约，并应向外经中美洲公司支付1号至18号工程进度款共计800058.45美元及相应利息。本案履约保函的目的是担保外经中美洲公司能够按约履行施工合同，而东方置业公司未能举证证明外经中美洲公司在履行合同过程中存在重大违约，且东方置业公司明知外经中美洲公司已就合同争议提交仲裁的情况下滥用保函索赔权，违反了诚实信用这一基本原则，构成保函欺诈索赔，其索赔行为无效，哥斯达黎加银行应终止向其支付保函项下款项”。

分析：在基础交易合同建立的合同关系中，既存在东方置业公司的付款义务，也存在外经中美洲公司的施工义务，而本案中独立保函仅系就后者提供独立担保，和外经中美洲公司是否享有对东方置业公司的抗辩权无关，无须在本案中对东方置业公司付款义务的履行情况做任何审查。根据《合同法》第一百零七条所述合同违约的继续履行、采取补救措施和赔偿损失三项义务来看，保函开立人仅能以赔偿损失的方式承担担保责任。换句话说，只有在外经中美洲公司证明自己施工完全符合进度和质量要求的情况下，才能证明东方置业公司没有要求外经中美洲公司承担违约责任的权利，才能够认定在此情况下东方置业公司要求保函开立人付款承担担保责任存在独立保函欺诈情形。即使外经中美洲公司证明自己只有很小程度上的违约，也无任何权利阻止保函开立人向受益人承担担保责任付款。因为如果按照违约程度支付保函项下的相应款项以承担担保责任的，即不再是独立保函，而是一般的保证合同；因为保函开立人享有了基础交易合同产生的债务人对债权人违约责任承担请求权的抗辩权，独立保函即失去了“独立性”；而且独立保函关系是独立的法律关系，对其进行审理时，法院是无权对另一个独立的施工合同关系的权利义务进行审查的。所以，我们认为，合肥中院的问题是：（1）即使因东方置业公司未及时付款导致外经中美洲公司施工质量出现问题，也无法阻止受益人行使保函项下的权利，而且如果将该事项载入独立保函且作为开立人承担担保责任付款的排除事项，那么该保函将成为有条件保函，而不是无条件的独立保函；（2）独立保函欺诈系指在无付款或赔偿责任（本案是施工方的赔偿责任）的情况下要求保函开立人支付款项，所以本案中只要东方置业公司举证外经中美洲公司存在违约即可，并不应给予“重大违约”的程度性要求；（3）独立保函是东方置业公司和保函开立人之间独立的交易关系，与基础交易合同债务人采取什么样的救济途径无关，所以除非外经中美洲公司经仲裁确认其无违约情形，否则不影响东方置业公司向保函开立人要求付款的权利，更不必说外经中美洲公司仅仅才就基础交易合同提交仲裁申请。我们甚至认为，即使是法院正在审理基础交易合同纠纷，只要未对基础交易合同中债务人（独立保函被担保人）的付款或赔偿责任得出100%的否定性结论，也就不能影响受益人向保函开立人要求付款的权利。

最终，合肥中院一审作出（2012）合民四初字第00005号民事判决：（一）东方置业公司针对G051225号履约保函的索赔行为构成欺诈；（二）建行安徽省分行终止向哥斯达黎加银行支付编号为34147020000289的银行保函项下2008000美元的款项；（三）驳回外经集团公司的其他诉讼请求。

三、二审法院查明情况及法院观点［节选，均来自（2017）最高法民再134号民事判决书］

（一）安徽高院查明情况

1.《施工合同》第二十条约定，哥斯达黎加银行向东方置业公司开具的G051225号履约保函和建行安徽省分行向哥斯达黎加银行开具的34147020000289银行保函的保证范围是：施工期间材料使用的质量和耐性，赔偿或补偿造成的损失，和／或承包方未履行义务的赔付。

2. 2012年2月8日，东方置业公司向哥斯达黎加银行提出索赔声明和违约声明，称：鉴于外经中美洲公司施工部分品质低劣，不符合标准，需要修改之费用十分可观，时至今日尚无法估量，未能履行其良好施工的基本要件，已违反《施工合同》违约条款第V条第20款之规定，无法达成工程检验的要求，对施工计划造成影响，同时提交了2012年1月23日AIA国际建筑师事务所建筑师JoseBrenes和MauricioMora签名的《项目工程检验报告》。

3. 哥斯达黎加建筑师和工程师联合协会争议解决中心于2013年7月9日作出的仲裁裁决书认定，直至2011年中旬，合同执行相对正常，开发商提出的要求或不同意见都被承包商采纳，并且从未停止支付项目进度款直到第17期。2011年12月，第18期进度款由监理分析并通过，但未进行支付。根据外经中美洲公司提交的财务报告，相关发票欠款总额达800058.45美元，承包商及申请人履行了合同义务直至第18期进度表，包括不良工程的整改或相关费用的支付。2011年12月至2012年1月初，承包商撤离项目工地现场，承包商在撤离前采取了索款程序。第19期工程没有获得开发商验收，且检验人员对工程质量有质疑。鉴于东方置业公司严重违约，终止双方2010年1月18日签订的《施工合同》；东方置业公司支付外经中美洲公司1—18期工程款共计800058.45美元。

（二）安徽高院观点

二审安徽高院的核心观点是，“鉴于独立保函仅保障受益人向担保人索赔的权利，保函开立申请人向法院提起保函欺诈纠纷诉讼时必须就受益人存在欺诈承担举证责任，如保函开立申请人能够证明其已经全面、适当地履行了基础合同项下的义务，或者其违约行为系因保函受益人故意不当行为所引起，则可认定保函受益人的付款请求构成欺诈。保函开立申请人仅提出受益人在基础合同履行过程中存在违约行为而没有证明自己已经全面、适当履行了合同义务的，则受益人的付款请求不构成欺诈。本案中，东方置业公司向哥斯达黎加银行提出的索款声明和违约声明指明外经中美洲公司违约的具体事实是外经中美洲公司施工部分品质低劣，违反了施工合同书第V条第20款的规定，但外经集团公司提交的哥斯达黎加建筑师和工程师联合协会争议解决中心作出的仲裁裁决书并没有认定外经中美洲公司的施工存在严重违约问题，而是认定了承包商及申请人履行了合同义务直至第18期进度表，包括不良施工的整改或相关费用的支付。另外，根据《施工合同》第十九条的约定，东方置业公司没有支付由监理分析并通过的第18期进度款，外经中美洲公司有权据此停止施工并不承担责任”。最终，安徽高院认为，“东方置业公司要求哥斯达黎加银行支付保函项下款项无合理依据，构成欺诈”，并维持了合肥中院的判决。

分析：我们认为，安徽高院的上述观点中存在的问题是：保函被担保人（基础交易合同工的债务人，一般是保函申请人）的“违约行为系因保函受益人故意不当行为所引起，则可认定保函受益人的付款请求构成欺诈”的观点错误。如前文所述，独立保函纠纷是独立民事法律纠纷，如果在该纠纷中审理申请人在基础交易合同中的违约行为是否系受益人故意或不当行为引起的，即须对基础交易合同做实质性审查，并依审查结果对是否存在保函欺诈作出判决，那么独立保函即会“不独立”。总体上讲，安徽高院判决的视角还是在基础交易合同之上，并未跳出该合同仅审查独立保函关系，也未适当考虑判决后对日后中国公司或金融公司对外开展独立保函交易的影响。

四、最高人民法院再审查明情况及法院观点［节选，均来自（2017）最高法民再134号民事判决书］

（一）最高人民法院再审查明情况

1. 2010年5月28日，哥斯达黎加银行开立编号为G051225的履约保函，担保人为建行安徽省分行，委托人为外经集团公司，受益人为东方置业公司，担保金额为2008000美元，有效期至2011年10月12日，后延期至2012年2月12日。保函说明：无条件的、不可撤销的、必须的、见索即付的保函。执行此保函需要受益人给哥斯达黎加银行中央办公室外贸部提交一式两份的证明文件，指明执行此保函的理由，另外由受益人出具公证过的声明指出通知外经中美洲公司因为违约而产生此请求的日期，并附上保函证明原件和已经出具过的修改件。建行安徽省分行同时向哥斯达黎加银行开具编号为34147020000289的反担保函，承诺自收到哥斯达黎加银行通知后二十日内支付保函项下的款项。反担保函是“无条件的、不可撤销的、随时要求支付的”，并约定“遵守国际商会出版的458号《见索即付保函统一规则》”。从以上约定可知，哥斯达黎加银行向东方置业公司开具的G051225号履约保函的保证范围是：施工期间材料使用的质量和耐性，赔偿或补偿造成的损失，和／或承包方未履行义务的赔付。建行安徽省分行向哥斯达黎加银行开具的34147020000289银行保函是对上述履约保函提供反担保。

2. 2012年1月23日，建筑师JoseBrenes和MauricioMora出具《项目工程检验报告》。该报告认定了施工项目存在“施工不良”“品质低劣”且需要修改或修理的情形。

（二）最高人民法院再审观点

1. 人民法院在审理独立保函及与独立保函相关的反担保案件时，对基础交易的审查，应当坚持有限原则和必要原则，审查的范围应当限于受益人是否明知基础合同的相对人并不存在基础合同项下的违约事实或者不存在其他导致独立保函付款的事实。否则，对基础合同的审查将会动摇独立保函“见索即付”的制度价值。

分析：根据最高人民法院上述再审观点，在独立保函欺诈案件中，即使受案法院对基础交易关系进行审查，也应当在“见索即付”制度价值的基础上坚持有限原则和必要原则，应当以“不存在”受益人要求开立人付款的权利作为认定独立保函欺诈的事实基础。我们认为，“不存在”系指没有，根本没有对不存在的程度和可能性进行审查的空间。例如，本案中，只要受益人提供施工人外经中美洲公司存在违约的依据，无论该违约事实的大小如何，都应当认定为满足开立人承担保函项下担保责任的要求。从这个角度讲，最高人民法院《独立保函规定》第一条将独立保函责任视为一种承诺责任，而不是典型意义上担保责任的定位是非常准确的。

最高人民法院在判决中的观点也充分地印证了我们上述的观点，即“外经集团公司主张东方置业公司的行为构成独立保函项下的欺诈，应当提交证据证明东方置业公司在实现独立保函时具有下列行为之一：1. 为索赔提交内容虚假或者伪造的单据；2. 索赔请求完全没有事实基础和可信依据。本案中，保函担保的是‘施工期间材料使用的质量和耐性，赔偿或补偿造成的损失，和／或承包方未履行义务的赔付’，意即，保函担保的是施工质量和其他违约行为。因此，受益人只需提交能够证明存在施工质量问题的初步证据，即可满足保函实现所要求的‘说明执行保函理由的证明文件’。本案基础合同履行过程中，东方置业公司的项目监理人员 JoseBrenes 和 MauricioMora 于 2012 年 1 月 23 日出具《项目工程检验报告》。该报告认定了施工项目存在‘施工不良’‘品质低劣’且需要修改或修理的情形，该《项目工程检验报告》构成证明存在施工质量问题的初步证据”。

分析：我们认为，只要受益人提交了有关施工违约的初步证据，无论该证据是否确实，开立人按照独立保函承担全部的付款责任。至于该初步证据，只要不是伪造的，其所证明的事实是否确实，都应当由后续施工合同双方当事人另行提起的诉讼加以解决，这样才能秉承或达到独立保函“先付款、后争议”的制度功能。

最终，对于东方置业公司是否存在保函欺诈的行为，最高人民法院认为，“《项目工程检验报告》构成证明外经集团公司基础合同项下违约行为的初步证据，外经集团公司提供的证据不足以证明上述报告存在虚假或者伪造，亦不足以证明东方置业公司明知基础合同的相对人并不存在基础合同项下的违约事实或者不存在其他导致独立保函付款的事实而要求实现保函。东方置业公司基于外经集团公司基础合同项下的违约行为，依据合同的规定，提出实现独立保函项下的权利不构成保函欺诈。原审判决认定东方置业公司针对G051225号履约保函的索赔行为构成保函欺诈错误，本院予以纠正”。

2. 再审案件审理过程中，外经集团公司认为，根据《最高人民法院关于审理独立保函纠纷案件若干问题的规定》（以下简称《独立保函规定》）第十二条第三项、第四项、第五项，应当认定东方置业公司构成独立保函欺诈。最高人民法院也根据《独立保函规定》第二十五条的规定，庭审释明本案属于按照审判监督程序再审的案件，不应适用上述《独立保函规定》的规定。但外经集团公司在庭审释明后，仍坚持认为不应违反独立保函司法解释的规定精神。所以，最高人民法院结合本案事实，对上述涉及《独立保函规定》的相关问题作出如下解释：

（1）“独立保函独立于委托人和受益人之间的基础交易，出具独立保函的银行只负责审查受益人提交的单据是否符合保函条款的规定并有权自行决定是否付款，担保行的付款义务不受委托人与受益人之间基础交易项下抗辩权的影响。东方置业公司作为受益人，在提交证明存在工程质量问题的初步证据时，即使未启动任何诸如诉讼或者仲裁等争议解决程序并经上述程序确认相对方违约，都不影响其保函权利的实现。即使基础合同存在正在进行的诉讼或者仲裁程序，只要相关争议解决程序尚未做出基础交易债务人没有付款或者赔偿责任的最终认定，亦不影响受益人保函权利的实现。进而言之，即使生效判决或者仲裁裁决认定受益人构成基础合同项下的违约，该违约事实的存在亦不必然构成保函‘欺诈’的充分必要条件。”

“本案中，保函担保的事项是施工质量和其他违约行为，而受益人未支付工程款项的违约事实与工程质量出现问题不存在逻辑上的因果关系，东方置业公司作为受益人，其自身在基础合同履行中存在的违约情形，并不必然构成独立保函项下的欺诈索款。《独立保函规定》第十二条第三项的规定内容，将独立保函欺诈认定的条件限定为‘法院判决或仲裁裁决认定基础交易债务人没有付款或赔偿责任’，因此，除非保函另有约定，对基础合同的审查应当限定在保函担保范围内的履约事项，在将受益人自身在基础合同中是否存在违约行为纳入保函欺诈的审查范围时应当十分审慎。虽然哥斯达黎加建筑师和工程师联合协会做出仲裁裁决，认定东方置业公司在履行合同过程中违约，但上述仲裁程序于2012年2月7日由外经集团公司发动，东方置业公司并未提出反请求，2013年7月9日做出的仲裁裁决仅针对外经集团公司的请求事项认定东方置业公司违约，但并未认定外经集团公司因对方违约行为的存在而免除付款或者赔偿责任。因此，不能依据上述仲裁裁决的内容认定东方置业公司构成独立保函司法解释第十二条第三项项下的保函欺诈。”

分析：最高人民法院在这里重申了《独立保函规定》第十二条第（三）项，即“法院判决或仲裁裁决认定基础交易债务人没有付款或赔偿责任的”中的“没有”的认定标准，该标准中有两个要件：（1）必须经审判或仲裁，我们的观点是，该审判或仲裁是指另外由基础交易合同双方当事人提起的有关基础交易合同的诉讼或仲裁，而在独立保函欺诈案件中，根本不能得出债务人没有付款或赔偿责任的判决内容，否则当事人不同（保函当事人和基础交易当事人不同）导致的合同相对性和基础交易合同中的管辖条款赋予当事人的程序性权利就无法得到保障；（2）另案起诉或仲裁的结论必须是“没有付款或赔偿责任”，否则哪怕是仅有部分付款、部分赔偿，或该付款或赔偿系由受益人或不可抗力、意外事件、第三方引起，都不能认定存在保函欺诈。

（2）另外，双方对工程质量发生争议的事实以及哥斯达黎加建筑师和工程师联合协会争议解决中心作出的《仲裁裁决书》中涉及工程质量问题部分的表述能够佐证，外经中美洲公司在《施工合同》项下的义务尚未完全履行，本案并不存在东方置业公司确认基础交易债务已经完全履行或者付款到期事件并未发生的情形。现有证据亦不能证明东方置业公司明知其没有付款请求权仍滥用权利。东方置业公司作为受益人，其自身在基础合同履行中存在的违约情形，虽经仲裁裁决确认但并未因此免除外经集团公司的付款或者赔偿责任。综上，即使按照外经集团公司的主张适用独立保函司法解释，本案情形亦不构成保函欺诈。二审判决认为哥斯达黎加建筑师和工程师联合协会争议解决中心作出的仲裁裁决书并没有认定外经中美洲公司在施工中存在严重违约问题，《项目工程检验报告》与仲裁庭作出的仲裁裁决书认定事实相互冲突，并据此认定东方置业公司在履行保函过程中进行欺诈缺乏事实依据，本院予以纠正。

分析：《独立保函规定》第十二条第（五）项“受益人明知其没有付款请求权仍滥用该权利的其他情形”是一个兜底条款，是对第（三）、（四）项的补充。而我们认为，这一条款不仅起不到补充作用，反而起到了破坏作用。例如，本案中，如果保函项下付款责任是100万元，而外经中美洲公司造成的违约损失最终在本案审理完毕后查明是50万元，你能说东方置业公司没有滥用保函权利。

虽然该条款中将滥用限定在没有付款请求权的情形下，但实践中法官会视可能的“滥用”于不顾作出开立人应当付款的判决吗？如果不能，那么在什么程度上作出付款判决？是否需要等待基础交易合同双方当事人另案审理的结果，从而中止保函欺诈案件的审理？在第（三）、（四）项已经给出认定保函欺诈标准的情况下，在这里添加“禁止滥用权利”原则就显得非常不适当。独立保函纠纷案件的结果应当是全有或全无的结果，做任何欺诈或滥用的程度上的认定都违反了制定独立保函规则时“见索即付”的独立性原则。

3. 最后，最高人民法院还就建行安徽分行向哥斯达黎加银行开立的独立反担保函的问题作出判决，认定哥斯达黎加银行在独立反担保函项下不存在欺诈性索款情形。

分析：我们认为，独立反担保函与独立保函之间也系独立的法律关系，应当分开认定独立保函的保函欺诈情形和独立反担保函的欺诈情形。即使两者同时存在，实施欺诈的主体也不相同。本案中，如果两者都存在保函欺诈，那么在独立保函关系中，实施欺诈的是受益人东方置业公司；而在独立反担保函关系中，实施欺诈的是受益人哥斯达黎加银行。最高人民法院在该案判决中认为，“基于独立保函的特点，担保人于债务人之外构成对受益人的直接支付责任，独立保函与主债务之间没有抗辩权上的从属性，即使债务人在某一争议解决程序中行使抗辩权，并不当然使独立担保人获得该抗辩利益。另外，即使存在受益人在独立保函项下的欺诈性索款情形，亦不能推定担保行在独立反担保函项下构成欺诈性索款。只有担保行明知受益人系欺诈性索款且违反诚实信用原则付款，并向反担保行主张独立反担保函项下款项时，才能认定担保行构成独立反担保函项下的欺诈性索款。外经集团公司以保函欺诈为由提起本案诉讼，其应当举证证明哥斯达黎加银行明知东方置业公司存在独立保函欺诈情形，仍然违反诚信原则予以付款，并进而以受益人身份在见索即付独立反担保函项下提出索款请求并构成反担保函项下的欺诈性索款”。也即是说，即使东方置业公司在独立保函关系中进行保函欺诈，外经中美洲公司也应当在东方置业公司和哥斯达黎加公司之间的保函关系中主张保函欺诈，并阻止哥斯达黎加银行付款；当哥斯达黎加银行在东方置业公司实施保函欺诈的情况下付款，其转而向建行安徽分行要求承担反担保保函项下付款责任时，建行安徽分行也不得依此提出抗辩，除非其能够证明哥斯达黎加银行在明确知道东方置业公司实施保函欺诈行为的情况下付款，因为在哥斯达黎加银行不知情的情况下，不应让其承担其作为受益人不能向独立反担保函的开立人请求付款的不利法律后果。

本案的审理不仅涉及基础交易合同双方当事人，独立保函以及独立反担保函双方当事人的利益，还在浅层次上涉及中国法院的声誉问题。在深层次上，关系到独立保函这一制度是否能够有效促进中国企业在域外开展的经济交往活动。本案中，独立保函是由哥斯达黎加银行开立的，就不应当由中国法院审理。如果本案的审理结果止步于安徽高院的判决，可能的结果是中国企业作为申请人开立的保函至少在哥斯达黎加的信誉度将会大打折扣，这对于中国企业在该国开展经济活动的负面影响将是难以估量的。我们推测，这也是最高人民法院没有在安徽高院做出判决后发回重审，而是直接再审的一个很重要的原因。

后 记

本书的撰写起始于二〇一六年年末，源自我与本书的另一位作者付颖哲先生有关第三担保人之间是否可以相互追偿的争论。他举了一个例子，甲向乙借款，假定在担保设置上存在两种情形：第一，债权人乙和保证人丙、丁分别签订保证合同，丙、丁相互不知晓对方的存在；第二，债权人乙和保证人丙、丁一起签署一份保证合同。假设在这两种情况下，丙都承担保证责任代偿了债务人甲欠付的本息；那么在这两种情况下，丙都可以向丁追偿吗？相互追偿是否都具有无可挑剔的正当性？我们就此查阅了大量的理论著作和司法裁判，发现很难得出一个从各个角度都能自圆其说的答案。于是，我们以此为出发点，开始广泛地就担保法的各个问题进行讨论，最终形成了本书的基本框架和内容。

在撰写本书理论部分的过程中，我们遇到了大量的疑难问题。对此，我的基本对策是查阅司法案例，看看人民法院的法官怎么看待这一问题，这也成为我在本职公证工作之余一项充满乐趣的工作。本着“大家一起来找碴儿”的心态，我们将大量有针对性的司法案例放在本书之中，这也形成了本书的一个特色。我认为，实务界一些所谓“法院裁判规则”的提法存在很大的误导性，因为每一个案件都有其独特的一面，有其与众不同的“病灶”，将人民法院就这个案件开出的“药方”推而广之适用于其他案件的做法本身不一定凑效。所以，我们在本书中所引述的案件只能算作一个参考，是用于理解担保法理论和规范的工具。

本书的出版，首先要感谢中国法制出版社的编辑侯鹏先生，他从出版立项、章节设定、写作规范到最后的排版印刷都付出了大量的精力和时间。其次，我们要感谢上海市锦天城（西安）律师事务所的邹辉律师，他的实践经验极为丰富，有关担保法实践问题的很多解决方案都来自与他的深入讨论。最后，我们要感谢付颖哲先生的研究生尚梦、瞿荣、何陈爽，是她们辛苦的校对工作纠正了我们在本书中的许多语句、语法上的错误。

另外，还要感谢我的儿子付宸熙和我的父母，本书的撰写使我很难顾及儿子的学业和生活，全部倚仗父母对儿子的照顾。所幸，付宸熙通过自己的努力在学业上不断地取得进步，我才能够心无旁骛地完成本书的撰写工作。在这里，我想要对他说，“在人生的道路上，我和你共同努力”。

最后，本书顺利付梓并非我们在法学理论和实务问题上进行讨论的终点，相反，我们将收拾行囊再次上路。接下来，我们将回到我所熟悉的领域“公证强制执行理论和实务”之上，敬请期待。

陈　凯

二〇一八年七月

图书在版编目(CIP)数据

担保法理论与实务精要 / 付颖哲，陈凯著．—北京：中国法制出版社，2019.5

ISBN 978-7-5216-0134-3

Ⅰ.①担…　Ⅱ.①付…　②陈…　Ⅲ.①担保法—中国
Ⅳ.①D923.2

中国版本图书馆CIP数据核字（2019）第069488号

策划编辑：侯　鹏
责任编辑：侯　鹏　　封面设计：杨鑫宇

担保法理论与实务精要

DANBAOFA LILUN YU SHIWU JINGYAO

著者 / 付颖哲　陈　凯

经销 / 新华书店

印刷 / 三河市国英印务有限公司

开本 / 710毫米 × 1000毫米　16开　　印张 / 44　字数 / 811千

版次 / 2019年5月第1版　　2019年5月第1次印刷

中国法制出版社出版

书号ISBN 978-7-5216-0134-3　　定价：158.00元

北京西单横二条2号　邮政编码100031　　传真：010-66031119

网址：http://www.zgfzs.com　　**编辑部电话：010-66060794**

市场营销部电话：010-66017726　　**邮购部电话：010-66033288**

（如有印装质量问题，请与本社印务部联系调换。电话：010-66032926）